de Gruyter Studienbuch

Geschichte der Sprachwissenschaft

Walter de Gruyter

1749

250

1999

Berlin · New York

Andreas Gardt

Geschichte
der Sprachwissenschaft
in Deutschland

Vom Mittelalter bis ins 20. Jahrhundert

Walter de Gruyter
Berlin · New York 1999

♾ Gedruckt auf säurefreiem Papier, das die
US-ANSI-Norm über Haltbarkeit erfüllt.

Die Deutsche Bibliothek — CIP-Einheitsaufnahme

Gardt, Andreas:
Geschichte der Sprachwissenschaft in Deutschland: vom Mittel-
alter bis ins 20. Jahrhundert / Andreas Gardt. — Berlin ; New
York : de Gruyter, 1999.
  (De-Gruyter-Studienbuch)
  ISBN 3-11-015788-8 brosch.
  ISBN 3-11-015789-6 Gb.

Printed in Germany

Konvertierung: Ditta Ahmadi, Berlin — Druck: Gerike GmbH, Berlin
Buchbinderische Verarbeitung: Lüderitz & Bauer-GmbH, Berlin
Einbandgestaltung: Hans-Bernd Lindemann

Meinem Sohn Christopher gewidmet

Inhalt

Einleitung

1. Gegenstand, Corpus und Themen

Gegenstand der vorliegenden Untersuchung ist die Geschichte der theoretischen und anwendungsorientierten Beschäftigung mit Sprache in Deutschland, d.h. die Geschichte der Auseinandersetzung mit sprachphilosophischen und allgemein sprachtheoretischen, sprachstrukturellen (grammatischen, lexikalischen etc.), sprachsoziologischen, -politischen, -ästhetischen und -pädagogischen Erscheinungen und Fragen. Diese ‚theoretische und anwendungsorientierte Beschäftigung mit Sprache‘ soll im folgenden zusammenfassend als *Sprachwissenschaft* bezeichnet werden.

Da der Ausdruck *Sprachwissenschaft* nicht auf eine institutionalisierte Disziplin verweist, versteht sich die hier vorgelegte *Geschichte der Sprachwissenschaft* auch nicht als eine Geschichte der sprachwissenschaftlichen Germanistik. Eine solche Geschichte des Fachs könnte nicht (oder nur in wenigen ihrer Aspekte) vor das 19. Jahrhundert zurückgreifen und wäre zudem an die Universität als den Ort der Institutionalisierung gebunden.

Der Darstellung liegt ein Corpus an Texten zugrunde, deren gemeinsames Element die Behandlung sprachwissenschaftlicher Themen im oben erwähnten Sinne ist. Im wesentlichen sind dies Texte, die den einzelnen sprachwissenschaftlichen Teildisziplinen entstammen, wie der allgemeinen Sprachtheorie, der Grammatikographie, der Sprachdidaktik etc. Daneben sind auch Texte Teil des Corpus, die nicht den traditionellen sprachwissenschaftlichen Textsorten angehören, sehr wohl aber einschlägige Themen diskutieren, zumindest an einigen Stellen mitbehandeln, etwa literarische Texte, Briefe und ähnliches. Insgesamt sind die folgenden Textsorten vertreten (vgl. Gardt 1996):

- sprachphilosophische/allgemein sprachtheoretische Abhandlungen, z.B. Wilhelm von Humboldt: Über die Verschiedenheit des menschlichen Sprachbaues und ihren Einfluß auf die geistige Entwicklung des Menschengeschlechts (1836), Ludwig Wittgenstein: Tractatus logico-philosophicus (1921), Ferdinand de Saussure: Grundfragen der allgemeinen Sprachwissenschaft (Cours de linguistique générale, 1916)
- sprachmystische Texte, z.B. Jakob Böhme: Aurora, oder Morgenröthe im Aufgang (1612)
- Texte aus dem Umkreis des Sprachuniversalismus (Texte der allgemeinen Grammatik, Entwürfe zu Universalsprachen u.ä.), z.B. Johann Werner Meiner: Versuch einer an der menschlichen Sprache abgebildeten Vernunftlehre

oder philosophische und allgemeine Sprachlehre (1781); Gottfried Wilhelm
Leibniz: Ars combinatoria (1666)
- Texte zur morphologischen, lexikalischen, syntaktischen Gestalt des Deut-
  schen, z.B. Johann Christoph Adelung: Deutsche Sprachlehre (1781), Jost
  Trier: Der deutsche Wortschatz im Sinnbezirk des Verstandes (1931)
- Orthographie- und Schreiblehren, z.B. Gebhard Overheide: Fünff Bücher
  Der Edlen Schreib-Kunst (1665)
- Wörterbücher und Sprachenharmonien, z.B. Jacob und Wilhelm Grimm:
  Deutsches Wörterbuch (1854ff.), Georg Leopold Ponat: Anleitung zur Har-
  monie der Sprachen (1713)
- Texte der historischen und der historisch-vergleichenden Sprachwissenschaft, z.B. Hermann Paul: Principien der Sprachgeschichte (1880), August
  Schleicher: Die Sprachen Europas in systematischer Übersicht (1850)
- varietätenbezogene Texte, z.B. Christoph Martin Wieland: Ueber die Frage
  Was ist Hochdeutsch? (1782)
- sprachpflegerische/sprachkritische Texte (darunter Abhandlungen in Form
  freier Publikationen; Korrespondenz von Grammatikern, Sprachpflegern
  etc.; Texte aus Fachzeitschriften und aus Veröffentlichungen von Einrichtungen der Sprachpflege; wissenschaftspolitische Schriften), z.B. Der Fruchtbringenden Gesellschaft ältester Ertzschrein. Briefe, Devisen und anderweitige Schriftstücke (hrsg. 1855); Muttersprache. Zeitschrift des deutschen
  Sprachvereins (1886ff.); E. Wanke: Ein Volk – eine Sprache (1934/35)
- pädagogisch-didaktische Texte, z.B. Christopher Helwig/Joachim Jung:
  Kurtzer Bericht Von der Didactica Oder LehrKunst Wolfgangi Ratichii [d.i.
  Wolfgang Ratke] (1614); Johann Amos Comenius: Didactica magna (1657)
- rhetorische Texte (darunter Rhetoriken, Texte zur Sekretariatkunst, Epistolo-
  graphien, Titularien, Predigtlehren), z.B. Johann Christoph Gottsched: Aus-
  führliche Redekunst (1736)
- poetologische Texte (darunter Poetiken und sonstige dichtungstheoretische
  Schriften; Aeraria poetica, Florilegien u.ä.), z.B. Johann Jakob Breitinger:
  Critische Dichtkunst (1740)
- Enzyklopädien und Lexika, z.B. Johann Heinrich Alsted: Scientiarvm omnivm encyclopaedia (1630)
- Vorworte zu Übersetzungen und übersetzungstheoretische Schriften, z.B.
  Martin Luther: Sendbrief vom Dolmetschen (1530).

Zahlreiche Texte erlauben keine eindeutige Zuweisung zu einer bestimmten
Sorte. So verbinden etwa, um ein Beispiel zu geben, Texte zu Fragen des Sprachursprungs und der Geschichte des Deutschen bis weit in das 18. Jahrhundert
hinein religiöse Elemente (Bezeichnung der Tiere durch Adam, Babylonische
Sprachverwirrung etc.) mit systemgeschichtlichen (Stellung des Deutschen
innerhalb der europäischen Sprachen, Etymologie des Wortgutes etc.), anthropologischen (Sprache als Merkmal der Unterscheidung des Menschen vom

Tier) und kulturpatriotischen (Nachweis besonderer Würde des Deutschen durch den Nachweis seiner biblischen Herkunft, Interpretation der Geschichte des Deutschen als Ausdruck der Identitätsbildung etc.).

Unter den Themen, die in den Texten der erwähnten Sorten behandelt werden, begegnen die folgenden gehäuft:

- das Verhältnis zwischen Sprache, Denken und Wirklichkeit; in den Texten meist diskutiert im Rahmen expliziter Zeichentheorien, als Relation zwischen *Zeichen* (*Wörtern/Ausdrücken/voces/verba* etc.), *Gegenständen* (*Dingen/Sachen/res* etc.) und, bei Annahme einer mentalen Zwischenstufe, *Vorstellungen* (*Gedanken, Ideen, notiones* etc.), auch unter dem Blickwinkel der Sprachabhängigkeit bzw. -unabhängigkeit des Denkens; im Zusammenhang damit die Frage von Arbitrarität und Motiviertheit des sprachlichen Zeichens (Sprache als Werkzeug des sie souverän handhabenden Menschen oder als natürliche oder metaphysisch begründete, dem einzelnen Menschen vorgegebene und seinem gestaltenden Zugriff zum Teil entzogene Größe)
- der Ursprung der menschlichen Sprachfähigkeit sowie der Einzelsprachen (bis ins 18. Jahrhundert: die Annahme der Existenz einer *adamischen/*paradiesischen Ur- bzw. Natursprache, die bis zur Babylonischen Sprachverwirrung bestand; später sensualistische und andere Entstehungstheorien)
- die Funktionen der Sprache und des Sprechens (individuell und gesellschaftlich; Sprache als anthropologische wie soziale Gegebenheit)
- Konzepte einer allgemeinen Grammatik und einer Universalsprache (Suche nach tiefenstrukturellen Prinzipien von Sprache; Konzeption künstlicher Sprachen, die als apriorische logisch-philosophische Sprachen oder auf der Basis bereits existierender Sprachen entwickelt werden und wissenschaftlich-philosophischen Zwecken oder, als *lingua franca*, der grenzüberschreitenden Kommunikation dienen)
- die grammatische und lexikalische Struktur der deutschen Hochsprache, wie sie in Grammatiken und Wörterbüchern beschrieben wird (im Zusammenhang damit die Diskussion über die grammatische Kodifizierung des Deutschen; die Diskussion über Prinzipien und Verfahren der Grammatikschreibung und der Lexikographie)
- die regionalen, sozialen und fachspezifischen Varietäten des Deutschen, unter Berücksichtigung der Diskussion über den gesellschaftlichen Standort dieser Varietäten
- die ideologischen Bewertungen des Deutschen als Ausdruck politischer, ethnisch-kultureller und z.T. auch anthropologischer Identität, auch in Abgrenzung gegenüber anderen Sprachen und Kulturen (Sprachpatriotismus/-nationalismus, Abwertung des sprachlich und kulturell Fremden; Korrelierung von Sprache und moralisch-ethischen Kategorien: Sicht von Sprachverfall als Sittenverfall)

- die Geschichte des Deutschen und seine Einordnung in die europäischen
  Sprachenfamilien
- die Verwendung des Deutschen unter situativ-pragmatischen und ästhetischen Gesichtspunkten (Anleitungen zum Verfassen von Texten bestimmter
  Sorten wie Reden, Briefe etc., auch dichterischer Texte mit ästhetischem und
  moralisch-belehrendem Anspruch; Diskussion über die Eignung des Deutschen als Literatursprache)
- die sprachpädagogischen Konzeptionen und sprachdidaktischen Verfahren
  im Muttersprachen- wie im Fremdsprachenunterricht.

Daß zwischen Textsorte und Problemstellung keine durchgängige Deckung besteht, ist offensichtlich. Äußerungen z. B. zu Dialekten finden sich in einzelsprachlichen Grammatiken, Orthographielehren, Wörterbüchern, sprachhistorischen Texten, varietätenbezogenen Texten, didaktischen Texten und
sprachpflegerischen/sprachkritischen Texten.

    Die thematische Streuung des Corpus und damit der in den Texten behan-
delten Inhalte bringt eine große Materialfülle mit sich. Diese Materialfülle sowie die Absicht, den Umfang eines einzelnen Bandes nicht zu überschreiten,
zwingen zu stark exemplarischem Vorgehen. Es können also weder alle Textsorten in gleichem Ausmaß zur Betrachtung herangezogen, noch können die
erwähnten Themen systematisch durch bestimmte – oder gar alle genannten –
Textsorten verfolgt werden. Zu einem jeweiligen Abschnitt auf der Zeitachse
wird daher das eine *oder* andere Thema herausgegriffen und anhand ausge-
wählter Texte erörtert. Ansonsten muß auf vorliegende Überblicksdarstellungen und Monographien verwiesen werden. In besonderem Maße gilt dies für
die Systeme von Grammatik und Rhetorik; sie in ihren Details zu beschreiben,
ist nicht Aufgabe dieser Darstellung. Gerade zu diesen Bereichen aber liegen
zahlreiche Arbeiten bereits vor.

    Vor allem im Hinblick auf die Einsetzbarkeit des Buches auch in der Lehre
wurde darauf geachtet, zu jedem eingehender behandelten Thema oder Autor
zumindest ein längeres zusammenhängendes Textstück zu zitieren. Die Darstellung soll dadurch wenigstens in Ansätzen auch als ein *Reader* zur Geschichte der Sprachwissenschaft in Deutschland dienen können.

2.   Untersuchungsraum und -zeit

Der Konzentration auf den Beobachtungsraum „Deutschland" mag man kritisch entgegenhalten, daß dem nationalen, d.h. dem für einen kulturell,
sprachlich und politisch definierten Raum spezifischen Element in der Geschichte der Sprachwissenschaft ein internationales Element gegenübersteht.
Auf bestimmte Zeiten und Fragestellungen trifft dies zweifelsohne zu. Teile der
mittelalterlichen Sprachreflexion etwa, wo diese sich mit zeichentheoretischen

oder universalgrammatischen Problemen befaßt, stellen in der Tat kein irgend-wie ‚nationales Phänomen' dar. Mit dem allmählichen Zurücktreten des Latei-nischen als internationaler Sprache des gelehrten Diskurses und der Hinwen-dung zu den Volkssprachen im Europa der Frühen Neuzeit beginnen sich je-doch nationale (d. h. hier: kultur-, politik- und sprachräumliche) Traditionen auch in der Sprachwissenschaft herauszubilden.

Dieser Spannung von Begrenztheit auf einen Raum einerseits und Inter-nationalität des sprachwissenschaftlichen Diskurses andererseits will die vor-liegende Untersuchung dadurch gerecht werden, daß sie nicht nur Arbeiten deutscher Sprachwissenschaftler berücksichtigt, sondern auch solche Arbeiten, die auf die Sprachwissenschaft in Deutschland nachhaltig wirkten und wirken. Das erklärt die Besprechung von Arbeiten Johann Amos Comenius', Ludwig Wittgensteins, Ferdinand de Saussures, Noam Chomskys und anderer. Daß der Untersuchungsraum nicht auf die deutschsprachigen Länder insgesamt ausgedehnt wurde, also keine *Geschichte der Sprachwissenschaft in den deutschsprachigen Ländern* angestrebt wurde, hat schlicht praktische Gründe: Die Darstellung hätte die eigenen Umfangsvorgaben überschritten.

Der zeitliche Rahmen der Darstellung bedarf nur in seiner Abgrenzung zur Gegenwart hin näherer Begründung. Die für den Untertitel gewählte Formulie-rung „bis ins 20. Jahrhundert" ist vergleichsweise offen. Mit ihr soll angezeigt werden, daß in den letzten Kapiteln der Untersuchung einige derjenigen sprachwissenschaftlichen Erscheinungen (Theorien, Methoden) berücksichtigt werden, die für die unmittelbar aktuelle Sprachwissenschaft in Deutschland von großer Bedeutung sind. Damit wird jedoch nicht der Anspruch erhoben, sämtliche der gegenwärtig relevanten sprachwissenschaftlichen Theorien und Schulen zu erfassen. Große Teile der gegenwärtigen Sprachwissenschaft blei-ben unberücksichtigt, von der Soziolinguistik (sieht man von dem ihr zugrun-deliegenden pragmatischen Sprachverständnis ab) bis zu den linguistischen Überlegungen etwa des Radikalen Konstruktivismus. Die Ausklammerung dieser Bereiche ergibt sich aus dem historiographischen Anliegen selbst, das auf die Beschreibung der Geschichte der Sprachwissenschaft zielt, nicht aber auf eine umfassende Darstellung ihrer Gegenwart. Zudem liegen auch für die-sen Bereich zahlreiche Überblicksdarstellungen vor.

3. Historiographisches Verfahren

Ein Blick in das Inhaltsverzeichnis der Untersuchung zeigt, daß versucht wurde, unterschiedliche Verfahren der Strukturierung des Materials miteinan-der zu verbinden. Das übergeordnete Gliederungsprinzip ist chronologisch, nach Jahrhunderten einteilend. Innerhalb dieses chronologischen Rahmens werden die Unterkapitel teils historisch gegliedert, d. h. nach Persönlichkeiten oder Epochenbezeichnungen (*Gottfried Wilhelm Leibniz, Sprachgesellschaften,*

Aufklärung, Romantik etc.), teils systematisch, nach Themen (*Allgemeine Grammatik, Sprachursprung und Sprachgeschichte, Sprache und Denken* etc.). Häufig wird ein historisches Kriterium mit einem systematischen verknüpft (*Sprache und Denken: Wilhelm von Humboldt*).

Die beiden Gliederungsprinzipien haben ihre je eigenen Vorzüge und Nachteile. Eine konsequent an Persönlichkeiten oder einzelnen Werken orientierte Gliederung z. B. kommt dem Leser insofern entgegen, als bedeutende Persönlichkeiten oder bekannte Einzelwerke häufig als eingängige Orientierungspunkte bei der intellektuellen Aneignung und Memorierung historischer Zusammenhänge dienen. Ihr Nachteil aber liegt darin, daß die Gliederung nach Personen oder Einzelwerken gewissermaßen quer zur Realität der Behandlung eines jeweiligen Themas in einem bestimmten historischen Zeitraum verläuft. Tatsächlich werden Themen nicht von einzelnen Persönlichkeiten ,abgehandelt', sondern in mehr oder weniger fachspezifischen Diskursen konstituiert und erschlossen, zu denen unterschiedliche Autoren in wieder je unterschiedlicher Weise beitragen. Zudem überschneiden sich diese Diskurse untereinander. An die Stelle der übersichtlichen, aber nur idealen Klarheit der Relation *ein Autor : ein Werk : ein Thema* tritt in der geschichtlichen Wirklichkeit ein komplexes Geflecht, in dem Autoren, Werke, Textsorten und thematische Einzelaspekte in vielfach gebrochener Weise zueinander stehen. Zwei Beispiele sollen dies illustrieren.

Der Übergang vom Barock zur Frühaufklärung geht mit einem Wandel des Kommunikationsideals einher. Auf die sich germanisch-altdeutsch verstehende Gesprächsethik der Mitglieder der barocken Sprachgesellschaften, wonach die Verwendung von Sprache von Prinzipien wie *Aufrichtigkeit, Redlichkeit, Treue* und *Natürlichkeit* getragen sein solle, folgt mit Autoren wie Christian Thomasius und Christian Weise ein Kommunikationsbegriff, der den Nutzen von Sprache für das gesellschaftliche Fortkommen des einzelnen und für das Funktionieren einer modernen Gesellschaft insgesamt betont. Diese Entwicklung führt bei den Grammatikern und Rhetorikern des 18. Jahrhunderts zu konkreten grammatischen und stilistischen Forderungen, z. B. zur Forderung nach einer *leichtfließenden Schreibart* bei Johann Christoph Gottsched.

Die zeitgenössischen Aussagen über die einzelnen Aspekte dieses sprachwissenschaftlichen Sachverhalts finden sich in Texten unterschiedlichster Sorten. Neben Grammatiken sind dies: Rhetoriken (z. B. Christian Friedrich Hunolds [= Menantes] »Einleitung zur teutschen Oratorie«), kulturkritische Abhandlungen (z. B. Christian Thomasius' Vorlesungen über den Nutzen einer Orientierung an französischer Lebensart), Briefe (z. B. die Korrespondenz der Mitglieder der Fruchtbringenden Gesellschaft), literarische Texte (z. B. Christian Weises satirisches Stück »Von einer zweyfachen Poeten-Zunfft«), Reden (z. B. Martin Opitz' Schulrede »Aristarchus sive de contemptu linguae Teutonicae«), Briefsteller (z. B. August Bohses [= Talander] »Neu-Erleuterter Briefsteller«) etc.

Ein zweites Beispiel: Das Konzept einer Universalsprache wird im Deutschland des 17. Jahrhunderts unter sehr verschiedenen Gesichtspunkten diskutiert. Eine der Diskussionslinien hebt auf die logisch-analytische Dimension einer solchen Universalsprache ab. Danach basiert die künstlich geschaffene *lingua universalis* nicht auf einer bereits existierenden Sprache, sondern besitzt apriorischen Charakter, folgt eigens festgelegten, den Gesetzen der Logik verpflichteten Regeln und soll die Formulierung präziser Aussagen in Wissenschaft und Philosophie ermöglichen. Eine zweite Linie der Diskussion erörtert das Konzept der Universalsprache aus metaphysischer Perspektive. Die „Natursprache" des Mystikers Jakob Böhme ist als die *lingua adamica* des Paradieses letztlich nichts anderes als eine Universalsprache: Als perfekt motivierte Sprache läßt sie, in einer dem Menschen rational nicht nachvollziehbaren Weise, an den phonetischen Strukturen der Wörter die bedeuteten metaphysischen „Geheimnisse" erkennen, ohne daß man den Zusammenhang zwischen Ausdrucks- und Inhaltsseite des Zeichens erlernen müßte. Die dritte Linie der Diskussion über die Universalsprache schließlich ist religionspädagogisch motiviert. Johann Amos Comenius, Bischof der Böhmischen Brüder, sieht in einer auf der Basis vor allem des Lateinischen konstruierten Universalsprache die Möglichkeit, die Menschen zur *Pansophia* zu führen, zu einer vollkommenen, allumfassenden Weisheit, so daß die Streitigkeiten zwischen ihnen ein Ende finden und sie in christlicher Eintracht leben können.

Zusätzlich interessant, aber auch komplexer wird die Diskussion dadurch, daß zwischen den erwähnten Linien Überschneidungen bestehen. So stellt Leibniz sein Konzept einer Universalsprache in die Tradition der verlorenen *lingua adamica* des Paradieses (z. B. in »Characteristica universalis«, S. 184, in »De connexione inter res et verba« S. 191f., in »Nouveaux essais sur l'entendement humain«, III, II, 1) und erklärt zum eigentlichen Ziel seines Arbeitens mit den Mitteln der Logik die Suche nach einer „Ratio ultima rerum seu Harmonia Universalis". Für Leibniz bestehen keinerlei Zweifel, daß diese *ultima ratio* nur Gott sein kann („*id est Deus* seyn müße"). Hinzu kommt, daß die neuzeitlichen Entwürfe der Universalsprache in großen Teilen in der Tradition der mittelalterlichen Kombinatorik des Raimundus Lullus stehen, wo bereits die technische Dimension der Gestaltung einer solchen Sprache mit ihrer metaphysischen Begründung verbunden wird. Was also – dies sollte das Beispiel veranschaulichen – eine bestimmte historiographische Perspektive als völlig unterschiedliche Darstellungsformen und -inhalte wahrnimmt (Analytik vs. Mystik vs. protestantische Religiosität), vermag eine andere historiographische Perspektive sehr wohl unter dem Gesichtspunkt der Gemeinsamkeit beschreiben.

Die erwähnten Beispiele lassen erkennen, daß sprachwissenschaftliche Gegenstände in aller Regel im Schnittpunkt unterschiedlicher Diskurse angesiedelt sind. Die Komplexität eines historischen sprachwissenschaftlichen Gegenstandes tritt aber erst in dem Maße zutage, in dem er in den Kontext all derjenigen wissenschaftlichen Disziplinen, Autoren, Textsorten etc. gestellt

wird, in deren Diskurs er konstituiert und erörtert wird. Eine Verbindung
historischer und systematischer Gliederungsprinzipien kann daher wenigstens
in Ansätzen versuchen, Überschneidungen und Verflechtungen der skizzierten
Art aufzuzeigen.

In der Methodendiskussion über eine Historiographie der Sprachwissenschaft sind in den vergangenen Jahren zunehmend Stimmen laut geworden, die
eine Entwicklung für das historiographische Arbeiten in eine ähnliche Richtung wie die hier angedeutete fordern (vgl. etwa Arbeiten Werner Hüllens,
Konrad Koerners, Brigitte Schlieben-Langes, R.H. Robins', Peter Schmitters
und Herbert E. Brekles, der z.b. zum Verständnis der Herder-Süßmilch-De-
batte im späten 18. Jahrhundert die Einbeziehung auch theologischer Daten
fordert und ganz allgemein die zusätzliche Berücksichtigung von „naiven"',
d.h. nicht-wissenschaftlichen Auffassungen über Sprache; vgl. u.a. die Beiträge in Schmitter 1987). Eine ähnliche Debatte wird für die Sprachgeschichtsschreibung, etwa der Germanistik, geführt, und zwar als Debatte über die
Alternative einer *inneren* im Gegensatz zu einer (auch) *äußeren* Sprachgeschichtsschreibung (zur theoretischen Diskussion vgl. z.B. die Konzeption
der 2. Aufl. des »Handbuchs Sprachgeschichte« [Besch/Betten/Reichmann/
Sonderegger] sowie Mattheier 1995, zur praktischen Umsetzung einer auch
äußeren Sprachgeschichtsschreibung vgl. z.B. die deutsche Sprachgeschichte
von Peter von Polenz). Die Fragestellungen innerhalb der Sprachgeschichtsschreibung und der Sprachwissenschaftsgeschichtsschreibung sind durchaus
vergleichbar: In beiden Fällen geht es um den Gegensatz zwischen einer ausschließlich auf die Sprachstruktur bezogenen und einer auch geistes-, kultur-
und sozialgeschichtlich orientierten Historiographie. Die Begrenzung einer
äußeren Sprachgeschichte bzw. Geschichte der Sprachwissenschaft, sozusagen
der allgemeinste Rahmen, in den der sprachliche bzw. sprachwissenschaftliche
Befund gestellt werden könnte, wäre eine ‚Geschichte der Mentalitäten' der
beteiligten Sprecher- und Kulturgemeinschaften (dazu Raulff 1987, Hermanns
1995). Solch eine Geschichte der Mentalitäten ist ebenso interessant wie
methodisch schwer zu fassen.

Das eigentliche Problem einer in dieser Weise „dichten Beschreibung" (zum
Begriff und Verfahren s. Geertz 1987) ist aber kein methodisches, sondern ein
praktisches. Mit den Ausweitungen der historiographischen Perspektive geht ein
extremer Zuwachs an historischem Material einher. Das Verfolgen von Überschneidungen und Querverbindungen, das Hineinstellen des Befundes in den
geistes-, kultur- und sozialgeschichtlichen Raum, die entsprechende Zunahme
an Textsorten und Texten stellt den Bearbeiter vor erhebliche quantitative Probleme. Will er den einzelnen Themen, Autoren und Werken nicht nur wenige Bemerkungen widmen, muß er entweder den Umfang der Darstellung erheblich
ausweiten – d.h. konkret: auf mehrere Bände erweitern – oder aber verstärkt
exemplarisch arbeiten, d.h. auf die Behandlung einer Reihe von Autoren und
Werken verzichten.

4. Textgestalt und Bibliographie

1. Schreibungen und Auszeichnungen: Um das Schriftbild nicht unruhiger als nötig werden zu lassen, wurde auf eine Verwendung des in den älteren Texten üblichen übergeschriebenen *e* zur Umlautkennzeichnung verzichtet. Das erscheint auch deshalb als unproblematisch, weil die Dokumentation historischer Schreibungen kein Anliegen der vorliegenden Darstellung ist. – Ebenfalls aus Gründen der Gleichmäßigkeit des Schriftbilds wurden zur Auszeichnung ausschließlich Kursiven verwendet. In Zitaten dienen sie entweder der Hervorhebung einzelner Ausdrücke entsprechend den Vorgaben des zitierten Quellentextes oder, in älteren deutschen Texten, der Unterscheidung von Antiqua- und Frakturatz. Dabei erscheinen die im Original in Antiqua gesetzten lateinischen Ausdrücke in den hier wiedergegebenen Zitaten kursiv, die im Original in deutscher Fraktur gesetzten Ausdrücke in den hier wiedergegebenen Zitaten recte. Außerhalb von Zitaten, also im laufenden Beschreibungstext, dienen Kursiven entweder der besonderen Betonung einzelner Ausdrücke durch den Verfasser (A.G.), oder sie geben Teile (einzelne Begriffe oder längere Wendungen) von Quellen wieder, wobei die einzelnen Ausdrücke dieser Wiedergaben in ihrer Flexion und Schreibung dem laufenden neuhochdeutschen Text angepaßt wurden. So kann z.B. die Rede sein von „Schottelius' Konzept der deutschen *Hauptsprache* …", wobei in Schottelius' Schriften abweichende Schreibungen („HaubtSprache", „Haubt-Sprache", „Haupt-Sprache" etc.) vorkommen können. – Aufgrund des Variantenreichtums in der Schreibung vor allem frühneuhochdeutscher Texte wurde grundsätzlich auf die Kennzeichnung auffallender Schreibungen durch *[sic!]* verzichtet.

2. Die Bibliographie der Quellen ist nicht als in jeder Hinsicht repräsentativ für die Geschichte der Sprachwissenschaft in Deutschland zu verstehen. Aufgeführt wurden nicht alle im Text erwähnten Quellen, sondern mit wenigen Ausnahmen lediglich diejenigen, aus denen zitiert wurde. – Die am Ende eines jeweiligen Kapitels angegebene Forschungsliteratur soll eine erste Orientierung zu dem behandelten Themenkomplex bieten.

– Abschließend möchte ich Vilmos Ágel (Budapest) und Ulrike Haß-Zumkehr (Mannheim/Heidelberg) für die kritische Lektüre einiger Kapitel herzlich danken. Frau Dr. Brigitte Schöning und den mit dem Buch befaßten Mitarbeitern des de-Gruyter-Verlags danke ich vielmals für die sehr gute Zusammenarbeit.

1. Sprachwissenschaft im Mittelalter

1.1 Frühe Reflexion über das Deutsche

Eine Geschichte der *Sprachwissenschaft in Deutschland* könnte bei großzügiger Bestimmung des historiographischen Gegenstandes mit der Geschichte des Wortes *deutsch* einsetzen. Die Selbstverständlichkeit, daß jede Verwendung eines Wortes eine Konzeption seiner Bedeutung voraussetzt, gewinnt im Falle des Sprachnamens *deutsch* dadurch an Brisanz, daß diese Bedeutung in zahlreichen frühen Belegen im Rückblick nur schwer zu rekonstruieren ist. In dem Maße aber, in dem der Forschung die Bedeutung des Sprachnamens bekannt ist, ist ihr auch bekannt, wie sich Sprecher und Sprechergruppen des Deutschen über ihre Sprache selbst bestimmen, inwieweit sie ihre Sprache als Ausdruck politischer und kultureller Identität begreifen. Die frühe Geschichte des Wortes *deutsch* ist damit in gleicher Weise Geschichte der deutschen Sprache wie politische und kulturelle Geschichte des deutschsprachigen Raumes.

Das Verhältnis dieser beiden Geschichten zueinander ist außerordentlich komplex. So bedeutet die eben getroffene Feststellung keineswegs, daß die Verwendung des Wortes *deutsch* bzw. eines seiner Vorläufer bei seinen Benutzern das Bewußtsein von der Existenz einer einheitlichen Größe ‚Deutschland‘ voraussetzen würde. Je nach Interpretation der Quellenbelege läßt sich zwischen der Erstverwendung (786, in der lateinischen Form *theodiscus*) und dem Einsetzen dieses Bewußtseins ein Zeitraum von bis zu vierhundert Jahren annehmen.

Noch komplizierter – und nach wie vor Gegenstand germanistischer und historischer Fachdiskussion – ist das Verhältnis zwischen Sprachnamen und Volksnamen *deutsch*. Zum einen geht im Deutschen, entgegen der üblicheren Abfolge, der Sprachname dem Volksnamen voraus. Zugleich begegnet das Wort *deutsch* in den unterschiedlichsten Formen, die lediglich in ihrer Etymologie klar sind (Adjektivbildung zu germ. þeudō, ‚Volk‘), nicht aber in ihrem wortgeschichtlichen Verhältnis. Das mlat. *theodiscus*, die Form der ersten Belege, wurde von der Forschung sowohl als Kunstbildung karolingischer Gelehrter wie auch als latinisierte Form eines germanischen þeudisk erklärt, und dies bereits durch Jacob Grimm, der den gemeingermanischen Charakter des Wortes betont. Für die Frühzeit lassen sich jedenfalls zwei Bedeutungskomponenten unterscheiden: ‚volkssprachlich‘ (im Gegensatz zu *lateinisch*) und ‚Sprache germanischer Stämme‘. Wann genau und unter welchen Umständen die appellative Verwendung in das Nomen proprium *deutsch* übergegangen ist bzw. von ihm verdrängt wurde, läßt sich nicht mit Bestimmtheit sagen.

Theodiscus ist bis zur Mitte des 11. Jahrhunderts belegt und wird schließlich durch das seit dem späten 9. Jahrhundert begegnende *teutonicus* verdrängt. *Teutonicus* ist die im gesamten Mittelalter dominierende lateinische Bezeichnung für ‚deutsch‘ (bzw., als *Teutonici* und *Teutones*, für ‚die Deutschen‘ sowie, als *Teutonica* und *Teutonia*, für ‚Deutschland‘). Daß zusätzlich die römischen Namen *Germania* und *Germani* bzw., für die Sprache, *lingua germanica* verwendet werden und mit dem Humanismus eine regelrechte Blüte erleben, sei nur am Rande erwähnt.

Parallel zu diesen lateinischen Bezeichnungen entwickelt sich in der volkssprachlichen Linie *diutisk*, im 9. Jahrhundert zunächst in Schreibungen wie *thiutisce*, *diutisce* etc. und bedeutungsgleich mit *theodiscus* und *teutonicus*. Über Formen wie *tiutsch* (im Südwesten), *dudesch* (nd.) und andere führt es zum heutigen *deutsch*.

Die knappe Übersicht sollte dazu dienen, die Vielschichtigkeit des Gegenstandes zu verdeutlichen. Zugleich läßt die Geschichte der Beschäftigung mit diesem kontroversen Gegenstand wie kaum ein anderes Thema erkennen, wie sehr Sprachwissenschaft von gesellschaftlichen und politischen Interessen geprägt sein kann. So wird seit dem 15. Jahrhundert versucht, den Sprach- und Volksnamen *deutsch* etymologisch und wortgeschichtlich in einer Weise zu interpretieren, die ihm und damit der Sprache und dem Volk hohes, gar biblisches Alter und besondere Würde garantieren soll:

– 1498 behauptet der Dominikaner Giovanni Nanni unter Rückgriff auf einen angeblich babylonischen Text aus dem 3. vorchristlichen Jahrhundert (nach Borst 1957–63), daß Noah einen Sohn namens „Tuyscon" gehabt habe, bei dem es sich um den erdgeborenen Gott „Tuisto" handele, den wiederum Tacitus in der »Germania« zum Stammvater der Germanen erklärt („[...] Tuistonem deum terra editum"). Von „Tuyscon" liegen Schreibvarianten wie „Tuison", „Tuisco", „Duisco", „Tuitscho" vor, die sich leicht zu Vorläufern von *deutsch* deklarieren ließen.

– In Texten des frühen 16. Jahrhunderts (u. a. bei Aventin [d. i. Johannes Turmair]) ist wiederholt davon die Rede, daß Ascenas, ein Urenkel Noahs, ein jüngerer Verwandter des „Tuisco" sei. Ascenas wiederum ist in der frühneuzeitlichen Diskussion über die Herkunft der Deutschen und ihrer Sprache von Interesse, weil er nach der Babylonischen Sprachverwirrung die deutsche Sprache – eine der bei der Sprachverwirrung entstandenen sog. „Hauptsprachen" – nach Europa gebracht habe, unmittelbar in das „Fürstenthumb Anhalt", „das alte Ascanier-Land / oder erste Haupt-Sitz dises vnseres Teutschen Stamm-Vatters Ascenez" (so noch in der „sibende[n] Unterredung" des »Parnassus Boicus« von 1722, einer gelehrten Zeitschrift aus der süddeutschen Akademiebewegung des 18. Jahrhunderts). Das Geschlecht der *Askanier* wiederum wird auch auf *Ascanius*, einen Sohn des Äneas, zurückgeführt. Wie auch immer: Philipp Melanchthon führt beide Namen zusammen und stellt fest, daß die

Form *die Ascanes*, d. h. die Askanier, also ‚die dem Stamm des Ascenas Angehörenden‘, identisch mit *Tu – iscones* sei (nach Borst 1957–63, 1070), so daß der heidnische Gott und der biblische (oder auch antike) Ascenas letztlich miteinander identifiziert werden.

– Philipp Clüver beschreibt in den »Germaniae Antiquae libri tres« (1616) eine Herleitung von *deutsch* aus *Ascenas* (S. 80): Der Bezeichnung *Ascanes* (d. i. Askanier, ‚Volk des Ascenas‘) sei ursprünglich der Artikel *thi* vorangestellt worden, so daß sich *thi Ascanes* bzw., entsprechend deutscher Flexion, *thi Ascanen* (= ‚die Ascanen‘) ergeben habe. Durch Apokope des *i* habe sich *th'Ascanen* gebildet. Da nun aufgrund der Aussprache im Laufe der Zeit der Eindruck entstanden sei, daß es sich dabei um ein einzelnes Wort handle, wurde erneut ein Artikel vorangestellt, *thi Thascanen*, was schließlich zu *die Deutschen* geworden sei.

– Philipp von Zesen schreibt 1651 in »Rosen-Mând«, daß die Askanier zwar von Askenas, die „Germanier" aber von „To-Garma", einem Bruder des Askenas, abstammen. Ähnliche Vorstellungen existieren von dem Namen *Alemannen* (vgl. etwa Rudolph Sattler: Orthographey, 1621, 4f.; zu *Germanen* s. auch Johannes Werner: Manuductio, 24ff.).

– Justus Georg Schottelius führt 1663 *deutsch* auf *Teut* zurück, das „fast bey allen Völkeren […] ein […] allgemeines Wort" für ‚Gott‘ sei und „nach Celtischer Ausrede" [d. h. Aussprache] *Teut* laute (1663, 35). An anderer Stelle (S. 152) geht er von einer *Lingua Teutonica* aus und läßt aus ihr eine *Lingua Teutisca* und eine *Lingua Theotisca* entstehen. Diese beiden unterscheidet er mittels der zweiten Lautverschiebung und sieht in letzterer die Vorform von *die hoch-deutsche* (Sprache): *the ho-tietsche* (Sprache).

Solch abenteuerliche Deutungen des Sprachnamens *deutsch* treten zwar im Laufe der Zeit, mit der Sicherung sprachhistorischer Methoden und Kenntnisse zurück, doch ist noch in den ersten Jahrzehnten des 20. Jahrhundert die Diskussion über den Sprachnamen *deutsch* von nationalem Pathos nicht frei. Am bekanntesten wurde in dieser Hinsicht eine Formulierung Leo Weisgerbers, der, unter der Kapitelüberschrift „Die westliche Sprachgrenze im deutschen Schicksal", den frühen Sprachnamen *deutsch* als Abgrenzungsbezeichnung der östlichen Franken gegenüber den romanischen Nachbarn charakterisiert: als „Heimatruf der in dem Schicksal der Romanisierung stehenden Franken" (Weisgerber 1940, 148). Wenn auch die bloße Erwähnung eines Sprachnamens bereits Rückschlüsse auf den geographischen und gruppenspezifischen Status einer Einzelsprache im Bewußtsein ihrer Sprecher erlaubt, so sollen im folgenden doch sprach*reflexive* Äußerungen im Vordergrund stehen, d. h. Äußerungen, in denen Sprache Gegenstand explizit metasprachlicher Ausführungen ist.

Sprachreflexive Äußerungen des Mittelalters, die sich auf das Deutsche beziehen, behandeln meist eines dieser Themen:

1. das Deutsche in seinen grammatischen, lexikalischen und stilistischen Eigenschaften, insbesondere im Gegensatz zum Lateinischen;

2. das Deutsche als Zielsprache von Übersetzungen, auch hier im Kontrast zum Lateinischen, das Ausgangssprache dieser Übersetzungen ist;
3. das Deutsche in seiner dialektgeographischen Binnengliederung.

Die Äußerungen zu den beiden ersten Punkten werden im folgenden gemeinsam behandelt. Der spezifisch übersetzungs*theoretische* Aspekt des zweiten Punktes ist an anderer Stelle, im Zusammenhang mit der Diskussion der Bibelübersetzung Martin Luthers zu erläutern.

Frühe Kommentare zum Deutschen sind oft apologetischer Natur. Ihre Autoren rechtfertigen die Verwendung der Muttersprache, die als *lingua vulgaris* (*lingua barbara* bzw. *barbarica, lingua rustica, lingua vernacula*) der Bildungssprache Latein gegenübersteht. Die besondere Stellung des Lateinischen ist außer durch die rein praktische Tatsache ihrer weiten internationalen Verbreitung innerhalb der Gelehrtenschaft dadurch begründet, daß sie zusammen mit dem Griechischen und dem Hebräischen als eine der drei heiligen Sprachen gilt. In dieser Vorstellung verbindet sich das Wissen über die sprachliche Gestaltung der Heiligen Schrift – das Hebräische als Sprache des Alten Testaments, das Griechische als die des Neuen Testaments sowie der Septuaginta, d.h. der Übersetzung des Alten Testaments, und, seit der Übersetzung der gesamten Bibel durch Hieronymus im frühen 5. Jahrhundert, das Lateinische – mit religiös motivierten Mythen über Ursprung und Rangfolge der Sprachen. Immer wieder ist von den *tres linguae sacrae* bei den Theologen und Kirchenvätern die Rede, von Augustinus bis zu Isidor von Sevilla, der in seiner »Etymologia« hervorhebt, daß die von Pilatus veranlaßte Kreuzesinschrift in diesen drei Sprachen gehalten war: „Tres autem sunt linguae sacrae: Hebraea, Graeca, Latina, quae toto orbe maxime excellunt. His namque tribus linguis super crucem Domini a Pilato fuit causa ejus scripta" (9, 1, 3).

Ein berühmtes Beispiel für einen derartigen, die Verwendung der Volkssprache anstelle des Lateinischen begründenden Text, ist das Approbationsschreiben Otfrids von Weissenburg an den Mainzer Erzbischof Liutbert (um 868). Der Elsässer Mönch schreibt dort über das Althochdeutsche – von Otfrid selbst als *theotisce* und *frenkisg* bezeichnet – seines Evangelienbuchs (Vollmann-Profe 1976, 25–28; lat. Text im Anhang):

Wie nun allerdings diese unkultivierte Sprache insgesamt bäurisch ist und ungebildet, nicht gewöhnt, sich dem lenkenden Zügel der Grammatik zu fügen, so ist auch bei vielen Wörtern die Schreibung schwierig, sei es wegen der Häufung von Buchstaben, sei es wegen ihrer ungewöhn<50>lichen Lautung. Denn bisweilen fordert sie, wie mir scheint, drei u (die l ersten zwei meines Erachtens konsonantisch lautend, während das dritte u den Vokalklang beibehält), bisweilen konnte ich weder den Vokal a, noch ein e, noch ein i und auch nicht ein u vorsehen: in solchen Fällen schien es mir richtig, y einzusetzen. Aber auch gegen diesen Buchstaben sträubt sich diese Sprache manchmal: sie geht überhaupt bei gewissen Lauten nur mühsam eine Verbindung mit einem bestimmten Schrift<65>zeichen ein. Diese Sprache verwendet, abweichend vom Lateinischen, häufig k und z, Buchstaben, von denen die Grammatiker sagen, sie seien überflüssig. Zum Ausdruck des bisweilen vorkommenden dentalen Zischlautes wird, wie ich meine, in dieser Sprache das z verwendet, das k aber zum Ausdruck des Rachenlauts. Unsere Sprache gestattet auch die häufige, (wenngleich nicht durchgängige) Anwendung einer Form des Metaplasmus, die die gelehrten <70> Grammatiker Synalöphe nennen (und wenn dies die Leser nicht beachten, klingt der Rhythmus der Worte entstellt). Dabei bleiben die Buchstaben bisweilen im Schriftbild erhalten, bisweilen aber werden sie weggelassen nach Art des Hebräischen, wo man, wie es heißt, ganze Buchstaben beim Schreiben – gerade wie bei der Synalöphe – auszulassen und zu überspringen pflegt. Das bedeutet aber nicht, daß der Text dieses <75> Werkes durch kunstvolle metrische Regeln gebunden wäre, vielmehr verlangt er durchgehend nach der Figur des Homoioteleutons. Es fordern nämlich in dieser Dichtung die Wörter einen Endklang, der mit dem vorausgehenden Endklang korrespondiert und ihm ähnlich ist, und sie läßt das ganze Werk hindurch nicht nur zwischen zwei Vokalen, sondern auch zwischen anderen Buchstaben sehr häufig synalöphische Verschmelzung zu. Geschieht dies nicht, führt die wiederholte Buch<80>stabenhäufung zu einem unangemessenen Klang der Sätze. Bei genauem Hinsehen können wir feststellen, daß wir auch in der Umgangssprache nicht selten ebenso verfahren. Die poetische Gestaltung der Sprache dieser Dichtung stellt demnach ihre Forderungen an den Leser: er muß auf leichte und gleitende synalöphische Verschleifung achten; andererseits fordert sie vom Verfasser die Einhaltung des Homoioteleutons, das <85> heißt der gleichklingenden Wortausgänge. Der Sinnzusammenhang muß in dieser Dichtung manchmal über zwei oder drei oder gar vier Verse hinausgreifen, damit den Lesern recht deutlich werde, was der Text sagen will. Nicht selten findet sich hier die Verbindung i mit o (und analog die Verbindung von i mit einem der übrigen Vokale) und zwar so, daß das eine Mal die beiden Vokale auch in l der Aussprache als selbständige Vokale erhalten bleiben, ein anderes Mal jedoch die zwei Vokale in der Aussprache verschmelzen, dann nämlich, wenn der erste Vokal kon<90>sonantisch wird. Auch eine doppelte Negation, die im Lateinischen die Aussage bekräftigt, bedeutet in unserem Sprachgebrauch praktisch immer eine Verneinung, und wenn ich dies bisweilen auch hätte vermeiden können, habe ich doch mit Rücksicht auf die Umgangssprache mich bemüht, dem gewöhnlichen Sprachgebrauch entsprechend zu schreiben. Die Eigenart dieser Sprache erlaubte mir auch nicht, in jedem <95> Fall Numerus und Genus beizubehalten. Manchmal habe ich nämlich ein lateinisches Maskulinum in dieser Sprache als Femininum wiedergegeben, und auch die übrigen Geschlechter habe ich notgedrungen in ähnlicher Weise geändert; den Plural habe ich gegen den Singular und den Singular gegen den Plural ausgetauscht, und so konnte es nicht ausbleiben, daß ich mich ziemlich häufig eines Barbarismus und Solözismus schuldig machte.

<100> Deutsche Beispiele all dieser erwähnten Verstöße könnte ich aus meinem Buch hier aufführen; doch möchte ich den Spott der Leser vermeiden. Wenn nämlich die ungeschliffenen Worte einer bäurischen Sprache in die feine Glätte des Lateinischen eingestreut werden, ruft das bei den Lesern spöttisches Gelächter hervor. Diese unsere Sprache gilt in der Tat als bäurisch, weil sie von denen, die sie sprechen, zu keiner Zeit durch schriftliche Fixierung oder durch

irgendeine Art grammatisch-rheto<105>rischer Studien kultiviert wurde. Unsere Landsleute nämlich überliefern nicht, wie viele andere Völker, die Geschichte der eigenen Vorfahren der Nachwelt und sie verherrlichen auch nicht deren Taten und Leben in liebevoller Bewunderung ihres verdienten Ruhms. Wo dies, selten genug, doch einmal geschieht, wählen sie für ihre Darstellung lieber die Sprache fremder Völker, das heißt der Römer oder Griechen. Sie hüten <110> sich vor Fehlern in den fremden Sprachen, in der eigenen scheuen sie sie nicht. Bei fremden Sprachen schrecken sie davor zurück, sich auch nur mit einem einzigen Buchstäblein gegen die Grammatik zu verfehlen, – und die eigene Sprache bringt beinahe mit jedem Wort einen Fehler hervor. Es ist erstaunlich, daß so bedeutende Männer, eifrige Anhänger der Wissenschaft, Männer von außerordentlichem Abwägungsvermögen und voller geistiger Beweglichkeit, groß durch Weisheit und hervorragend durch Frömmigkeit, alle diese Fähigkeiten zum Ruhm einer frem<115>den Sprache einsetzen und im Schreiben der eigenen keine Übung haben. Und dennoch ziemt es sich, daß das Menschengeschlecht, auf welche Art auch immer, sei es in einer fehlerhaften, sei es in einer höchst kultivierten Sprache, den Schöpfer aller Dinge lobt. Er nämlich hat ihnen das In-lstrument der Sprache gegeben, damit sie in ihr sein Lob erklingen lassen. Er erwartet von uns ja nicht die Schmeichelei glatter Worte, sondern die <120> fromme Ausrichtung unseres Denkens und viele in frommem Eifer geschaffene Werke, nicht leeren Lippendienst.

Der Text ist unter dem Gesichtspunkt der Sprachreflexion in mehrfacher Hinsicht interessant. Im folgenden werden angesprochen: 1. die Bewertung der strukturellen/stilistischen Eigenschaften des Deutschen; 2. die Tradition des Verfassens sakraler Texte in der Volkssprache; 3. die angedeutete Kritik an der Rhetorik und das Konzept der ‚natürlichen Volkssprache‘; 4. die Vergegenständlichung von Sprache und das Lob des Sprachvolks.

Zu 1: Die Bewertung der strukturellen/stilistischen Eigenschaften des Deutschen

Die hierarchische Perspektive, aus der Otfrid schreibt, ist unübersehbar: Das Deutsche (Fränkische) wird in seinen Eigenschaften über das Lateinische bestimmt, das in jeder Hinsicht den Maßstab bildet. Strukturelle und stilistische Kennzeichen des Deutschen – Spezifika der Lautung, der Schreibung, der Negation, der Bildung von Numerus, Kasus und Genus, der grammatisch-rhetorischen Gestaltung – werden nicht als Kennzeichen einer eigenständigen Sprache wahrgenommen, sondern ausschließlich in ihrer Relation zum sprachlichen Ideal, als Abweichung von der ‚eigentlich richtigen‘ Größe Latein, einer der drei „édilzungen". Besonders deutlich zeigt das Otfrids Verwendung der Bezeichnungen *Barbarismus* und *Solözismus*. Mit diesen Ausdrücken der antiken Grammatik und Rhetorik werden Fehler auf der Wort- bzw. auf der Satzebene in derjenigen Sprache bezeichnet, in der man schreibt, was für die Verfasser der römisch-antiken und spätantiken Lehrbücher in jedem Fall das Lateinische war. Zwar besitzt Otfrid den Mut, nach den Regeln des Deutschen zu schreiben, doch liegen für ihn solche Barbarismen und Solözismen nicht dann vor, wenn er gegen die Regeln *des Deutschen* verstößt, sondern wenn eine deutsche Form lexikalischen oder syntaktischen Spezifika *des Lateinischen* widerspricht (– daß daneben auch die in Texten dieser Gattung übliche Bescheidenheitstopik Otfrid zu dem Selbstvorwurf veranlaßt haben mag, ändert daran nichts). Insgesamt erinnert manches an dieser zeitgenössischen Beschreibung des Deutschen in seinem Verhältnis zum Lateinischen an die Art und Weise, wie ab dem 17. Jahrhundert die Verwendung deutscher Dialekte an Stelle des Hochdeutschen begründet wird – die Haltung des Autors ist entschuldigend, ein wenig trotzig die eigene Sprache bzw. Varietät verteidigend.

Zu 2: Die Tradition des Verfassens sakraler Texte in der Volkssprache

Obgleich Otfrid sich eines Wertgefälles zwischen Latein und Deutsch so sehr bewußt ist, daß er aus Furcht vor Spott in seinem Brief nicht einmal deutschsprachige Beispiele heranzieht, steht er mit seiner Verwendung einer Volkssprache für die Formulierung sakraler Inhalte doch wieder in einer eigenen, wenn auch zu seiner Zeit nur ansatzweise etablierten Tradition. Die römische Kirche mag volkssprachlichen religiösen Texten, insbesondere volkssprachlichen Bibeln, aus theologischen Gründen und solchen der kirchlichen Traditionssicherung im Mittelalter ablehnend gegenübergestanden haben, doch ist ihr andererseits die praktische Notwendigkeit solcher Texte zum Erreichen breiter Bevölkerungsgruppen sehr wohl gegenwärtig. Schon früh wurde zumindest für Teile der Liturgie die Volkssprache gefordert und vorsichtig zugestanden, etwa auf der Synode der fränkischen Kirche in Frankfurt, die 794 unter Leitung Karls des Großen tagte („in omni lingua deus adoratur", Zitat aus dem Synodalbeschluß, in: MGH, Conc. II, 1, 171). Als Begründung konnte man auf die Bibel selbst verweisen, wo in der Beschreibung des Sprachenwunders zu Pfingsten zumindest die Predigt in den verschiedensten Zungen legitimiert wird. Otfrids Bemerkung gegen Ende seines Briefes, daß es Aufgabe des Menschen sei, Gott, in welcher Sprache auch immer, zu lobpreisen, und daß Gott dem Menschen eben dafür die Sprache verliehen habe, läßt sich vor diesem Hintergrund verstehen. Im Evangelienbuch selbst schließlich wird diese Forderung nach Gottes Lob in einer jeden Sprache gezielt auf das Deutsche bezogen (I, 1, 113-118 u. 123-126; nhd. Text zit. nach der Übersetzung Vollmann-Profes, S. 84):

Nu will ih scríban unser héil,   evangéliono deil,
so wír nu hiar bigúnnun,   in frénkisga zungun;
Thaz síe ni wesen éino   thes selben ádeilo,
ni man in íro gizungi   Kristes lób sungi;

Joh er ouh íro worto   gilóbot werde hárto,
ther sie zímo holeta,   zi gilóubon sinen ládota.
[...]
Nu fréwen sih es álle,   so wer so wóla wolle,
joh so wér si hold in múate   Fránkono thíote,
Thaz wir Kríste sungun   in únsera zungun,
joh wír ouh thaz gilébetun,   in frénkisgon nan lóbotun!

So will ich jetzt daran gehen, unser Heil zu besingen, eine evangelische Ge-
schichte zu schreiben, | und zwar so, wie ich hier begonnen habe: in der Sprache
der Franken – | damit sie nicht als einzige darauf verzichten müssen, | daß man
in ihrer Sprache Christi Lob singe; | damit vielmehr auch auf Fränkisch er ge-
priesen werde, | der sie zu sich geholt, in seinem Glauben versammelt hat. | [...]
Nun mögen sich alle freuen, die guten Willens sind, | alle, die dem Volk der
Franken wohlwollen, | daß wir Christus in unserer Sprache preisen konnten |
und es uns vergönnt war, sein Lob auf Fränkisch zu singen.

Die bei Otfrid begegnende Erklärung für die menschliche Sprachfähigkeit
(damit der Mensch Gott lobe), bleibt im übrigen ein Topos bis in die frühe
Neuzeit hinein: Nicht zuletzt deshalb hat „GOTT der Herr [...] den Menschen
vor allen anderen Creaturen redend erschaffen", damit er „seinen Schöpffer
allewege preisen" kann (Overheid 1665, 3); mittels der Sprache bringen wir
Gott „das schuldige Lobopffer unsrer Lippen dar" (Harsdörffer 1692, III, 31),
kann der Mensch „mit seinem Neben-Menschen vnd wohl auch mit GOtt vnd
seinen H. Englen" „Comercij oder Gemeinschafft [...] pflegen" (Parnassus
Boicus, 1722, 7).

Zu 3: Die angedeutete Kritik an der Rhetorik und das Konzept der
,natürlichen Volkssprache'

Gott, so stellt Otfrid gegen Ende des Briefes fest, erwarte echte Frömmigkeit
von den Menschen, nicht „die Schmeichelei glatter Worte" („verborum adulationem politorum"), keinen „leeren Lippendienst" („labrorum inanem servitiem"). Unabhängig davon, ob Otfrid damit ganz speziell die eleganten Latini-
sten der Karlischen Renaissance kritisieren wollte, wird an dieser Stelle ein
sprachreflexiver Topos formuliert, der sich, dann jedoch außerhalb eines religiösen Kontextes, bis auf die antike Rhetorikkritik zurückverfolgen läßt: die
Kritik an einer stilistisch aufwendigen, aber inhaltsleeren und nicht von einem
bestimmten kommunikativen Ethos getragenen Sprache (ausführlicher zur
Rhetorik und ihrer Kritik Kap. 4.1 und 6.5). Zwei Forderungen sind letztlich
in dieser Kritik impliziert, eine zeichentheoretische und eine kommunikative.
Die zeichentheoretische Forderung ist die nach einer Kongruenz von Sprache
und Wirklichkeit – daß also den Sprachzeichen tatsächlich Gegenstände und
Sachverhalte der Wirklichkeit entsprechen mögen, so daß umgekehrt über das

Sprachzeichen ein geistiger Zugriff auf die Wirklichkeit möglich ist –, die kommunikative Forderung ist die nach der Aufrichtigkeit der Kommunikationspartner.

Beide Forderungen begegnen in der Geschichte der Sprachreflexion immer wieder und könnten den Status universeller Maximen der Sprachreflexion zugesprochen bekommen. Die Existenz alternativer Maximen zu bestimmten Zeiten und für bestimmte gesellschaftliche Gruppen (z. B. das alamodische Konversationsideal des 17. Jahrhunderts) wäre damit nicht geleugnet, behauptet wäre allerdings, daß die Forderungen nach einer Kongruenz von Sprache und Wirklichkeit und nach kommunikativer Aufrichtigkeit für weite Teile der Gesellschaft zu fast jeder Zeit ebenso selbstverständlich sind wie z. B. die Annahme, daß die zentrale säkulare Funktion der Sprache die der Kommunikation ist. Ein Blick in griechische, lateinische, englische, französische und andere Texte zeigt zudem, daß diese Forderungen natürlich nicht auf den deutschsprachigen Raum beschränkt sind.

In Otfrids Kritik sind allerdings nicht nur die erwähnten Forderungen impliziert, sondern zugleich die Annahme, daß es eine Erscheinungsform der Sprache gibt, die auf keinen Fall eine Sprache *glatter Worte* und des *leeren Lippendienstes* ist: die Muttersprache. In den im Mittelalter nur vereinzelt anzutreffenden, zur Frühen Neuzeit hin aber stark zunehmenden Argumentationen zur Aufwertung der Volkssprachen gegenüber dem Lateinischen ist es stets die Volkssprache, die als schlichter, weniger verbildet, natürlicher und besser geeignet zum Ausdruck von Gefühlen gilt; wem der Mund, wie es später bei Luther heißt, wegen eines vollen Herzens übergeht (im »Sendbrief vom Dolmetschen«), der wird nach verbreiteter Ansicht ganz selbstverständlich in die Muttersprache verfallen. Mehr als impliziert ist dies allerdings bei Otfrid nicht, und auch diese bloße Andeutung eines Lobs volkssprachlicher Schlichtheit hat sicher einiges von dem Versuch, aus der argumentativen Not eine Tugend zu machen: Angesichts der Dominanz des Lateinischen in wichtigen Textsorten, angesichts seines hohen Ansehens und seiner faktisch überlegenen Möglichkeiten lexikalischer Differenzierung (zumindest in einigen Fachsprachen) bleibt Otfrid kaum eine andere Möglichkeit, als die Schlichtheit der Volkssprache zu einem besonderen Wert zu deklarieren.

Spätestens mit dem Humanismus allerdings werden Schlichtheit und Natürlichkeit der Muttersprache zum explizit positiv bewerteten sprachreflexiven Topos. Die in Deutschland verbreiteten Darstellungen der Babylonischen Sprachverwirrung stellen die Volkssprache Deutsch zeitlich auf eine Stufe mit dem Lateinischen, bisweilen sogar ihr voran, und die Spuren der von der Sprachmystik vorausgesetzten „Sprache des Paradieses" werden von dem Görlitzer Visionär Jakob Böhme in den Wörtern des Deutschen und nicht in denen des Lateinischen, der Sprache der uninspirierten „Buchstaben-Gelehrte[n]", gesucht. Den Mitgliedern der barocken Sprachgesellschaften gilt das Deutsche aufgrund seiner vermeintlichen onomatopoetischen Qualitäten als „in rerum natura" verankert, d. h. als „natürlicher" und damit referentiell zuverlässiger als die anderen Sprachen Europas (dazu Kap. 3.1 und 3.2).

Zu 4.: Die Vergegenständlichung von Sprache und das Lob des Sprachvolks

In sprachreflexiven Texten begegnen häufig Vergegenständlichungen, darunter meist Personifizierungen von Sprache. In Otfrids Text sind dies: Sprachen können etwas *nicht gewöhnt* sein (*lingua insueta*), können sich (grammatischen) *Zügeln fügen* (*lingua insueta capi regulari freno grammaticae artis*), etwas *fordern* (*lingua quaerit*), sich *sträuben* bzw. etwas *scheuen* (*lingua horrescit*), bestimmte phonologisch-graphematische Verbindungen *nur mühsam eingehen* (*nulli se caracteri aliquotiens in quodam sono, nisi difficile, jungens*), etwas *gestatten* bzw. *erleiden* (*lingua patitur*). Zum Teil erklären sich solche Hypostasierungen rein darstellungstechnisch: Da die Sprache in metasprachlichen Kommentaren selbst zum Gegenstand wird, ist es nicht ungewöhnlich, diesen Gegenstand aus seinen ihn bedingenden Bezügen herauszulösen und ihm Eigenschaften zuzusprechen, die tatsächlich nur seinen menschlichen Benutzern, den Sprechern, zukommen können, die über ihn verfügen, ihn in der Verwendung gestalten. Der Einsatz personifizierender Metaphern ist dann nicht viel mehr als eine Redeweise.

Nicht selten allerdings nimmt die Vergegenständlichung von Sprache Züge an, die sich nicht mehr darstellungstechnisch erklären lassen. Was sich bei Otfrid nur andeutet, führt in der Frühen Neuzeit zu ausgeprägten Anthropomorphisierungen: Die deutsche Sprache begegnet als *Jungfrau, Magd, Kaiserin, Bettlerin, Knechtin, Mutter, Tochter* etc.; sie ist *mildreich, freygebig, höflich, treu, redlich* etc.; ihre Sprecher können sie *verarmen, schänden, verschandflecken,* ihr *die Zähne ausbrechen,* sie *schamrot* und *sprachlos* machen etc. Wie an anderer Stelle noch zu zeigen sein wird, stellen derartige Vergegenständlichungen letztlich den Versuch dar, Sprache als ein Mittel kultureller und politischer Identität zu bestimmen. Impliziert ist dabei die Auffassung, daß eine Sprache zugleich Abbild und Träger gesellschaftlicher (darunter ethisch-moralischer etc.), kultureller (darunter ästhetischer etc.) und politischer Werte und Überzeugungen einer Sprachgemeinschaft ist. Indem sie Träger dieser Werte und Überzeugungen, d. h. nicht nur deren passives Abbild ist, vermag sie auch, als politisches und kulturelles Symbol zu wirken und die in ihr ‚enthaltenen' Qualitäten auf ihre Sprecher, im Guten wie im Schlechten, zu übertragen. Nur auf der Basis dieser Annahme sind die in der Geschichte der Sprachreflexion so verbreiteten Vorstellungen zu erklären, daß mit einem Sprachverfall ein Sittenverfall einhergehe oder daß umgekehrt der Jugend durch eine erfolgreiche Spracherziehung bestimmte moralisch-sittliche Werte vermittelt werden könnten.

Solche expliziten Vergegenständlichungen von Sprache finden sich bei Otfrid nicht. Was allerdings bereits begegnet, ist das emphatische Lob des Sprachvolks, dem dann in Texten späterer Jahrhunderte das Lob der Sprache an die Seite gestellt wird, so daß die erwähnte Parallelisierung von Sprache und Sprechern in vollem Umfang möglich wird. Otfrids Frankenlob, mit dem er seinerseits wieder in Texttraditionen steht (speziell der »Historia Francorum« des Fredegar), ist im Text des Evangelienbuchs selbst enthalten, und es umfaßt folgende Positionen (I, 1, 59ff.): Kühnheit/Tapferkeit *(kuanheit, baldi)*, intellektuelle Qualitäten *(wízzi)*, Wohlstand *(ríhiduam)*, Geschick in der Waffenführung („zi wáfane snelle"), Dominanz über die Nachbarvölker („Líut sih in nintfúarit, thaz iro lánt ruarit, I ni sie bị íro guati in thíonon io zi noti"), Vornehmheit der Abstammung (von Alexander dem Großen: „sie in síbbu joh in áhtu sin Alexándres slahtu"), Freiheit von Fremdherrschaft („Odo in érdringe ánder thes bigínne I in thihéinigemo thíete, thaz ubar síe gibíete"), Tapferkeit und Klugheit der Könige *(snelli, wízzi)*, Gottesfurcht („góte thionontị").

Daß bei Otfrid die spezifisch sprachbezogenen Aspekte des Kulturpatriotismus noch nicht ausgebildet sind, das Lob sich auf die Franken selbst beschränkt und die Legitimierung der Muttersprache noch äußerst behutsam formuliert wird, ist offensichtlich. Wie stark der apologetische Charakter seines Textes ist, zeigt sich an der Bemerkung, das Deutsche sträube sich gegen den Buchstaben y, verwende dagegen häufig k und z, „Buchstaben, von denen die Grammatiker sagen, sie seien überflüssig". Ganz selbstverständlich sind hier die Grammatiker des Lateinischen gemeint (– wobei die Aussage, daß die lateinischen Grammatiker *k* und *z* für überflüssig halten, nicht ganz den Tatsachen entspricht, in Priscians »Institutiones grammaticae« I, 14 finden sich lediglich Ausführungen zum *k*; denkbar ist, daß die Bemerkung über den Nutzen von *k* und *z* dem Text von anderer Hand im nachhinein zugesetzt wurde, dazu Patzlaff 1975). Auf dem Höhepunkt des barocken Sprachpatriotismus verläuft die Argumentation genau umgekehrt: Einem strengen Puristen wie Philipp von Zesen sind c, q und y als ‚undeutsche' Buchstaben „so viel nütze als das fünfte rad am wagen" (1651, 146), und konsequent schreibt er nicht *Cicero*, sondern *Zizero*, nicht *Quintilian*, sondern *Kwintilian*.

Wie Otfrids Text zeigt, schlägt sich die frühe Reflexion über das Deutsche letztlich als Lob oder Kritik einzelner seiner Merkmale nieder. Dabei ändern sich einige der Argumentationen das gesamte Mittelalter hindurch, bis in die Frühe Neuzeit hinein, nur geringfügig:
– das Deutsche ist stilistisch ungelenk, unelegant: »Pilatus«-Fragment, Ende 12. Jahrhundert: Das Deutsche besitzt „herte", es ist „laz" (‚träge', ‚schwerfällig'; zit. nach Weinhold 1877); Epilog des »Moriz von Crâun«, um 1220/1230: das Deutsche ist „arn" (‚arm'), zwingt bei metrischer Gestaltung zum Aufspalten der Wörter (zit. nach Pretzel 1955); Vorwort der Übersetzung von Wilhelm Durandus' »Rationale divinorum officiorum«, 1384: das Deut-

sche ist „von alters her die mynniste [= ‚geringste‘, A. G.] und gegen latein di wildiste [zunge]“ (zit. nach Buijssen 1966);

– das Deutsche kann als Zielsprache von Übersetzungen und Entlehnungsvorgängen vom Kontakt mit dem Lateinischen und Griechischen nur profitieren: Walahfrid Strabo, 840: durch Entlehnungen partizipiert das Deutsche an der „Weisheit der Griechen und Römer“ (lat. Text in Migne: Patrologiae cursus completus, series latina, Bd. 114, Sp. 926D); noch 1478, bei Niclas von Wyle: „dz ain ẏetklich tütsch / dz usz gůtẽ zierlichen vnd wol gesatztẽ latine gezogen vñ recht vñ wol geträferẏeret wer; ouch gůt zierlich tütsche vñ lobes wirdig / haissen vñ sin müste / vñ nit wol verbessert werdñ möcht“ (»translatzen«, Vorwort), ein aus gutem Latein übersetztes Deutsch wird ebenfalls stilistisch gelungen sein;

– das Deutsche ist als Volkssprache die jedem verständliche Sprache (in der Häufigkeit stark zunehmendes Argument): Johannes Tauler: „Nu wil ich sprechen einen sin den nút ein iekliches verstot, und doch sprich ich iemer gut tútsch“ (zit. nach Vetter 1968, 144) – Taulers Text wird nicht von jedem verstanden werden, obgleich der Autor „immer gutes Deutsch“ verwendet, m. a. W.: die Verständnisprobleme liegen im inhaltlichen Bereich, nicht aber im sprachlichen, denn das „gute Deutsch“ ist für jeden verständlich; Chroniken der niederrheinischen Städte, 1499: lateinische Chroniken sind geschrieben „vur die latinschen ind geleirde man“, die deutschen Chroniken dagegen sind für „vernunftige leien, die ghein latin verstain“ (»Koelhoffsche Chronik«, 256f.);

– das Deutsche (bzw. eine seiner regionalen Varietäten) ist die einem Sprecher seit seiner Geburt durch die Erziehung vermittelte und daher seiner Herkunft und seinem Naturell gemäße Sprache: Ebernand von Erfurt betont um 1220, er sei ein Thüringer „von art geborn“, verwende daher sein heimisches Idiom und habe sich nicht zu einer anderen Varietät gezwungen („hête mîne zungen I an ander wort getwungen“); wer eine Sprache verwendet, die er nicht beherrscht („der sich der sprâche zucket an, I der er niht gefuogen kan“), gebärde sich wie ein Affe (»Heinrich und Kunigunde«, hrsg. R. Bechstein, Z. 4467–4474); Hugo von Trimberg, um 1300: „ein ieglicher mensche sprichet gern I die sprache, bi derz ist erzogen“.

Neben diesen Äußerungen, die auf das Deutsche in seiner Eigenschaft als Volkssprache (d. h. insbesondere im Gegensatz zum Lateinischen) zielen, stehen Bemerkungen, die seine dialektgeographische Binnengliederung zum Gegenstand haben. Dabei wird entweder pauschal zwischen mehreren Großräumen unterschieden (meist zwei) oder aber zwischen einzelnen Dialekten. Gelegentlich werden solche Unterscheidungen vor dem Hintergrund der (impliziten) Annahme einer über den Einzelvarietäten stehenden Hochsprache getroffen, oder es wird eine bestimmte Varietät als Hochsprache ausgewiesen:

– Differenzierung in Großräume: Berthold von Regensburg stellt im 13. Jahrhundert fest, „daz die Niderlender und die Oberlender gar unglîch sint

an der sprâche und an den siten" (zit. nach der Ausgabe der Predigten von F. Pfeiffer, Nachdruck Berlin 1965, Bd. 1, 250f.), *Oberländer* seien diejenigen aus der Züricher Gegend und aus dem Bodenseeraum, *Niederländer* stammten aus Sachsen;
  – Differenzierung in einzelne Dialekte, dabei (implizite) Annahme der Existenz einer überregionalen Hochsprache bzw. eines bestimmten Dialektes als hochsprachlicher Varietät: Albrecht von Halberstadt schickt 1210 seiner Übersetzung von Ovids »Metamorphosen« die Bemerkung voraus, er als Niedersachse beherrsche das Deutsche nur unzureichend; Nicolaus von Jeroschin entschuldigt sich im Zusammenhang mit seiner Übersetzung der Deutschordenschronik (zwischen 1335 und 1341), daß er nur wenig Deutsch ("lutzil dûtschis") beherrsche (zit. nach der Ausgabe v. F. Pfeiffer, I, 304); Heinrich der Teichner spricht in der ersten Hälfte des 14. Jahrhunderts von "der lantsprâch ûf und ab" und meint damit das Schwäbische (zit. nach Socin 1888, 109); Hugo von Trimberg erkennt um 1300 die Vielfalt der Dialekte, bewertet sie, wie auch z. B. Kleidung und Maßeinheiten, als charakteristisch für eine Region, stuft sie zugleich aber alle als "tiutsch" ein (zit. nach Socin 1888, 116f.):

> Swer tiutsch wil ebene tihten,
> der muoz sîn herze rihten
> ûf mangerleie sprâche.
> Swer waent, daz die von Âche
> redent als die von Franken
> dem süln die miuse danken.
> Ein ieglîch lant hât sînen site,
> der sîm lantvolke volget mite.
> An sprâche, an mâze und an gewande
> ist underscheiden lant von lande.
> Der werlde dinc stêt überal
> an sprâche, an mâze, an wâge, an zal;
> ist aber niht tugent in diesen drîn,
> schilt man si danne, daz lâze ich sîn.
> Swâbe ir wörter spaltent,
> Die Franken ein teil si valtent,
> Die Beire si zezerrent,
> Die Düringe si ûf sperrent,
> Die Sahsen si bezuckent,
> Die Rînliute si verdruckent,
> Die Wetereiber si würgent,
> Die Mîsner si wol schürgent,
> Egerlant si swenket,
> Osterrîch si schrenket,
> Stîrlant si baz lenket,
> Kernte ein teil si senket.
> Bêheim, Ungern und Lamparten
> houwent niht mit tiutscher barten,

Franzeis, Walhe und Engellant,
Norweg, Ybern sint unbekant
an ir sprâche tiutschen liuten.
Die lantsprâche dâ vor genant
in tiutschen landen sint bekant:
swer ûz den iht guotes nimt,
daz wol in sîn getihte zimt,
mich dunkt, der habe niht missetân,
tuot erz mit künste und niht nâch wân.

Anhang

Otfrid von Weissenburg, aus seinem Brief an den Mainzer Erzbischof Liutbert (um 868) (zit. nach: Otfrids Evangelienbuch. Hrsg. v. Oskar Erdmann. 5. Aufl., besorgt v. Ludwig Wolff. Tübingen 1965, 5-7; die Zeilenangaben folgen der Numerierung dieser Ausgabe):

Hujus enim linguae barbaries ut est inculta et indisciplinabilis atque insueta capi regulari freno grammaticae artis, sic <60> etiam in multis dictis scriptio est propter literarum aut congeriem aut incognitam sonoritatem difficilis. Nam interdum tria u u u, ut puto, quaerit in sono, priores duo consonantes, ut mihi videtur, tertium vocali sono manente; interdum vero nec a, nec e, nec i, nec u vocalium sonos, praecavere potui: ibi y graecum mihi <65> videbatur ascribi. Et etiam hoc elementum lingua haec horrescit interdum, nulli se caracteri aliquotiens in quodam sono, nisi difficile, jungens; k et z sepius haec lingua extra usum latini-ltatis utitur, quae grammatici inter litteras dicunt esse superfluas. Ob stridorem autem interdum dentium, ut puto, in hac lingua <70> z utuntur, k autem ob faucium sonoritatem. Patitur quoque metaplasmi figuram nimium (non tamen assidue), quam doctores grammaticae artis vocant sinalipham (et hoc nisi legentes praevideant, rationis dicta deformius sonant), literas interdum scriptione servantes, interdum vero ebraicae linguae more vitantes, <75> quibus ipsas litteras ratione sinaliphae in lineis, ut quidam dicunt, penitus amittere et transilire moris habetur; non quo series scriptionis hujus metrica sit subtilitate constricta, sed schema omoeoteleuton assidue quaerit. Aptam enim in hac lectione et priori decentem et consimilem quaerunt verba in fine <80> sonoritatem, et non tantum per hanc inter duas vocales, sed etiam inter alias literas saepissime patitur conlisionem sinaliphae; et hoc nisi fiat, extensio sepius literarum inepte sonat dicta verborum. Quod in communi quoque nostra locutione, si sollerter intendimus, nos agere nimium invenimus. Quaerit enim linguae <85> hujus ornatus et a legentibus sinaliphae lenem et conlisionem lubricam praecavere et a dictantibus omoeoteleuton (id est consimilem verborum terminationem) observare. Sensus enim hic interdum ultra duo vel tres versus vel etiam quattuor in lectione debet esse suspensus, ut legentibus (quod lectio signat) apertior <90> fiat. Hic sepius i et o ceteraeque similiter cum illo vocales simul inveniuntur inscriptae, interdum in sono divisae vocales manentes, interdum conjunctae (priore transeunte in consonantium potestatem). Duo etiam negativi, dum in latinitate rationis dicta confirmant, in hujus linguae usu pene assidue negant; et quamvis <95> hos interdum praecavere valerem, ob usum tamen cotidianum, ut morum se locutio praebuit, dictare curavi. Hujus enim linguae proprietas nec numerum nec genera me conservare sinebat. Interdum enim masculinum latinae linguae in hac feminino protuli, et cetera genera necessarie simili modo permiscui; numerum <100> pluralem singulari, singularem plurali variavi et tali modo in barbarismum et soloecismum sepius coactus incidi. Horum supra scriptorum omnium vitiorum exempla de hoc libro theotisce ponerem, nisi inrisionem legentium devitarem; nam dum agrestis linguae inculta verba inseruntur latinitatis planitiae, cachinnum <105> legentibus prebent. Lingua enim haec velut agrestis habetur,l dum a propriis nec scriptura nec arte aliqua ullis est temporibus expolita; quippe qui nec historias suorum antecessorum, ut multae gentes caeterae, commendant memoriae, nec eorum gesta vel vitam ornant dignitatis amore. Quod si raro contigit, <110> aliarum gentium lingua, id est Latinorum vel Graecorum, potius explanant; cavent aliarum et deformitatem non verecundant suarum. Stupent in aliis vel litterula parva artem transgredi, et pene propria lingua vitium generat per singula verba. Res mira tam magnos viros, prudentia deditos, cautela praecipuos, <115> agilitate suffultos, sapientia latos, sanctitate praeclaros cuncta haec in alienae linguae gloriam transferre et usum scripturae in propria lingua non habere. Est tamen conveniens, ut qualicumque modo, sive corrupta seu lingua integrae artis, humanum genus auctorem omnium laudent, qui plectrum eis dederat <120> linguae verbum in eis suae laudis sonare; qui non verborum adulationem politorum, sed quaerit in nobis pium cogitationis affectum operumque pio labore congeriem, non labrorum inanem servitiem.

Literatur

Geschichte des Wortes *deutsch*: Zusammenstellung älterer Forschungspositionen: Eggers 1970; neuere Literatur: Ehrismann 1994, Haubrichs 1993 u. 1994, Jakobs [demn.], Klein 1994, Reiffenstein [demn.], Schmidt-Wiegand [demn.], Thomas 1994 u. [demn.]

Otfrid von Weissenburg: Patzlaff 1975, Vollmann-Profe 1976, Günther 1985

Frühe Kommentare zum Deutschen: Socin 1888, Straßner 1995

1.2 Erste Ansätze einer allgemeinen Grammatik und Sprachtheorie

1.2.1 Sprachtheoretische Grundzüge (Aristoteles, die Modisten)

Wird die Skizzierung der Reflexion über das Deutsche im folgenden durch eine Beschreibung von Ansätzen der allgemeinen Grammatik und Sprachtheorie ergänzt, dann folgt dies einer Differenzierung, die in der Sprachwissenschaft selbst gang und gäbe ist: der Unterscheidung in eine Form der Sprachreflexion, die sich die Beschreibung, Normierung und Pflege einer Einzelsprache zum Ziel gesetzt hat, und eine solche, die auf die allgemeinen, übereinzelsprachlichen Strukturen von Sprache abhebt. Von einer solchen *allgemeinen Grammatik*, die durch Abstraktion aus den Grammatiken konkreter Einzelsprachen gewonnen wird, läßt sich in einem weiteren Schritt eine *philosophische Grammatik* abheben, die nicht mehr historischen Einzelsprachen bzw. deren Abstraktionen, sondern der Logik verpflichtet ist und der Konstruktion logisch-philosophischer Sprachen dient. In Francis Bacons Beschreibung von 1605 z. B. zielt die *philosophical grammar* auf die Wörter in ihrer Funktion als „footsteps and prints of reason" (S. 401). Die Grammatik konkreter Einzelsprachen und die logisch-philosophische Grammatik begrenzen als extreme Pole das Spektrum grammatikographischer Möglichkeiten.

Der Unterschied zwischen diesen verschiedenen Erscheinungsformen der Grammatik wird in der Geschichte der Sprachreflexion immer wieder hervorgehoben, wobei nicht selten *allgemeine* und *philosophische Grammatik* mehr oder weniger miteinander identifiziert und gelegentlich in toto als „universalistisch" bezeichnet werden. Universalistische Sprachauffassungen gleich welcher Art implizieren bestimmte Vorstellungen über das Verhältnis von Sprache, Denken und Wirklichkeit. Grundlegend ist die Annahme, daß die Wirklichkeit prinzipiell von allen Individuen in gleicher Weise erkannt, d. h. sinnlich wahrgenommen und kognitiv verarbeitet werden kann, und daß diese Wirklichkeitserfahrung in einem eigenen, zweiten Schritt in Sprache umgesetzt wird. Eine solche Sprachkonzeption begegnet bereits bei antiken Autoren, wenn sie auch dort noch nicht zur Beschreibung sprachlicher Tiefenstrukturen führt, wie dies in späteren Jahrhunderten der Fall ist. Als Beispiel sei die folgende Stelle aus Aristoteles' »De interpretatione« angeführt (1974, 94):

Es sind also die Laute, zu denen die Stimme gebildet wird, Zeichen der in der Seele hervorgerufenen Vorstellungen, und die Schrift ist wieder ein Zeichen der Laute. Und wie nicht alle dieselbe Schrift haben, so sind auch die Laute nicht bei

allen dieselben. Was aber durch beide an erster Stelle angezeigt wird, die einfachen seelischen Vorstellungen, sind bei allen Menschen dieselben, und ebenso
sind es die Dinge, deren Abbilder die Vorstellungen sind.

Aristoteles gelangt zu seinen Aussagen über die allgemeinen Eigenschaften von
Sprache zwar anhand des Griechischen, doch geht er davon aus, daß seine
Feststellungen nicht nur für seine Muttersprache Gültigkeit besitzen. Charakteristisch für universalistische Konzeptionen ist die zeichentheoretische Drei-
teilung: die *Dinge*, d. h. die Gegenstände und Sachverhalte der Wirklichkeit,
werden von Aristoteles von den *Vorstellungen der Dinge* im menschlichen
Bewußtsein unterschieden und diese von den *Lauten*, d. h. den lexikalischen
Bezeichnungen. *Dinge* und *Vorstellungen* sind grundsätzlich für alle bzw. bei
allen Menschen die gleichen (– jedenfalls gilt das für die *einfachen Vorstellun-*
gen, komplexe, d. h. zusammengesetzte Vorstellungen, implizieren bereits
Urteile, die spezifisch für einzelne Sprecher, Sprechergruppen oder Sprachgemeinschaften sind). Ferner stehen *Dinge* und *Vorstellungen* in einem Abbildverhältnis zueinander, d. h. die Menschen gelangen sozusagen automatisch zu
den ‚richtigen‘ *Vorstellungen* (= *Abbildern*) der *Dinge*. Verschieden sind nur
Lautung und Schreibung der lexikalischen Bezeichnungen, die diesen Dingen
zugeordnet sind.

Bereits in dieser kurzen Beschreibung ist die eingangs erwähnte universalistische Annahme über das Verhältnis zwischen den Sprachzeichen, den Gegenständen und Sachverhalten der Wirklichkeit und dem Denken enthalten: Die
Phänomene der Wirklichkeit sind der Wahrnehmung und kognitiven Verarbeitung durch den Menschen vorgegeben, und die Sprachzeichen bilden die
Resultate dieses Verarbeitungsvorgangs lediglich ab. Die Verbindung, die zwischen der Lautung und der Schreibung der Sprache und dem Denken besteht,
ist rein konventionell – wenig später definiert Aristoteles das Nomen als
„ein[en] Laut, der konventionell etwas bedeutet" – und nicht etwa von der
Art, daß die Sprache das Denken in irgendeiner Weise konstituieren würde
oder daß die Wörter bestimmte metaphysische Qualitäten besäßen, wie dies in
den unterschiedlichen Formen des mystisch-magischen Sprachdenkens der Fall
ist. Die ontologische Zuverlässigkeit der Sprache hängt von der Genauigkeit
der Zuordnung vom Sprachzeichen zum Gegenstand ab.

Was eben für die Wörter festgestellt wurde, trifft allerdings nicht in gleicher
Weise auf ihre Anordnung im Satz zu. Hier gibt es in unversalistischen Ansätzen zwei unterschiedliche Möglichkeiten: Die Arbitraritätsvermutung kann
auch auf die Kombination der Wörter im Satz ausgedehnt werden, oder aber
die Abfolge der Wörter wird als nicht-arbiträres Abbild einer zugrundeliegenden Ordnung der bezeichneten Dinge und ihrer Erkenntnis durch den Intellekt verstanden. Die Tatsache z. B., daß das Subjekt im Lateinischen oder Deutschen dem Prädikat vorausgeht, kann dann als Ausdruck des (vermuteten)
Sachverhalts gesehen werden, daß zunächst die Gegenstände selbst wahrge-

nommen werden, dann erst die ihnen zugesprochenen (prädizierten) Eigenschaften und Handlungen.

Mit Blick auf entsprechende Ansätze späterer Jahrhunderte seien die bislang angedeuteten Kennzeichen sprachuniversalistischer Theoriebildung kurz zusammengefaßt:

1. Im Bereich der Zeichentheorie werden drei Komponenten unterschieden: die Gegenstände außersprachlicher Wirklichkeit, ihr mentales Korrelat und ihr sprachlicher Ausdruck.
2. Universalistische Ansätze besitzen eine gewisse Affinität zur Auffassung von der Arbitrarität des sprachlichen Zeichens, wenn auch nicht notwendigerweise seiner Verknüpfung im Satz.
3. Da die Phänomene der Wirklichkeit dem erkennenden Subjekt vorgegeben sind und die Mechanismen der Perzeption und intellektuellen Verarbeitung von Wirklichkeit bei allen Menschen grundsätzlich die gleichen sind, kann das erkenntnistheoretische Apriori in universalistischen Ansätzen nicht bei der Einzelsprache liegen. Es sind also nicht die lexikalischen Inhalte und grammatischen Strukturen der Einzelsprachen, die, pointiert formuliert, das Denken der Sprecher beeinflussen und prägen.
4. Als ideale Relation zwischen den am semiotischen Prozeß beteiligten Größen Gegenstand der Wirklichkeit, mentales Korrelat und sprachlicher Ausdruck gilt in universalistischen Sprachkonzeptionen die der Eindeutigkeit.
5. Universalistische Sprachkonzeptionen zeigen ein besonderes Interesse an syntaktischen Fragen.

Die mehrfach erwähnte Annahme einer prinzipiellen Identität der Erkenntnisvorgänge bei allen Individuen hat die Konsequenz, daß für alle Einzelsprachen, da sie ja Spiegel dieser Erkenntnisvorgänge sind, eine letztlich identische grammatische Struktur angenommen wird und die Unterschiede zwischen ihnen als unwesentlich erklärt werden. Vor allem bedingt durch die Rezeption aristotelischen Gedankenguts wird diese Auffassung zu einem Gemeinplatz der universalistischen Sprachtheorie des Mittelalters. Berühmt ist das Dictum des Roger Bacon aus dem 13. Jahrhundert, wonach die grammatische Substanz aller Sprachen ein und dieselbe sei und sie sich nur im Nebensächlichen unterscheiden („grammatica vna et eadem est secundum substanciam in omnibus linguis, licet accidentaliter varietur", Bacon 1902, Kap. II, [xvii]). Auch der Autor des folgenden Textes, der einem anonymen Traktat des 14. Jahrhunderts entstammt, vertritt diese Auffassung (lat. Text s. Anhang, Nr. 1):

> Ob allen Sprachen eine einzige Grammatik zugrunde liegt? Ja, denn die Natur der Sachen, der Seinsweisen [„modi essendi"] und der Auffassungsweisen [„modi intelligendi"] sind für alle bzw. bei allen Menschen ähnlich. Dement-

sprechend sind auch die Weisen des Bezeichnens [„modi significandi"], des Konstruierens [„modi construendi"] und des Sprechens [„modi loquendi"], welche die Grammatik konstituieren, ähnlich. Und so ist die gesamte Grammatik einer Sprache derjenigen einer anderen Sprache ähnlich und ist von der gleichen Art wie diese. Unterschiede entstehen einzig durch die verschiedenen Abwandlungen der Wörter; solche Abwandlungen sind Akzidenzien der Grammatik. Wer [also] die Grammatik einer Sprache kennt, kennt auch die einer anderen, zumindest die wesentlichen Aspekte. Der Grund dafür, daß man mit Hilfe dieser Grammatik dennoch nicht eine Sprache sprechen oder die in ihr Sprechenden verstehen kann, liegt in den Unterschieden zwischen den Wörtern und deren unterschiedlichen Abwandlungen, welche die Akzidenzien der Grammatik sind. Die Wortarten sind in den unterschiedlichen Sprachen ihrem Wesen nach dieselben und unterscheiden sich [nur] akzidentell, wie es [zum Beispiel] vorkommt, daß einige Sprachen über einen Artikel verfügen, andere nicht. Und wie sich die Wortarten – welche die Substanz der Bezeichnungsweisen sind – in den verschiedenen Sprachen nur der Zahl, nicht aber der Art nach unterscheiden, so unterscheiden sich auch die Bezeichnungsweisen selbst nur nach Zahl und nicht nach Art. Demnach gibt es in der gesamten Grammatik nur zahlenmäßige Unterschiede.

Die zentralen Aussagen lassen sich so zusammenfassen: 1. Die Wirklichkeit bietet sich allen Individuen zur kognitiven Erschließung in gleicher Weise dar; 2. die Mechanismen der kognitiven Verarbeitung der wahrgenommenen Wirklichkeit durch den Menschen sind universell; 3. die semantischen und grammatischen Prinzipien der Sprachen sind von der gleichen Art („una in specie"); 4. die Unterschiede zwischen den Sprachen sind unwesentlich („accidentaliter"), beschränken sich auf Flexion und ausdrucksseitige Gestalt der Wörter.

Auffallend in dem eben zitierten Textstück ist die konsequente Verwendung des Begriffs des *modus*. Sie begegnet an verschiedenen Stellen der mittelalterlichen Sprachtheorie und ist in besonderem Maße charakteristisch für die *grammatica speculativa* der sog. Modisten.

Die modistische Sprachreflexion, insgesamt die vielleicht intellektuell anspruchsvollste Form mittelalterlichen Sprachdenkens, erlebt ihren Höhepunkt zwischen 1270 und 1310. Kennzeichnend ist die Verbindung zweier sprachtheoretischer Annahmen: der universalistischen Überzeugung von der Allgemeinheit grammatischer Strukturen jenseits der Spezifik der Einzelsprachen mit der Annahme einer ontologischen Korrelation zwischen dieser allgemeinen Sprachstruktur, den Strukturen des Denkens und der außersprachlichen Wirklichkeit. Methodisch ist das wohl auffallendste Merkmal des Modismus, daß diese letztere Annahme von der universellen Motiviertheit menschlicher Sprache mit den Mitteln strenger Systematik belegt wird. Mit dieser Logifizierung der Grammatik unterscheidet sich der Modismus deutlich von der einzelsprachlichen Grammatikschreibung, wie sie in den für das ganze Mittelalter relevanten, vorwiegend im Unterricht verwendeten lateinischen Grammatiken des Aelius Donatus (»Ars minor«, »Ars maior«, 4. Jh.) und Priscianus (»Institutiones grammaticae«, um 500) vorliegt. Auf den Unterricht haben die sprachtheoretischen Neuerungen daher insofern Auswirkungen, als die traditionelle Nähe von Grammatik (*grammatica*) und Rhetorik (*rhetorica*), die zusammen mit der Logik (*dialectica*) das Trivium der *septem artes liberales* bilden, nun durch eine Annäherung der Grammatik an die Logik abgelöst wird. An die Stelle einer Beschäftigung mit Grammatik, die ganz praktisch die Lektüre und Produktion von Texten gewährleisten soll, tritt die Reflexion über die Grammatik als solche.

Die Verwissenschaftlichung der Grammatikschreibung ist vor allem der Wiederentdeckung des Aristoteles in der mittelalterlichen Philosophie zu verdanken. Seine Werke, die zunächst in Übersetzungen aus dem Arabischen und auf dem Wege über Spanien Eingang ins nördliche Europa fanden, liefern bis weit in die Neuzeit hinein den Orientierungspunkt für jede dem rationalen Diskurs verpflichtete Sprachtheorie. In einzelnen Punkten, etwa hinsichtlich der sinnlich-empirischen Basis des Denkens, des Arbitraritäts-Konzeptes oder der Definition einzelner Wortarten und Satzglieder, beruft man sich noch bis ins 18. Jahrhundert explizit auf Aristoteles.

Die Verpflichtung auf eine bestimmte Methode, deren Folge wiederum eine weitgehend einheitliche Terminologie ist, ist einer jener Aspekte, die der modistischen Grammatik einen übernationalen Charakter verleiht. Auch die Tatsache, daß das Lateinische und nicht eine jeweilige Volkssprache sowohl die Beschreibungssprache der Grammatiker wie auch der gemeinsame Ausgangspunkt der universalgrammatischen Forschung ist, trägt zur Internationalität des Ansatzes bei. So stammen die Autoren der einschlägigen Arbeiten aus unterschiedlichen Ländern und wirken in unterschiedlichen Zentren (darunter Paris und Erfurt), bilden aber dennoch so etwas wie eine einheitliche sprachtheoretische Schule.

Der Modismus entwickelt sich in mehreren Phasen. Seine Vorläufer sind Persönlichkeiten wie Wilhelm von Conches (um 1080–1154) und dessen Schüler Petrus Helias (Wirkungszeit um 1140). Deren Auseinandersetzung mit Priscian – charakteristisch ist vor allem Wilhelms Vorwurf, Priscian habe die Wortarten nicht hinsichtlich ihrer grammatischen Funktion bestimmt – bedeutet zugleich eine Auseinandersetzung mit der antik-griechischen Grammatiktradition, d. h. mit Dionysios Thrax (um 100 v. Chr.) und Apollonius Dyskolos (2. Jh.), denen Priscian, wie alle Grammatiker des Lateinischen, stark verpflichtet war. Deutlich universalistische Züge tragen dann, im 13. Jahrhundert, die Arbeiten von Roger Bacon, Robert Kilwardby und Robert Grosseteste. Zu den im engeren Sinne modistischen Autoren schließlich zählen unter anderem die Dänen Martinus Dacus (Martin von Dacien, = Dänemark), Boethius Dacus – er verwendet erstmals den Begriff *modus significandi* –, Johannes Dacus und Simon Dacus, des weiteren Radulphus Brito (die »Questiones super Priscianum Minorem«, um 1300, gelten als ein Hauptwerk des Modismus),

Siger de Courtrai und Thomas von Erfurt. Thomas, der vermutlich in Paris studierte und den Großteil seines Lebens in Erfurt verbrachte, legt mit seiner zwischen 1300 und 1310 verfaßten »Grammatica speculativa« einen Text vor, der häufig als Höhepunkt der spekulativen Grammatik des Mittelalters betrachtet wird. Aus ihm sollen im folgenden, im Anschluß an die Darstellung einiger zentraler Kategorien modistischer Grammatik, mehrere Passagen zitiert werden.

Zuvor sei angemerkt, daß eine Überblicksdarstellung modistischer Kategorien stets etwas Idealtypisches hat. Die begrifflichen und terminologischen Systeme der Modisten verhalten sich nämlich weder zueinander absolut kongruent, noch sind die einzelnen Systeme in sich widerspruchsfrei. Die folgenden Ausführungen orientieren sich daher vorwiegend an der Begrifflichkeit und Terminologie des Thomas von Erfurt. Die deutschen Übersetzungen lateinischer Termini sollen dabei nicht mehr als Orientierungen vermitteln, da sie sich nur ansatzweise auf neuere Kategorien abbilden lassen.

Immer wieder, d.h. nicht nur bei Thomas begegnende Termini sind:

vox	Phonetisch-phonologische Form des sprachlichen Zeichens (Lautkette) (von Donat als „aer ictus sensibilis auditu", als ,hörbare Bewegung der Luft' beschrieben)
dictio	,Wort' als Einheit aus Ausdrucks- und Inhaltsseite (in etwa dem modernen Begriff des ,Lexems' entsprechend)
pars orationis	Wortart
modus essendi	Seinsweise
modus intelligendi	Auffassungsweise
modus significandi	Bezeichnungsweise.

Die Bezüge zwischen diesen Größen seien unter zwei Gesichtspunkten beschrieben, zunächst ausgehend von den Kategorien der Wirklichkeit und des Denkens, anschließend ausgehend von den sprachlichen Kategorien.

Die Gegenstände und Sachverhalte der Wirklichkeit sind in bestimmten Seinsweisen (*modi essendi*) gegeben und besitzen daher unterschiedliche Eigenschaften (*proprietates rerum*). Der Verstand des Menschen erfaßt nun diese Seinsweisen (Eigenschaften) der Dinge: „[...] intellectus rei proprietas significat, concipit vel apprehendit" und „modus essendi dicit proprietatem rei absolute" (»Grammatica speculativa«, III, 7 u. IV, 8; so auch Siger de Courtrai: „intellectus comprehendit modum essendi seu proprietatem ipsius rei", Siger de Courtrai 1913, 94). Der Verstand vermag dies aufgrund der ihm eigenen Auffassungsweisen (*modi intelligendi activi*). Die Eigenschaften der Dinge liegen dann im Bewußtsein als verstandene vor, als *modi intelligendi passivi*. Die kognitiv erfaßten Eigenschaften der Dinge werden dann mittels der *modi signi-ficandi* mit Ausdrucksseiten (*voces*) verknüpft. Das Resultat ist ein hinsichtlich seiner lexikalischen und grammatischen Bedeutung mit der Wirklichkeit kon-gruentes Sprachzeichen.

Die *modi significandi* sind in verschiedener Hinsicht untergliedert: in *ac-tivus* und *passivus*, in *absolutus* und *respectivus*, in *essentialis* und *accidentalis*. Von besonderer Bedeutung ist die letztere Differenzierung: Der *modus signifi-candi essentialis* drückt das ‚Wesen' einer *pars orationis* aus, z. B., als *modus entis et permanentis*, ‚substantia' (bei Substantiven und Pronomina), während der *modus significandi accidentalis* die unterschiedlichen Erscheinungsformen dieses Wesens ausdrückt, z. B. Numerus, Genus, Kasus, Modus etc.

Ausgehend von den sprachlichen Größen (*vox*, *dictio* und *pars orationis*), läßt sich die modistische Zeichentheorie in ihren Grundzügen so beschreiben:

Die Lautkette (*vox*) wird durch ihren Bezug auf den Gegenstand der Wirk-lichkeit (also durch die Bezeichnungsrelation, die *ratio significandi*) zum Zeichen (*signum*), in der Form eines Wortes (*dictio*) (Thomas von Erfurt 1972, I, 3 u. II, 4). Anders formuliert: Der menschliche Verstand (*intellectus*) weist einem Gegenstand der Wirklichkeit eine Lautkette (*vox*) zu, das Resultat ist die *dictio*. Diese *dictio* entspricht in etwa einem Lexem: Sie besitzt eine referen-tielle Einzelbedeutung, die *significatio*.

Zugleich spricht der *intellectus* der *dictio* eine syntaktische Bedeutung (Funktion) zu, die *consignificatio*. Durch sie wird die *dictio* zur Wortart (*pars orationis*). Je nach Art der *consignificatio*, die von den Gegebenheiten der Wirklichkeit abhängt, entsteht eine unterschiedliche Wortart: Ist die *consigni-ficatio* ‚Sache', dann handelt es sich bei dem sprachlichen Element um ein Sub-stantiv (d. h. es hat die syntaktische Funktion eines Substantivs), ist die *consi-gnificatio* ‚Handlung', dann handelt es sich um ein Verb (d. h. das sprachliche Element hat die syntaktische Funktion eines Verbs).

Die Bedeutungszuweisung durch den Verstand geschieht mittels der *modi significandi*.

Zusammenfassend:

vox	+ *significatio*	=	*dictio*
Lautkette	+ referentielle Bedeutung	=	(Lexem)
dictio	+ *consignificatio*	=	*pars orationis*
(Lexem)	+ syntaktische Bedeutung	=	Wortart.

Wenn festgestellt wurde, daß die *dictio* in etwa einem Lexem entspricht, dann bezieht sich das auf ihre referentielle Bedeutung. Syntaktisch dagegen ist die *dictio* noch kein vollständiges Wort. Betrachtet man sich nämlich ein voll-ständiges Wort, d. h. ein konkretes Element des Wortschatzes wie, um ein deut-sches Beispiel zu wählen, „Fahrt", so enthält es sehr wohl bereits die *significa-*

tio wie auch die *consignificatio*: Neben seiner referentiellen Bedeutung (*significatio*) hat es die *consignificatio* ‚Sachverhalt' und ist damit auf die Wortart ‚Substantiv' festgelegt. Bei der *dictio* ist eben das aber nicht der Fall. Man dürfte sich daher die *dictio* tatsächlich nicht als ein im Wortschatz realisiertes Lexem, sondern eher als ein lexikalisches Stamm-Morphem vorstellen ({fahr-}), mit der diesem eigenen referentiellen Bedeutung (*significatio*). Zu diesem Stamm-Morphem tritt, je nach den vorliegenden Gegebenheiten der Realität, entweder die *consignificatio* ‚Sachverhalt' oder die *consignificatio* ‚Handlung'. Dadurch entsteht im ersten Fall die *pars orationis* Substantiv („Fahrt"), im zweiten Fall die *pars orationis* Verb („fahren"). Beide *partes orationis*, „Fahrt" und „fahren", haben dieselbe referentielle Bedeutung (*significatio*), aber eine unterschiedliche grammatische Bedeutung (*consignificatio*). Unter Rückgriff auf das Begriffssystem der *modi* läßt sich auch sagen: „Fahrt" und „fahren" beinhalten unterschiedliche *modi significandi*: „Fahrt" beinhaltet den *modus entis et permanentis* (d.h. für Sachverhalte), „fahren" den *modus esse et fluxus* (d.h. für Handlungen).

1.2.2 Die »Grammatica speculativa« des Thomas von Erfurt

Diese vergleichsweise abstrakte Darstellung des modistischen Systems soll durch einige Zitate aus Thomas' »Grammatica speculativa« ergänzt werden. Die ausgewählten Textstellen behandeln diese Gegenstände: 1. das Verhältnis zwischen Sprache und Wirklichkeit; 2. die Gliederung der Wirklichkeit in ‚Sachverhalte' und ‚Handlungen', Nomen und Verb; 3. den Satz.

Zu 1: Die folgenden Auszüge (Beginn Kap. II, Ende Kap. III, Beginn Kap. IV) verdeutlichen, wie sehr die Sprachtheorie der Modisten von der Annahme einer Kongruenz von Sprache und Wirklichkeit geprägt ist. Zugleich wird das Bemühen um systematische Vorgehensweise dokumentiert, insbesondere um eine schlüssige Verknüpfung der Modi des Gegebenseins der Wirklichkeit (*modi essendi*), des Denkens (*modi intelligendi*) und des Bezeichnens (*modi significandi*) (in eckige Klammern gestellte Ausdrücke sind das Verständnis erläuternde Zusätze; der lat. Text findet sich im Anhang).

[Kap. II:]

Woher die Bezeichnungsweise (modus significandi) ursprünglich stammt
4 Jede aktive Bezeichnungsweise (modus significandi activus) basiert auf einer Eigenschaft der Sache.
Da die aktiven Bezeichnungsweisen nicht bloß Einbildungen sind, muß jede aktive Bezeichnungsweise unmittelbar auf irgendeiner Eigenschaft der Sache basieren. Es ist daher offensichtlich, daß der Intellekt, da er die sprachlichen Ausdrucksseiten (*voces*) zum Zwecke der Bezeichnung einer jeweiligen aktiven Bezeichnungsweise zuordnet, die Eigenschaft derjenigen Sache betrachtet, von der er eine jeweilige aktive Bezeichnungsweise ursprünglich ableitet. Ebenso ist

offensichtlich, daß die intellektuellen Fähigkeiten, – da es sich bei ihnen um passive Fähigkeiten handelt, die sich selbst zu nichts veranlassen können, – diesen Akt nicht vollziehen, wenn sie nicht von anderer Seite dazu veranlaßt werden. Da der Intellekt also die sprachlichen Ausdrucksseiten zum Zwecke des Bezeichnens einer jeweils vorgegebenen aktiven Bezeichnungsweise zuordnet, ist er notwendigerweise von einer vorgegebenen Eigenschaft einer Sache dazu veranlaßt worden. Folglich entspricht einer jeweiligen aktiven Bezeichnungsweise irgendeine Eigenschaft, d. h. Seinsweise der Sache.

[Kap. III:]
Von welchen Eigenschaften die aktiven Bezeichnungsweisen gewonnen werden.

Es kann also festgestellt werden, daß die aktiven Bezeichnungsweisen unmittelbar von den passiven Auffassungsweisen (*modi intelligendi passivi*) gewonnen werden. Die aktiven Bezeichnungsweisen werden nämlich nicht von den Seinsweisen (*modi essendi*) gewonnen, wenn diese Seinsweisen nicht zuvor vom Intellekt verstanden worden sind. Aber die vom Intellekt verstandenen Seinsweisen heißen ‚passive Auffassungsweisen‘, und folglich werden die aktiven Bezeichnungsweisen von den Seinsweisen mittels der passiven Auffassungsweisen gewonnen. Also werden die aktiven Bezeichnungsweisen unmittelbar von den passiven Auffassungsweisen gewonnen.

[Kap. IV:]
Wie die Bezeichnungsweise von der Auffassungsweise und der Seinsweise unterschieden wird.

8 *Worin die Seinsweise, die passive Auffassungsweise und die passive Bezeichnungsweise übereinstimmen und worin sie sich unterscheiden.*

Viertens ist festzuhalten, daß die Seinsweisen, die passiven Auffassungsweisen und die passiven Bezeichnungsweisen materialiter und in der Wirklichkeit identisch sind, aber daß sie sich in der Form unterscheiden. Die Seinsweise ist nämlich die Eigenschaft der Sache an sich, die passive Auffassungsweise ist die Eigenschaft der Sache als vom Intellekt erfaßte, und die passive Bezeichnungsweise ist die Eigenschaft derselben Sache als durch den Ausdruck (*vox*) bezeichnete (*consignificare*). Die drei Größen sind materialiter und in der Wirklichkeit identisch, denn was immer in der Seinsweise als solcher vorliegt, ist auch in der passiven Auffassungsweise, als vom Intellekt erfaßt gegeben. Und was immer in der passiven Auffassungsweise gegeben ist, liegt auch in der passiven Bezeichnungsweise als durch den Ausdruck bezeichnet vor. Also sind die drei Größen materialiter identisch.

Zusammenfassend: Die Phänomene der Wirklichkeit liegen vor (= *modi essendi*). Der menschliche Verstand erfaßt sie, so daß die Phänomene der Wirklichkeit nach diesem Erfassungsvorgang im Verstand als passive Auffassungsweisen (*modi intelligendi passivi*) existieren. Aus diesen passiven Auffassungsweisen werden nun die Weisen des Bezeichnens (*modi significandi*) gewonnen. Materialiter handelt es sich bei allen drei Größen – den Weisen des Seins, des Erfassens und des Bezeichnens (genauer: der *modi significandi pas-*

sivi) – um dasselbe, die Unterschiede seien lediglich, so Thomas, formaler Natur („formaliter").

Zu 2.: Die Gliederung der Wirklichkeit: ‚Sachverhalte' und ‚Handlungen', Nomen und Verb

Das folgende Zitat – es handelt sich um den größten Teil des achten Kapitels – belegt die enge Verknüpfung modistischer Grammatiktheorie mit der zeitgenössischen, d.h. scholastischen Philosophie. So liegt der Unterscheidung in eine Weise des Gegebenen (*modus entis*, u.a. Substantiv) und eine Weise des Verlaufs (*modus esse*, u.a. Verb) die philosophische Unterscheidung in Sein (*habitus*) und Werden (*fieri*) zugrunde.

Die Weise des Gegebenen und die Weise des Verlaufs.

Hinsichtlich der Frage, von welcher Eigenschaft einer Sache eine Bezeichnungsweise gewonnen wird, muß festgehalten werden, daß wir in den Sachen gewisse allgemeine Eigenschaften, d.h. allgemeine Seinsweisen (*modi essendi*) vorfinden: die Weise des Gegebenen (*modus entis*) und die Weise des Verlaufs (*modus esse*). Die Weise des Gegebenen ist die Weise des Zustands und der Dauer (*modus habitus et permanentis*), die der Sache, von der sie das Sein hat, innewohnt. Die Weise des Verlaufs ist die Weise des Wandels und der Abfolge (*modus fluxus et successionis*), die der Sache, von der sie das Werden hat, innewohnt.

Ich stelle deshalb fest, daß diejenige aktive Bezeichnungsweise, die mittels der Weise des Gegebenen (welche die allgemeine Weise des Nomens ist) bezeichnet, von derjenigen Seinsweise einer Gegebenheit gewonnen wird, welche die Weise des Zustands und der Dauer ist. Diejenige aktive Bezeichnungsweise dagegen, die mittels der Weise des Verlaufs (welche die allgemeine [...] Weise des Verbs ist) bezeichnet, wird von der Seinsweise eines zeitlichen Ablaufs gewonnen, welche – wie später gezeigt werden wird – die Weise des Wandels und der Abfolge ist. [A.G.: Der erste der beiden vorangegangenen Sätze läßt sich so paraphrasieren: 1. Für permanente Gegebenheiten der Realität ist die *Weise des Zustands und der Dauer* charakteristisch. 2. Aus ihr ergibt sich diejenige *aktive Bezeichnungsweise*, welche mittels der *Weise des Gegebenen* bezeichnet. 3. Diese *Weise des Gegebenen* ist die für das Nomen spezifische *Bezeichnungsweise*. – Der zweite Satz ist analog zu dem ersten zu paraphrasieren.]

In diesem Sinne stellt der *Commentator* IV *Phys. Cap.* 14 fest, daß es zwei zentrale Weisen der Existenz gibt, die Weise des Gegebenen und die Weise des Verlaufs. Von ihnen haben die Grammatiker zwei zentrale Wortarten abgeleitet, Nomen und Verb, wobei unter *Nomen* das Pronomen und unter *Verb* das Partizip mitverstanden wird. [...]

16 *Das Nomen.*

Die alten Grammatiker haben diese Bezeichnungsweisen in der Definition des Nomens zum Ausdruck gebracht, indem sie sagten, daß das Nomen Substanz mit Qualität bezeichne. Darunter verstanden sie die *Weise* der Substanz (*modus substantiae*), welche die von einer Eigenschaft der Sache gewonnene Weise des Gegebenen (*modus entis*) ist (bei dieser Eigenschaft handelt es sich um die Eigenschaft des Zustands und der Dauer, die sich vor allem in der Substanz findet) [...]. Das Nomen ist daher eine Wortart, die etwas mittels der Weise des Gegebenen [...] bezeichnet.

Nun könnte jemand anmerken: Es gibt zahlreiche Nomina, die einen Mangel bezeichnen, z. B. *Nichts, Blindheit* u. ä. Da nun Mängel und Negationen keine Gegebenheiten (*entia*) sind, ist offensichtlich, daß ihnen nicht irgendeine Eigenschaft zugesprochen werden kann [wörtlich hier und unten: „... können sie nicht irgendeiner Eigenschaft zugeordnet werden‘, A.G.]. Daher kann die aktive Bezeichnungsweise, die mittels der Weise des Gegebenen bezeichnet, in solchen Fällen nicht von der Eigenschaft der bezeichneten Sache abstammen. Es muß aber, wie auch schon früher, festgehalten werden: Obgleich Mängel und Negationen keine positiv, d. h. außerhalb des Bewußtseins existierenden Gegebenheiten sein mögen, sind sie doch für das Bewußtsein sehr wohl positive Gegebenheiten [...]. Und weil Mängel, Negationen und Fiktionen Gegebenheiten für das Bewußtsein sind, kann man ihnen auch die Eigenschaft des Gegebenen zusprechen, welche die Eigenschaft des Zustands und der Dauer ist, von der wiederum die allgemeine Bezeichnungsweise des Nomens abstammt.

Interessant ist die Art und Weise, wie Thomas mit Substantiven umgeht, die keine positive Entität der Wirklichkeit zu bezeichnen scheinen, etwa *Nichts*: Er betont, daß sie zumindest für das Bewußtsein reale Entitäten darstellen. Da Thomas nun an anderer Stelle immer wieder hervorhebt, daß die Bewußtseinsinhalte, soweit sie am Prozeß der Versprachlichung beteiligt sind, keineswegs *figmenta*, bloße Einbildungen sind, verschafft er auch einem Substantiv wie *Nichts* indirekt eine ontologische Basis.

Die zitierte, ontologisch verankerte Differenzierung in Substantiv und Verb setzt sich in der Bestimmung der anderen Wortarten fort (– ergänzt sei, daß Thomas zwar unter *nomen* sowohl das Substantiv wie das Adjektiv faßt, sich in seinen Beispielen allerdings fast ausschließlich auf das Substantiv bezieht). Substantiv und Pronomen z. B. teilen den gleichen *modus entis*, bezeichnen also beide eine substantielle Gegebenheit mit der Eigenschaft von Zustand und Dauer. Im Gegensatz zum Substantiv vermag das Pronomen aber lediglich Substanz als solche zu bezeichnen, ohne spezifische Kennzeichen des individuellen Gegenstandes angeben zu können (es bezeichnet „substantiam sine qualitate", Kap. 21).

Bei Verb und Partizip ist der Sachverhalt ähnlich gelagert. Auch sie teilen einen *modus*, den *modus esse*, bezeichnen beide einen zeitlichen Verlauf. Das Verb hat jedoch die Fähigkeit, etwas unabhängig von der Substanz zu bezeichnen – kann im Satz also als eigenständiges Element das Prädikat bilden –, während das Partizip stets an die Substanz gebunden ist („indistantis a substantia", Kap. 33), d. h. im Satz – in adjektivischer Funktion – als Begleiter eines Substantivs auftritt.

Zu 3.: Der Satz

Der Lehre von den Wortarten (*etymologia*) steht in den modistischen Arbeiten die Syntax (*diasynthetica*) gegenüber. Besonderer Wert wird auf die

Darstellung der Abhängigkeitsverhältnisse im Satz, d. h. auf Fragen der Rektion (*regimen*) und der Kongruenz (*congruitas*) gelegt. *Congruitas* ist für Thomas dann erreicht, wenn sowohl eine semantische wie auch eine grammatische Stimmigkeit zwischen den Konstituenten des Satzes gegeben ist. Dabei gibt es Unterdifferenzierungen: Eine Konstruktion wie *cappa nigra* ist sowohl grammatisch kongruent wie auch semantisch stimmig, eine Konstruktion wie *cappa categorica* aber ist lediglich grammatisch kongruent (Kap. 53).

Die folgenden Auszüge sind dem dritten und abschließenden Teil der Syntax entnommen. Der erste Teil behandelt die *constructio*, also die Arten der Kombination der unterschiedlichen Konstituenten des Satzes, der zweite Teil ist den Fragen der Kongruenz zwischen diesen Konstituenten gewidmet (*congruitas*). Im letzten Teil geht es um die Bedingungen, die gegeben sein müssen, damit die untereinander kongruenten Kombinationen von Konstituenten tatsächlich einen vollständigen Satz bilden, der im Bewußtsein des Hörers eine vollständige Bedeutung (*perfectum sensum*) erzeugen kann.

Von der Vervollständigung des Satzes
116 *Der zweifache Zweck der syntaktischen Konstruktion.*
[...] Der unmittelbare Zweck einer syntaktischen Konstruktion ist der Ausdruck eines zusammengesetzten geistigen Konzeptes mittels eines Verbs. Ich sage deshalb ‚mittels eines Verbs‘, weil ein zusammengesetztes geistiges Konzept bisweilen ohne Verb ausgedrückt wird, wie z. B. bei der Verbindung von *homo* [‚Mensch‘] mit *albus* [‚weiß‘] ohne Kopula: *homo albus.* Ein geistiges Konzept wird aber erst durch das Verb in seiner Komplexität ausgedrückt, wie in der Verbindung von *homo* mit *albus* unter Verwendung der Kopula: *homo est albus.* Eine solche Zusammensetzung kann wahr oder falsch sein [...]. Daher ist der weitere Zweck einer syntaktischen Konstruktion der, im Bewußtsein des Hörers mittels einer korrekten Einheit syntaktischer Konstituenten eine vollständige Bedeutung zu erzeugen.

[...] Daraus folgt, daß zur Vervollständigung eines Satzes dreierlei vonnöten ist. Das erste sind Subjekt (*suppositum*) und Objekt (*appositum*). [...] Zweitens ist Übereinstimmung zwischen sämtlichen Bezeichnungsweisen (*modi significandi*) erforderlich, wie dies eine jede stimmige Aussage verlangt. Drittens ist für die syntaktische Konstruktion erforderlich, daß keine offene Abhängigkeitsrelation (*dependentia*) bestehen bleibt, die diese syntaktische Konstruktion an der Erfüllung ihres Zwecks hindert, nämlich ein zusammengesetztes geistiges Konzept auszudrücken und eine vollständige Bedeutung im Bewußtsein des Hörers zu erzeugen. [...]
117 *Die vollständige syntaktische Konstruktion.*
Eine syntaktische Konstruktion also, die ein Subjekt und ein Objekt beinhaltet (in Einklang mit der Übereinstimmung sämtlicher Bezeichnungsweisen) und die keine offene Abhängigkeitsrelation aufweist, welche sie an der Erfüllung ihres Zwecks hindert, ist vollständig in einer ersten Hinsicht, eben weil es ihr an nichts fehlt, was zu ihrem Typ gehört. Sie ist auch vollständig in einer zweiten Hinsicht, weil sie ihr Ziel, für das sie eingesetzt wurde, erreichen kann (nämlich, wie zuvor bereits festgestellt, ein zusammengesetztes geistiges Konzept mittels

eines Verbs auszudrücken). Auch in einer dritten Hinsicht ist sie vollständig, weil sie etwas hervorbringen kann, das ihr selbst ähnlich ist: Sie kann eine vollständige Bedeutung im Bewußtsein des Hörers erzeugen. [...]
118 *Die unvollständige syntaktische Konstruktion.*
Aus dem, was wir festgestellt haben, ergibt sich, daß eine syntaktische Konstruktion wie *si Socrates currit* [,wenn Sokrates läuft'] unvollständig ist, weil diese Konjunktion *si* – wird sie der Konstruktion *Socrates currit* hinzugefügt – eine neue Abhängigkeit gegenüber einer Größe außerhalb der Konstruktion schafft. Diese könnte eine Abhängigkeit gegenüber etwas Folgendem sein, das, wenn es nicht ausgedrückt wird, immer unvollständig bleiben wird. Dies wäre z.B. der Fall, wenn ich sagen würde *me legere*, denn das ist unvollständig, da es das Bewußtsein des Hörers nicht zufriedenstellt. Vervollständigung ist also nichts anderes als die dritte und letzte Entwicklungsstufe des Satzes [...].
119 *Die zweifache Vervollständigung der syntaktischen Konstruktion.*
[Es] muß festgehalten werden, daß die Vervollständigung der syntaktischen Konstruktion zweifach ist: in bezug auf die Bedeutung und in bezug auf den Intellekt. In bezug auf die Bedeutung ist eine Vervollständigung dann gegeben, wenn beide Konstituenten der Konstruktion durch Wörter ausgedrückt werden, wie in *ego lego.* In bezug auf den Intellekt ist eine Vervollständigung dann gegeben, wenn nicht beide Konstituenten durch Wörter ausgedrückt werden, sondern wenn eine Konstituente vom Intellekt mitverstanden wird, wie in *lego.* Denn dieses Wort *lego* [,ich lese'] ermöglicht das Verstehen des Subjekts *ego* [,ich'], und zwar mittels der Übereinstimmung sämtlicher Bezeichnungsweisen, die diesem Typ von Konstruktion eigen sind. Und dennoch bleibt keine Abhängigkeitsrelation der Konstruktion als ganzer oder einer ihrer Teile offen, was sie von ihrem Ziel abhalten würde, nämlich ein zusammengesetztes geistiges Konzept mittels des Verbs auszudrücken und eine vollständige Bedeutung im Bewußtsein des Hörers zu erzeugen [...].

Thomas spricht syntaktischen Konstruktionen einen doppelten Zweck zu: ein komplexes geistiges Konzept auszudrücken und eine vollständige Bedeutung im Bewußtsein des Hörers zu erzeugen. Die geforderte Grammatikalität der Äußerung, d.h. das Gegebensein von Subjekt und Objekt und die Abwesenheit offener Dependenzen, bildet lediglich die erste von drei Voraussetzungen für einen vollständigen Satz. Mit den beiden anderen Voraussetzungen werden der Sprecher – denn es ist dessen ‚komplexes geistiges Konzept', das zur Äußerung ansteht – und der Hörer, also kommunikative Größen, einbezogen. Zwar wird Grammatik damit pragmatisch eingebunden, doch darf dies nicht überbewertet werden: Die Interessen der Modisten sind nicht wirklich auf die Kommunikation, etwa auf Fragen ihrer gesellschaftlichen Dimension, ihres Gelingens, ihrer Optimierung gerichtet. In geradezu prototypischer Weise trifft eine solche Orientierung auf die Rhetorik zu, die modistische Sprachtheorie aber könnte kaum weiter von der Rhetorik entfernt sein. Die pragmatischen Größen im modistischen System sind eher die äußeren Begrenzungen des Rahmens, innerhalb dessen sich der modistische Grammatiker bewegt. Ist der Rahmen einmal etabliert, dominiert die Beschäftigung mit den grammatischen

Konstruktionen als solchen. Die Frage, ob ein jeweiliger Satz tatsächlich eine
vollständige Bedeutung im Bewußtsein eines Hörers erzeugen kann, ist eher
eine letzte Prüfung, die der Satz bestehen muß, nachdem er zuvor sorgfältig,
nach genau beschriebenen Regeln konzipiert wurde.

Die Zitate aus der »Grammatica speculativa« verdeutlichen immer wieder den
Versuch des Autors, die Kategorien der Sprache aus den Gegebenheiten der
Wirklichkeit folgen zu lassen. Daß dabei diese Relation zwischen Sprache und
Wirklichkeit nicht von der Art einer simplen Eins-zu-Eins-Entsprechung ist,
geht aus der ganzen Anlage der Argumentation hervor, und schon die Existenz
des Konzeptes des *modus* belegt dies: Die Wörter bezeichnen nicht einfach die
Dinge, sondern sie tun es *per modum* (*substantiae, fluxus* etc.). So ist es durchaus möglich, daß eine Sache mittels eines Wortes bezeichnet wird, dessen
Wortart dem Wesen der Sache nicht bzw. nicht völlig entspricht, wie etwa das
deutsche Substantiv *Abstieg* (wie in *Der Abstieg dauert bereits fünf Stunden*)
tatsächlich eher einen Vorgang als einen statischen Sachverhalt bezeichnet. Zugleich aber wird durch die Anbindung der sprachlichen *modi* (der *modi significandi*) an die Eigenschaften der Dinge (*proprietates rerum*) doch wieder das
Sprachliche in der Wirklichkeit verankert.

Uneingeschränkt mit der Wirklichkeit kongruent ist in der modistischen
Sprachkonzeption also nur die Ebene der Vorstellungen, während sich bei dem
Schritt zur sprachlichen Realisierung dieser Vorstellungen Verschiebungen im
Bereich der Kongruenz ergeben können, die zumindest der Kommentierung
bedürfen. Diese Verschiebungen sind jedoch nur oberflächlicher Natur, und
eben diese Unterscheidung – in eine sprachliche Oberflächenstruktur und eine
sprachliche Tiefenstruktur, für die dann die Kongruenz wiederum in vollem
Umfang gilt – ist ein Kennzeichen universalistischer Sprachtheorie und Grammatikschreibung. In Thomas' »Grammatica speculativa« deutet sich eine solche Unterscheidung zumindest in Ansätzen an, wenn der Autor feststellt, daß
in *lego* das Subjekt *ego* impliziert ist, also auf der ,tieferen' Ebene des Intellekts
existiert und „vom Intellekt mitverstanden wird" (s.o. Par. 119), oder wenn er
feststellt, daß sich Äußerungen in allen modi verbi in eine zugrundeliegende In-
finitivkonstruktion auflösen lassen („resolvantur"): Hinter „lego" (,ich lese')
steht dann das der intellektuellen Vorstellung tatsächlich entsprechende „indico me legere" (,ich zeige an, daß ich lese'), hinter „lege" (,lies!') das explizitere „impero te legere" (,ich befehle dir, zu lesen!') etc. (»Grammatica speculativa«, XXVIII/55).

1.2.3 Das Nachwirken mittelalterlicher Sprachtheorie in der Neuzeit

Die *Grammatica speculativa* der Modisten findet mit der Durchsetzung des
Nominalismus ihr Ende. Autoren wie Johannes Aurifaber (»Determinatio de

modis significandi«, 1333) und Pierre d'Ailly (= Petrus Alliacus) (»Destructiones modorum significandi«, zwischen 1372 u. 1390) greifen in ihren Schriften Grundpositionen der modistischen Sprachtheorie an. Der Tenor der neueren Auffassung ist der, daß in der erkenntnistheoretischen Dreierkonstellation von Wirklichkeit, Denken und Sprache die Sprache immer mehr zu einem bloß technischen Hilfsmittel wird, einem arbiträren Werkzeug, dessen eigene Kategorien keinerlei Anspruch auf ontologische Wahrheit besitzen.

Hinter solchen Überlegungen steht ockhamistisches Gedankengut. Für Wilhelm von Ockham kann es aufgrund des Axioms von der Existenz ausschließlich der *res absolutae*, der Einzeldinge, keine dem Einzelding vorgängige Idee dieses Dinges und damit keine Wortbedeutung geben. Wie die Vorstellungen von den Dingen in der sinnlichen Konfrontation mit den Einzeldingen gewonnen werden – wir also einen Baum nicht deshalb erkennen, weil wir schon zuvor das mentale Bild des Baumes schlechthin, also einen zeitlosen Begriff von der ,Baum-heit' besäßen, sondern nur, weil wir von unseren konkreten Einzelerfahrungen mit Bäumen abstrahieren –, so gilt auch für die Sprache: Anläßlich eines Satzes „homo est albus" (»Summa logicae« I/64) (,Der Mensch ist weiß') können wir zwar feststellen, daß das Wort „albus" weiße Farbe, also ,Weiß-heit' anzeige („albedinem significat"), aber keineswegs in dem Sinne, daß diese ,Weißheit' eine absolute, zeitlose, unabhängig von den Einzelgegenständen weißer Farbe existierende Idee wäre. Eine ,Weißheit' jenseits der einzelnen weißen Gegenstände gibt es als Sachverhalt ebensowenig, wie es eine Bedeutung ,weiß' als sprachliche Fassung eines solchen ideellen Sachverhalts gibt. Ein Adjektiv wie *weiß* („albus") und auch ein zunächst abstrakter anmutendes Substantiv wie *Weißheit* („albedo") sind nichts weiter als unterschiedliche sprachliche Zugriffsweisen auf denselben konkreten weißen Gegenstand.

Die Konsequenzen dieser Auffassung sind beachtlich: In der Reihung der Größen Wirklichkeit, Denken und Sprache kommt der Sprache in jeder Hinsicht die letzte Position zu. Lediglich die Vorstellungen spiegeln die Gegenstände und Sachverhalte der Wirklichkeit in natürlicher Weise und damit ontologisch zuverlässig, die sprachlichen Zeichen aber sind willkürlich (*ad placitum*) gewählte Elemente zum Zwecke der Kommunikation. Von diesen sprachlichen Zeichen gibt es keinen unmittelbaren Weg zurück zur Wirklichkeit: Die Existenz eines zweiten Sprachzeichens „albedo" (,Weißheit') neben einem ersten Sprachzeichen „albus" (,weiß') besagt keineswegs, daß diesen zwei Sprachzeichen in der Wirklichkeit auch zwei Sachverhalte entsprechen. Bei „albedo" und „albus" handelt es sich – wie bei allen Sprachzeichen – zunächst nur um zwei von Menschen aus bestimmten Interessen eingerichtete innersprachliche Größen, von deren Existenz keineswegs in einer Eins-zu-eins-Relation auf die Wirklichkeit geschlossen werden darf.

Es sei nun nicht behauptet, daß die Position der Modisten in radikalem Gegensatz zu der eben beschriebenen nominalistischen Position stehen würde und die Modisten damit als konsequente Realisten zu gelten hätten (– wobei *Realismus* hier natürlich als Gegensatz zu *Nominalismus* und nicht im modernen Sinne einer abbildtheoretischen Position in der Sprachtheorie zu verstehen ist). Wie kompliziert die Zuordnung des Modismus zu der einen oder anderen erkenntnistheoretischen Position ist, zeigt etwa die Tatsache, daß Johannes Aurifaber von M. Grabmann (1943) als Modist und nicht als Gegner des Modismus eingestuft wurde. In jedem Fall aber ist die Entwicklung vom mittelalterlichen Realismus zum Nominalismus eine Bewegung weg von der Position eines selbstverständlichen Vertrauens in die Sprache als zuverlässigen Spiegel von Wirklichkeit hin zu einer Position, die den Erkenntniswert von Sprache distanziert-skeptisch bewertet. Denn ist einmal eine prinzipielle Distanz zwischen Sprache auf der einen und Denken und Wirklichkeit auf der anderen Seite etabliert worden, dann wird die erkenntnistheoretische Skepsis in einem nächsten Schritt in Kritik an der Sprache umschlagen: Nicht nur erlaubt die Sprache keinen selbstverständlichen Zugriff auf die Wirklichkeit, sondern sie vermag sogar ein falsches Bild von der Wirklichkeit zu vermitteln, dann nämlich, wenn man naiv sprachliche Inhalte mit Gegebenheiten der Wirklichkeit identifiziert. „[...] ad inanes [...] controversias et commenta", zu verstiegenen Disputen und Hirngespinsten könne uns die Sprache verleiten, klagt der fest in dieser nominalistischen Tradition stehende Francis Bacon um die Wende zum 17. Jahrhundert (Bacon 1605, Aphorismus 43), und sein Landsmann John Locke fürchtet, die Sprache könne „between our Understandings, and the Truth", zwischen unser Denken und die Wahrheit treten, die natürlich nur „in Things themselves", in den Dingen selbst liege (Locke 1689, III/IX/21 u. III/XI/5). Diese Überzeugung wird nicht nur von englischen Empiristen der Frühen Neuzeit geteilt, sondern, wie an anderer Stelle zu zeigen sein wird, auch von kontinentalen Rationalisten, z.B. von Gottfried Wilhelm Leibniz (vgl. Kap. 3.5 und 4.3).

In der hier angedeuteten Kontroverse über die erkenntistheoretischen Möglichkeiten von Sprache begegnet eine klassische Problemstellung der Sprachphilosophie. Tendenziell bewertet die realistische Position – einmal abgesehen davon, inwieweit die Modisten tatsächlich als Realisten gelten können – die Rolle der Sprache sehr hoch, indem sie sie zumindest auf einer tiefenstrukturellen Ebene als Abbild der Wirklichkeit versteht. *Daß* die Sprache der Wirklichkeit entsprechen möge, daß sie sozusagen auf der Systemebene, vor jeder Verwendung bereits wahr sein möge, ist ein bis ins 18. Jahrhundert immer wieder begegnender Wunsch (vgl. Kap. 3.1.). Eine solchermaßen an sich ,wahre' Sprache würde den Sprecher entlasten: Er könnte sich auf die Aussagen konzentrieren, die er in der Sprache macht, und zusehen, daß sie der Wirklichkeit entsprechen. Er müßte aber nicht noch zusätzlich darüber besorgt sein, ob die Wörter und die grammatischen Strukturen, ganz unabhängig von ihrer konkreten Verwendung, auf der Systemebene überhaupt wirklichkeitsadäquat bzw. wirklichkeitsfähig sind.

Wird Sprache tatsächlich mit der Wirklichkeit im Sinne des mittelalterlichen Realismus identifiziert, dann mag man ein solches Sprachvertrauen vom Standpunkt des heutigen, kritisch-rationalen Wissenschaftsbegriffs aus als naiv bewerten. Doch erweist sich andererseits auch die nominalistische, sprachkritische Position als erkenntnistheoretisch problematisch, da sie dazu neigt, die wirklichkeitskonstituierende Eigenschaft von Sprache zu unterschätzen. Zwar kritisiert sie an Einzelfällen immer wieder die Fehllenkung des Denkens durch die Sprache, kann dies aber nur – will sie ihre eigene Kritik nicht sprachlich relativieren –, indem sie einen Punkt jenseits von Sprache ansetzt, von dem aus die Dinge ,in ihrem objektiven Gegebensein', ,an der Sprache vorbei' erkannt und beschrieben werden können. Eben mit der Annahme eines solchen sprachfreien Raumes, in dem die Dinge unmittelbar, außerhalb jeder sprachlichen Einbindung intellektuell erfaßt werden können, öffnet sich der nominalistische Ansatz selbst der Kritik.

Mit diesen Anmerkungen zur Forstsetzung der erkenntnistheoretischen Problematik in der Frühen Neuzeit ist keineswegs die gesamte Traditionsbildung mittelalterlicher Sprachtheorie beschrieben. Vor allem Äußerungen zur konkreten Gestalt sprachlicher Tiefenstrukturen und zur Bestimmung der Wortarten begegnen vom 16. Jahrhundert an in einer Weise, die durchaus an den rational-universalistischen Zug mittelalterlicher Sprachreflexion erinnert. Im Zusammenhang mit der Darstellung rationalistischer Sprachtheorie im 18. Jahrhundert wird das Thema erneut aufgegriffen werden.

Anhang

Nr. 1:

C. Thurot (Hrsg.): Extraits de Divers Manuscrits Latins pour Servir a l'Histoire des Doctrines Grammaticales au Moyen Age. Paris 1869. Nachdruck. Frankfurt 1964, 125:

> Utrum omnia ydiomata sint una gramatica. Sic, quia nature rerum et modi essendi et intellegendi similes sunt apud omnes, et per consequens similes modi significandi et construendi et loquendi a quibus accipitur gramatica. Et sic tota gramatica que est in uno ydiomate similis est illi que est in altero, et una in specie cum illa, diversificata solum secundum diversas figurationes vocum, que sunt accidentales gramatice. Unde sciens gramaticam in uno ydiomate scit eam in alio, quantum ad omnia que sunt essentialia gramatice. Quod tamen secundum eam non loquatur in illo nec loquentes intelligat, hoc est propter diversitatem vocum et diversas figurationes earum, que sunt accidentalia gramatice. Partes enim orationis, in diversis ydiomatibus sunt eedem essentialiter, diversificate accidentaliter. Unde quod apud aliquos est articulus et aliquid huiusmodi, quod non apud alios, accidit. Et sicut diverse numero, non specie sunt partes orationis, que sunt substantia modorum significandi, in diversis ydiomatibus, sic et modi significandi; et per consequens tota gramatica solo numero diversificatur.

Nr. 2:

Thomas von Erfurt: Grammatica Speculativa. An edition with translation and commentary by G. L. Bursill-Hall. London 1972.

aus Kap. II (S.[136] u. [138])

A quo modus significandi radicaliter oriatur.
4 *Omnis modus significandi activus est ab aliqua rei proprietate.*

Circa secundum notandum, quod cum huiusmodi rationes, sive modi significandi activi non sint figmenta, oportet omnem modum significandi activum ab aliqua rei proprietate radicaliter oriri. Quod sic patet quia cum intellectus vocem ad significandum sub aliquo modo significandi activo imponit, ad ipsam rei proprietatem aspicit, a qua modum significandi activum originaliter trahit; quia intellectus cum sit virtus passiva, de se indeterminata, ad actum determinatum non vadit, nisi aliunde determinetur. Unde cum imponit vocem ad significandum sub determinato modo significandi activo, a determinata rei proprietate necessario movetur; ergo cuilibet modo significandi activo correspondet aliqua proprietas rei, seu modus essendi rei.

aus Kap. III u. IV (S. [140] u. [142])

A quibus proprietatibus sumantur modi significandi activi.

Dicatur ergo, quod modi significandi activi sumuntur immediate a modis intelligendi passivis; quia modi significandi activi sumuntur immediate a modis intelligendi passivis; quia modi significandi activi non sumuntur a modis essendi, nisi ut hi modi essendi ab intellectu apprehenduntur: modi autem essendi, prout ab intellectu apprehensi, dicuntur modi intelligendi passivi; ergo modi significandi activi sumuntur a modis essendi, mediantibus modis intelligendi passivis; et ideo immediate modi significandi activi a modis intelligendi passivis sumuntur.

Caput IV

Quomodo modus significandi a modo intelligendi et a modo essendi distinguatur.
8 *In quo conveniant et in quo differant modus essendi, intelligendi passivus et significandi passivus.*

Circa quartum, notandum, quod modi essendi, et modi intelligendi passivi, et modi significandi passivi, sunt idem materialiter et realiter, sed differunt formaliter; quia modus essendi est rei proprietas absolute; modus intelligendi passivus est ipsa proprietas rei, prout ab intellectu apprehensa; modus significandi passivus est eiusdem rei proprietas, prout per vocem consignificatur. Et sunt eadem materialiter et realiter, quia quod dicit modus essendi absolute, dicit modus intelligendi passivus, prout refertur ad intellectum; et quod dicit modus intelligendi passivus, dicit modus significandi passivus, prout refertur ad vocem; ergo sunt eadem materialiter.

aus Kap. VIII (S.[152] u. [154])

Modus entis et modus esse.

Et ut sciamus, a quia rei proprietate iste modus significandi sumatur, notandum est, quod in rebus invenimus quasdam proprietates communissimas, sive modos essendi communissimos, scilicet modum entis, et modum esse. Modus entis est modus habitus et permanentis, rei inhaerens, ex hoc quod habet esse. Modus esse est modus fluxus et successionis, rei inhaerens, ex hoc quod habet fieri.

Tunc dico, quod modus significandi activus per modum entis, qui est modus generalissimus nominis, trahitur a modo essendi entis, qui est modus habitus et permanentis. Sed modus significandi activus per modum esse, qui est modus essentialis generalissimus verbi, trahitur a modo essendi ipsius esse, qui est modus fluxus et successionis, ut postea patebit.

Ad hanc intentionem *Commentator* IV *Phys. Cap. 14*, dicit quod duo sunt modi principales entium, scilicet modus entis, et modus esse, a quibus sumpserunt grammatici duas partes orationis principales, scilicet nomen et verbum, sub nomine comprehenditur pronomen, sub verbo participium. [...]

16. *Nomen.*

Hos modos significandi expresserunt grammatici antiqui in definitione nominis, cum dixerunt, nomen significare substantiam cum qualitate, dantes intellegere per significare substantiam, modum substantiae, qui est modus entis sumptus a proprietate rei, quae est proprietas habitus et permanentis, quae primo et principaliter in substantia reperitur. [...] Nomen ergo est pars orationis significans per modum entis [...].

Et si dicat aliquis: multa sunt nomina, quae privationes significant, ut *nihil*, *caecitas*, et huiusmodi; cum ergo omnes privationes et negationes non sint entia, videtur quod sub proprietate stare non possint, et ideo modus significandi activus per modum entis in talibus a proprietate rei significatae oriri non potest. Dicendum, et dictum est prius, quod licet privationes et negationes non sint entia positiva extra animam posita; sunt tamen entia positiva secundum animam [...]; et quia privationes et negationes et figmenta sunt entia secundum animam, ideo cadunt sub proprietate entis, quae est proprietas habitus et permanentis; a qua proprietate trahitur modus significandi generalissimus nominis.

aus Kapitel LIV (S.[312], [314], [316], [318]):

De perfectione sermonis.
116 *Constructionis finis duplex.*

[...] Finis propinquus est expressio mentis conceptus compositi, secundum distantiam. Et dico secundum distantiam, quia conceptus mentis compositus est aliquando secundum indistantiam, ut componendo *hominem* cum *albo* sine copula; ut dicendo, *homo albus.* Alioquin conceptus mentis est compositus secundum distantiam, ut componendo *hominem* cum *albo*, mediante copula, dicendo *homo est albus.* Circa quam compositionem consistit veritas et falsitas [...]. Finis autem remotus constructionis est generare perfectum sensum in animo auditoris, ex constructibilium debita unione. [...]

Ex his patet, quod tria requiruntur ad perfectionem sermonis. Primum est suppositum et appositum [...]. Secundo, requiritur omnium modorum significandi conformitas, prout ad congruitatem requiribatur. Tertio, requiritur ex parte constructionis, quod nulla dependentia sit non terminata, quae retrahat ipsam ab eius fine, qui est mentis conceptum compositum exprimere, et perfectum sensum in animo auditoris generare. [...]

117 *Constructio perfecta.*

Constructio ergo habens suppositum et appositum secundum conformitatem omnium modorum significandi, tamen nullam habens circa se dependentiam non terminatam, non retrahentem ipsam ab eius fine, est perfecta primo modo; quia nihil sibi deficit eorum, quae ad eius speciem requiruntur. Secundo modo etiam est perfecta, quia debite potest suum finem, propter quem ordinatur (qui est exprimere mentis conceptum compositum secundum distantiam, ut dictum est), pertingere. Tertio modo etiam est perfecta, quia potest facere sibi simile, id est, perfectum sensum in animo auditoris generare. [...]

118 *Constructio imperfecta.*

Ex his dictis etiam patet, quod haec est imperfecta, *si Socrates currit*, quia ista coniunctio, *si*, huic constructioni addita, *Socrates currit*, facit in ea novam dependentiam ad aliquid extra se, ut ad aliquid consequens, quod si non exprimatur, semper imperfecta manebit, ut dicendo, *me legere*, haec est imperfecta, quia animum auditoris non quietat; et si quae sunt similes. Perfectio ergo nihil aliud est, quam passio sermonis tertia et ultima [...].

119 *Constructionis perfectio duplex.*

Quarto est notandum, quod duplex est perfectio constructionis, scilicet, secundum sensum, et secundum intellectum. Perfectio secundum sensum est, cum ambo constructibilia constructionis sunt voce tenus expressa, ut *ego lego*. Perfectio secundum intellectum est, cum constructibilia secundum vocem non exprimuntur, sed alterum ab intellectu apprehenditur, ut dicendo, *lego*. Nam hoc verbum *lego* dat intelligere suppositum, quod est *ego*, sub conformitate omnium modorum significandi requisitorum ad hanc speciem constructionis. Et tamen hic nulla derelinquitur dependentia ex parte constructionis totius, vel partium eius, non terminata, quae retrahat eam ab eius fine, qui est mentis conceptum compositum secundum distantiam exprimere, vel perfectum sensum in animo auditoris generare [...].

Literatur

Antike Sprachtheorie: Steinthal 1890/1891, Robins 1951, Coseriu 1970, Christmann 1985, Schmitter 1991, Ax 1992, Hülser 1992, Hennigfeld 1994

Mittelalterliche Sprachtheorie: Grabmann 1943, Robins 1951, Pinborg 1967 u. 1984, Coseriu 1970, Bursill-Hall 1971 u. 1975, Bursill-Hall in: Thomas von Erfurt 1972, Ashworth 1978, Kenny/Kretzmann/Pinborg/Stump 1982, Covington 1984, Christmann 1985, Gabler 1987, Gombocz 1992, Wolters 1992, Hennigfeld 1994, Ebbesen 1995, Naumann 1996, Meier-Oeser 1997

2. 16. Jahrhundert

2.1 Aufwertung der Volkssprachen und frühe Grammatik-schreibung des Deutschen

Dante Alighieri, Fabian Frangk, Valentin Ickelsamer, Laurentius Albertus, Albert Ölinger, Johannes Claius, Jacob Schöpper, [Abraham Sawr/ Nicolaus Bassaeus]

Die Hinwendung zu den Volkssprachen ist eine Erscheinung im gesamten Europa der Frühen Neuzeit. Sie setzt in der Romania ein, in ihren ersten Anfängen bereits im 15. Jahrhundert, und breitet sich nach Norden aus. Wichtige Stationen in dieser Entwicklung sind in Spanien Antonio de Nebrijas »Gramática de la lengua castellana« (1492), in Italien Pietro Bembos »Prose della volgar lingua« (1525), in Portugal Fernão de Oliveiras »Gramática da lingoagem portuguesa« (1536) und in Frankreich Joachim Du Bellays »La deffence et illustration de la langue françoyse« (1549), Ausdruck der Position der Dichtergruppe *Pléiade*. Das Ziel der Beschäftigung mit der Muttersprache ist in jedem Fall ihre Etablierung als leistungsfähige Hochsprache, d. h. ihre Kodifizierung in verbindlichen Regelwerken, so daß sie, getragen von den führenden gesellschaftlichen Kreisen, auch in Bereichen der Textproduktion eingesetzt werden kann, die bislang dem Lateinischen vorbehalten waren.

Diese Entwicklung geschieht vor dem Hintergrund eines umfassenden Strukturwandels im öffentlichen Leben der Frühen Neuzeit. An Einzelerscheinungen sind dabei von besonderer Bedeutung:
- die Veränderung der politischen Verhältnisse; in Deutschland ab der Mitte des 16. Jahrhunderts der Rückgang der zentralen Reichsgewalt zugunsten der zunehmend souveräner werdenden Territorialstaaten, damit auch die Herausbildung neuer Verwaltungsstrukturen und die Notwendigkeit einer innerhalb der Territorien und über ihre Grenzen hinweg funktionierenden Verwaltungssprache;
- die Veränderung der ökonomischen Verhältnisse in Richtung einer Kapitalisierung der Wirtschaft (Merkantilismus, Kameralismus, Intensivierung des Handels);
- die Bewertung der Muttersprache als Ausdruck politischer und kultureller Identität, in Deutschland verstärkt durch die Schwäche der Reichsgewalt;
- die Herausbildung eines sich zunehmend emanzipierenden Bildungsbürgertums und gewerbetreibenden Bürgertums;
- die zunehmende Verschriftlichung und die durch den Buchdruck ermöglichte Ansprache breiterer, des Lateinischen nicht mächtiger Leserschichten;
- die Aufwertung der Volkssprachen durch den Protestantismus, in Deutschland speziell durch die deutsche Bibel Martin Luthers;

– die Herausbildung neuer bzw. die Verwissenschaftlichung traditioneller For-
schungsgebiete, getragen von der Entstehung eines modernen Wissenschaftsbegriffs mit seiner Forderung nach voraussetzungslosem, d. h. weniger der gelehrten Tradition und metaphysischen Einbindungen verpflichtetem Forschen;
– die Durchsetzung einer realienorientierten Pädagogik und Didaktik (in
Deutschland u. a. Wolfgang Ratke und Johann Comenius);
– das zu anspruchsvolle lateinsprachliche Ideal der Humanisten.
    Die Aufwertung der Volkssprachen geht auf Kosten des Lateinischen vor
sich. Es sollte allerdings bis in das 18. Jahrhundert hinein dauern, bis sich die
jeweilige Landessprache tatsächlich in allen Bereichen des öffentlichen Lebens
durchsetzen konnte. In Deutschland dominiert Latein als Publikationssprache
rein quantitativ fast bis zum Ende des 17. Jahrhunderts, in einigen Fachgebieten sogar (Medizin, Jurisprudenz) noch Jahrzehnte darüber hinaus. Zwar werden an den Universitäten seit dem 16. Jahrhundert erste deutsche bzw. misch-
sprachige Vorlesungen gehalten (z. B. 1527 durch Paracelsus), doch muß noch
um die Mitte des 17. Jahrhunderts Georg Philipp Harsdörffer hervorheben,
daß „des Menschen Verstand nicht an eine gewisse [= bestimmte] Sprache
gebunden" sei (Harsdörffer 1648–1653, I, 17), und der Chronist der *Fruchtbringenden Gesellschaft,* der ersten und bedeutendsten deutschen Sprachge-
sellschaft, bestreitet zur gleichen Zeit energisch, „daß man nur in Latein / Griechisch oder Hebräisch weiß [= weise] / in Teutsch aber närrisch sein solte"
(Hille 1647, 136).

Dante Alighieri: De vulgari eloquentia (zw. 1303 u. 1307)

Einer der berühmtesten Texte, in denen die Muttersprache dem Lateinischen in
positiver Wertung gegenübergestellt wird, wurde schon über drei Jahrhunderte
vor diesen Äußerungen verfaßt. Er entstammt der Feder eines Italieners, des
Florentiner Dichters und Politikers Dante Alighieri: »De vulgari eloquentia«
(‚Über die Beredsamkeit in der Volkssprache'). Im folgenden werden der
größte Teil des 1. und der Beginn des 2. Kapitels des ersten Buchs wiedergegeben (zit. nach der geringfügig geänderten Übersetzung von F. Dornseiff
und J. Balogh, Darmstadt 1925, 19f.; lat. Text s. Anhang):

I.

[...] [W]eil jede Wissenschaft ihren Gegenstand nicht beweisen, sondern klären
soll, damit man wisse, was es sei, worüber sie handelt, so sagen wir schnell über-
legend, daß wir *Volkssprache* diejenige nennen, an welche sich die Kinder durch
ihre Umgebung gewöhnen, sobald sie anfangen, Worte zu unterscheiden. Oder
kürzer gesagt: *Volkssprache* nennen wir die, die wir ohne alle Regel, die Amme
nachahmend, empfangen.
    Wir haben auch weiter eine andere, sekundäre Sprache, die die Römer *gram-
matica* genannt haben. Diese Sprache zweiten Grades haben die Griechen und
andere, aber nicht alle. Zu deren Handhabung gelangen jedoch nur wenige, denn

wir werden in ihr nur durch eine Spanne Zeit und ausharrendes Lernen geschult und gebildet. Von diesen beiden ist die edlere die Volkssprache, erstens, weil zuerst sie vom Menschengeschlecht gebraucht wurde, zweitens, weil die ganze Welt diese verwendet, wenn sie sich auch in verschiedene Aussprachen und Wörter geteilt hat, drittens, weil sie uns natürlich ist, während jene eher als etwas Künstliches besteht. Und von dieser edleren Sprache ist unsere Absicht zu handeln.

II.

Diese ist unsere wahre erste Sprache, ich sage aber „unsere" nicht, als ob es eine andere Sprache gebe als die des Menschen. Denn unter allem Lebenden wurde es allein dem Menschen gegeben zu sprechen, da nur er allein es nötig hatte. Weder den Engeln noch den niederen Tieren war es nötig zu sprechen. Vielmehr wäre es ihnen unnütz gegeben worden, wovon offensichtlich die Natur zurückschreckt. Wenn wir nämlich gründlich betrachten, was wir bezwecken, wenn wir reden, liegt es auf der Hand: nichts anderes, als für andere die Vorstellungen unseres Geistes zu entwickeln. Da nun die Engel für die Eröffnung ihrer glorreichen Gedanken eine ganz unmittelbare und unaussprechliche Genüge des Geistes haben, kraft deren einer dem andern sich gänzlich eröffnet, [...] haben sie kein Zeichen der Sprache nötig.

Wir erlernen die Volkssprache also nicht nach Regeln, sondern durch Nachahmung der Amme. Damit ist ein sprachreflexiver Topos formuliert, der schon in vorangegangenen Jahrhunderten begegnet und mit dem Humanismus schließlich weite Verbreitung erlangt: der Topos von der Volkssprache als der natürlich erworbenen, nicht der bewußt, aus intellektueller Distanz erlernten Sprache (vgl. Kap. 1.1). Dieses Bild von der intuitiv angeeigneten Muttersprache erfährt dort noch eine Steigerung, wo die Sprache als mit der „Mutter-Milch eingesogen" (z. B. Ponat 1713, 59) beschrieben wird: Nicht aus den Büchern erlernt sei das Deutsche, schreiben Johann Matthäus Meyfart und Melchior Steinbrück 1701, sondern von der Natur angeeignet, nicht vom Lehrer vermittelt, sondern von der Amme eingesogen, nicht in der Schule erlernt, sondern im Schoß mit der Milch in uns hineingetrunken (Meyfart/Steinbrück 1701, II, 67):

> Lingua, quae nostra est, quam non ex libris accepimus, sed a naturâ arripuimus, non à magistro didicimus, sed à nutrice hausimus, non in scholis percepimus, sed in cunis cum lacte ebibimus.

Interessant ist nebenbei, daß der Ausdruck *Muttersprache*, der sich auf den ersten Blick geradezu ideal zur Bezeichnung dieser natürlich erworbenen Volkssprache eignen müßte, tatsächlich erst spät, nicht vor dem späten 15. Jahrhundert in diesem Sinne verwendet wird. Vermutlich hängt dies damit zusammen, daß das Wort zunächst rein deskriptiv verwendet wird – seit dem frühen 11. Jahrhundert liegt es in der mittellateinischen Form *lingua materna* vor –, um den Gegensatz zum Lateinischen auszudrücken. Die frühen deutschen Belege übernehmen diese Bedeutung. Erst in Äußerungen wie in derjenigen aus dem »Buch der Hundert Kapitel und der vierzig Statuten« des sog. Oberrheinischen Revolutionärs, also erst um die Wende zum 16. Jahrhundert, begegnet der Begriff in der Bedeutung ‚die dem Sprecher unmittelbarer zugehörige und zum Ausdruck seiner Innerlichkeit geeignetere Sprache' (allerdings in der Form des zweigliedrigen Ausdrucks *mütterliche Sprache* und ohne Bezug auf den Spracherwerb): „es sig kein hertzlicher, andechtiger geben, dan mit siner mûterlichen zungen" (zit. nach der Ausg. v. A. Franke, S. 506).

Doch nicht nur für das Individuum ist die Volkssprache die erste und unmittelbarere Sprache, sondern auch für die Menschheit. Wenn Dante nun hinzufügt, daß sich diese ursprünglichere Sprache in verschiedene Einzelsprachen zerteilt hat, dann spielt er auf die Annahme einer einheitlichen Ursprache an – damit auch indirekt auf den Mythos der Babylonischen Sprachverwirrung – und formuliert zugleich einen wichtigen sprachtheoretischen Gedanken: Die historischen Einzelsprachen sind mehr oder weniger (un)vollkommene Realisierungen eines zugrundeliegenden Sprachprinzips, eben dieser Ursprache. Die Verbindungen zwischen den Einzelsprachen und damit die Existenz einer Ursprache werden entweder anhand konkreter struktureller Details belegt oder aber, wesentlich unspezifischer, mittels des Konzeptes des *Sprachgeistes* (*Genius der Sprache, génie de la langue, Sprachwesen* u. ä.), der den unterschiedlichen Einzelsprachen zugrunde liege und ihre Gemeinsamkeiten erkläre. Tatsächliche oder vermeintliche grammatische und lexikalische Spezifika einer oder mehrerer Sprachen werden dann als Ausdruck dieses *Sprachgeistes* gewertet, in bezug auf das Deutsche etwa die Regelmäßigkeit (*Grundrichtigkeit*) der Wortbildung, die Einsilbigkeit der Stammwörter sowie ihre lautliche Motiviertheit und damit referentielle Adäquatheit etc. Das Konzept des *Sprachgeistes* eignet sich in besonderer Weise zur Ideologisierung der Sprachbeschreibung – ein *deutscher Sprachgeist* läßt sich z. B. gegen einen *welschen* (d. i. französischen und/oder italienischen) ausspielen – und wird daher im Kontext des barocken Sprachpatriotismus (Kap. 3.2) eingehender zu besprechen sein.

Bei Dante begegnet das Konzept eines sprachlichen Basistyps und seiner einzelsprachlichen Realisierungen in der Beschreibung des Verhältnisses der italienischen Hochsprache zu den Dialekten. Diese Hochsprache sei einem Panther vergleichbar, den man überall, in den einzelnen Regionen, wittern könne, der aber in keiner dieser Regionen ganz zu Hause sei („[...] pantheram redolentem ubique et necubi apparentem [...]", 16/1). Die Hochsprache ist die über den Varietäten existierende Idealform einer jeweiligen Einzelsprache, die optimale Verkörperung des dieser Sprache eigenen *Geistes* (*Genies, Wesens* etc.) und ist zugleich ihrerseits, so müßte man Dantes Überlegungen weiterführen, eine spezifische Realisierung der Ursprache der Menschheit. Zu unterschiedlichen Zeiten ist das für viele Sprachen behauptet worden, für das Lateinische und Griechische unter anderem von Dantes Zeitgenossen Roger Bacon – der „eigentlichen griechischen Sprache" z. B. stellt er die vier „Mundarten" Attisch, Äolisch, Dorisch und Ionisch gegenüber (zit. nach Dornseiff/ Balogh 1925, 93) –, für das Deutsche etwa von Justus Georg Schottelius (1663), wenn er von den Dialekten die „lingua ipsa Germanica" abhebt.

Bemerkenswert an Dantes Überlegungen ist im übrigen, daß er die Ursprache gerade nicht mit dem Lateinischen identifiziert und diesem die italienischen Dialekte als mehr oder weniger korrumpierte Abschattungen gegenüberstellt. Im Gegenteil: Das Lateinische ist ,nur' eine Kunstbildung (der Gelehrten), die man sich ganz gezielt aneignen muß, wenn man sie beherrschen will.

Zwei weitere Aspekte des Textes seien kurz erwähnt. Dante stellt fest, daß die Sprache für den Menschen notwendig ist und daß der Zweck der Sprache in der Darlegung unseres Bewußtseinsinhalts anderen gegenüber besteht. Auch dies ist ein sprachreflexiver Topos, vielleicht der gängigste von allen: Die zentrale Funktion von Sprache ist die Kommunikation, und der Drang zur Kommunikation ist Teil der menschlichen Natur. Damit steht Dante in einer Tradition, die von der antiken Sprachphilosophie und Rhetorik über die Kirchenväter, die mittelalterlichen Grammatiker, schließlich die unterschiedlichen sprachtheoretischen Schulen von der Renaissance an bis hin zu den pragmatischen Ansätzen der Gegenwart reicht. Dieses Axiom von der kommunikativen Funktion der Sprache ist von so großer Bedeutung in der Geschichte der Sprachtheorie und Sprachwissenschaft, daß es in dieser Darstellung noch häufig eine Rolle spielen wird.

Wie grundlegend die Kommunikationsfunktion ist, läßt sich auch an der Diskussion der Engelssprache erkennen: Auch für die Engel wird ganz selbstverständlich die Notwendigkeit von Kommunikation angenommen, doch benötigen sie als Geistwesen keine Sprache, die auch eine materielle, sich in Zeit und Raum ausbreitende Qualität besitzt (und sie hätten auch gar keine Sprechwerkzeuge, mit denen sie eine solche Lautsprache sprechen könnten). Sie sind vielmehr in der Lage, ihre Gedanken unmittelbar in das Bewußtsein ihrer Mitgeschöpfe zu übertragen. Schon bei den Kirchenvätern wird die Frage der Engelssprache diskutiert, unter anderem bei Augustinus und Thomas von Aquin, und sie bleibt ein Thema bis in das 17. Jahrhundert hinein.

Die meisten der sprachreflexiven Konzepte, die in Dantes Schrift begegnen, sind auch in Texten deutscher Autoren der Frühen Neuzeit anzutreffen. Bei aller Hochschätzung des Lateinischen greift im 16. Jahrhundert immer mehr die Überzeugung um sich, daß der Mangel an sprachpflegerischer (grammatikographischer, lexikographischer, stilkundlicher) Zuwendung zur eigenen Sprache ein „gifft und pestilentzisch übel" sei, wie der Tübinger Valentin Boltz im Vorwort einer Terenzübersetzung von 1544 schreibt (zit. nach Stammler 1954, 21). Während sich Boltz hinzuzufügen beeilt, daß dem Lateinischen selbstverständlich „trefflicher ruhm und hoher preiß" zu gelten habe, beschränken sich andere auf die Äußerung ihres Unmuts: Johannes Turmair beklagt in seiner »Bayerischen Chronik« Interferenzen in Lexik und Syntax (einzelne Autoren „biegen, krümpen" das Deutsche, durchsetzen es „mit zerbrochen lateinischen worten", ziehen es insgesamt „auf die lateinisch art") und hält dem entgegen, daß „ein ietliche sprach [...] ir aigne breuch und besunder aigenschaft" habe

(S. 5). Bis aus dieser Haltung der Propagierung eines Nebeneinander beider Sprachen eine explizite Kritik am Lateinischen wird, dauert es allerdings noch lange; selbst im 18. Jahrhundert stellt eine Bemerkung wie die von Johann Daniel Longolius – die humanistische Hinwendung zu den alten Sprachen zeige eine „übelgegründete Hochachtung der Römischen und Griechischen Schwatzhaftigkeit" (1715, 652) – eher eine Ausnahme dar.

Die deutsche Grammatikschreibung im 16. Jahrhundert steht im Schnittbereich dreier Diskurse: eines kulturpatriotischen, eines metaphysischen und eines pädagogischen:

– Der Kulturpatriotismus in bezug auf die Sprache erreicht im Deutschland der Frühen Neuzeit seinen Höhepunkt in den Sprachgesellschaften des 17. Jahrhunderts. Zuvor sind lediglich Ansätze in diese Richtung erkennbar, meist, wie erwähnt, in der Form eines mehr oder weniger selbstbewußten Lobs der Muttersprache gegenüber dem Lateinischen. Doch auch außerhalb des Bereichs des Sprachlichen werden kulturpatriotische Tendenzen spürbar. Als Illustration kann die zeitgenössische Behandlung der »Germania« des Tacitus, der Beschreibung germanischer Sitten und Gebräuche aus dem 1. Jahrhundert dienen: Der Text wird 1455 wiederentdeckt, 1497 hält der bedeutende Humanist und Gründer der *Sodalitas literaria Rhenana*, Konrad Celtis, in Wien Vorlesungen darüber, 1519 erscheint der Text im Rahmen der ersten kommentierten Gesamtausgabe des Tacitus, 1526 schließlich in deutscher Übersetzung. Während der gesamten Zeitspanne und bis weit in das 17. Jahrhundert hinein, wird das Werk zunehmend Gegenstand patriotischer bzw. nationalistischer Interpretation, indem es die Basis für den neuzeitlichen Germanenmythos in Deutschland bildet. Bereits im frühen 16. Jahrhundert sind kulturpatriotische Tendenzen in Deutschland immerhin so ausgeprägt, daß Sebastian Franck in seiner »Germaniae Chronicon« von 1531 von vornherein klarstellt, er wolle in seinem Buch „nit ein gross feldgeschrei von eyttel lob der Teutschen machen", damit man ihm nicht nachsage, er „hab ein hoffier und lobbuch, und kein Histori beschrieben" (zit. nach Stammler 1957, Sp. 94).

– Einen weit größeren Einfluß auf die Sprachreflexion der Zeit hat im 16. Jahrhundert allerdings der metaphysische Diskurs. Das Spektrum reicht dabei von der Sprachmagie bis hin zur Sicht sprachlicher Phänomene im Rahmen der orthodoxen – bzw., im Falle des Protestantismus, sich erst zu einer neuen Orthodoxie konsolidierenden – Theologie. Einige sprachreflexive Konzepte sind dabei von der Heiligen Schrift selbst vorgegeben: der Primat des Wortes bei der Schöpfung der Welt („Am Anfang war das Wort", Johannes 1,1), die Frage einer *adamischen Sprache* des Paradieses und die Erklärung der Sprachenvielfalt mittels der Babylonischen Sprachverwirrung. Die Auffassung vom Primat des Wortes wertet die Sprache in markanter Weise auf: Das Wort ist nicht nur ein passives Abbild der Dinge, sondern vermag als *wirkendes Wort* ganz konkret Dinge zu schaffen. Zwar steht dies nur Gott selbst zu – wenn sich der Mensch das *fiat* zu eigen macht, läuft er Gefahr, der schwarzen

Magie verdächtigt zu werden –, doch wirkt sich diese Aufwertung der Sprache innerhalb der Sprachmystik auch auf die Bewertung der menschlichen Sprache aus.

Die Annahme der Existenz einer Sprache des Paradieses dagegen – man beruft sich dabei auf die biblische Beschreibung der Namengebung der Tiere durch Adam – führt dazu, daß in den Sprachen der Gegenwart Spuren dieser adamischen Ursprache gesucht werden, wobei auf die unterschiedlichsten Theoreme und Praktiken mystisch-magischen Sprachdenkens zurückgegriffen wird, darunter auch auf die Kabbala, der mit Buchstaben- und Zahlendeutungen operierenden jüdischen Geheimlehre.

Das Konzept der Babylonischen Sprachverwirrung schließlich ist das am weitesten verbreitete und spielt eine Rolle in der frühen Sprachgeschichtsschreibung: Die ersten Erkenntnisse über europäische Sprachenfamilien werden mit Babel dadurch verbunden, daß die eigene Sprache als eine derjenigen Sprachen ausgewiesen werden soll, die unmittelbar auf die Sprachverwirrung zurückzuführen ist.

Außer in der Gestalt einzelner Konzepte wirkt der metaphysische Diskurs auf die Sprachreflexion der Zeit natürlich vor allem in der Haltung des Protestantismus zu den Volkssprachen. In Deutschland zeigt sich das in der Forderung nach einer Liturgie, in der die Muttersprache stärker berücksichtigt wird, weit prägnanter aber noch in der deutschen Bibel Martin Luthers: Das Deutsch dieser Bibel ist nicht einfach nur Mittel zum Zweck der Verständniserleichterung für den Laien, denn volkssprachliche Versionen von Bibeltexten gab es schon lange vor Luther. Vielmehr ist es Ausdruck einer ganz bestimmten Theologie, um nicht zu sagen: Ideologie, die die Volkssprachlichkeit als Mittel zum Kampf gegen die römisch-katholische Tradition einsetzt.
– Der pädagogische Diskurs in der frühen Neuzeit schlägt sich im Bereich des Sprachlichen in der Herausbildung einer neuen Sprachpädagogik und -didaktik nieder. Am deutlichsten wird das in den programmatischen Schriften des Köthener Reformers Wolfgang Ratke und des pansophischen Pädagogen Johann Amos Comenius im frühen 17. Jahrhundert. Die Forderung „Alles zuerst in der Muttersprach" bricht mit der Tradition, daß im Sprachunterricht an den Schulen das Deutsche entweder nur der Vermittlung des Lateinischen dient oder aber anhand primitiver Lehrwerke – ab dem 15. Jahrhundert in zunehmendem Umfang die sog. *Buchstabierbüchlein* – nur in groben Grundzügen unterrichtet wird. Die *didactica nova* dagegen verknüpft zum einen mit dem Sprachunterricht einen Sachunterricht und will dabei den Schülern Gelegenheit geben, sich die Gegenstände und Sachverhalte der Welt anhand der ihnen bereits vertrauten Muttersprache zu erschließen, läßt zum anderen aber auch den Fremdsprachenunterricht ganz gezielt über die Muttersprache verlaufen. Wenn auch von der *didactica nova* im 16. Jahrhundert erst Ansätze zu erkennen sind, so besitzen die auf deutsch geschriebenen Sprachlehrwerke dieser Zeit doch eine ganz spezifische pädagogische Intention: Das Bewußtsein von

der Notwendigkeit, größeren Teilen der Bevölkerung das Beherrschen der Muttersprache zu ermöglichen, nimmt im Laufe des Jahrhunderts stetig zu, wobei diese Haltung nicht selten Ausdruck der protestantischen Überzeugungen der Autoren ist.

Die ersten Grammatiken des Deutschen stehen alle mehr oder weniger stark unter dem Einfluß der lateinischen Grammatikschreibung. Noch in der Grammatik des Johannes Claius von 1578, die immerhin bis 1720 aufgelegt wurde, werden fünf Kasus unterschieden: Bei der Deklination des Artikels z. B. führt Claius den Ablativ ganz selbstverständlich mit auf (*der – des – dem – den – von dem*). Die Tradition der lateinischen Grammatikschreibung geht letztlich auf die spätantiken Schriften von Donatus und Priscian zurück, und auch die lateinische Grammatik Philipp Melanchthons von 1525 bringt hinsichtlich der grundlegenden morphologischen und syntaktischen Kategorien keine Neuerung. Die Logifizierung der Grammatikschreibung, wie sie von den Modisten betrieben wurde, hinterließ keine Spuren in der Schulgrammatik, und humanistische Sprachgelehrte wenden sich sogar ausdrücklich gegen diese mittelalterlichen Ansätze, so Erasmus von Rotterdam oder der Norddeutsche Alexander Hegius in seinen »Invectiva in modos significandi« (1486). Große Teile der lateinischen Grammatikschreibung des 15. und 16. Jahrhunderts sind stattdessen von einem Ideal stilistischer Eleganz geprägt, das an den Vorbildern der Antike gewonnen wird. Das Werk des Italieners Lorenzo Valla (»Elegantiarum linguae Latinae libri sex«, abgeschlossen 1444) verkörpert wie kein anderes diese Haltung. Die daneben gleichwohl bestehende rational-universalistische Linie der Grammatikographie, die sich in Arbeiten wie denen Julius Cäsar Scaligers, Franciscus Sanctius', Tommaso Campanellas, schließlich in der in cartesianischer Tradition stehenden »Grammaire générale et raisonnée« zeigt, soll an anderer Stelle beschrieben werden (vgl. Kap. 4.4).

Fabian Frangk: Orthographia Deutsch (1531)

Die frühen Grammatiker des Deutschen sind Lehrer, Schreiber, Erzieher. Versteht man *Grammatik* in einem umfassenden Sinne, so schließt der Ausdruck auch die Orthographielehren ein. Dort ist der lateinische Einfluß naturgemäß am geringsten, während das Problem der landschaftlichen Varianz der Sprachformen am größten ist (bedenkt man, daß die Orthographielehren auch die phonetisch-phonologische Dimension behandeln). Eine der anspruchsvollsten Diskussionen dieser Frage bietet die »Orthographia« des Schlesiers Fabian Frangk, Erzieher des Markgrafen Johann von Brandenburg und in der Organisation des Schulwesens Frankfurts an der Oder tätig. Im selben Jahr wie die »Orthographia«, 1531, erscheint Frangks »Cantzley vnd Titel büchlin«, eine Anleitung zum korrekten Führen des Schriftverkehrs. Solche Epistolographien und Titularien werden immer üblicher und erreichen ihre größte Verbreitung im 17. und 18. Jahrundert. Die in ihnen enthaltenen Anweisungen, wie Briefe aufzusetzen sind und welche Anrede einem jeweiligen Adressaten von dessen sozialer Stellung her zukommt, spiegeln unmittelbar das Bewußtsein der Autoren von der gesellschaftlichen Dimension von Sprache: Sprachliche Ausdrucksformen bilden nicht nur soziale Hierarchien ab, sondern bestätigen oder verändern sie auch. Fabian Frangk begründet die Notwendigkeit seines Werks so (Jiijᵛ): Die Unwissenden würden lernen,

> wie sich ein jder gegen die höher vnd wirdiger / in vndertenigkeit erzeigen / Vnd
> gegen die so jres gleichen / odder auch wenigers stands / im ehrbieten der dienst-
> barkeit vnd gunst verhalten möcht.

Frangks Buch ist natürlich nicht das einzige seiner Art. Bereits 1527 war anonym der »Schryfftspiegel« erschienen, 1530 das »Handbüchlin tütscher Orthographi« des Basler Lehrers und Pfarrers Johann Kolroß, 1538 veröffentlicht Johann Meichßner, Hofgerichtssekretarius im Württembergischen, sein »Handbüchlin gruntlichs berichts, recht vnd wolschrybens«. Die strukturellen Details all dieser Bücher sollen hier nicht behandelt werden. Hinter den Ausführungen zur Kennzeichnung von Länge und Kürze, zur Kennzeichnung der Umlaute, zu Fragen der Initial- bzw. Medialschreibung bestimmter Grapheme, zur Interpunktion etc. steht in jedem Fall der Wunsch nach einer Vereinheitlichung des Schreibens im Deutschen, auf der Basis des Prinzips ‚Schreib, wie du sprichst‘.

Wichtiger ist an dieser Stelle die grundsätzliche Konzeption der Orthographielehren. Die folgenden Auszüge sind Fabian Frangks »Orthographia« entnommen (zit. nach dem Nachdruck von 1979, A3ʳf. u. A3ᵛf.):

Von Deutscher sprach vnd jrem misbrauch in gemein.
Anfenglich ist zumercken / Das die Deutsche sprach / hie geteilt wirdt in zween vnnderschied / als Ober vnd Niderlenndisch. Was nuh hie gehanndelt odder geschrieben / wirdt / von oberlenndischer verstanden. Vnd wiewol diese sprach an jr selbs rechtfertig vnd klar / so ist sie doch in viel puncten vnd stücken / auch bej den Hochdeutschen nicht einhellig / Denn sie in keiner jegnit odder lannde / so gantz lauter vnd rein gefurt / nach gehalden wirdt / das nicht weilannds ettwas straffwirdigs / odder missbreuchiges darinne mitlieff / vnd gespürt würde / Wie dann hirnach in sonderheit zumercken ist.

Woraus man Recht vnd rein Deutsch lerne.
Wer aber sölche misbreuch meidenn / vnd rechtförmig deutsch schreiben / odder reden wil / der mus deutscher sprachen auff eins lands art vnd brauch allenthalben / nicht nachuolgen. Nützlich vnd gut ists einem jdlichen / vieler Landsprachen mit jren missbreuchen zewissen / damit man das vnrecht mög meiden / Aber das fürnemlichst / so zu dieser sach förderlich vnd dienstlich / ist / das man gutter Exemplar warnehme / das ist / gutter deutscher bücher vnd verbriefungen/

schriefftlich oder im druck verfast | vnd ausgangen / die mit vleisse lese / vnd
jnen jn dem das anzunehmen vnd recht ist / nachuolge.

Vnnder welchen mir ettwan / des tewern (hochlöblicher gedechtnus) Keiser
Maximilians Cantzlej vnd dieser zeit / D. Luthers schreiben / neben des Johan
Schönnsbergers von Augsburg druck / die emendirtsten vnd reinsten zuhannden
komen sein [...].

Frangk beginnt mit der zeittypischen Unterscheidung in zwei Großlandschaf-
ten: Das Niederdeutsche wird vom Rest des deutschen Sprachgebiets abgehoben. Die dort gesprochene Sprache ist nicht einheitlich, aber ‚als solche‘ („an jr
selbs") korrekt. Man fühlt sich an die vergleichbare Feststellung bei Dante
erinnert, der sie auf das Italienische bezieht. In beiden Fällen wird behauptet:
1. Die Hochsprache liegt in einer konkreten Ausprägung noch gar nicht vor;
2. sie ist aber der ‚Idee‘ nach, in so etwas wie ihren strukturellen Prinzipien
bereits vorgezeichnet; 3. der regionale Gebrauch der Sprache verhindert die
Herausbildung dieser idealen Hochsprache. Dieser letztere Einwand erfährt im
17. Jahrhundert, auf dem Höhepunkt barocker Sprachpflege, noch eine Steigerung. Die Hochsprache wird dann so sehr zu einer an sich perfekten, in sich
ruhenden, von *Grundrichtigkeit* getragenen Größe hypostasiert, daß die einzelnen Manifestationen des Gebrauchs fast notwendigerweise qualitativ gegen
dieses Ideal abfallen. Der Sprecher darf bestenfalls hoffen, im Gebrauch dieser
idealen Sprache gerecht zu werden. In dieser ahistorischen Konzeption wird
der *Gebrauch* fast zum Gegner der Sprache.

Im zweiten Teil des Zitats zeigt Frangk den klassischen Ausweg aus dem
Dilemma des Variantenreichtums auf: Wer wissen will, welche sprachlichen
Formen akzeptabel sind, soll sich an guten Vorbildern orientieren. Das bedeutet noch kein pragmatisches Anerkennen des Sprachgebrauchs als Normkrite-
rium, da ja nur diejenigen Vorbilder zugelassen sind, die der idealen Hochsprache zumindest einigermaßen entsprechen. Bereits in den antiken Rhetoriken wird *auctoritas* als Entscheidungshilfe in Sprachfragen angegeben. Im
Deutschland der Frühen Neuzeit werden als beispielgebend in der Regel die
folgenden Größen gesehen (zu diesem Komplex auch Josten 1976):

– individuelle Autoren (Luther, später auch Martin Opitz);
– bestimmte Autorengruppen (meist „die besten Skribenten");
– gesellschaftliche Institutionen (die Kanzleien, das Reichskammergericht, der
  Hof, womit auch eine soziale Abgrenzung ‚nach unten‘, gegenüber der Sprache des „Pöbels" verbunden ist);
– bestimmte Regionen (zunehmend, trotz Widerständen, das Meißnische);
– Textsorten (religiöses und literarisches Schrifttum).

Die pauschale Hervorhebung der Drucke eines bestimmten Druckers, wie
Frangk dies tut, ist eher selten.

Die Alternative zur Orientierung an Vorbildern ist die Orientierung an einem der Sprache (vermeintlich) inhärenten Analogieprinzip. Dieses Analogieprinzip versetzt den Sprachpfleger in die Lage, die Norm sozusagen am Gebrauch vorbei festzulegen, und zwar in den Fällen, in denen er mit keinem existierenden Gebrauch einverstanden ist. Innerhalb der Fruchtbringenden Gesellschaft kommt es im 17. Jahrhundert zu einer offenen Auseinandersetzung über diese Normierungsverfahren (vgl. Kap. 3.4).

Nach der allgemeinen Einführung bestimmt Frangk sein Vorhaben (A3^{v}f.):

> *Was recht Deutsch schreiben sey*
> Recht Deutsch schreiben aber / wirdt hie nicht genohmen / odder verstannden / als Rein höflich deutsch / mit geschmückten verblümbten worten / ordentlich vnnd artigk nach dem synn odder meinung eins jdlichen dings / von sich schreiben (Welchs mehr der Redmass vnd Rethoricken zustenndig / vnd derhalben in der Redkündiger schule gehörig / da wirs auch bleiben lassenn) Sonndern / Wenn ein jdlich wort / mit gebürlichen Buchstaben ausgedruckt (das ist) recht vnd rein geschrieben wirdt / also / das kein buchstab müssig / odder zuuiel / noch zuwenig / Auch nicht an stat des andern gesetzt / nach versetzt / Dar zu nichts frembdes / abgethanes / so einen missestannt / odder verfinsterung geberen möcht / eingefürt werd / Welches sunst die Latiner vnd Krichen / Orthographiam wir aber / Recht buchstebig Deutsch schreiben / nennen wollen. Vonn diesem soll hie kürtzlich vnnser hanndlung vnd angeben sein.

Frangk strebt eine möglichst weitgehende Eindeutigkeit in der Zuordnung von Laut zu Schriftzeichen, ansatzweise könnte man sagen: von Phonem zu Graphem an. Interessant ist daneben die Abgrenzung seines Anliegens von dem der Rhetorik. Es geht ihm nicht um das inhaltlich, grammatisch und stilistisch vorbildliche Verfassen von Texten. Die Adjektive *rein, höflich* (i.S.v. ‚kultiviert'), *ordentlich, artig* sind charakteristisch für die Sprachpflege der Frühen Neuzeit. Hinter ihnen verbergen sich zumindest die rhetorischen Kategorien der *puritas* (‚Reinheit', die sich in der antiken Rhetorik keinesfalls nur auf die Abwesenheit von Fremdwörtern bezieht) und der *elegantia*, möglicherweise auch der *latinitas*, d.h. der vorwiegend grammatischen Regelgemäßheit (– in eben diesem Sinne verwendet Christian Gueintz ein Jahrhundert später in bezug auf das Deutsche den Terminus „Deutschheit"). Auch *artig* meint, ganz wörtlich, ‚regelgemäß': der *ars*, d.h. der Lehre und ihren Regeln entsprechend. Die *geschmückten und verblümten Worte* gehören als Tropen zum *ornatus*, dem stilistischen Schmuck, und mit der Ausrichtung des Textes *nach Sinn oder Meinung eines jeglichen Dinges* ist die rhetorische Kategorie des *aptum*, der Angemessenheit gemeint. *Aptum* ist dann gegeben, wenn die sprachlichen Mittel eines Textes dem zu behandelnden Gegenstand und den pragmatischen Bezugsgrößen des Textes (Sprecher, Hörer, Ort, Zeit) adäquat sind. So erfordert z.B. ein sozial herausragender Sachverhalt wie eine Fürstenhochzeit für ein Hochzeitsgedicht aufwendige sprachliche Mittel, während etwa der Text,

der einem Bauern in einem Schauspiel in den Mund gelegt wird, stilistisch
schlicht gehalten werden muß.

Valentin Ickelsamer: Ain Teütsche Grammatica (um 1534)

Das erste deutschsprachige Werk, das sich selbst als Grammatik bezeichnet, ist
die »Teütsche Grammatica« des Valentin Ickelsamer. Ihr Autor hatte in Erfurt
und Wittenberg studiert und arbeitete als Lehrer zunächst in Rothenburg ob
der Tauber, anschließend in Augsburg. Nach allem, was man weiß, war Ickelsamer ein sehr religiöser Mensch, insgesamt im protestantischen Lager zu
Hause, aber mit Kontakten zu dem Mystiker Kaspar Schwenckfeldt und der
Schwärmerbewegung. Auch politisch war er engagiert, sympathisierte in der
Zeit der Bauernaufstände so offen mit den Bauern, daß er das zwischenzeitlich
von Bauern geführte Rothenburg nach deren Niederlage verlassen mußte.

In einem gewissen Sinne besitzt auch die »Teütsche Grammatica« revolutionäre Züge. Sie zeigen sich in den Anleitungen zum Lesenlernen, die den
größten Teil des Textes ausmachen. Denn weit mehr als eine eigentliche Grammatik ist Ickelsamers Buch eine Leselehre, und die vergleichweise ausführliche
Behandlung von Phänomenen der Orthographie und der Lautlehre steht im
Dienste eben dieses didaktischen Vorhabens. An grammatischen Ausführungen enthält die »Grammatica« daneben einige kurze Bemerkungen zum Partizip und zur Syntax, schließlich auch zur Etymologie.

An den Anfang aber seien Ickelsamers einleitende Äußerungen zur Aufgabe
einer deutschen Grammatikschreibung gestellt (zit. nach der Ausgabe Pohls,
hier A1^{v}f.):

Disem Büchlin hab ich ainen namen geben / Grammatica / darumb / das es die
besten vnd fürnemesten stuck der Gramatic handelt / Nämlich / den verstand
der Bůchstaben / vnd des lesens auch der Teütschẽ sprach art / sampt der selben
wörter / Etymologia vnd außlegung / Wer aber mainet / es sey kain Grammatica/
die nit alles Kinderwerck lere / das in der Lateinischen Grammatic ist / Darzů
sag ich / das der vns noch lang kain Teütsche Grammatic geben oder beschriben
hat / der ain Lateinische für sich nimbt / vnd verteütscht sy / wie ich jr etwa wol
gesehen / dañ der schafft mit vil arbait wenig nutz / der die teütschen leren will /
wie sy sagen vnd reden sollē / der Hans / des Hansen etc. Ich schreib / ich hab geschriben etc. Das lernen die kinder besser von der můter / dann auß der Grammatic / Der aber die acht tayl der rede recht verteütschet vnd erkläret / mit jren
dienern / zufelligkaiten vnd zůgehörungen / welliches die Lateiner Accidentia
haissen / zum rechtē gründtlichen verstand der Teütschen wörter vnnd rede /
sampt ainer guten teütschen | Syntaxi oder Construction / das ist gantzer versa-
melter vnd rechter kunstmässiger teütscher rede / das wäre ain rechte teütsche
Grammatica zůnennen / vñ es würdts villeicht auch ainmal ainer thůn / Der es
aber thůn will / der můß auch (wie vom lesen im büchlin vermeldet) trachtē nach
dem grund vnd vrsprung der acht hauptwörter der rede tayl vnd jrer Acciden-

tien / vnd můß die nit verteütschen / wie sy in den gemainen kinder Donäten verteütscht seyn / Nomē der nam / Verbum das wort etc. Sonder er můß / wie gesagt /
also teütschen / das er nitt allain den Namen / sonder sein gantzes ampt vnd
wesen begreiffe / vnd noch darzů den brauch solches tails der rede / mit feinē
zierlichē exempeln anzaige / dañ es bedürffen vnd gebrauchen die teütschen kai-
ner andern Grammatic / dañ die kunst vnd vnterweysung / recht vnd gůt teütsch
zů reden / vñ schreiben [...].

Durchaus mit Selbstvertrauen spricht Ickelsamer dem Deutschen eine eigene
„Art" zu und lehnt die Orientierung an der lateinischen Grammatik ab. Interessant ist die hohe Bewertung des Gebrauchs: Einige der grammatischen Para-
digmen erwirbt man intuitiv, durch Nachahmung („von der muter"), eine detaillierte Darstellung ist unnütz. Zu einer deutschen Grammatik, die diesen
Namen verdient, zählt eine Syntax und eine genaue Beschreibung der Wortarten („tayl der rede" ist Übersetzung von *pars orationis*), also nicht bloß die Angabe der Kategorien der lateinischen Grammatik nach Donat, mit kurzer deutscher Übersetzung. Noch wenige Jahre zuvor ist Aventin in seiner Grammatik
eben in dieser Weise verfahren: „*Dictio* ein wort" etc. (»Grammatica omnium
vtilissima et breuissima«, 1512, zit. nach Müller 1969, [49]). Erneut spielt der
Gebrauch eine hervorgehobene Rolle („den brauch solches tails der rede").

Bei Ickelsamer führen zwei Wege zusammen: die gebrauchsorientierte Aufwertung und Kodifizierung der Muttersprache und die Forderung nach einer
theoretischen Grundlegung der grammatischen Kategorien, wie sie eher der
analytischen Linie der Grammatikographie eigen ist, etwa den Modisten.
Grammatik ist damit weder ausschließlich eine Angelegenheit der an Fragen
der Anwendung uninteressierten Theoretiker noch eine Sache der Praktiker,
die ausschließlich an der Bewältigung sprachlicher Alltagsprobleme interessiert sind.

Ickelsamers Äußerungen zur Grammatik des Deutschen und zur Etymologie lassen sich so charakterisieren:
– Das Partizip zählt bei ihm zu den Wortarten. Schon daran zeigt sich, daß die
Loslösung von der antiken grammatikographischen Tradition zwar beabsich-
tigt, aber noch keineswegs vollzogen ist. Vor allem stilistischen Zwecken dient
das Partizip („mit seiner lieblichen kürtze", A2^v) – Ickelsamer verwendet Kategorien der Rhetorik (*brevitas*) und zitiert immer wieder Quintilian –, da es
hilft, Nebensätze zu vermeiden.
– Syntax begegnet lediglich im Zusammenhang der Segmentierung komplexer
Sätze und der Kennzeichnung der Segmente durch Interpunktionszeichen. Unterschieden werden das Satzgefüge (*periodus, vollkommene rede*), seine Konstituenten, d. h. Haupt- und Nebensätze (*glieder, cola*), und die Konstituenten
dieser Glieder (*commata*). Die *Glieder* werden semantisch bestimmt (sie haben
beide einen *vnterschidlichen verstentlichen synn*), aber nicht danach unterschieden, ob sie im Satzgefüge eine unter- oder übergeordnete Position einneh-

men. Angenommen sei folgender Beispielsatz: „Was soll man ain Gram̃atic […]
den Teütschen / die jr nichts achten / kain lust / lieb oder freüde darzů haben /
kainen vleis / die zů lernen / daran wenden / schreiben oder machen?" Ickelsamer unterscheidet die Glieder *Was soll man ain Gram̃atic den Teütschen machen* und *die jr nichts achten etc.*. Die Hinzufügung des „etc." im zweiten
Glied läßt die Problematik der Differenzierung erkennen: Ganz offensichtlich
bilden die Teile *kain lust darzů haben, kain vleis daran wenden* usw. ebenfalls
semantische Einheiten (haben *aygnen syñ*), und sogar einzelne lexikalische
Ausdrücke wie *lust, lieb* und *freüd* bekommen eine vom Ganzen unabhängige
Einzelbedeutung (*aignen verstand*) zugesprochen, aber es wird nie ganz klar,
welche grammatischen Einheiten des Satzes diesen semantischen Einheiten entsprechen. Insgesamt zeigt die Analysemethode die Schwierigkeit, eine semantische Differenzierung in der Syntax mit einer grammatischen zu verbinden.
Daß sich Ickelsamer überhaupt diesem Problem aussetzt, erklärt sich aus seinen Interessen an der praktischen Gestaltung von Sprache, speziell an der Interpunktion, da sich die Interpunktion genau auf dieser Grenze zwischen der
semantischen und der grammatischen Organisation der Rede bewegt. Ickelsamers Bemühungen um einen eigenständigen, vom Lateinischen unabhängi-
gen deutschen Stil spiegeln das ganz selbstverständlich.
– Die Etymologie erlaubt am leichtesten den Anschluß der Sprachreflexion an
metaphysische Konzepte. Ickelsamer geht davon aus, daß in den Buchstaben
„ettliche tieffe gehaimnuß […] verborgen liegen" (D2^r). Er erwähnt das Juden-
tum und spielt damit auf die Kabbala an. Seine Begründung für die Notwendigkeit etymologischer Forschung im Deutschen aber ist durchaus praktischer
Natur (D2^{v}f.):

> Es bringt aber der wörter vnerkañtnuß / auch ainẽ grossen vnuerstandt der dinge /
> so durch die wort bedeüt werden / Also das ainer ain ding reden vnd nennẽ kan /
> one allen verstand / wie die Nunnẽ / als man spricht / den Psalter lesen / Dann
> wer da saget / Er hab gebeichtet / gefastet / gebetet etc. Vnd verlsteht nit / was
> solche wort haissen / der waiß noch nit / was er thon hat / dañ die wort haben
> jren Namen von jrem Ampt vñ bedeütung / darüb offt ain blosses wort / w[o] es
> verstanden wurde / den gantzen handel anzaiget vnd zůuerstehn gibt / wie sol-
> ches der sprachẽ verstendige gar wol wissen.

Die Relation zwischen Wörtern und Dingen ist die einer klassischen Sachsemantik: Die Wörter verweisen auf die Dinge, so daß man über die Kenntnis
der Wörter einen intellektuellen Zugriff auf die Dinge hat. ‚Kenntnis der Wörter' bedeutet aber für Ickelsamer nicht nur Kenntnis ihrer lexikalischen Bedeutung im gegenwärtigen System der Sprache, sondern das Wissen um ihre
Etymologie. Wer die Etymologie eines Wortes kennt, kann sozusagen auf einen
Schlag die bezeichnete Sache erfassen (*ain blosses wort zaigt den gantzen handel an*). Diese Begründung für das Studium der Etymologie begegnet in der
Frühen Neuzeit immer wieder, ist aber nur möglich, wenn die Realität der

Kommunikation ausgeblendet wird. Um etwa mittels der Namen *Leonhardt*, *Wolfgang* oder *Dietrich*, die Ickelsamer als Beispiele anführt, bestimmte Personen korrekt zu identifizieren, muß der Benutzer natürlich nicht die Etymologie der Namen kennen.

Abschließend seien Ickelsamers Versuche einer phonetischen Beschreibung des Deutschen erwähnt. Sie dienen dem Erwerb der Lesefähigkeit. Ebenfalls in diesen Zusammenhang gehören die orthographischen Überlegungen, die von dem Wunsch nach der Deckung von Laut- und Schriftzeichen getragen sind. Daß Ickelsamer auch bei dieser Korrelierung nicht gegen den Usus (den „lang gewohnte[n] brauch der Teütschen wörter", D1ʳ) verstoßen will, zeigt einmal mehr, wie sehr seine sprachpflegerischen Bemühungen der Kodifizierung der Muttersprache und nicht der analytischen Grammatikologie dienen sollen.

Der Leseunterricht bis hin zu Ickelsamer war von der Absicht geprägt, den Kindern vor allem das richtige Schreiben beizubringen. Dabei herrschte die Buchstabiermethode vor: Der Lehrer gab ein Wort vor, buchstabierte es, und die Schüler wiederholten; „Mann" wird dabei in [ɛm] – [a] – [ɛn] – [ɛn] segmentiert. Das sollte sicherstellen, daß die Schüler sogleich die korrekte Schreibung lernen, z.B. wissen, daß „Mann" mit Doppelkonsonant geschrieben wird. Was die Schüler dabei lernen, sind allerdings nicht die Laute, sondern die Bezeichnungen der Buchstaben. Besonders mühselig wurde das Verfahren dadurch, daß zunächst alle Buchstabennamen einzeln, darauf in Silben und erst, wenn die Schüler dies beherrschten, anhand vollständiger Wörter geübt wurden. Bei den Konsonanten aber weichen die Buchstabenbezeichnungen vom tatsächlichen Lautwert eines Buchstabens ab (in *Mann* begegnet *m* als [m], nicht als das silbische [ɛm]), so daß die Kenntnis der Buchstabenbezeichnungen das Lesen sogar behindert. Ickelsamer lehnt daher die Buchstabiermethode ab und ersetzt sie durch die Lautiermethode, d.h. durch das Erlernen der Laute selbst. Da außerdem nicht jedem Laut ein bestimmter Buchstabe entspricht, geht er noch über das bloße Lautieren hinaus: Er will den Schülern zeigen, wie die Laute mit den Sprechwerkzeugen, „mit den Natürlichē organis vnd gerüst im mund" (A5ᵛ) gebildet werden. Diese Hinwendung zur artikulatorischen Phonetik ist das wirklich Neue an Ickelsamers »Grammatica«.

Phonetische Beschreibungen von Konsonanten lauten etwa so (B1ʳ):

Das / f / würdt geblasen durch die zene / auf die vntern lebtzen gelegt / vñ styr̄et / wie naß oder grün holtz am feüre seüt.

Das / g / so die zung das hinderst des gūmens berürt / wie die Gens pfeysen / wenns ainen anlauffen zū beyssen etc.

Das / h / ist ain scharpffer athem / wie mā in die hende haucht.

Das / l / ist ein zungen būchstab / die zung wirt oben an den gūmen getruckt / so sich der mund gleich zū lachen vñ fröligkait schickt.

Das / m / hat ain brūmende stir̄/ wie die Küe / Bern / oder die Stur̄en / so man bede lebtzen auff einander truckt / vnd brūmet.

> Das / n / nennet Quintilianus ainē klingenden bůchstabē / das er dem nenner gleich im hirn klingt / vñ rürt die zung eben an den gůmen / vnd wer ain schwach vnd blöd hirn oder kopff hat / dem thůt dises bůchstabens nennung wehe.

Interessant ist daneben, wie Ickelsamer einen Laut des Deutschen beschreibt, dem kein einzelner Buchstabe entspricht (C2ʳf.):

> Ain mercklicher vnd deütlicher mangel ist auch an den bůchstaben / n / vnd / g / in den wörtern Engel / angel / franck / da hört man weder das / n / noch das / g / volkomlich / sonder man hört auß jrer zůsamen schmeltzung vil ain ander gethön vñ stiṁ/ welches auch der Aulus Gellius auß dem Nigidio anzaiget / der da schreibt / waṅ da das / n / der recht bůchstab wer / so rürete die zung oben an den gůmen / welliches aber in disen wörtern nit l geschieht / wie sy yetz genennet werden.
>
> Item die Francken vñ Schwaben habē ain vnteütsch wort / damit sy etwas leügnen vnd nayn wöllen sagen / das haißt näncke / da sein das / n / vnd / k / nicht die rechte bůchstaben / vnd kan auch dises wort / wie es genennet / mit den bůchstabē vnsers A be cees / nit erraychet noch geschriben werdē / sonder ain frembder vnd newer bůchstab würdt da an stat des k / gehöret / auß der Gurgel getruckt / wie die krancken ägzen oder kreisten / vñ würt das / n / auch nit recht / sonder mangelhafft / wie yetz auß dem Gellio angezaigt / gehört.

Die gewünschte Kongruenz von Phonem und Graphem würde in der Tat, wie Ickelsamer schreibt, ein neues Schriftelement voraussetzen.

Dort, wo der Selbstunterricht zum Lesenlernen beschrieben wird, bleibt die Problematik der mangelnden Kongruenz allerdings ausgeklammert. Der Übende soll sich bei der sorgfältigen Artikulation eines Wortes dessen einzelner Laute bewußt werden und die Lautkette in ihre Komponenten segmentieren (B4ʳf.):

> Er thůe jm also / er höre vñ merck auff die verenderte tayl aines worts / darein setz er das wort ab / vñ wie vil nun das wort der verenderten tayl / stiṁ oder laut hat / so vil hat es bůchstaben / als in disem wort / Hans / da sein vier verenderůg / das sein vier bůchstaben. Zum ersten hört vnd vernymbt man ainen starcken athem / wie man in die hende haucht / das ist das / h / das haucht man auff den laut / a / nach dem laut / a / ainen klang durch die nasen / vnnd zum letsten wirdt gehört ain junge tauben l oder schlangen sibilen / Da ist kain tayl vnter disen vieren dem andern gleich / vnd ist niemandts so vnuerstendig vnd vnmercksam / der nit hören vnd mercken wolt / was das sey / das also den laut / a / herauß athemet vnd haucht / so er das wort selbs in seinē mund nimbt / vnd merckt im nennen wie vñ mit wellichem gerüst ain yede verenderung des worts gemacht wirdt / das er darnach ainen yeden bůchstaben des worts allain zů nennen wiss.

Auf den Fall, wo Graphem und Phonem nicht in einer Eins-zu-eins-Relation stehen, geht Ickelsamer allerdings nicht ein. Er nimmt an, daß derjenige, der die lautlichen Komponenten eines Wortes kennt, „das lesen von jm selbs gelernet" (B5ᵛ) hat. Was ihm fehlt, ist nur noch die Kenntnis der „gestalt oder form" der Buchstaben.

Die Grammatiken von Laurentius Albertus (1573), Albert Ölinger (1573/1574) und Johannes Claius (1578)

Die erste vollständige Grammatik des Deutschen ist eine lateinisch verfaßte: 1573 erschien die »Teutsch Grammatick oder Sprachkunst« des Laurentius Albertus. Zusammen mit den Grammatiken von Albert Ölinger (»Underricht der Hoch Teutschen Spraach: Grammatica sev Institvtio Verae Germanicae linguae«, 1573/1574) und Johannes Claius (»Grammatica Germanicae Linguae«, 1578) bildet sie die Basis der lateinischsprachigen Grammatikographie des Deutschen, die bis ins 17. Jahrhundert hineinreicht und sich etwa in den Grammatiken Stephan Ritters (1616), Heinrich Schöpfs (1625) und zum Teil auch in der deutsch geschriebenen Übersichtsdarstellung Johann Girberts von 1653 niederschlägt. All diese Grammatiken sind mehr oder weniger stark von der Grammatikographie des Lateinischen geprägt, von Donat und Priscian bis zu Melanchthon (bzw. bis zur Überarbeitung von dessen Grammatik durch Joachim Camerarius). Im Gegensatz zu den deutsch verfaßten Darstellungen sind die lateinischsprachigen Grammatiken des Deutschen vorwiegend für den Ausländerunterricht gedacht.

Die vergleichsweise enge Orientierung an der lateinischen Grammatik sei am Abschnitt „De nomine" aus Albertus' Werk illustriert. Um die Sprachmischung aufzuzeigen, soll der Text ohne Übersetzung zitiert werden (die im folgenden kursiv gesetzten Teile sind im Original in Antiqua, die anderen in Fraktur gesetzt; zit. nach der Ausgabe v. Müller-Fraureuth, Straßburg 1895, S. 53):

De nomine

Nomen rem aliquam significat: der nam bedeut ein ding / es sey gleich in euserlichen sinnen / oder jnnerlichen verstandt. *Proprium et Appellatiuum est: Propria indiuidui singulariter applicantur, ut discernantur à rebus alijs, eiusdem speciei:* als / Hans / Matthes / Jörg / Claus / Rom / Nürmberg / Wien / der Mayn / die Elb / etc.

Appellatiuum duplex est: Substantiuum, als das hauß *domus,* der baum *arbor.*

Adiectiuum quod adijcitur substantiuo, per se existenti, als / das hüpsch hauß / *pulchra domus:* ein hoher baum / *alta arbor.*

Nomini accidunt: Comparatio, Genus, Figura, Species, Numerus, Casus, Declinatio [...].

„Der nam bedeut ein ding" ist die kürzest mögliche Beschreibung der Funktion des Substantivs. Dabei differenziert Albertus nach sinnlich wahrnehmbaren und mentalen Gegenständen – eine Unterscheidung, die sich so nicht in den antiken Texten findet –, wenn auch zeichentheoretische Probleme, wie sie etwa bei den Modisten diskutiert werden, in dieser anwendungsorientierten Grammatik unberücksichtigt bleiben. Es folgt die Unterscheidung zwischen Eigennamen und Gattungsbezeichnungen, wobei sich die Appellativa nochmals in Substantive und Adjektive teilen. Nachdem damit die Substanz des Nomens umrissen ist, werden nun seine Akzidenzien genannt: Steigerung (bei den Adjektiven), Genus, Wortbildungsmorphologie (*figura*: Komposition; *species*: Derivation), Numerus, Kasus (analog dem Lateinischen unterscheidet Albertus sechs Kasus) und Deklination (Albertus unterscheidet drei Deklinationen für das Deutsche).

Schlägt man die entsprechenden Passagen in den Grammatiken von Donat und Priscian nach, dann sind die Parallelen unübersehbar. So lautet bei Donat die Stelle zu den Akzidenzien des Nomens: „nomini accidunt qualitas [d.i. die Unterscheidung in Eigennamen und Appellativa, A.G.] genus figura comparatio ordo numerus casus accentus". Am offensichtlichsten sind die Parallelen natürlich dort, wo dem Deutschen strukturelle Merkmale des Lateinischen zugeschrieben werden, wie die Kasus Ablativ und Vokativ. Die Suche nach eigenständigen grammatischen Beschreibungen für das Deutsche mag nicht immer überzeugen, man betrachte z.B. Albertus' wenig hilfreiche Differenzierung der Deklinationsklassen nach den Endbuchstaben der Substantive oder Claius' Einteilung der Konjugationen nach den Genera verbi. Doch legen die Autoren, im Unterschied etwa zu Ickelsamer, zum einen eine vergleichsweise vollständige Grammatik vor, zum anderen erkennen sie auch etliche strukturelle Spezifika des Deutschen, wie, im Zusammenhang mit der Besprechung der Satzklammer, einige Bedingungen der Endstellung des Verbs und der Abtrennbarkeit der Präfixe *ver-, zer-, be-, auf-* etc. bei abgeleiteten Verben.

Alle erwähnten Grammatiken vermitteln als Varietät des Deutschen die *oberlendische Sprache*, klammern also das Niederdeutsche aus. Nicht selten wird dabei auf Luther Bezug genommen; Claius stellt sogar im Titel seines Werks fest, daß seine Sprache „ex Bibliis Lvtheri germanicis" sei. Das Ideal einer einheitlichen Sprache für den gesamten deutschsprachigen Raum wird zumindest nicht explizit formuliert. Man ist sich der dialektalen Unterschiede durchaus bewußt – Albertus z.B. führt die mittel- und oberdeutschen Dialekte einzeln auf –, vetraut aber darauf, daß die Gemeinsamkeiten zwischen ihnen größer als die Unterschiede sind.

Jacob Schöpper: Synonyma (1550)

Das Bewußtsein der Unterschiedlichkeit der verschiedenen Sprachlandschaften in Deutschland liegt auch den »Synonyma« des Jacob Schöpper zugrunde. Mit ihnen wird im folgenden erstmals ein lexikographischer Text vorgestellt.

Sammlungen von Synonymen sind sprachpraktische Texte. Sie haben aber vor allem rhetorische Funktion und können etwa den Schriftverkehr im Verwaltungswesen erleichtern: Auf der Ebene der *elocutio*, der sprachlichen Realisierung der Redeabsicht, bieten Synonyme die Möglichkeit stilistischer Variation. Charakteristisch ist dabei auch ihre Reihung, meist in zwei- und dreigliedrigen Ausdrücken (Typ *Not und Pein*). Da Synonyme dem Eindeutig-keitspostulat – einem Gegenstand der Wirklichkeit entspreche genau ein sprachlicher Ausdruck – zuwiderlaufen, sind sie nicht selten Ziel der Kritik. In einem Kontext wie dem der »Synonyma« aber, wo sie nur als Teil des *ornatus*, des stilistischen Schmucks, interessieren – Schöpper selbst geht es nach eigenem Bekunden um das *Ornieren* seiner Sprachvarietät –, sind sie nicht Gegenstand sprachtheoretischer Diskussion.

Jacob Schöpper lebte als Geistlicher und Notar in Dortmund. Den »Synonyma« stellt er ein ausführliches Vorwort voran. Die allgemeine Begründung für die Beschäftigung mit der eigenen Sprache enthält die gängigen sprachreflexiven Gemeinplätze:

Möcht aber hie / wie man denn setzame vndanckbare köpffe findet / sich jemandt verwunderen / warumb ich so hefftiglich vff die zierung vnserer sprachen tringe: Derselb soll nun kürtzlich für antwurt nemmen / das je die Zungen oder Spraachen gaben seindt des Heiligen Geistes / vnd derwegen billich in achtung vnd ehren gehalten sollen werden / Insonders / nachdem ein regulirtte vnnd wolgesetzte Rede oder Schrifft viel mehr guts vnnd frummens schafft / auch krefftiger den zůhörer oder Leser bewegt vnnd zeucht / denn so sie vngereimpt vnd grob / vnnd one einige geschicklikeit wirdt eingefüret. [...].

An erster Stelle steht ein religiöser Grund: Die Bemerkung von den Sprachen als Gaben des Heiligen Geistes spielt auf das Wunder der Sprachausschüttung zu Pfingsten an. Der weltlich-praktische Grund ist aus dem Argumentationssystem der Rhetorik übernommen; *bewegen* ist die übliche Übersetzung von *movere* als Bezeichnung für eine der beiden Funktionen von Texten, die nach den Regeln der Rhetorik gestaltet wurden (die andere ist das Überzeugen, *persuadere*).

Der größere Teil des Vorworts ist auf die sprachliche Situation speziell in Deutschland zugeschnitten:

Dem guthertzigen Westphälischen Leser.
[...] Mehr dann gnugsam ist am tag vnnd vnleugbar / wie vnsere Westphälische zung oder spraach etliche vil Jar her bey allen außlendischen nationen vñ völckern / als grob vnd beurisch / verlachet / verachtet vñ verspiegen ist worden: also gantz / das ein Westpheling schyr eins jeden affe vnd meerwunder / seiner sprache halben / hat sein müssen. Nun ist aber diese verachtung niergends anders auß erwachsen / dann allein auß der vngeschlachter mißbreuchiger pronunciation oder ausdruckung der wörtter. Wañ sunst ist gewiß / das vnsere zung (so ferne sie anders recht pronunciert wirdt) in ihr selbst gantz rein vñ vnstrefflich

ist / vnd ja keiner Niderlendischer spraachen weychē darff / Zu dem auch der
wörter vñ vocabulen halber seer vil verwändtnus vnd ähnligkeit mit der Ober-
lendischer zungen hat: allein / das wyr inn den Buchstaben mit ihnen varieren
vnd vneins seindt. Vber das ist auch diß offenbar / das vnsere spraach nicht arm
vnd nacket in den Synonymis ist / sondern dero gantz vil in sich verfaßt vnd
beschleußt also / das wann ehe die Oberlendische Synonyma (welchs denn
vberauß leichtlich zu thůn) dabey gezogen vnnd gebraucht werden / sie vber-
massen reich / zierlich vnd völlig zu machen ist / wie sie dann auch eben derwegen täglich je reycher vnnd zierlicher wirdt. [...]
    Dieweil es dann ein solche gestalt mit diesen beiden zungen hat / wie nun vn-
gefehrlich angezogen: Hab ich [...] diese Synonyma [...] lassen publicieren. Nit
der meynung als sölē hinfurter die Westphelingen gātz Oberlender werden vnnd
Oberlendisch reden / wiewoll doch dasselb nicht vngebürlich zu wündschen sein
kündt: Sondern eben dieser meynūg / das die Oberlendische zung (dieweil sie ja
so seer bey den vnsern im schwang gehet / vnd doch vil vnbekante vnnd nie bey
vns erhörte wörter mit bringt) aus diesen Synonymen dester baß von jeder-
meniglichem verstanden / vnnd demnach auch dester gefüglicher inn vnsere
spraach gelenckt vnnd gezogen werd. Aus wölchem dann nun außfündig / das
(vndern andern) zweyerley frücht oder nützigkeiten hie jnnen gelegē sein: Als
erstlich / das die offtberürte Oberlendische zung / als ein außbundt vnd mutter
vnser vnser Deutschen sprach / darauß gefasset vnd gelernt würdt: Zum ande-
renn aber / das die vnsere dardurch stattlich vnd mit geringem arbeit gebessert
vnd orniert werden kañ. [...]

1. Die Benutzer der eigenen Sprache, des Westfälischen, gelten als ungebildet
und unkultiviert. Daß Schöpper dies auf fehlerhafte Aussprache zurückführt,
ist bezeichnend für die Sicht der Dialekte gegen Ende der frühneuhochdeutschen Periode: Sie werden als Abweichung von einer ‚eigentlich richtigen‘
Norm gesehen.

2. Zugleich ist die eigene (niederlendische) Sprache „in ihr selbst" korrekt,
d.h. sie bildet ein eigenständiges System und funktioniert als Kommuni-
kationsmittel. Diese Korrektheit wird erst durch den Vergleich mit der Leitvarietät (Oberlendisch) eingeschränkt.

3. Schöpper bewegt sich zwischen zwei Extremen: Die niederlendische
Sprache ist der oberlendischen im Wortschatz bereits sehr ähnlich und unterscheidet sich nur ausdrucksseitig („inn den Buchstaben", d.h. auch: in der
Lautung) von ihr. Andererseits ist die oberlendische Sprache der niederlendischen noch sehr unähnlich (sie bringt „vil vnbekante vnnd nie bey vns erhörte
wörter mit"). – Hinsichtlich der Zugehörigkeit zur Gesamtsprache Deutsch
werden die beiden Varietäten als einheitlich, hinsichtlich ihres Verhältnisses
auf der Ebene der Varietäten als verschieden empfunden.

4. Die oberlendische Sprache ist Inbegriff („außbundt") und Ursprung
(„mutter") der „Deutschen sprach": Das Oberlendische ist die Realisierung
eines über den Einzelvarietäten stehenden hochsprachlichen Ideals (im Sinne
Dantes) und damit Leitvarietät („mutter") innerhalb des Deutschen.

5. Die Sprecher der *niederlendischen Sprache* können vom Kontakt mit der *oberlendischen* nur profitieren: Sie erlernen die *oberlendische*, und ihre eigene Sprache, die *niederlendische*, wird in Richtung der *oberlendischen* kultiviert.

Der Text ist charakteristisch für die Zeit, indem er den Versuch spiegelt, die Wertschätzung der eigenen, dem Sprecher natürlichen Sprache („in ihr selbst gantz rein vñ vnstrefflich") mit der Einsicht in die soziale Höherwertigkeit einer anderen Sprache zu verbinden und daraus die Konsequenzen zu ziehen.

Der folgende Text ist ein Auszug aus den »Synonyma« selbst. Sprachhistorische und -soziologische Zusammenhänge sollen bei seiner Diskussion ausgeblendet bleiben, interessant ist lediglich das lexikographische Verfahren. Dieses Verfahren ist grundsätzlich onomasiologisch. Schöpper teilt den gesamten Text in sog. Klassen ein, wobei die in einer Klasse zusamengestellten Wörter jeweils einen Wirklichkeitsbereich repräsentieren sollen. Als Beispiel wird die 25. Klasse wiedergegeben (der Text ist spaltenweise zu lesen, über den Seitenwechsel hinaus):

CLASSIS XXV.

CONIVGIO INITIATVS.
Ehlich
vermählet
jm ehestand.

Coniuges.
Eheleut
ehegemächd.

Maritus.
Eheman
haußwirt
gemahel

Vxor.
Ehefraw
eheweib
gemahl
gemahelin
haußfraw

Coniugium.
Ehe
ehestandvnehelich
ehlichtumb
hienlich
gemahelschafft
heyrath
vereheligung.

Sponsus.
Gesponß
breutigam.

Sponsa.
Braut.

Procus.
Wärber
freyer.

Procari.
Werben
freyen
zur ehe begeren.

ADVLTERIVM.
Ehebruch
ehebrecherey
eheschand
beystich.

CAELEBS.

vnuerheyratet
vnuermählet
ausser dem ehestandt.

Dare nuptui.
Verehen
verehelichen
beraten
bestatten
außsteuren
außsetzen.
jn die ehe versorgen/versehen/
bringen
verheyraten
eim man vermählen

Ducere uxorem.
Weiben
weib nemen
zu kirchen füren
kirchen
zur ehe nemen.

Nubere.
Mannen
beyraten
zur ehe greiffen

Dos.
Heyrat gut
ehestewr
zugab
zugelt
braut gab
heimstewr.

Conditiones nuptiales.
Eheberedung
eheliche vorwort.

Dos propter nuptias.
Widem
widerlegung
widumb
leybzucht.

Sic dotare.
Bewidmen
bel[e]gen
vergwissigen
versicheren

Virginitas.
jungfrawschafft
reynigkeit
magdthumb.

Virgo.
Jungfraw
reyne magd
vnberüret
vnuerseret
manns vnschüldig.

Viduus.
Witwer
witling.

Vidua.
witwe
nachgelassene
mannloß
des ehegmächts beraubt.

SCORTATOR.
Hurer
vnkeuscher
buler.

Scortum.
Hur
Metz
dirn
bule
freundin
amey.

Scortari.
Huren
vnkeuschen
vnkeuscheit treiben
bulen.

Scortatio.
Hurey
vnkeuscheit
bulschafft
holdschafft.

Concubina.
Kebßweib

beleibzüchtigen
bemorggaben

Nuptiae.
Brautlauff
hochzeit
Kirchgang
brauttag.

concubin
beyschläfferin
küchin
kammermagt
beiligeriñ.

Die thematische Klasse ‚Ehe' ist in Bereiche aufgeteilt, und diese sind mit Überschriften belegt: *Grundlagen/Anbahnung der Ehe, Ehebruch, ledig, Schürzenjäger.* Innerhalb dieser Bereiche differenziert Schöpper weiter, im Falle von *Grundlagen/Anbahnung der Ehe* z.B. in *Eheleute, Ehemann, Ehefrau, Ehe, heiraten* etc. Zu diesen Unterbereichen bietet er schließlich die Synonyme an. Bei dem Verfahren fällt zweierlei auf:
- Die Bezeichnungen der Klasse sowie der Bereiche und Unterbereiche sind lateinisch. Damit ist deutlich, daß sie Begriffsstatus haben: Mit *Eheleute, Ehemann, Ehefrau* etc. sind die Begriffe als Vorstellungen von den Sachen und damit – geht man von einer einfachen Sachsemantik als zeichentheoretischer Grundlage aus – die Sachen selbst gemeint, d.h. die Eheleute, der Ehemann und die Ehefrau als Gegebenheiten der Wirklichkeit. Durch die Verwendung der lateinischen Bezeichnungen soll eine Vermischung der Ebenen der Begriffe/Sachen (Eheleute, Ehemänner, Ehefrauen etc.) und der sprachlichen Ausdrücke (d.h. der Synonyme: „Eheleut"/„ehegemächd" – „Eheman"/„haußwirt"/„gemahel" – „Ehefraw"/„eheweib"/„gemahl"/„gemahelin"/„haußfraw" etc.) vermieden werden. Schöpper kann davon ausgehen, daß seine Leserschaft – im Werktitel wendet er sich an Prediger, Schreiber und Redner – das Lateinische zumindest hinreichend versteht. Jacob und Wilhelm Grimm verfahren im übrigen im »Deutschen Wörterbuch« genauso, wenn sie z.B. homonyme Lemmata zu Beginn des Artikels ins Lateinische übersetzen: Liest der Nachschlagende hinter „Arm" die Übersetzung „pauper", dann weiß er sogleich, daß es im anschließenden Artikel um die Armut und nicht um das Körperteil geht.
- Die Auswahl der Bereiche und Unterbereiche zur inhaltlichen Konstitution der Klasse ‚Ehe' spiegelt die vom Verfasser vermuteten Interessen der Rezipienten: Außer den beteiligten Personen (Ehemann, Ehefrau etc.) und dem Vorgang der Eheschließung selbst (heiraten, Hochzeit etc.) werden vor allem ökonomische und moralische Aspekte (Mitgift etc. bzw. Ehebruch etc.) berücksichtigt. Interessant ist die Reihenfolge der Bereiche und Unterbereiche. Schöpper geht dabei den Weg von der Sache zur Negation der Sache: Auf der einen Seite stehen *Grundlagen, Anbahnung* und Durchführung der *Ehe*, auf der anderen der *Ehebruch*, der Zustand des *Ledig*-Seins sowie diejenigen, die die Ehe als gesellschaftliche und kirchliche Institution durch ihr Verhalten gefährden (*Scortator – Schürzenjäger*, eigentlich derber: ‚Dirnenjäger').

Auch innerhalb der vier Bereiche geht Schöpper sozusagen von innen nach
außen, in gewisser Weise könnte man sagen: von der Substanz der Sache zu
ihren Akzidenzien. Im Bereich *Grundlagen/Anbahnung der Ehe* z.B. werden
erst die beteiligten Personen („Eheman", „Ehefraw") genannt, dann der Sachverhalt der Ehe selbst („Ehe"), die zu diesem Sachverhalt führende Tätigkeit
(„verehelichen") und die ökonomischen Begleiterscheinungen („Heyrat gut",
„ehestewr"). Den Abschluß bildet die Hochzeit, dabei zunächst wiederum die
Sache selbst („hochzeit"), dann die beteiligten Personen („breutigam",
„braut"), schließlich die Brautwerbung (zuerst die Person – „freyer" –, dann
deren Tätigkeit: „freyen").

[Abraham Sawr/Nicolaus Bassaeus]:
Rhetorica *vnd Epistel Büchlein Deutsch vnd Lateinisch (5. Aufl. 1593)*

Der folgende Text gehört nicht mehr in den Bereich der Grammatikographie
oder Lexikographie, sondern in den der praktischen Stilkunde. Die Autorschaft ist nicht eindeutig, beteiligt sind in jedem Fall die im hessischen Verwaltungswesen tätigen Abraham Sawr und Nicolaus Bassaeus. Sie geben in diesem
Briefsteller Anleitungen zum Verfassen von „Missiuen vnd Sendbrieffen",
nicht unähnlich dem »Cantzley vnd Titel büchlin« Fabian Frangks. Aus ihrem
Buch wird im folgenden ein Teil der von Bassaeus verfaßten „Vorrede" wiedergegeben. Als individuelle Leistung ist dieser Text nicht bedeutend, eignet sich
aber gut, um die sprachreflexiven Konzepte aufzuzeigen, die in der anwendungsorientierten Beschäftigung mit Sprache in dieser Zeit vorherrschen
(A2ʳff.):

> Vnter andern vnzehlichen grossen Wolthaten / so GOTT der Allmechtig dem
> Menschlichen Geschlecht erzeiget vnnd bewiesen / ist das nicht die geringste /
> daß er neben seinem Göttlichen vnd allein seligmachendem Wort inn dieser letz-
> ten zeit | der Welt / da sich alle ding zum end vnnd Vntergang neigen / auch die
> freyen Künste heiter vnnd klar widerumb an das Liecht gebracht hat. Denn ob
> schon etliche füncklein derselbigen wissenschafft / wie auch anderer ding mehr /
> der Menschlichen Natur von art angeboren vnnd eingepflantzet / so seyn doch
> dieselbe durch vnser ersten Eltern Fall dermassen obscuriret vnd verdunckelt /
> daß wo nit durch fleissige vnnd tägliche Vbung dieselbe erwecket vnnd wide-
> rumb angezündet / sie vor sich selber nichts köstlichs oder doch wenig außrich-
> ten können. Derentwegen hat vns vnser lieber HErr Gott / nach dem die freyen
> Künste durch der Menschen mißverstandt meistes theils verdunckelt waren /
> auß | besondern Gnaden etliche fürtreffliche Männer / welchen er diese gnad
> vnd Verstandt mitgetheilet / daß sie dieselbe Menschlichem leben zu sonder-
> licher Wolfahrt / widerumb auff die Bahn brechten / lehreten / vñ derselben
> rechten Nutz vnnd Gebrauch auch andern anzeigten vnd mittheilten / erwecket.
>   Denn nicht allein in dem Menschlichen Leben vnnd Bürgerlicher beysammen
> wonung höchlich von nöten / daß man recht / ordentlich / deutlich vnnd zierlich

wisse zureden / eins auß dem andern zuschließen / einem jeden ding seine ge-
bürende grösse / anzahl / proportz vnnd anders ordentlich zueygnen vnnd geben
könne / Sondern dieweil die freyen Künste als Instrumenta / vermittelst welcher
wir GOTTes | Wort lernen vnnd lehren können / erfordert es die hohe notturfft /
daß dieselbe widerumb erkläret / in rechtem Schwang vnd Brauch bracht würden. Darumb dann die jenigen / so sich dieses fleisses nicht ohne grosse mühe
vnnd arbeit vndernommen / vnnd etwas fruchtbarliches verrichtet / billich zu loben vnnd in grossem Werdt zu halten sind. Vnd haben nicht allein in frembden
Zungen vnnd Sprachen viel fürtefflicher vmbs Menschlich Geschlecht wolver-
diente Leuth hierinnen sich beflissen / Sondern es haben auch / dem Deutschland
zu besonderm erspießlichen Nutzen / dieselbe so viel müglich in vnser Mutter
Sprach zu transferieren / viel feine verständige Männer sich bemühet / also | daß
wir nun GOTT lob / fast alle freye Künste inn vnser Deutschen Sprach erkläret
haben. Denn weil es nicht in eines jeden Gelegenheit / Griechisch / Lateinisch /
vnnd andere Sprachen / in welchen die freyen Künste anfänglichs beschrieben /
zu lernen / Vnnd aber doch die Künste an jm selbst hoch von nöten / darumb
seyn dergleichen Deutsche Bücher fleissigen Leuthen / vnnd dem gemeinen
Mann / weil die Künst darauß leichtlich zufassen vnnd zu erlernen / vmb so viel
desto mehr annemblicher vnnd bequemlicher.

– Der Autor versteht sein Buch als Beitrag zur Förderung der Freien Künste. In
einem engeren Sinne bedeutet dies in einem stilkundlichen Werk die Förderung
der sprachbezogenen Disziplinen *Rhetorik* und *Grammatik* – in Sawr/Bassaeus'
»Rethorica« natürlich vor allem erstere –, die zusammen mit der *Dialektik* das
Trivium der *septem artes liberales* bilden. In einem allgemeineren Sinne bedeutet die Konzentration auf die Freien Künste die Vermittlung der Fähigkeit zur
sachadäquaten und zugleich niveauvollen Verwendung von Sprache.
– Die Aussagen sind in einen religiösen Argumentationszusammenhang eingebettet, der sich in folgenden Punkten zeigt: 1. Die den Menschen angeborene
Anlage zum gekonnten Umgang mit Sprache wurde durch die Erbsünde über-
deckt. 2. In einer Zeit drohenden Untergangs – die Bemerkung gehört in den
Kontext des *vanitas-mundi*-Denkens – hat Gott einige Menschen dazu bestimmt, sich mit den Freien Künsten zum Wohle aller zu beschäftigen; Bassaeus
legitimiert damit das Anliegen des Humanismus metaphysisch. 3. Der Zweck
der Beschäftigung mit den Freien Künsten ist die Kenntnis und Verbreitung
von Gottes Wort.
– Sprachbeherrschung ist Teil der *conditio humana* („dem Menschlichen Leben [...] höchlich von nöten").
– Sprachbeherrschung ist Voraussetzung gesellschaftlichen Lebens (in „Bürgerlicher beysammen wonung höchlich von nöten").
– Hinter mehreren Ausdrücken lassen sich Kategorien der antiken Grammatik und Rhetorik erkennen: 1. Die Feststellung, daß (mündliche oder
schriftliche) Texte „recht / ordentlich / deutlich vnnd zierlich" formuliert sein
sollen, entspricht der Forderung nach *latinitas, perspicuitas* bzw. *claritas* und
elegantia. 2. Die Aufforderung, bei der Formulierung eines Textes „eins auß

dem andern zuschließen", erinnert an die strengen Regeln der Rhetorik zum Textaufbau, wonach ein Text aus den Teilen *exordium, narratio, conclusio* etc. zu bestehen habe bzw. auf Kategorien wie *antecedens* und *consequens* basieren solle, die seine argumentative Stringenz garantieren. 3. Die Forderung, man müsse jedem Sachverhalt, über den man schreibt oder spricht, „seine ge-bürende grösse / anzahl / proportz vnnd anders ordentlich zueygnen", kann im Zusammenhang mit der rhetorischen *aptum*-Lehre gesehen werden, wonach über jeden Redegegenstand in der ihm sachlich und pragmatisch angemesse-nen Weise gesprochen bzw. geschrieben werden muß, kann aber auch Aus-druck der zeittypischen Unterscheidung zwischen Substanz und Akzidenzien eines Gegenstandes sein: Zu einer angemessenen Beschreibung des Gegenstan-des gehört auch die Angabe von Eigenschaften wie Größe, Anzahl, Relation zu anderen Gegenständen etc.

– Die Sprachpfleger („viel feine verständige Männer"), die die Freien Künste und damit den angemessenen Umgang mit Sprache vermitteln, haben sich um das Wohl der Menschen (um den „gemeinen Mann") und des Landes verdient gemacht („dem Deutschland zu besonderem ersprießlichen Nutzen"); sie sind deshalb „billich zu loben vnnd in grossem Werdt zu halten". Dieses Lob der Sprachpfleger und -gelehrten begegnet in den Texten zunehmend, häufig in den Vorreden oder Widmungsschriften an die Fürsten. Indem die Autoren ihren Dienstherren gegenüber die Notwendigkeit der Sprachbeherrschung be-tonen – durch die Beherrschung der Sprache werden die „Obrigkeitlichen Per-sonen" „tüchtiger und geschickter [...] zu regieren" (so noch Justinus Töllner zu Beginn des 18. Jahrhunderts; Töllner 1718, Zuschrift, 4ʳ) etc. – heben sie zu-gleich die Notwendigkeit des eigenen Standes hervor und machen sich für den Fürsten unentbehrlich (die Schreiber z. B. sind „lieb und werth" zu halten, weil an ihnen „offtmals des gantzen Landes Wolfahrt gelegen ist", Zeiller 1700, 262).

All die thematischen Einzelaspekte, die bei Bassaeus begegnen – die meta-physische Einbindung, die Feststellung der anthropologischen und sozialen Be-deutung der Sprache, die Nähe zur Rhetorik und ihren Kategorien, das Lob der Sprachpfleger – gehören zum Kanon der sprachreflexiven Konzepte der Zeit.

Anhang

Dante Alighieri: De vulgari eloquentia (zw. 1303 u. 1307)

I.

[...] quia unamquanque doctrinam oportet non probare, sed suum aperire subiectum, ut sciatur quid sit super quod illa versatur, dicimus, celeriter acten-dentes, quod vulgarem locutionem appellamus eam qua infantes assuefiunt ab assistentibus cum primitus distinguere voces incipiunt; vel, quod brevius dici

potest, vulgarem locutionem asserimus quam sine omni regula nutricem imitan-
tes accipimus. Est et inde alia locutio secundaria nobis, quam Romani gramati-
cam vocaverunt. Hanc quidem secundariam Greci habent et alii, sed non omnes:
ad habitum vero huius pauci perveniunt, quia non nisi per spatium temporis et
studii assiduitatem regulamur et doctrinamur in illa.

Harum quoque duarum nobilior est vulgaris: tum quia prima fuit humano
generi usitata; tum quia totus orbis ipsa perfruitur, licet in diversas prolationes
et vocabula sit divisa; tum quia naturalis est nobis, cum illa potius artificialis
existat.

Et de hac nobiliori nostra est intentio pertractare.

II.

Hec est nostra vera prima locutio. Non dico autem 'nostra' ut et aliam sit esse
locutionem quam hominis: nam eorum que sunt omnium soli homini datum est
loqui, cum solum sibi necessarium fuerit. Non angelis, non inferioribus animali-
bus necessarium fuit loqui, sed nequicquam datum fuisset eis: quod nempe facere natura aborret.

Si etenim perspicaciter consideramus quid cum loquimur intendamus, patet
quod nihil aliud quam nostre mentis enucleare aliis conceptum. Cum igitur an-
geli ad pandendas gloriosas eorum conceptiones habeant promptissimam atque
ineffabilem sufficientiam intellectus, qua vel alter alteri totaliter innotescit per
se, [...] nullo signo locutionis indiguisse videntur.

Literatur

Dante: De vulgari eloquentia: Apel 1975, Bossong 1990

Die frühen Grammatiker des Deutschen: Jellinek 1913/1914, Müller 1969, Percival
1975a, Josten 1976, Bergmann 1982 u. 1984, Knape 1984/1985 u. [demn.], Rössing-
Hager 1984/1985, Schmidt-Wilpert 1984/1985, Füssel 1985, Padley 1988, Prowatke
1988, Donhauser 1989, von Polenz 1991, Cherubim 1995, Pohl o. J.

Geschichte des Ausdrucks *Muttersprache*: de Smet 1970, Ahlzweig 1994

Geschichte des Deutschunterrichts, u. a. des Leseunterrichts im 16. Jh.: Pohl o. J., Müller
1969, Ballauf/Schaller 1970, Reich 1972, Frank 1976, Hampel 1980, Grimm 1987, Puff
1995

2.2 Sprachvergleich im religiösen Kontext: Die *Sprachenharmonien*

1602 erscheint in Nürnberg ein Buch, dessen vollständiger Titel so lautet:

Offentlich Außschreiben / an allgemeine Christliche Obrigkeit / derselben Lande /
Städte / Kirchen / Schulen / Lehrer / zuhörer / auch alle fromme Eltern und Kin-
der.
Darinn Einfältig vnnd Trewlich angezeigt wird / Welcher massen der jetzigen
Welt vnd künfftigen Posteritet / durch eine *Harmoniam Linguarum* vnnd son-

derliche Sprachen Kunst / geholffen werden könne / das man numehr / in erlernung der heiligen Göttlichen / vnd andern Schrifften vnd Sprachen / mit geringer
mühe / in drey oder vier Jahren / mehr außrichten möge / als zuvor in zehen /
zwantzig oder mehr Jahren / nicht hat geschehen können.

Angekündigt wird der Nachweis, wie die Menschen durch eine *Harmonia linguarum* in die Lage versetzt werden sollen, in kurzer Zeit und ohne großen
Aufwand verschiedene Sprachen zu erlernen. Der Autor des Buches, Elias Hutter, begann seine Karriere 1577 als Hebraist an der Universität Leipzig und be-
endete sie in Nürnberg, dem *Centrum Germaniae & Europae* (F2; in Klammern stehende Seitenangaben beziehen sich auf das »Außschreiben«). Sein Leben war von dem Gedanken geprägt, die bedeutenden sakralen Texte der
Christenheit auch denjenigen zugänglich zu machen, die die Originalspra-
chen dieser Texte nicht verstanden. Dabei wählte er nicht den Weg der einfachen Übersetzung, sondern behielt die Ausgangssprache bei und versuchte, sie
auf dem Wege einer *Harmonia linguarum*, einer Sprachenharmonie, zu vermitteln.
    Die *Harmonia linguarum* bildet in der Frühen Neuzeit eine durchaus ver-
breitete Textsorte im Grenzbereich von Sprachpädagogik und früher Sprachgeschichtsforschung. Zunächst ausschließlich lexikalisch orientiert, werden in
ihr meist bedeutungsgleiche Wörter verschiedener Sprachen nebeneinander gestellt. Eine Sprachenharmonie kann also rein praktischen Zwecken, d. h. dem
Spracherwerb oder der Hilfe beim Übersetzen dienen, aber auch sprachhistorischen Interessen, um vermutete Verwandtschaftsverhältnisse zwischen Einzelsprachen zu belegen. Das letztere läßt sich wiederum zu sprachpatriotischen
Zwecken einsetzen, und noch 1713 versucht Johann Conrad Wack mittels
einer Sprachenharmonie den groß angelegten Nachweis, daß „das Beyrische
vom Syrischen herkomme". Geleitet werden solche Vorhaben von der Absicht,
den Ursprung der eigenen Sprache zeitlich möglichst weit zurückzuverlegen.
Hohes Alter gilt als Wert an sich, und die Bibel selbst, mit ihren Ausführungen
zum Ursprung der Sprachen, läßt sich als Beleg anführen. Wie an anderer
Stelle bereits erwähnt, wird vor allem die Babylonische Sprachverwirrung ab
dem 15. Jahrhundert zu einem vieldiskutierten Thema, unter den humanistischen Gelehrten ebenso wie innerhalb der Sprachmystik. In ihrem Kontext besteht die Möglichkeit, der eigenen Sprache sogar biblisches Alter zusprechen
zu können, indem man sie unmittelbar auf Babylon zurückführt. Rein praktisch geschieht dies dadurch, daß die Muttersprache möglichst unmittelbar in
Beziehung zur *Ur- und Erzsprache* Hebräisch gesetzt wird, weshalb das Hebräische in den Sprachenharmonien – zumindest in den frühen – auch stets den
Bezugspunkt des Sprachenvergleichs bildet: Diejenige Sprache ist am edelsten,
die dem Hebräischen am nächsten verwandt ist. Dabei werden durchaus
zutreffende sprachhistorische Erkenntnisse über die europäischen Sprachenfamilien aus nationaler Sicht interpretiert. Wenn z. B. Georg Leopold Ponat in

seiner »Einleitung zur Harmonie der Sprachen« von 1713 lateinische Wörter neben deutsche stellt (*ager* – *Acker*, *ancora* – *Anker*, *cella* – *Keller*, *corona* – *Krone*, *corpus* – *Körper*, *discus* – *Tisch* etc.) und dies durch einen Vergleich grammatischer Regeln ergänzt (Kongruenz von Genus, Numerus und Kasus etc.), dann erkennt er ganz richtig bestehende Zusammenhänge zwischen den Einzelsprachen, doch beweist er damit keineswegs, daß diese Wörter und Konstruktionen „doch im Grunde Teutsche sind" (S. 51).

Elias Hutter dagegen setzt seine Sprachenharmonien nicht zu patriotischen, sondern zu sprachdidaktischen Zwecken und zugleich zur Verkündigung der christlichen Botschaft ein. Wer fremde Sprachen beherrscht, macht die *confusio babylonica* zumindest in Teilen rückgängig, und wer diese Sprachenkenntnis zur Lektüre der heiligen Texte nutzt, überwindet die speziell der Bibel eigene Sprachenwirrnis („Confusio *Linguarum*", Evi[r]). So schlägt Hutter als eine Variante der Sprachenharmonie ein *Opus Biblicum Quadrilingue Harmonicum* vor, d. h. eine Ausgabe der Bibel, in der ihr Text Satz für Satz in den vier Sprachen Hebräisch, Griechisch, Latein und Deutsch wiedergegeben wird. Jeder Leser kann sich nun selbst eine Meinung über die Qualität der Übersetzungen bilden und würde zugleich – und zwar von der ersten Stunde an – das „Buchstabiren / Lesen vnnd verstehen" in den fremden Sprachen lernen.

Wenn Hutter dabei immer wieder den systematischen Charakter des Lehrwerks und die harmonische Abstimmung seiner Teile betont, dann zeigt sich darin der Anschluß an eine Art und Weise des Umgangs mit Sprache, die exakt auf der Grenze zwischen dem rational-universalistischen und dem metaphysisch-mystischen Diskurs in der Sprachtheorie liegt: die Kombinatorik. Sämtliche auf die Prinzipien der Logik zurückgreifende Entwürfe für künstliche Sprachen in der Frühen Neuzeit enthalten ein solch kombinatorisches Element, und gelegentlich, etwa von Leibniz, wird sogar derjenige mittelalterliche Text explizit genannt, in dem die kombinatorischen Verfahren erstmals in klassischer Formulierung vorliegen: die »Ars combinatoria« des Raimundus Lullus (Ramon Lull) aus dem späten 13. Jahrhundert. Da die Kombinatorik und die in ihrer Tradition stehenden Entwürfe für Universalsprachen an anderer Stelle ausführlicher behandelt werden (vgl. Kap. 3.5), soll hier nur so viel gesagt sein: Indem sie die Regeln für die Kombination von Sprachelementen nach systematischen Gesichtspunkten formuliert, verfährt die Kombinatorik nach den Prinzipien rational-universalistischen Arbeitens in der Sprachtheorie. Indem sie aber mit diesen Verfahren den Anspruch verbindet, die Geheimnisse des Universums entschlüsseln zu können – „Gott erkennen" gibt Lullus als eines der Ziele an („cognoscere Deum", zit. nach Pring-Mill 1961, 254), die „Harmonie der Welt und den innersten Aufbau der Dinge" erfassen nennt Leibniz („harmonia mundi et intimas constructiones rerum", 1666, 187) –, geht sie über die rein wissenschaftliche Beschreibung der (Sprach-)Wirklichkeit hinaus. Nicht selten stellen sich die Autoren dabei explizit in die Tradition der Buchstaben- und Zahlendeutungen der Kabbala.

Auch viele von Hutters religiös-sprachdidaktischen Arbeiten weisen kombinatorische Züge auf. Unter diesen „Opera Harmonica & Symmetrica" (E8ʳ) ist das interessanteste Beispiel der *Cubus alphabeticus* (1586/1587): Die Seiten eines Würfels werden in kleinere Felder unterteilt, auf die nach einem bestimmten Schlüssel sämtliche Buchstaben des hebräischen Alphabets aufgetragen werden. Durch kombinatorische Verfahren läßt sich nun je einer dieser Buchstaben als Leitbuchstabe mit zwei weiteren Buchstaben kombinieren, so daß dreigliedrige Buchstabenkombinationen entstehen: die Wurzeln des Hebräischen (*Literae Substantiales & Radicales*, im Gegensatz zu den Flexionsbuchstaben, den *Literae Servilis & Accidentialis*). Zusätzlich werden in den Würfel die lateinischen und deutschen Übersetzungen dieser Wurzeln eingetragen bzw. nur jener Wurzeln, die tatsächlich im Hebräischen vorhanden sind, denn rein von den Kombinationsmöglichkeiten ergeben sich natürlich weit mehr triadische Einheiten, als das Hebräische aufzuweisen hat. Für den Schüler waren also mittels des *Cubus* die Wurzeln des Hebräischen auf einen Blick überschaubar, in ihrer Morphologie durchsichtig und damit leichter erlernbar.

Hutters *Cubus* aber hat noch eine zweite Seite: Da die Zahl der Kombinationsmöglichkeiten die Zahl der im Hebräischen tatsächlich vorhandenen Wurzeln weit übersteigt, wird nicht nur das in der Sprache Vorhandene, sondern auch das in ihr Mögliche beschrieben. Alles im Hebräischen potentiell Sagbare ist mittels der Kombinatorik des Würfels erfaßt, im Mikrokosmos des Würfels ist der Zugriff auf den Makrokosmos der ganzen Welt, soweit sie sich im Sprachlichen niederschlägt bzw. niederschlagen könnte, angelegt. Dabei zeigt sich ganz deutlich der universalistische Zug der *ars combinatoria*, der sich aber in einer Art und Weise präsentiert, die über das rein Rationale hinausgeht. Denn der *Cubus alphabeticus* ist der Versuch seines Schöpfers auf dem Weg zu einem Werk,

> darinner aller Sprachen grundt / *Harmonica & Symmetrica ratione*, möchte zusammen getragen werden / dadurch ein vernünfftiger Mensch / *ex Arte Cabalistica & Cubica*, durch fleissig nachsuchen / ohne mühe / alles von sich selbst verdolmetschen könte / was ihm nur rein / deutlich vnnd recht gedruckt oder geschrieben möchte *proponirt* vnd vorgelegt werden / vnangesehen / daß er kaum eine Sprache recht reden köndte. (Cviiiᵛ)

Hier geht es um mehr als um bloß technische Sprachfertigkeit: Wer die Sprachen beherrscht, vermag durch sie hindurch auf die Wahrheit der in ihnen beschriebenen Dinge zu schauen. Im Falle der Bibel führt dies zur Erkenntnis der allumfassenden, für alle Menschen gleichen Heilswahrheit. Letztlich steht hinter diesen sprachbezogenen Argumentationen wieder die Überzeugung, daß die Vielfalt der Zeichen- und damit Bedeutungssysteme, in die die Welt durch Babylon zerfallen ist, der Einheit der Menschheit im Wege steht. Umgekehrt ist jeder Schritt aus dieser Vielfalt zur einheitlichen Bedeutung auch ein Schritt zur Vereinheitlichung der Menschheit im christlichen Geiste.

Voraussetzung für die Anwendung all dieser Lehrmethoden ist aber zunächst einmal das ganz praktische Interesse des Schülers an den Fremdsprachen. Die Kenntnis des Hebräischen, Griechischen und Lateinischen für den gläubigen Menschen, insbesondere für Lehrer und Priester, ist nach Hutter eine absolute Notwendigkeit. Nur wer in den heiligen Sprachen bewandert ist, kann die Heilige Schrift wirklich verstehen:

> Welches [d. h. das Verständnis der Heiligen Schrift, A. G.] sonst / ohne gründtliche wissenschafft vnd verstandt solcher Heyligen Gottes Sprachen / nicht wohl geschehen kan / sintemal es gefährlich von Gott vnd Göttlichen sachen / anders zu reden / vnd zu halten / alß wie es Gott selbst geredt vnd befohlen / auch mit falschen gründen Menschlicher Authoritet / wiß vnd vernunfft / weniger dann nichts außgericht ist.
>
> Seindt derowegen dißfalls / meines beduneckens / all diejenigen / so sich ohne grund [= ‚ohne Kenntnis‘, A. G.] der Heyligen Sprachen / Gottes Wort zulehren vnd zu handeln vntersehen / auch auff Menschen Authoritet vnd eigene vernunfft / mehr als auff Gott / vnd allgemeiner Christenheit Heyl vnd Wohlfarth / sehen vnd trawen / gantz vnrecht / vnd in einem gefährlichen Standt vnd Wesen.
>
> Dann wie kan das recht vnd ohne gefahr seyn / daß einer von Gott / vnd so heiligen Göttlichen sachen / sich / zu lehren / zu predigē / vnd andere zu vnterweisen / vermisset / vnd es sein Lebtag nie recht studirt hat. (Av^rf.)

Die Warnung vor menschlicher Überheblichkeit ist ein Topos in religiös geprägter Literatur, vor allem in erbaulichem und anleitendem Schrifttum (– Agrippa von Nettesheim z. B. widmet ihr mit »Die Eitelkeiten der Wissenschaften« Anfang des 15. Jahrhunderts eine eigene Schrift). Hutter freilich vollführt dabei einen Balanceakt: In seinem eigenen beruflichen Interesse muß er die Notwendigkeit der Kenntnis der alten Sprachen herausstreichen, will sich dabei aber nicht die kritische Haltung der katholischen Kirche gegenüber dem Deutschen als Bibelsprache zu eigen machen. Vom Nutzen der Muttersprache ist Hutter im übrigen überzeugt, wie schon die viersprachige Anlage vieler seiner Arbeiten, unter Einbeziehung des Deutschen zeigt. Während man aber zur Verteidigung des Lateinischen auch außerhalb des sakralen Bereichs auf den hohen gesellschaftlichen Status der Sprache verweisen kann – „Denn was ist ein Mensch jetziger zeit / in der Welt / wann er nicht Lateinisch kan?" (B^r) –, muß die Hinwendung zum Deutschen ausführlicher begründet werden (B^vff.):

> Die Deutsche Sprache belangendt / ist dieselbe vnsere Mutter Sprache / darinne sich Gott in diesen letzten zeitē / wider aller Menschen gedancken / so kräfftiglich geoffenbaret / daß wir jhm darfür nicht gnugsam zudancken / solten dieselben auch billich in mehrer Authoritet vnd Ehren halten / als leider jetzo inn der Welt geschihet / wie dann vor zeiten Carolus Magnus der erste Deutsche Kayser /

dieselbe so hoch geehret / daß er sie neben seinen hohen Kayserlichen gescheff-
ten vnnd schweren Kriegen / die er alle vmb Gottes Worts willen geführet / selbst
in gewisse Regeln und Ordnung gefasset / vnd gleich andern Monarchen / vber
alle Sprachen erheben wöllen.

Deßgleichen hat Kayser *Rudolphus primus, Anno* 1283 allhier zu Nürnberg /
allein vmb der Deutschen Sprache willen / einen sonderlichen Reichstag gehalten / darauff *Confirmirt* vnd beschlossen / weil man zuvor alle Sachen in Cantze-
leyen / Räthen vnd Rechtē / allein in Lateinischer Sprache gehandelt / vnd man-
chem Einfältigen so derselbigen vnerfahren / offt grosse gewalt vnd vnrecht geschehen / daß man forthin alles in Deutscher Sprachen vorbringen / handeln vnd
vorabscheiden solle.

Wie dann durch solche löbliche *Constitution* vñ Ordnung / das H. Römische
Reich / Deutscher Nation / so viel dessen noch von deß Eysens Pflantz / davon
der Prophet Daniel schreibt / in einem *Corpore* beysammen / nehst Gott / vnd
der jetzo regirenden Röm: Kay: May: etc. als mit einer Ketten zusammen gehaltē
wirdt / daß es nicht gar zerfället / Wie wir sehen / daß allen Monarchien geschehen ist / wann sie sich nicht nach Gott / seinem Wort / vnd alter guter Ordnung /
haben richten wöllen.

Vnd soltē dißfals solcher zweyer gewaltigen Potentaten *Actiones & Consilia*
so viel der Deutschen Sprachen Ehr vnd Herrligkeit betrifft / billich wol in acht
genommen werden / Dann das ist GOttes vnd aller Monarchen arth vnnd eigen-
schafft gewesen / wirdt auch dabey wol bleiben / Daß sie neben jhrem gewalt /
jhre eigene Vater vnd Mutter Sprache / Nobilitirt vnd erhaben / dadurch sie die
Welt / von der Babylonischen Confusion / vnd allem zeitlichen vnd ewigen Ver-
terb vnd Vnglück / inn eine gute Policey vnd Ordnung bringen möchten.

Die Passage illustriert die zeittypische Art und Weise, wie die Bereiche des
Sprachlichen und des Politischen miteinander verknüpft und in einen metaphysischen Rahmen gestellt werden. Die Muttersprache wird als ein nationales
Anliegen gesehen, dessen Förderer die höchsten Repräsentanten der Macht
sind. Die sprachpflegerischen Bemühungen deutscher Könige und Kaiser liefern in der frühen Neuzeit sogar die Kriterien für die Periodisierung der deutschen Sprachgeschichte, und es sind stets Karl der Große und Rudolf I., um
deren Personen herum eine Periode des Deutschen angesetzt wird (vgl. dazu
Kap. 4.5). Nicht selten beziehen die Autoren dabei die Ordnung der Sprache
und des politischen Körpers aufeinander. Das kann explizit geschehen – Justinus Töllner stellt fest, daß „das Regiment [...] durch den rechten gebrauch der
Schreibfeder am besten erhalten und fortgeführt" wird (1718, Zuschrift) –
oder implizit, wie bei Hutter: Im ersten Absatz der zitierten Passage werden die
Ausdrücke *Regel* und *Ordnung* noch ausschließlich auf die Sprache bezogen,
im dritten Absatz geht es um die *Ordnung* nur politischer Strukturen, im letzten Absatz schließlich ist es die gleichzeitige Pflege von Herrschaft und Sprache, die der Welt eine *gute Ordnung* beschert. Ein wenig später spitzt Hutter
noch zu: Falls in der deutschen Sprache nicht bald *Ordnung* gemacht werde,
komme es in wenigen Jahren zu einer großen „Zerrüttung" in Deutschland
(B3ʳ).

Daß die Einheit des Reichs keine Selbstverständlichkeit ist, geht aus der Bemerkung hervor, der Kaiser müsse es mit Ketten zusammenhalten, damit es nicht zerfällt. Wo die politischen Konstellationen – in Deutschland konkret: die Vielfalt und Unabhängigkeit der Territorien gegenüber der im Vergleich zu Frankreich und England eher schwachen Zentralgewalt – die gewünschte Einheit nicht hinreichend garantieren können, muß die Sprache als einheitsstiftender Faktor dienen. Diese Auffassung machen sich vor allem die Sprachgesellschaften des 17. Jahrhunderts zutiefst zu eigen. Eine klassische Formulierung erfährt der Gedanke jedoch bereits vorher, im Jahre 1612, als der Sprachreformer Wolfgang Ratke in seinem »Memorial« den auf dem Frankfurter Reichstag versammelten Fürsten eine Lehrmethode ankündigt, „Wie Im Gantzen Reich ein einträchtige Sprach, ein einträchtige Regierung, vnd Endlich Auch ein einträchtige Religion, bequemlich einzuführen vnd friedlich zu erhalten sey" (Ratke 1612, 24).

Literatur

Harmonia Linguarum: Bonfante 1953, Borst 1957–1963, Metcalf 1974, Klein 1992

2.3 Martin Luther: Übersetzungskonzeption und pragmatischer Sprachbegriff

Die Aufwertung des Deutschen gegenüber dem Lateinischen in der Frühen Neuzeit hat entscheidende Impulse durch die Reformation erhalten. Der bei weitem wichtigste Einzelfaktor war die deutsche Bibel Martin Luthers. Die Bedeutung dieser Bibelübersetzung für die Geschichte der deutschen Sprache ist Gegenstand der Sprachgeschichtsschreibung des Deutschen seit deren Anfängen. Vom späten 16. Jahrhundert an gehört das Lob der Sprache Luthers fest zum Kanon sprachreflexiver Äußerungen, wird er als „rechter teutscher Cicero" für Generationen zum Sprachvorbild, wenn nicht gar zum Begründer des Neuhochdeutschen. In diesen Urteilen verbinden sich sprachstrukturelle Beobachtungen mit gesellschaftlichen und konfessionellen Bewertungen, eine Tatsache, die von der neueren Sprachgeschichtsschreibung detailliert behandelt wird.

Nicht die Sprache der Lutherbibel selbst wird daher im folgenden im Vordergund stehen, sondern die theoretische Begründung und die praktische Anleitung für die Gestaltung des Textes: die Übersetzungskonzeption Luthers und sein pragmatischer Sprachbegriff. Für die Historiographie der Sprachwissenschaft ist gerade die Übersetzungskonzeption ausgesprochen interessant, da in ihr zeitgenössische Sprachtheorie und Vorstellungen von der sprachlichen und gesellschaftlichen Aneignung des für den deutschsprachigen Kulturraum wichtigsten sakralen Textes zusammenfließen.

Als Ansatzpunkt zur Beschreibung der Konzeption soll die Kategorisierung in *wörtliches* und *sinngemäßes* Übersetzen dienen, eine Unterscheidung, die sich in unterschiedlicher Terminologie seit der Antike findet. Unter anderem begegnet sie in den Schriften des Kirchenvaters und Bibelübersetzers Hieronymus, der sich eindeutig zur zweiten Möglichkeit bekennt: Eine wörtliche, auf der Ebene von Morphem oder Einzelwort verharrende Übersetzung ergebe geradezu einen sinnlosen Text („absurde resonat"; »De optimo genere interpretandi«, hrsg. Bartelink, 5/7). Er selbst habe stets darauf geachtet, nicht Wort für Wort, sondern Sinneinheit für Sinneinheit zu übersetzen („[...] non verbum e verbo, sed sensum exprimere de sensu", ebd., 5/2). Die Formulierung „sensum de sensu" wird für Jahrhunderte zur Formel für das sinngemäße Übersetzen. Wichtig aber ist Hieronymus' Auffassung vor allem deshalb, weil er an eben der Stelle, wo er das sinngemäße Übersetzen propagiert, eine entscheidende Einschränkung macht: Die Heilige Schrift habe er gerade *nicht* frei übersetzt, da dort schon in der bloßen Reihenfolge der Wörter ein Mysterium liege („verborum ordo mysterium est", ebd.). Genau dieser Gedanke wird bei der Diskussion um die Bibelübersetzung Luthers eine entscheidende Rolle spielen.

Für beide Methoden des Übersetzens können unterschiedliche Begründungen angeführt werden. Wörtliche Übersetzungen werden in der Regel mit diesen Faktoren begründet: 1. mit der Überlegenheit der Ausgangssprache (= Sprache des Originals) über die Zielsprache (= Sprache der Übersetzung), 2. mit der Bedeutung der versprachlichten Inhalte für die Identität des Originals, 3. mit der Untrennbarkeit von Form und Inhalt des Originals.

Zu 1: Die Annahme der Überlegenheit der Ausgangssprache über die Zielsprache gilt für Jahrhunderte für das Sprachenpaar Lateinisch (Ausgangssprache) und Deutsch (Zielsprache). An anderer Stelle (Kap. 1.1) bereits zitiert wurden Äußerungen von Deutsch schreibenden oder ins Deutsche übersetzenden Autoren, die ganz selbstverständlich von der Überlegenheit des Lateinischen ausgehen, darunter die Bemerkung des Esslinger Stadtschreibers und Rhetoriklehrers Niclas von Wyle (1478), daß ein jedes Deutsch, das „usz gutem zierlichen vnd wol gesatztem latine" bei struktureller Orientierung an eben diesem Latein übersetzt wurde, sozusagen automatisch niveauvoll sei „vnd nit wol verbessert werden möcht" (»translatzen«, vorwort). Einhundert Jahre zuvor (1384) meint ein Übersetzer (möglicherweise Leopold Stainreuter), man müsse, weil das Deutsche gegenüber dem Lateinischen „die mynniste" (‚geringste') und „wildiste" Sprache sei, beim Übersetzen aus dem Lateinischen oft „wort für worte" (zit. nach Buijssen 1966) übersetzen. Dem Deutschen, so die Hoffnung der Übersetzer, sei durch Bildung von Neologismen in morphologischer Analogie zum Lateinischen oder durch Übernahme lateinischer Wörter etwas von der *copia*, vom lexikalischen Reichtum der klassischen

Sprache zu vermitteln, oder ihm sei durch Übernahme syntaktischer Formen die stilistische *elegantia* des Lateinischen wenigstens teilweise zu sichern.

Zu 2: Die zweite Begründung für das wörtliche Übersetzen geht davon aus, daß eine jede Abweichung von den kulturellen Inhalten, wie sie im Ausgangstext versprachlicht sind, zu einem Verlust an Bedeutung und damit einer Gefährdung der Identität des Textes führt. Ein Beispiel: Matthäus 10, 10 schildert das Essen Jesu mit den Zöllnern. Im lateinischen Text wird für die Haltung, die die Essenden einnehmen, *discumbere* (,sich zum Essen niederlegen') verwendet, und auch das griechische Original hat mit *anakeimai* einen Ausdruck dieser Bedeutung. Wer als Übersetzer der Überzeugung ist, daß für die Bedeutung der Textstelle (und damit für die Identität des Gesamttextes) der spezifisch einzelkulturelle Inhalt des ,Liegens' relevant ist, der muß im Deutschen eine Formulierung wählen wie „[...] viele Zöllner und Sünder legten sich mit Jesus und seinen Jüngern zu Tische" (wie in der Bibel-Ausgabe auf der Grundlage von Herders Bibelkommentar, Freiburg 1966). Geht der Übersetzer aber davon aus, daß nicht das Ausgangskultur-Spezifische relevant für die Bedeutung der Textstelle ist, sondern die Tatsache des Einnehmens einer Ruheposition zum Essen, dann kann er sinngemäß übersetzen und eine Formulierung wählen wie „viel Zölner vnd Sünder / [...] sassen zu tische mit Ihesu vnd seinen Jüngern" (so Luther in seiner Bibel in der Ausgabe von 1545).

Zu 3: Die Formulierung ,Untrennbarkeit von Form und Inhalt eines Textes' meint, daß die Bedeutung eines Textes auch von der Art und Weise seiner formalen Gestaltung abhängt. Jeder Versuch, Inhalte des Originals mittels einer anderen Form, d.h. mittels der in der Zielsprache üblichen syntaktisch-stilistischen Form, auszudrücken, verändere diese Inhalte und gefährde die Identität des Textes. Daher soll die syntaktisch-stilistische Form mit den Mitteln der Zielsprache weitestgehend nachgezeichnet werden, auch wenn dabei ein Text entsteht, der gegen Normen der Zielsprache verstößt. Diese Begründung für das wörtliche Übersetzen begegnet meist im Zusammenhang mit der Wiedergabe religiöser oder literarischer Texte. Hieronymus' Bemerkung, daß auch die Wortstellung des griechischen Bibeltextes ein Mysterium sei und deshalb bei der Übersetzung nicht ohne weiteres verändert werden dürfe, ist ein typischer Beleg. Ab dem späten 18. Jahrhundert wird für literarische Texte, dann ohne die metaphysischen Bezüge, ähnlich argumentiert: Ein poetischer Inhalt lasse sich nicht in einer beliebigen Form ausdrücken; da auch die syntaktisch-stilistische Form den Inhalt konstituiere, müsse sich die Übersetzung auch formal an den Spezifika von Original und Ausgangssprache orientieren. In markanter Weise hat diese Auffassung – daß „wesentlich und innerlich Gedanke und Ausdruck ganz dasselbe sind" – und die sich aus ihr ergebende Forderung nach einer *verfremdenden Übersetzung* Friedrich Schleiermacher in seiner Akademierede »Ueber die verschiedenen Methoden des Uebersezens« (1813; Zitat S. 232) formuliert.

Aus diesen Begründungen für das wörtliche Übersetzen ergeben sich spiegelbildlich die Argumente für das sinngemäße Übersetzen. Es wird zunächst dort gefordert, wo die Zielsprache der Ausgangssprache zwar nicht notwendigerweise als überlegen, aber doch als gleichwertig gilt, eine Einstellung, die für das Sprachenpaar Deutsch-Lateinisch mit der Aufwertung des Deutschen seit dem Humanismus stetig zunimmt. Entscheidend ist auch die Überzeugung, daß sich ein jeweiliger Inhalt grundsätzlich durch unterschiedliche Formen mitteilen läßt, syntaktisch-stilistische Entsprechung zwischen Original und Übersetzung unwichtig ist. Verfügt die Zielsprache nicht über einen der Ausgangssprache äquivalenten Ausdruck oder eine ihr äquivalente Formulierungsweise, kann auf Paraphrasen zurückgegriffen werden (die spätmittelalterlichen und frühneuzeitlichen Übersetzer sprechen von *umrede*).

Die zentrale Begründung für das sinngemäße Übersetzen ist aber eine kommunikative. Vorrangiges Ziel des Übersetzens ist ein Text, der in der Zielkultur ebenso problemlos rezipierbar ist wie das Original in der Ausgangskultur. Die Orientierung an den Lesern muß über die Orientierung am Original dominieren, das nicht als isolierte sprachliche Einheit von Interesse ist, sondern als Ausdruck eines kommunikativen Anliegens, das grundsätzlich auch mit den Mitteln einer anderen Sprache und im Rahmen einer anderen Kultur verwirklicht werden kann. Diese Argumentation begegnet immer dort, wo größere Lesergruppen erreicht werden sollen, sei es in der Fachliteratur, sei es in der religiösen oder weltlichen Erbauungs- bzw., später, Unterhaltungsliteratur. Einige Beispiele aus der Zeit Luthers: Der Nürnberger Sebald Rosenzweydt schreibt im Vorwort seiner Übersetzung des »Speculum animae« Heinrich von Langensteins (1517), er habe bei seiner Arbeit „nit grosser subtiligkeyt gebraucht", damit sein Text „auch den einfeltigen verstentlich were" (zit. nach Hohmann 1977, 266). Auch Leo Jud, Übersetzer der Werke des Erasmus von Rotterdam, bedient sich „des gemeinen landlichen [...] Tütsches", weil alles andere nur „den Verstand [...] verdüncklen" würde und er als Leser den „einfaltigen Leyen" vor sich sieht (»Teutsche Paraphrases«, 1527, zit. nach Kluge 1918, 53). Aventin [d.i. Johannes Turmair] schreibt im Vorwort seiner Übersetzung der »Annales Boiorum« (1526), er verwende ein Deutsch, „so im gemainen brauch ist", denn nur dies ist eine „iederman verstendig[e]" Sprache.

Der pragmatische Charakter der Argumentation ist offensichtlich: Sobald der Ausgangstext in seine kommunikativen Bezüge eingebunden wird, sobald er als Ausdruck der Mitteilungsabsicht eines Autors begriffen wird, die auf eine bestimmte Leserschaft gerichtet ist, sobald also die soziale Dimension des Textes in den Blick rückt, tendiert der Übersetzer zur Paraphrase und damit zum sinngemäßen Übersetzen. Wo Texte zunächst als Mittel sprachlichen Handelns zwischen gesellschaftlichen Individuen begriffen werden, ist in der Übersetzung vor allem diese kommunikative Qualität zu wahren. Wo aber zunächst ihre Funktion der Darstellung eines Sachverhalts interessiert und dazu die sprachliche Form selbst als bedeutungskonstituierend gilt, hebt die Übersetzung auf die Wahrung der ausgangstextuellen Semantik und Struktur ab, wird tendenziell wörtlich übersetzt.

Alles, was zum sinngemäßen, und manches, was zum wörtlichen Übersetzen festgestellt wurde, begegnet in der Übersetzungskonzeption Martin Luthers: die Aufwertung des Deutschen gegenüber den Ausgangssprachen Hebräisch und Griechisch, die Orientierung an den Rezipienten, die Trennung zwischen Textbedeutung und formaler Gestaltung, andererseits aber auch die Orientierung an der Wörtlichkeit der Vorlage, wo dies dem Übersetzer geboten scheint. Luther übersetzt die Bibel ab den zwanziger Jahren des 16. Jahrhunderts – 1522 erscheint die erste Teilveröffentlichung, 1534 die gesamte Bibel –, also in einer Situation, in der sämtliche übersetzerischen Möglichkeiten nicht nur praktisch vorgegeben, sondern auch theoretisch mehr oder weniger eingehend begründet worden waren. Der Unterschied liegt allerdings in diesem Mehr oder Weniger: Luther beschränkt sich nicht auf die Formulierung des Anliegens, seinen Lesern einen verständlichen Text zu bieten, sondern seine Übersetzungstheorie ist die folgerichtige Konsequenz seiner Hermeneutik, und die wiederum ist das Resultat einer ganz bestimmten Theologie, eben der protestantischen.

Dieser zuletzt genannte theologische Aspekt ist natürlich der entscheidende: Luther übersetzt nicht irgendeinen Text, sondern die Bibel. Der Einfluß der Kirche im öffentlichen Leben ist für die Zeit kaum zu überschätzen, und der zentrale Bezugspunkt ist die Heilige Schrift. Eine Übersetzung, die nicht nur sprachlich ungemein eingängig und daher erfolgreich ist, sondern sich geradezu als Manifest einer neuen Theologie versteht, muß die etablierte römische Kirche ganz anders herausfordern als eine Übersetzung im Sinne einer bloß technischen Verständnishilfe für den „einfaltigen Leyen". Volkssprachliche Übersetzungen insbesondere von Teilen der Bibel gab es bereits vor Luther, doch keiner dieser Texte verbindet Qualität der sprachlichen Gestaltung mit der Postulierung einer bestimmten Hermeneutik und Theologie in einem Maße, wie dies für die deutsche Bibel Luthers gilt. Dennoch stand die römische Kirche volkssprachlichen Bibelübersetzungen schon vor Luther reserviert bis ablehnend gegenüber. Begründet wurde dies erstens mit der *inopia*, der stilistischen Unfähigkeit des Deutschen, einen sprachlich so anspruchsvollen Text wie die Heilige Schrift wiederzugeben, und zweitens mit der semantischen Komplexität der Heiligen Schrift, die eine Übersetzung von vornherein kaum zulasse (– die lateinische Bibel des Hieronymus, die Vulgata, wurde, obgleich selbst eine Übersetzung, von der katholischen Kirche in der Exegese wie ein Original behandelt). Als semantisch komplex galt die Bibel aufgrund ihres sog. *vierfachen Schriftsinns*. Danach besitzen die zentralen Textstellen und Motive der Heiligen Schrift nicht nur je eine wörtliche Bedeutung (*sensus literalis*), sondern zugleich drei weitere übertragene Bedeutungen (*sensus spirituales*): eine allegorische Bedeutung (*sensus allegoricus*), eine moralische Bedeutung (*sensus moralis*, auch: *sensus tropologicus*) und eine heilsgeschichtliche Bedeutung (*sensus anagogicus*). So kann etwa ein in der Bibel erwähnter Tempel zunächst ein konkretes historisches Gebäude sein, *allegorisch* dann der Leib Jesu (vgl. Jesu Worte Johannes 2, 19: „Reißt diesen Tempel nieder, und in drei Tagen werde ich ihn wieder aufrichten"), *moralisch* die Aufforderung zum sittlichen Leben (1. Korintherbrief 6, 19f.: „Oder wißt ihr nicht, daß euer Leib ein Tempel des Heiligen Geistes ist, der in euch wohnt [...]? Verherrlicht also Gott mit eurem Leibe"), *heilsgeschichtlich* schließlich der Hinweis auf die ewige Seeligkeit im Reiche Gottes (Psalm 83, 5: „Selig, die wohnen in deinem Hause, o Herr, sie werden dich immerdar preisen").

In dieser Annahme der Existenz unterschiedlicher Bedeutungsebenen in der Heiligen Schrift ist das Konzept der universalen Zeichenhaftigkeit der Welt impliziert. Jeder Gegenstand der Welt kann Zeichen für etwas die Wirklichkeit Transzendierendes sein. Die Natur ist ein Buch, geschrieben mit dem Finger Gottes (*scriptus digito Dei*), und der kundige Interpret kann ihre einzelnen materiellen Phänomene als Ausdruck des Göttlichen interpretieren. Wird diese Auffassung auf die Bibel übertragen, dann werden deren Wörter nicht nur auf ihre konventionellen, im gesellschaftlichen Konsens geregelten Bedeutungen hin abgefragt, sondern die bezeichneten Gegenstände können darüber hinaus gleich mehrere spirituelle Bedeutungen besitzen. Die aber könne der Laie mit seinem ungeschulten Auge nicht mehr erkennen, sondern sie müssen ihm durch die Tradition der Kirche vermittelt werden (*pari pietatis affectu ac reverentia*). Die darin implizierte Semantikkonzeption ist eine Art spirituelle Sachsemantik: Die Sprachzeichen des Textes interessieren nicht als kommunikative Größen, sondern als referentielle; ihr Denotat liegt aber nur zum geringen Teil in derjenigen Realität, die konventionell durch Sprachzeichen beschrieben wird, entscheidender dagegen im Metaphysischen.

Die Reserviertheit Roms gegenüber volkssprachlichen Bibelübersetzungen hat also theologisch zwei Gründe: 1. Eine Übersetzung in eine *lingua vulgaris* wie das Deutsche kann die semantische Komplexität des Originals unmöglich wiedergeben. Bedenkt man, daß schon dessen Wortstellung Qualitäten enthält, die sich dem erklärenden Zugriff des Grammatikers entziehen, dann wird gerade eine sinngemäße Übersetzung vollends fragwürdig. 2. Die Texte der Bibel bedürfen der Auslegung durch den in der exegetischen Tradition der Kirche geschulten Experten. Hier deutet sich ein weiterer, nicht theologischer, aber kirchenpolitischer Grund für die Ablehnungen von Bibelübersetzungen an: Der Laie, so der Luther-Gegner Friedrich Staphylus, „sudelt" nun mit seinen „vngewaschenen händen" in der Bibel herum und „vergreif[t]" sich am Amt des Geistlichen (»Christlicher gegenbericht an den Gottseligen gemainen Layen«, Ingolstadt 1561, L2 u. Lᵛ). Der Text und seine Wirkungen sind nicht mehr kontrollierbar, Luther hat mit seiner „falschen dolmetschung" das geistliche und weltliche Recht „mit füssen getretten" und sogar „die Baurn wider die herrschafft auffrürisch gemacht" (ebd., N4).

Die übersetzungstheoretische Position Luthers ergibt sich ex negativo aus der katholischen Position und basiert auf bestimmten hermeneutischen und theologischen Annahmen:

1. Grundsätzlich gibt es keine Einwände gegen die Verwendung des Deutschen als Bibelsprache. Jede Sprache, in die die Heilige Schrift übersetzt wird, wird durch diesen Akt „geheyliget" (Weimarer Ausgabe [= WA], Bd. 15, 38).

2. Die Bibel enthält keine vier Bedeutungsebenen, sondern lediglich eine, den wörtlichen Sinn: „literalis sensus, der thuts, da ist Leben, da ist Kraft, Lehre und Kunst innen; in dem anderen [d.i. in den spirituellen Bedeutungen, A.G.], da ist nur Narrenwerk, wiewohl es doch gleißet [d.h. trügerisch glänzt, A.G.]" (WA, Tischreden, Bd. 5, 45). Allegorisierende Auslegungen von Textstellen sind nur dort legitim, wo die Verfasser ganz gezielt allegorisierend formuliert haben (– natürlich wird trotz dieser De-Allegorisierung der Bibeltext nicht zu einem bloß historischen Bericht, ohne metaphysische Dimension: Die spirituellen Bedeutungen sind für Luther in gewisser Weise bereits in der wörtlichen enthalten; dazu s. das folgende Kapitel). „Scriptura sacra sui ipsius interpres", die Heilige Schrift kann sehr wohl aus sich selbst heraus, ohne raffinierte Exegese („Teuffels werck", WA, Bd. 53, 594) verstanden werden. Fast ist das schon eine Gebrauchstheorie der Bedeutung: Die Bedeutung der Wörter ergibt sich nicht primär durch das Studium von Quellen außerhalb des Textes (Etymologie, kirchliche Tradition etc.), sondern aus ihrer Verwendung im vorliegenden Text.

Luthers Textverständnis ist zutiefst pragmatisch: Als Botschaft Gottes an die Menschen ist die Bibel Teil eines kommunikativen Gefüges. Wie Jesus durch sein gesprochenes Wort wirkte und das Evangelium eigentlich mündlichen Charakter besitzt – Luther bezeichnet es einmal als „gut Geschrey" (WA, Deutsche Bibel, Bd. 6, 3) –, so sind die Worte der Bibel insgesamt keine „lesewort", sondern „lebewort" (WA, Bd. 31/1, 67), ist der Text keine statische, sondern eine kämpferische Größe („pugnax", WA, Tischreden, Bd. 2, 352), mit der man in der Welt handeln kann. Aber nicht nur für die Bibel gilt das: *Sprechen* bedeutet *Handeln* in ganz grundsätzlicher Weise, Luther ersetzt faktisch die Sachsemantik der wortorientierten katholischen Exegese durch eine geradezu revolutionäre Handlungssemantik. Nirgendwo wird seine Sprachauffassung deutlicher als an dieser Stelle aus den Predigten von 1528 (WA, Bd. 27, 526):

,Deus dixit: etc. et fiebat' sol, durchs wort war sonn und mond. Ergo ante solem et lunam fuit ein wort. [...] Ego crassam similitudinem dabo. Verbum mundlich quod homo loquitur et praecipue, quando habet potestatem. Verbum quod exit ex ore, est unicum et tamen erschalt in auribus aliorum und ist so krefftig, ut fiat, quod mandat, ut dicere possis: Er sprachs, so gschachs. Et tamen si inspicis in os, ist kaum eines fingers breit et tamen illa vox sol so viel schaffen, das aller uns leib und gut ghet. Princeps uno verbo potest schaffen, si iratus. Viel mher mustu gedencken: deus im himel, quando ille verbum dicit, so sthet da himel und erden, et iratus: ligts in der aschen.

(Gott sprach: etc. und es wurde die Sonne geschaffen, durchs Wort war Sonne
und Mond. Also war vor Sonne und Mond ein Wort. Ich will einen groben Vergleich bringen: Das mündliche Wort, das ein Mensch spricht, besonders, wenn
er Macht besitzt. Das Wort, welches aus seinem Munde kommt, ist nur ein
Wort, und dennoch erschallt es in den Ohren der anderen und ist so kräftig, daß
geschieht, was es gebietet, so daß man sagen könnte: Er sprach's, so geschah's.
Wenn man aber den Mund ansieht, so ist er kaum einen Finger breit [geöff-
net], und dennoch soll jenes Wort so viel schaffen, daß es uns an Leib und Gut
geht. Ein Fürst kann durch ein einziges Wort schaffen, wenn er zornig ist. Um so
mehr muß man sich vor Augen halten: Wenn Gott im Himmel ein Wort spricht,
so entstehen Himmel und Erde, und wenn er zornig ist, so liegen sie in der
Asche.)

Daß im Akt der Schöpfung Gottes *Sprechen* zugleich ein *Handeln* bedeutet, ist
offensichtlich und keine Erkenntnis Luthers. Daß aber auch der Mensch handelt, indem er spricht, ist ganz und gar charakteristisch für Luthers Sprachauffassung.

3. Wenn die Bedeutung der Bibel für die Menschen vor allem in ihrem Bot-
schaftscharakter liegt, dann muß eine Übersetzung diese kommunikative Qualität sichern. Aber nur eine Übersetzung, die sich an den Lesern orientiert und
für sie unmittelbar verständlich ist, vermag die Menschen zu Handlungen im
Sinne des christlichen Glaubens zu bewegen. Luthers Übersetzungstheorie ergibt sich ganz selbstverständlich aus seiner Konzeption des Bibeltextes und der
Bedingungen seines Verstehens, und beide ergeben sich schlüssig aus seiner
Sprachauffassung: „nostra translatio ad verbum nihil est, ad sensum autem
propriissima" (WA, Bd. 5, 73), nicht die Worte, sondern den Sinn des Originals habe er aufs Genaueste wiedergegeben. Daß ein Übersetzen dieses *sensus*
mehr meint als das bloße Hinausgehen über die Wortgrenze, vielmehr sogar
die Wiedergabe des Handlungscharakters der Heiligen Schrift einschließt, zeigt
die Dynamisierung der Sprache von Luthers Bibel: die Tendenz vom Nominal-
zum Verbalstil, die Bildung entsprechender Neologismen, die Tendenz vom
Passiv zum Aktiv und andere Stilelemente.

Der wichtigste Einzeltext, in dem Luther seine Übersetzungstheorie erläutert, ist der »Sendbrief vom Dolmetschen« (1530), in dem das Übersetzungs-
verfahren gegen die Angriffe der „Eseln und buchstabilisten", der katholischen
Kritiker, verteidigt wird. Insbesondere begründet Luther die Wiedergabe von
„ex fide" aus dem Römerbrief durch „allein durch den glauben" (Auszug zit.
nach WA, Bd. 30/2, 627–646; Zusätze in eckigen Klammern und Vervollständigung der Umlautkennzeichnung durch A.G.):

Gnad und fride in Christo, Erber fürsichtiger lieber Herr und freund, ich hab
ewer schrifft entpfangen mit den zwo questionen odder fragen, darin yhr meines
berichts begert. Erstlich warumb ich zun Römern am dritten capitel, die wort
S. Pauli ,Arbitramur hominem iustificari ex fide absque operibus', also ver-

deutsch[t] habe: ‚Wir halten, das der mensch gerecht werde on des gesetzs werck, allein durch den glauben', Und zeigt daneben an, wie die Papisten sich über die massen vnnütze machen [= ereifern], weil ym text Pauli nicht stehet das wort ‚Sola' (Allein) und sey solcher zusatz von mir nicht zu leiden ynn Gottes wortten [...].

Also habe ich hie Roma. 3. fast wol gewist, das ym Lateinischen und krigischen [= griechischen] text das wort ‚solum' nicht stehet, und hetten mich solchs die papisten nicht dürffen leren. War ists. Dise vier buchstaben s o l a stehen nicht drinnen, welche buchstaben die Eselsköpff ansehen, wie die kue ein new thor, Sehen aber nicht, das [es] gleichwol die meinung [= Bedeutung] des text ynn sich hat, und wo mans wil klar und gewaltiglich verteutschen, so gehöret es hinein, denn ich habe deutsch, nicht lateinisch noch kriegisch reden wöllen, da ich [mir] teutsch zu reden ym dolmetzschen fürgenomen hatte. Das ist aber die art unser deutschen sprache, wenn sie ein rede begibt, von zweyen dingen, der man eins bekennet, und das ander verneinet, so braucht man des worts ‚solum' (allein) neben dem wort ‚nicht' oder ‚kein', Als wenn man sagt: Der Baur bringt allein korn und kein geldt, Nein, ich hab warlich ytzt nicht geldt, sondern allein korn. Ich hab allein gessen und noch nicht getruncken. Hastu allein geschriben und nicht uberlesen? Und der gleichen unzeliche weise yn teglichen brauch.

In disen reden allen, obs gleich die lateinische oder kriechische sprach nicht thut, so thuts doch die deutsche, und ist yhr art, das sie das wort ‚allein' hinzu setzt, auff das das wort ‚nicht' odder ‚kein' deste völliger und deutlicher sey, Denn wie wol ich auch sage, Der Baur bringt korn und kein geld, So laut doch das wort ‚kein geldt' nicht so völlig und deutlich, als wenn ich sage: ‚Der Baur bringt allein korn und kein geldt', und hilfft hie das wort ‚Allein' dem wort ‚kein' so viel, das es ein völlige Deutsche klare rede wird, den man mus nicht die buchstaben inn der lateinischen sprachen fragen, wie man sol Deutsch reden, wie diese esel thun, sondern, man mus die mutter ihm hause, die kinder auff der gassen, den gemeinen man auff dem marckt drumb fragen, und den selbigen auff das maul sehen, wie sie reden, und darnach dolmetzschen, so verstehen sie es den und mercken, das man Deutsch mit jn redet. [...]

Item da der Engel Mariam grüsset und spricht: Gegrüsset seistu, Maria vol gnaden, der Herr mit dir? Wolan, so ists biß her, schlecht [= schlicht] den lateinischen Buchstaben nach verdeutschet, sage mir aber ob solchs auch gut deutsch sey? Wo redet der deutsch man also: du bist vol gnaden? Und welcher Deutscher verstehet, was gsagt sey, vol gnaden? Er mus dencken an ein vas vol bier, oder beutel vol geldes, darumb hab ichs vordeutscht: Du holdselige, da mit doch ein Deutscher, dester meher hin zu kan dencken, was der engel meinet mit seinem grus. Aber hie wöllen die Papisten toll werden über mich, das ich den Engelischen grus verderbet habe. Wie wol ich dennoch da mit nicht das beste deutsch habe troffen. Und hette ich das beste deutsch hie sollen nemen, und den grus also verdeutschen: Gott grüsse dich, du liebe Maria (denn so vil will der Engel sagen, und so würde er geredt haben, wan er hette wollen sie deutsch grüssen), ich halt, sie solten sich wol selbs erhenckt haben für grosser andacht, zu der lieben Maria [= vor übergroßem Eifer um die liebe Maria], das ich den grus so zu nichte gemacht hette. [...]

Doch hab ich widerumb nicht allzu frey die buchstaben lassen faren, Sondern mit grossen sorgen sampt meinen gehülffen drauff gesehen, das, wo etwa

an einem ort gelegenn ist, hab ichs nach den buchstaben behalten, und bin nicht
so frey davon gangen, als Johannes 6, da Christus spricht: ‚Disen hat Got der
vatter versiegelt‘, da were wol besser deutsch gewest: Disen hat Gott der vater
gezeichnet, odder: disen meinet Gott der vater. Aber ich habe ehe wöllen der
deutschen sprache abbrechen, denn von dem wort weichen. Ah es ist dolmetzschen ja nicht eines iglichen kunst, wie die tollen Heiligen meinen, Es gehöret
dazu ein recht, frum, trew, vleissig, forchtsam, Christlich, geleret, erfarn, geübet
hertz […].

Luther will *klar und gewaltiglich verteutschen*, will *deutsch, nicht lateinisch
noch griechisch* schreiben, richtet sich nach *der art unsrer deutschen sprache*,
danach, wie die Menschen im Alltag reden (*auf dem Markt, auf der Gasse*),
fragt, was *ein Deutscher* in einer bestimmten Situation (*Fall*) *redet* und was er
versteht – die pragmatische Ausrichtung seines Übersetzungsvorhabens könnte
nicht offensichtlicher sein. Die Begründung für den Vorschlag, den Gruß des
Engels an Maria mit „Gott grüsse dich, du liebe Maria" zu übersetzen – weil
das der Engel wohl gesagt hätte, wenn er Deutsch gesprochen hätte –, zeigt,
daß die Orientierung am Rezipienten nicht nur die Ebenen von Morphologie
und Syntax umfaßt, sondern auch in den Bereich des Idiomatischen und damit
der dem Leser vertrauten Sprechweisen hineinreicht. In einigen wenigen Fällen
begegnen sogar Ersetzungen kultureller Inhalte, wie die Wiedergabe des *discumbere* (‚zu Tische liegen‘) durch „sassen zu tische" zeigt.

„Es ist ye die rechte mutter sprache, und so redet der gemeyne man ynn
Deutschen landen" verteidigt Luther seine Sprache (WA, Bd. 18, 154). Dieses
„gemeine Deutsch" ist in seiner Struktur – einerseits morphologisch-syntaktisch die schriftsprachliche Tradition der Kanzleien aufgreifend, andererseits
sich lexikalisch-stilistisch davon lösend – und seiner geographischen Spezifik –
auf dem thüringisch-obersächsischen Ostmitteldeutschen basierende, auch
Elemente des Ostoberdeutschen berücksichtigende, stets um Ausgleich bemühte Sprachform – ausführlich Gegenstand der Sprachgeschichtsschreibung
des Deutschen und braucht hier nicht beschrieben zu werden. Wichtig ist, daß
Luther dieses Deutsch nie mit einem Ideal sprachimmanenter Regelgemäßheit,
sondern stets über die kommunikative Qualität bestimmt: Er schreibe so, wie
er schreibe, damit ihn alle Menschen im ober- und im niederdeutschen Raum
verstehen können („ut me intellegere possint ex superiori et inferiori Germania", WA, Tischreden, Bd. 2, 639).

Der »Sendbrief« zeigt aber auch die geschickte Verbindung des kommunikativen Anliegens mit theologischen Interessen. Zunächst begründet Luther
vehement die Wiedergabe von „ex fide" durch „allein durch den glauben" mit
der „art" der deutschen Sprache, also der ‚üblichen Redeweise‘. Doch ist das
Argument überzogen, denn der Sprachgebrauch ließe durchaus auch die Formulierung ohne das „allein" zu. Später schließlich – der oben zitierte Auszug
enthält diesen Teil nicht – gesteht Luther zu, daß es neben dem sprachlichen

auch einen theologischen Grund für seine Übersetzung gibt. Hinter der Betonung, daß *allein der Glaube* gerecht mache, steht nämlich „das hauptstück Christlicher lere", genauer, protestantischer Lehre: die Überzeugung, daß ausschließlich der Glaube die richtige Lebensführung garantiert, nicht aber primär gute Werke, die der Mensch vollbringen kann. Diese Frage hat sich zu einem zentralen Streitpunkt zwischen der lutherischen und der katholischen Kirche entwickelt. An Stellen wie dieser wird deutlich, daß der erbitterte Vorwurf der Gegner Luthers, er habe die Bibel „auff seyn vorteil" übersetzt (so Johann Eck, in der Einleitung zu seiner Gegenbibel), nicht aus der Luft gegriffen ist.

Ein letzter Punkt: Wo „an einem ort gelegenn ist", wo ihm eine Textstelle des Originals von zentraler Bedeutung scheint, übersetzt Luther wörtlich. An die Stelle seiner Handlungssemantik tritt die traditionelle referentielle Semantik und eine kaum verständliche Übersetzung entsteht (z.B. „‚Disen hat Got der vatter versiegelt'"). Vermutlich erscheinen dem Übersetzer an solchen Stellen die Freiheiten, die er sich ansonsten nimmt und mit denen er so erfolgreich arbeitet, zu gewagt. Interessant ist die Begründung, die Luther gibt: Psalm 91,5 habe er wörtlich übersetzt, um dem Leser die Möglichkeit zur individuellen Interpretation der Textstelle zu geben (er habe dem Leser „raum" lassen wollen, die Stellen „zu verstehen", wollte ihn nicht mit „unser[m] verstand", d.h. mit der von ihm dem Text beigelegten Bedeutung konfrontieren, WA, Bd. 38, 13). Umgekehrt bedeutet dies: Luther ist sich sehr wohl der Tatsache bewußt, daß er dem Leser außerhalb der Passagen wörtlichen Übersetzens eine Interpretation vorgibt, daß er nicht ‚den' Ausgangstext auf deutsch niederschreibt, sondern eben seine persönliche Auslegung des Textes. Was für die moderne Hermeneutik eine Selbstverständlichkeit ist – die Notwendigkeit von *Vor-Urteilen* für das Verstehen und, in der Folge, für das Übersetzen –, ist für einen frühneuzeitlichen Bibel-Übersetzer, dessen Aufgabe traditionell die Bewahrung der „unversehrte[n] Reinheit der göttlichen Schriften" (Berthold von Henneberg) ist, eine bemerkenswerte Einsicht.

Zusammenfassend: Die Übersetzungstheorie Martin Luthers basiert auf drei Prämissen:

1. Die Bibel ist als Botschaft Gottes an die Menschen Teil eines kommunikativen Gefüges. Insbesondere das Neue Testament ist ein auf unmittelbare Wirkung angelegter Text. Primäre Aufgabe jeder Übersetzung ist daher, diese kommunikative Qualität der Heiligen Schrift zu bewahren, nicht aber, den Ausgangstext als quasi monolithische, aus ihren kommunikativen Bezügen herausgelöste Größe zu sichern. In Frage kommt also nur eine *sinngemäße* Übersetzung. Die sprachtheoretische Basis dieses Textverständnisses ist eine Handlungssemantik, die bei Luther an die Stelle der traditionellen referentiellen Semantik tritt: Die appellative, den Rezipienten zum Handeln bewegende Funktion der Wörter dominiert über ihre Funktion der Beschreibung eines vorgegebenen Sachverhalts.

2. Der Text der Bibel enthält nicht vier Bedeutungsebenen, sondern lediglich eine, den Literalsinn; etwaige spirituelle Bedeutungen sind in ihm bereits enthalten. Eine Übersetzung kann sich also auf die Wiedergabe dieser einen Bedeutungsebene beschränken. Auch in dieser Hinsicht steht einer *sinngemäßen* Übersetzung nichts im Wege.

3. Die Volkssprache Deutsch ist sehr wohl in der Lage, als Zielsprache einer Bibelübersetzung zu dienen. Innerhalb dieser Zielsprache ist diejenige lexikalische und syntaktische Form zu wählen, die am ehesten eine Rezeption des Textes durch breite Kreise der Bevölkerung erlaubt.

Die Art und Weise, wie Luther mit dem Bibeltext in der Auslegung und Übersetzung verfährt, hat aufklärerischen Charakter (verwendet man den Begriff systematisch, nicht historisch): Ein Text, der im 16. Jahrhundert für das individuelle und gesellschaftliche Leben von größter Bedeutung ist, wird den Menschen in einer Form zur Verfügung gestellt, die eine unmittelbare Rezeption erlaubt. Daß diese aufklärerische Tendenz im protestantischen Umgang mit dem Bibeltext aber keine Säkularisierung bedeutet und auch ihrerseits von Dogmatik keineswegs frei ist, soll an der Beschreibung der Hermeneutik des Matthias Flacius erläutert werden.

Literatur

Rolle Luthers in der Sprachgeschichtsschreibung des Deutschen: Wolf 1980, Bach 1984/1985, Lemmer 1987

Luthers Sprache und die Theorie und Praxis seiner Bibelübersetzung: Erben 1954, Fricke 1978, Raeder 1983, Gelhaus 1989/1990, Gardt 1992, Lobenstein-Reichmann 1998

Theorie und Praxis des Übersetzens in der Frühen Neuzeit: Schwarz 1944 u. 1945, Worstbrock 1970, Hohmann 1977, Reiffenstein 1984, Sonderegger 1984/1985a, Hamm/Ulmschneider 1985, Vermeer 1992

2.4   Frühe Texttheorie: die Hermeneutik »Clavis scripturae sacrae« des Matthias Flacius (1567)

Martin Luthers Auslegung und Übersetzung der Heiligen Schrift basiert auf der Ablehnung des Konzeptes des *vierfachen Schriftsinns* und der Annahme einer einfachen Textbedeutung. Zugleich ist Luther davon überzeugt, daß beim Übersetzen nur die Orientierung an übergeordneten Bedeutungseinheiten des Ausgangstextes, nicht aber an Morphem und Einzelwort, zu einem kommunikativ autonomen Zieltext führen wird. Nur ein solch kommunikativ autonomer, unmittelbar verständlicher deutscher Text aber wird dem Handlungscharakter der Bibel gerecht. Bedenkt man außerdem, daß Luther im Sinne des

humanistischen Textverständnisses die von Rom autorisierte lateinische Bibelübersetzung des Hieronymus als Ausgangstext für eine deutsche Übersetzung
ablehnt und stattdessen das hebräische und griechische Original zugrunde legt,
dann entsteht ein ganz spezifisches Bild von seinem hermeneutischen und
übersetzerischen Umgang mit der Heiligen Schrift: das einer philologisch geschulten, an semantischer Durchsichtigkeit und kommunikativer Effizienz,
nicht aber an exegetischer Raffinesse oder gar mystifizierender Überzeichnung
des Bibeltextes interessierten Haltung.

Dieses Bild ist zunächst das von Luther selbst entworfene, aber ohne Frage
trifft es in weiten Teilen zu. Zugleich jedoch darf dieser aufgeklärt anmutende
Umgang mit dem Bibeltext nicht als eine Art Säkularisierung des religiösen
Anliegens mißverstanden werden. Auch das Sprach- und Übersetzungsver-
ständnis des Protestantismus ist in seinem Kern zutiefst religiös. Zwei Punkte
seien genannt:

1. Im »Sendbrief vom Dolmetschen« schreibt Luther, daß zum Übersetzen
„ein recht, frum, trew, vleissig, forchtsam, Christlich, geleret, erfarn, geübet
hertz" gehöre. Daher könne auch „kein falscher Christ noch rottengeist"
wahrheitsgemäß übersetzen. Im aktuellen Zusammenhang richtet sich die Bemerkung gegen die Bibelübersetzung zweier Wiedertäufer aus Worms, doch
wird zugleich ein grundlegendes Prinzip des Umgangs mit sakralen Texten beschrieben: Nur im Zustand des Glaubens, nicht aus weltlich-rationaler Distanz
kann der Übersetzer die Heilige Schrift angemessen wiedergeben, ein Gedanke,
der in der Interpretationslehre des Flacius erneut begegnen wird.

2. Luther betont auffallend stark den Charakter der Bibel als einer semantischen Ganzheit: Die einzelnen Wörter und Syntagmen sind nur aus dem Zusammenhang sämtlicher geschilderter Gegebenheiten zu verstehen („ex tota
scriptura et circumstantia rerum gestarum", WA, Bd. 2, 302). Erst das Wissen
um das Textganze, genauer: um den *scopus* (etwa: ‚Textkern‘, ‚zentraler Gesichtspunkt‘) des Textes ermöglicht die Rezeption der einzelnen Teile des Textes. Diese zirkuläre Verstehenskonzeption erhält bei Luther ein spezifisch religiöses Moment dadurch, daß er als *scopus* der Heiligen Schrift Christus selbst,
sein Leben und Wirken setzt: Er ist „punctus mathematicus" der Schrift (WA,
Tischreden, Bd. 2, 439), sozusagen ihr hermeneutischer Fluchtpunkt, auf den
hin alle Textkonstituenten verstanden werden müssen. Diese christologische
(auch: „evangeliozentrische", Raeder 1983) Bibelinterpretation macht deutlich, daß Luther die von ihm propagierte unmittelbare, rein wörtliche Verste-
hensweise des Textes in dieser schlichten Form gar nicht praktiziert, da die Rezeption doch wieder von einer interpretativen Vorgabe geleitet wird. Hinzu
kommt, daß der starke interpretative Bezug auf Christus von einer textlichen
Einheitlichkeit der Bibel ausgeht, die von ihrer Entstehungsgeschichte her in
keiner Weise gegeben ist.

Wenn Luther also den Eindruck entstehen läßt, daß er so etwas wie die ‚objektive Bedeutung‘ des Bibeltextes zur Grundlage seiner Übersetzung macht

und diese Position auch immer wieder gegen seine katholischen Gegner aus-
spielt, dann müssen seine Behauptungen mit den erwähnten Einschränkungen
versehen werden. Daß trotz der dogmatischen Züge der protestantischen In-
terpretations- und Übersetzungstheorie ein markanter Unterschied zum katholischen Lager bestehen bleibt, ist davon unberührt.

Was zu Luthers Interpretationslehre gesagt wurde, trifft in weiten Teilen
auch auf die erste neuzeitliche Hermeneutik zu, die »Clavis Scripturae Sacrae«
des Luther-Anhängers Matthias Flacius Illyricus. In einer »Geschichte der
Sprachwissenschaft« ist seine Interpretationslehre deshalb von Interesse, weil
in ihr Aussagen über die Konstitution und Erschließung von Bedeutung in
Texten formuliert werden, die nicht nur in ihrer Zeit von großer Wirkung
waren – Flacius' Interpretationsregeln schlugen sich in zahlreichen Folgewer-
ken nieder, auch außerhalb Deutschlands –, sondern die in dieser oder sehr
ähnlicher Form bis in die moderne Hermeneutik und Texttheorie hinein begegnen.

Flacius' Hermeneutik umfaßt zwei Dimensionen, eine metaphysische und
eine streng sachliche, mit textkritischen Verfahren operierende, die im folgenden als *philologisch* bezeichnet werden soll. Im Rahmen der philologischen
Charakterisierung des Bibeltextes beschreibt Flacius zunächst die Probleme,
mit denen sich der Exeget konfrontiert sieht (das Folgende nach Flacius 1567,
7ff.): die schwere Verständlichkeit der Sprache der Heiligen Schrift – hier philologisch gemeint –, bedingt durch das hohe Alter des Textes, den komplizier-
ten Stil, die Unterschiede zwischen den Idiolekten der einzelnen Autoren,
die Verwendung rhetorischer Tropen und Figuren, die Tendenz zu Ellipsen im
syntaktischen Bereich, die nicht immer schlüssige Strukturierung der Argumente, die Nennung unbekannter Orte und Gebräuche, die Verwendung von
Gleichnissen etc. Diese Probleme beschreibt Flacius vor dem Hintergrund
einer Abbildtheorie der Bedeutung, die er zu Beginn in fast naiv-realistischer
Manier skizziert: „Die Sprache ist nämlich ein Zeichen oder ein Bild der Dinge
und gleichsam eine Art Brille, durch welche wir die Dinge selbst anschauen".
Ist die Sprache „dunkel", dann taugt sie als Brille nur bedingt, weil man
durch sie „nur mühsam" die Sachen erkennt. Also muß man zu praktischen
Mitteln greifen, um den Blick zu klären (S. 51ff.): Notwendig ist solide Sprach-
und Sachkenntnis, dabei als Grundlage die Kenntnis der sprachbezogenen
Disziplinen der Freien Künste (Grammatik, Dialektik und Rhetorik). Im übrigen solle man nicht „Träumen von Allegorien oder Himmelsgleichnissen
nachhängen", wenn man die Bibel verstehen will, sondern sich um den „einfachen und eigentlichen Sinn" des Textes („simplicem ac genuinem […] sensum") kümmern. Auch die psychische Disposition des Interpreten spielt eine
Rolle, Sorgen und Belastungen jeder Art können von konzentrierter Arbeit ab-
lenken.

Nach diesen allgemeinen Anweisungen führt Flacius aus, wie man sich
ganz konkret dem Text nähern soll (S. 91–97):

9. Wenn du an die Lektüre eines Buches herangehst, so richte es gleich am Anfang, soweit es geschehen kann, ein, daß du zuerst den Gesichtspunkt [*scopus*], den Zweck [*finis*] oder die Absicht [*intentio*] dieser ganzen Schrift, was wie das Haupt oder das Gesicht derselben ist, unverwandt und gehörig im Auge behälst. Das kann man sich meistens mit wenigen Worten merken, und nicht selten wird es in der Überschrift sogleich angegeben. Dieser [Zweck] ist entweder ein einziger, wenn die ganze Schrift ein einheitliches Ganzes bildet, oder es sind mehrere, wenn sie mehrere Teile besitzt, die untereinander nicht zusammenhängen.

10. Zweitens arbeite darauf hin, daß du das gesamte Argument [*argumentum*], die Summe [*summa*], den Auszug [*compendium*] oder die Kurzfassung desselben im Griff hast. Ich nenne aber das Argument jenen reichhaltigeren Begriff sowohl des Gesichtspunktes wie auch der Umschreibung des ganzen Textkorpus, in welchem oft zugleich auch der Anlaß der Niederschrift notwendig bezeichnet wird, falls das nicht in der Schrift selbst enthalten ist.

11. Drittens mußt du die Anlage [*distributio*] und Gliederung [*dispositio*] des ganzen Buches oder Werkes vor Augen haben. Und du mußt sehr aufmerksam beobachten, wo sozusagen das Haupt, die Brust, die Hände, die Füße usw. sind. [...]

12. Schließlich wird es nützlich sein, auch jene ganze Anatomie oder Zergliederung des einen Textkorpus in so verschiedene Glieder in eine Tabelle einzutragen, damit du jenes Werk um so leichter geistig erfassen [...] kannst [...]. [...]

14. Diese vier Dinge bringen noch folgende Vorteile mit sich: erstens wirft der Gesichtspunkt und die Gesamtsumme auf die einzelnen Teile und dadurch auch auf die Aussagen, Sätze und Wörter großes Licht, so daß du um so klarer durchschauen kannst, was ihr eigentlicher Sinn und was er nicht sei. Was nämlich diesem Gesichtspunkt und Argument oder der Summe gänzlich zu widerstreiten scheint, das ist zweifellos unpassend und falsch.

15. Auch hilft die Gliederung dabei, daß du die einzelnen Teile mit jenem Gesichtspunkt besser in Übereinstimmung bringen kannst und noch einen zweifachen Nutzen davon hast: Einmal nämlich erhälst du eine nützliche Einführung in die einzelnen Sätze, zum anderen wirst du durchschauen, wie der jeweilige Teil den Hauptgesichtspunkt bestätigt oder unterstützt. [...]

Was Luther nur andeutet, aber von Flacius zur Methode erhoben wird, ist der zirkuläre Ablauf des Verstehens, der zwei Segmente umfaßt:
A: 1. Der Verstehende muß eine Vorstellung von dem oder den Leitgedanken des Textes (Gesichtspunkt/Zweck/Absicht) gewinnen.

2. Der Verstehende muß eine Kurzfassung des Textes gewinnen, die die zentralen Aspekte enthält.

3. Der Verstehende muß eine klare Vorstellung von der Struktur des Textes, d. h. von den Textteilen und ihrer Relation zum Textganzen gewinnen.
B: 1. Die Kenntnis des Leitgedankens und der Kurzfassung des Textes hilft dem Leser nun beim Verstehen der einzelnen Konstituenten des Textes (Wörter, Aussagen, Sätze).

2. Zugleich bestätigen die einzelnen Textkonstituenten die Angemessenheit des Leitgedankens und der Kurzfassung, d. h. sie bestätigen die Vorstel-

lung des Verstehenden davon, worum es in dem Text geht, was sein Anliegen (Zweck, Thema etc.) ist.

Die Prinzipien dieser Beschreibung des Verstehensvorgangs kehren im außerreligiösen Zusammenhang mindestens an zwei Orten wieder. Zum einen stellt Flacius' Konzeption den Vorläufer des Modells des *hermeneutischen Zirkels* dar, wie er bis in die Gegenwart besteht (vgl. etwa Hans-Georg Gadamers »Wahrheit und Methode« von 1960): Aufgrund seiner Vorstellung vom Textganzen kann der Leser die Textkonstituenten verstehen, die Vorstellung vom Textganzen aber – das ist bei Flacius: vom *Leitgedanken* des Textes – kann erst aufgrund der Rezeption der Textkonstituenten gewonnen werden. In diesem dialektischen Zirkel verläuft Verstehen.

Darüber hinaus begegnet die Verstehensbeschreibung den Grundzügen nach in modernen textlinguistischen Verstehenstheorien, nämlich in der Vorstellung, daß Textverstehen als Bewegung *top-down* und *bottom-up* verläuft: Die textuelle Mikrostruktur wird vor dem Hintergrund einer Konzeption vom Textganzen (auch *Textthema*) verstanden (also *top – down*, vom Leser zum Text verlaufend), die Konzeption vom Textganzen aber bildet sich im Zusammenwirken der Konstituenten der textuellen Mikrostruktur (d.h. *bottom – up*, vom Text zum Leser verlaufend). Dabei bestätigen die im Verlauf der Lektüre neu rezipierten Textkonstituenten die Konzeption vom Textganzen, die sich bis zu diesem Zeitpunkt beim Leser gebildet hat – Flacius behandelt diesen Aspekt in Abschnitt 15 –, können sie aber auch modifizieren (vgl. etwa die Arbeiten Teun van Dijks, z.B. van Dijk/Kintsch 1983).

Legt man ausschließlich die zitierten Ausführungen von Flacius zugrunde, dann mutet seine Hermeneutik ausgesprochen nüchtern an: Der sachkundige Interpret nähert sich der Heiligen Schrift mit den technischen Werkzeugen der Textkritik und versteht den Text im Wechselspiel von Konzeptbildungen über das Textganze und der Rezeption von Textkonstituenten. An anderen Stellen der »Clavis« aber wird die metaphysische Begründung dieser Hermeneutik sichtbar. Bemerkungen wie die, daß das „leidenschaftliche Gebet" Voraussetzung zum Textverständnis sei, daß die Schrift grundsätzlich „in Gottesfurcht" gelesen werden müsse und daß erst durch unsere Hinwendung zu Christus der Schleier von der Schrift genommen würde, mögen noch als eher konventionelle Bekenntnisse verstanden werden. Wenn Flacius aber ganz im Sinne Luthers hinzufügt, daß wir durch diese Hinwendung nun den Text deshalb verstehen, weil wir mit Christus „den Gesichtspunkt und das Argument der ganzen Schrift in Händen halten", dann wird deutlich, daß es bei der Bibelauslegung um ein Verstehen entlang einer bestimmten Vorgabe geht. In den entscheidenden Momenten der Interpretation geht es nicht darum, ,die' Bedeutung ,des' Textes verstehend nachzuvollziehen, vielmehr darum, anhand der Textelemente eine Bedeutung zu konstruieren, die mit der theologischen Vorgabe übereinstimmt (Flacius spricht von einer Auslegung der Schrift in Analogie zu den Glaubensgrundsätzen, *analogia fidei*). Das Verfahren der Interpretation entlang der *analogia fidei* schützt den Interpreten vor jedem inneren oder äußeren Sturm (*turbo*), der ihn in exegetische Abgründe stürzen könne. Zu dramatischen Entwicklungen in der Interpretation kann es dann nicht wirklich kommen.

Zur Klärung sei angemerkt: Natürlich geht jede Hermeneutik von der Notwendigkeit von *Vor-Urteilen* für das Verstehen aus (z. B. Gadamer 1960). Das Subjekt kann einen Text überhaupt nur deshalb verstehen, weil es genügend vorgängiges Wissen in die Lektüre einbringt, an das sich die neuen Informationen des Textes anknüpfen lassen. Dieser subjektive Anteil ist Voraussetzung jedes Verstehens und wird das Ergebnis des Verstehensvorgangs notwendigerweise beeinflussen. Bei Flacius aber ist dieser Sachverhalt stark zugespitzt. Seine Forderung nach Auslegung gemäß der *analogia fidei* geht über jenes subjektive *Vor-Urteil* als Conditio sine qua non des Verstehens weit hinaus: Die Bibel ‚richtig' zu verstehen bedeutet, ihre sprachlichen Konstituenten gezielt in Richtung einer bestimmten theologischen Vorgabe zu semantisieren.

Literatur

Matthias Flacius Illyricus u. Geschichte der Hermeneutik bis ins 18. Jahrhundert: Moldaenke 1936, Geldsetzer 1968, Raeder 1983, Waswo 1987, Alexander 1993

3. 17. Jahrhundert

3.1 Zeichentheorie: Macht der Dinge über die Sprache

Verhältnis Sprache – Wirklichkeit, seine sprachtheoretische,
gesellschaftliche und metaphysische Begründung

Weiten Teilen der Sprachtheorie im Deutschland des 17. Jahrhunderts liegt die
Überzeugung von der Präexistenz der Dinge gegenüber der Sprache zugrunde:
Die Welt mit ihren Gegenständen und Sachverhalten ist vorgegeben, und die
Sprachzeichen benennen sie. Johann Amos Comenius bringt es auf den Punkt:
„die Dinge sind an sich, was sie sind, auch wenn keine Vernunft oder Sprache
sich mit ihnen verbindet. Die Vernunft und die Sprache aber drehen sich nur
um die Dinge und sind ganz von ihnen abhängig" (Didactica magna, 30/5).
„Res per se sunt", die Sprache läßt die Dinge in Ruhe, kann sie in ihrer Substanz nicht verändern, lediglich im nachhinein bezeichnen. Das bleibt ein Gemeinplatz bis weit in das 18. Jahrhundert hinein und zumindest außerhalb der
Wissenschaften bis in die Gegenwart. Auch die Einbeziehung einer dritten,
mentalen Kategorie in die Zeichentheorie ändert die Auffassung nicht notwendigerweise: Johann Christoph Gottsched schreibt 1762, daß die Wörter zwar
zunächst einmal nur für die menschlichen *Begriffe* von den Dingen stehen,
aber man könne der Begriffe, d.h. ihrer ontologischen Substanz, „gar wohl
versichert seyn: weil man sie nämlich von wirklich vorhandenen Dingen her-
genommen hat" (S. 140).
  Da die Dinge in der ganzen Welt einheitlich sind, liegen die Unterschiede
nur in den sprachlichen Bezeichnungen. Ein Hund, so stellt Johann Joachim
Becher lakonisch fest, „ist in der gantzen Welt ein Hund", nur heiße er einmal „canis", ein anderes Mal „chien", „cane", „dogge" etc. (1674, „Vorred"
u. S. 4). Wenn sich aber die Bezeichnungen unterscheiden, ist es sicherer, die
Erkenntnis bei den Dingen und nicht bei den wandelbaren Wörtern einsetzen
zu lassen. Im Vordergrund muß daher stets „intellectus rerum" (Comenius:
Pampaedia, 78f.), das Erkennen der Dinge stehen. Gelegentlich werden solche
Argumentationen durch einen Hinweis auf den Gedanken des Aristoteles ergänzt, daß intellektuelle Tätigkeit immer auf Sinnesdaten, auf Informationen
über die Dinge beruhe (»De anima«, III, 432a, 1: „Nihil est in intellectu, quod
non antea fuit in sensu"). Man müsse den Schülern vermitteln, daß „*omnis
Historia aut Fabula* nicht *in Universalibus* sondern *Singularibus* bestehet / und
alles *primo ad Sensum revoci*ret wird / auch das *Commune Principium* aller
Philosophorum, ja des Aristotelis selbß ist / daß alle vnsre Wissenschaft *a Sensibus* anfange / *nihil in Intellectu* sey / *quod non prius fuerit in Sensibus*" (Rau
1649, 12).

Will man nun über die Sprache Zugriff auf die Dinge haben, dann ist Voraussetzung, daß die Wörter diese Dinge sachadäquat bezeichnen, daß sie tatsächlich, wie Leibniz schreibt, den Dingen „antworten" (1697, 339). Das ideale Verhältnis zwischen Sprache, Denken und Wirklichkeit ist daher eines von absoluter Kongruenz. Theoretisch bereitet das keine Probleme:

1. Die Dinge sind universell (sind „durch die gantze Welt einerley [...] / und die differentz [bestehet] nur in den gegebenen Namen" [Becher 1674, Vorrede]).

2. Die Prinzipien der Erkenntnis sind universell (Comenius spricht von *normae sciendorum* und *notitiae communes*, von allgemeinen Vernunftprinzipien und Begriffen). Damit sind auch die mentalen Abbilder der Dinge bei allen Menschen die gleichen.

3. Da die Wörter die ihnen vorgängigen mentalen Abbilder sachadäquat bezeichnen – sie sind „Abbildungen" der Gedanken (Harsdörffer 1644, 373), sind ihre „gefässe" (Hille 1647, 63) –, sind sie auch sachadäquate Bezeichnungen der Dinge.

Ist die Rückbindung der Wörter an die Wirklichkeit in dieser Weise gesichert, dann ist das Vertrauen in die ontologische Zuverlässigkeit der Sprache gerechtfertigt. Die Existenz dieses Sprachvertrauens läßt sich immer wieder aus den Texten belegen. Ein Beispiel für viele ist die Sprachdidaktik der Zeit: Da die Wörter die Dinge tatsächlich in ihrem objektiven Gegebensein bezeichnen, kann sich der Lernende nun die Wirklichkeit auch über die Sprache erschließen; beim Sprachwerwerb wird der Schüler automatisch „einen breiten Schritt in die Physicam, und Bedeutung der Sachen" (Becher, 1674, 97) machen.

Diese Sicht des Verhältnisses zwischen Sprache, Denken und Wirklichkeit ist für die Autoren der Zeit nur zum Teil die Beschreibung einer Tatsache, zum Teil ist es Ausdruck eines Wunsches: Die Relation zwischen Sprachzeichen und Gegenständen der Wirklichkeit *sollte* die absoluter Kongruenz sein. Die Realität ist häufig anders, denn zwischen den Dingen und der Sprache können sich Verschiebungen ergeben, die die ideale Eins-zu-eins-Relation zwischen Wort und Ding stören. Im System der Sprache selbst geschieht das durch Synonymie, Homonymie und Polysemie, in der Verwendung der Sprache durch bestimmte Formen der Rede, immer dort, wo man sich zu sehr auf die Wörter und ihr Arrangement im Text konzentriert und die Dinge als die ontologische Legitimation der Wörter vernachlässigt. So führe die Neigung zu figürlicher Ausdrucksweise, zu sprachlicher „l'affectation de l'élégance" (Leibniz 1704, II/XXIX,12), führe dazu, „falsche Ideen hervorzurufen, die Leidenschaften zu erwecken und das Urteil irrezuleiten" (ebd., III/X/34). Aber nicht nur die Rhetorik findet sich dieser Kritik ausgesetzt, auch die Dialektik als Diskussionslehre. An den Akademien müssen „die Disputationen und Deklamationen ausgemerzt werden", fordert Comenius in »Panorthosia«, und stattdessen „die Sachen durch die Sachen selber gelehrt werden", ein Angriff, der sich gegen die Tradition scholastisch-spitzfindiger Argumentierkunst richtet. Daß sich die Kritik nicht auf Deutschland beschränkt, zeigen Äußerungen französischer und englischer

Autoren. Francis Bacon, um nur einen zu erwähnen, warnt davor, sich in Wörter zu verlieben, weil das so sei, also würde man sich in ein Bild anstatt in das Original verlieben; in jedem Fall gelte: „substance of matter is better than beauty of words" (1605, 284f.).

Die Aufhebung des Primats der Dinge gegenüber der Sprache wird in der Sprachtheorie der Frühen Neuzeit aber nicht nur kritisch vermerkt. In zwei Bereichen ist sie in die Theoriebildung fest integriert: 1. Die Sprachmystik erkennt zumindest dem Gotteswort den Primat vor den Dingen zu („Am Anfang war das Wort", Johannes 1, 1). 2. Der Sprachuniversalismus, der die allgemeine Grammatik und die Konstruktion von Universalsprachen zum Gegenstand hat, betont ab der Frühaufklärung, daß die Sprachzeichen nicht nur Abbildfunktion haben, sondern, im Guten wie im Schlechten, die mentale Konstruktion von Wirklichkeit beeinflussen können. Spätestens damit hört Sprache auf, *speculum rerum*, bloßer Spiegel der Dinge zu sein (vgl. Kap. 5.1: Sprache und Denken: Wilhelm von Humboldt).

Derjenige Bereich zeitgenössischer Sprachwissenschaft, in dem der Gegenstandsprimat aber eine absolut zentrale Rolle spielt, ist die auf das Deutsche als Einzelsprache zielende Linie. Dort verbindet sich Zeichentheorie einerseits mit Mythologisierungen von Sprache, andererseits mit patriotischer Überzeichnung. „Ein Ding ein Wort man spricht / ein Fels steht fest zum Grunde", heißt es über die deutsche Sprache in Schottelius' »Ausführlicher Arbeit« (S. 1006): Einem außersprachlichen Gegenstand solle im Deutschen genau ein Wort zugeordnet sein, und dies ‚felsenfest'. Das Pathos ist durchaus typisch, die Relation zwischen Wort und Ding wird für das Deutsche in einer Weise dargestellt, die sich zum guten Teil dem rationalen Zugriff entzieht. Solche Darstellungen stammen zumeist aus dem Umkreis der Sprachgesellschaften des 17. Jahrhunderts, die als Institutionen an anderer Stelle zu behandeln sind (vgl. Kap. 3.2). Im folgenden soll lediglich der zeichentheoretische Befund beschrieben werden.

Kennzeichen dieser Linie der Sprachwissenschaft ist die Annahme einer *ontologischen Motiviertheit* der deutschen Sprache. *Motiviertheit* ist hier zunächst im Sinne Saussures zu verstehen, als das Gegenteil der arbiträren, auf keiner inneren Notwendigkeit basierenden Zuordnung von Ausdrucksseite und Inhaltsseite des Sprachzeichens. Von *ontologischer* Motiviertheit soll die Rede sein, weil sich die Wörter des Deutschen auf ihr Referenzobjekt in ganz besonderer Weise beziehen: Ihre semantische Leistung erschöpft sich nicht in der bloßen Identifizierung der bezeichneten Gegenstände, um sie für die Kommunikation verfügbar zu machen, sondern die deutschen Wörter drücken auf eigentümliche Weise zugleich das objektive Sein der bezeichneten Dinge, sozusagen ihr ‚Wesen' aus. Die Wörter des Deutschen führen in ihrer Bedeutung „die Gebührniß / Amt und Eigenschaft des Dinges selbst" mit sich (Schottelius 1663, 376), ein Sachverhalt, der in der Lautmalerei offenkundig wird (ebd., 58f.):

23. Es ist demnach der Anfang und vollständige Grundlegung der Teutschen Letteren / der Stammwörter / der Ableitungs- und Doppelungsarten / nicht ohn Göttliche Mithülffe / aus sonderlicher Kunst und Erfahrenheit entstanden: Denn die innerliche Schiklichkeit und wundervolle Art kan nicht gnugsam begriffen / noch / wie es anfangs kommen / daß durch die Zusammenfügung etzlicher Zieferen ein solches Wort / und folgends das lebhafte Bild eines Dinges dadurch werde vorgestellt / ersonnen werden. [...]
    26. Durch die natürlich-bekandte Unmüglichkeit ist es schlecht [= 'schlicht', A.G.] unmüglich eine leichtere / gründlichere und wundersamere Art der Letteren oder Buchstaben und Wörter / als die Teutschen sind / aufzubringen; Sie sind nicht allein einlautend [= 'einsilbig', A.G.] / die durch einen natürlichen Zufall den gehörigen Laut veruhrsachen / sondern ihr einstimmiger Laut ist so wunderreich / und jhre Zusammenstimmung so überkünstlich [= 'überaus kunstvoll', A.G.] / daß die Natur sich hierin völlig und aller dinges ausgearbeitet hat. Denn / ein jedes Ding / wie seine Eigenschaft und Wirkung ist / also muß es vermittelst unserer Letteren / und kraft derer / also zusammengefügten Teutschen Wörter / aus eines wolredenden Munde daher fliessen / und nicht anders / als ob es gegenwärtig da were / durch des Zuhörers Siñ und Hertze dringen. Zum Exempel nehme einer nur diese Wörter: Wasser fliessen / gesäusel / sanft / stille / etc. wie künstlich ist es / wie gleichsam wesentlich fleust das Wasser mit stillem Gesäusel von unser Zungen? Was kan das Geräusch des Fliessenden Wassers wesentlicher abbilden? Was kan stiller / sanfter / und lieblicher uns zu Gemüthe gehen / als diese geordnete Letteren stille / sanft und lieblich? Wolan / last uns ein Gegenexempel nehmen / last uns sagen Donner / brausen / krachen / Blitz / etc. Man durchsinne doch den kräftigen Tohn dieser Wörter / und die Eigenschaft des Dinges / so sie andeuten; Lieber / was bricht mächtiger zu uns herein als das Donneren und krachen und brausen? Was fleucht mit einer mehr erschrekkenden Schnelligkeit dahin / als der Blitz? Also wenn Opitz sagt: da eine siedende Flamme mit solchem Krachen und schreklichem Getöhn heraus führ: Welcher Teutscher vernimt alhie nicht anfangs ein flammendes siedendes Gemäng / darauf durch die folgende hartbrechende Wörter ein krachen auf uns losbricht.

In den Buchstaben und Wörtern des Deutschen manifestiert sich die Natur der Dinge auf „wundersam[e] Art", ein Zustand, der mit „Göttliche[r] Mithülffe" möglich wurde. Letztlich steht hinter dieser Interpretation der Lautmalerei das Konzept einer perfekt motivierten *Natursprache* des Paradieses, in deren Wörtern sich das Wesen der bezeichneten Dinge umfassend und für den Verstehenden schlagartig, ohne Umweg über die konventionelle Semantik mitteilt (zur *Natursprache* vgl. Kap. 3.6). Bei Schottelius verbindet sich diese Vorstellung mit dem Wunsch, das Deutsche gegen die antiken Sprachen und europäischen Nachbarsprachen aufzuwerten und als Mittel kultureller und politischer Identitätsfindung zu etablieren: Als *Hauptsprache*, die unmittelbar auf die Babylonische Sprachverwirrung zurückgeht und noch Spuren der Natursprache in sich trägt, ist das Deutsche eine Sprache, deren Wörter „in rerum natura" (ebd., 48) verankert sind, die „den Kern und das Mark aus der Vernunft gesogen" (ebd., 68) haben, keine „Kipper-Wörter" (Schorer 1643, 5), wie die Wörter der vom Lateinischen ‚abgeleiteten' romanischen Sprachen (– mit der Wendung *Kipper und Wipper* werden Münzbetrüger bezeichnet, die die *Kippe*, d. h. die Münzwaage manipulieren und Münzen vollen Gewichts in leichtere umschmelzen). Wie die gefälschten Münzen einen Wert vortäuschen, den sie nicht besitzen, suggerieren die *Kipper-Wörter* eine semantische Solidität, die nicht vorhanden ist: Sie verweisen auf Chimären, stecken voller „flüchtigkeit" (Zesen 1643, 37). In dieser Vorstellung vom Deutschen als einer natürlichen und damit ontologisch gesicherten Sprache drückt sich erneut der Wunsch nach der Kongruenz von Sprache und Wirklichkeit aus, diesmal in eine eigentümliche Verbindung von Sprachmetaphysik und Kulturpatriotismus gekleidet. Das Deutsche bringt für diese Kongruenz die besten Voraussetzungen mit: Es bezeichnet die Dinge so, wie es Substanz und Eigenschaften der Dinge verlangen und ist damit auf einer Art Tiefenebene – auf der Ebene des „Sprachgrundes" – bereits vor jeder Verwendung ‚wahr'.

Diese Sicht von Sprache ist ganz und gar ahistorisch. Indem der Sprache ein unveränderlicher Wesenskern zugesprochen wird, ist sie nicht Niederschlag sich verändernder kommunikativer Interessen und Praktiken der Sprecher, sondern eine Größe, die dem Zugriff der Menschen letztlich entzogen ist. Die Sprache ist mehr als das, was der Mensch im Gebrauch aus ihr macht. Der Sprecher kann allenfalls hoffen, durch richtigen Gebrauch ihrer „Sprachnatur" gerecht zu werden (vgl. dazu Kap. 3.4: Grammatikschreibung II: Regel vs. Sprachgebrauch).

Das längere Zitat aus Schottelius' »Ausführlicher Arbeit« zeigt, daß die zeichentheoretische Thematik von Motiviertheit und Arbitrarität in den zeitgenössischen Texten explizit diskutiert wird. Zahlreiche Autoren erwähnen Platon als denjenigen Philosophen, der die Alternative erstmals ausführlich behandelt. Dabei wird dessen »Kratylos«-Dialog stets – und damit einseitig – so interpretiert, als teile Platon uneingeschränkt die Auffassung von der Motiviertheit der Sprachzeichen. Schon Julius Caesar Scaliger unterstellt ihm in seinem für die neuzeitliche Grammatikschreibung wichtigen »De causis lingue latinae« von 1540 die Überzeugung, „daß die Sprache ein natürliches, kein künstlich geschaffenes Phänomen ist" („sermonem rem esse naturalem, non ab arte", Kap. 67/117).

Die Betonung des Gegenstandsprimats in der Sprachreflexion des 17. Jahrhunderts geht mit einer Kritik an all denjenigen Erscheinungsformen von Sprache einher, die den sicheren sprachlichen Zugriff auf die Wirklichkeit gefährden.

Das ist, wie eingangs bereits angedeutet wurde, entweder dort der Fall, wo Sprache ein Denken spiegelt, das sich von den Bedingungen der Realität gelöst hat, oder dort, wo der Gegenstandsbezug von Sprache hinter einer ästhetischen oder sozialen Funktion zurücktritt. Das erstere trifft nach Überzeugung vieler Zeitgenossen auf das scholastische Denken zu. Comenius erscheint die

Schulphilosophie wie „eine Muße, die zu wenig ausrichtet: Eichhörnchen werden in einen runden Käfig eingeschlossen, der im Kreis herumgedreht wird; dort überstürzen sie sich fortwährend, bewegen sich aber doch nicht vom Platz" (1637, 30f.). Wenn diese Philosophie selbst nicht *in natura rerum*, in der Wirklichkeit verankert ist, kann auch die Sprache, deren sie sich bedient, nicht durch Wirklichkeit gedeckt sein (– daß die scholastische Philosophie gerade *wegen* ihrer Sprache nicht ‚in der Wirklichkeit verankert‘ sein könnte, wäre der nächste Schritt auf dem Wege dieser Sprachkritik, der erst nach Comenius gegangen wird).

Diese Kritik ist charakteristisch weniger für die um das Deutsche bemühte Sprachwissenschaft als für den neuzeitlichen, einem eher naturwissenschaftlichen Erkenntnis- und Exaktheitsideal verpflichteten Sprachuniversalismus. In England warnt Francis Bacon schon früh vor den Verstiegenheiten scholastischen Denkens: Wie die Körper der Philosophen hinter Klostermauern eingesperrt waren, so wurde ihr Intellekt von ihrem „dictator" Aristoteles diszipliniert. Aristoteles habe die Realität immer im Sinne seiner logischen Schlüsse interpretiert, anstatt seine Schlüsse zuallererst aus der Erfahrung folgen zu lassen (»Novum Organum«, Aphorismus 63). Wörter ohne Basis in der Realität aber behindern das Denken und verleiten „zu verstiegenen Disputen und Hirngespinsten" („ad inanes [...] controversias et commenta", Aphorismus 43).

Sprache kann aber auch dort eine ontologische Deckung vermissen lassen, wo sie gar nicht vorwiegend zur Darstellung von Gegenständen und Sachverhalten verwendet wird, sondern in schmückender Absicht oder zur Regelung sozialer Beziehungen. Beides kann zusammenfallen, und beides trifft auf die Praxis rhetorischer Sprachverwendung zu. Im Zentrum der Kritik gerade derjenigen, die eine ontologische Motiviertheit des Deutschen annehmen, steht dementsprechend die Kritik an bestimmten Erscheinungsformen der Rhetorik. Vor allem für die *alamodische* Sprache gilt dies im Deutschland des 17. Jahrhunderts, d.h. für die Sprache jener gesellschaftlichen Kreise, die sich an vorwiegend französischer Kultur und Lebensart orientieren. Die zeitgenössische Diskussion darüber hat eine fremdwortpuristische Komponente (dazu vgl. Kap. 3.2), hebt aber auch auf eine bestimmte Kommunikationskultur ab, an der eben dieses Auseinanderfallen zwischen Sprache und Wirklichkeit kritisiert wird. Als Beispiel sei aus einem Text zitiert, der sich mit der aus Frankreich übernommenen Praxis des Komplimentierens beschäftigt. Im »Vnartig Teutschen Sprach-Verderber« (1643) schreibt Christoph Schorer (3ff.):

> Was soll ich aber sagen von dem Wort *Complementen*, welches sehr gemein worden. Ich sage / mit diesem Wort sey auch seine krafft im Teutschland eingeführet worden. Dañ *Complementen* ist soviel als gepräng (gut teutsch / Auffschneiderey / Betrug / Heucheley /) Wann ist aber bey den Teutschen je mal mehr prangens / Auffschneidens vnd Betrugs gewesen / als eben jetzunder / da das wort *Complement* auffkommen ist?

Ja es ist recht nachdenckliche krafft in diesem Wort verborgen. *Complimenteur*, ein prächtiger höfflicher Reder / großsprecher / ein rechter Auffschneider vnd Lügner. Dann wie kan es jmmer müglich seyn / daß ein Teutscher / der von Art nicht viel Wort machet / nicht viel schwätzens vnd großsprechens achtet / seiner Natur zuwider es mit so läppischen babbeleyen recht meynen solte? Warlich / dieses Wort *Complement*, dessen wirckung jetzt im höchsten stehet / gibt zu erkennen / was wir für Zeiten haben: dann auch in den Worten eine solche heimbliche Krafft vnd nachtruck zu zeiten stecket / daß grosse Dinge darauß können erkündiget vnd ersehen werden.

Was erlogen ist / daß muß mit *Complimenten* gezieret werden. Vnd was mit *Complimenten* gezieret ist daß ist erlogen. [...]

Vor dieser Zeit ist alles getrew vnd ohne gefehrt zu gangen / Ja war ja / vnd Nein war nein / jetzunder machet man so viel Wort / vnd ist doch nichts darhinter / vnd seithero die *Complementen* [...] auffkommen / so ist die Teutsche Trew / Glaub vnd Redlichkeit auß Teutschland gezogen.

Die Redeweise, es sei „nichts darhinter", d.h. hinter den vielen Worten, die heutzutage gemacht würden, ist durchaus wörtlich zu nehmen: Das Kompliment besteht für Schorer aus Wörtern ohne Referenz-Gegenstand in der Wirklichkeit, ist Sprache ohne Substanz. Wo die Sprache nicht mehr ontologisch verläßlich ist, verkehren sich die Verhältnisse, wird die sittlich-moralische Integrität der Sprachgemeinschaft gefährdet. Sprachtheoretisch gesehen beschreibt Schorer damit die Gefahr der Aufhebung des Gegenstandsprimats: Mit dem Wort sei auch „seine krafft" nach Deutschland gekommen, eine „nachdenckliche", „heimbliche Krafft", die schlimme Folgen für die Menschen hat. Das Wort bildet nicht mehr eine vorgegebene Wirklichkeit passiv ab, sondern konstituiert indirekt Wirklichkeit, indem es auf das Denken und Handeln der Menschen einwirkt.

Auf die Frage nach den Gründen für die so intensive Betonung des Gegenstandsprimats in der Sprachwissenschaft des 17. Jahrhunderts bieten sich zwei einander ergänzende Antworten an, eine geistesgeschichtliche und eine sozialgeschichtliche. Die geistesgeschichtliche Antwort hebt auf das *ordo*-Konzept ab: Die Welt ist ein von Gott geschaffenes Ganzes, dessen einzelne Teile in einem sinnvollen, harmonischen Bezug zueinander stehen. Diese Vorstellung einer *harmonia mundi* greift weit über den rein theologischen Bereich hinaus und bildet für das gesamte intellektuelle Leben der Zeit einen in seiner Bedeutung kaum zu überschätzenden Hintergrund:

Nichts ist schöner, nichts fruchtbarer als die Ordnung [...]. Denn die Ordnung verleiht allen Dingen im gewaltigen Theater dieser Welt ihren Rang [...]. In der Kirche Gottes ist die Ordnung die Kraft des Corpus mysticum. In Staat und Familie ist die Ordnung das festeste Band. Im Bereich des Wissens schließlich ist die Ordnung nicht nur das verbindende Element innerhalb der gelehrten Gesellschaft, sondern haucht auch dem Lehrstoff die Seele ein.

So beginnt, ganz und gar typisch für das *ordo*-Denken der Zeit, Johann Heinrich Alsteds »Encyclopaedia« von 1630 (hier zit. nach der Ausgabe Lyon 1649). Das universelle Ordnungsprinzip ist das der Analogie (*analogia mundi*), wonach die einzelnen Konstituenten der unterschiedlichen Wirklichkeitsbereiche grundsätzlich in gleicher Weise organisiert sind. Die Schöpfung ist zwar vielfältig, aber nicht chaotisch, und die Aufgabe der Sprache ergibt sich von selbst: die ihr vorgegebene Ordnung der Dinge getreu abzubilden. Eine Aufhebung des Gegenstandsprimats in der Zeichentheorie würde also einen Bruch mit dem letztlich metaphysisch begründeten Ordnungskonzept bedeuten. Die relativistische Vorstellung, daß Sprache zunächst eine eigene, sprachinterne Ordnung bildet, die nicht notwendigerweise zur Ordnung der Dinge kongruent ist, läßt sich mit dem *ordo*-Denken nicht vereinbaren.

Auch die sozialgeschichtliche Antwort auf die Frage nach dem Grund für die Betonung des Gegenstandsprimats kann aus dem *ordo*-Konzept abgeleitet werden: In der Gesellschaft zeigt sich die Ordnung der Welt als soziale Ordnung. Die sprachliche Ordnung ist dann Abbild und zugleich Bestätigung dieser sozialen Ordnung. Der hochdifferenzierten Ständegesellschaft des Barock entsprechen die zahlreichen sprachpraktisch ausgerichteten Texte, vor allem Darstellungen der *Sekretariatkunst*, Epistolographien, Titularien und Rhetoriken, in denen genauestens geregelt ist, wie Personen eines jeweiligen Standes anzureden oder anzuschreiben sind, welche Stillage für eine Rede zu einem jeweiligen Anlaß und vor einem jeweiligen Publikum zu wählen ist. Gebhard Overheid formuliert den Sachverhalt in seiner »Neu-vermehrten Teutschen Schreib-Kunst« (6. Aufl., 1697, 115) unmißverständlich: „Die im Obertheil oder Stande / haben zu gebieten oder zu begehren / vornemlich an ihre eigene Unterthanen / und die so im niedrigen Grad oder Stande seyn. Dagegen müssen die im niedrigen Stande oder Theil solche hohe Obern in alle wege unterthänig bitten und ersuchen". Damit der Ordnung der Gesellschaft die der Sprache entsprechen kann, liefern die erwähnten Anleitungen für dieses *Bitten*, *Ersuchen* und die sonstigen, im gesellschaftlichen Verkehr üblichen Sprachhandlungen die Regeln. Bis in die Syntax kann dieser Drang nach einer Spiegelung der gesellschaftlichen Ordnung durch die sprachliche reichen: Werden in einem Text Personen unterschiedlichen gesellschaftlichen Ranges erwähnt, dann muß der Autor beachten, daß er „das würdiger Wort / dem minderen vorsetze / alß den Fürsten vor den Grafen / den Grafen vor dem Freyherren / den Freyherren vor dem Ritter" (Sattler 1610, 45). Aus dem gleichen Grund soll man auch nicht schreiben „Weib und Mann / Knecht und Herr / Untertahn und Obrigkeit / Nacht und Tag / dieweil der Natur nach / das letztere dem ersten vorgehen solte" (Stieler 1681, II/382).

Auch hier ist leitendes Prinzip: Die Ordnung der Dinge ist grundsätzlich sinnvoll, und die Sprache soll sie eben so abbilden. Umgekehrt spiegelt sich die Gefährdung der eigentlich richtigen gesellschaftlichen Ordnung durch den unvernünftigen, die göttlichen Gebote ignorierenden Menschen auch in der

Sprache. Johann Lauremberg schreibt in seiner Sammlung von »Schertz Gedichten« (zit. nach der hochdeutschen Übersetzung von 1654, der Text ist ursprünglich auf Niederdeutsch verfaßt; A2ᵛ):

Niemand hält sich nach dem Stande
darzu GOtt ihn hat gebracht /
niemand bleibt bei seiner Tracht
die gebräuchlich ist im Lande /
denn / das schlechte Völkgen führt
was dem Adel kaum gebührt.
Unterscheid der Ständ und Orden
ist den Leuten nuhr ein Spott /
da er / weislich / doch von GOTT /
selber ist gestiftet worden:
Bürger halten sich nach dem
was den Hoochen ist bekwehm.
Kleider / Spraachen / Reimen schreiben /
ändern sich fast alle Jahr /
ich doch acht es nicht ein Haar /
ich wil bei dem alten bleiben.

Werden solche Gedanken von Mitgliedern der Sprachgesellschaften geäußert, dann drückt sich darin mehr aus als das bloße Zitieren des barocken Vergänglichkeitstopos. Angesichts der durch den Dreißigjährigen Krieg und das Erstarken des Territorialabsolutismus bedingten politischen Umbrüche, angesichts der Veränderungen der ökonomischen Verhältnisse, angesichts des Wandels des Erziehungs- und Bildungsideals (Zurücktreten des humanistischen Bildungskanons, Öffnung zu Frankreich) und damit auch angesichts der Unsicherheiten, denen der eigene Gelehrtenstand ausgesetzt ist, bekommt die Sprache mehr und mehr die Aufgabe der Bewahrung des vermeintlich Zeitlos-Gültigen zugesprochen. Die Versuche, das Deutsche patriotisch-mythologisierend ‚in der Natur der Dinge' zu verankern, haben fast etwas Beschwörendes an sich: Als Reaktion auf die gesellschaftlichen Veränderungen wird die deutsche Sprache zu einem Orientierungspunkt, der natürlich selbst dem Wandel nicht ausgesetzt sein darf. Eben dies begründet den ahistorischen Sprachbegriff der Zeit.

Literatur

Zeichentheorie: Brekle 1975, Christmann 1985, Gardt 1994 u. 1995, Meier-Oeser 1997

***ordo*-Konzept im Rahmen der Sprachwissenschaft:** Schmidt-Biggemann 1983, Leinkauf 1993, Gardt 1994

3.2 Kulturpatriotismus: Die Sprachgesellschaften des 17. Jahrhunderts

Im Deutschland des 16. Jahrhunderts steht die theoretische und angewandte Beschäftigung mit Sprache im Schnittpunkt dreier Diskurse, eines metaphysischen, eines pädagogischen und eines kulturpatriotischen. Mit einem markanten Unterschied gilt das gleiche für das 17. Jahrhundert: Der kulturpatriotische Diskurs erfährt in den Arbeiten aus dem Umkreis der barocken Sprachgesellschaften eine deutliche Zuspitzung in Richtung des Sprachpurismus, der sprachpädagogische Diskurs erhält durch Wolfgang Ratke und Johann Comenius entscheidende neue Impulse für eine *didactica nova*.

Die folgende Darstellung wird sich auf Schriften von Mitgliedern der barocken Sprachgesellschaften konzentrieren. Diese Einrichtungen der Sprach- und Dichtungspflege stehen im Kontext einer europäischen Sozietätstradition, die seit dem Humanismus in Europa um sich greift und in der Akademiebewegung des 18. Jahrhunderts ihren Höhepunkt erreicht. In ihnen fließen Traditionen der Pflege der lateinischen Redekünste, Elemente des Meistersangs, Kennzeichen von Institutionen wie Ritterorden und Tugendgesellschaften, schließlich Traditionen religiösen Gesellschaftswesens zusammen, wie sie in Logen, Sekten und alchemistischen Gesellschaften begegnen.

Ziel der sozietären Aktivitäten ist die Etablierung des Deutschen als einer leistungsfähigen Hochsprache, die in verbindlichen Regelwerken und Wörterbüchern kodifiziert ist, zur Produktion hochwertiger Textzeugnisse inbesondere im Bereich der Dichtung und der Fachsprachen dient und von den führenden gesellschaftlichen Kreisen getragen wird. Der konkrete Beitrag der Mitglieder der Sprachgesellschaften dazu besteht im Verfassen grammatikographischer (darunter auch auf die Orthographie bezogener), in geringem Umfang auch lexikographischer Arbeiten, daneben in sprachkritischen Abhandlungen, rhetorischen und poetologischen Schriften, auch in zahlreichen Übersetzungen und Dichtungen, durch die die stilistischen Möglichkeiten des Deutschen demonstriert und erweitert werden sollen. Charakteristisch für dieses sozietäre Anliegen ist die konsequente Einbindung der sprach- und dichtungsbezogenen Theorie und Praxis in einen sittlichen-moralischen und in einen politisch-gesellschaftlichen Zusammenhang.

Die Grundzüge sozietären Arbeitens seien am Beispiel der *Fruchtbringenden Gesellschaft* beschrieben. Gegründet wurde diese bedeutendste der Sprachgesellschaften 1617 von einem Kreis um Fürst Ludwig von Anhalt-Köthen. Ihr unmittelbares Vorbild war die italienische *Accademia della Crusca*, die schon 1612 ein Wörterbuch zur Pflege des Toskanischen herausgegeben hatte. Im Gegensatz zu den anderen Sprachgesellschaften dominierte unter den insgesamt 890 Mitgliedern der *Fruchtbringenden Gesellschaft* der Adel (ca. 75 Prozent). Die eigentliche Arbeit in Sprach- und Dichtungspflege aber wurde von den bürgerlichen Mitgliedern geleistet, unter ihnen Andreas Gryphius, Christian Gueintz, Georg Philipp Harsdörffer, Friedrich von Logau, Martin Opitz, Justus Georg Schottelius, Kaspar Stieler und Philipp von Zesen. Der institutionelle Rahmen war wenig streng. Die Aufnahme neuer Mitglieder und der Ablauf der Zusammenkünfte waren zwar genau geregelt – u.a. bekamen die Mitglieder einen Gesellschaftsnamen und einen für sie charakteristischen Sinnspruch zugedacht –, doch traf man sich sehr selten. Für die beteiligten Grammatiker und Sprachtheoretiker war die Mitgliedschaft in der Gesellschaft eher Dokumentation einer bestimmten Haltung zu sprachlichen und den damit zusammenhängenden gesellschaftlichen und politischen Fragen, in Maßen aber auch Forum der Diskussion, wie die Korrespondenz etwa über die deutsche Grammatik des Christian Gueintz oder über die Alternative von Regelbefolgung und Gebrauchsorientierung zeigt (vgl. Kap. 3.4). Hinzu kam, vor allem für die *Fruchtbringende Gesellschaft*, die gesellschaftliche Auszeichnung, die eine Mitgliedschaft in einer so stark vom Adel getragenen Sozietät bedeutete.

Der folgende Text ist der erste der drei Punkte der Satzung der Gesellschaft (Neumark 1668, 25):

> *Zum Ersten.*
>
> Sollen sich alle Fruchtbr. Gesellschafter / wes Standes oder Religion Sie seyn / Erbar / Verständig und Weise / Tugendhaft und Höfflich / Nützlich und Ergetzlich / Leutselig Mäßig überall erweisen / rühmlich und ehrlich handeln / bey Zusammenkunften sich gütig / frölich und vertraulich / in Worten / Geberden und Werken treulich erweisen / und gleich wie / bey angestellten Zusamenkunften keiner dem andern ein wiedriges Wort übel aufzunehmen / höchlich verboten; Also soll man auch dagegen aller ungeziemenden Reden und groben Schertzens / sich zu enthalten / festiglich verbunden seyn.

Von sprachlichen Belangen ist hier noch nicht die Rede, stattdessen von gesellschaftlichen. Bemerkenswert ist der Hinweis auf die untergeordnete Rolle der Konfession. Obgleich alle Sprachgesellschaften in protestantischen Territorien angesiedelt und fast alle Mitglieder Lutheraner oder Calvinisten sind, wird in der Regel der überkonfessionelle Ausgleich gesucht. Auffallend ist auch der leicht egalitäre Zug in den Formulierungen: Die Bedeutung der Zugehörigkeit zu einem Stand tritt zumindest in der Konzeption hinter die Hervorhebung des gemeinsamen Interesses zurück. Trotz der Tatsache, daß gerade in der *Fruchtbringenden Gesellschaft* ein höfisch-chevalreskes Element vorhanden ist – das Ideal ist das des kultivierten Hofmanns, wie es bereits in Baldesar Castigliones »Il libro del Cortegiano« von 1528 formuliert wurde –, kann man in den deutschen Sprachgesellschaften ein eigentlich bürgerliches Anliegen erkennen: Geleitet von einem Tugend- und Aufrichtigkeitsideal, dem Nutzen der Gemeinschaft verpflichtet – das Symbol der *Fruchtbringenden Gesellschaft* ist die Palme, deren sämtliche Teile, vom Holz über die Blätter bis zu den Früchten, nutzbar sind –, empfehlen sich die Gesellschafter als patriotische Sachwalter der deutschen Sprache und Literatur.

Die folgenden Auszüge beziehen sich konkret auf die Spracharbeit der *Fruchtbringenden Gesellschaft* (Neumark 1668, 85, 86 u. 102):

> Beruhet also der Hochlöblichen Fruchtbringenden Gesellschaft Vorhaben erstlich in dem / daß man sich der Weisheit gäntzlich ergebe; welche dieses Ohrts zu Beförderung der Teutschen Sprache dienen soll; Nemlich daß man selbe in ihrem Verstande ohne Zuthun ausländischer Worte / rein erhalte; Und sich so wol der besten Aussprache im Reden; als der reinsten Ahrt im Schreiben / und Dichten befleissige / dargegen alle fremde Mengwörter / so in beliebtem Mißbrauch bestehen / aus- und absetze. [...]
>
> Vors andere / daß man die gute Satzungen / von der Teutschen Sprache erhalte / und mit einem gerechten Eyfer / darauf unaussetzlich bestehe / auch derselben Fortpflanzung / stets für Augen stelle; damit / weil numehro / Gott Lob / die Bruñquellende Adern der reinen Hochteutschen Sprache durch Hülfe der Fruchtbringenden Gesellschafter eröffnet: dieselbe nicht durch Nachlässigkeit oder auch durch allzu vorwitzige selbst-eigene Einbildung / wieder gestopfet und zugescharret; sondern von Zeiten zu Zeiten reinlicher ausgearbeitet werden mögen. [...]
>
> Zum dritten ziehlet unserer Hochlöbl. Fruchtbringenden Gesellschaft Absehn auch sonderlich dahin / daß man das Teutsche Vertrauen mündlich und schriftlich wieder aufrichte / befördere / erhalte: Die Warheit im Reden uñ Schreibē hervor leuchten laße / uñ von derselben keines Weges absetze; sondern vielmehr derselbē die Larve des Betrugs abnehme: Dagegen Teutsch teutsch / Mann ein Mann / Wort ein Wort seyn / und einem jedweden Dinge / seinen natürlichen Geruch laße.
>
> Es ist zu beklagen / daß mancher Almodischer Neidhart und unwissender Martialist sich noch täglich in seiner Deuteley verspühren lässet; indeme die Anstellung dieser Hochlöblichen Gesellschaft von vielen wenig geachtet wird. Was thut aber die Unwissenheit nicht? Es wird keinem / er sey jung oder alt / von Verständigen vor übel gehalten / daß er etwas Gutes / ja auch in seinem höchsten Alter lerne: wie es dann keine Schande / sich guter Wissenschaft theilhaftig machen; sondern vielmehr nichts lernen wollen: Dahero der Spielende [= Georg Philipp Harsdörffer, A.G.] in seinem 5. Theil der Gesprächspiele löblich saget: Viel stehen in dem Wahn / weil sie Teutsche seyn / so dörfen sie ihre Muttersprache nicht lernen. Es ist weit gefehlet: Dann die Hebräer / Griechen und Lateiner / ihre Kinder zu den Sprachmeistern / Rednern und Poeten in die Schule schikken müssen; wann sie etwas mehrers / als der Pövelmann von ihrer Sprache wissen sollen.

Gleich zweimal wird die Vermeidung von Fremdwörtern erwähnt. Doch das ist differenziert zu sehen: Der Gebrauch modischer Gallizismen wird von den Zeitgenossen weit kritischer beurteilt als die Verwendung von Fremdwörtern in den Fachsprachen oder die Verwendung von Fremdsprachen überhaupt. Zwar finden sich auch zahlreiche Äußerungen, die sich gegen die fremde Sprache als solche (und, in der Folge, auch gegen ihre Sprecher) richten, doch

wird am schärfsten das als oberflächlich und pseudokultiviert empfunden
alamodische Einflicken von Fremdwörtern, insbesondere das Französeln von
Hofschranzen und bürgerlichen Gecken verurteilt. In der Realität des 17. Jahrhunderts sehen sich die humanistisch gebildeten Sprachgesellschafter ohnehin
mit der Situation konfrontiert, daß der Unterricht in den modernen Sprachen
Französisch und Italienisch dem traditionellen Lateinunterricht immer stärker
Konkurrenz macht. Eltern, so selbst der Sprachgesellschafter Kaspar Stieler,
deren Kinder „was rechtschaffenes" lernen sollen, seien gut beraten, sie „zu
einem Französischen und Italiänischen / auch wol Holländischen / Engelländi-
schen und Spanischen Sprachmeister" zu schicken (1695, 149).

Der letzte Satz von Neumarks oben zitiertem Text über die Aufgaben der
Fruchtbringenden Gesellschaft verdeutlicht die soziale Dimension der Spracharbeit. Die angestrebte Hochsprache dient auch der gesellschaftlichen Binnen-
strukturierung: Wer sie nicht beherrscht, gehört den niederen Schichten, dem
Pöbel an. Damit wird erstmals in der Geschichte des Deutschen nicht die Beherrschung des Lateinischen, sondern die der Muttersprache positiv mit einer
gesellschaftlichen Schicht assoziiert – wodurch sich zugleich, im Umkehrschluß, erstmals die Möglichkeit bietet, die Beherrschung der Muttersprache
als Mittel sozialer Sanktionierung, der Abgrenzung nach ‚unten' einzusetzen.
Zugleich wird der Stand der bürgerlichen Sprachpfleger aufgewertet, da sie es
sind, die darüber entscheiden, was als richtiges und gutes Deutsch zu gelten hat. Wie sich der *poeta doctus*, der gelehrte, in der antiken und zeitgenössischen Dichtungstheorie und -praxis geschulte Autor, vom bloßen Reime-
schmied unterscheidet, so unterscheidet sich der gelehrte „Sprachmeister"
(s.o.) von demjenigen, der glaubt, das Deutsche könne vom Lernenden „aus
dem gemeinen Winde / ersnappet" werden (Schottelius 1663, 10; ausführlicher
dazu s. Kap. 3.4). Mit der Regelhoheit über die Sprache versuchen sich die
Grammatiker, Lexikographen und Stiltheoretiker eine gesellschaftliche Stellung zu sichern, die ihnen von ihrer nicht-adligen Geburt her verwehrt ist. Daß
dies aber stets unter Anerkennung der territorialen Machtverhältnisse, d. h.
unter Anerkennung der Rolle des Adels als gesellschaftlich führender Schicht
geschieht, ist charakteristisch für das 17. Jahrhundert und spiegelt die persönliche und wirtschaftliche Abhängigkeit der Gelehrten. Erst im 18. Jahrhundert
kann ernsthaft von einem bürgerlichen Emanzipationsstreben die Rede sein,
das auch anti-aristokratische Züge annimmt.

Diese Aufwertung der Muttersprache besitzt ganz zweifelsohne eine früh-
bürgerlich-moderne Komponente. Doch steht dem wiederum der altdeutsche
Charakter des Tugendideals entgegen, das mit der Sprachpflege verknüpft
wird. Auf der Basis des Topos, daß mit dem Sprachverfall ein Sittenverfall einhergeht (Schottelius: „Auf eine Enderung der Sprache folget eine Enderung der
Sitten"), wird gefordert, daß man „das Teutsche Vertrauen mündlich und
schriftlich wieder aufrichte" und „[d]ie Warheit im Reden uñ Schreibē hervor
leuchten laße" (s.o. den Auszug aus Neumark 1668). Da die Forderung nach

Sicherung vermeintlich nationaler Tugenden wie *Aufrichtigkeit, Natürlichkeit* und *Treue* unmittelbar mit der Abgrenzung gegenüber anderen Sprachen und Kulturen einhergeht, soll dieser Aspekt in anderem Zusammenhang behandelt werden (s.u.). An dieser Stelle ist wichtig, daß der pathetische Rückgriff auf das germanische Erbe und der Appell an ritterlich-heroische Ideale schon gegen Ende des Jahrhunderts als Ausdruck einer Haltung belächelt wird, die den gesellschaftlichen Verhältnissen nicht mehr angemessen ist. Zwar benötigt ein moderner Territorialstaat eine Landessprache, die allen Bedürfnissen gerecht wird, doch läßt sich das für viele Zeitgenossen ohne altdeutsches Ethos erreichen und durchaus mit der Öffnung gegenüber fremden Kulturen und Lebensweisen verbinden. Einem Frühaufklärer wie Christian Thomasius, der seiner zu neumodischen Vorstellungen wegen die Universität Leipzig verlassen mußte – er hielt Vorlesungen auf deutsch und lehrte seine Studenten die Orientierung an französischer Kultur und Lebensart (z.B. Thomasius 1687) –, erscheint eine Persönlichkeit wie Schottelius wie einer jener „altväterischen Sudelköche", die ihre Rezepte „aus denen alten Kochbüchern" holen (1687, 5f.).

Neben den sittlich-moralischen Anspruch der sozietären Arbeit tritt der politische. Wie eng die Bereiche miteinander verknüpft sind, illustriert der Auszug aus der »Lobrede des Geschmackes« von Georg Philipp Harsdörffer, einem der Gründer des Nürnberger *Pegnesischen Blumenordens*. Der Autor setzt mit dem Lob der Sprache ein, geht zum Sprachvolk und von dort zum politischen Körper über (S. 39). Für Harsdörffer ist die Fruchtbringende Gesellschaft der „Schutzherr" der deutschen Sprache,

> unsrer durchdringenden und Hertzzwingenden Sprache / unsrer künstlichen [d.h. 'kunstvollen', A.G.] und dienstlichen / unsrer reinlichen und scheinlichen / unsrer holdseligen und glückseligen Sprache. Sie ist die Ehre und Lehre der Deutschen / sie ist der Schatz und Schutz der Deutschen / sie ist das Pfand und Band der Deutschen Treue / und kurtz zu sagen / sie ist der höchste Ruhm / und das rechte Eigenthum unsers Vaterlandes [...].

Trotz der Loyalität gegenüber dem protestantischen Landesfürsten und der Ablehnung eines katholischen Kaisertums bleibt das politische Ideal der Sprachgesellschafter ein starkes, einheitliches Reich, das „von frömder Macht gäntzlich unbezwungen" und „von frömden Sprachen unverworren" (Schottelius 1663, 123) ist. Dieser mit mythologischen Zügen ausgestattete Entwurf eines göttlich und aus der Geschichte legitimierten Reichs, an dessen Spitze womöglich eine Persönlichkeit wie der von den Zeitgenossen verehrte Karl der Große steht, soll „Vaterland" (Ertzschrein, 239) für alle Deutschen über die Binnengrenzen der Territorien hinweg sein. Der Entwurf bleibt in den Texten immer vage und dient der Abgrenzung und Aufwertung gegenüber den anderen europäischen Mächten. Auch hier verläuft die politische Argumentation parallel zur sprachlichen: Wie im politischen Bereich die Heterogenität im In-

neren dann unwichtig und von einem idealisierten Einheitsgedanken über-
deckt wird, wo es um die Abgrenzung gegenüber anderen Ländern geht, so
wird auch die faktisch vorhandene sprachliche Heterogenität im Innern – vor
allem die Vielfalt der Dialekte – dann ignoriert, wenn ‚das‘ Deutsche von ‚dem‘
Französischen, Italienischen, Spanischen oder Englischen abgegrenzt werden
soll.

Neben der *Fruchtbringenden Gesellschaft* sind von hervorgehobener Bedeutung diese Sprachgesellschaften: *Aufrichtige Gesellschaft von der Tannen*
(Straßburg, gegründet 1633 von einem Kreis um Jesaias Rompler von Löwenhalt), *Deutschgesinnete Genossenschaft* (Hamburg, gegr. um 1643 von Philipp
von Zesen), *Pegnesischer Blumenorden* (Nürnberg, gegr. 1644 von Georg
Philipp Harsdörffer und Johann Klaj) und *Elbschwanenorden* (Hamburg, gegr.
1658 von Johann Rist).

Im folgenden sei die kulturpatriotische Dimension sprachreflexiver Schriften
von Autoren des 17. Jahrhunderts eingehender betrachtet. Die meisten dieser
Autoren, wenn auch nicht alle, sind Mitglieder von Sprachgesellschaften.

Kulturpatriotische Tendenzen, die sich auf Sprache beziehen, liegen bereits
früh vor. In mittelalterlichen Texten dominieren bei den Begründungen für die
Verwendung des Deutschen anstelle des Lateinischen zwar pragmatische Er-
wägungen – das Deutsche ist die weiten Bevölkerungskreisen, insbesondere
den „vernunftigen leien" verständlichere Sprache –, doch mischt sich in diese
Begründungen nicht selten ein fast trotziger Ton. Für Otfrid von Weissenburg
z. B., der im 9. Jahrhundert schreibt, ist das Lateinische natürlich die fraglos
kultiviertere Sprache, aber andererseits, so argumentiert er, könne man Gott in
jeder Sprache loben, auch wenn sie einfach sei: Schließlich erwarte Gott Aufrichtigkeit, nicht „die Schmeichelei glatter Worte" („non verborum adulationem politorum", vgl. Kap. 1.1). Ebernand von Erfurt und Hugo von Trimberg
argumentieren im 13. Jahrhundert ähnlich für die regionalen Varietäten des
Deutschen: Jeder Mensch spreche am liebsten die Sprache, mit der er heran-
wuchs; er selbst, so Ebernand, sei Thüringer „von art geborn" und müßte sich
künstlich zwingen, würde er irgendeinen Dialekt außer dem Thüringischen
sprechen. Zweierlei deutet sich hier vorsichtig an: bei Otfrid die Korrelierung
von Sprache mit bestimmten sittlich-moralischen Werten – in diesem Fall *Aufrichtigkeit* –, bei Ebernand und Hugo die Korrelierung von Sprache mit dem
Naturell des Sprechers, in dem Sinne, daß eine bestimmte Sprache als die
ihrem Sprecher von Natur aus angemessene gilt. Beide Korrelierungen gehören
fest zum Bestand sprach- und kulturpatriotischer Argumentationsmuster – im
folgenden wird wegen des rein sprachlichen Bezugs ausschließlich von *Sprachpatriotismus* die Rede sein – und setzen sich, wie oben bereits illustriert, bis in
die Neuzeit hinein fort.

Unter den politischen und gesellschaftlichen Ursachen der Ideologisierung
von Sprache im 17. Jahrhundert spielen eine besondere Rolle:

– die relative Schwäche der Position des Kaisers als einheitsstiftender Zentralgewalt (im Gegensatz z. B. zu den Königen Frankreichs oder Englands), die
dazu führt, daß der Sprache vermehrt die Aufgabe der politischen und kulturellen Identitätssicherung zugewiesen wird;
   – die Erfahrungen des Dreißigjährigen Krieges, die u. a. zur Folge haben,
daß die deutsche Sprache zunehmend als ein Mittel zur (Neu-)Gewinnung
eines hervorgehobenen europäischen Status für die politische und kulturelle
Größe ‚Deutschland' betrachtet wird;
   – die Situation eines bürgerlichen Gelehrtenstandes, der in der Spracharbeit eine Möglichkeit zur Bestimmung und Festigung der eigenen gesellschaftlichen Position sieht und durch Berufung auf ‚deutsche Sprachtugenden'
(*Natürlichkeit, Wahrhaftigkeit* u. a.) seiner Beunruhigung angesichts raschen
gesellschaftlichen Wandels Ausdruck verleiht.
   Trotz dieser Spezifik der historischen und gesellschaftlichen Situation im
Deutschland des 17. Jahrhunderts gibt es Merkmale sprachpatriotischer Argumentation, die zu unterschiedlichen Zeiten immer wieder begegnen:

1. das emphatische Lob der eigenen Sprache sowie deren Hypostasierung, d. h.
   ihre Vergegenständlichung zu einer Größe, die aus ihren historischen und
   sozialen Bezügen herausgelöst ist und eine von ihren Sprechern irgendwie
   unabhängige *Natur* (*Charakter, Wesen, Kraft, Geist, Genie/Genius* etc.) besitzt; die hypostasierte Sprache besitzt inhärente Gesetzmäßigkeiten und
   ist entsprechend diesen Gesetzmäßigkeiten von den Sprechern zu verwenden; sie wird häufig in organischer (botanischer) Begrifflichkeit beschrieben (Sprache als Pflanze, die *blüht, verblüht* etc., Wörter als *Früchte,
   Knospen* etc.); ihr typischerweise zugesprochene Eigenschaften sind hohes
   Alter, genealogische Reinheit und strukturelle Homogenität; die Arbitrarität und Konventionalität ihrer (Wort-)Zeichen gelten z.T. als stark eingeschränkt;
2. die Übereinanderblendung – oft assoziativ und argumentativ nicht schlüssig, dabei ins Mythologische und Sakrale ausgreifend – der Bereiche des
   Sprachlichen mit denen des Kulturellen (*Sprache – Volk/Kultur/Nation* etc.,
   mit dem Sonderfall des Ethisch-Moralischen: *Sprache – Sitte/Moral* etc.),
   des Politischen (*Sprache – Nation/Reich/Land* etc.), in Teilen auch des Anthropologischen (*Sprache – Stamm/Rasse/Volk,* vor allem in sprachnationalistischen Kontexten); Resultat dieser Übereinanderblendungen ist die Identifizierung eines *Sprachcharakters* (bzw. einer *Sprachnatur,* eines *Sprachwesens* etc.) mit einem *Volks-* oder *Nationalcharakter.*

Mit einem gewissen Recht könnte man hier von Universalien sprachpatriotischer Argumentation sprechen. Sie lassen sich ergänzen durch die Angabe von
Kennzeichen *sprachnationalistischer* Argumentation, die als Zuspitzung einzelner Aspekte des Sprachpatriotismus zu verstehen sind. Zu diesen Kennzei-

chen zählen vor allem die aggressiv vorgetragene Behauptung der Überlegenheit der eigenen Sprache, Kultur, Ethnie und/oder Rasse gegenüber anderen,
z. T. als minderwertig dargestellten Sprachen, Kulturen, Ethnien und/oder
Rassen, zugleich die Behauptung von der Gefährdung des Eigenen durch das
sprachlich, kulturell, ethnisch bzw. anthropologisch Fremde (ausführlicher
zum Sprachnationalismus s. Kap. 6.2).

Für die einschlägigen Äußerungen von Autoren im Deutschland des
17. Jahrhunderts gilt nun, daß solche sprachpatriotischen Zuschnitts deutlich
über diejenigen nationalistischer Prägung dominieren. Der Großteil der zeitgenössischen Sprachkritik richtet sich nicht gegen fremde Sprachen und Kulturen als solche, sondern gegen die unkritisch-oberflächliche Aneignung dieser
Sprachen und Kulturen durch Deutsche. Hinzu kommt, daß der Abwertung
fremder Sprachen und Kulturen das Lob eben dieser fremden Sprachen und
Kulturen gegenübersteht, häufig von denselben Autoren formuliert. Gerade
der Vorbildcharakter der französischen Dichtung ist unübersehbar, und die
nationalistischen Zuspitzungen spiegeln weniger ein Bewußtsein souveräner
Überlegenheit als den Versuch einer trotzigen Selbstbehauptung.

Auch wenn ausgeprägt sprachnationalistische Beschreibungen im Deutschland des 17. Jahrhunderts eher selten begegnen, schließt bereits der bloße Bezug der Bezeichnung *Sprachnationalismus* auf diese frühe Zeit ein, daß der
Ausdruck hier systematisch verwendet wird und nicht historisch, für eine spezifische Epoche (zur Abgrenzung von Sprachpatriotismus und Sprachnationalismus vgl. auch Kap. 6.2). Auch kann die Bezeichnung *Nationalismus*, bezieht
man sie auf eine Zeit vor dem 19. Jahrhundert, nicht bereits die Existenz einer
Nation implizieren, an der sich dann der Nationalismus ausrichten würde.
Ebenso wie Nationen Resultate mehr oder weniger bewußt ablaufender gesellschaftlicher Entscheidungsprozesse, sozusagen die Produkte des Selbstent-
wurfs sozialer Gemeinschaften sind, ist Nationalismus nicht nur das Abbild
solcher Selbstentwürfe, sondern auch ihr Motor (Literaturangaben zur Natio-
nalismus-Thematik s. Kap. 6.2). Das gilt auch für den Sprachnationalismus,
der in dem hier zugrunde gelegten Verständnis zunächst nur als extremer Ausdruck von Selbstbestimmungsprozessen, nicht aber sogleich als Spiegel einer
gegebenen Nation zu sehen ist (– auch nicht, dies gilt jedenfalls für das
17. Jahrhundert, als unmittelbarer Wegbereiter einer Nation).

Zu den oben erwähnten Kennzeichen von Sprachpatriotismus und -natio-
nalismus im einzelnen:

1. *Hypostasierung von Sprache* bedeutet konkret, daß einer Sprache ein bestimmter Charakter, eine Art Naturell zugeschrieben wird. Diese Konzeptbildung, d. h. die Konstruktion einer *Sprachnatur*, begegnet in der Geschichte der
Sprachreflexion als *Genius* bzw. *Geist/Wesen/Natur* etc. *der Sprache, genius
linguae, génie de la langue, genius of the language* u. ä. immer wieder. In einem
engeren Sinne des Begriffs werden dabei tatsächliche oder vermeintliche lexikalische oder grammatische Spezifika einer Sprache zum Ausdruck eines zu-

grundeliegenden Prinzips, eben der *Sprachnatur* erklärt. *Sprachnatur* meint dann in etwa ‚Sprachtyp'. Im 17. Jahrhundert sind diese typologischen Spezifika für das Deutsche unter anderem die (behauptete) Einsilbigkeit der Stammwörter und die Spezifika der Wortbildung (die besondere Qualität der Komposition im Deutschen ist ein „in der Natur unserer Sprache gegründetes", Schottelius 1663, 46 u.ö.). Damit bietet sich das Konzept der *Sprachnatur* zugleich dazu an, bestimmte strukturelle oder stilistische Erscheinungen einer Sprache als unvereinbar mit der jeweiligen *Sprachnatur* – in den Texten: *der grundgewissen Richtigkeit des Deutschen*, seiner *angebornen art*, seiner *Grundstimmigkeit*, seinem *gründlichen Wesen* etc. – zu erklären, eben diejenigen Erscheinungen, die einem Grammatiker oder Sprachpfleger aus jeweils unterschiedlichen Gründen mißfallen (Schottelius z. B. kritisiert Unregelmäßigkeiten der Pluralbildung der Substantive – der Plural von *Kaiser* laute ebenfalls *Kaiser*, nicht aber *Kaisere*, in Analogie zu *Könige* – als Verstoß gegen die *Grundrichtigkeit* des Deutschen). Kennzeichen solcher Argumentationen ist nicht etwa, daß die typologischen Beobachtungen grundsätzlich falsch wären, sondern daß zutreffende und unzutreffende Beobachtungen einem sekundären Zweck dienen: entweder der erwähnten strukturellen und stilistischen Normierung einer Sprache oder aber ihrer gezielten Ideologisierung. Denn natürlich lassen sich *Sprachnaturen* gegeneinander ausspielen, eine deutsche z. B. gegen eine französische oder umgekehrt. Das Spektrum reicht von Formulierungen wie der von der „mannhaften teutschen Heldensprache", die im Gegensatz zum Französischen nichts „weibisch[es]" in ihrer Lautung „duldet", bis zu der Bemerkung von Leibniz, das Deutsche verfüge, anders als die romanischen Sprachen, über einen ihm inhärenten „Probierstein der Gedanken": Nur substantielle Gegebenheiten lassen sich auf deutsch ausdrücken, „leere Worte" aber nehme „die reine Teutsche Sprache nicht an" (1697, 330f.). Im folgenden wird lediglich diese ideologisierende Verwendung des Konzeptes der *Sprachnatur* besprochen (zur Normierungsfunktion des Konzeptes im Bereich der Grammatikographie s. Kap. 3.4).

Leibniz' Bemerkung zeigt, daß zur Bestimmung der *Natur* einer Sprache auch andere Eigenschaften als strukturelle herangezogen werden. Im 17. Jahrhundert sind dies für das Deutsche:
– hohes Alter und genealogische Reinheit: das Deutsche ist eine der wenigen Sprachen, die „ihre erste zier und jungferschaft vom Babelschen turne [= Turme, A. G.] her noch fürzuweisen weis" (Zesen 1651, 206); die gegenwärtige deutsche Sprache ist jenseits aller Veränderungen, ihrer *Natur* nach, „dieselbe uhralte weltweite Teutsche Sprache" wie vor „tausend Jahren" (Schottelius 1663, 48); das Deutsche ist *von alters her* die von *fremdvermischtem Schaum* freie Sprache, ist *unverfälscht, beständig, von reinlicher Gestalt*, nicht *verschandflecket* etc.;
– Würde: das Deutsche ist *Königin, Kaiserin*, ist *die majestätische Haupt- und Heldensprache*, ist die „prächtige / so mächtige" Sprache (Kramer 1700,

Zuschrift), ist „weit / räumig / tief / rein und herrlich" (Schottelius 1663, 10);
ihre Wörter müssen „etwas langsam mit einer sonderlichen ernsthafftigkeit"
ausgesprochen werden (Zesen 1643, 37) etc.;

– referentielle Zuverlässigkeit: diese wichtigste der Eigenschaften wurde
unter dem Stichwort der *ontologischen Motiviertheit* an anderer Stelle bereits
angesprochen (vgl. Kap. 3.1). Danach wird den Wörtern des Deutschen zuerkannt, ihren Bezugsgegenstand der Wirklichkeit nicht nur ausreichend zur
Identifizierung zu bezeichnen, sondern zugleich sein inneres *Wesen* zum Ausdruck zu bringen. „In rerum natura" (Schottelius 1663, 48), in der Natur der
Dinge sind die deutschen Wörter verwurzelt und spiegeln daher die bezeichneten Dinge so, wie es dem objektiven Sein dieser Dinge entspricht (Schottelius:
Die deutschen Wörter bezeichnen ihren Bezugsgegenstand „wesentlich"). Als
Illustration dieser semiotischen Qualität des Wortschatzes dient den Autoren
der Zeit die Lautmalerei: Weil sich „die Natur [...] hierin [d.h. in der deutschen Sprache, A.G.] völlig und aller dinges ausgearbeitet hat", verursachen
die deutschen Wörter nun „den gehörigen Laut", d.h. sie besitzen diejenige
Lautung, die auch den bezeichneten Gegenständen eigen ist.

In dieser Auffassung verbinden sich Anklänge an das verbreitete Konzept
einer vollständig motivierten *Natursprache* des Paradieses, in der sich sämtliche Eigenschaften eines bezeichneten Gegenstandes im einzelnen Zeichen
mitteilen, mit dem patriotischen Bemühen um Aufwertung des Deutschen gegenüber den europäischen Nachbarsprachen. Denn für das Französische, das
als romanische Sprache doch nur „verkrüppeltes Latein" ist, oder für das Englische, seines Mischwortschatzes wegen eine „zusam̃engesetzte und verstüm-
pelte" Sprache (Neumark 1668, 132), gilt eben diese Verankerung in der Natur
nicht: Im Gegensatz zur *Hauptsprache* Deutsch sind es *Nebensprachen*, abge-
leitete Sprachen ohne hohes Alter, die kaum noch Spuren der ersten, natürlichen Sprache der Menschheit in sich tragen.

Für einen modernen Wissenschaftsbegriff ist dies eine eigenartige Vorstellung, da der Sprache selbst, vor jeder Verwendung, referentielle Richtigkeit zugesprochen wird: Nicht erst die auf deutsch formulierten Aussagen sind wahr
oder falsch, sondern die Sprache als solche ist ‚wahr'. Die Darstellung in den
zeitgenössischen Texten ist an diesen Stellen – ganz im Gegensatz zu den grammatikographischen Passagen in denselben Werken – stark metaphorisch, oft
assoziativ, pathetisch-suggestiv. Bei einigen Autoren begegnen ausführliche Begründungen für diese Annahme der referentiellen Zuverlässigkeit des Deutschen (Zesen und Schottelius), bei anderen ist lediglich die Rede davon, daß
die deutsche Sprache *offenherzig* und *redlich* (Stieler) und von *Lauterkeit* geprägt sei (Schorer). Insgesamt entsteht der Eindruck vom Deutschen als einer
von alters her mit der Natur der Dinge kongruenten, zur Darstellung von
Wirklichkeit bestens geeigneten Sprache, die damit den Nachbarsprachen gerade in dem so wichtigen Bereich des sprachlichen Zugriffs auf Wirklichkeit
überlegen ist.

Hohes Alter, genealogische Reinheit, Würde und referentielle Zuverlässigkeit sind, neben den eingangs erwähnten strukturellen Qualitäten, die zentralen Güteeigenschaften, die dem Deutschen in sprachpatriotischer Aufwertung zugeschrieben werden und als Kennzeichen seiner *Sprachnatur* gelten. Zum Teil werden diese Güteeigenschaften der Sprache explizit zugeschrieben, zum Teil kommen sie in der Bildlichkeit zum Ausdruck, mit der das Deutsche beschrieben wird. Charakteristisch sind Anthropomorphisierungen, am häufigsten die Darstellung des Deutschen als Frau. Das Deutsche kann dann *Mutter*, *Tochter*, *Königin* bzw. *Kaiserin* oder *Jungfrau* sein: Als *Mutter* hat sie „Töchter gezeuget" (Niedersächsisch, *Oberländisch*, Dänisch etc.), im Verhältnis zum Hebräischen ist sie „erstgebohrne natürliche Tochter", ist „Keiserin aller itzt üblichen Sprachen der gantzen Welt" bzw. die „teutsch[e] Königin", als Jungfrau ist sie „züchtig", „rein", „unbefleckt", wird sie „schamroth", sogar „sprachlos" angesichts der unpatriotischen Gier nach Fremdem (– *Fremdgier* bzw. *Fremdgierigkeit* sind in der Zeit weit verbreitete Analogbildungen zu *Neugier*). Ihrem „Wesen" nach ist die deutsche Sprache das Gegenteil der „Vettel", der „Almanshur", aber genau dazu droht sie zu werden, wenn man ihr nicht nur „die Zähn heraus[bricht]", sondern mit ihr „blutschande" treibt, indem man sie mit anderen Sprachen vermischt (Hille 1647, 13, 85; Schill 1644, 139; Zesen 1651, 241; Habichthorst 1678; Kramer 1700, e^v; Schottelius 1663, 110, 1013).

Das Ziel jeder Spracharbeit ergibt sich bei dieser Konzeptbildung ganz selbstverständlich: Das Deutsche soll in einer Weise normiert werden, die seiner *Sprachnatur* entspricht, und in diesem idealen „unverruckten Sprach-Zustand" (Schottelius 1673, 7) fixiert werden. Wie ein Metall, das durch „Kunstmässige Feuer-Arbeit" (Harsdörffer 1648-53, III/9) von Schlacken befreit und nutzbar gemacht wird, hat man sich diese Sprache und ihre Reinigung vorzustellen. Alles, was sich durch den Sprachgebrauch in Jahrhunderten an Entwicklungen ergeben hat, wird als störende Überlagerung eines der Zeitlichkeit enthobenen Kerns gewertet, als *Dreck*, *Staub*, *Schimmel* und *Unflat* (Schottelius). Nach der Beseitigung der Schlacken wäre die Sprache gewissermaßen zu sich selbst befreit und würde fortan, bei entsprechender „Pflege und Erhaltung", in sich ruhen.

Auf solche ahistorischen Vergegenständlichungen von Sprache sind sprachpatriotische und -nationalistische Argumentationen ab einer gewissen Zuspitzung geradezu angewiesen. Wo eine Sprache Ausdruck politischer und kultureller Identität sein soll – dies gilt keineswegs nur für das 17. Jahrhundert –, werden die ihr zugesprochenen Qualitäten nicht dadurch relativiert, daß diese Sprache als Niederschlag sich wandelnder Interessen von Sprechergruppen betrachtet und damit der Zeitlichkeit preisgegeben wird. Was als verbindlicher Orientierungspunkt dienen soll, kann nicht, so die Logik dieser Überlegungen, dem gesellschaftlichen Diskurs eingegliedert werden. Gerade der Sprachnationalismus bedarf aufgrund des ihm eigenen Pathos und der Irrationalität seiner Argumentationen der Sprache als einer monolithischen Größe.

2. Die Identifizierung eines *Sprachcharakters* (einer *Sprachnatur*, eines *Sprachwesens* etc.) mit einem *Volks-* oder *Nationalcharakter*: Mit dem Lob der Sprache geht das Lob der Sprechergemeinschaft als kultureller, politischer und zumindest ansatzweise auch ethnischer bzw. anthropologischer Größe einher. Die Tugenden, die in den Texten erwähnt werden, variieren über Sprach- und Kulturgrenzen und über Jahrhunderte hinweg nur geringfügig. So begegnet das im Text Otfrids von Weissenburg vorgetragene Lob des Landes, seiner Natur und seiner Bodenschätze (I/1/65-72) in ähnlicher Form in Gottfried Wilhelm Leibniz' »Ermahnung an die Teutsche, ihren Verstand und Sprache beßer zu üben« von 1679. Erwähnt werden immer wieder *Mut, Kraft, Ehrlichkeit, Natürlichkeit, Schlichtheit* und ähnliche Eigenschaften. Daß sich durch die Tugendkataloge ein Ton der *Festigkeit, Aufrichtigkeit* und *Stärke* zieht, ist kein Zufall. Das Lob der Deutschen steht in der Tradition des Germanenlobs, das unter Berufung auf die von den Humanisten wiederentdeckte »Germania« des Tacitus in den Texten der Frühen Neuzeit allgegenwärtig ist. Martin Opitz bezieht sich in seiner Abitursrede von 1617 (»Aristarchus, sive de contemptu linguae Teutonicae«) explizit auf die Germanen, wenn er den „Ernst der Lebens- und Handlungsweise" der „Vorfahren" lobt, die in einer Sprache „voll Kraft und eigentümlicher Hoheit" ihre „erhabenen Gesinnungen frei und ohne Umschweif" ausdrückten (im lat. Original S. 57, dt. Text S. 105f.). Diesem Volk ist kein anderes „in Streitbarkeit und Treue" (Weidling 1698, 1335) vergleichbar, dank seiner „so heroische[n] thaten" (Meyfart 1634, Vorrede) blieb es stets „von frembder Macht unbezwungen" (Klaj 1645, 19). Dem Vorwurf der mangelnden Kultiviertheit und Urbanität der Deutschen, wie er vor allem von Franzosen und Italienern immer wieder erhoben wird, begegnet man dadurch, daß man das ungeschliffen Wilde zur Tugend erklärt.

Von den germanischen Vorfahren wird der Bogen zur Gegenwart geschlagen. Die Deutschen des 17. Jahrhunderts tragen, so immerhin Leibniz, den „inneren Kern des alten ehrlichen Deutschen" (Leibniz 1697, Par. 28) in sich, ein jeder von ihnen ist „ein Deutsches Bluth" (Reinhold 1673, 19), mit den anderen verbunden durch „daß Band des Geblüthes" (Ertzschrein, S. 239). Keinem anderen Volk steht das Deutsche „an Adel / Kunst / Ehre / vnd der Natur Gaben etwas nach" (Schill 1644, 164), es hat „die besten praktischen Ärzte Europas, die besten Chemiker, die besten Mechaniker" hervorgebracht (Leibniz in: Deutsche Schriften, hrsg. Schmied-Kowarzik, I/85), ist „an Ruhm der Treu und Tapferkeit / an Anzahl derer großmächtigsten / tapfersten und tugendreichsten Helden / an vollester Menge der gelahrtesten Leute / an reichem Zuwachse tausenterley Künsten" (Schottelius 1663, praefatio) unvergleichlich.

Natur und Geschichte des Volkes und der Sprache werden nun in Analogie zueinander gesetzt und übereinandergeblendet, den Deutschen entspricht ihre Sprache. Wie die Germanen ein starkes Volk von „wilder Barbarey" waren, so war auch das damalige ,Deutsch' von „rauher wilder Freyheit" (Schottelius 1663, 178), eine „rauhe und unbeschnittene" Sprache (Morhof 1700, 53), das

„edle" und „tapffere" Deutsch (Meyfart 1634, Vorrede). Erneut wird aus der Not eine Tugend gemacht: Wie der Vorwurf gegenüber dem Volk, es sei unkultiviert, nicht treffen darf, so wird auch der analoge Vorwurf gegenüber der Sprache – das Deutsche sei „Viehisch vnd Barbarisch" (Meyfart 1634, Vorrede) – in sein Gegenteil verkehrt.

Die *Sprachnatur* der Deutschen und der *Volkscharakter* entsprechen also einander, und wo sie dies nicht tun, ist der Sprachpfleger gefragt, um das Band zwischen der Sprache und ihren Sprechern neu zu knüpfen. Die „Söhne" des deutschen „Vaterland[es]" sollen „mit der Teutschen Tugendlöblichen Haubtsprache begattet / und gleichsam vormählet" werden, fordert Georg Philipp Harsdörffer (1644, 352f.); zukünftigen Generationen muß das Deutsche „vererbt / [...] und eingeleibet" werden, schreibt Schottelius (1673, 7). Nahezu symbiotisch ist dieses Verhältnis zwischen Sprache und Sprechern; seine Beschreibung ist die patriotisch übersteigerte Sicht dessen, was seit Jahrhunderten als Auffassung von der natürlichen, mit der Muttermilch aufgenommenen ersten Sprache begegnet.

Die Hypostasierung der Sprache geht so weit, daß sie sogar das erkenntnistheoretische Axiom von der Präexistenz der Dinge gegenüber der Sprache berührt. Da sich in der deutschen Sprache positive Eigenschaften sozusagen abgelagert haben (in den Wörtern des Deutschen „wohnet gleichsam Treu und Aufrichtigkeit"), kann die Sprache nun Denken und Handeln der Deutschen beeinflussen: Das Deutsche dient zur „Anleitung vieles Gutes", zur „Erwekkung munterer Gedanken"; durch den „ehrlichen Zuspruch und Einfalt" der deutschen Wörter werden die Deutschen „zur Ehrlichkeit / Aufrichtigkeit und wohlklingender Einigkeit aufgemuntert und immer erinnert" etc. (zu dieser Thematik s. Schottelius 1673, 6f. u. 1663, praefatio u. S. 13). Im Grunde handelt es sich hier um so etwas wie die patriotische Variante des sprachlichen Relativitätsprinzips: Die Muttersprache besitzt nicht nur Abbildqualitäten, d. h. sie referiert nicht nur auf eine ihr immer präexistente Wirklichkeit, sondern sie vermag das Denken und Handeln ‚ihrer' Sprecher zu prägen. Sprachphilosophischen Anspruch besitzen solche verqueren Argumentationen natürlich nicht, aber sie spiegeln eine durchaus typische Form patriotischer Aufwertung von Sprache.

3. Die z.T. aggressive Abwertung des sprachlich, kulturell und ethnisch/anthropologisch Fremden und die Behauptung der Gefährdung der eigenen sprachlichen, kulturellen und ethnisch/anthropologischen Identität durch das Fremde: Mit diesem Aspekt geht die patriotische Wertschätzung der eigenen Sprache und Kultur in den Sprachnationalismus über. Im Bereich des Politischen verläuft die Darstellung in den Texten des 17. Jahrhunderts vergleichsweise zurückhaltend. Häufig begegnen eher formelhafte Feststellungen, wonach die Deutschen verpflichtet seien, „über unseres Vaterlandes / und unserer Sprache Freyheit zu halten", d.h. zu wachen (Hille 1647, 78*). Sprachpflege

und Sicherung der Freiheit gehen Hand in Hand, wer das erste durch Orientierung am Fremden vernachlässigt, wird das zweite gefährden („Machst du die
Sprach zur Magd: So wirst du werden Knecht", Sigmund von Birken, in Neumark 1668, b6ʳ). Umgekehrt kann die politische Bedrohung auch die Sprache
in Mitleidenschaft ziehen. Aufs eindringlichste belegt das der Dreißigjährige
Krieg, da nicht nur die fremden Völker „unser geliebtes Vatterland Teutscher
Volcks-arth" mit dem „dreißig-iärigen Blutschwal" überzogen haben, sondern
auch die deutsche Sprache als Folge des Sittenverfalls, der mit der politischen
Destabilisierung einherging, „gestümmelt", „verfelscht" und „verunzieret"
wurde (Ertzschrein, 95). Die Freiheit von alamodischen Fremdwörtern ist zugleich die Freiheit vom „fremddrukkenden Sprachenjoch" (Hille 1647, 7).
    Pointierter ist die Darstellung der sittlich-moralischen Gefährdung. Wenn
Kaspar Stieler feststellt, daß „Weibisch geschmückte und [...] pralhafte Rede-
arten" nicht zur deutschen Sprache passen, da die Deutschen „reden / wie sie
es meinen" (1681, II/170), und Christian Gueintz behauptet, daß „Der Deüt-
schen hertz, wort und thaten die warheit [erfordern]" (Ertzschrein, 268), dann
reiht sich das in das pathetische Tugendlob der Deutschen ein und enthält
noch keine Abwertung des Fremden. Die parallel dazu verlaufende Diskussion
sprachlicher Phänomene setzt bei der Kritik an der *alamodischen* Fremdwörte-
rei ein, geht aber von da in den Bereich des Sittlich-Moralischen über (Schottelius 1663):

> Mehr als zuvil ist bekant / wie die Teutsche Sprache jhre eigene Wörter verlie-
> ren / deutlos und unbekant lassen / jhren herzlichen Reichtuhm verarmet sehen /
> und jhre eigene reinliche Gestalt verfrömdet und verschandflekket leiden muß /
> in dem nicht allein einem jeden nach Beliebung / durch gestatteten Misbrauch
> freygelassen wird allerley Wörter aus allerley Sprachen hinein zulappen / als ob
> keine zierliche Rede geschehen / noch einige Schrift abgefasset werden könte /
> Zier und Wolstand sey dañ von Frömden entlehnet und unsere so herrliche /
> prächtige / Majestätische Sprache zur armen hungerigen Bettlerin gemacht. Und
> müssen die verhandene reine / alte / klare /deutliche Teutsche Wörter den Teut-
> schen unangenehm / und nicht so reputirlich lauten und vorkommen / und wird
> durch solche beliebte Frömdsucht / auch das sonst den Teutschen ins gemein an-
> gebohrne ehr- und redlich seyn und gutes einheimisches Wesen / in hochfahren-
> den Wankelsinn und in eine schädliche ausländische Wunschgier verendert [...].

Das sprachlich Fremde wirkt nicht nur auf die deutsche Sprache, sondern auch
auf ihre Sprecher ein und gefährdet damit die sittlich-moralische Integrität der
Sprachgemeinschaft. Wenn nun davor gewarnt wird, daß „Teutsche und keusche
Hertzen mit Frantzösischen gaylen Worten berede[t]" werden (Schorer 1643, 12),
dann bezieht sich die Kritik nicht mehr nur auf einzelne Wörter einer fremden
Sprache, sondern geht fast unmerklich auf die fremde Kultur und ihre Träger
über. Werden deren Sitten importiert, dann besteht Gefahr, daß „die Teutsche
Trew / Glaub vnd Redlichkeit auß Teutschland [zieht]" (Schorer 1643, 11).

Der folgende Text illustriert diesen Sachverhalt. Er entstammt der »Lamentatio Germaniae Expirantis« von Schottelius, in der die Klage über die Zustände in Deutschland aus der Perspektive des Landes selbst, der *Nymphe Germania*, vorgetragen wird (1640, 24):

> Vnd wer so jhre Zier [d. h. die Zier der deutschen Sprache, A. G.]
> mit flickerey durchlappet
> Mit eckelvollem Maul nach frömbden Worten schnappet,
> Ist seines Namens feind, ein schlüngel vnd ein Geck,
> Nimbt, Mir zu schande, an für Gold nur lauter Dreck.
> [...]
> So pflegt der Odem euch nach frembder Art zustincken,
> Der gantzer Leib muß sich fein lencken, schmiegen, hincken,
> Der wolgesätzter Fusz mus schleiffen seinen schrit
> Wie der Ausländer euch mit Gauckeley für trit
> So offte der Frantzos aus flüchtig-leichten Sinnen
> Verändert seine Tracht, setzt aussen was war binnen,
> Ein enges macht er weit, ein grosses wieder klein,
> So wolt jhr Teutschen stracks ein Affe mit ihm sein.

Die Kritik richtet sich zwar gegen die Verwendung alamodischer Fremdwörter durch Deutsche, doch zugleich auch gegen die mit dem sprachlich Fremden assoziierte Kultur. Dabei umfaßt ‚Kultur' sowohl eine bestimmte Kommunikationskultur als auch Erscheinungen wie Kleidung, Formen nicht-verbalen Verhaltens etc. Zu letzterem zählt das im Text geschilderte Begrüßungsritual (*Der gantzer Leib ... Schritt*, gemeint ist der sog. *Kratzfuß*), bei dem weder Körper noch Sprache aufrecht bleiben. Zur Kommunikationskultur gehört z. B. der von Christoph Schorer kritisierte Brauch des Komplimentierens. Das Kompliment – der Terminus hat im 17. Jahrhundert einen größeren Bedeutungsumfang als heute und kann sich auch auf Teile von Dankschreiben, Bittschreiben, Gratulationen etc. beziehen – gilt dann als Inbegriff einer Form der Rede, in der sich die Sprache von der sie bedingenden Wirklichkeit gelöst hat. Die gesellschaftlichen Interessen des Sprechers bzw. Autors leiten die Komposition des Textes, nicht der Wunsch nach sachgemäßer Bezeichnung der Dinge: „Was erlogen ist / daß muß mit *Complimenten* gezieret werden. Vnd was mit *Complimenten* gezieret ist daß ist erlogen" (Schorer 1643, 6). Was zuvor galt – „Ja war ja / vnd Nein war nein" (ebd., 11) –, läßt sich in dieser Kommunikationskultur nicht mehr beibehalten. Diese Verkehrung der ‚eigentlich richtigen' Sicht der Verhältnisse in der sprachlichen Darstellung wird auch von Schottelius gebrandmarkt: Franzosen – bezeichnend ist der Singular „der Frantzos" – verändern nicht nur andauernd ihr Äußeres, sondern stellen die Dinge auch völlig anders da, als sie eigentlich sind. Die Furcht vor Lüge, Täuschung und Betrug durchzieht die Texte wie ein roter Faden: Die Franzosen sind *Gauckler*; wie ihre Zungen von einer „weichlichen Schlupfferigkeit" (Kramer, g3ʳ) sind,

so sind ihre Worte wie „ein Gifft [...] unter Liljen" (Langjahr 1697, A3ᵛ) etc.
Mit ihrer Sprache und ihrer Mode wickeln „die schlauen Frantzosen" „die
teutschen Affen" um den Finger (ebd.). All das geschieht schleichend; da „der
gäule Französichte krebs rüklings in die [deutsche] Sprache hinein krochen /
und ihr mark und saft so aus-sogen" (Zesen 1651, 205) hat, da der „Allmodo-
Mann" von vielen schon „im Busen" getragen wird (Schottelius 1640, 24),
kann die Sprach- und Sittenverderbnis nur schwer bekämpft werden.
    Die Folge ist die erwähnte Verkehrung der Verhältnisse. In Frankreich und
Italien kann man nicht mehr „das Gute vor dem Bösen / die Freundlichkeit vor
der Hurerey / den Ernst vor der Tyranney / die Häußlichkeit vor der Dieberey /
gute Wort vor der Betriegerey / Den Glauben vor der Heucheley / das Chri-
stenthumb vor dem Heydenthumb" unterscheiden (Moscherosch 1645, 754),
und in Deutschland ist es mittlerweile nicht anders. Den Lastern, so Kaspar
Stieler, würden „Nebelkappen" übergestreift, so daß der *Geitz* nun *Sparsam-
keit* heiße, der *Hochmut* entsprechend *Reputation* etc. (1681, II/401). Nahezu
identisch beklagt Rompler von Löwenhalt, „daß die sachen gantz andere namen bekommen: waß man vor disem für eine schand gehalten / ist nunmehr
eine ehr: waß ein übelstand gewäsen / steht jetzund am bästen" (1647, Vorred).
Die Folgen für die Sprache, ihre Sprecher und deren Kultur werden als dramatisch geschildert: „die Rede / und der Teutsche Geist [werden] entfremdet / die
rechte Art / verunartet" (Hille 1647, 3), durch die Sprachverderbnis wird
„Teutscher Geist und Teutsches Hertze [...] zerstükkt" (Neumark 1668, 23).
Genau das ist die zentrale Behauptung sprachnationalistischer Argumentation:
daß das Fremde durch seinen Einfluß auf das Denken und Fühlen der Menschen die als natürlich gesehene Richtigkeit politischer und gesellschaftlicher
Verhältnisse in ihr Gegenteil verkehrt und so die Identität der eigenen Sprach-
und Kulturgemeinschaft aufs äußerste gefährdet.

Die sprachnationalistischen Äußerungen in den Texten des 17. Jahrhunderts
sind nicht das kulturelle Pendant einer aggressiven, auf Expansion ausgerichteten Politik. Schon deshalb, und natürlich auch wegen seiner deutlich geringeren Ausmaße, unterscheidet sich der Sprachnationalismus des 17. Jahrhunderts
wesentlich von einer Variante, wie sie etwa ab der Mitte des 19. Jahrhunderts
in Deutschland entsteht und in der nationalsozialistischen ‚Sprachpflege' mit
ihrer Auffassung vom „heiligen erb- und blutgebundenen deutschen Sprach-
gut" ihren Höhepunkt erreicht. Aber wenn auch der historische Zusammenhang in beiden Fällen ein anderer ist, sind die Parallelen unübersehbar. Sprachpatriotische wie -nationalistische Darstellungen sind in jedem Fall auf die drei
eingangs erwähnten Argumentationsschritte angewiesen: die Hypostasierung
und damit Enthistorisierung von Sprache, die Identifizierung der dabei konstruierten *Sprachnatur* mit einem *Volkscharakter* und, im Falle des Sprachnationalismus, die Behauptung der Gefährdung der eigenen sprachlichen und
kulturellen Identität durch das sprachlich und kulturell Fremde.

Literatur

Sprachgesellschaften des 17. Jahrhunderts; Sprach- und Kulturpatriotismus: Otto 1972, Bircher/van Ingen 1978, Blume 1978, Reichmann 1978, Kühlmann 1982 u. 1982a, Huber 1984, van Ingen 1986, Garber 1990, Townson 1992, Dann 1993, Flood 1993, Ahlzweig 1994, Gardt, 1997 u. 1998, von Polenz 1994, Betz 1995, Jones 1995, Straßner 1995, Anderson 1996, Garber/Wismann 1996, Härle 1996, Knape [demn.], Roelcke [demn.]

3.3   Grammatikschreibung I: Justus Georg Schottelius: »Ausführliche Arbeit von der teutschen HaubtSprache« (1663)

Die 1663 erschienene »Ausführliche Arbeit von der teutschen HaubtSprache« ist fraglos die bedeutendste deutsche Grammatik des 17. Jahrhunderts. Da sie in jeder Hinsicht eine Summe der sprachbezogenen Interessen ihres Verfassers darstellt, dabei antike und neuzeitliche grammatikographischen Ansätze bündelt und in Teilen originell weiterführt, soll die Gliederung des ca. 1500 Seiten umfassenden Werks kurz skizziert werden.

Das erste Buch der »Ausführlichen Arbeit« enthält zehn „Lobreden von der teutschen HaubtSprache", in denen sich Schottelius zu sprachtheoretischen, grammatikographischen und sprachkritischen Themen äußert: Ursprung und Geschichte des Deutschen, wortbildungsmorphologische Spezifika, semantische Qualitäten der Lexik, poetische Eignung des Deutschen, Umgang mit Fremdwörtern, Verhältnis zwischen Hochsprache und Dialekten etc. Würde man einen einzelnen Text suchen, der möglichst viel von dem enthält, was charakteristisch für Sprachpflege und Sprachtheorie des 17. Jahrhunderts ist, dann wäre diese Sammlung von „Lobreden" vielleicht der geeignetste. Was Schottelius dort zu seinem Anliegen macht, beschäftigt die Mitglieder der Sprachgesellschaften insgesamt. In der wichtigsten fachlichen Diskussion innerhalb der Fruchtbringenden Gesellschaft, der Auseinandersetzung über die Frage der Normierung des Deutschen durch Orientierung am (meißnischen) Sprachgebrauch oder aber am sprachimmanenten Analogieprinzip, war Schottelius der bedeutendste Vertreter der Analogisten (s. Kap. 3.4). Auch die zeittypische Verknüpfung sprachlicher, gesellschaftlicher und politischer Zusammenhänge (das Deutsche als Ausdruck nationaler Identität; das Hochdeutsche in seiner sozialen Signalwirkung) nimmt bei Schottelius großen Raum ein; sie begegnet in den Lobreden ebenso wie in seiner Korrespondenz mit anderen Sprachgesellschaftern und in der sprachkritischen »Lamentatio Germaniae Expirantis. Der nunmehr hinsterbenden Nymphen Germaniae elendeste Todesklage« (1640). Schottelius' eigentümliche Auffassung von der Verankerung der deutschen Stammwörter „in der Natur" (s. Kap. 3.1) schließt an die mystische Natursprachen-Lehre an, und seine poetologischen Überlegungen, auch wenn sie nicht allzu originell sind, stehen in der noch jungen Tradition der Aufwertung des Deutschen zur konkurrenzfähigen Literatursprache. Schottelius fordert den Ausbau der Fachsprachen und die lexikographische Erfassung des Deutschen, macht selbst praktische Vorschläge zur wortbildungsmorphologischen Erweiterung des Fachwortschatzes und zur Gestaltung eines Stammwörterbuchs.

Auf die „Lobreden" folgt im zweiten Buch eine Darstellung der Wortbildungs- und Flexionsmorphologie und der Wortarten des Deutschen, daneben der Rechtschreibung. Auch im dritten Buch („Syntaxis") werden noch morphologische Fragen behandelt, vor allem aber Wortstellungs- und Kongruenzverhältnisse im Syntagma. Dabei verbleibt Schottelius weitestgehend unterhalb der Ebene der Satzglieder, liefert also im Grunde noch keine Syntax im modernen Sinne des Wortes. Diese ersten drei Bücher entsprechen mehr oder weniger den beiden ersten Auflagen von Schottelius »Deutscher Sprachkunst« von 1641 und 1651. Das vierte Buch, die Poetik („Reim- oder Verskunst"), war ebenfalls zuvor bereits erschienen (1645 und 1656). Den Abschluß bildet das fünfte Buch mit sieben Traktaten, unter anderem ein in Versen verfaßtes und von der deutschen Sprache selbst vorgetragenes Sprachlob des Deutschen (unter dem Titel »Der teutschen Sprache Einleitung« 1643 erstmals erschienen), eine Abhandlung zu den deutschen Eigennamen, eine Sammlung von deutschen Redewendungen und Sprichwörtern, eine Geschichte deutscher Autoren und ihrer Arbeiten (insbesondere Dichter und Sprachgelehrter), eine übersetzungstheoretische Abhandlung und eine Wörtersammlung zum geplanten Stammwörterbuch des Deutschen.

Der grammatikographisch wichtigste Teil in der »Ausführlichen Arbeit« ist die Darstellung der Wortbildung. Sie basiert auf der Definition der *Stammwörter*. Der folgende Auszug ist der vierten Lobrede entnommen (50f. u. 58):

1. Ein jedes standfestes Gebäu beruhet auf seinen unbeweglichen wolbepfälten Gründen: Also einer jeglichen Sprache Kunstgebäu bestehet gründlich in jhren uhrsprünglichen Stammwörteren; welche als stets saftvolle Wurtzelen den gantzen Sprachbaum durchfeuchten / dessen Spröslein / Ast- und Aderreiche Zweige in schönester Reinligkeit / steter Gewisheit und unergründender Mannigfaltigkeit / reumiglich und hoch ausbreiten lassen. Nach dem auch eine Sprache an solchen Stammwörteren kräftig und Wurtzelreich ist / kan sie auch schöne / herrliche und vielfältige Früchte geben; nicht anders wie ein Baum / nach dem saftigen Stande seiner ausgebreiteten Wurtzelen die Früchte reich oder kärglich wachsen lässet.

2. Der Stammwörter untadelhafte Vollkommenheit in einer jeden Sprache wird zweifels ohn diese seyn:

1. Daß sie in jhren eigenen Natürlichen / und nicht in frömden Letteren bestehen:

2. Daß sie wollauten / und ihr Ding eigentlich ausdrükken:

3. Daß ihre Anzahl völlig und gnugsam sey:
4. Daß sie von sich reichlich auswachsen und herleiten lassen / was nötig ist:
5. Daß sie allerley Bindungen / Doppelungen und artige Zusammenfügungen leiten.
[...]
23. Es ist demnach der Anfang und vollständige Grundlegung der Teutschen Letteren / der Stammwörter / der Ableitungs- und Doppelungsarten / nicht ohn Göttliche Mithülffe / aus sonderlicher Kunst und Erfahrenheit entstanden: Denn die innerliche Schiklichkeit und wundervolle Art kan nicht gnugsam begriffen / noch / wie es anfangs kommen / daß durch die Zusammenfügung etzlicher Zieferen ein solches Wort / und folgends das lebhafte Bild eines Dinges dadurch werde vorgestellt / ersonnen werden.

Die Bildlichkeit des ersten Absatzes ist bezeichnend: Sprache als Gebäude und als Baum. Die statische Metapher widerspricht nur scheinbar der organischen, denn beide implizieren einen ahistorischen Sprachbegriff. Zwar kann der Grammatiker als Baumeister auf die Struktur des Gebäudes Einfluß nehmen, doch muß das stets in Einklang mit der ihm vorgegebenen *Sprachnatur* des Deutschen geschehen. Daß Schottelius, wie viele seiner Zeitgenossen, die Sprache konsequent von den Wörtern aus beschreibt, von ihrer Lautung, ihrer Bildung, ihrer Flexion und ihrer Kombinierbarkeit im Satz, hängt mit dem zeichentheoretischen Topos von der Sprache als *speculum rerum*, als Spiegel der Dinge zusammen. Der Blick auf die einzelnen Dinge aber wird zunächst durch die einzelnen Wörter möglich. Wiederholt wurde an anderen Stellen darauf hingewiesen – auch der oben zuletzt zitierte Absatz deutet es an –, wie sehr in die Beschreibung der Relation zwischen Wort und Ding Mythologisierungen, Mystizismen und sprachpatriotische Überzeichnungen einfließen. In den Stammwörtern kristallisieren sich die dem Deutschen zugeschriebenen Eigenschaften: Sie sind sein „Fundament / die Ekk- und Grundsteine", sind „das erste und letzte im Sprachwesen" (1663, 1276) und garantieren die referentielle Adäquatheit des Deutschen ebenso wie seine kommunikative Effizienz. Im Grunde unterscheidet sich das Bild von den deutschen Stammwörtern als den *Wurzeln des Sprachbaums*, aus denen sich im Laufe der Sprachgeschichte mittels Derivation und Komposition der gesamte Wortschatz entwickelt hat, nur wenig von Jacob Grimms Konzept der *Urbegriffe*, auf die sich ausdrucks- und inhaltsseitig letztlich alle Wörter des Deutschen zurückführen lassen.

Die erste der fünf Forderungen an die Stammwörter – Schottelius formuliert zwar allgemein, orientiert sich aber faktisch am Deutschen – hebt auf ein eigenes Alphabet ab. Für das Deutsche sei das gewährleistet, weil es als *Hauptsprache* zeitlich mindestens auf derselben Stufe wie das Lateinische stehe. Viele im Deutschen gebräuchliche Wörter, die vermeintlich lateinischen Ursprungs seien, hätten die Römer „von den uhralten Celten" entlehnt, etwa das Wort *littera* selbst. Es sei identisch mit dem Hochdeutschen *Glied* und liege im Niederdeutschen noch als *Litt* oder *Lett* vor. Schottelius beschreibt die Verwandtschaftsverhältnisse durchaus korrekt und vermutet zu Recht, daß es eine sowohl dem Lateinischen wie auch dem Deutschen vorgelagerte Sprachform gegeben haben muß. Erst durch die Identifizierung dieser Sprachform mit dem Keltischen und dessen Identifizierung mit dem Deutschen wird die sachliche Darstellung von kulturpatriotischen Interessen überlagert.

Die beiden folgenden Forderungen sind im wesentlichen zeichenorientiert: Der *eigentliche* Ausdruck ist zum einen der nicht-figürliche, aber auch der den Referenzgegenstand in seinen objektiven Eigenschaften treffende Ausdruck. Hierzu gehört der gesamte Komplex der onomatopoetischen Motiviertheit der deutschen Wörter. *Völlig und genügsam* sind die Stammwörter dann, wenn das lexikalische Material ausreicht, um jeden Gegenstand und Sachverhalt der Realität zu bezeichnen. Daß dies nur durch Derivata und Komposita geschehen kann, ist Schottelius klar, so daß sich die beiden abschließenden Forderungen ganz selbstverständlich ergeben. Erneut zeigt sich hier die Auffassung von der Welt als Summe der Einzeldinge, die von den Wörtern quasi etikettierend beschrieben werden. Unverkennbar ist auch der kombinatorische Zug, wonach sich aus einer festen Zahl von Ausgangslexemen beliebig viele Wörter bilden lassen. Die Zahl der Stammwörter des Deutschen war dabei durchaus umstritten, sie variiert zwischen dreihundert und den knapp 5000, von denen Schottelius ausgeht.

Das Konzept eines festen Wortbestandes, der am Anfang einer Sprache steht, ist antiken Ursprungs. Als Onomatopoetika seien diese ersten Wörter geschaffen worden, und zwar von jenen, so Quintilian, die die Sprache einrichteten (»Institutio oratoria«, VIII/VI/31). Diese *primogenia verba* (Varro) werden meist als *primitiva* (als Grundelemente der Komposition) bzw. *simplicia* (als Grundelemenete der Derivation), im Überbegriff als *radices* bzw. *Wurzeln* (selten auch *thema*) bezeichnet. Ihr zentrales Kennzeichen ist, von Philipp Melanchthon (primitivum = „a nulla alia descendit") bis Christian Gueintz („Die Urspringliche sind die von keinem andern herkommen"), eben ihre Ursprünglichkeit.

Morphologisch handelt es sich bei den Stammwörtern in jedem Fall um lexikalische Morpheme, die idealiter frei und einsilbig sind. Schottelius beharrt im Prinzip auf dieser Einsilbigkeit, die Zweisilbigkeit von Wörtern wie *Vater, Mutter, Adler* erklärt er als spätere Entwicklung und verweist auf die einsilbigen niedersächsischen Formen „Vaer", „Moer" und „Arndt" (S. 61f.). An anderen Stellen wiederum schränkt er die Forderung nach Einsilbigkeit ein: Stammwörter seien „*fast* überall einlautend" (S. 144) bzw. „*meist* alle einsilbigen lautes" (S. 1272, Hervorhebungen A.G.). Für die Verben identifiziert Schottelius das Stammwort mit dem Infinitiv.

Das Stammwort besteht aus *Stammletteren* (auch: *wesentliche Stammbuchstaben*). Unter den *Stammletteren* befindet sich die *Kennletter*, d.h. der Stammvokal, der laut Schottelius in der gesamten Flexion unverändert bleibt (S. 563f.). Wieder an anderen Stellen erkennt er die offensichtliche Tatsache des Wechsels des Stammvokals an (z.B. S. 194). In der sprachlichen Realität

können also einzelne Stammwörter dem Ideal der Einsilbigkeit und Unverän-
derlichkeit – wodurch sie sich im Einklang mit dem mythologisch und ideologisch geprägten Bild von der *deutschen Sprachnatur* befinden würden –, nicht
gerecht werden. Da aber diese mehrsilbigen Wörter in anderer Hinsicht wiederum Stammwörter sind, bestimmt Schottelius das Stammwort faktisch als
Summe seiner möglichen kombinatorischen Varianten (dazu Gützlaff 1989).

An die Stammwörter – als Basis für Derivation (*Ableitung*) und Komposition (*Verdoppelung*) auch als *Grundwörter* bezeichnet – können *wesentliche
Letteren* (auch: *Hauptendungen, gewisse Endungen, litterae essentiales, Vorwörter*) und/oder *zufällige Letteren* (auch: *zufällige Endungen, litterae acciden-
tales*) herantreten, d. h. Wortbildungs- und/oder Flexionsmorpheme. Auffallend ist, daß zur Derivation nur Erweiterungen hinter dem lexikalischen
Stamm vorgesehen sind, Präfigierung (durch *Vorwörter*) gehört bei Schottelius
dementsprechend zur Kompositon (S. 318):

> Die Ableitung wird von der Verdoppelung hierin unterschieden / dieweil die
> Verdoppelung oder die verdoppelten Wörter aus zweyen / dreyen oder vieren an
> sich etwas bedeutenden Wörteren gemacht werden: Die Ableitung aber bestehet
> darin / wenn etzliche gewisse Endungen / die an sich selbst nichts bedeuten / dem
> Neñworte beygefüget werden / und zwar nur zu ende / da in den gedoppelten
> solches bald vorn / bald in der Mitte / und bald an zweyen / bald an dreyen ör-
> tern zugleich / bald zu ende / geschiehet.

Schottelius unterscheidet für das Deutsche 23 *Hauptendungen*. Die Suffixe
-ist, -lin, -chen, -le, -ken sind für ihn nicht deutsch, weil sie „nach frömder
Form" gebildet sind. *Fremd* ist also nicht nur das, was ein Fremdwort z. B. lateinischen Ursprungs kennzeichnet (wie *-ist* in *Componist, Processist*), sondern
alles, was nicht hochdeutsch ist, wie die regional divergierenden Diminutive
-lin, -chen, -le und *-ken*.

Im folgenden sei die Komposition näher betrachtet, mit Konzentration
auf die Substantive. Da Schottelius in der »Ausführlichen Arbeit« mindestens
drei unterschiedliche Darstellungen der Komposition bietet (S. 74ff., S. 100,
S. 398ff.), wird sich die Zusammenfassung auf die theoretisch fundierteste
Darstellung beziehen, diejenige in der sechsten Lobrede (S. 74ff.). Ausgangspunkt sind die Stammwörter, deren semantische Autonomie durch die Charakterisierung als „an sich etwas bedeutende Wörter" hervorgehoben wird.
Die Möglichkeiten ihrer Kombination werden in einem Grad an Differenziertheit beschreiben, wie er zuvor für das Deutsche nicht einmal annähernd erreicht worden war. Schottelius unterscheidet vier Arten der Bildung, wobei er
stets vom Determinativkompositum ausgeht:

1. Die Komposition aus zwei Stammwörtern: Das entstehende Wort läßt sich
unterteilen „in zwey Glieder oder Stükke: Das eine heisset Grund / das andere
Beyfügig". Der *Grund* trägt den „Hauptsinn / oder Hauptbedeutung", legt das

Genus fest und nimmt immer „die Hinterstelle des Wortes" ein, während durch das „Beygefügte" „das Grundwort gleichsam anders gefüget / und zu einer anderen Deutung gebracht werde / als es eigentlich an sich und allein haben kann", z. B. *Schandrede, Schmährede, Lobrede, Stichelrede, Streitrede.* Schottelius spielt die Kompositionsmöglichkeiten des Deutschen gegen die geringeren Möglichkeiten anderer Sprachen aus. Er betont zwar, daß das Kompositum semantisch mehr ist als die Summe seiner Teile (daß „die verdoppelten Stammwörter jhre eigentliche Kraft und Deutung verlieren / sich verbrüderen / um einen neuen Verstand jhres Tohns zubilden"), behandelt jedoch die lexikalischen Komponenten eher wie frei bewegliche Teile. Sein Stolz auf die Muttersprache führt ihn zu drei- und viergliedrigen Komposita (*Holzbirnbaum, Erbküchenmeisterambt*), dann zu angeblich fünf- und sechsgliedrigen: *Be-leibzücht-ig-ung, Un-wieder-ab-treib-lich-keit.* Er redet hier tatsächlich von der Kombination von *Wörtern* im Sinne von *Stammwörtern*, obgleich ihm aus seiner eigenen morphologischen Differenzierung klar sein muß, daß er zum Teil *Hauptendungen*, zum Teil *Vorwörter* kombiniert (an anderer Stelle, S. 400, analysiert er *Un-be-leib-zücht-ig-ung* korrekt).

Diese Darstellung der Wortbildung besitzt einen deutlich kombinatorischen Zug (zur Kombinatorik vgl. Kap. 3.5). Wortstämme und Affixe werden fast mechanisch, oft gegen den Gebrauch miteinander verbunden. Jedem Phänomen der vielfältigen Wirklichkeit kann damit ein je eigenes Sprachzeichen zugeordnet werden. So geht Schottelius von der Tatsache aus, daß ein Wort, das in einem Kompositum die Position des Determinatum oder des Determinans einnimmt, in einem anderen Kompositum die jeweils andere Position einnehmen kann (*vogelfrey – freywillig*). Von dort gelangt er zu Spiegelungen wie *Pachtjahr* und *Jahrpacht*, schließlich zur Möglichkeit von Ad-hoc gebildeten Reihen:

schön	+ böse	= ein Schönböser	(‚Heuchler')	
froh	+ böse	= ein Frohböser	(‚schadenfroher Mensch')	
fromm	+ böse	= ein Frommböser	(‚Heuchler') etc.	

Wenn aus dem Stammwortmaterial des Deutschen solche künstlichen Bildungen geschaffen werden, dann entstehen dabei „mit nichten [...] neue / unteutsche und unbekante Wörter". Vielmehr bedeutet es, „die Teutsche Sprache aus der Teutschen Sprache ferner zu erheben", also das Deutsche aus sich selbst heraus weiterzuentwickeln. Da die Ausgangselemente (die Stammwörter) und die Regeln zu ihrer Verknüpfung zum System des Deutschen gehören, sind auch die Resultate des Kombinierens deutsch. Der Gebrauch spielt dabei keine Rolle. Genau das ist der Grundgedanke der Kombinatorik, übertragen auf die Wortbildung einer Sprache.

Seine extremste Ausprägung erfährt der kombinatorische Zug der Wortbildung im *Fünffachen Denckring der Teutschen Sprache* von Georg Philipp Harsdörffer (Deliciae, 2/517):

Funffacher
Denckring der Teütschen
Sprache.
Künstgründig anweisend

I. die 48 Vorsylben .
II. die 60 Anfangsbuchstab und
Reimbuchstaben .
III. die 12 Mittelbuchstaben .
IV. die 120 Endbuchstaben .
V. die 24 Nachsylben .

Auf fünf Papierscheiben sind von innen nach außen aufgetragen: 48 „Vorsylben" (Präfixe, als Präfixe verwendete Präpositionen, Präfixoide), 60 „Anfangsbuchstab[en]" (Einzellaute und Lautkombinationen), 12 „Mittelbuchstaben", 120 „Endbuchstaben", 24 „Nachsylben" (Suffixe). Dreht man nun die Scheiben gegeneinander, kann man 97.209.600 ‚deutsche' Wörter hervorbringen (die Zahl stammt von Leibniz).

2. Die Kombination aus *Stammwort + Zeitnennwort*, also Nomen verbale (bzw. Nomen agentis): *Wahrsager, Taglöhner*. Wieder operiert Schottelius mit Regel und Ausnahme: Der Regel nach muß das Nomen verbale stets an zweiter Stelle stehen, doch sind Ausnahmen möglich, anstatt *Friedenstörer* heißt es *Störenfried*. So wie die systematische Sprachregelung gegen den Gebrauch möglich ist, kann also auch der Gebrauch über die Systematik dominieren.

3. Die Kombination aus *Vorwort + Stammwort* (Verb): *losschrauben, zuschmieren*. Unter die *Vorwörter* faßt Schottelius faktisch Präfixe (*be-, ver-* etc.), Präpositionen (*mit, gegen* etc.) und solche Adverbien, die häufig als Wortbil-

dungselemente verwendet werden (*wieder, vorher*; 613ff.). Seine eigene Einteilung allerdings differenziert in *Vorwörter* als *Stammwörter* (*ab, wieder* etc.) bzw. *gedoppelte Vorwörter* (*darunter, wiederher* etc.) und weiter in *absonderliche Vorwörter* (*mit, wieder*) bzw. *unabsonderliche Vorwörter* (*be-, un-* etc.). Wiederholt begegnen bei diesen Differenzierungen Unstimmigkeiten: Da *un* ganz offensichtlich nicht *gedoppelt* ist, muß Schottelius es in seiner dichotomischen Einteilung als *Stammwort* führen, was aber wiederum aufgrund der fehlenden lexikalischen Bedeutung unangebracht ist; Formen wie *wiederweg*, *wiederauf, wiederlos* sind nicht *gedoppelte Vorwörter*, sondern die Zusammenschreibungen zweier Komponenten einer größeren Einheit, wobei Schottelius einfach die zweite Komponente – *weg, auf, los* – vom zugehörigen Verb oder Substantiv getrennt und dem ersten *Vorwort* zugeschlagen hat (aus *wieder* + *weggehen* wird bei Schottelius *wiederweg* + *gehen*) etc.

4. Die Kombination aus *Stammwort* + *Hauptendung*: *weibisch, Jüngling*. Hier ist Schottelius' Darstellung ganz und gar unstimmig. Seine Beispielbelege müßten nach der Definition von Komposition und Derivation (s. Zitat oben) bei letzterer begegnen, nicht aber bei der Komposition. Zu ihr dürften nur Einheiten aus mehreren lexikalischen Morphemen + Derivationssuffix (= *Hauptendung*) zählen, wie *Gottseligkeit*. Nach der hier vorliegenden Beschreibung aber würde die Derivation zumindest in Teilen zur Subkategorie der Komposition.

Abschließend sei der Beginn der Darstellung der Komposition zitiert, wie Schottelius sie im zweiten Buch der »Ausführlichen Arbeit« liefert. Sie deckt sich nur zum Teil mit der Beschreibung in der 6. Lobrede (S. 398f.):

> Die Doppelung oder Verdoppelung (*Compositio*) ist ein rechtes Hauptheil und das allervornemste Kunststükk in der Teutschen Sprache / welche vornemlich jhr übertrefliches Vermögen durch die Kraft der Doppelung darzeiget: Es ist aber die Doppelung / und geschiehet also / daß zusammen gesetzet und gleichsam unzerteilt verbrüdert / und zu andeutung eines gantz neuen Verstandes vereiniget werden:
>
> I. Zwey Stammwörter als: Kampfrecht / Zinsgut / Gasthaus.
> II. Drey Stammwörter als: Landfriedbruch / [...] Erbpachtlehn.
> III. Vier Stammwörter / als: Erbmannstammgut / Grundhauptboswicht / Erblandmarschalk. [...]
> IV. Ein selbstendiges Stammwort mit einem Beystendigen [...] als: Wegfertig / Dienstlos / Tiefsinnig / Ruhmwürdig / Kunstreich / Milchweiß.
> V. Ein Beystendiges Stammwort mit einem anderen Beystendigen [...] als: Bössinnig / Kleinmütig / Dünnhaarig / großhertzig.
> VI. Ein oder mehr Stammwörter mit ein oder mehr Beystendigen [...] als: Ertzbössinnig / Sprachkunstkündig / Geldstrafwürdig / Sauflustgirig / Bergwerkreich.

VII. Ein Nennwort und ein Zeitneñwort [...] als: Klagführer / Nohthelffer / Raummacher / Sprachlehrer / Rahtgeber.

IIX. Ein oder zwey Wörter mit einer oder zwoen Hauptendungen der Abgeleiteten [...] als: Ehrbar / Mannschaft / Hofnung / Trübsal / Mannbarkeit / Thätlichkeit / willigkeit / etc.

IX. Ein / zwey / drey oder vier Vorwörter mit einem Nennworte oder Zeitworte [...] als: Abnehmen / vorabnehmen / wiedervorabnehmen / unwiedervorabgenommen. Lauffen / einlauffen / voreinlauffen. Geben / vergeben / begeben / unbegeben / etc.

X. Etzliche Vorwörter und Hauptendungen der abgeleiteten / ein oder mehr / durch einander mit einem Nennworte oder Zeitworte als: Un[-]wieder-leglich-keit. Un-be-leib-zücht-ig-ung. Un-ver-ant-wort-lich / etc.

Auf diesen Überblick folgt über 130 Seiten eine Aufzählung von Komposita des Deutschen, geordnet z.T. nach Grund-, z.T. nach Bestimmungswörtern, gelegentlich mit Angabe der Belegstelle (z.B. s.v. *Ordnung: Bergordnung, Wasserordnung, Policeiordnung, Forstordnung, Seeordnung, Schneiderordnung* etc.). Solche Auflistungen zeigen, daß die Gewichtung zwischen intensionaler und extensionaler Bestimmung grammatischer Kategorien bei Schottelius noch oft zugunsten letzterer ausfällt, das enzyklopädische Benennen der Einzelphänomene dominiert dann über den analytisch-strukturierenden Zugriff.

Trotz solcher Gewichtungen und der erwähnten Unstimmigkeiten besticht die Konsequenz, mit der Schottelius die Wortbildungsregularitäten des Deutschen in ihrer Komplexität beschreibt. Und obgleich sich die Systematik gelegentlich verselbständigt, kann er seine Darstellung in aller Regel aus dem Sprachgebrauch belegen. Vieles von dem, was er behandelt – in der vorliegenden Zusammenfassung noch unerwähnt blieben u.a. seine Äußerungen zur Schreibung von Komposita (S. 102), zum Fugenmorphem (S. 103), zur Problematik unikaler Morpheme (S. 328 u. 1275), zur Komparation von Adjektivkomposita (S. 252f.) –, findet sich nicht oder nur ansatzweise in den Arbeiten seiner Vorgänger. Weit weniger auch als diese Vorgänger übernimmt Schottelius unkritisch Kategorien der lateinischen Grammatikographie. Daß er andererseits neuzeitlichen Autoren vornehmlich niederländischer Provenienz verpflichtet ist, schmälert die Bedeutung seiner Grammatik für den deutschsprachigen Raum nicht.

Literatur

Schottelius' Grammatikographie, Lexikographie, Sprachtheorie: Jellinek 1913/1914, Barbarić 1981, Scaglione 1981, Bergmann 1982 u. 1984, Berns 1984, Schmidt-Wilpert 1984/1985, Takada 1985 u. 1998, Padley 1988, Gützlaff 1989, Kiedron 1991, Neuhaus 1991, Cherubim 1995, Schneider 1995

3.4   Grammatikschreibung II: Regel vs. Sprachgebrauch

Fruchtbringende Gesellschaft, Justus Georg Schottelius,
Christian Gueintz, Kaspar Stieler

Das Ziel der Sprachwissenschaft im Deutschland des 17. Jahrhunderts war im
Grunde unumstritten: Die Etablierung des Deutschen als einer leistungsfähigen Hochsprache, die dem Lateinischen und den modernen europäischen
Nachbarsprachen in seinen strukturellen und pragmatischen Möglichkeiten
zumindest ebenbürtig ist und von den führenden gesellschaftlichen Kreisen getragen wird. Damit war die Frage nach der Gestalt dieser Hochsprache aufge-
worfen. Die Diskussion darüber wurde mit besonderer Intensität in der
Fruchtbringenden Gesellschaft geführt. Zwei Parteien standen sich gegenüber:
Auf der einen Seite forderten Persönlichkeiten wie Justus Georg Schottelius
und Georg Philipp Harsdörffer eine Normierung des Deutschen, die sich nicht
am Sprachgebrauch einer bestimmten Region orientiert, sondern an Prinzipien
der Regelhaftigkeit, die in der Sprache selbst angelegt sind. Fürst Ludwig von
Anhalt-Köthen, der Gründer der Fruchtbringenden Gesellschaft, und der
Grammatiker Christian Gueintz verlangten stattdessen eben diese Orientierung an einem Sprachgebrauch – dem Meißnischen –, der nach ihrer Auffassung als vorbildlich gelten kann.

Diese Diskussion besitzt eine sprachtheoretische und eine dialektgeographische Komponente. In sprachtheoretischer Hinsicht lassen sich die beiden
Ansätze als alternative Prinzipien der Sprachnormierung beschreiben. Als solche haben sie eine Tradition, die bis in die Antike zurückreicht. Die erste Position nimmt als *analogistische* Auffassung den Systemcharakter einer betreffenden Einzelsprache zum Anlaß, aus den grammatischen Merkmalen dieser
Sprache strukturelle Prinzipien abzuleiten, die dann in Zweifelsfällen als Leitli-
nien für die Normierung dienen können. Gibt es z. B. unterschiedliche Formen
der Pluralkennzeichnung von Substantiven, dann könnten diejenigen Formen,
deren Kennzeichnungstyp seltener vertreten ist und die damit als Ausnahmen
von der Regel gelten, analog zu den häufigeren Formen normiert werden. In
diesen Fällen bricht die neue Regelung zwangsläufig mit dem etablierten
Sprachgebrauch. Analogistische Normierungen begegnen bis in die Gegenwart, am auffallendsten in Neuregelungen von Orthographien.

Die Gegenposition verbietet als *anomalistische* Auffassung eben diese Regelung gegen den Gebrauch und verlangt die Verwendung der bestehenden
Formen. Allerdings öffnet sie sich damit nicht der Vielfalt der historischen Ge-
brauchsvariation, da sie einen bestimmten Gebrauch als Leitvarietät ansetzt.
Was nicht diesem Gebrauch entspricht, gilt als falsch.

In der »Institutio oratoria« schreibt Quintilian, daß die Sprache in ihrer
konkreten Verwendung durch Systematik, Alter, Vorbildhaftigkeit und den
Gebrauch bestimmt werde („Sermo constat ratione, vetustate, auctoritate,
consuetudine", I/VI/1ff.). Die Systematik bestehe hauptsächlich aus der *ana-*

logia. Der zuverlässigste Sprachlehrer (*magister loquendi*) allerdings sei der Gebrauch. *Analogia* und *consuetudo* aber widersprechen einander, und dieser Widerspruch zwischen der Analogie- und der Gebrauchskonzeption der Sprachnormierung durchzieht auch die Diskussion im 17. Jahrhundert. Lösbar ist er nicht theoretisch, sondern nur von Fall zu Fall und durch Einbeziehung weiterer Entscheidungskriterien. Quintilian bietet das Alter von Sprachformen oder ihre Verwendung durch Autoritäten, insbesondere durch Schriftsteller an. Auch in der Neuzeit wird immer auf die vorbildliche Sprache der „besten Schriftsteller" oder auf den Vorbildcharakter einzelner Institutionen wie der Kanzleien verwiesen. Die Anomalisten innerhalb der Fruchtbringenden Gesellschaft allerdings nennen als entscheidendes Kriterium meist die Übereinstimmung einer Sprachform mit dem Gebrauch einer bestimmten Region, dem Meißnischen.

Eben in diesem regionalen Moment liegt die dialektgeographische Komponente der Normierungsdiskussion um das Neuhochdeutsche. Die Vertreter der anomalistischen Position mögen zwar ihr Normierungskonzept theoretisch begründen (dazu s.u.), doch treten sie mit der Forderung nach Orientierung am Gebrauch ganz automatisch für die Durchsetzung ihrer eigenen regionalen Varietät ein, da sie fast alle aus dem obersächsischen Sprachraum stammen. Umgekehrt ist weder für Schottelius noch für Harsdörffer das Obersächsische das vertraute Idiom: Wenn Schottelius als Niederdeutscher und Harsdörffer als Franke gegen eine Gebrauchsorientierung und für eine analogistische Sprachnormierung sprechen, dann setzen sie sich damit ganz konkret auch gegen den Primatsanspruch des Ostmitteldeutschen zur Wehr. Sprachtheoretische und lokalpatriotische Motivation gehen ineinander über.

Für die analogistische Position spricht nach zeitgenössischer Auffassung also die Tatsache, daß sie ganz automatisch den Dominanzanspruch des meißnischen Deutsch einschränken würde. Hinzu kommen zwei weitere Gründe: Erstens wäre in Zweifelsfällen der Sprachnormierung ein eindeutigeres und objektiveres Entscheidungskriterium an die Hand gegeben und zweitens würde jede Regelung auf analogistischer Basis zugleich der *inneren Sprachnatur* des Deutschen entsprechen.

Die Eindeutigkeit des analogistischen Normierungsverfahrens illustriert die Metaphorik von Johann Bellin, der die Analogie mit einem *Würfel*, den Gebrauch aber mit einer *Kugel* vergleicht (1657, Zuschrift). Eine Kugel entgleitet jedem, der etwas auf sie bauen will, sie zeigt ihm mal diese, mal jene schillernde Seite. Der Würfel aber ruht fest, bietet eine solide und eindeutige Grundlage. Zugleich bedeutet Sprachnormierung auf der Basis des Würfels, d.h. des Analogieprinzips, daß das Deutsche gemäß der ihm inhärenten Strukturprinzipien, gemäß seiner *Sprachnatur* normiert würde. Damit würde die Sprache ihre *Reinheit* nicht nur im strukturellen Bereich bewahren – wäre also nicht nur ihrem Sprachtyp entsprechend kodifiziert –, sondern sie wäre zugleich unmittelbarer Ausdruck all jener Qualitäten, die ihr in mythologisierender und patriotischer Überzeichnung zugeschrieben werden.

Der Gedanke, daß die deutsche Sprache von einer „durchgehenden Richtigkeit" sei (Harsdörffer 1648–53, I, 29), daß sie auf „vnbeweglichen wolbepfälten Gründen" (Girbert 1653, Vorrede) ruhe, eben *grundrichtig* sei, durchzieht die Texte der Zeit. Das Ziel jeder Sprachpflege ergibt sich bei diesem analogistischen Normierungskonzept ganz selbstverständlich: Das Deutsche soll in einer Weise normiert werden, die seinem *Sprachgrund*, seiner *Sprachnatur* entspricht, und in diesem Idealzustand fixiert werden. Dazu muß man die Sprache nur „nach ihrer eigenschaft" (Schottelius 1663, Zuschrift), „aus ihr selbst erheben" (Butschky 1648, 88), d. h. auf die ihr inhärenten Gesetzmäßigkeiten zurückführen und definitiv kodifizieren. Die Vorstellung, das Deutsche könne in einem „unverruckten Sprach-Zustand" (Schottelius 1673, 7) festgeschrieben und den folgenden Generationen „eingeleibt" werden, die statische wie die organische Begrifflichkeit – die Sprache als *festes Gebäude* oder als *Baum*, mit den Wörtern als *Früchten, Sprößlingen, Reisern, blutsverwandten Astwörtern*, in denen der Samen des Ursprungs fortlebt –, die Annahme eines der Zeitlichkeit enthobenen *Wesens* der Sprache, all dies macht eine an den Sprechern orientierte Begründung für die Sprachnormierung hinfällig. Wie man ein Metall durch „Kunstmässige Feuer-Arbeit" von Schlacken befreit und nutzbar macht (Harsdörffer 1648-53, III, 9), so wird auch die deutsche Sprache durch analogistische Normierung auf sich selbst zurückgeführt und für die Verwendung optimiert.

Die ahistorische Sicht der *Sprachnatur* des Deutschen erlaubt es auch, die Frage nach der Qualität der deutschsprachigen Textzeugnisse in einer Weise zu beantworten, die jede Kritik von der Sprache abwendet. Wenn Deutsch geschriebene Texte in ihrem sprachlichen Niveau nicht mit französischen oder lateinischen Texten vergleichbar sind, dann liegt das nicht an der deutschen Sprache ‚an sich', sondern an ihrer unzureichenden Verwendung. Schottelius macht das in der »Einleitung zur Teutschen Sprache« ganz deutlich (S. 1007):

> Ein Silbernes Geschirr / voll Weins / und überflossen /
> Ein Güldnes steh dabey / darin nur Bier gegossen /
> Sag / was das beste sey? Es wird durch Malvasier
> Kein Silber besser / als das Gold / darin nur Bier.

Das Deutsche ist wie ein goldener Becher, der nur mit Bier gefüllt ist, während andere Sprachen, etwa das Französische, wie silberne Becher voll edlem Wein sind. Die auf deutsch verfaßten Texte (*Bier*), so läßt sich das Bild übersetzen, mögen zwar weniger elegant als die anderer Sprachen sein (*Malvasier/Wein*), aber die *Sprachnatur* des Deutschen (*goldenes Geschirr*) ist in jedem Fall den anderen *Sprachnaturen* (*silbernes Geschirr*) überlegen. Diese *Sprachnatur* des Deutschen ist also der Zeitlichkeit enthoben, sie liegt schon immer, im Grunde schon seit der germanischen Vorzeit, in ihrer ganz bestimmten Form vor. Wenn etwa die in ihrer heutigen Form ‚richtige' Zeile „GOtt erfreu die Seele sein" zu Otfrids Zeit „Gott frua Seela sina" gelautet habe, dann seien dafür zur damaligen Zeit „Unart und Unacht der Mund-Arten" verantwortlich gewesen (Schottelius 1673). Das Althochdeutsche unterscheidet sich also nicht deshalb vom Neuhochdeutschen, weil es nun einmal eine andere historische Variatät ist, sondern weil in ihm die *Sprachnatur* des Deutschen nicht so unmittelbar zum Ausdruck gelangen konnte.

„Stoff ist vollauf / bring nur den Former zu den Sachen" fordert der bedeutendste Grammatiker der Zeit für das Deutsche (Schottelius 1663, 1011), und an anderer Stelle läßt er die Sprache selbst sprechen: „Ich bin aus Mir noch nicht erschöpffet und erleeret / Lang und bey weiten nicht" (ebd., 1013). Auf einer Art Tiefenebene existiert die ideale deutsche Sprache bereits, sie bietet ihren Gestaltern, den Sprachpflegern und Dichtern, jede Möglichkeit der Kultivierung. Voraussetzung ist allerdings ihre Kodifizierung gemäß der ihr inhärenten Strukturprinzipien, also ihre analogistische Normierung.

Nähme man die Analogisten des 17. Jahrhunderts in ihren pointierten Argumentationen beim Wort, dann würde ein falsches Bild von der Sprachwirklichkeit der Zeit entstehen. Schottelius etwa verfährt bei seinen konkreten grammatischen Vorschlägen keineswegs nach einem Analogieprinzip, das gegen jeden Gebrauch verstößt. Ihm ist nie das Schicksal eines Philipp von Zesen widerfahren, der seine sprachpatriotischen Überzeugungen so sehr in seine konkrete Sprachpflege einfließen ließ, daß man ihn schon zu Lebzeiten wegen seines rigiden Fremdwortpurismus verspottet hat. Zwar ergibt sich das Analogieprinzip sprachtheoretisch für Schottelius ganz selbstverständlich aus seinen mythologisierenden und sprachpatriotischen Vorstellungen von der *Natur* des Deutschen, doch erscheint es ihm in der sprachpflegerischen Praxis vor allem als das effektivste Mittel, Regionalismen und Elemente als niederschichtig empfundener Varietäten aus dem Standard auszuklammern.

Aber auch wenn die sprachpraktischen Konsequenzen analogistischer Argumentation nicht so dramatisch sind, wie die Theorie es nahelegt, kommen in der Diskussion zwischen Analogisten und Anomalisten zentrale Grundpositionen in der Frage zum Ausdruck, was Sprache zuallererst ausmacht: ein mehr oder weniger homogenes System oder ihr Gebrauch durch die Sprecher. Daß dabei Anomalisten nicht die Existenz eines wie auch immer gearteten Systems und Analogisten nicht die Bedeutung des Gebrauchs leugnen, ist selbstverständlich. Wichtig ist vielmehr der grundsätzlich unterschiedliche Blickwinkel, von dem aus Sprache beurteilt wird. Der folgende Text von Christian Gueintz vertritt die Gebrauchsargumentation in charakteristischer Weise (Ertzschrein, 253; der erwähnte „Guttachter" ist Schottelius, der auf Bitte von Fürst Ludwig Gueintz' Grammatik begutachtet hat):

Es ist nun von Anfang der Welt biß anhero mitt gewißen gründen erhärtet, daß die Sprachen, zumahl die, so von den Müttern vnndt durch tägliche vbung gefaßet worden, auß den Büchern anfangs nicht erlernet; sondern daß die gewohnheit sie gelehret, getrieben, erhalten. Vnndt ist vnnötig diß zu widerholen, waß vernünfftige Leute, ehe wir alle gewesen, erwiesen. Gewiß wer anderer meinung ist, der muß nicht viel sprachen können, viel weniger sie gelehret, noch weniger sie recht auß dem grunde verstehen. Wer weiß nicht die sonderlichen Arten außer den Regeln in der Hebräischen, Griechischen, vndt Lateinischen, so doch meist in gewiße Regeln gefasset sind? Alles nach einer Regell machen, ist alles eines haben wollen, das doch auch in der Seel des Menschen nicht ist; Alles so wollen, wie man es sich einbildet, ist eine Einbildung; Sprachen können wir auch nicht machen, sie sindt schon; Aber wie man andere so sie nicht können, lehren wolle, darümb sind Regeln erdacht. Vnndt wenn es so seyn solte, wie man sich will einbilden, oder Neue Urtheiler (*Critici*) meinen, so müste [...] biß annoch kein rechter Brieff sein geschrieben, wenig recht gedrücket, keine rechte Rede oder Predigt gethan vnndt vorgetragen sein worden. Dann gewiß, daß kein mensch, so, wie dieser Guttachter will, es gemachet; von dergleichen hatt *D. Luther* einesmahls geschrieben: Meine unvorgreifliche meinung ist, man laße Deutsch, deutsch bleiben, vnndt so wie man es biß dahero dafür gehalten, gutt sein; machte auch einen anfang. Will es vndt kann es iemandt verbessern, der ist zu loben; dem erfundenen ist leicht zu helffen. Doch were gutt, daß die angegebenen Regeln weren heraus gegeben worden, so köndte man sehen waß richtig oder nicht; der Gebrauch aber doch muß den anschlag geben, vnndt nicht die Regel dem gebrauch, wieder aller Spachen art, vorgezogen, weil die Regel aus dem Gebrauch.

Gueintz bezieht die sprach- und individualhistorische Dimension ein und belegt seine These vom Primat des Gebrauchs aus dem Spracherwerb: Aus der natürlichen, durch die Mutter ermöglichten Aneignung der Sprache ergibt sich ganz selbstverständlich die Gebrauchsorientierung für den Grammatiker. Dieses Bild von der eher intuitiv, nicht durch explizites Auswendiglernen der Regeln erworbenen Muttersprache – im Gegensatz zum rational-distanziert, regelgebunden erworbenen Lateinischen – begegnet in den Texten der Zeit häufig (vgl. etwa Kap. 1.1 u. 2.1). Gueintz nimmt den Natürlichkeits-Topos ebenso für sich in Anspruch wie Schottelius mit seinem Konzept der *Sprachnatur* dies tut, allerdings mit umgekehrten Vorzeichen: Während der eine davon ausgeht, daß nur die Fortschreibung der strukturinhärenten Regelhaftigkeit der *natürliche* Weg zur Hochsprache ist, sieht der andere die *Natürlichkeit* in der Orientierung am Gebrauch gegeben. Auch erscheint bei beiden Luther als Vorbild: Schottelius erklärt Luthers Deutsch als im Einklang mit der *Sprachnatur* des Deutschen stehend, Gueintz beruft sich auf Luthers pragmatische Sprachkonzeption.

Die folgenden Auszüge sind Kaspar Stielers »SekretariatKunst« (2. Aufl. 1681) entnommen. Stieler will eine Anleitung für den richtigen Umgang mit Sprache für einen Sekretär vor allem in fürstlichen Diensten liefern. Das ganz und gar praktisch ausgerichtete Buch dokumentiert, daß sich Stieler als Mitglied der Fruchtbringenden Gesellschaft zwar der Diskussion über Regel und Gebrauch bewußt ist, daß er aber zur Bewältigung des sprachlichen Alltags genau dasjenige aus den jeweiligen Lagern heranzieht, was ihm zur Bewältigung des sprachlichen Alltags nützlich erscheint. Die Zitate entstammen dem 2. Kapitel des zweiten Teils, in dem Anleitungen zur richtigen Schreibung gegeben werden (S. 170ff.; die Zeichen hinter deutschsprachigen Fachausdrücken, mit denen Stieler auf deren lateinische Entsprechungen in den Anmerkungen verweist, werden im Zitat ausgelassen; Hervorhebungen im Original):

Von der Rechtschreibung oder Schreibrichtigkeit [...]
Sey demnach zu diesem fast schlüpferigen Werk die Hand angelegt / worbey wir zum ersten Lehrsatz setzen: *Was durch alten wolhergebrachten Gebrauch / ein durchgehendes beyfälliges Recht erlanget / darvon ist / ohne ganz erhebliche Ursachen / nicht abzuweichen.* Also schreibt man recht: *Aal* / der Fisch / und *Ahl* / eines Schuhmachers Pfrieme. *Biene* / oder Imme / und *Bühne* / als Schaubühne [...].
    Ich sage aber / daß dieses *ein alter wolhergebrachter Gebrauch* / deme man *durchgehend Beyfall* giebt / seyn müsse. Sintemal ein algemeiner Irrtum vernünftige Ursachen nicht ümstossen mag / *viel weniger ist* / wie Quintilianus im 1. B. II. Kap. schreibet / *vor eine Sprachregel anzunehmen / was bey vielen als ein Fehler eingerissen* / sondern was Vernunftmäßig / und mit einhelliger Bewilligung der Gelehrten gebreuchlich worden / deme folgt man billig. Sonsten ist / nach des Herrn Harsdörfers Zeugniß / *die Gewohnheit zwar eine Beherrscherin der Wörter bey den Pöfel* / nicht aber bey verständigen Leuten / und ist alsdenn nicht *die Frage / was die Gewohnheit / sondern / was die Vernunft gut heisse.* Viel schreiben / *Crafft* / *Grav* / *Pohte* / *Uberpringer* / *Haupt*; für *Kraft* / *Graf* / *Bohte* / *Uberbringer* / *Haubt* / aus böser und sträflicher Gewohnheit / deme aber keines weges nachzuhängen.
    Der zweite allgemeine Lehrsatz ist: *Wie ein Wort lautet / also wird es billig geschrieben.* Quintilianus im 1. Buch 12. Kap. sagt: *Ich halte darfür / daß alles / wie es laute / wenn die Gewohnheit nicht ein anders mit sich bringet / geschrieben werden müsse.* [...] Also schreibe ich: *fallen / stellen / küssen / wissen / stillen / willen / zerren / sperren* / in der Mitte mit zweyen Buchstaben / denn der Klang lehret es mich so bald / daß ein Buchstab zu wenig wäre. Ein anders ist *fahlen* / als den fahlen Pferden / *stehlen / kiesen* / oder erwehlen / *Riesen / Stielen / Wühlen / Zehren / Spähren* oder Lanzen. [...]
    Der dritte allgemeine Lehrsatz könte seyn: *Was der teutschen Sprache und deren Eigenschaft zu wieder / dessen soll man sich auch im Schreiben enthalten.* Gar wohl führet Hr. Schottel von dem Buchstaben C an / daß man sich dessen in *den ursprünglich teutschen Wörtern gar nicht zugebrauchen habe / und / weil derselbe nach der Lateinischen Art / die wir uns doch keines weges zur Lehrmeisterin vorzusetzen Ursach haben / vor a / o / l / r als ein k / vor e / i / y / und ü aber / wie ein z ausgesprochen werde / so habe man auch dessen auf solchen Fall in den teutschen Wörtern gar nicht vonnöthen:* Worbey wir es auch bewenden lassen / und sehen nicht / warüm wir eben darüm *Kanzeley* mit zweyen *cc* zu schreiben Ursach nehmen wolten / weil es aus dem Lateinischen *cancelli* entsprungen [...].

Stieler setzt die Konzepte von Regel und Gebrauch so ein, wie es ihm sinnvoll erscheint: Der *alte wolhergebrachte Gebrauch* soll die Sprachverwendung leiten (s. erster Absatz) – dagegen aber im 2. Absatz: nicht die *Gewohnheit*, sondern die *Vernunft* soll die Sprachverwendung leiten. Entspricht die jeweils verwendete Form den Vorstellungen des Grammatikers, dann wird ihre Verwendung zum richtigen Gebrauch deklariert, wie im Beispiel von *Aal – Ahl* (deren unterschiedliche Schreibung Stieler natürlich nicht nur aus Gründen der *alten wohlhergebrachten* Schreibtradition akzeptiert, sondern weil sie ganz praktisch der Homonymentrennung dient). Entspricht eine gebräuchliche Form aber *nicht* den Vorstellungen des Grammatikers, etwa weil sie dialektale oder, wie die *Pöbelsprache*, soziolektale Merkmale aufweist, dann gilt ihre Verwendung als fehlerhafter Gebrauch. Tatsächlich werden die Grammatiker in ihren Entscheidungen von der Unzufriedenheit angesichts des frühneuhochdeutschen Variantenreichtums geleitet, der dem Ziel der einheitlichen Hochsprache entgegensteht. Das Argument der Regel- bzw. Gebrauchsbefolgung wird dann ganz pragmatisch zur Erreichung dieses Ziels eingesetzt, ein Sachverhalt, der besonders deutlich im Umgang mit sprachlichen Fremdelementen, insbesondere mit Fremdwörtern zutage tritt. Die (vermeintliche) *Reinheit* des Deutschen ist der zentrale Topos barocker Sprachpflege, und die Forderung nach Ausklammerung fremdsprachlicher Elemente begegnet in fast allen Texten. So fordert auch Stieler unter Berufung auf Schottelius, man solle *Kanzeley*, nicht aber *Canceley* schreiben, weil das *c* kein ursprünglich deutscher Buchstabe sei. Andererseits sind weder Stieler noch Schottelius oder sonst ein Grammatiker des 17. Jahrhunderts bereit, Philipp von Zesens Vorschlag zu folgen und *Zizero* statt *Cicero* oder *Kwintilian* statt *Quintilian* zu schreiben (Zesen 1651, 146; Schottelius schreibt ganz selbstverständlich *Sacrament* und *Componist*). So werden auch Fremdwörter unter bestimmten Bedingungen sehr wohl akzeptiert, vor allem dann, wenn sie sich im Gebrauch bereits durchgesetzt haben (wenn sie *deutsches Bürgerrecht* erlangt haben, dazu z. B. Schottelius 1663, 1248).

Stielers Lehrsätze verdeutlichen auch die gesellschaftliche Dimension der Alternative von Regel und Gebrauch. Der akzeptierte Gebrauch kann nie der Sprachgebrauch des *Pöbels* sein, ganz gleich, ob er *alt* und *wohlhergebracht* ist oder sich mit einer analogistisch erschlossenen Regel deckt. Zunehmend bezeichnet *Hochdeutsch* nicht den Gegensatz zum *Niederdeutschen*, also das den geographisch höher gelegenen Regionen entstammende Deutsch, sondern diejenige Varietät, deren Beherrschung ihren Sprecher auch gesellschaftlich auszeichnet. Die Aufwertung des Deutschen gegenüber dem Lateinischen hat so zwei Seiten: Die verbindlich kodifizierte Muttersprache kann nun herangezogen werden, um über fachliche, religiöse und ästhetische Gegenstände sprachlich zu handeln, deren sprachliche Erfassung bislang dem Lateinischen vorbehalten war. Damit wird der Blick auf diese Gegenstände erstmals für breitere Kreise der Bevölkerung frei, weil die Sprache keine Barriere mehr vor ihnen bildet (– es gilt eben nicht mehr, „daß man nur in Latein / Griechisch oder Hebräisch weiß [= weise], in Teutsch aber närrisch seyn solte", Hille 1647, 136). In gewisser Weise bewirkt diese Verwendung des Deutschen eine deutliche Erleichterung des Zugriffs auf gesellschaftlich zentrale Wissensbereiche. Einer solchen ‚Demokratisierung‘ steht wiederum die gesellschaftliche Bewertung des Hochdeutschen gegenüber. Tatsächlich garantiert nicht die bloße Tatsache, daß jemand deutscher Muttersprachler ist, seine Teilhabe am gesellschaftlichen Diskurs über die erwähnten Gegenstände. Wer das will, muß die deutsche Sprache in genau der Weise beherrschen, die von den Sprachpflegern als korrekt akzeptiert wird, keinesfalls reicht es, wenn einer beim Schreiben nur darauf achtet, „daß man ihn verstehet" (Harsdörffer, 1656, I, 167). Damit wird, wie an anderer Stelle bereits erwähnt (Kap. 3.2), das Deutsche erstmals zu einem Mittel der sozialen Kennzeichnung und damit auch der möglichen sozialen Ausgrenzung. Zugleich definiert die Gruppe der bürgerlichen Sprachpfleger damit ihren gesellschaftlichen Status: einerseits in Abgrenzung gegenüber dem Adel, der als Gruppe in der konkreten Sprachpflege so gut wie nicht vertreten ist und dessen eigene Sprachverwendung auch keineswegs automatisch als vorbildlich gilt (vgl. die Kritik an *alamodischer* Hofsprache), andererseits gegenüber dem *gemeinen Pöbel.*

Literatur

Normierungsdiskussion um das Deutsche: Jellinek 1913/1914, Henne 1966, Josten 1976, Barbarić 1981, Scaglione 1981, Bergmann 1982 u. 1984, Schmidt-Wilpert 1984/1985, Takada 1985 u. 1998, Padley 1988, Prowatke 1988, Donhauser 1989, Erben 1989, Tauchmann 1992, Reichmann 1993, von Polenz 1994

3.5   Die Universalsprache als Menschheitstraum: Leibniz, Comenius, Becher

Im 17. Jahrhundert werden erstmals umfassende Entwürfe für Universalsprachen vorgelegt. Während die Dichter, Rhetoriker und Grammatiker der Sprachgesellschaften die Etablierung des Deutschen als leistungsfähiger und sozial ausgewiesener Hochsprache diskutieren und die Sprachmystik auf die metaphysischen Qualitäten von Sprache abhebt, beschäftigt sich der Sprachuniversalismus mit der Konstruktion einer neuen, idealen Sprache (zu den sprachtheoretischen Grundlagen des Universalismus s. Kap. 1.2 u. 4.4). Seine Bemühungen stehen im Schnittpunkt zweier Konzepte, eines logisch-philosophischen und eines pädagogisch-religiösen.

1. Als künstlich geschaffene Sprache soll die *lingua universalis* auf dem Eindeutigkeitsideal basieren. Alles, was in natürlichen Sprachen den exakten Zugriff auf die Wirklichkeit mittels Sprache (vermeintlich) erschwert, wie Homonymie, Synonymie und Polysemie, könnte nun vermieden werden. Einem außersprachlichen Gegenstand wäre genau ein Sprachzeichen zugeordnet, und der Aufbau der Sprache würde insgesamt den Gesetzen der Vernunft folgen: Die strukturellen Unregelmäßigkeiten natürlicher Sprachen, wie sie durch de-

ren historische Genese und ihre Offenheit gegenüber den unterschiedlichen
Gebrauchsinteressen der Sprecher selbstverständlich sind, müßte es in der völlig frei konzipierten Universalsprache nicht geben.

Im Sprachuniversalismus ist das Eindeutigkeitspostulat nicht Ausdruck der
mythologisch-patriotischen Aufwertung des Deutschen, das aufgrund seiner
lautmalenden Motiviertheit ,in der Natur der Dinge' verankert ist, sondern
spiegelt das Exaktheitsideal und den Erkenntnisbegriff der sich zunehmend
etablierenden Naturwissenschaften und des rationalistischen Diskurses. An
Sprache als Ausdruck kultureller oder politischer Identität sind diese universalistischen Vorstellungen ebensowenig interessiert wie an der grammatischen
Normierung, dem lexikalischen Ausbau und der stilistischen Vervollkommnung
der Einzelsprache Deutsch. Der Sprachuniversalismus ist international, wichtige
Ansätze begegnen in der Romania ebenso wie in Deutschland und England.

2. Das pädagogisch-religiöse Moment in der Debatte um die Universalsprache liegt zum einen in deren Möglichkeiten zur Völkerverständigung über
die Grenzen der Einzelsprachen hinweg. Comenius beklagt in der »Via lucis«,
daß viele Streitigkeiten in der Welt nur aufgrund der Sprachenvielfalt zustande
kommen, und erhofft sich von einer einigen Sprache der Menschheit den entscheidenden Impuls zu einem Frieden im christlichen Sinne. Durchaus ähnlich
argumentiert Leibniz, wenn auch aus rationalistischer Perspektive: Da die von
ihm in Ansätzen konzipierte »Characteristica Universalis« auf mathematischen Prinzipien basieren würde, müßte man bei Meinungsverschiedenheiten
nur nachrechnen, um zur Wahrheit zu gelangen.

Eng damit verknüpft ist ein zweiter Vorzug der Universalsprache, jedenfalls
ihrer rationalistischen Variante: Eben weil sie den Gesetzen des mathematischlogischen Denkens folgt, kann die *lingua rationalis* ihre Benutzer zum vernünftigen Denken erziehen. Die Bauern, so Descartes, könnten mit Hilfe einer solchen Sprache angemessenere Urteile über die Wahrheit der Dinge abgeben, als
dazu heutzutage die Philosophen in der Lage seien (1629, 231). Die Erkenntnis, die ein Mensch mittels dieser Sprache erlangen kann, ist damit das Gegenteil derjenigen Art von Erkenntnis, die die Natursprache der Mystik vermittelt.
In der Natursprache des Paradieses ist transzendente Wahrheit unmittelbar
präsent, und im Zustand der Erleuchtung kann der Mensch diese Wahrheit
auch in den Einzelsprachen der Gegenwart erspüren (vgl. Kap. 3.6). Während
die Natursprache und ihre muttersprachlichen Nachfolger der Offenbarung
dienen, besitzt die Universalsprache für Descartes, Leibniz und andere eine kognitionspädagogische Aufgabe, nämlich die der Rationalisierung des Denkens
(vgl. Leibniz 1704, IV, VI, 2f. u. [Characteristica universalis], 187).

Für das Folgende seien zwei Arten von Universalsprachen unterschieden,
ein apriorischer von einem aposteriorischen Typ (Termini nach Couturat/Leau
1903). Im letzteren Fall basiert die Kunstsprache auf den Strukturen bereits
existierender Sprachen, wie auch beim modernen Esperanto. Apriorische Sprachen dagegen versuchen diese Anlehnung soweit wie möglich zu vermeiden.

Stattdessen basieren sie auf einer eigens durchgeführten Analyse und Klassifizierung der Phänomene der Wirklichkeit oder aber der Einheiten des Denkens. Den umfangreichsten Entwurf zu einer Universalsprache, die eine taxonomische Klassifizierung der empirischen Wirklichkeit voraussetzt, legt der englische Bischof John Wilkins in seinem »Essay towards a real character and a philosophical language« von 1668 vor. In gewaltigen Tabellen untergliedert Wilkins die geistige und physische Realität in 40 Grundkategorien und bestimmt mittels *genus proximum* und *differentia specifica* den genauen Ort eines jeden Phänomens innerhalb der Hierarchie einer jeweiligen Grundkategorie. Das Phänomen 'Elternteil' (*parent*) z. B. ist nach Wilkins durch diese Merkmale bestimmt (dabei immer spezifischer werdend):

ein *Besonderes* (im Gegensatz zum *Allgemeinen*) → ein *Teil der Schöpfung* → ein *Einzelding* → eine *Akzidenz* (im Gegensatz zur *Substanz*, unter die Pflanzen, Tiere etc. fallen) → ein Element einer *Beziehung* (im Gegensatz z. B. zum Element einer *Handlung*) → etwas *Privates* → ein Element des Bereichs *ökonomischer Verhältnisse* → eine *Beziehung der Blutsverwandtschaft* → im Verhältnis stehend: *in direkter Linie aufsteigend.*

Der Ort in der Hierarchie, an dem das Phänomen 'Elternteil' zu finden ist, wird nun mit einem eigens konstruierten Sprachzeichen exakt bezeichnet; die einzelnen Elemente des Sprachzeichens verweisen zunächst auf eine der von Wilkins unterschiedenen Hierarchieebenen und dann innerhalb dieser Ebene auf die betreffende Kategorie bzw. Subkategorie.

Die sachlichen Mängel des Ansatzes sind ebenso offensichtlich wie seine geringe Praktikabilität: Die Zuordnung der einzelnen Phänomene zu den jeweiligen Hierachieebenen ist grundsätzlich subjektiv und keineswegs in so etwas wie der objektiven Natur der Dinge begründet, eine Tatsache, die bei der Kategorisierung von Phänomenen der geistigen Wirklichkeit um so deutlicher wird. Sehr bald zeigt sich außerdem der geringe Umfang, also die extensionale Begrenztheit von Wilkins' Tabellen. Schon die Differenzierung in 'Vater' und 'Mutter' leistet die Hierarchie nicht, geschweige denn die Erfassung von Phänomenen wie 'Stiefvater', 'Stiefmutter' etc. Der Glaube an die Möglichkeit des einzelnen und der Sprache aber ist beachtlich und charakteristisch für den Sprachuniversalismus: Die Dinge liegen in ganz bestimmten Ordnungen vor, die von allen Individuen aufgrund der Identität der Erkenntnisprinzipien („Principle of Reason") in gleicher Weise erfaßt werden. Die mentalen Abbilder der Dinge sind also universell. Vom Gegenstand der Realität über dessen objektive intellektuelle Erfassung durch den Menschen zu dem Sprachzeichen, das wiederum dieses mentale Abbild eindeutig bezeichnet, führt der Weg von den Dingen zur Sprache und zurück: „Wenn also die Menschen sich auf die gleiche *Ausdrucksweise* [„way or manner of *Expression*"] einigen würden, wie sie ja auch in ihren *Vorstellungen* [„*Notion*"] übereinstimmen, wären wir von jenem Fluch der Sprachverwirrung befreit, mit all seinen unseligen Folgen" (1668, 20).

Der taxonomischen Analyse der empirischen Wirklichkeit steht die Analyse aller denkbaren Gedanken gegenüber. Auf den darauf aufbauenden Typ der apriorischen Universalsprache zielen die Vorschläge von Descartes und Leibniz. Wie Wilkins die Dinge klassifizieren will, so wollen Descartes und Leibniz alle einfachen Vorstellungen (Descartes: «idées simples», Leibniz: „termini primi"), aus denen sich komplexe Vorstellungen zusammensetzen, bestimmen. Descartes beschreibt als Ziel eine „Ordnung für alle Vorstellungen, die dem menschlichen Geist kommen können" (1629, 230f.). Diesen mentalen Grundeinheiten sollen nun Zeichen in einer Weise zugewiesen werden, daß Vorstellung und Zeichen im Verhältnis der Eineindeutigkeit stehen, d.h. einem Zeichen ist genau eine Vorstellung zugeordnet und umgekehrt. Aufgrund der Objektivität und Universalität der Vorstellungen werden damit zugleich alle Gegenstände der Wirklichkeit („omnes res totius mundi", Leibniz 1679, 50) exakt bezeichnet.

Die mentalen Simplizia lassen sich nun zu komplexen Vorstellungen kombinieren, die dementsprechend komplexe Gegenstände der Wirklichkeit abbilden. Den komplexen Vorstellungen entsprechen komplexe Zeichen, die sich aufgrund der strengen Strukturgleichheit, die zwischen Zeichen und Vorstellung besteht, bei Bedarf in genau diejenigen einfachen Bestandteile zerlegen lassen, die wiederum die einfachen Vorstellungen und damit die einfachen Gegenstände bezeichnen. Wenn Zeichen und Kombinationsregeln präzise definiert sind, kann jede Aussage in eine mathematische Gleichung überführt werden (Leibniz: Calculi universalis Elementa, 61). Dies ist eines der von Leibniz angeführten Beispiele (Elementa Calculi, 50 u. 53f.; Elementa Characteristicae universalis, 42f.; Calculi universalis Elementa, 57ff.): 'animal' und 'rationalis' seien einfache Vorstellungen, die durch die einfachen Zeichen 2 bzw. 3 repräsentiert sein sollen. Kombiniert man nun 'animal' und 'rationalis', so erhält man die komplexe Vorstellung 'homo', der wiederum das komplexe Zeichen 6 entspricht. Dabei ist entscheidend: Die Kombination der Vorstellungen 'animal' und 'rationalis' führt in der präzisen philosophischen Sprache immer zu 'homo' (und zu nichts Zusätzlichem), wie auch die Kombination der Zeichenkonstituenten 2 und 3 als Multiplikand bzw. Multiplikator immer zu 6 führt (und zu nichts Zusätzlichem). Umgekehrt läßt sich 'homo' nur in 'animal' und 'rationalis' analysieren wie 6 nur in 2 und 3, jedenfalls bei Multiplikation mit ganzen Zahlen. Die Abfolge der Kombination spielt dabei keine Rolle, 2×3 ergibt ebenso 6 wie 3×2; 'animal' + 'rationalis' ergibt ebenso 'homo' wie 'rationalis' + 'animal'.

Der Gedanke ist ebenso reizvoll wie naiv: Wäre einmal festgelegt, was als einfache Vorstellung zu gelten hat, wären diesen einfachen Vorstellungen außerdem einfache Zeichen zugewiesen und wären schließlich die Regeln für die Kombination der Zeichen bestimmt, dann könnte man in der Tat die Wahrheit von Aussagen durch Rechnen überprüfen. Mehr noch: Man könnte das ganze Verfahren als Ars inveniendi einsetzen, als eine Technik zur Entdeckung neuer Wahrheiten, indem man zunächst rechnet und dann das Errechnete in Sprache rückübersetzt. Auf die theoretische Problematik dieser Überlegungen –

von der Unmöglichkeit ihrer praktischen Umsetzung ganz zu schweigen – soll
hier nicht eingegangen werden (dazu Arndt 1971, 112f. und Heinekamp 1972).
Was an ihnen in jedem Fall deutlich wird, sind Grundzüge der rationalistischen
Sprachkonzeption und ihr ungeheurer erkenntnistheoretischer Optimismus.
Eine ideale Sprache ist eine von allem, was die Eindeutigkeit der Zeichenrela-
tionen stören könnte, befreite Sprache. Die ideale Kommunikation in dieser
Sprache ist der Austausch zwischen vernünftigen Individuen, unbeeinflußt von
Affekten, da die Sprache sie nicht zuläßt. Optimistisch ist der Gedanke insofern,
als Leibniz tatsächlich davon überzeugt zu sein scheint, daß mit einer solchen
Sprache alle maßgeblichen Wahrheiten erfaßbar wären. Sicher betont er bisweilen, daß eine logisch-philosophische Sprache die natürlichen Sprachen nicht
ersetzen könne, doch muß für ihn die Universalsprache mehr als nur ein intel-
lektuelles Spiel sein, wenn er sie sogar in der Mission für einsetzbar hält („Haec
lingua excellentissima pro missionariis", »Lingua generalis«, 1678, 279).
    Trotz des ausgesprochen neuzeitlich anmutenden Charakters von Leibniz'
Überlegungen stehen sie in einer Tradition, die über Jahrhunderte zurückreicht. Der Gedanke, daß die Mathematik den Schlüssel zum Universum darstellt, ist keineswegs neu. Vom Standpunkt eines modernen Wissenschaftsbegriffs aus betrachtet ist allerdings bemerkenswert, daß er sich bis in die Neuzeit hinein immer wieder mit metaphysischem Denken verbindet. Leibniz
selbst spricht in der »Characteristica universalis« von der Zahl als „figura
metaphysica" und weist auf den Beginn einer mathematischen Mystik bei Py-
thagoras hin. In Anspielung auf das Buch der Weisheit (11, 21) stellt er fest,
daß Gott alles nach Gewicht, Maß und Zahl geschaffen habe („pondere, men-
sura, numero") und erklärt die Arithmetik zur Kraft, die das Universum aufrecht erhält („Statica Universi"). Auch die auf der *mathesis universalis* beru-
hende Universalsprache ist metaphysisch legitimiert, da sie letztlich der Suche
nach dem Urgrund aller Dinge dient („Ratio ultima rerum seu Harmonia Universalis", Brief an Herzog Johann Friedrich, 1671, 162). Diese *Ultima ratio*
aber ist Gott selbst („*id est Deus* seyn müße", ebd.). Von dieser Einsicht ist der
Weg zur mystischen Spekulation nicht mehr weit, und Leibniz ist sich dessen
bewußt. Ausdrücklich warnt er davor, die Suche nach einer Universalsprache
zu einer „Cabbala [...] vulgaris" verkommen zu lassen, einer platten Spielart
der jüdischen Geheimlehre, die auf mystischen Buchstaben- und Zahlendeutungen basiert (dazu vgl. Kap. 3.6). Was ihm vorschwebt, ist eine Universalsprache als „Cabbala [...] vera", die ihn mit den Mitteln des logischen
Schließens zu den kosmischen Geheimnissen führt, im Grunde also das rationale Pendant zur *Natursprache* der Mystiker.
    Diese Doppelgesichtigkeit der frühneuzeitlichen Suche nach einer Univer-
salsprache, d.h. ihr rationaler und ihr metaphysischer Zug, wird um so deutlicher, wenn man ihre mittelalterliche Tradition betrachtet. Am prägnantesten
ausgeprägt ist diese Tradition in der *Ars combinatoria* des Raimundus Lullus
aus dem 13. Jahrhundert, und Leibniz erwähnt in seiner eigenen »Ars combi-

natoria« Lullus ausdrücklich. Das Prinzip von Lullus' Kombinatorik ist einfach: Aus der Kombination einer bestimmten Anzahl von Grundkategorien, die sich nicht mehr in einfachere Kategorien zerlegen lassen, werden sämtliche Sachverhalte und Abläufe des Universums erschlossen.

Raimundus Lullus (Ramon Lull), ehemals am majorkanischen Hof tätig und später der christlichen Bekehrungsarbeit hingegeben, will mit seinen Arbeiten ein System der Wahrheitsfindung (*Ars inveniendi veritatem*) liefern, das den Menschen methodisch gesicherte Einsichten in die Natur der Dinge liefert und sie damit zu einem moralischen Leben und zu Gott führt. Die Verbindung des mechanischen Systemdenkens mit dem metaphysischem Anliegen ist Resultat der Einflüsse, denen Lulls Ansatz seinerseits ausgesetzt ist; die Forschung späterer Jahrhunderte hat darin von der platonischen Ideenlehre über die aristotelischen Kategorien und Verfahren der arabischen Lexikographie bis zu den Methoden der *grammatica speculativa* und der Kabbala die unterschiedlichsten Traditionen gesehen.

Ausgangspunkt ist die Unterscheidung von neun „dignitates", Eigenschaften Gottes, die als absolute Prinzipien in allen Erscheinungen der Schöpfung präsent sind: *Güte, Größe, Beständigkeit, Macht, Weisheit, Wille, Tugend, Wahrheit* und *Ruhm*. Neben diesen neun *absoluten* unterscheidet Lullus neun *relative* Prinzipien: *Unterschied* (B), *Übereinstimmung* (C), *Gegensatz* (D), *Anfang* (E), *Mitte* (F), *Ende* (G), *Mehrheit* (H), *Gleichheit* (I) und *Minderheit* (K) (Abb. zit. nach Kircher 1664, 9):

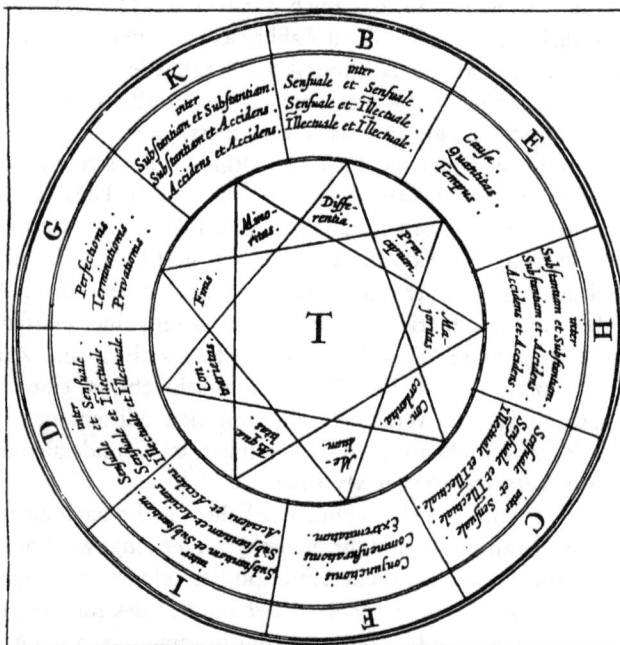

Die relativen Prinzipien B, C und D beschreiben nun das Verhältnis zwischen Geistigem und Sinnlichem, die Prinzipien E, F und G das Verhältnis zwischen Kausalität, Quantität und Zeit, die Prinzipien H, I und K schließlich das Verhältnis zwischen Substantiellem und Akzidentellem. Alle absoluten und relativen Prinzipien lassen sich frei untereinander und mit allen Prinzipien der jeweils anderen Gruppe kombinieren. Das Ergebnis sind Aussagen, in denen die Rolle von Subjekt und Prädikat von je einem Prinzip eingenommen wird.

Lulls eigener Vorschlag interessiert hier weniger als seine Wirkung auf die Sprachreflexion der Neuzeit. Die Auffassung, daß sich sämtliche Phänomene der geistigen und materiellen Wirklichkeit aus der Kombination einfacher Komponenten erklären lassen, begegnet in Leibniz' »Ars combinatoria« ebenso wie in Überlegungen von Descartes, für die abschließend nochmals ein eindrucksvoller Beleg gegeben sein soll (»Urteil über das pansophische Werk«, zit. nach Mahnke 1931, 255f.):

> Gott ist einer und hat eine einzige, einfache, kontinuierliche, überall zusammenhängende und sich entsprechende Natur geschaffen, die aus sehr wenigen Prinzipien und Elementen besteht und von da aus zu fast unendlich vielen Dingen geführt hat [...]. Ebenso muß auch die Erkenntnis dieser Dinge nach dem Vorbilde des einen Gottes und der einen Natur einheitlich, einfach, kontinuierlich und nicht unterbrochen sein, muß aus wenigen Prinzipien [...] bestehen, woraus alles Übrige bis zum Speziellsten in unteilbarer Verknüpfung und weisester Ordnung abgeleitet bleibt [...].

Erneut wird die metaphysische und die rationale Dimension der Kombinatorik deutlich. Während für Descartes und Leibniz aber letztlich die philosophisch-logischen Probleme und Möglichkeiten den eigentlichen Reiz der Beschäftigung mit dem Vorhaben ausmachen, dominiert für Lullus und für Comenius – auf dessen Arbeiten sich die hier zitierten Ausführungen Descartes' beziehen – der metaphysische Aspekt: Die Konstruktion der Universalsprache erfordert zwar eine mathematische Methode (z.B. Comenius 1637, 143), doch dient das fertige Produkt zunächst und vor allem der Einigung der Menschen im christlichen Geiste.

Die Lullsche Kombinatorik aber steht in der Sprachtheorie und -praxis des 17. Jahrhunderts nicht nur im Dienste der Konstruktion von Universalsprachen. Sie begegnet in der Wortbildungslehre ebenso (vgl. Harsdörffers *Fünffacher Denckring der Teutschen Sprache*, in Kap. 3.3) wie in Anleitungen zum Verfassen von Texten. Als Beispiel sei der »Proteus« von Johann Just Winkelmann beschrieben.

Unter dem Pseudonym Stanislaus Mink von Weinsheun entwickelt Winkelmann 1657 ein Verfahren zur Herstellung von Texten. Dazu ordnet er, unter ausdrücklichem Bezug auf Lullus, jeder der neun absoluten Prinzipien (*Güte, Größe, Beständigkeit* etc.) Wörter des Deutschen zu, die von der Sache her unter ein jeweiliges Prinzip gefaßt werden können. Unter 'Güte' z.B. kann all dasjenige gefaßt werden, „was gut oder böß / nutz- oder unnutzlich / ehr- oder unehrlich / lieb- oder unlieblich / u.s.f." ist. An Positiva also sprachliche Ausdrücke wie:

Acker / Anmuth / Arzney / Aufenthalt / Begünstigung / Belohnung / Benedeyung / Beschirmung / Beystand / Eigenthum / Ergötzligkeit / Freundwilligkeit / Fröligkeit […].

Angenehm / anmuhtig / annehmlich / auserkiest / begnadigt / begütigt / behäglich / behülflich / benedeyet / beqvem / beseliget / einträglich / erfreulich / erfrischet / ergötzlich […].

Begnadigen / begütigen / behülflich seyn / belohnen / benedeyen / Benutzen / beqvemen / beschädigen / beschirmen / beseligen / bessern / beschützen / besuchen / bewachen / beystehen / dienen / dingen […].

Analog dazu werden auch die *contraria*, d. h. diejenigen Ausdrücke, die gegenteilige Sachverhalte bezeichnen, zusammengestellt:

Aas / Abentheur / Abgang / Abmattung / Abmergelung / Antastung / Angst / Anliegen / Arbeit / Argwahn / Aufmattung / Ausmergelung / Aussaugung / Bekümmernis / Beleidigung […].

Angsthaftig / arbeitsam / arg / bekümmerlich / betrübt / beschwerlich / bitter / bös / elendig / erbärmlich / erschrecklich / erdicht / falsch / gefährlich […].

Abkümmern / abmartern / sauer ankommen / antasten / ausstehen / bejammern / beklagen / bekümmern / beladen / belustigen / beleidigen / beschädigen / bemühen / beschweren […].

Im Grunde werden die Bezeichnungen der absoluten Prinzipien wie Begriffe einer allgemeinsten Abstraktionsebene gehandhabt. Jeder Begriff ist einer Art erweitertem Wortfeld (onomasiologischem Feld) vorangestellt, alle Felder zusammen sollen sämtliche Phänomene des Seins abdecken. Die zugeordneten deutschen Wörter bezeichnen dann diejenigen individuellen Gegebenheiten, die ein jeweiliges onomasiologisches Feld konstituieren.

Ein Autor kann nun einen Text verfassen, indem er aus den neun Feldern die ihm geeignet erscheinenden Wörter heraussucht. Würde man auf diese Weise z. B. ein Lob der deutschen Sprache verfassen, könnte es etwa so lauten (die Angaben in Klammern beziehen sich auf die jeweiligen Felder: *B* für *Güte*, *C* für *Größe*, *D* für *Beständigkeit*; der Apostroph hinter einem Buchstaben zeigt an, daß der Ausdruck zu den *contraria* zählt):

Es ist unsere angeborne Deutsche Sprach eine von den fürnemsten und grösten GnadenGaben GOttes (CB) / sie ist reich an Güte / reich an Milde (CB) / und ist also unumschrenket und raumig / daß ihre Grenzen unumschlossen (C) / und gleichwol ist bey ihr eine überflüssige Kürze (CC') und ein kuzer Uberfluß (C'C); Je älter etwas ist / je ädler ist es (D) […].

Nur wenig an dem Text ist Resultat eines individuellen auktorialen Sprachschaffens, das meiste ist die mechanische Kombination vorstrukturierten lexikalischen Materials. Das Verfahren erinnert auch an das Verfassen von Texten mit Hilfe der Topik der Rhetorik – die rhetorischen Topoi sind im ursprünglichen Sinne Stichwörter, die die unterschiedlichen Aspekte eines Themenbereichs abdecken –, doch ist das rhetorische Verfahren weniger mechanisiert, und die Rhetorik selbst erhebt keinerlei metaphysischen oder logisch-philosophischen Anspruch.

Winkelmanns Vorschlag steht in seiner Zeit nicht isoliert da. In der Poetik ist von *Proteusversen,* sog. *Wechselsätzen* die Rede, in denen die Wörter zu ständig neuen Bedeutungskombination umgestellt werden, und die Autoren überbieten sich mit der Zahl der tatsächlichen oder vermeintlichen Kombinationsmöglichkeiten (– Winkelmann selbst gibt für die Buchstaben des Alphabets eine so hohe Zahl von Stellungsvarianten an, daß nicht einmal derjenige, der wie Methusalem 969 Jahre alt und täglich 2 000 000 000 000 000 Varianten durchspielen würde, alle Möglichkeiten ausprobieren könne).

Der mechanistische Zug des Sprachbegriffs, der all diesen Verfahren zugrunde liegt, ist offensichtlich: Wie mit einer Maschine können sprachliche Äußerungen« produziert werden, nach genau festgelegten Gesetzen. Zugleich aber bleibt das System metaphysisch begründet und legitimiert, zum einen aufgrund seiner Traditionen (kabbalistisch-mystische Anklänge), zum anderen deshalb, weil sich das sprachbezogene Systemdenken in das zeitgenössische *ordo*-Denken einfügt. Die Welt ist ein nach göttlichem Plan sinnvoll geordnetes Ganzes, dessen Einzelphänomene aufgrund einer umfassenden Analogie des Seins die Strukturen dieses Ganzen spiegeln (dazu Kap. 3.1). Der Sprache kommt dabei die Aufgabe zu, die Ordnung der Dinge abzubilden. Im Grunde führen weder die kombinatorischen Ansätze mit ihren ungeheuren quantitativen Möglichkeiten noch die manieristischsten Formen der Barocklyrik aus dem vorgegebenen Ordnungsrahmen hinaus, sie vermögen lediglich, ihn in immer differenzierteren Varianten auszufüllen. Mit dem späteren Konzept einer sprachlichen Kreativität, die genuin Neues zu schaffen vermag, ist diese Auffassung nicht vereinbar. In dem Maße, in dem im 18. Jahrhundert die metaphysische Einbindung zurücktritt – in Ansätzen bereits in der frühaufklärerischen Sprachtheorie von Leibniz –, dominiert die technisch-rationale Dimension der Kombinatorik.

Nicht immer verläuft der Weg von der Kombinatorik zur Universalsprache direkt, häufig führt er über die Kryptographie, das Verfassen von Geheimsprachen. Die Kryptographie und die hinter ihr stehende Lehre, die Kryptologie, haben einen starken Einfluß auf die Entwicklung der Universalsprachen im Europa der Frühen Neuzeit. Den Höhepunkt in Deutschland bildet das Werk des Jesuiten Athanasius Kircher, der 1663 seine »Polygraphia nova et universalis« in Rom veröffentlicht. Wie viele seiner Zeitgenossen interessiert sich Kircher auch für das chinesische Schriftsystem und für die ägyptischen Hieroglyphen. An beiden Zeichensystemen fasziniert der ideographische Charakter, d. h. die (mehr oder weniger zutreffende) Tatsache, daß sie Gegenstände als ganze und unmittelbar, unter Umgehung der Buchstabenschrift bezeichnen. Berichte über das Chinesische stammten vorwiegend aus der Feder von Missionaren. Als problematisch wird allerdings die hohe Zahl der Zeichen vermerkt, der Jesuit Nicolas Trigault spricht von bis zu 80 000 Einheiten (»De Christiana expeditione apud Sinas suscepta ab Societate Jesu«, 1615). Das Interesse ist international, Trigaults Darstellung fand Eingang in das Buch des Flamen Hermann Hugo über den Ursprung der Schrift und die Möglichkeiten einer Universalsprache (»De prima scribendi origine«, 1617, zit. nach der Ausg. v. 1738, 37):

> Wenn es die den einzelnen Buchstaben zugeschriebene Aufgabe wäre, nicht die Wörter, sondern die Dinge selbst zu bezeichnen, und wenn diese Buchstaben allen Menschen gemein wären, dann würden alle Menschen die Schrift der einzelnen Völker verstehen, selbst wenn die einzelnen Völker die einzelnen Dinge mit unterschiedlichen Namen belegten.

In England spricht unter anderem Francis Bacon begeistert von „Characters Real, which express neither letters nor words in gross, but Things or Notions" (»Advancement of Learning«, 1605, 399), und von seinen Landsleuten Francis Lodwick, George Dalgarno, Cave Beck und natürlich John Wilkins stammen einige der interessantesten Vorschläge für Universalsprachen.

Im folgenden seien zwei Entwürfe für Universalsprachen des aposteriorischen Typs vorgestellt, von Johann Amos Comenius und von Johann Joachim Becher. Beide Autoren setzen das Lateinische als Bezugsgröße an.

Die Überlegungen des 1592 in Mähren geborenen Comenius sind Ausdruck eines universellen Erneuerungswunsches für die Menschheit. Die *Panglottia*, die Allsprache, bildet dabei die letzte Stufe in einem System der ethischmoralischen und religiösen Erziehung. Am beeindruckendsten ist in Comenius' Werk eben dieser Versuch, die unterschiedlichen Facetten der geistigen und materiellen Wirklichkeit in eine sinnvolle, gottgewollte Ordnung zusammenzudenken. Er prägt seine Sprachtheorie ebenso wie seine praktischen Vorschläge zur Schulreform und seine konkrete Arbeit in der Lexikographie. In jedem Bereich dominiert die Vorstellung, daß die Phänomene der Realität in wechselseitigem Bezug zueinander stehen und daß sich komplexe Größen aus einfachen zusammensetzen. Den Schülern sollen die Prinzipien der Entwicklung vom Einfachen zum Komplexen (und damit das Prinzip des göttlichen *ordo*) eindringlich vor Augen geführt werden, zugleich sollen sie den Zusammenhang zwischen der Sprache und der sie bedingenden Wirklichkeit erfahren. Das ungemein erfolgreiche onomasiologische Wörterbuch »Orbis sensualium pictus« illustriert den Zusammenhang der Dinge in seinen Bildern und vollzieht ihn in den lexikalischen Angaben nach.

Obgleich sich Comenius in diesem Drang zur religiös motivierten Synthese vom rationalistisch-analytischen Arbeiten Descartes' und Leibniz' unterscheidet, ist seine Kritik an den natürlichen Sprachen dieselbe wie die aller Universalisten: Die kognitive Struktur („Intellectûs structura") aller Menschen und damit die mentalen Bilder der Dinge sind zwar identisch, doch unterscheiden sich eben die Sprachen, zumindest ausdrucksseitig, aber auch inhaltsseitig. Selbst innerhalb einer einzelnen Sprache bewirken Homonyme, Synonyme, Paronyme, Tropen, Figuren, Periphrasen Uneinheitlichkeit und Verwirrung (1668, 353). Am unglücklichsten ist die Inkongruenz von sprachlicher Ordnung und Ding-Ordnung: Die Ausdrücke *sus* ('Sau'), *porcus* ('Schwein'), *verres* ('zahmer Eber'), *aper* ('wilder Eber') und *scrofa* ('Mutterschwein') z.B. bezeichnen im Lateinischen ähnliche Gegenstände, nämlich Tiere der Gattung Schwein, ohne daß dies aber an den Ausdrucksseiten erkennbar wäre. Umgekehrt besitzen die Ausdrücke *ver* ('Frühling'), *verres* ('zahmer Eber'), *vervex* ('Hammel') und *verro* ('ich kehre') ähnliche Ausdrucksseiten, aber völlig verschiedene Bedeutungen (»Panglottia«, Sp. 289ff., ähnlich argumentiert von einer empiristischen Position aus John Locke in seinem »Essay concerning human understanding«, III, VI, 13).

Die Antwort ist die *lingua universalis*. Nur durch sie können die Menschen „ad universalem rerum cognitionem", zur umfassenden Erkenntnis der Dinge geführt werden (die folgenden Zitate aus den verschiedenen Teilen der »Panglottia«, darunter auch aus »Novae Harmonica Lingvae tentamen primum«; Unterscheidungen zwischen den unterschiedlichen Vorschlägen werden nicht getroffen). Leitender Gedanke der Konstruktion ist das Analogieprinzip:

- die Sprache muß so viele Wörter umfassen, wie es Gegenstände der Wirklichkeit gibt („Qvot Res, tot Voces"), aber auch nicht mehr, so daß Synonyme ausgeschlossen sind;
- Differenzierungen im Gegenstandsbereich müssen Differenzierungen in der Sprache entsprechen („Differentia in re, differentiam habeat in Voce"), d.h.:
- einfache Gegenstände erfordern einfache Sprachzeichen („Simplex res simplex Vox"),
- komplexe Gegenstände erfordern komplexe Sprachzeichen („Composita res, Composita Vox").

Jedes Element muß seine semantische Funktion präzise („certum") und auf Dauer („constanter") erfüllen.

Für die Lexik sind 200 bis 300 Simplizia ausreichend, die mittels Affixen beliebig erweiterbar sind, um allen Erfordernissen der Bezeichnung gerecht zu werden. Entsprechend dem Analogieprinzip sollen für einen jeweiligen Wirklichkeitsbereich immer derselbe Stamm eingesetzt und die Affixe inhaltlich fest zugeordnet werden:

a für die Abwesenheit eines Sachverhalts (*privatio*)
i für die reduzierte Erscheinungsform eines Sachverhalts (*diminutio*)
u für die in ihrer Größe bzw. Intensität gesteigerte Erscheinungsform eines Sachverhalts (*exaggeratio*)
e für einen bestimmten Aspekt eines Sachverhalts (= das Besondere – *particularitas*)
o für den Sachverhalt in seiner Gesamtheit (= das Allgemeine – *universalitas*).

Würde z. B. *Lus* ‚Licht' bedeuten, dann könnte dementsprechend bezeichnet werden:

'Finsternis'	– *Alus*
'Schatten'	– *Ilus*
'starkes Leuchten'	– *Ulus*
'eine bestimmte Menge an Licht'	– *Elus*
'Blitz'	– *Olus*.

Analoges würde für den Verbalbereich gelten. Wenn z. B. *Lal* 'sprechen' bedeutet, dann würde bedeuten:

Alal	–	'schweigen'
Ilal	–	'flüstern'
Ulal	–	'schreien'
Elal	–	'über etwas Bestimmtes sprechen, d. h. erzählen'
Olal	–	'viel sprechen, d. h. schwatzen, plappern'.

An anderer Stelle differenziert Comenius die Einzellaute derart, daß das *a* zur Bezeichnung von etwas Großem verwendet werden soll, das *i* von etwas Kleinem, das *o* von etwas Rundem, Klarem und Universalem, das *l* von etwas Weichem, das *h* von etwas Geistigem etc. In beiden Fällen praktiziert er etwas, was sich als *artifizielle Motiviertheit* bezeichnen ließe: Die Sprachzeichen der künstlichen Sprache sind nicht ‚natürlich', d. h. *ontologisch motiviert*, wie dies der Sprachpatriotismus für die Wörter des Deutschen behauptet, sie sind auch nicht *transzendent motiviert*, wie dies die Sprachmystik vorsieht, die in der Lautung der Wörter auf ihre vermeintlichen metaphysischen Wahrheiten hin interpretiert. Bei Comenius' Variante ist die Motiviertheit nicht vorgegeben, sondern wird vom Sprachplaner gezielt geschaffen. Auch Leibniz hält eine künstlich motivierte Universalsprache für ideal (»De connexione inter res et verba«, 192), und der Franzose Marin Mersenne schlägt im Rückgriff auf Überlegungen von Descartes vor, das *i* für kleine Gegenstände und Sachverhalte zu verwenden, das *u* für dunkle, geheimnisvolle etc. (»Harmonie Universelle«, Proposition 50).

In dieser Weise setzen sich die Vorschläge fort:

Hom bedeute 'Mensch':

Hom + *e*		→ *Home*	–	'Kleinkind'
Hom + *i*		→ *Homi*	–	'Knabe'
Hom + *ei*		→ *Homei*	–	'Jugendlicher'
Hom + *o*		→ *Homo*	–	'Jüngling'
Hom + *u*		→ *Homu*	–	'Mann'
Hom + *a*		→ *Homa*	–	'Greis'
Hom + *Bi*	(präfigiert)	→ *Bihom*	–	'Zwerg'
Hom + *Bu*	(präfigiert)	→ *Buhom*	–	'Riese' etc.

In der Flexionsmorphologie beschränkt sich Comenius für die Deklination auf die Flexive *i*, *e*, *a* und *o*, unterscheidet aber fünf Kasus. Der Plural wird durch ein den Kasusendungen vorangestelltes *n* gekennzeichnet. Das Personalpronomen wird in der 1. Person so dekliniert:

	Nom.	Gen.	Dat.	Akk.	Instrumental
Sing.	O ('ich')	*Oi*	*Oe*	*Oa*	*Oo*
Pl.	*On*	*Oni*	*One*	*Ona*	*Ono*

In der Konjugation werden lediglich ein Modus, der Infinitiv, und die drei Tempora Präsens, Präteritum und Futur unterschieden. Das Ökonomieprinzip bewirkt, daß der Plural durch ein Akzentzeichen angezeigt wird. Wenn z.B. *ban* 'sein' bedeutet, wird es so konjugiert:

Präsens: *bana, bane, bani, baná, bané, baní.*
Präteritum: *pabana, pabane, pabani, pabaná, pabané, pabaní*
Futur: *fabana, fabane, fabani, fabaná, fabané, fabaní.*

Eine eigenständige Syntax ist in Comenius' Entwurf nicht enthalten.

Im Jahre 1661 legt der vielseitig interessierte Johann Joachim Becher – er arbeitete in den Bereichen der Medizin, Mathematik und Didaktik, auch in der Ökonomie und in mehreren Naturwissenschaften – den »Character, pro notitia linguarum universali« vor. In gewisser Weise geht der Entwurf weiter als derjenige von Comenius, da er sämtliche Komponenten einer Sprache umfaßt. Andererseits ist der »Character« weniger originell, weil er Wortschatz und Grammatik einfach aus dem Lateinischen übernimmt. Das Schwergewicht liegt bei Becher auf der Methode der Verschriftlichung. Die folgenden Ausführungen basieren auf dem »Character« und auf Bechers »Methodvs Didactica« von 1674 (2. Aufl., S. 10ff.).

Folgende Schritte müssen bei der Konstruktion der Universalsprache durchgeführt werden:

1. Die „gebräuchlichsten Wörter" einer Sprache werden in einem ersten Band in alphabetischer Ordnung zusammengestellt und numeriert. Bei Becher ist diese Ausgangssprache das Lateinische. Z. B.: Hinter dem alphabetisch eingeordneten lateinischen Wort *canis* steht die Zahl *1150*.

2. In zusätzlichen Bänden werden die Übersetzungen dieser Wörter in je einer weiteren Sprache aufgeführt. Die Reihenfolge der übersetzten Wörter ist nicht alphabetisch, sondern entspricht der Reihenfolge der lateinischen Wörter. Jedem übersetzten Wort wird die Zahl des semantisch äquivalenten lateinischen Ausgangswortes vorangestellt. Z. B.: Hinter der Zahl *1150* steht in dem deutschen Band das Wort *Hund*, im französischen Band das Wort *chien*, im englischen Band das Wort *dog* etc.

3. Die unter 2. genannten Wortlisten werden nun dadurch ergänzt, daß im zweiten Teil eines jeweiligen Bandes die im ersten Teil numerisch geordneten (englischen, französischen, deutschen, italienischen, spanischen etc.) Wörter erneut aufgelistet werden, nun allerdings in alphabetischer Ordnung. Die Zahl, die jedes Wort bei sich führt, wird dabei übernommen. Z. B.: Im zweiten Teil des deutschen Bandes steht das Wort *Hund* unter *H* alphabetisch eingeordnet und ist durch die Zahl *1150* ergänzt.

4. Grammatische Informationen (Tempus, Numerus, Kasus, Modus, Person etc.) werden durch zusätzliche Zahlen gegeben.

Um einen Text in der Universalsprache zu verfassen, müssen diese Schritte durchgeführt werden:

1. Man schlägt die Wörter im Band der eigenen Sprache nach (im alphabetischen Teil) und notiert die entsprechende Zahl.

2. Hinter diese Zahl wird, durch einen Doppelpunkt getrennt, die Zahl für die grammatische Information angegeben. Wer z. B. *canem* ausdrücken will, muß unter *canis* im lateinischen Band nachschlagen, wird dort die Zahl *1150* finden und muß diese durch die Zahl *4* für den Akkusativ ergänzen: *1150 : 4*.

Um die Angabe *1150:4* zu verstehen, muß der Empfänger des verschlüsselten Textes die Zahl *1150* nachschlagen. Ein deutscher Leser wird in seinem Verzeichnis *Hund* finden, ein englischsprachiger *dog*, ein französischsprachiger *chien* etc. Das ergänzende Nachschlagen der Zahl *4* führt zur Angabe *Akkusativ*.

Am originellsten an Bechers Sprachentwurf ist sicherlich das Transkriptionssystem. Dies ist der Rahmen für seine Schriftzeichen:

Das ausgefüllte Zeichen enthält Informationen über die Höhe zweier Zahlen: der Zahl eines betreffenden Wortes in der Wortliste und der Zahl für die grammatischen Angaben zu diesem Wort. Die Buchstaben *A*, *B*, *C* und *D* geben die Positionen an, wo durch Punkte und Striche Informationen über die Wort-Zahl vermittelt wird, die Buchstaben *E* bis *I* verweisen auf Positionen zur Angabe grammatischer Spezifika. In den Bereichen *L* und *K* wird die Verwendung von Kommata und Punkten angezeigt. Die folgende Darstellungen enthält Codierungen für Wort-Zahlen zwischen eins und 11.000:

Bechers System stößt dort auf seine semantischen Grenzen, wo ein Wort codiert werden soll, das nicht in der Wortliste vorhanden ist. Zu syntaktischen Problemen kann es nicht kommen, da die Wörter ja in ihrer flektierten Form codiert werden und die Zahl der möglichen grammatischen Angaben vergleichsweise gering ist. Dennoch warnt Becher vor allzu komplexen syntaktischen Konstruktionen und fordert damit im Grunde das, was in der maschinellen Textverarbeitung und -übersetzung als „pre-editing" bezeichnet wird, d. h. die vorbereitende Glättung des Ausgangstextes, so daß er überhaupt mit dem betreffenden System verarbeitet werden kann (– bezeichnenderweise ist die Veröffentlichung von Bechers Text 1962 unter dem Untertitel „Zur mechanischen Sprachübersetzung. Ein Programmierversuch aus dem Jahre 1661" erschienen).

Literatur

Universalsprachen und allgemeine Grammatik im Europa des 17. Jahrhunderts: Couturat/Leau 1903, Bausani 1970, Coseriu 1970, Arndt 1971, Heinekamp 1972, Salmon 1972 u. 1979, Knowlson 1975, Padley 1976 u. 1985, Slaughter 1982, Naumann 1983, Christmann 1985, Cram 1985, Pombo 1987, Asbach-Schnitker/Höller 1988, Formigari

1988, Strasser 1988, Hüllen 1989 u. 1996, Bossong 1990, Weiß 1992, Gardt 1994, Kaltz
1978 u. 1996, Korthaase 1996, Naumann 1996

Kombinatorik (u. a. Raimundus Lullus): Pring-Mill 1961, Platzeck 1962/1964, Neubauer 1978, Schmidt-Biggemann 1983, Yates 1990, Klein 1992, Leinkauf 1993

Kryptologie und Kryptographie: Couturat/Leau 1903, Kahn 1967, Strasser 1988

3.6 Metaphysischer Diskurs:
Die Sprachmystik Jakob Böhmes

Der metaphysische Diskurs prägt das intellektuelle und, bedenkt man die
praktischen Auswirkungen der Reformation auf das alltägliche Leben, die gesellschaftliche Wirklichkeit im Deutschland des 17. Jahrhunderts wie kaum ein
zweiter. Wo dieser Diskurs sich auf Sprache bezieht, erfährt er eine markante
Ausprägung in der Sprachmystik des Görlitzer Visionärs Jakob Böhmes.
Böhmes Denken steht in Traditionen, die in der mittelalterlichen christlichen
Mystik liegen, andererseits in der jüdischen Kabbala, im Neuplatonismus der
Spätantike, in der Alchemie (Paracelsus). All diese Strömungen wirken in unterschiedlichen Ausprägungen auch außerhalb der Böhmeschen Mystik. Daß
der Katholizismus, das Luthertum und der Calvinismus als orthodoxe Religio-
nen bzw. Konfessionen das private und öffentliche Leben nachhaltig beeinflussen und in den Schriften auch der Sprachpfleger und -theoretiker ihren Niederschlag finden – man betrachte die Diskussion über die Lutherbibel oder das
Konzept der *christlichen Sprachenschulen* bei Comenius –, braucht kaum eigens betont zu werden. Für einen modernen Wissenschaftsbegriff ungewohnter ist die eigentümliche Verbindung von Religiosität und Logik in der Kombinatorik und in den auf ihr basierenden Entwürfen von Universalsprachen (vgl.
Kap. 3.5).

Ein Blick in sprachwissenschaftliche Texte der Zeit verdeutlicht sehr rasch
die Gegenwart eines auf das Transzendente gerichteten Elements. Der Sprachursprung gilt als religiös begründet, für das Paradies wird eine *adamische Ursprache* angenommen, die durch den Sündenfall in ihrer reinen Form verloren-
ging und sich mit der Babylonischen Sprachverwirrung in die Einzelsprachen
zerteilte. Diese Auffassung ist keinesfalls auf die Mystik beschränkt, sie begegnet in der mit Pathos betriebenen Aufwertung des Deutschen innerhalb der
Sprachgesellschaften (das Deutsche als unmittelbar auf Babylon zurückgehende *Hauptsprache*, seine *Stammwörter* als ,in der Natur der Dinge verankerte', umfassend motivierte Einheiten, s. Kap. 3.1 u. 3.2). Selbst in den Äußerungen des Frühaufklärers Leibniz zu dem Konzept einer Universalsprache findet sich Entsprechendes. Auch der Sprachwandel gilt zumindest zum Teil als in
der gottgegebenen Natur der Dinge begründet, wenn er aus dem barocken Ver-

gänglichkeitstopos erklärt wird. So verknüpft Georg Philipp Harsdörffer den Verfall der Sprachen mit den „stetshinfallenden flüchtigen Zeiten" (1656, 559):

Wie nun alles / was wir Menschen besitzen / in stetsschwebender Unbeständigkeit verharret: als ist sich nicht zu verwundern / wann auch mit Zerrüttung der Völcker / durch ihre / Theils benohtsachte / Theils freywillige Wanderschafft durchgafften / Kriegen / Siegen / und Unterligen die Sprachen in mancherley Veränderung / Vermischung / und Irrung mißgerahten und verändert werden. Ist dieses gantze Weltwesen so wandelbar / wie solte man dann in einem so flüchtigen Wortlaut einige Beständigkeit erhärten oder bejahen können?

Weit deutlicher noch wird die metaphysische Prägung der Spracharbeit bei der Einbeziehung kabbalistischer Verfahren der Buchstaben- und Zahlendeutung. Ein Beispiel aus Harsdörffers »Mathematisch-Philosophischen Erquickstunden« (III, 66f.): Auf der Basis des *Alphabeticum Cabalicum Trigonale* werden den Groß- und Kleinbuchstaben des Alphabets Zahlen von 1 bis 276 zugeordnet. Auf diese Weise entspricht dem Namen „Johannes Huss", des tschechischen Predigers und Reformators, der Zahlenwert 145. Die gleiche Zahl aber ergeben die Zahlenwerte der Buchstaben der Reihung „Sermo Domini Dei" („Predigt Gottes des Herrn'). Entsprechend ergibt der Satz „Indignatio DEI cessavit" („Der Unmut Gottes wich') die Zahl 1530, die zugleich die Jahreszahl der Verabschiedung des Augsburger Bekenntnisses ist, das der Beilegung konfessioneller Streitigkeiten dienen sollte. Hier dient die Zahl nicht dem logisch-mathematischen Denken, sondern der Entschlüsselung geheimnisvoller Korrespondenzen zwischen den Phänomenen der Wirklichkeit.

Ähnliche Spekulationen finden sich zuhauf über die Gestalt der Buchstaben. Der im Zusammenhang mit der Konstruktion von Geheimschriften bereits erwähnte Jesuit und Kenner orientalischer Sprachen Athanasius Kircher z.B. deutet die Form des „A" als Ausdruck des „Ab- und Zunehmens alles Weltwesens" (zit. nach Harsdörffer 1692, 37):

Von 1 in 2 / von 2 in 3 reichet das Wachsthum / dan fället es von 3 in 4 / von 4 in 5 / und dieses Ab- und Zunehmen wird miteinander durch 2 und 4 gleichständig verbunden. Diese Gestalt haben auch die *Pyramides*, Flamm- oder Spitzseulen.

Nicht selten wird das „A" auch aufgrund der drei Striche, aus denen es besteht, als Symbol der Trinität verstanden. Von der mystisch-magischen Buchstabendeutung führt im übrigen wiederum ein Weg zur Diskussion über die

Universalsprachen, da ausdrucksseitig interpretierbare Buchstaben als ideale Möglichkeit galten, Inhalte zu vermitteln, ohne auf die konventionellen Bedeutungsfestlegungen der einzelnen Sprachen angewiesen zu sein. Kircher etwa beschäftigte sich unter anderem mit der Frage, ob ägyptische Hieroglyphen nicht als Vorbilder für Universalalphabete dienen könnten.

Mystizistische Elemente im Umgang mit Sprache finden sich im Werk Jakob Böhmes in zugespritzter Form. Wie die mystisch-spekulative Orientierung seiner Schriften Böhme zeitlebens im Widerspruch zur orthodoxen protestantischen Theologie stehen ließ – die Folge waren Publikationsverbote –, so ist auch seine Sprachtheorie unorthodox. Auffallend ist zunächst seine Technik der Darstellung, in der Behauptungen nicht als schlüssiges Resultat linear verknüpfter Argumente präsentiert werden, sondern sich eher assoziativ ergeben. Dabei arbeitet Böhme mit Dichotomien wie *gut – böse, Bewegung – Ruhe, Liebe – Haß, Einheit – Vielheit*, die er in eine Art Begriffskreis bringt:

> Denn alles, was da lebet und schwebet, das ist in GOtt, und GOtt selber ist alles; und alles, was gebildet ist, das ist aus Ihm gebildet, es sey gleich aus Liebe oder Zorn.

Die Beschreibung bewegt sich zwischen den Begriffen der Schöpfung und des Schöpfers: *alles (was da lebet und schwebet) – Gott – alles – alles (was gebildet ist) – Er*. Diese zirkuläre Darstellungsweise ist das methodische Pendant zu Böhmes Überzeugung, daß alles Sein nur durch die Spannung zwischen einander entgegengesetzten Polen möglich wird. In seiner Lehre von den *Qualitäten* unterscheidet er, im Rückgriff auf alchemistisches Gedankengut, eine Reihe von Grundsubstanzen, die als wirkende Kräfte alle Phänomene der Schöpfung durchdringen. Aus den Spannungsverhältnissen zwischen den Substanzen entsteht alles körperliche und geistige Leben. Ein Halm zum Beispiel wächst nach Böhme deshalb aus der Erde empor, weil die in ihm angelegte *süße Qualität* vor der *herben* und der *bitteren* flieht (zur Qualitätenlehre vgl. Böhme 1612, Kap. 8–11). Umgekehrt können die einzelnen Phänomene der Schöpfung auf die Grundsubstanzen hin analysiert werden.

Eines der zentralen Begriffspaare Böhmes ist das von *Einheit* und *Vielheit*. Die ganze Schöpfung ist ein sich stetig wiederholender Prozeß der Selbstentäußerung Gottes in die Vielfalt der Dinge, also eine stete Bewegung von der Einheit zur Vielheit und zurück zur Einheit, von der Geburt zum Tod und von da wieder zu neuem Leben. Diese Bewegung von der Einheit zur Vielheit zeigt sich auch in der Sprache: Am Anfang stand die einheitliche Sprache des Paradieses, die *Natursprache*, in der alle Sprachen der Erde „urständen" (Böhme 1622). Sie entstand, als Gott Adam aufforderte, den Tieren Namen zu geben (Genesis 2, 19; das Konzept der *adamischen Sprache* des Paradieses findet sich bereits in der jüdischen Mystik). Böhme schildert den Vorgang so (20/91):

> Denn als Adam erstlich geredet hat, so hat er allen Creaturen, nach ihren Qualitäten und instehenden Wirckungen, den Namen gegeben: Und ist eben die Sprache der ganzen Natur, aber es kan sie nicht ein ieder; denn es ist ein Geheimniß [...].

Adam wählt für die Tiere genau diejenigen Namen, die ihrem Wesen („ihren Qualitäten und instehenden Wirckungen") entsprechen. Zeichentheoretisch wird bei diesem Benennungsverfahren das Gegenteil des Arbitraritätsprinzips angewendet, denn die zu benennende Gegebenheit gibt dem Namensgeber die Motive für den zu gebenden Namen vor. Das Resultat des Benennungsaktes ist ein perfekt motiviertes Zeichen, vorstellbar etwa als eine ins Transzendente gesteigerte lautmalende Motiviertheit: Die Wörter der *adamischen* (auch: *sensualischen) Natursprache* dienen nicht nur der Identifizierung des bezeichneten Gegenstandes, sondern teilen zugleich seine sämtlichen Eigenschaften mit, einschließlich der in dem jeweiligen Gegenstand wirkenden *Qualitäten* und damit der göttlichen Schöpfungsprinzipien. Das Wort wird so zu einem Fenster zum Wesen der Dinge und zur metaphysischen Wahrheit (1622, 1/16f.).

Die *Natursprache* ist mit der Babylonischen Sprachverwirrung vollends verlorengegangen. Die linguale Einheit ging in die Vielheit der 77 Sprachen über, in die Gott die Ursprache als Strafe für die Hybris der Menschen teilte. Die bestehenden Einzelsprachen enthalten allerdings noch die Spuren dieser *Natursprache*, aber die meisten Menschen haben die Fähigkeit verloren, sie zu verstehen. Denn in der gleichem Weise, in der die *Natursprache* durch ihre Zerteilung nur noch in abgeschwächter Form in den historischen Einzelsprachen gegeben ist, ist auch die spirituelle Kraft der Menschen zurückgegangen („[...] und ward der Stamm der Natur wegen der zertheilten Eigenschaft im Worte des kräftigen Verstandes matt und schwach"). Im folgenden Textstück aus »Mysterium Magnum« (1623, 35/58ff.) führt Böhme diese Überlegungen aus:

> 58. Dieses ist der Grund der Haupt-Sprachen. Da alle Völcker haben in Einer Sprache geredet, da haben sie einander verstanden: Als sie sich aber der sensualischen Sprache nicht wolten gebrauchen, so ist ihnen der rechte Verstand erloschen, denn sie führeten die Geister der sensualischen Sprachen in eine äusserliche grobe Form, und fasseten den subtilen Geist des Verstandes in eine grobe Form, und lerneten aus der Form reden, wie denn heutiges Tages alle Völcker nur aus derselben Form ihrer gefasseten sensualischen Sprachen reden.
> 59. Kein Volck verstehet mehr die sensualische Sprache, und die Vögel in Lüften und die Thiere im Walde verstehen sie nach ihrer Eigenschaft.
> 60. Darum mag der Mensch dencken wes er beraubet ist, und was er in der Wiedergeburt soll wieder bekommen, obwol nicht alhier auf Erden, iedoch in

der geistlichen Welt; denn in der sensualischen Sprache reden alle Geister mit
einander, sie brauchen keine andere Sprache, denn es ist die Natur-Sprache.
61. Unsere Gelehrten lassen sich *Doctores* und *Magistros* nennen, und keiner
verstehet seine Mutter Sprache: Sie verstehen nichts mehr vom Geiste als der
Bauer von seinem Werckzeuge zum Ackerwerck, sie brauchen blos allein der ge-
fasseten Form der groben componirten Wörter, und verstehen nicht, was das
Wort in seinem *Sensu* ist; daher entstehet der Zanck und Streit, daß man um
GOtt und seinen Willen streitet: Man will lehren was GOtt sey, und verstehen
nicht das Wenigste von GOtt.

Die Menschen verwenden nur mehr die *äußerliche Form* der *Natursprache*, die
„Hülse des Wortes" (1623, 29/65). Die Gelehrten, vor allem die der orthodo-
xen Theologie, begreifen Sprache nur als Werkzeug, mit dessen Hilfe man die
Verrichtungen des Alltags erledigt.

Böhme, so wurde eingangs betont, geht davon aus, daß in allen Gegenständen der Wirklichkeit basale Kräfte wirken, als Ausdruck des göttlichen Schöp-
fungsplanes. Diese Kräfte hinterlassen Spuren auf der Oberfläche der Dinge,
die *Signaturen* (1622, 1/16f.):

[...] dann an der äusserlichen Gestaltniß aller Creaturen, an ihrem Trieb und
Begierde, item, an ihrem ausgehenden Hall, Stimme und Sprache, kennet man
den verborgenen Geist, dann die Natur hat iedem Dinge seine Sprache nach seiner Essentz und Gestaltniß gegeben, dann aus der Essentz urständet die Sprache
oder der Hall, und derselben Essentz *Fiat* formet der Essentz Qualität, in dem
ausgehenden Hall oder Kraft, den lebhaften im Hall, und den essentialischen im
Ruch, Kraft und Gestaltniß: Ein iedes Ding hat seinen Mund zur Offenbarung.
17. Und das ist die Natur-Sprache, daraus iedes Ding aus seiner Eigenschaft
redet, und sich immer selber offenbaret, und darstellet, worzu es gut und nütz
sey, dann ein iedes Ding offenbaret seine Mutter, die die Essentz und den Willen
zur Gestaltniß also gibt.

Die Dinge sprechen also für sich selbst, und wenn es gelänge, ihre *Signaturen*
zu interpretieren, dann würde man sozusagen ihre Sprache, eben die *Natursprache*, verstehen und könnte, indem man die Dinge erkennt, Anschluß an das
göttliche Geheimnis finden, das sie hervorbrachte. Wer das erreichen will,
kann dies aber nicht durch intellektuelle Anstrengung und auf dem Wege rationaler Erkenntnis, sondern muß „Willen-los" werden, muß Gott erlauben, in
ihm zu wirken (1623, 36/50). Das Ziel ist also die zumindest vorübergehende
unio mystica mit Gott, der Weg ist der Rückzug ins Innere, der Verzicht auf die
ratio und deren Niederschlag in der oberflächlichen Begriffssprache der Menschen.

Im Grunde liegt diesen metaphorischen, sich häufig widersprechenden Be-
schreibungen zunächst nicht mehr als der Gedanke zugrunde, daß hinter der
Ebene der sichtbaren materiellen Realität eine zweite Realitätsebene existiert.
Auf dieser Ebene wirken bestimmte Kräfte, zum Teil chemische Substanzen

(Salze, Schwefel etc.), aber auch so etwas wie ethische Prinzipien (*gut – böse, Liebe – Zorn* etc.). Wie man sich das Verhältnis all dieser Größen zueinander genau vorzustellen hat, läßt sich aus Böhmes Beschreibung nicht entnehmen. Wichtig ist ihm in jedem Fall, daß der Mensch durch die Erkenntnis dieser Kräfte Zugriff auf metaphysische Wahrheit erhält.

Da alle Dinge von den basalen Kräften und damit vom Göttlichen durchdrungen sind, ist es auch die menschliche Sprache. Die Einzelsprachen sind, wie bei der Erwähnung des Topos der Sprachverwirrung angedeutet wurde, die verblaßten Nachfolger der *Natursprache* (daß Böhme die Bezeichnung *Natursprache* in mindestens zwei unterschiedlichen Bedeutungen verwendet – *Natursprache* metaphorisch verstanden, als 'Sprache der Dinge', die die in ihnen wirkenden Kräfte verrät, und *Natursprache* als eine Art Lautsprache, die vor der Babylonischen Sprachverwirrung tatsächlich gesprochen wurde –, soll hier nicht interessieren). Im Zustand der Erleuchtung kann der Mensch anhand der Lautung der Wörter seiner Muttersprache und der Bewegung der Sprechorgane bei ihrer Artikulation den *natursprachlichen* Gehalt dieser muttersprachlichen Wörter erfassen. Die Phonie dieser Wörter und die Stellung der Zunge, des Gaumens etc. sind dann die *Signaturen*, deren Interpretation zur metaphysischen Wahrheit führt. Der beim Artikulationsvorgang entweichende Atem ist der aus dem Körper des Menschen entweichende Geist Gottes (1623, 35/56):

> Wie sich nun ein iedes Wort im Munde zur Substantz fasset, als zum Aussprechen, wie es der Werckmeister bildet, der in den *Sensibus* ist, als das *Fiat*, und wie die Zunge mit thut, wenn sie das fasset, und durch welchen Weg sie das ausführet, entweder durch die Zähne, oder über sich, oder mit offenem Munde; Item, wie sich die Zunge schmeuget im Fügen des Worts, welchen *Sensum* sie wieder zurücke-zeucht, und nicht will gantz ausstossen, wie denn mancher *Sensus* kaum halb ausgestossen wird, mancher aber gar, mancher aber wieder halb gegen dem Hertzen gezogen; und wie nun das Wort gebildet ward; also ist auch das Ding in seiner Form und Eigenschaft, das das Wort damit nennet [...].

Die Artikulation der Wörter „Himmel und Erden" z. B. beschreibt Böhme so (1612, 18/62ff.):

> Das Wort 'Himmel' fasset sich im Hertzen, und stösset bis auf die Lippen, da wird es verschlossen: und die Sylbe 'Mel' macht die Lippen wieder auf, und wird mitten auf der Zungen gehalten, und fähret der Geist auf beyden Seiten der Zungen aus dem Maule. [...].
>
> Das Wort 'Und' fasset sich im Hertzen, und wird mit der Zungen im obern Gaumen gefangen und zusammen-corporiret; wenn es aber los lässet, so thuts noch einen Druck aus dem Hertzen zum Munde aus [...].
>
> Das Wort 'Erden' stösset vom Hertzen, und fasset sich am hintern Theil über der Zungen, im hintern Gaumen, und zittert: es braucht sich aber die Zunge zu der ersten Sylben 'Er' nicht; sondern sie schmäuget sich in den untern Gaumen hinein [...].

> Die andere Silbe ‚Den‘ fasset sich mit der Zungen mit dem obern Gaumen,
> und lässet das Maul offen: und der Geist der Formung fähret zur Nasen raus,
> und will nicht in diesem Worte zum Munde mit raus; und ob er gleich etwas mit
> raus fähret, so fähret der rechte Klang des rechten Geistes doch nur durch den
> Geruch oder die Nase heraus.

Die phonetischen Eigenschaften der Laute erkennt Böhme bisweilen durchaus
zutreffend: Bilabialität beim [m], apiko-alveolare Bildung, Verschluß der
Mundhöhle und Nasalierung beim [n], Vibrieren der Uvula beim [ʀ] etc. Auf
der Grundlage dieser eigentümlichen Phonetik formuliert Böhme nun so etwas
wie transzendente Geschichten. Wenn etwa in der Silbe *Him-* das freie Ausströmen der Luft durch den Verschluß der Mundhöhle bei der Artikulation des
[m] behindert werde, dann belege dies, daß die „greuliche Sünde" die „innerste" (seelische) und „äusserste Geburt" getrennt habe: Der Geist Gottes könne
nicht ungehindert durch den Menschen strömen. Die Aufhebung des Ver-
schlusses der Mundhöhle in der Folgesilbe *-mel* aber zeige, daß Gott die Pfor-
ten zum Himmel für den Menschen wieder geöffnet habe. Das Pressen der
Zungenspitze auf den Alveolenbogen zur Artikulation des [l] unterstreiche
Gottes Plan, den Menschen den Heiligen Geist zu senden, der sich „aus der
Tieffe des Vaters und Sohnes" in die Welt ergieße, was wiederum aus dem
beidseitigen Ausströmen ersichtlich sei. An anderer Stelle schließt Böhme seine
Lautdeutungen unmittelbar an die Qualitätenlehre an, wenn er etwa im [ʀ] des
Wortes „barmhertzig" die *bittere Qualität* erkennt.
   Solche metaphysischen Lautanalysen gelangen natürlich immer zum ‚rich-
tigen‘ Ergebnis, weil Böhme keine zuvor festgelegte Methode anwendet. Er interpretiert die Artikulationsabläufe stets so, daß er zwangsläufig diejenige
natursprachliche Bedeutung findet, die er sucht. Wichtig ist aber nicht, die
Unsinnigkeit des Verfahrens vorzuführen, sondern die hinter ihm stehende
Sprachkonzeption, die im Spektrum der in dieser Darstellung behandelten Positionen einen der extremen Pole einnimmt: Sprache als Größe, die dem Menschen von alters her vorgegeben ist, die Göttliches beinhaltet, kein bloß techni-
sches Werkzeug ist, dessen Funktion sich in der Bewältigung des Alltags erschöpft. Sie wie ein Produkt menschlichen Geistes zu verwenden würde
bedeuten, die in ihr enthaltenen metaphysischen Wahrheiten zu ignorieren.
Damit wird Sprache in ihren entscheidenden Punkten dem gestaltenden Zugriff des Menschen entzogen: Sie ist mehr als der einzelne Mensch, der nicht
wirklich über sie verfügen kann, da sie von ihrem Ursprung her ohnehin nicht
Niederschlag seines intellektuellen Zugriffs auf die Welt ist.
   Dieser Sprachbegriff ist das Gegenteil einer aufklärerischen Konzeption,
mit ihrem Ideal der souveränen Sprachbeherrschung durch vernünftige Individuen, die mittels Sprache den Möglichkeiten des menschlichen Geistes Ausdruck verleihen und zugleich den Zusammenhalt der Gemeinschaft sichern.
Auch diese letztere, gesellschaftliche Funktion von Sprache fehlt bei Böhme:

Der Gedanke von der Sprache als Definiens des Menschseins und als *Band menschlicher Gemeinschaft* (John Locke: „common Tye of Society", 1689, I, I, einer der gängigsten Topoi in der Geschichte der Sprachreflexion), ist für ihn letztlich bedeutungslos. Nicht die Teilnahme am gesellschaftlichen Diskurs interessiert, sondern die Möglichkeit, über die Sprache im Rückzug von der Gesellschaft und in spiritueller Versenkung am Göttlichen teilzuhaben. ‚Verstehen' bedeutet nicht die Rezeption von Sprachdaten vor einem situativen und damit gesellschaftlichen Hintergrund, sondern ein intuitives Wahrnehmen des göttlichen Prinzips anhand von Sprache („daß man im Worte verstehen kann, worinnen sich der Geist geschöpfet hat", 1622, 1/4). Wer verstanden hat, erfährt zumindest vorübergehend den Zustand der Einheit: „alsdann ists Ein Begriff, Ein Wille und Ein Geist, auch Ein Verstand" (ebd.).

Angesichts der assoziativen, immer wieder unstimmigen und oft schlicht konfusen Darstellung Böhmes mag sein Lob durch eine Persönlichkeit wie Leibniz zunächst verwundern. Solches Lob – auch Herder, Goethe, Hegel und andere Schriftsteller und Philosophen späterer Jahrhunderte teilen es – verbleibt meist im Allgemeinen und bezieht sich nicht auf konkrete Äußerungen Böhmes, wohl deshalb, weil die konkreten Äußerungen bei näherer Betrachtung als kaum zitierbar gelten. Der Grund für das Lob aber liegt wohl darin, daß Böhmes Sprachdenken als Pendant, als irgendwie notwendige Ergänzung zu einer rationalistisch-analytischen Sprachkonzeption verstanden wird. Die suggestive Qualität von Sprache, die Möglichkeit, mittels Sprache auch außerhalb semantisch durchsichtiger, kohärenter Darstellung wirken zu können bzw. bestimmte Wirkungen *nur* außerhalb dieser Form der Darstellung erreichen zu können, wird durch eine solch rationalistisch-analytische Sprachkonzeption nur unzureichend gewürdigt. Indem Böhme in seiner bildhaft-sinnlichen Sprache eine extreme Gegenposition zu dieser Sprachkonzeption vertritt, wird seine Argumentation zwar nicht inhaltlich stimmig, doch spiegeln seine Arbeiten für viele Betrachter eben jenes intuitive Wissen um die suggestive (magische) Dimension von Sprache, das in den Arbeiten des rationalen Gegentyps vermißt wird.

Literatur

Geschichte der Mystik: Peuckert 1936 u. 1967, Scholem 1960, Wehr 1988, Ruh 1990

Metaphysische Komponente in der Sprachwissenschaft; Sprachmystik (u. a. Jakob Böhme): Dornseiff 1925, Benz 1936, 1951 u. 1973, Quint 1953, Borst 1957–1963, Scholem 1973, Apel 1975, Hirschle 1979, Konopacki 1979, Andersson 1986, Haug 1986, Wehr 1988, Wollgast 1988, Haferland 1989, Bonheim 1992, Klein 1992, Nate 1993, Gardt 1994, Becker 1998

4. 18. Jahrhundert

4.1. Rhetorik und Theorie der Kommunikationskultur

Johann Christoph Gottsched, Christian Thomasius,
Christian Weise, Johann Andreas Fabricius, Johann Jakob Bodmer,
Johann Jakob Breitinger, Johann Gottfried Herder,
Christoph Martin Wieland

Bis in das 19. Jahrhundert hinein ist die theoretische und angewandte Beschäftigung mit Sprache massiv von der Rhetorik geprägt. Dieser große Einfluß war nur möglich, weil die Rhetorik weit mehr als eine bloße Sammlung stilistischen Schmucks ist; sie darauf zu reduzieren, ist eine Eigenart des 20. Jahrhunderts.

Die Beschreibung stilistischer Formen bildet lediglich den dritten Großbereich der Rhetorik, die *elocutio*. Ihr vorangestellt sind Anleitungen zur Zusammenstellung (*inventio*) und Gliederung (*dispositio*) des Stoffes. Unter die konkret sprachbezogenen Kategorien der Rhetorik fallen zum einen die Tropen und Figuren, d.h. auf das Einzelwort bezogene Formen wie Metaphern, Metonymien etc. sowie das Syntagma strukierende Formen wie Anapher, Klimax und Asyndeton. Hinzu kommen Angaben zum Textaufbau, die die Spezifik der Textteile *exordium* (einleitende Segmente), *narratio* (Darstellung), *argumentatio* (Argumentation) und *peroratio* (Schluß) behandeln. Daneben werden Maximen optimaler Sprachverwendung formuliert, d.h. Sprachqualitäten wie Deutlichkeit/Verständlichkeit (*perspicuitas*) und Sprachrichtigkeit (*latinitas*) postuliert, mit den ihnen jeweils untergeordneten Forderungen, z.B. nach der Vermeidung von lexikalischer und syntaktischer Mehrdeutigkeit, von Provinzialismen, Archaismen und Vulgarismen, z.T. auch von Fremdwörtern.

Während all dies vorwiegend der formalen Gestaltung von Texten dient, bietet die Topik der Rhetorik auch die Möglichkeit einer inhaltlichen Strukturierung. In den antiken Lehrbüchern dienen die Topoi bzw. Loci als Stichwörter zum Auffinden überzeugender Argumente. Alles, was zu einem Sachverhalt überhaupt thematisierbar ist, soll durch solch ein Stichwort erfaßt werden sein. Wer bei der Formulierung eines Textes systematisch die Liste der Topoi durchläuft, ist nicht nur auf seine Inspiration angewiesen. Sucht z.B. ein Anwalt nach Argumenten zur Verteidigung eines Mandanten, könnten ihn die Topoi *familia* ('Familie'), *aetas* ('Alter'), *animi natura* ('Wesensart'), *educatio et disciplina* ('Erziehung und Ausbildung'), *vita ante acta* ('Vorleben') und ähnliche Topoi zur Person des Angeklagten zu einem Verteidigungsargument führen (z.B.: ,Wer eine so gute Erziehung wie der Angeklagte genossen und ein solch moralisch einwandfreies Vorleben geführt hat, wird kaum ein so primitives Verbrechen begehen'). Das Verfahren erinnert an Methoden der For-

mulierung von Aussagen und Texten, wie sie von der mittelalterlichen und
frühneuzeitlichen Kombinatorik vorgeschlagen wurden, mit ihrer Nähe einerseits zur Logik, andererseits zur Mystik (vgl. Kap. 3.5). Doch verfährt die Topik
bei weitem nicht so streng systematisch wie die Kombinatorik, und sie erhebt
auch keine metaphysischen Ansprüche. Allerdings besitzt sie wie die Kombinatorik einen starken mechanischen Zug. Dieser mechanisch-technische Charakter der Sprachverwendung wurde der Rhetorik immer wieder angelastet (z. B.
Hankamer 1927). In der Dichtung traf der Vorwurf vor allem die in Teilen
stark stilisierte Barockliteratur, vom späten 18. Jahrhundert an bis in die
Gegenwart. Derartige Formen der Textgestaltung standen im Widerspruch
zum moderneren Ideal der Erlebnisdichtung und dem Originalitätsgedanken.
Als Geschmacksurteil über einen bestimmten dichterischen und intellektuellen
Stil ist diese Kritik natürlich legitim, sie stellt aber keine irgendwie objektive
Beschreibung der rhetorischen Sprachkonzeption und ihrer Resultate dar.
   Die Verbreitung der rhetorischen Kategorien in der Neuzeit wird schon
durch ihre Zugehörigkeit zum etablierten Kanon der Lehrfächer (*septem artes
liberales*) garantiert. Doch auch bei Veränderungen im Bildungswesen bleiben
diese Kategorien weit über den Kreis der eigentlichen Redelehren und Stilistiken hinaus präsent und begegnen in Textsorten wie Epistolographien (Brief-
stellern), Darstellungen der *Sekretariatkunst* (Anleitungen zur Gestaltung von
Schriftverkehr), Predigtlehren etc., daneben natürlich in poetologischen Textsorten wie Poetiken und Sammlungen stilistischen Schmucks (Florilegien, poe-
tischen Lexika etc.).
   Rhetorische Kategorien begegnen aber während der gesamten Neuzeit
auch in der Grammatikographie und in der Sprachtheorie. Zum Teil beziehen
sich die Autoren unmittelbar auf die antiken Vorläufer, vor allem auf die Rhetoriken Ciceros (»De inventione«, »Orator« und »De oratore«), Quintilians
(»Institutio oratoria«) und auf die »Rhetorica ad Herennium«. Häufig aber sind
den Autoren die rhetorischen Elemente so selbstverständlich, daß sie sie nicht
eigens als Übernahmen ausweisen. Der folgende Textauszug ist der Beginn einer
der einflußreichsten Grammatiken des 18. Jahrhunderts, Johann Christoph
Gottscheds »Deutscher Sprachkunst« (1748; zit. nach der 5. Aufl. von 1762):

§1 Eine Sprachkunst überhaupt ist eine gegründete Anweisung, wie man die
Sprache eines gewissen Volkes, nach der besten Mundart desselben, und nach
der Einstimmung seiner besten Schriftsteller, richtig und zierlich, sowohl reden,
als schreiben solle. [...]
   §5 Die besten Schriftsteller eines Volkes, werden durch den allgemeinen
Ruhm, oder durch die Stimmen der klügsten Leser bekannt: doch müssen sie
nicht in Ansehung der Sachen, sondern wegen der Schreibart und Sprache
berühmt seyn. [...]
   §6 Wenn aber diese guten Scribenten dennoch in gewissen Stücken von einander abgehen: so muß die *Analogie* der Sprache den Ausschlag geben, wer von
ihnen am besten geschrieben habe. [...]

§9 Doch, aus dieser Widerwärtigkeit der Gewohnheit im Reden, folget noch nicht, daß alle Redensarten durchaus auf eine Aehnlichkeit gebracht werden, und also alle Ausnahmen abgeschafft werden müßten. Nein; die Sprachen sind älter, als die Regeln derselben: und diese müssen also nachgeben, wo eine durchgängige und allgemeine Gewohnheit im Sprechen das Gegentheil eingeführet hat.

Deutliche Anlehnung an die Rhetorik zeigt sich in diesen Begriffen und Konzepten:

– *Sprachkunst* ('Grammatik'): Die Verwendung von *Kunst* erklärt sich vom Lateinischen *ars* (in *ars grammatica*), das natürlich im Sinne von 'Technik', 'Fertigkeit', nicht in dem eines modernen Kunstbegriffs zu verstehen ist (griech. *téchnē*);

– *Mundart*: Gottsched verwendet den Ausdruck nur zum Teil regional („Dialekt', allerdings ohne jede soziale Abwertung). Häufig sind andere Varietäten gemeint, etwa in „hochdeutsche Mundart", „Mundart des Hofes", „Mundart der Gelehrten", „Mundart einer Zeit". Tatsächlich entspricht Gottscheds Unterscheidung von „Mundart" und „Sprache" weitestgehend der Unterscheidung in Quintilians »Institutio oratoria« von „sermo" (Sprache in unterschiedlichen regionalen, sozialen, gruppenspezifischen und historischen Erscheinungsformen) und „lingua" (Sprache als System; vgl. »Institutio oratoria«, I, VI, 1ff.). Für Gottscheds Orientierung an „sermo" spricht auch, daß sich sowohl „Mundart" wie auch „sermo" zunächst auf die gesprochene Sprache beziehen.

– *beste Schriftsteller*: eines der vier Kriterien, die Quintilian für richtige und gute Sprache angibt: Systematik in Wortbildung und Flexion, Alter von Ausdrücken, Vorbildhaftigkeit, Verbreitung im Gebrauch („Sermo constat ratione, vetustate, auctoritate, consuetudine", I, VI, 1ff.). Zwar gelten Quintilian vor allem bestimmte Redner und Geschichtsschreiber als Vorbilder, doch denkt auch Gottsched nicht speziell an Dichter, sondern verwendet *Schriftsteller* eher im Sinne von 'Autor'. Ausgewählt werden die *besten Schriftsteller* durch den *consensus eruditorum*, den Konsens der Gebildeten (bei Gottsched: „die Stimmen der klügsten Leser").

– *richtig und zierlich*: Gottsched verwendet hier eine der verbreiteten deutschen Übersetzungen des antik-rhetorischen Begriffspaars *recte et bene*: Sprache soll grammatisch korrekt und stilistisch gelungen gestaltet sein. *Zierlich* hebt auf den stilistischen Schmuck ab (dt. *Zierlichkeit* wird häufig als Übersetzung von lat. *elegantia* gewählt);

– *Sachen*: die wörtliche Übersetzung von *res*, das in den lateinischen Texten für 'beschriebene Gegenstände und Sachverhalte' verwendet wird und den Gegenpol zu *verba* bildet.

– *Analogie*: das zweite Kriterium der Rhetorik für richtige und gute Sprache (Systematik/*ratio*), denn es ist vor allem die Analogie, die der Sprache diese Systematik verleiht (Quintilian: „rationem praestat praecipue analogia").

– *Gewohnheit*: das dritte der Kriterien Quintilians (*consuetudo*). Das vierte Kriterium, *Alter*, begegnet bei Gottsched an anderer Stelle, im Zusammenhang mit der Etymologie.

– *Gewohnheit* vs. *Regeln*: Die Alternative zwischen der Orientierung am Sprachgebrauch bzw. an der analogischen Regelgemäßheit in Zweifelsfällen der Sprachrichtigkeit durchzieht die deutsche Grammatikschreibung seit dem 17. Jahrhundert und nimmt auch bei Quintilian eine zentrale Stellung ein (I, VI, 3; ausführlich dazu Kap. 3.4). „Ähnlichkeit" ist die wörtliche Übersetzung von *similitudo* (bzw. in der Form des Adjektivs *similis*) bei Quintilian.

Die Sprachkonzeption, die der Rhetorik zugrunde liegt, ist ganz und gar pragmatisch. Die Wahl der sprachlichen Mittel bei der Formulierung sprachlicher Äußerungen, seien es Reden, seien es schriftlich verfaßte Texte, hängt nicht von einem fest vorgegebenen Stilideal, sondern ausschließlich von den kommunikativen Erfordernissen ab. Nur derjenige Text ist im Sinne der Rhetorik gelungen, der tatsächlich seine intendierte Wirkung erzielt, also den Erfordernissen der Hörer- bzw. Leserschaft, der Situation, des beschriebenen Gegenstandes, der Absichten des Verfassers genau entspricht.

Die rhetorische Kategorie, die den Anschluß des Textes an die kommunikativen Erfordernisse garantieren soll, ist das *aptum* (wörtlich: 'das Passende', 'Angemessene'; auch: *decorum*, griech. *prépon*). Der Ausdruck bezeichnet sowohl die Stimmigkeit des Verhältnisses der Textkonstituenten untereinander und zum geschilderten Sachverhalt als auch die kommunikative Ausrichtung eines Textes. Die textinterne Stimmigkeit und das richtige Verhältnis der Wörter zu den Sachverhalten (einfache Sachverhalte erfordern einfache sprachliche Darstellung, komplexe Sachverhalte erfordern komplexe Darstellung etc.) bilden das *innere aptum*. Sprachtheoretisch interessanter ist das *äußere aptum*. Danach ist, wer einen Text verfaßt, aufgefordert, sich bei der Wahl seiner sprachlichen Mittel an den kommunikativen Bezugspunkten seines Textes zu orientieren, d.h. er muß fragen: *Wer* äußert sich mit diesem Text? – *Was* wird gesagt? – *Warum* wird es gesagt? – *Wo* wird es gesagt? – *Wann* wird es gesagt? – *Auf welche Weise* wird es gesagt? etc. Die Fragepronomen signalisieren dem Autor (bzw. Redner) diejenigen Elemente, die er zu beachten hat, wenn er seinen Text optimal in eine jeweilige Kommunikationssituation einpassen will. Als rhetorische Suchformel findet sich die Fragereihe seit der Antike immer wieder, und keineswegs nur in Rhetoriken (– in Kaspar Stielers sprachpraktischer »Sekretariatkunst« aus dem 17. Jahrhundert etwa, um nur ein Beispiel zu nennen, in der Form: *Ob? Was? Woher? Warum? Welcherlei? Wie? Wann? Wo? Welcher Gestalt? Womit?*). Nur durch diese pragmatische Verankerung in der kommunikativen Wirklichkeit kann der Text seiner Aufgabe des *docere* oder *movere*, des Belehrens oder Bewegens oder einer sonstigen Einflußnahme auf den Angesprochenen gerecht werden (zur Fortsetzung der Rhetorik in die pragmatische Sprachwissenschaft des 20. Jahrhunderts s. Kap. 6.5).

Die Kategorie des *aptum* läßt auch eine Dimension der Rhetorik deutlich werden, die ihren großen Erfolg maßgeblich ermöglicht hat: ihre gesellschaftliche Verwertbarkeit. In seiner »Ausführlichen Rede-Kunst« führt z. B. Gottsched allein an Typen der Rede diese Spielarten auf: *Lobreden* (auf „grosse

Herren", „Staatsleute", „Gelehrte" etc.), *akademische Reden der Lehrer und Lernenden, Kanzelreden und Predigten, Reden eines Geistlichen im Beichtstuhl, am Krankenbett* etc., *Leichabdankungen, Anwerbungs- und Beantwortungsreden, Hochzeits- und Strohkranzreden, Hofreden* (bei „Landtagen", „Gesellschaften", „Huldigungen", „Krönungen", „Grundlegungen zu neuen Gebäuden", „Einweihungen neuer Academien" etc.). Die vergleichsweise systematische Anlage der einzelnen Teile der Rhetorik und die Tatsache, daß sie zu jedem gesellschaftlichen Kommunikationsanlaß eine angemessene Sprechweise bietet, kam insbesondere im 17. Jahrhundert den Bedürfnissen der hochdifferenzierten Ständegesellschaft entgegen. Die zahllosen Titelbücher, Briefsteller und Rhetoriken der Zeit regeln exakt, auf welche Weise jeder einzelne entsprechend seiner gesellschaftlichen Position anzureden und anzuschreiben ist. In der »Allerneusten Art Höfflich und Galant zu Schreiben« des Christian Hunold z.B., der unter dem Pseudonym „Menantes" erfolgreich rhetorische Schriften publizierte, finden sich auf 752 Seiten Muster unter anderem für

- „Verweiß-Schreiben eines Frauenzimmers / von deren Conduite jemand übel raisoniret",
- „Vermahnungs-Schreiben an einen Anverwandten / seine Zeit auf Universitaeten nicht liederlich anzuwenden",
- „Visit-Schreiben an einen Fürsten der unpäßlich ist",
- „Empfehlungs-Schreiben an einen Minister, der von Bürgerlicher Extraction ist",
- „Empfehlungs-Schreiben an einen Doctorem auf Universitaeten / bey dem wir Collegia gehalten" etc.

Wie die Zeichentheorie der Zeit die Welt als eine Summe von Einzelgegenständen begreift, die von den Wörtern etikettiert werden, so erscheint die gesellschaftliche Wirklichkeit als eine Summe von potentiellen Kommunikationssituationen, die alle von der Rhetorik bedient werden können. Die wohlgeordnete Sprache vollzieht dabei die Ordnung der Gesellschaft lediglich nach und bestätigt sie damit zugleich (zur Präsenz des *ordo*-Denkens in der Sprachtheorie des 17. Jahrhunderts s. Kap. 3.1). In einer zeitgenössischen »Schreib-Kunst« werden die gesellschaftlichen Verhältnisse und die Notwendigkeit einer entsprechend differenzierenden Sprache ebenso einfach wie schlagend auf den Punkt gebracht (Overheid 1697, 115):

> Die im Obertheil oder Stande / haben zu gebieten oder zu begehren / vornemlich an ihre eigene Unterthanen / und die so im niedrigen Grad oder Stande seyn. Dagegen müssen die im niedrigen Stande oder Theil solche hohe Obern in alle wege unterthänig bitten und ersuchen.

Für dieses *Gebieten, Begehren, Bitten* und *Ersuchen* wie für alle nur denkbaren sonstigen Sprachhandlungen bietet die Rhetorik die passenden sprachlichen Gestaltungsmöglichkeiten.

Eben diese vielfachen Einsatzmöglichkeiten der Rhetorik haben ihr auch Ablehnung eingebracht. Während die oben erwähnte Kritik am mechanischen Zug rhetorischer Sprachgestaltung vorwiegend ästhetisch begründet ist, steht die älteste und schärfste Form der Rhetorik-Kritik in einem moralisch-ethischen Kontext. Bereits in der Antike sah sich die Rhetorik bisweilen dem Vorwurf ausgesetzt, sie verfüge über keine eigenen Inhalte, sondern lasse sich zur Darstellung jedweder Inhalte ge- und mißbrauchen. Am gewichtigsten waren die Bedenken Platons: Rhetorik – jedenfalls in einer bestimmten, zu Platons Zeit gängigen Ausprägung –, setze keine Kenntnis der behandelten Inhalte voraus, sondern praktiziere „ein wohl ausgeklügeltes Überredungsverfahren", welches „vor Nichtkennern den Schein erweckt, als wäre der Redner besser unterrichtet als die Kenner" (»Gorgias«, 459). Zu keiner Zeit gehe es dem Rhetor um die Wahrheit eines Sachverhalts, vielmehr um dessen „Glaublichkeit" (»Phaidros«, 272), also um die Frage, ob sich ein Sachverhalt den Zuhörern plausibel machen lasse. Eben weil die Rhetorik dazu verleite, die Suche nach der Substanz der Gegenstände aufzugeben, um diese stattdessen für den Kommunikationspartner sprachlich gefällig darzustellen, betont Platon die Überlegenheit der Philosophie und implizit auch jeder ,soliden' Fachdisziplin – er nennt u. a. das Weberhandwerk, die Musik, die Medizin – gegenüber der Rhetorik.

Dieser Vorwurf mangelnder Solidität wird in der Geschichte der Sprachreflexion immer wieder gegenüber der Rhetorik erhoben, im 18. Jahrhundert mit besonderer Schärfe von Kant. Im Barock trifft er vor allem die aus Frankreich übernommene Textsorte des *Kompliments*, die von den Mitgliedern der Sprachgesellschaften als Ausdruck einer oberflächlichen und verlogenen Lebensart kritisiert und mit einem altdeutschen Tugendideal konfrontiert wird. Da sich die Vorwürfe aber meist nur gegen ganz bestimmte, als exzessiv geltende Formen rhetorischer Sprachgestaltung richten, steht der Ablehnung der Rhetorik gleichzeitig praktische Akzeptanz gegenüber. Die Rhetorik selbst versucht sich gegen die Kritik durch die Verpflichtung des Redners bzw. Autors auf moralisch-ethische Werte abzusichern. In den antiken Texten kann der vollkommene Redner daher nur ein *vir bonus*, eine integre Persönlichkeit sein, und auch für Gottsched ist es keine Frage, „daß ein Redner ein ehrlicher Mann sein muß" (so ein Teil des Titels einer eigens dieser Frage gewidmeten Rede Gottscheds). Diese Kritik an der Rhetorik spiegelt so etwas wie eine Universalie der Sprachreflexion: den Wunsch der Sprachbenutzer, über die Sprache einen sicheren Zugriff auf die Realität zu erhalten.

Im Verlauf des 18. Jahrhunderts verändern sich Theorie und Praxis der Rhetorik. Kennzeichnend für die frühaufklärerische Rhetorikkonzeption ist eine markante Verschiebung des Bildes vom idealen Benutzer rhetorisch gestalteter Sprache. An die Stelle des humanistisch gebildeten, von einem eher konservativen Tugendbegriff geleiteten Autors um die Mitte des 17. Jahrhunderts tritt zunehmend der *honnête* und *galant homme*, der sich zu seinem Vorgänger verhält wie ein „Mode Schneider" zu einem „Dorfstörer" (in etwa: 'dörflicher Gelegenheitshandwerker', hier speziell 'Schneider'). Der Frühaufklärer Christian Thomasius macht sich damit über die „redlichen alten Teutschen" lustig und will seine Studenten so ausbilden, daß sie als „*Polite*, Welt=kluge und höffliche Leute" (»Vorschlag«, 1701, 257) in einer „vernünftigen Welt" (1687, 10f.) erfolgreich sein können. Ganz offen propagiert er den Vorbildcharakter französischer Kultur und Lebensart, am deutlichsten in seinem »*Discours*, Welcher Gestalt man denen Frantzosen in gemeinem Leben und Wandel nachahmen solle«. Das Ziel der Ausbildung ist die Teilhabe an einem gesellschaftlichen Diskurs, der weder von überkommenen Verhaltens- und Bildungsidealen geprägt wird – Thomasius fordert den Unterricht in den modernen Fremdsprachen auf Kosten des Lateinischen – noch von den „unnöthige[n] Grillen und *Sophist*ereien" (1687, 8) einer weltfremden Schulphilosophie. Wer stattdessen die „*Philosophiam Practicam*" (»Vorschlag«, 258) des Thomasius begriffen hat, wird sich in der bürgerlichen Gesellschaft zu bewegen wissen und den Anforderungen einer sich verändernden Wirklichkeit (zunehmende Kapitalisierung der Wirtschaft, moderne Strukturen in den territorialstaatlichen Verwaltungen etc.) stellen können.

Dieser neuen Haltung entspricht ein veränderter Sprach- und Kommunikationsbegriff. Er sei im folgenden anhand der Arbeiten des Zittauer Schulrektors und Rhetoriklehrers Christian Weise skizziert, ausgehend von einem Beispiel zum Verfahren des Textverfassens.

Den ersten Schritt auf dem Weg zu einem Text bildet eine Aussage, die einen einfachen Sachverhalt bezeichnet: „Der Mensch begehret all zeit etwas neues" (die folgenden Zitate aus »Neu-Erleuterter Politischer Redner«, 1684, 2ff.). Von dieser schlichten Aussage gelangt Weise durch verschiedene Verfahren des stilistischen Ausbaus (*Amplification*) zu dem Satz:

> Die unruhige Natur / das sehnsüchtige Gemüthe und die unbeständigen Gedanken eines Menschens / ich will sagen / eines Welt-Kindes / eines irdischen Liebhabers der Eitelkeit ist also beschaffē / daß er allzeit seinen Wunsch / seine Hoffnung und alle Begierde dahin zurichten pfleget / wie er durch neue / unerhörte und seltzame Dinge möchte vergnüget uñ zur Verwunderung angeführet werdē.

Das Bemerkenswerte ist nun, daß der zweite Satz auch nichts anderes besagt als der erste, nämlich daß der Mensch immer wieder „etwas neues" begehrt. Was an semantischer Information tatsächlich hinzugekommen ist (*unruhige Natur, sehnsüchtiges Gemüt* etc.), ist in beliebig austauschbare Formeln gefaßt und spielt auch für Weise gar keine Rolle. Der Zweck dieser stilistischen Aufblähung ist also nicht das Übermitteln zusätzlicher Informationen, sondern ein gesellschaftlicher: Erst mit der Verwendung einer gehobenen Stillage ist der

Text für bestimmte gesellschaftliche Situationen geeignet. Der Sprecher gibt zu erkennen, daß er sich der Besonderheit des Redegegenstandes und des hervorgehobenen gesellschaftlichen Status des Adressaten bewußt ist. Zugleich signalisiert er seine eigene Kultiviertheit und damit seine Zugehörigkeit zu bestimmten gesellschaftlichen Gruppen. In den Kategorien des Modells der Sprachfunktion von Karl Bühler (1934) formuliert, dominiert bei dieser Form rhetorischer Sprachverwendung die Symptomfunktion von Sprache, d.h. ihre Funktion, u.a. gesellschaftliche Gegebenheiten durch die Art und Weise der Formulierung auszudrücken. Die Funktion der Darstellung von Gegenständen der Welt ist dagegen zweitrangig.

Diese gesellschaftliche Dimension der Kommunikation wird noch deutlicher in der Beschreibung der Aufgaben des Redners: Er müsse seine Inhalte „Listig zu Marckte" (1684, 218) tragen, müsse „die Leute mit ihren *Affecten* recht in seinen Händen haben" (1681, 888), dürfe sich „kein Vortheil verderben" (ebd., 37f.), müsse eine „listige Verstellung der innerlichen Affecten" ereichen (ebd., 7ᵛ) etc. Das von anderen als unaufrichtig verworfene Kompliment definiert Weise, nun positiv wertend, als „Reden / damit in der *Conversation* der Mangel würcklicher Auffwartung gleichsam ersetzt und vollgefüllet wird" (ebd., 161). Den Aufbau des Kompliments beschreibt er so (ebd., 169):

> Erstlich ist *Propositio* oder der Vortrag / darinn man sagt / was man in der Rede haben wil. Darnach ist *Insinuatio*, ich möcht es fast eine Schmeicheley nennen / darinn man bemüht ist / so wol die Sache als seine eigne Person zu *recommendi*ren. Endlich ist ein sonderliches Stücke der *Insinuation*, welche *Votum*, und *Servitiorum Oblationem* begrifft / darinnen man durch gute Wündsche und durch Darbietung aller willigen Dienste sich selbst angenehm machen wil.

Hier wird zum Programm erhoben, wovor die Sprachgesellschafter des Barock noch warnten: Der Einsatz von Sprache zum Zweck des gesellschaftlichen Erfolgs, ohne auf ihrer Anbindung an die Überzeugungen des Sprechers und die Gegebenheiten der Wirklichkeit zu insistieren. Die Kriegserfahrungen sind nicht mehr unmittelbar, die gesellschaftlichen Veränderungen werden von Weise nicht in einer Weise als bedrohend empfunden und die Unsicherheit hinsichtlich des eigenen gesellschaftlichen Status ist nicht so gravierend, daß die deutsche Sprache die Rolle der patriotischen Identitätssicherung und einer zeitlosen Bastion gegen eben diese Veränderungen übernehmen müßte. Auch sind Sprachpfleger des 18. Jahrhunderts etwas eher bereit, die Sprachregelung dem gesellschaftlichen Usus anheimzustellen, zumindest dem bestimmter Gruppen, was natürlich damit zusammenhängt, daß die Etablierung eines hochsprachlichen Standards schon weiter fortgeschritten ist als im vorangegangenen Jahrhundert. „man [muß] den Gebrauch am meisten herrschen lassen" (»Politische Nachricht von Sorgfältigen Briefen«, 7rf.) fordert Weise, und im gleichen Zusammenhang bekennt er sich zum Arbitraritätskonzept; vom Glauben an eine mythisch-mystische, in der Lautmalerei offenbar werdende *Natur* der deutschen Sprache findet sich bei ihm nichts.

Diese stark pragmatische Sprachkonzeption entspricht dem rhetorischen Sprachbegriff insofern, als ein wichtiger Zweck der Sprachverwendung in der Gestaltung gesellschaftlicher Beziehungen gesehen wird. Wenn dem modernen Leser der Pragmatismus Weises angesichts seines amoralischen Zugs zu weit geht (Lob der Schmeichelei, der List etc.), dann darf er nicht vergessen, daß diese Form des gesellschaftlichen Sprachspiels zugleich in einen weiteren Kontext christlicher Ethik eingebunden bleibt. Der ideale *Politicus* ist der *Politicus christianus*, und das Wohl des einzelnen, das er mit seinen sprachlichen Aktivitäten verfolgt, ist, zumindest der Forderung nach, Teil des Wohls der Gemeinschaft.

Diese Forderung nach einer Orientierung am Nutzen des Ganzen ist in den Arbeiten von Christian Thomasius noch stärker ausgeprägt. Deutlicher auch betont er die Rolle der Vernunft bei der Verwendung von Sprache. Die schmückende Funktion der Rhetorik tritt damit hinter die der Gestaltung überzeugender Argumente zurück. In der Drei-Stile-Lehre, wonach je nach Eigenschaft des Themas und der situativen Gegebenheiten eines Textes eine von drei Stillagen gewählt werden muß (der *niedere*, der *mittlere* oder der *hohe Stil*), wird im Verlauf des 18. Jahrhunderts zunehmend eine schlichte bis mittlere, als *leichtfliessend*, *natürlich* und *vernünftig* gekennzeichnete Stillage propagiert. Diese Entwicklung in der Rhetorik entspricht der Aufwertung der Vernunft zum höchsten Erkenntnisvermögen im Rahmen der rationalistischen Philosophie. Ob sich in dieser Forderung nach einer *mittleren Schreibart* (d. h. 'Stil') auch ein gesellschaftliches Moment erkennen läßt – der mittlere Stil als Stil des mittleren, bürgerlichen Standes –, ist nicht leicht zu beantworten. Einerseits begegnet die Forderung auch in adligen Kreisen, doch ist andererseits nicht zu übersehen, daß die Propagierung dieser Stillage gelegentlich mit charakteristisch bürgerlich-aufklärerischen Angriffen auf eine höfische Sprachkultur einhergeht.

Die Tendenz zu einer *vernünftigen Beredsamkeit* sei im folgenden an einem Auszug aus einem Werk von Johann Andreas Fabricius illustriert: »Philosophische Oratorie, Das ist: Vernünftige Anleitung zur gelehrten und galanten Beredsamkeit« (1724, 2ff.; die Anmerkungen sind ausgelassen):

§ 1. Die Oratorie ist eine vernünftige anweisung zur beredsamkeit, das ist, zu der geschicklichkeit, solche wörter zugebrauchen, welche mit unsern gedancken genau überein kommen, und in solcher ordnung mit solcher art seine gedancken fürzustellen, daß in denen die unsere worte hören oder lesen, eben die gedancken und regungen entstehen, die wir ihnen beybringen wollen, damit die glückseeligkeit des menschlichen geschlechts befördert und der umgang unter ihnen angenehm gemacht werde. [...]

§ 2. Also bestehet das wesen der beredsamkeit in dem accuraten ausdruck der gedancken, und es irren dieienigen, welche solches in der menge leerer worte, in pedantischen formuln, in figuren, in argutien, in der gleichheit mit andern berühmten rednern, in dem klange der rede, in der kunst den leuten was weiß zu machen, in der fertigkeit von sachen pro- und contra zu schwatzen, und in andern dergleichen kleinigkeiten suchen. [...]

§ 5. Da uns nun die Oratorie zu einer solchen beredsamkeit vernünftige anweisung giebt, so ist sie gewiß eine der nöthigsten und nützlichsten wissenschaften. Alles unser dencken und wissen würde vergraben liegen, und die menschliche gesellschaft würde kaum bestehen, noch von den thieren können unterschieden werden, wann wir nicht die fähigkeit hätten unsere gedancken durch worte an den tag zu legen und zu reden. Allein alle unsere conversation und wissenschaft, würde ein rechtes Babel seyn, wann wir nicht durch die Oratorie, zum vernünftigen ausdruck unserer gedancken angeführet würden und also durch vernünftiges reden uns von unvernünftigen menschen und albernen wäschern unterscheiden könten. [...]

§ 7. Wie die Oratorie zur beredsamkeit anführet, also muß hingegen die Logick zum vernünftigen dencken anweisung geben. Und zwar muß diese billich vorangesetzet werden, denn die Oratorie giebt keine anweisung, von sachen, die man nicht verstehet, und davon man keine oder unordentliche gedancken hat, viel worte zu machen. [...]

Die Rede von der *Vernunft* durchzieht den Text wie ein roter Faden. Sie wird verknüpft mit dem Topos von der kommunikativen Grundfunktion von Sprache und vom Nutzen der Beredsamkeit für die Gesellschaft (*Glückseligkeit des menschlichen Geschlechts befördern ..., die menschliche Gesellschaft würde kaum bestehen ...* etc.).

Spätere rhetorische Lehrwerke, darunter die »Vernunfftmäßige Redekunst« Gottscheds und seine »Ausführliche Redekunst« (1728 bzw. 1736) oder die Arbeiten Johann Gotthelf Lindners, Friedrich Andreas Hallbauers, Christoph Martin Wielands, Johann Joachim Eschenburgs, bis hin zu Johann Christoph Adelungs »Ueber den deutschen Styl« von 1785 unterscheiden sich in vielem kaum von Fabricius' Werk, vor allem nicht in der Präsentation der Einzelheiten des rhetorischen Systems. Doch während diese technischen Beschreibungen noch fest in antiker Tradition stehen, sind die wertenden Teile der Rhetoriken stark von gesellschaftlichen und geistesgeschichtlichen Entwicklungen beeinflußt. So entspricht, wie bereits angedeutet, die starke Konzentration auf die rationale Dimension rhetorisch gestalteter Sprache in den ersten Jahrzehnten des 18. Jahrhundert dem aufklärischen Bildungsbegriff insgesamt. Unter anderem schlagen sich diese Tendenzen in einer Kritik an der Verwendung von Metaphern nieder. Gottsched etwa läßt metaphorische Sprache zumindest für die Prosa nur zu, wenn sie semantisch durchsichtig bleibt. Im Grunde können nur im Wortschatz fest etablierte Metaphern – und damit gar nicht mehr als Metaphern wahrgenommene Ausdrücke (Typ *Tischbein, begreifen*) – das leisten, jedenfalls keine kühnen Metaphern, die dem Postulat refe-

rentieller Eindeutigkeit zuwiderlaufen. So kritisiert Gottsched die „Dunkelheit", die „schwülstigen Ausdrückungen" der „miltonische[n] Secte" (1730,
342f.). Guter Stil muß *deutlich, artig, ungezwungen, vernünftig, natürlich,*
edel, wohlgefaßt, ausführlich, wohlverknüpft und *wohlabgeteilt* sein (1736,
393). Die Adjektive sind bezeichnend, sie signalisieren das Ideal einer von allen
Extremen und Exzessen freien, in ihren Wirkungen überschaubaren Sprache.

Was Gottsched als Konzentration auf einen Mittelweg der Vernunft empfindet,
wird in der zweiten Hälfte des 18. Jahrhunderts zunehmend kritisiert. Der
Bruch in der Kontinuität des zitierten Sprachideals wird spätestens an der Auseinandersetzung zwischen Gottsched und den Schweizer Philologen, Histori-
kern, Sprach- und Dichtungstheoretikern Johann Jakob Bodmer und Johann
Jakob Breitinger deutlich. Auf Bodmer und Breitinger, die sich etwa ab 1740
mit Gottsched überwarfen, war auch dessen Bemerkung von der *miltonischen*
Sekte gemünzt, mit der er den Milton-Übersetzer Bodmer und seinen Kreis
treffen wollte. Was sich bei diesen Gegnern Gottscheds andeutet, ist nicht die
Aufgabe aufklärerischer Positionen – Breitingers Äußerungen zu den sprachtheoretischen Aspekten des Übersetzens etwa, die er 1740 in seiner »Critischen
Dichtkunst« vorträgt, liegen genau auf der Linie des Gottschedschen Sprachrationalismus (Bd. 2, 138f.) –, sondern deren Erweiterung. So polemisieren sie
unter anderem gegen die „sächsische Tyrannei", gegen Gottscheds Anspruch
auf die Regelung des Hochdeutschen auf der Basis des Obersächsischen und
wollen auch regionale Elemente, vor allem ihres alemannischen Idioms,
berücksichtigt wissen (Bodmer/Breitinger 1746, 2/59): „Und mit welchem
Recht fordern die Sachsen, daß wir uns ihrem Sprachgebrauche unterwerfen
sollen? Ist unser Gebrauch nicht von so großem Ansehen als der ihrige, da
doch gewiß ist, daß er älter ist, und der ursprünglichen Verfassung der deutschen Sprache getreuer geblieben ist?" Die Frage der Normierung des Deutschen ist in der Praxis bereits weitgehend entschieden, ganz selbstverständlich
wird die Diskussion von beiden Seiten auf hochdeutsch geführt. Was hinter
dem Wunsch nach Aufwertung der Dialekte tatsächlich steht, geht aus der bereits erwähnten Charakterisierung des Übersetzens hervor. Breitinger (1740,
2/143ff.) stellt fest,

> daß eine jede Mundart ihren eigentlichen und ganz besonderen Character habe,
> nach welchem sie sich von allen andern Mundarten unterscheidet; daher es
> einem Uebersetzer oft sauer ankömmt, die Gedancken seines Originales ohne
> Verminderung des Nachdruckes und der Schönheit mit gleichgültigen [= 'bedeu-
> tungsgleichen', A.G.] Zeichen auszudrücken, welche in seiner Sprache nicht
> fremd klingen, und dem Character derselben nicht Gewalt anthun.
> Dieses verschiedene Merckmahl der Sprachen entsteht einestheils von dem
> Gebrauche, der wegen und nach der verschiedenen Lebensart und den eigenen
> Gewohnheiten der Völcker in einer jeden Sprache gewisse figürliche Aus-
> drückungen vor andern eingeführt und gleichsam eingeweihet hat, so daß diese

sich in keiner andern Sprache mit eben denselben figürlichen Zeichen recht genau geben lassen. Anderntheils kömmt dieser Unterschied von der verschiedenen Gemüthes- und Gedenckens-Art ungleicher Nationen, welche sich nothwendig in die Art zu reden ergiessen, ich sage noch mehr, derselben sich gleichsam einprägen muß. In diesen beiden Quellen haben die *idiotismi* ihren Ursprung, welche sich darum in andern Sprachen nicht von Wort zu Wort geben lassen, sondern alleine dem Verstande nach erkläret werden müssen; und diese bestehen zum Theil in absonderlichen Wörtern, zum Theil in der Form gantzer Redensarten. [...] Ich zehle in diese Classe insbesondere alle Haupt-Wörter, die auf Landes-Gebräuche und Sprüchwörter gebauet sind, *Verba ritualia & locutiones proverbiales* [...].

Die „Gewohnheiten der Völcker" bzw. der „Nationen" und ihre „Gemüthes- und Gedenckens-Art" prägen ihre Sprache. Auf diese Korrelierung von so etwas wie einem Volks- bzw. Nationalcharakter und der Spezifik einer Sprache wurde in dieser Darstellung bereits mehrfach hingewiesen (z. B. Kap. 3.2). Breitinger formuliert hier vergleichsweise zurückhaltend, ohne nationalistische Überzeichnungen, sieht lediglich in einer Einzelsprache das Eigene einer jeweiligen Kultur gespiegelt. Was für unterschiedliche Sprachen beim Übersetzen gilt, trifft auch auf das Verhältnis zwischen Dialekt und Leitvarietät zu: Das Hochdeutsche gilt den Schweizern als die nüchternere, weniger sinnliche Varietät, als diejenige Form des Deutschen, die ohne jene *Idiotismen* auskommen muß, also diejenigen Ausdrücke, in der die Lebensart und *Natur* einer Sprachgemeinschaft am prägnantesten zum Ausdruck kommen. Das Verhältnis zwischen Hochsprache und Dialekt wird damit in ähnlicher Weise beschrieben, wie im 15. und 16. Jahrhundert das Verhältnis zwischen Latein und Deutsch dargestellt wurde, wobei sich nun der Dialekt in der Rolle der damaligen *lingua vulgaris* Deutsch befindet. Die Überlegenheit der Hochsprache (Hochdeutsch bzw. Latein) wird für viele Bereiche anerkannt, der Dialekt (bzw., in der Frühen Neuzeit, das Deutsche insgesamt) aber gilt als die ursprünglichere, kraftvollere, dem Naturell der Sprecher gemäße und zum Ausdruck von Gefühlsregungen geeignetere Sprache. Das hat unmittelbare Konsequenzen für den Stil: Bodmer und Breitinger fordern die Verwendung von *Machtwörtern*, d. h. semantisch intensiven und wirkungsstarken Wörtern, und treten für eine *herzrührende Schreibart* ein, in der sich die Empfindungen der Menschen besser ausdrücken und ansprechen lassen. Vor dem Hintergrund einer weitestgehend etablierten Hochsprache kann nun sprachliche Variation gefordert werden, das Nebeneinander der Varianten gilt weniger – wie noch im 17. Jahrhundert – als Bedrohung denn als Gewinn. Im Grunde geht es Bodmer und Breitinger um eine Ausweitung dieser Hochsprache zu bestimmten Aspekten des Schweizerdeutschen hin, und dies zunächst auch nur für bestimmte Textsorten, nicht aber um ein konsequentes Ersetzen des Hochdeutschen durch den alemannischen Dialekt, und eben so ist auch Ihr Eintreten für eine schweizerische „Mundart" in der Dichtung zu verstehen. Daß der Wunsch nach einer

plastisch-sinnlichen Volkssprache sogar mit der ausdrücklichen Ablehnung
von Dialekten einhergehen kann, zeigen Bemerkungen Johann Gottfried
Herders gegen Ende des Jahrhunderts. Einerseits fordert Herder eine solche
Volkssprache, andererseits redet er etwa von dem thüringischen Dialekt als
einer „bäurischen oder schreienden Gassenmundart", einem „Dialekt bloßer
Tierlaute", dem „eine Menschliche, natürliche, Charakter- und Seelenvolle
Sprache" gegenüberstehe (Herder 1796, 723).

In der Philosophie und Poetik geht mit dieser Entwicklung, die sich bei
Bodmer und Breitinger ankündigt, eine Aufwertung der *Einbildungskraft* als
Erkenntnisvermögen einher, die dem aufkommenden Genie- und Originalitätsgedanken entspricht. In den sprachreflexiven Schriften Friedrich Gottlieb
Klopstocks etwa werden dem Deutschen ideale Eigenschaften zuerkannt, die
sich geradezu wie ein Kontrastprogramm zu der oben angeführten Adjektivrei-
hung Gottscheds lesen: Das Deutsche, so Klopstock in der »Deutschen Gelehrtenrepulik« (1774), sei *reichhaltig, vollblühend, fruchtschwer, tönend, frei,
bildsam, männlich* etc. Zwar sind solche pauschalen Zusprechungen sprachlicher Güteeigenschaften seit dem Barock durchaus üblich, doch werden sie
von Klopstock auch als Kennzeichen einer idealen Literatursprache verstanden. Vor allem für die Sprache der Poesie, die der Sprache der diskursiv-*vernünftigen* Prosa gegenübergestellt wird, werden damit Akzente gesetzt, die bei
Herder, wie im Sturm und Drang überhaupt und später in der romantischen
Dichtungs- und Sprachtheorie, eine noch stärkere Zuspitzung erfahren. Herder z. B. kritisiert die „Gottschedianer", weil sie das Deutsche „wässerich" gemacht, weil sie es *entmannt* hätten, indem sie Metaphern, Synonyme, Idiotismen aus der Sprache verbannt wissen wollten. Den Schweizern dagegen be-
scheinigt er, „den Kern der deutschen Sprache", den *Genius* des Deutschen
eher bewahrt zu haben (1766, 189ff.).

Interessant ist, daß Bodmers und Breitingers Angriff auch eine politische
Dimension hat, wenn auch in einem anderen Sinne als bei Gottsched und den
ihm gleichgesinnten aufklärerischen Sprachpflegern. Deren Propagierung einer
vernünftigen Sprache, gehalten in einer semantisch durchsichtigen, mittleren
Stillage, ist auch ein Eintreten für einen bürgerlichen Stil (in der sprachlichen
und nicht-sprachlichen Bedeutung des Wortes), der sich sozial nach unten und
trotz der behaupteten Orientierung an der Sprache des „Hofes" auch zum
Adel hin abgrenzt. Bodmer weist nun auf die großen regionalen und sozialen
Unterschiede zwischen den Varietäten des Deutschen in Deutschland hin und
stellt fest, daß bei einem derartig starren Ständesystem, das weder gesellschaftlich noch sprachlich durchlässig sei, keine vorgeschlagene Sprachnorm repräsentativ sein und der Gesellschaft als ganzer dienen könne: „Wie kan unter ihnen [d. h. den Deutschen, A. G.] die Sprache cirkulieren, wie können die Wörter und Redensarten der einen zu den andern überkommen, und von ihnen
genutzet werden?" (Bodmer/Breitinger 1746, 2/625f.). In der Schweiz sei das
anders:

Muß nicht die schweitzerische Sprache, wo die Freiheit alle Einwohner unter einander so genau verbindet, daß sie solche beynahe zu seines gleichen machet, dadurch allgemeiner, gleichmässiger werden? Muß sie nicht so viel weiter ausgebreitet, und für so viel mehrere Leute brauchbar werden, je mehrere Arten Leute daran arbeiten?

Der politischen und gesellschaftlichen Hierarchie des deutschen Territorialabsolutismus wird, ein wenig idealisierend, ein republikanischer Gleichheits- und Freiheitsgedanke entgegengehalten, der die Gesellschaft und ihre Sprache umfaßt.

In vielerlei Hinsicht setzt sich die Auseinandersetzung zwischen Gottsched, Bodmer und Breitinger in der Diskussion zwischen Johann Christoph Adelung und Christoph Martin Wieland fort. In seinem Aufsatz »Was ist Hochteutsch«, mit dem er auf Adelungs gleichnamige Schrift antwortet, fordert er Freiheiten für die Dichtung (1782, 215f.):

Nach Herrn Adelung ist die Verständlichkeit die einige (einzige) Absicht der Sprache [...]. Hätte er gesagt die erste, so wäre nichts dagegen einzuwenden: daß sie die einzige sey, wird ihm kein Dichter zugestehen. Der will und soll mit seiner Sprache noch viele andre Absichten erreichen. Ein veraltet Wort, ein Provinzial-Wort, wofür das sogenannte Hochteutsche kein völlig gleichbedeutendes hat, ist zuweilen an dem Orte, wo ers braucht, gerade die einzige Farbe, die zu seiner bestimmten Absicht paßt, und wovon die Würkung abhängt. Zuweilen ist das oberteutsche Wort um eine Sylbe kürzer oder länger, oder hat andere Vocalen, andre Consonanten, u.s.w. als das Hochteutsche, und gerade dadurch erhält er den höhern Wohlklang eines Verses, die schönere Rundung einer Periode u.s.f. Und wenn es denn überdies ein Wort ist, das Luther oder Opitz schon gebraucht haben: wer kann ihm zumuthen, daß er es blos deswegen verwerfen soll, weil es im südlichen Chur-Sachsen von 1740–60 nicht im Umlauf war?

In einer Weise, die für den veränderten Sprach- und Literaturbegriff charakteristisch ist, betont Wieland die Souveränität des Dichters gegenüber seinem Sprachmaterial. Erst mit der Zurücknahme von Verständlichkeit als der allein relevanten Sprachqualität wird eine Aufwertung von poetologischen Größen wie sprachlicher Kreativität und Originalität möglich.

Literatur

Geschichte und System der Rhetorik: Lausberg 1973, Ueding/Steinbrink 1986, Fuhrmann 1987, Historisches Wörterbuch der Rhetorik, 1992ff.

Theorie und Praxis der Rhetorik im 17. u. 18. Jahrhundert: Blackall 1966, Barner 1970, Lange 1974, Sinemus 1978, Haas 1980, Kühlmann 1982, Braungart 1988, Beetz 1990, Kühlmann 1991, Geitner 1992, Knape 1992, Ueding 1992, Härle 1996

Soziale und politische Dimension sprachlicher Bildung: Sinemus 1978, Gessinger 1980, Kühlmann 1982, Braungart 1988, Beetz 1990, Gestrich 1994, von Polenz 1994

4.2   Grammatik des Deutschen: Gottsched, Aichinger, Adelung

4.2.1 Johann Christoph Gottsched

Exkurs: Die Diskussion zwischen Rationalisten und Sensualisten in Frankreich (Condillac, Buffier) und ihre Rezeption durch Gottsched

Gottsched steht in einer Tradition von Grammatikern des Deutschen, die spätestens bei Schottelius einsetzt und unter anderem umfaßt: Johann Bellin (1660), Isaac Pölmann (1671), Christian Pudor (1672), Johann Ludwig Prasch (1687), Johann Bödiker (1690, einschließlich der Überarbeitungen seiner Grammatik durch J.L. Frisch, 1723, u. J.J. Wippel 1746), Kaspar Stieler (1691), Johann Daniel Longolius 1715, Hermann Wahn (1723) und Christoph Ernst Steinbach (1724). Seine »Grundlegung einer Deutschen Sprachkunst« erschien erstmals 1748 und erfuhr bis zu seinem Tod fünf Auflagen. Der »Kern der deutschen Sprachkunst«, ein Auszug aus dem umfangreicheren Werk, wurde achtmal aufgelegt, darunter 1778 bis 1780 in Wien. Auch die zahlreichen Übersetzungen, darunter ins Lateinische, Polnische, Russische und, in 14 Auflagen, ins Französische, belegen Gottscheds großen Einfluß.

In den »Vernünftigen Tadlerinnen«, einer von Gottsched herausgegebenen Zeitschrift, nennt er drei Prinzipien für einen guten schriftsprachlichen Stil (37. Stück, 12. Sept. 1725, S. 290f.):

1. Ein guter Scribent muß natürlich schreiben.
2. Ein guter Scribent muß vernünftig schreiben.
3. Ein guter Scribent muß in Vergrösserungen und Verkleinerungen Maaß halten.

Natürlichkeit, Vernunft und die Suche nach einem Mittelweg, der die Extreme vermeidet, sind charakteristisch für die aufklärerische Sprachkonzeption Gottscheds. Seine stilistischen Überlegungen wurden im vorangehenden Kapitel angesprochen (4.1), ebenso die noch sehr starke Anbindung seiner Grammatikschreibung an die Kategorien der antiken und nachantiken Grammatik und Rhetorik. Die berühmte Definition dessen, was eine *Grammatik* sei – eine „gegründete Anweisung, wie man die Sprache eines gewissen Volkes, nach der besten Mundart desselben, und nach der Einstimmung seiner besten Schriftsteller, richtig und zierlich, sowohl reden, als schreiben solle" (1762, 37) – und die sich anschließende Bestimmung von „Mundart" – „diejenige art zu reden, die in einer gewissen Provinz eines Landes herrschet", wobei die „beste Mundart" die „an dem Hofe, oder in der Hauptstadt eines Landes" gesprochene ist –, sind eingebettet in Verweise auf die antike Tradition. Die Mehrdeutigkeit des Ausdrucks „Mundart", der sowohl den Dialekt als auch eine andere Varietät bezeichnen kann, macht da keine Ausnahme: In ein und demselben

Textabschnitt (ebd., 38) wird *Hochdeutsch* einmal geographisch, als Gegensatz zum *Plattdeutschen* bestimmt, dann im Sinne von 'Leitvarietät', 'Hochsprache' (eine „ausgesuchte oder auserlesene Art zu reden"), gekennzeichnet durch Prädikate, die dem griechischen „Atticismus" (in Anlehnung an den als vorbildich geltenden attischen Dialekt) und der römischen „Urbanitas" (eine Sprachqualität, die die Eigenschaften einer Varietät beinhaltet, die in einer Metropole wie Rom gesprochen wird) entsprechen. Auch Gottscheds Prinzipien der Sprachnormierung mittels der Kategorien Vorbilder („beste Schriftsteller"), Analogie, Sprachgebrauch („Gewohnheit im reden") sind ganz und gar traditionell.

Den eigentlich grammatikographischen Teilen der »Sprachkunst« ist ein kurzer Aufsatz »Von der Vollkommenheit einer Sprache überhaupt« vorangestellt. Gottsched bestimmt darin zentrale sprachtheoretische Kategorien (S. 49ff.; die Anmerkungen werden nicht zitiert):

§3. Wie nun der *Reichthum* und *Überfluß* die erste Vollkommenheit einer Sprache abgeben: so ist es auch gewiß, daß die *Deutlichkeit* derselben die zweyte ist. Denn die Sprache ist das Mittel, wodurch man seine Gedanken, und zwar in der Absicht ausdrücket, daß sie von andern verstanden werden sollen. Da aber dieser Zweck nicht erhalten wird, außer wenn die Wörter wohl zusammengefüget, und nach gewissen leichten Regeln verbunden werden: so kömmt es, bey der Größe der Vollkommenheit, auch darauf an, ob eine Sprache viel oder wenig Regeln nöthig hat. Je weniger und allgemeiner nun dieselben sind, d.i. je weniger Ausnahmen sie haben, desto größer ist ihre Vollkommenheit: wenn nur der Zweck der Rede, nämlich die deutliche Erklärung der Gedanken dadurch erhalten wird.

§4. Die dritte gute Eigenschaft der Sprachen ist die *Kürze*, oder der *Nachdruck*; vermöge dessen man, mit wenigen Worten, viele Gedanken entdecken kann. Hier gehen nun zwar die bekannten Sprachen sehr voneinander ab; indem die eine oft mit zweyen, dreyen Worten so viel saget, als die andere mit sechsen oder mehrern. [...]

§8. Wenn man fraget, ob unsere Sprache, seit ein Paar hundert Jahren, an Vollkommenheit zugenommen habe, so giebt es freylich Grübler, die solches läugnen, und uns wohl gar bereden wollen: daß man zur Zeit Kaiser Maximilians des I und Karls des V, ein nachdrücklicheres und kräftigeres Deutsch geredet und geschrieben habe als itzo. Diese glauben also, daß unsere Sprache sich verschlimmert habe; indem sie, wie sie reden, viel schwatzhafter und dabei gezwungener geworden, als sie vormals gewesen. Sie bemerken auch noch, daß man heute zu Tage eine Menge ausländischer Wörter und Redensarten ins Deutsche menget, die ihm gar nicht wohl stehen; und die kerndeutschen Ausdrückungen der Alten dafür fahren läßt: woraus denn nothwendig eine Verderbniß der Sprache hätte entstehen müssen.

§9. Was aber die erste Ursache betrifft: so ist es zwar gewiß, daß die alte Rauhigkeit unserer Schriftsteller vor Opitzen, etwas nachdrücklicher klingt; aber an Lieblichkeit und Wohlklange, muß sie der heutigen Schreibart ein vieles nachgeben. Ihr Ausdruck wird oft, aus Mangel verschiedener Redensarten, und bestimmterer Wortfügungen, dunkel und zweydeutig: heute zu Tage aber, kann man diese Fehler, durch die Mannichfaltigkeit der Aussdrückungen, und eine bestimmtere Ordnung der Wörter, glücklich vermeiden. [...]

§ 10. Was ferner die Kürze betrifft, so kann man sich auch itzo noch eben so kurz zu verstehen geben, als vormals. Es kömmt alles auf die Fassung der Gedanken an: dieses ist aber nicht jedermanns Werk. [...]
§ 11. Aus dieser Ursache nun wäre es zu wünschen, daß unsere Sprache bey der itzigen Art, sie zu reden und zu schreiben, erhalten werden könnte: weil sie, allem Ansehen nach, denjenigen Grad der Vollkommenheit erreicht zu haben scheint, worinnen sie zu allen Vorfällen und Absichten einer ausgearbeiteten und artigen Sprache, geschickt und bequem ist.

– *Reichtum* bzw. *Überfluß* an Ausdrucksmitteln, *Deutlichkeit* und *Kürze* bzw. *Nachdruck* sind Sprachqualitäten, die in der Geschichte der Sprachwissenschaft immer wieder als positiv und wünschenswert aufgeführt werden (die Sprachqualitäten sind bereits zentrale Kategorien der antiken Rhetorik: *copia, perspicuitas, brevitas*). Die Kategorien werden sowohl auf das System einer Sprache wie auch auf ihre Verwendung bezogen: Das Deutsche verfügt über Ausdrucksmittel, die per se z.B. *deutlich* sind, dann aber auch in einer ihnen gemäßen Weise – eben *deutlich* – verwendet werden müssen (in § 4 des Textauszugs z.B. weist Gottsched *Kürze* explizit dem jeweiligen Sprachsystem zu, in § 10 ebenso explizit der individuellen Verwendung). Schon Schottelius hatte diese Unterscheidung zwischen der „Sprach' an sich" und dem „geredte[n] Ding" (1663, 1007), der einzelnen Äußerung getroffen, hatte im Unterschied zu Gottsched aber lediglich *das Deutsche an sich* gelobt, den konkreten Sprachgebrauch seiner Zeit dagegen kritisiert.
– Daß Gottsched letzteres nicht tut, ist charakteristisch für das aufklärerische Fortschrittsdenken: Die Sprachen entwickeln sich zu immer größerer Vollkommenheit. Mit den Einwänden, wie sie schon von den Grammatikern und Sprachtheoretikern der barocken Sprachgesellschaften vorgebracht wurden, geht er gelassen um. Die „Rauhigkeit" der Autoren vor Opitz mag einen Wert an sich darstellen, doch sei ihre Sprache aufgrund lexikalischen Mangels und syntaktischer Undifferenziertheit häufig „dunkel und zweydeutig". Auch das ist zeittypisch: Das negative Pendant zur klaren, semantisch und syntaktisch jederzeit durchsichtigen Sprache ist die *dunkle* und *zweideutige* Sprache. Zwar sind auch *obscuritas* und *ambiguitas* schon Kategorien der antiken Sprachlehre (z.B. Quintilian VIII, III, 2 u. VIII, II, 16), aber sie werden um die Mitte des 18. Jahrhunderts zu geradezu prototypisch negativen Spracheigenschaften. Auffallend ist die Lichtmetaphorik in den Texten: *Klar, hell, deutlich* zählen zu den häufigsten Adjektiven in positiven Wertungen, *dunkel, unklar, undeutlich, finster* etc. in negativen Wertungen. Typisch sind Redeweisen wie die vom *Licht des Verstandes* bzw., antonymisch, vom „dicken Staub oder Nebel" (Gottsched 1742, 342f.), der in dem metaphorischen Stil mancher gegenwärtiger Autoren die zweifelsfreie Erkenntnis der Inhalte verhindere.
Auch der traditionelle puristische Vorwurf, nach dem exzessive Fremdwortverwendung zum Untergang einer Sprache (und, wenn auch hier nicht ei-

gens erwähnt, zur Bedrohung der eigenen Kultur) führe, kann Gottsched nicht vom negativen Zustand des Deutschen überzeugen. Zwar verkündet er in seiner »Critischen Dichtkunst« pathetisch, daß „ein deutscher Poet" seine Gedichte nicht mit „gestohlnen Lumpen der Ausländer [behänge]" (1742, 292), doch rät er meist, wie viele seiner Zeitgenossen, in Fremdwortfragen die „Mittelstraße" (1762, 237) zu gehen. Die extremeren fremdwortpuristischen Forderungen der Fruchtbringenden Gesellschaft sind für ihn „Grillen".

– Daß die grammatische Unkompliziertheit einer Sprache – je weniger Regeln und Ausnahmen, desto besser – mit dem Grad ihrer Vollkommenheit korreliert, impliziert letztlich eine Kritik am Prinzip der sprachlichen Variation. Kühne Metaphorik und idiolektal-eigenwillige Syntax gefährden die reibungslose Kommunikation ebenso wie etwa regionale Einflüsse dies tun. Eben deshalb stößt das Argument auf Widerspruch bei Gottscheds Gegnern, wobei nicht Gottscheds Betonung der kommunikativen Funktion von Sprache irritiert (man drücke seine Gedanken „in der Absicht [aus], daß sie von andern verstanden werden sollen") – das ist eine allgegenwärtige sprachreflexive Selbstverständlichkeit –, sondern eben dieses Insistieren auf der Reibungslosigkeit der Kommunikation, das in Gottscheds Darstellung etwas Beengendes erhält, weil es die Ausnahme von der Regel nicht als Ausdruck idealer Vielfalt, sondern als Gefährdung eines homogenen Systems begreift.

– Dem entspricht auch Gottscheds Bestimmung der *Deutlichkeit*. In der antiken Rhetorik ist *perspicuitas* (in den Texten das lateinische Äquivalent für das deutsche *Deutlichkeit*) vor allem eine pragmatische, erst sekundär eine zeichenspezifische Größe. Der zeichenspezifische, in den Bereich der Semantik gehörende Bedeutungsanteil des Ausdrucks *perspicuitas*, also die Eindeutigkeit der Relation zwischen Zeichen und bezeichnetem Gegenstand bzw. dessen mentaler Fassung, ist dem pragmatischen untergeordnet: Das Zeichen muß eindeutig sein, damit es verständlich ist, damit es in der Kommunikation funktioniert. Bis in das 18. Jahrhundert hinein ändert sich daran nichts. Mit der Entwicklung der rationalistischen Sprachkonzeption löst sich die Forderung nach referentieller Eindeutigkeit zunehmend von der nach Verständlichkeit, steht die erstere nicht mehr ausschließlich im Dienst der zweiten, gewinnt die erstere fast so etwas wie Selbstzweck. Dies nicht umfassend, aber in bestimmten Richtungen der Sprachwissenschaft und -theorie mehr als in anderen: bei Theoretikern wie Christian Wolff und Leibniz mehr als bei einem insgesamt eher sprachpraktisch orientierten Autor wie Gottsched. Bezeichnend ist die Feststellung Wolffs (1720, 148f.),

daß die Deutlichkeit viel dazu beiträget, wenn man etwas wohl behalten und die Kräfte der Einbildung und des Gedächtnisses erweitern will. [...] Ich rede aber hier von der Deutlichkeit der Gedancken, die ich oben [...] erkläret habe, da man die Sachen sich dergestalt vorstellet, wie sie sich leicht voneinander unterscheiden lassen.

Sprachliche *Deutlichkeit* unterstützt das Gedächtnis und klärt die Vorstellungen von den Dingen. Von ihrem Nutzen für die Kommunikation ist zumindest an dieser Stelle nicht die Rede. Als Kontrast sei der Pfälzer Grammatiker Johann Jacob Hemmer zitiert, der in der Tradition Gottscheds steht. Für ihn ist Sprache „deutlich, wenn ihre üblichen Töne so beschaffen sind, daß der Zuhörer eben dieselben Gedanken ohne Mühe damit verbinden kann, welche der Redende damit verbunden hat" (1775, 3). Hier steht die kommunikative Funktion im Vordergrund, die mnemotechnische und die kognitive bleiben unerwähnt. Allen Autoren gemeinsam ist die Überzeugung, daß deutliche Vorstellungen von den Dingen und ihren Verknüpfungen bei guter Beherrschung der Sprachregeln ganz selbstverständlich zu deutlichen Texten führen. Umgekehrt formuliert: Die Abfolge der Größen *Gegenstände und Sachverhalte der Wirklichkeit – Vorstellungen von den Gegenständen und Sachverhalten – sprachliche Bezeichnung der Vorstellungen* ist definitiv, und der Sprache kommt lediglich die Aufgabe zu, die Vorstellungen so eindeutig und unauffällig wie möglich abzubilden. Eben diese Auffassung macht Gottsched auch zur Grundlage seiner Dichtungstheorie und fordert damit ganz selbstverständlich den Widerspruch derjenigen heraus, die der Sprache eine zentralere erkenntnistheoretische oder ästhetische Rolle zuerkennen.

Exkurs: Die Diskussion zwischen Rationalisten und Sensualisten in Frankreich (Condillac, Buffier) und ihre Rezeption durch Gottsched

Die syntaktischen Teile von Gottscheds Grammatik können nicht im Detail besprochen werden. Seine Behandlung der Wortstellung soll aber Anlaß geben, auf eine sprachtheoretische Frage hinzuweisen, die vor allem in Frankreich im Zentrum der zeitgenössischen grammatikologischen Diskussion steht und von Gottsched immerhin an den Anfang der »Wortfügung« gestellt wird: die Frage einer Entsprechung zwischen der Abfolge der Elemente des Satzes und der Abfolge der Gedanken (– eine Fragestellung, die bereits Gegenstand der modistischen Grammatikologie des Mittelalters war, vgl. Kap 1.2). Ausgehend von der Annahme, daß das menschliche Bewußtsein mentale Abbilder der Gegenstände der Wirklichkeit enthält, ergeben sich damit diese Fragen:

1. Gibt es eine Entsprechung zwischen der Ordnung dieser mentalen Abbilder und der Ordnung der Gegenstände der Wirklichkeit?
2. Liegen diese mentalen Abbilder den Satzgliedern der jeweiligen Einzelsprachen zugrunde?
3. Entsprechen die Satzglied*folgen* der Einzelsprachen der tiefenstrukturellen Sequenz der Gedanken in unterschiedlichem Ausmaß? Gibt es also Sprachen, deren syntaktische Ordnung *natürlicher* und damit *richtiger* ist als die anderer Sprachen?

Die rationalistische Position in dieser Diskussion steht in der Tradition Descartes, der Grammatik von Port Royal und letztlich der logischen Grammatik des Mittelalters. Im Frankreich des 18. Jahrhunderts wird sie besonders prägnant von César Du Marsais, Nicolas Beauzée und Antoine de Rivarol vertreten; ein Höhepunkt ist Rivarols preisgekrönte Schrift »Discours de l'universalité de la langue française« von 1784. Bereits der Titel der Schrift beinhaltet eine der zentralen Behauptungen der Rationalisten: Das Französische gilt als Sprache größter syntaktischer Klarheit, deren Oberflächenstruktur der vermuteten universalen Tiefenstruktur am stärksten von allen bekannten Sprachen entspricht. Das Französische ist die Sprache des *ordo naturalis* (*ordre naturel*), ist damit zugleich – da hinter der tiefenstrukturellen Sprachordnung die universale Ordnung der Dinge vermutet wird – ontologisch ,wahrer' als all jene Sprachen, deren Wortstellung vom *ordre naturel* abweicht.

Die *natürliche Ordnung* des Französischen wurde etwa in der Abfolge der Satzglieder Subjekt – Prädikat – Objekt erkannt. Ausgangspunkt ist ein Handlungsträger (gramm. Subjekt), der eine Handlung ausführt (gramm. Prädikat), die auf einen Gegenstand (gramm. Objekt) gerichtet ist: *L'homme* [Subjekt] *mange* [Prädikat] *la pomme* [Objekt]. In diesem Sinne lassen sich auch andere syntaktische Spezifika des Französischen interpretieren: Die Stellung des Adjektivs nach dem Substantiv ist insofern ,logisch', als der Eigenschaft eines Dinges (z.B. *rouge*) die Substanz dieses Dinges (z.B. *pomme*) vorausgehen muß, daher *pomme rouge* und nicht *rouge pomme*. So läßt sich auch begründen, warum stets das Bestimmende nach dem Bestimmten zu stehen habe, stets der abhängige Satz nach dem regierenden. Wo in französischen Sprachzeugnissen Ausnahmen von dieser Regel auftreten, werden sie als bewußter Bruch mit der Regel, etwa als poetischer Kunstgriff bewertet.

Dem so gelobten Französischen wird das Lateinische als unterlegen gegenübergestellt. Dessen variantenreichere Wortstellung wird als Abweichung vom logisch richtigen *ordre naturel* gesehen: Wie die feste Wortstellung des Französischen nicht einfach auf die schlichte Tatsache zurückgeführt wird, daß die Beziehungen zwischen den Elementen des Satzes vor allem durch die Position dieser Elemente ausgedrückt werden, so wird auch die freiere Wortstellung des Lateinischen nicht darauf zurückgeführt, daß die lateinischen Elemente die satzsemantischen Relationen durch feste Flexionskennzeichen signalisieren. Ein Satz des Typs Subjekt – Objekt – Prädikat z.B. (*Caesar hominem laudat*) mußte demnach als unlogisch, als Bruch mit der eigentlich richtigen, vernünftigen Abfolge gelten.

Diesen rationalistischen Argumentationen traten im Laufe des Jahrhunderts zunehmend sensualistische entgegen. Formuliert wurden sie unter anderem von Étienne Condillac, Charles Batteux und Denis Diderot. Danach verweist die Satzgliedfolge nicht auf eine universale Tiefenstruktur, weil die Gedanken keine linearen Ketten, sondern mentale Einheiten simultan wahrgenommener Einzelaspekte sind. Condillac erkennt zwar sehr wohl einen Zu-

sammenhang der Gedanken an, aber im Sinne einer «liaison des idées», nicht
in dem einer linearen Sequenz. Weil die linearen Sequenzen der Sprache nicht
Ausdruck einer universalen Tiefenstruktur sind, besitzen sie auch keinen ontologischen Status; die Struktur der Gedanken ist eine Sache, die der Sprache
eine ganz andere (Condillac: «Autre chose est de concevoir clairement sa
pensée, et autre chose de la rendre avec la même clarté»). Als grundsätzlich arbiträre Gegebenheiten sind die sprachlichen Ordnungen durch Konventionen
zustande gekommen und werden von Konventionen getragen. So sind zunächst einmal alle Sprachen gleich gut geeignet, die Wirklichkeit darzustellen
und die Redeintentionen ihrer Benutzer auszudrücken. Batteux kehrt die Argumentation sogar gegen das Französische und den Primat der Vernunft, wenn
er den Menschen als stark von Emotionen bestimmt begreift und das Lateinische aufgrund seiner weniger ‚logischen‘ Ordnung für besonders geeignet hält,
die kommunikativen Interessen des Menschen in Sprache umzusetzen.

Gottsched war die Diskussion in Frankreich zumindest in Teilen bekannt.
In den von ihm betreuten »Beyträgen zur critischen Historie der deutschen
Sprache, Poesie und Beredsamkeit« erscheint 1743, möglicherwesie aus der
Feder von Gottscheds Frau, die kommentierte deutsche Übersetzung eines
Aufsatzes des Franzosen Buffier, der sich mit diesen Fragen befaßt: »Des Paters
Buffier Abhandlung, daß alle Sprachen und Mundarten die in der Welt geredet
werden, in sich selbst eine gleiche Schönheit haben«. In dem in der Form eines
Dialogs gehaltenen Text sind zahlreiche der sprachtheoretischen Konzepte und
Vorurteile versammelt, die zur Frage der Arbitrarität und Motiviertheit seit der
Antike immer wieder begegnen. Da ist bei Timagenes, dem Vertreter der rationalistischen Position, die Rede von der „Rauhigkeit" bzw. der „Anmuth", die
bestimmte Sprachen per se besäßen, da werden Korrelationen zwischen
„Volk", „Land" und „Sprache" im Sinne natürlicher Bedingtheiten angedeutet. Das Französische sei die klarste und verständlichste Sprache, „weil sie in
ihren Ausdrücken eine natürliche Ordnung beobachtet, die einer nach dem andern folgen, wie sich die Begriffe im Gemüthe ordnen" (S. 451). Als Beispiel
für die Unterlegenheit des Lateinischen dient ihm dieser Satz Ciceros:

> Diuturni silentii quo eram his temporibus vsus finem hodiernus dies attulit.
> Dem langen Stillschweigen, welches ich bisher beobachtet, hat ein Ende die-
> ser Tag gemacht.

Die Übersetzung zeige die „Verwirrung" des lateinischen Satzbaus. In der
„natürlichen Ordnung" müßte der Satz lauten:

> Dieser Tag hat ein Ende gemacht dem langen Stillschweigen, welches ich bisher
> beobachtet.

Diesem strukturbezogenen Determinismus stellt Buffier in der Figur des
Theander pragmatische Überlegungen gegenüber. Wo Timagenes mit definiti-

ven sprachlichen Grundgegebenheiten und ontologischen Tatsachen operiert, spricht Theander von Erziehung und Gewohnheit, leugnet er, daß etwa die Wörter des Normannischen per se weniger „ehrlich" als die anderer Varietäten des Französischen seien, weist er nach, daß auch im Französischen manche „Unordnung" herrsche. Die angegriffenen Sprachen aber verteidigt er (452):

> Ich meines theils, fürchte immer, daß eine gewisse Richtigkeit, die wir in unserer Sprache [d. h. dem Französischen, A. G.] zu finden vermeynen, kein so großes Vorrecht sey; vielweniger daß sie Ursache habe, sich deswegen über andere zu erheben. Zum mindesten wollte ich gern erst von euch wissen, an welchem Orte ihr Leute gesehen, die das Italiänische, Lateinische, Deutsche oder Englische, recht gut verstanden, und sich beklagt hätten: daß man sich in allen diesen Sprachen nicht eben so richtig ausdrücken könne, als im Französischen? Sehen wir denn, daß unter diesen Völkern irgendeine Irrung entsteht, weil sie sich nicht deutlich genug erklären können?
>
> Was die Ordnung unsrer Worte betrifft, die, wie ihr saget, der Ordnung der Gedanken in unserm Gemüthe gemäß seyn soll; so ist dieselbe nur ein sehr mäßiges Vorrecht, wofern es ja ein Vorrecht ist. Die Gedanken müssen sich unserm Gemüthe alle zugleich vorstellen, wenn sie einen Satz ausmachen sollen: sonst haben sie keinen gewissen Sinn. Daher aber begreifen die Lateiner alles was sie sagen, eben so geschwinde und deutlich, wenn sie gleich ein Zeitwort zu Ende einer Redensart setzen; es kömmt alles nur auf die Gewohnheit, und auf einen gewissen Schwung der Einbildungskraft an.

Buffier kritisiert die rationalistische Position zweifach, einmal erkenntnistheoretisch – die Simultaneität der Gedanken untergräbt die Annahme einer natürlich-ontologischen Basis der französischen Syntax –, dann auch pragmatisch. Denn selbst wenn man, so könnte man Buffier ergänzen, die Existenz einer universalen Tiefenstruktur akzeptieren würde: Wie auch immer eine solche kognitive oder sprachliche Tiefenstruktur aussehen mag und wie viel oder wenig die Oberflächenstrukturen einzelner Sprachen auch dieser Tiefenstruktur entsprechen mögen, unsere Erfahrung zeigt nun einmal, daß sich die Italiener, Deutschen oder Engländer nicht mehr irren als die Franzosen, nur weil sie Italienisch, Deutsch und Englisch, nicht aber Französisch sprechen. So will Buffier das Französische nicht mehr deshalb als „schön" gelten lassen, weil es *natürlich*, *logisch* etc., sondern weil es eine ungemein „gebräuchliche und nützliche Sprache" sei – pragmatische Kriterien treten an die Stelle von (vermeintlich) systembezogenen.

Gottsched befindet sich bei dieser Diskussion in einer nicht unproblematischen Lage: Einerseits kommt die konsequent rationalistische Position in ihrer formalen Stringenz seinem eigenen Argumentationsduktus entgegen, andererseits kann er ihre Konsequenzen für die Einzelsprachen nicht übernehmen, weil er damit eine Überlegenheit des Französischen über das Deutsche zugestehen müßte. So stellt er zwar fest, daß von der Syntax keiner Sprache gesagt werden könne, sie sei „der Natur der Gedanken die gemäßeste" (1762, 457), läßt sich dann aber doch auf eine fast kindische Fehlersuche ein:

> Und wie könnte z.E. ein Franzos wohl sagen, das sey die natürlichste Art zu reden, wenn er saget: *Je vous dis: ich euch sage.* Sollte nicht, nach dem Subjecte *ich*, erst das Zeitwort *sage*, und sodann erst, wem ich es sage, folgen? Daber reden wir [d.h. die Deutschen, A.G.] ja der Natur der Gedanken viel gemäßer, *ich sage dir.* Eben das gilt von dem, *je vous prie, ich euch bitte*, und *je ne le sais pas: ich nicht es weis nicht.* Auch hier sollte auf *ich*, als das Subject, das Prädicat *weis* folgen, sodann das, was man nicht weis; wie wir im Deutschen reden: *ich weis es nicht.* Eben so ist es in: *Me connoissez vous? mich kennet ihr? Vous me connoissez, ihr mich kennet*; *m'entendez vous*; *mich verstehet ihr?* u.d.gl. So ungegründet sind ihre Pralereyen, von der natürlichsten Art der Gedanken in ihrer Sprache.

Im Grunde, so scheint es, bleibt die Linearität von Denken und Sprechen Gottscheds Ideal. Wohlgeordneten Gedanken, die eine vorgegebene Wirklichkeit abbilden, sollen wohlgeordnete sprachliche Ausdrücke und Ausdrucksweisen entsprechen. Seine Forderungen bewegen sich dabei aber meist oberhalb der Ebene ontologischer Ansprüche und werden vor dem Hintergrund einer ganz praktisch verstandenen Arbitrarität formuliert: „Ein und derselbe logische Satz, kann von verschiedenen Leuten, auf verschiedene Weise ausgesprochen [d.h. formuliert, A.G.] werden" (1759, 335f.). Die Anordnung der Satzglieder hängt zwar von der Ordnung der „Begriffe" (d.h. der kognitiven Einheiten) ab, doch spielt es für Gottsched faktisch keine Rolle, inwieweit diese begriffliche Ordnung einer universellen Tiefenstruktur entspricht. Einer sprachlichen Aussage mag durchaus eine logische Aussage zugrunde liegen, die einzelsprachlich unterschiedlichen Realisierungen dieser logischen Basisaussage aber lassen keine Qualitätsbewertungen der Sprachen zu. Das gleiche gilt für unterschiedliche Realisierungen innerhalb ein und derselben Sprache: Solange der resultierende Satz denotativ exakt, übersichtlich strukturiert und dadurch gut verständlich ist, kann der eine ruhig „seinen Satz mit dem Subjecte, der andere mit dem Prädicate, der dritte mit einem Nebenumstande [anfangen]" (ebd.). Diese etwas gemäßigte Variante der rationalistischen Syntaxkonzeption verträgt sich viel besser mit der aufklärerischen Annahme, daß sich letztlich alles in jeder Sprache ausdrücken lasse. Nur diese Auffassung versetzt das Individuum in eine wirklich souveräne Position gegenüber der Sprache.

Für einen heutigen Betrachter liegt die Leistung Gottscheds weniger in einzelnen grammatikologischen Beobachtungen. In vielem geht die »Sprachkunst« nicht über frühere Arbeiten anderer Autoren hinaus und enthält zudem eine ganze Reihe von Unstimmigkeiten. Gelungen aber ist die Bündelung dieser früheren Positionen und ihre geschickte Verbindung mit einem bestimmten theoretischen (aufklärerisch-rationalistischen) und praktischen (regionalen, sozialen, stilistischen) Sprachideal. Daß dieses Sprachideal durchaus hinterfragt werden kann und zu Gottscheds Zeit auch wurde (zur heftigen Auseinandersetzung z.B. mit den Schweizern Bodmer und Breitinger s. das vorangehende Kapitel), änderte nichts an der starken Breitenwirkung der Grammatik.

Die Normierungskriterien Gottscheds (Vorbildlichkeit einer Sprachform, Analogie etc.) und seine Vorstellungen von der *besten Mundart* als Leitvarietät wurden bereits im vorangegangenen Kapitel bzw. eingangs dieses Kapitels besprochen. Im folgenden werden zwei der vier Teile der Grammatik kurz umrissen (Textgrundlage ist die fünfte Auflage von 1762).

Die »Sprachkunst« umfaßt die Abschnitte *Orthographie, Etymologie, Syntax* und *Prosodie* (in deutscher Terminologie: *Rechtschreibung, Wortforschung, Wortfügung, Tonmessung*). Diese Aufteilung ist traditionell, wenn auch metrische Sachverhalte üblicherweise in einer Poetik, nicht in einer Grammatik behandelt werden. Die *Orthographie* beginnt mit der Beschreibung der Lautwerte der Buchstaben (70f.):

> *B b, be,* wie das lat. *B,* weicher als *p,* und härter als *w. Bauer, Baum,* muß nicht so hart, wie *Pauer, Paum,* auch nicht so gelinde, wie *Wauer, Waum, klingen.*
>
> *E e,* wie das lateinische und französische *E;* nicht aber nach Art der Engländer, die es als ein *i* aussprechen: auch nicht wie *ei* oder *i,* wie es einige Bauern fälschlich hören lassen, wenn sie z.E. sagen: *gey mir dahin,* für *geh mir;* oder *gihen* für *gehen.* Es hat aber gleichwohl vielerley Klang; 1) einen zarten, wie in *stehen, See, Weh, mehr;* 2) einen völlern, wie in *Besen, lesen, Wesen, her, der,* fast wie ein *ä;* 3) einen scharfen, oder kurzen Ton, wie in *denn, weg, brechen, nennen, zerren.*

Das phonetische Beschreibungsvokabular erlaubt nur jeweils eine einzige Differenzierung: *hart – gelinde/weich; zart* (= geschlossener) – *völler* (= offener), *lang – scharf/kurz* (Penzl 1979, 177). Mehr als eine erste praktische Orientierung kann das und soll es wohl auch nicht bieten; von den detaillierten, zum Teil experimentell gestützten phonetischen Beschreibungen anderer Autoren des 18. Jahrhunderts (Denis Dodart, Antoine Ferrein, Albrecht von Haller, Johann Conrad Amman u.a.), die bis zur Entwicklung sog. *sprechender Maschinen* führen, ist Gottsched in seiner Lautlehre weit entfernt. Die Tatsache, daß er grundsätzlich deutsche Termini bevorzugt, sie entweder von Vorgängern übernimmt oder selbst schafft, ist Ausdruck des sprachpädagogischen Anliegens: der Aufwertung des Deutschen und der aufklärerischen Bildungsvorstellungen.

Entsprechend der „erste[n] Regel", jede Silbe „mit solchen Buchstaben [zu schreiben], die man in der guten Aussprache deutlich höret", formuliert Gottsched einige Vorschläge zur Reduzierung des Variantenreichtums in der Schreibung des Deutschen, vor allem zur Einfach- und Doppelkonsonanz. Die Unterscheidung zwischen *ss* und *ß* (*ss* intervokalisch, bei Kürze des vorangehenden Vokals) geht maßgeblich auf ihn zurück. Die *Orthographie* wird mit

Anleitungen zur Interpunktion und einer Liste orthographischer Zweifelsfälle abgeschlossen. Bei all dem orientiert sich Gottsched am Obersächsischen, teils an der Aussprache, teils aber auch an der Schriftlichkeit. Überhaupt – ein immer wieder gegen ihn erhobener Vorwurf – unterscheidet er nicht klar genug zwischen mündlichem und schriftlichem Sprachgebrauch.

Die *Wortforschung* ist im wesentlichen eine Lehre der Wortarten, die die Flexions- und Wortbildungsmorphologie umfaßt. In der »Sprachkunst« sind die grundlegenden Kriterien zur Bestimmung der neun Wortarten nicht distributioneller, sondern ontologischer Natur (194ff.): Es gibt Dinge, „die für sich selbst bestehen", es gibt „Veränderungen, die mit den Dingen [...] vorgehen". Und schließlich liegen die Dinge in den „verschiedenen Verhältnissen, Verbindungen und Umständen" vor. Weil dem so ist, weil die Dinge der Welt so sind, wie sie sind, gibt es die entsprechenden Wortarten: Nomina, Verben und Partikeln. Daß Gottsched in diesem Zusammenhang und unter Berufung auf Christian Wolff die Wörter als „Zeichen der Gedanken", nicht also als Zeichen der Dinge definiert, hat nicht allzu viel zu sagen. Wie bei so vielen Autoren steht hinter dieser relativierenden Feststellung eine eher schlichte Sachsemantik, so daß die semantische Kategorisierung tatsächlich eine mit ontologischem Anspruch ist: Hinter den Wortarten stehen für Gottsched Gegebenheiten der Wirklichkeit.

Zu den Nomina zählen die Substantive und Adjektive. Wiederum unterscheidet sie Gottsched nicht nach der Verteilung im Satz, vielmehr nach Bezeichnung von Substanz oder Qualitäten (Eigenschaften): Ein Substantiv bezeichnet entweder eine unabhängige kognitive Einheit („einen völligen Gedanken") oder eine unabhängig existierende Sache („die für sich besteht"). Ein Adjektiv kann nur mit einem Substantiv zusammen eine unabhängige kognitive Einheit bilden (einen „völligen Gedanken mache[n]"), eben weil es lediglich die Eigenschaften der substantiellen Sache angibt.

Zu den dominierenden semantischen Kriterien treten flexionsmorphologische (Einteilung in *abänderliche*, d.h. flektierbare, und *unabänderliche* Wortarten) und syntaktische (Kombinierbarkeit von Wörtern bestimmter Arten im Syntagma). Insgesamt unterscheidet Gottsched: *Geschlechtswörter* (Artikel), *Nennwörter* (Nomen, d.h. Substantive und Adjektive), *Fürwörter* (Pronomen), *Zeitwörter* (Verben), *Mittelwörter* (Partizipien), *Nebenwörter* (Adverbien), *Vorwörter* (Präpositionen), *Bindewörter* (Konjunktionen) und *Zwischenwörter* (Interjektionen). Das ist eine Kombination zwischen der lateinischen und der griechischen Einteilung der Wortarten: Die lateinische enthält keinen Artikel, die griechische keine Interjektion.

Vergleicht man Gottscheds Wortlehre mit der etwa einhundert Jahre zuvor erschienenen »Teutschen Sprachkunst« von Schottelius, dann ist trotz vieler Parallelen – Schottelius' Beschreibung der Wortbildung war wegweisend – die grammatikographische Entwicklung unübersehbar. Gottscheds Grammatik ist weit systematischer und detaillierter, verfällt seltener in die bloße Auflistung sprachlicher Phänomene, ohne sie zu analysieren, kann trotz der Auseinandersetzung um den Primat des Obersächsischen für das gesamte deutsche Sprachgebiet verbindlicher sein als der Text von Schottelius', zu dessen Zeit die Varietätenfrage noch offener war. Die zeitgenössische Wirkung der »Sprachkunst« war daher ebenso groß wie die Kritik, die sie auf sich zog. Vorgeworfen wurden Gottsched regionale Präferenzen und bestimmte Überspitzungen seines rationalistischen Sprachideals, daneben immer wieder einzelne Sachfehler der grammatikographischen Darstellung.

4.2.2 Carl Friedrich Aichinger

Vor allem im Süden des deutschsprachigen Raums setzte man sich intensiv mit Gottscheds ‚nördlicher' Grammatikschreibung auseinander. Grammatiker wie Balthasar von Antesperg (2. Aufl. 1749), Johann S. V. Popowitsch (1754), Augustin Dornblüth (1755), Ignaz Weitenauer (1764), Heinrich Braun (1765), Johann Jakob Hemmer (1769), Johann Nast (1777) und Friedrich Karl Fulda (1778) waren dem Leipziger einerseits stark verpflichtet, wichen aber auch in vielen Punkten von ihm ab. Einer der interessantesten unter ihnen war der in der Oberpfalz geborene, in Altdorf als Rektor und Stadtprediger wirkende Carl Friedrich Aichinger. 1754 erschien sein »Versuch einer teutschen Sprachlehre«, und Aichingers oberdeutsche Herkunft macht von vornherein eine Positionsbestimmung in der Frage der Normierung des Hochdeutschen notwendig. Gutes Deutsch finde sich in „gut teutsch geschriebnen Büchern". Im obersächsischen Raum seien besonders viele solcher Bücher verfaßt worden – unter anderem die Bibel Luthers –, so daß von dort ganz selbstverständlich eine bereichernde Prägung des Deutschen ausgegangen sei. Wenn bei Gottsched die Hervorhebung Meißens immer auch in einer Weise geschieht, die die Grammatiker und Dichtungstheoretiker anderer Regionen provozieren mußte, ist Aichingers Argumentation eher ausgleichend (– obgleich gerade die Pfälzer angesichts Gottscheds »Klag-Lied [...] über das rauhe Pfälzer Land in einer Abschieds-Ode« Grund zur Verärgerung gehabt hätten). Die faktische Dominanz des Meißnischen enthebe den Sprachbenutzer nicht von der Prüfung der einzelnen sprachlichen Formen. Wirklich deutsch kann für Aichinger nur eine Form sein, die dieser Prüfung standhält, und so wünscht er sich, daß aus möglichst vielen Regionen Deutschlands Grammatiken vorgelegt würden und „Herr Prof. Gottsched aber so lang lebe, daß er sie alle gegeneinander halten, und eine vollkommene allgemeine teutsche Sprachkunst heraus ziehen könne" (1754, Vorrede).

Als Beleg für eine solche Prüfung von Einzelfällen sei ein Beispiel aus einem Aufsatz Aichingers von 1760 erwähnt. Er sucht dort nach Ausdrucksseiten für Wörter, die für den gesamten deutschsprachigen Raum verbindlich sein können (zit. nach Poppe 1983):

Prasseln. Wir haben zwey Wörter, welche diesem gleich kommen, nemlich *präs-seln* und *prazeln.* Das erstere zeiget sonderlich das Krachen des Feuers an; das andre aber das Geräusch dessen, das hauffenweise niederfällt, z.B. des Hagels, oder des Obstes, wenn es abgeschüttelt wird. Es ist aber alles einerley Wort. In schweizerischen Schriften findet man *brätseln.* Hieraus lernen wir, daß dieses Wort von *braten* herkomme, wie *drechseln* von *drehen, winseln* von *weinen;* und daß es seiner ersten Bedeutung nach von dem Schnappen eines Bratens zu nehmen wäre; daß also das *p* nicht hieher gehöre, sondern das *b;* und daß end-lich *brazeln* für *prazeln,* oder auch *brätseln,* allenfalls besser sey, als *brasseln* und *brässeln.*

Für Aichinger stehen vier Wortformen nebeneinander: *prasseln, prässeln, pra-zeln* und *brätseln.* Die Tatsache, daß *prasseln* die obersächsische Form ist, bedeutet für ihn keineswegs automatisch, daß sie in ganz Deutschland ver-bindlich sein muß. Er geht nun etymologisch hinter diese Formen zurück und stößt auf *braten.* Das wiederum hat zur Folge, daß eine allgemein verbindliche Form: 1. im Anlaut ein *b* haben muß (also nicht *prasseln, prässeln* o.ä. lauten darf), 2. in Analogie zum Wortbildungstyp *drehen > drechseln* auf *-seln* enden muß. Als ideale Ausgleichsform ergibt sich für ihn *bratseln,* allenfalls *brätseln* (daß sich Aichinger in der etymologischen Herleitung irrt – *prasseln/prazeln* etc. geht nicht auf *braten* zurück, sondern ist durch r-Metathese mit der Wort-gruppe um *bersten* verwandt –, tut nichts zur Sache, da das Beispiel lediglich sein normatives Verfahren illustrieren soll).
Im »Versuch einer teutschen Sprachlehre« definiert Aichinger *Grammatik* traditionell als „Kunst, welche die Wörter oder einzelnen Theile der Rede dem Zusammenhang gemäß einrichten lehret". Interessant ist, wie er sie von der Rhetorik unterscheidet (S. 1):

Das Gebiet der Grammatik erstrecket sich nicht weiter, als über einen *Abschnitt.* Mehrere Abschnitte in einen ganzen Verstand oder Periode zu bringen, steht der Periodologie zu.

Mit *Periodologie* ist eben die Rhetorik gemeint. Die syntaktischen Verhältnisse illustriert er so:

Period.:   SUBIECTUM   PRAEDICATUM
        Ein Mensch, der GOtt fürchtet, ist wahrhaftig weis.
Gramm.: SUB. 1   SUB. 2   PRAED. 2   PRAED. 1

Die Grammatik ist für Aichinger an die jeweilige Einzelsprache gebunden, die Regeln der Rhetorik dagegen sind für alle Sprachen dieselben (z.B. S. 100). Die *Rede,* d.h. die konkrete Kommunikation, verläuft in einem universellen Mu-ster aus Redegegenstand (Subjekt) und einer Aussage über diesen Gegenstand

(Prädikat). Die grammatische Differenzierung setzt erst unterhalb dieser universellen Ebene ein.

Ein durchgehender Zug von Aichingers Werk ist sein Versuch, Kategorien der lateinischen Grammatik nicht einfach für das Deutsche zu übernehmen. Die traditionelle Begrifflichkeit wird einer kritischen Prüfung unterzogen. Vom *Imperfekt* im Deutschen, also von einer *unvollkommnen vergangenen Zeit* zu sprechen, ist für ihn akzeptabel, solange man die Formulierung lediglich als ein Etikett versteht, mit dem man eine bestimmte grammatische Form identifiziert. Auf keinen Fall darf von der Bezeichnung auf den Sachverhalt geschlossen werden (S. 290):

> Wenn man sagt, die vergangene Zeit ist entweder vollkommen, oder unvollkommen, u.s.f. so muß man solches nicht, wie die *Grammatici* guten Theils irrig meinen, von den Sachen selbst verstehen, als wäre z.B. was durch ein *imperfectum* ausgedrückt wird, noch nicht ganz vergangen. Es lautet sehr einfältig, wenn man saget: *amabam* heißt: *ich habe geliebet, und liebe noch*. Also müßte dieses: er brach den Hals, auch so viel seyn, als: *er hat den Hals gebrochen, und bricht ihn noch*.

Ähnlich irreführend sei die Bezeichnung *Pronomen*, dann jedenfalls, wenn man sie so versteht, man könne das Pronomen jederzeit *pro Nomen*, also an dessen Position im Satz stellen (S. 123):

> Wenn ich z.B. sage: *dieser* Apfel ist süsser, als *jener*; *derjenige* Mann, *welcher* neben dir wohnet; *Wer* hat mir geruffen? so möchte ich die *nomina* sehen, die man für *dieser, jener, derjenige, welcher, wer*, setzen könnte, oder an deren Stelle jene *pronomina* stünden. Ich werde mich unmöglich anderst, als durch *pronomina*, erklären können. Herr Prof. Gottsched hat also die Sache etwas zu historisch vorgetragen, wenn er auf der 123. S. sagt: *Man hat Wörterchen erfunden*, u.s.w. Ich wollte darauf wetten, daß die *pronomina* um keine Viertelstunde später in einer Sprache entstanden sind, als die *nomina*. Aber so wird ja die Definition zu Schanden? Es sey drum. Vielleicht ist eine tüchtigere zu finden. Z.B. die *Pronomina* sind Wörter, welche als allgemeine Benennungen dienen, ein jegliches Ding, neben seinem eigentlichen Namen, nach einem blossen äusserlichen Verhältnisse zu bezeichnen.

An Stellen wie diesen wird deutlich, daß Aichinger als systematischer Grammatiker Gottsched überlegen ist. Wo letzterer eher bestehende grammatische Positionen geschickt und eingängig kombiniert, analysiert Aichinger die zugrundeliegenden Strukturen. Bei der Bestimmung der Wortarten z.B. hatte Gottsched eine ontologische Begründung gegeben (s.o.), Aichinger hinterfragt eben die: Die sprachlichen Kategorien dürfen nicht mit der Wirklichkeit identifiziert werden. So ist es falsch, ein Verb einfach als Ausdruck des *Tuns* oder *Leidens* zu definieren, denn ein *Tun* oder *Leiden* drücken auch die Substantive

Arbeit und *Zahnweh* aus (S. 120f.). Auch die Kombinierbarkeit im Syntagma – Verben ließen sich im Gegensatz zu Substantiven mit Pronomen kombinieren (*ich gehe*) – bietet kein überzeugendes Kriterium, Formen wie *Ich Sünder, Du Sünder* etc. belegen das Gegenteil.

Auch in der Syntax geht Aichinger systematischer vor als Gottsched. Ausgangspunkt ist die Unterscheidung dreier Satztypen, die aus je drei Konstituenten bestehen: 1. *Subjekt*, 2. *Verbum finitum*, 3. *casus verbi*, d.h. ein drittes Satzglied wie ein Objekt oder eine adverbiale Bestimmung (S. 541). Die drei Abfolgen sind *1 – 2 – 3* (z.B. *Paulus strafte Petrum*), *1 – 3 – 2* (*da Paulus Petrum strafte*) und *2 – 1 – 3* (*strafte Paulus Petrum?*). Von dieser Unterteilung in die Stellungstypen SVO, SOV und VSO gelangt Aichinger zu einer ausgesprochen differenzierten Darstellung der syntaktischen Muster des Deutschen, die zur Grundlage der syntaktischen Beschreibung der Folgejahre wird.

4.2.3 Johann Christoph Adelung

Adelung war der insgesamt wohl bedeutendste Sprachwissenschaftler des 18. Jahrhunderts, dann jedenfalls, wenn man die einzelsprachliche Grammatikographie und die Lexikographie des Deutschen im Blick hat. Sein »Versuch eines vollständigen grammatisch-kritischen Wörterbuchs der Hochdeutschen Mundart«, dessen fünf Bände ab 1774 erschienen, bot die bislang umfassendste und gekonnteste lexikographische Beschreibung des Deutschen. In ihrer Bedeutung wurde sie erst vom »Deutschen Wörterbuch« der Brüder Grimm, etwa ein Jahrhundert später erreicht (zu Adelungs Wörterbuch vgl. Kap. 5.3). Adelungs erste Grammatik, die »Deutsche Sprachlehre, zum Gebrauche der Schulen in den Königlich Preußischen Landen«, wurde 1781 veröffentlicht. Im Grunde handelt es sich dabei um eine Auftragsarbeit im Zusammenhang mit der Reorganisation des preußischen Schulwesens unter Friedrich II; Adelungs Arbeit sollte die Grammatik Gottscheds ablösen. Schon ein Jahr später folgte das weit umfangreichere »Umständliche Lehrgebäude der Deutschen Sprache«, 1788 die »Vollständige Anweisung zur deutschen Orthographie, nebst einem kleinen Wörterbuche für die Aussprache, Orthographie, Biegung und Ableitung«. Daneben veröffentlichte Adelung Stilistiken, sprach- und kulturhistorische Arbeiten, sprachtheoretische und sprachkritische Abhandlungen zu den unterschiedlichsten Themen.

Bemerkenswert, wenn auch inhaltlich umstritten, ist auch sein letztes großes Werk, der »Mithridates« (4 Bde., veröff. 1806–1817, ab dem 2. Bd. von Johann Severin Vater herausgegeben und zum Teil eigenständig überarbeitet). Auf der Basis eines Sprachvergleichs des Vaterunser „in bey nahe fünfhundert Sprachen und Mundarten" liefert Adelung einen Vorläufer der komparativen Arbeiten des 19. Jahrhunderts. Der Unterschied zu den vergleichenden *harmoniae linguarum* des 16. und 17. Jahrhunderts ist offensichtlich: Während in den

Sprachenharmonien Wörter unterschiedlicher Sprachen aufgrund einzelner formaler Kennzeichen meist unkommentiert nebeneinander aufgereiht wurden (*discus – Tisch*, *Kopf – caput* etc.), versucht Adelung in Maßen auch typologische Strukturen zu erkennen. Im Sinne „des aufgeklärten Europäers unserer Tage" (1806, Einleitung, 1) spielen religiöse Konzeptionen des Sprachursprungs bei ihm keine Rolle („Ich leite nicht alle Sprachen von Einer her; Noah's Arche ist mir eine verschlossne Burg, und Babylons Schutt bleibt vor mir völlig in seiner Ruhe"; Vorrede, XI). Auf der Basis der Annahme eine Korrelation von Sprache und Entwicklungsstand des Intellekts („Sprache und Vernunft bilden sich gegenseitig aus", Einleitung, 3) und in der Argumentation immer wieder an Herders Sprachursprungs-Essay erinnernd, kategorisiert er Sprachen nach der Komplexität ihrer morphologischen Strukturen: Primitive Sprachen besitzen einfache, entwickelte Sprachen komplexe Strukturen. Aus Einzellauten wurden in der Genese der Sprachen Silben, diese zu *Wurzelwörtern*, die sich wiederum durch Derivation erweitern ließen. Das ist zugleich der Weg von der intellektuellen *Dunkelheit* zur *Klarheit des Verstandes*; nur entwickelte Sprachen erlauben die Formulierung komplexer Gedanken.

Adelung argumentiert einerseits aufklärerisch-fortschrittlich – Sprachen sind strukturell zumindest soweit identisch, daß sie alle dasselbe kulturelle und intellektuelle Potential beinhalten („die Sprache des Huronen und Grönländers hat alles in sich, sich zu der Sprache eines Plato und Voltaire zu erheben", ebd. XXV) –, zieht aber eine Grenze bei der Einsilbigkeit: Der Chinese habe sich „durch seine steife Einsylbigkeit den Weg zu aller weitern Cultur des Geistes verschlossen". An anderen Stellen, wie in dem Aufsatz »Beweis der fortschreitenden Cultur des menschlichen Geistes aus der Vergleichung der ältern Sprachen mit den neuern«, erklärt Adelung gar die analytischeren Sprachen den synthetischeren gegenüber pauschal für kognitiv überlegen: Im deutschen *ich habe geliebt* drücke sich ein klareres Denken als im lateinischen *amavi* aus; der Lateiner könne nur „sehr dunkle Begriffe" von den durch die Flexionsmorpheme bezeichneten Gegebenheiten gehabt haben. Die Bemerkungen spiegeln die Gefahren, die in einem Fehlverständnis des sprachlichen Relativitätsprinzips liegen: Der Einfluß der Sprache auf die kognitive Verarbeitung von Wirklichkeit wird deterministisch interpretiert, so daß bestimmte lexikalische oder, wie in Adelungs Argumentation, grammatische Merkmale einer Sprache als Hindernis für die intellektuelle und kulturelle Entwicklung einer Sprachgemeinschaft gelten (dazu vgl. Kap. 5.1).

Die wohl wichtigste Auseinandersetzung, die Adelung mit seinen Zeitgenossen führte, war die um das Hochdeutsche. Obwohl in anderen Bereichen seiner sprachwissenschaftlichen Arbeit eher deskriptiv-tolerant – der Grammatiker sei „nicht der Gesetzgeber der Nation, sondern nur der Sammler und Herausgeber der von ihr gemachten Gesetze" (1782, 114) –, argumentiert er hier apodiktisch. Ausgangspunkt ist die Unterscheidung in zwei *Hauptmundarten*: *Oberdeutsch* und *Niederdeutsch* (das Folgende 1782, 72ff.). Die Leitvarietät des Deutschen, der überall verbindliche Standard, das *Hochdeutsche* also, ist weder mit einer dieser beiden Varietätengruppen, noch mit einer der ihnen zugeordneten kleinräumigeren Varietäten identisch:

> Den Nahmen des *Meißnischen* oder *Obersächsischen* Dialectes kann diese Mundart [d.h. das Hochdeutsche, A.G.] so wenig führen, als sie Fränkisch, Thüringisch, Schlesisch u.s.f. heissen kann. Zwar wird sie bey der in Obersachsen höher gestiegenen Cultur in den Städten und unter Personen von guter Lebensart und Erziehung häufiger gesprochen, als in andern Provinzen, welche diesen Grad der Cultur noch nicht erreicht haben; aber die Volkssprache ist sie bey weitem nicht, und diese macht doch nur allein den Provinzial-Dialect aus. Die herrschende Schriftsprache ist an keine Provinz gebunden, sondern die allgemeine Sprache des Geschmackes und der feinern Sitten in ganz Deutschland, in Obersachsen aber ganz natürlich mehr und reiner als anderwärts, indem sich immer mehr von dem Provinzial-Dialecte mit einmischt, je weiter man sich davon entfernt.

Die Stelle enthält Adelungs Konzeption des Hochdeutschen in nuce:

1. Es ist nicht identisch mit einer bestimmten regionalen Varietät, sondern letztlich ein den existierenden Erscheinungsformen des Deutschen übergeordnetes Ideal;
2. dieses Ideal läßt sich aber nicht per Analogie aus allen existierenden Varietäten konstruieren (es gibt keine „allgemeine Deutsche Sprache", die „aus dem besten Sprachgebrauche aller Provinzen zusammen gesetzt ist", 1782, LVIIf.), sondern es ist von bestimmten historisch-pragmatischen Gegebenheiten abhängig;
3. dort, wo diese Gegebenheiten verstärkt vorliegen, ist die verwendete Varietät dem Hochdeutschen näher als in anderen Gegenden (und insofern ist das Hochdeutsche *praktisch* doch nur in einem ganz bestimmten Raum zu suchen);
4. es ist zunächst schriftsprachlicher Natur.

Wer die Hochsprache in einem Land sucht, darf also nicht die existierenden Varietäten nach vermeintlich allgemeingültigen Strukturmerkmalen einer solchen Hochsprache absuchen: Es gibt keine „allgemeinen Regeln und Grundsätze" der Sprachstruktur, an denen man eine hochsprachliche Varietät wie z.B. das Hochdeutsche zweifelsfrei erkennen könnte [1782, LVIIIf.]. Zugleich werden damit die Ansprüche einer allgemeinen, philosophischen Grammatikologie französischer Provenienz zurückgewiesen. Hochsprachlich kann eine Varietät nur bei bestimmten pragmatischen Gegebenheiten sein. Diese pragmatischen Gegebenheiten, die das Hochdeutsche benötigt, gehören unterschiedlichen Bereichen an. Im unmittelbaren Kontext der zitierten Passage korreliert Adelung, ablesbar an der Verwendung bestimmter Bezugsausdrücke, *Hochdeutsch* mit

- ökonomischen Gegebenheiten: *blühender Wohlstand, blühender Handel*;
- kulturellen Gegebenheiten: *Wissenschaft, Gelehrsamkeit, Künste, höher gestiegene Cultur*;
- Gegebenheiten der gesellschaftlichen Schichtung und Lebensführung: *Geschmack, (feine) Sitten, Erziehung, gute Lebensart, obere Classen der Nation*.

Synonym zu *Hochdeutsch* wird *Schriftsprache* und *Büchersprache* verwendet, antonym *Volkssprache* und *Provinzial-Dialect*.

Die Hochsprache wird an die Gemeinschaft der Sprecher und ihre gesellschaftlichen, ökonomischen etc. Bedingungen zurückgebunden (Sprache ist „ganz das Werk des engern gesellschaftlichen Lebens"), d.h. sie wird weder aus irgendwelchen mythischen Tiefen einer Volksgeschichte begründet noch als mehr oder weniger künstlich konstruierbare Größe gesehen. Über die nähere Bestimmung dieser Bedingungen (welcher Raum? welche Schicht? etc.) wurde allerdings mit Adelung gestritten. Für ihn selbst aber war der Vorgang der „Vertikalisierung des Varietätenspektrums" des Deutschen (Reichmann 1988), also der Verschiebung von einem Nebeneinander mehr oder weniger gleichberechtigter regionaler Varietäten zu einer in Richtung des *Hochdeutschen* hierarchisierten Sprachlandschaft, eine offensichtliche und unumkehrbare Tatsache.

Die pragmatische Komponente bei der Bestimmung des Hochdeutschen verbindet sich bei Adelung mit dem aufklärerisch-rationalistischen Ideal einer semantisch durchsichtigen Sprache, die eine präzise Darstellung der Gegenstände der Wirklichkeit ermöglicht, dadurch die Welt intellektuell beherrschbar und ihre Sachverhalte problemlos kommunizierbar macht. In beiderlei Hinsicht stößt er auf den erwähnten Widerspruch. Man wirft ihm zum einen vor, daß er die pragmatischen Bedingungen des Hochdeutschen zu einseitig in Obersachsen realisiert sieht; dort ist nach Adelung der Wohlstand *am blühendsten*, die Kultur *am höchsten gestiegen*, der Geschmack *am feinsten*, die Gelehrsamkeit *am ausgepägtesten* (daß schon die Rede von ‚dem' Obersächsischen problematisch ist, weil es die Binnendifferenzierungen innerhalb des Großraums verkennt, soll hier nur erwähnt werden). Außerdem ignoriere er mit seiner rigorosen Ausklammerung alternativer stilistischer Leitbilder bedeutende Entwicklungen innerhalb der deutschen Literatur. Tatsächlich sind Adelungs vorbildliche Schriftsteller alle im Obersachsen der Jahre zwischen 1740 und 1760 ansässig, und wie Gottsched mißtraut er all jenen dichterischen Gestaltungsformen, die das Regelpoetische mit Berufung auf die *poetische Einbildungskraft* durch stilistische Kühnheiten verdrängen wollen, etwa in der Weise, wie dies Klopstock in seiner Sprachtheorie und Dichtungspraxis tut.

Einer der schärfsten Kritiker Adelungs in der Diskussion um das Hochdeutsche war Christoph Martin Wieland (zu dessen Stilideal vgl. Kap. 4.1). Dem stark normativen, hierarchisch-zentralistischen Zug von Adelungs Sprachregelung hält Wieland einen Gedanken dezentraler Vielfalt entgegen, wenn er die bedeutendsten Gelehrten, Redner und Dichter nicht nur in einer

Region versammelt, sondern „durch alle Provinzen der Nation verstreut" sieht (1782, 209). Der *gute Geschmack* als Entscheidungshilfe in Sprachfragen, den Adelung eben vorzüglich in einer bestimmten Schicht einer bestimmten Region vermutet, ist für Wieland nicht „an eine Hauptstadt, oder an die blühendste Provinz" gebunden, ebensowenig wie dies Verstand und Esprit (*Witz*) sind. Eben dies hatten im 17. Jahrhundert die Grammatiker und Sprachtheoretiker über das Deutsche insgesamt in seinem Verhältnis zu den antiken Sprachen gesagt (– es sei falsch, „daß man nur in Latein / Griechisch oder Hebräisch weiß [= weise] / in Teutsch aber närrisch sein kan", Hille: Palmbaum, 136).

Bemerkenswert ist, daß Wieland die Dezentralisierung des Hochdeutschen nicht nur regional versteht: Die einzelnen Varietäten – Wieland spricht von „Sprach-Distrikte[n]" (ebd., 211), z.B. der *höheren Redner- und Dichtersprache*, der *Sprache der Wissenschaften und Künste* oder der *täglichen Gesellschaftsprache der obern Classen* – stellen eine je spezifische Ausprägung des Hochdeutschen dar:

> Jeder dieser Sprach-Distrikte (wenn ich so sagen darf) hat wieder sein eignes Gebiet, seine eigne Verfassung, Gesetze, und Gerechtsame, so wie seine eignen Grenzen: und nur aus ihnen allen zusammengenommen besteht die Schriftsprache einer durch Künste und Wissenschaften gebildeten Nation.

Danach wäre das Hochdeutsche die Summe seiner Varietäten. An die Stelle des zeittypischen, streng homogenen Systembegriffs tritt ein eher offener, heterogener. Das Konzept der Varianz ist in das System integriert.

Zurück zu Adelungs »Lehrgebäude«: Als Beispiel für die Behandlung grammatischer Kategorien soll im folgenden die Wortartenlehre dienen. Im Prinzip wie Gottsched, aber auf deutlich höherem Niveau, legt Adelung eine semantisch-ontologische Differenzierung der Wortarten zugrunde. Im Gegensatz zu Gottsched begründet er sie zugleich mit der Sprachentstehung, wie das bereits bei der kurzen Skizzierung des »Mithridates« anklang.

Ausgangspunkt ist die Differenzierung in zwei Wortklassen, deren eine *Empfindungen*, deren andere *klare Begriffe* von den Dingen und deren Eigenschaften ausdrückt (für das Folgende 1782, 272ff.). Zur ersten Klasse zählen ausschließlich die Interjektionen, zur zweiten alle sonstigen Wortarten. Die Basis dieser sonstigen Wortarten ist also alles, was klar gedacht werden kann. Das wiederum ist entweder *selbständig* (d.h. eine *Substanz*, wie *Baum*, *Blume*, *Sonne*) oder aber *unselbständig*, eine selbständige Substanz als Bezugsgröße voraussetzend (wie *grün*, *wohlriechend*, *hell*). Das Denken besteht nun darin, daß wir permanent einem selbständigen Ding „etwas unselbständiges einverleiben", d.h. über ein *Subjekt* sagen wir etwas aus, nämlich das *Prädikat* – dieser Prädikatsbegriff ist weiter gefaßt als der Begriff des grammatischen Prädikats –, und genau dadurch wird der *Satz* gebildet. Das verbindende Glied, die

Kopula, ist das *Einverleibungswort*: *Die Rose* [Subjekt] *ist* [Kopula] *schön* [Prädikat]. In der Frühzeit der Menschheit, so Adelung, haben die Sätze in den einzelnen Sprachen vermutlich nicht mehr als diese drei *Redeteile* (*partes orationis*) umfaßt.

Von dieser Einteilung gelangt Adelung zu seiner Bestimmung der Wortarten des Deutschen der Gegenwart:

> *Die in der Deutschen Sprache vorhandenen Redetheile betreffen:*
>
> 1. Das *Selbständige* oder die *Substanz*, und alles, was wir uns als selbständig vorstellen; dessen Nahme das *Substantivum* oder *Hauptwort* ist.
> 2. Das Unselbständige, oder alles, was sich von dem selbständigen Dinge sagen läßt, und zwar nach der verschiedenen Vorstellungsart:
> 1) An und für sich, als außer dem selbständigen Dinge befindlich; und zwar,
> A) so fern es zwar an dem Dinge selbst befindlich ist, aber nur außer demselben gedacht wird, eine *Beschaffenheit*, dessen Ausdruck das *Adverbium qualitatis* ist.
> B) so fern es wirklich außer dem Dinge befindlich ist, und auch so gedacht wird, ein *Umstand*, das *Umstandswort* im weitesten Verstande.
> a) Überhaupt, das *Umstandswort* im engsten Verstande.
> b) Mit einigen Nebenbegriffen.
> 1. Als das Verhältniß zweyer selbständigen Dinge, die *Präposition*.
> 2. Als das Verhältniß der Sätze und ihrer Glieder, die *Conjunction*.
> 2) In der Beylegung begriffen, oder dem selbständigen Dinge wirklich beylegend, das *Verbum*.
> 3) Als schon beygelegt oder einverleibt, dahin alle concrescierte Redetheile.
> A) Eine beygelegte Beschaffenheit, d.i. eine *Eigenschaft*, das *Eigenschaftswort* oder *Adjektiv*.
> B) Ein beygelegter Umstand.
> a) Der Selbständigkeit, der *Artikel*.
> b) Des Umfanges oder der Zahl, das *Zahlwort*.
> c) Des zufälligen Verhältnisses der Person und des Ortes, das *Pronomen*.

Hinzu kommt die Interjektion, nicht aber das Partizip, das Adelung erstmals nicht als eigene Wortart faßt. Er zählt es entweder zu den Adjektiven (bei attributiver Verwendung: *Der geräucherte Fisch*) oder zu den Adverbien (bei prädikativer Verwendung – *Der Fisch ist geräuchert* – oder bei adverbialer Verwendung: *Er schreibt gekonnt*).

Würde man in Adelungs System so etwas wie eine ‚wichtigste‘ Wortart herausstellen, dann wäre es zweifelsohne das Substantiv (S. 289):

> Das *Substantiv* ist der Nahme einer Substanz, oder eines selbständigen Dinges, zunächst eines selbständigen körperlichen Dinges, weil die Körperwelt nicht allein die erste Veranlassung zur Erfindung der Sprache gab, sondern sie auch leitete; hiernächst aber auch alles dessen, was als selbständig gedacht werden kann und soll. Es ist daher der erste und wichtigste Redetheil, um dessen willen alle übrigen da sind, und wird auch im Deutschen mit Recht das Hauptwort genannt.

Adelung verankert die Sprache regelrecht in der Wirklichkeit: Am Anfang der Menschheitsgeschichte wurden die dem Menschen vorgegebenen Gegenstände der materiellen Welt benannt (mittels der *Concreta*), dann die durch Abstraktion gewonnen Sachverhalte (mittels der *Abstracta*). Die Selbständigkeit des durch ein Substantiv bezeichneten Dinges veranlaßt Adelung dazu, Substantive und Adjektive nicht mehr zusammen unter *Nomen*, sondern, wegweisend für die gesamte Grammatikographie der Folgezeit, als eigene Wortarten zu fassen: Die Tatsache, daß Adjektive diese Selbständigkeit nicht besitzen, sondern die von ihnen bezeichneten Sachverhalte (*grün, groß, schön* etc.) nur als Zuordnungen zu einer Substanz (also grammatisch zu einem Substantiv) existieren können, dominiert über die morphologisch-formale Gemeinsamkeit zwischen Adjektiven und Substantiven, dominiert also über die Tatsache ihrer Deklinierbarkeit. Daß Adelung unter der Hand das Substantiv immer wieder mit dem Subjekt identifiziert und in dieser Hinsicht noch nicht den Grad morphologisch-syntaktischer Differenziertheit erreicht hat wie die Grammatiker des 19. Jahrhunderts, sei an dieser Stelle lediglich erwähnt.

Ein letzter Punkt: die Unterscheidung zwischen Adverb und Adjektiv. *Adjektive* bezeichnen eine Eigenschaft (*Beschaffenheit*) einer Substanz. Diese Eigenschaft wird der Substanz nicht durch eine Prädikation zugesprochen – wie das etwa in dem Satz *Der Mann ist groß* der Fall wäre –, sondern die Eigenschaft gehört der Substanz unmittelbar an: *der große Mann*. Adelung formuliert dann: Die Eigenschaft ist dem Ding bereits *einverleibt*, ist „schon [...] an demselben befindlich gedacht". Diesen Vorgang der *Einverleibung*, also die Bewegung von der Prädikation zur Attribuierung, bezeichnet Adelung als „Concretion".

In dem Satz *Der Mann ist groß* dagegen bestimmt Adelung *groß* als Adverb (*Adverbium qualitatis*), denn es bezeichnet eine Eigenschaft (*Beschaffenheit*) in anderer Weise als das Adjektiv: Zwar ist die bezeichnete Eigenschaft „an dem Dinge selbst befindlich", aber sie wird „nur außer demselben gedacht", d.h. sie es wird dem Ding in einem eigenen Akt der Prädizierung zugesprochen.

Vom Adverb wiederum unterscheidet Adelung das *Umstandswort*. Hier ist die Trennung des bezeichneten Sachverhalts von dem Ding vollständig vollzogen: Das *Umstandswort* bezeichnet nicht etwas, das zwar außerhalb eines Dinges gedacht wird, aber eigentlich eine Eigenschaft des Dinges ist (wie *groß* in *Der Mann ist groß*, S.279), sondern es bezeichnet etwas, was tatsächlich außerhalb des Dinges besteht: *hier* in *Der Mann ist hier* ist keine Eigenschaft des Dinges (*Mann*), sondern es bezeichnet lediglich die Umstände der Existenz dieses Dinges.

Trotz dieser Differenzierungen schlägt Adelung die *Umstandswörter* letztlich der Klasse der Adverbien zu (an einer Stelle im »Lehrgebäude« bezeichnet er sie als *Adverbia circumstantiae*, im Gegensatz eben zu den *Adverbia qualitatis*). Der Versuch einer konsequenten ontologischen Begründung sprachlicher

Kategorien kollidiert hier mit den Traditionen der Grammatikographie; eine eigene Wortart *Umstandswort* (im Gegensatz eben zu einer Wortart *Adverb* und einer Wortart *Adjektiv*) anzusetzen, ging ihm wohl zu weit. Wie die Grammatiken vor und auch nach dem »Lehrgebäude« spiegelt Adelungs insgesamt sehr niveauvoller Ansatz die Schwierigkeit, ontologische Kategorisierungen mit flexionsmorphologischen und distributionellen zu verbinden.

Literatur

Grammatikschreibung des Deutschen im 18. Jahrhundert (einschl. Phonetik): Jellinek 1913/14, Slangen 1955, Nerius 1967 u. 1989, Henne 1968, Püschel 1978, Penzl 1979, Scaglione 1981, Poppe 1982, Naumann 1983a u. 1986, Wiesinger 1983, 1987 u. 1995, Bergmann 1984, Strohbach 1984, Erlinger/Knobloch/Meyer 1989, Donhauser 1989, Krogh 1989, Reiffenstein 1989 u. 1995, Gerken 1990, Gessinger 1990, Hundsnurscher 1990, Bio-bibliographisches Handbuch zur Sprachwisssenschaft des 18. Jahrhunderts 1992ff., Forsgren 1992, von Polenz 1994, Kaltz 1996, Konopka 1996, Roessler 1997

Französische Sprachtheorie der Aufklärungszeit: Haßler 1984 u. 1992, Bossong 1990, Ricken 1990

4.3   Rationalistische Sprachreflexion in der Aufklärung: Gottfried Wilhelm Leibniz

Wenn im folgenden das Werk des Mathematikers, Philosophen, Historikers und Wolfenbütteler Bibliothekars Gottfried Wilhelm Leibniz als repräsentativ für das aufklärerische Sprachdenken beschrieben wird, läßt sich das mit der Bandbreite seiner sprachwissenschaftlichen Themenstellungen begründen. Leibniz hat sich zu zentralen sprachphilosophischen Fragen geäußert, unter anderem zum Verhältnis von Sprache, Denken und Wirklichkeit oder zu den Möglichkeiten einer universalen *lingua philosophica*. Mit den Ausführungen zu einer solchen Universalsprache bewegt er sich im Übergangsbereich zur allgemeinen Grammatik. Äußerungen zu den grammatischen oder stilistischen Spezifika des Deutschen dagegen finden sich nur vereinzelt und dienen meist als Belege in allgemein sprachtheoretischen Argumentationen. Sprachpflegerisch bedeutsam wiederum sind die Ausführungen zur Funktion der Muttersprache im Rahmen eines gesellschaftlichen Bildungsprogramms. Danach muß eine entwickelte *Nation* über eine leistungsfähige Hochsprache verfügen bzw., pointierter: Eine solche Hochsprache ist geradezu Voraussetzung für intellektuelle und zivilisatorische Entwicklung, sowohl des einzelnen wie der Gesellschaft. Dieses pädagogische Motiv in Leibniz' Schaffen erreicht seinen Höhepunkt in seinem Engagement für das deutsche Sozietätswesen, das schließlich zur Gründung der Berliner *Societät* (d. h. *Akademie*) *der Wissenschaften* führt.

Leibniz' sprachreflexive Texte sind über sein Gesamtwerk verstreut. Sprachphilosophisch bedeutend sind vor allem das 3. Buch der »Nouveaux essais sur l'entendement humain« (‚Abhandlungen über den menschlichen Verstand', verfaßt 1704), der Antwortschrift auf John Lockes »Essay concerning human understanding« (1689), sowie eine Reihe kleinerer Schriften, z. B. »De connexione inter res et verba« (1677) oder »Meditationes de Cognitione, Veritate et Ideis« (1684), darunter etliche Fragmente zu Fragen einer logisch-philosophischen Sprache. Die ausführlichste Schrift, die dieser letzteren Frage gewidmet ist, ist die »Dissertatio de Arte Combinatoria« von 1666. Von großem sprachpädagogisch-sprachpflegerischem Interesse sind die Aufsätze »Unvorgreiffliche Gedancken, betreffend die Ausübung und Verbesserung der Teutschen Sprache« (entstanden um 1697) und die »Ermahnung an die Teutsche, ihren Verstand und Sprache beßer zu üben« (1679).

Alle diese Arbeiten sind charakteristisch für die Sprachreflexion der Aufklärungszeit. In ihnen wird ein bestimmtes Ideal von Sprache und ihrer Verwendung propagiert: Eine auf dem Prinzip referentieller Exaktheit basierende Sprache ermöglicht es vernünftigen Individuen, sich die Welt intellektuell anzueignen, in einer Weise, daß diese Aneignung der individuellen Vervollkommnung des Menschen und zugleich der Entwicklung der menschlichen Gemeinschaft im Sinne abendländisch-christlicher Ethik dient. Dieses Programm besitzt insofern eine politisch-gesellschaftliche Komponente, als die ‚menschliche Gemeinschaft' im Deutschland des 17. und 18. Jahrhunderts in der Form des Territorialabsolutismus politisch verfaßt ist und das Bürgertum zunehmend zum Träger der angesprochenen Entwicklung und Werte wird (so daß die ideale Sprache den einzelnen als „glied[ern] dieses bürgerlichen Cörpers" und damit dem *bürgerlichen Cörper*, dem Staat selbst dient).

Bei Leibniz verbindet sich die gesellschaftliche Komponente des Sprachbegriffs mit einer starken Betonung der rationalen Dimension von Sprache. Im Sinne der Exaktheitsvorstellungen der Mathematik und der aufkommenden Naturwissenschaften fordert er für komplexe intellektuelle Operationen eine Sprache, die in der Lage ist, die Gegenstände und Sachverhalte der Wirklichkeit präzise und in ihrem objektiven Gegebensein zu erfassen. Aufgrund der engen Korrelation von Sprache und Kognition erlaubt nur eine solche Sprache präzises und niveauvolles Denken. Die natürlichen Einzelsprachen, mit der ihnen eigenen gebrauchsbedingten semantischen Vagheit, mögen zur Bewältigung des Alltags ausreichen, sind aber als Mittel der Erkenntnis weitgehend untauglich. Notwendig sind daher entweder Fachsprachen, die, auf der Basis der Standardsprache, um eine exakte Begrifflichkeit und Terminologie bemüht sind, oder aber jene künstlichen logisch-philosophischen Sprachen, deren Ausdrucks- und Inhaltsseiten vom Sprachplaner in völliger Souveränität, jenseits aller Vorgaben durch Tradition und Sprachgebrauch festgelegt werden können.

Leibniz' sprachphilosophische Ausführungen gehen Hand in Hand mit seiner Erkenntnistheorie. Die Frage der präzisen Korrelierung der Sprachzeichen

mit den Gegenständen bzw. mit deren mentalem Abbild z. B. wird eindrucksvoll in den »Meditationes de Cognitione, Veritate et Ideis« behandelt. Dort
werden mehrere Arten der Erkenntnis unterschieden: klare (*clara*) – deutliche
(*distincta*) – adaequate (*adaequata*) – intuitive (*intuitiva*) Erkenntnis (*cogni-
tio*), in Abgrenzung zur dunklen (*obscura*), verworrenen (*confusa*), primitiven
(*primitiva*), inadaequaten (*inadaequata*) und symbolischen (*symbolica*) Erkenntnis. Die Unterscheidung hat unmittelbare Konsequenzen für die Definition von Gegenständen und deren sprachliche Bezeichnungen: Soll der ge-
meinte Gegenstand lediglich zur Identifizierung hinreichend bezeichnet werden, damit er für die Kommunikation verfügbar ist, oder sollen ganz bestimmte Merkmale in die Definition bzw. Bezeichnungsgebung einfließen? Im
einzelnen kann Leibniz' Erkenntnistheorie hier aus Umfangsgründen nicht behandelt werden. Auch ihre Wirkung auf Christian Wolff, wie überhaupt das
sprachphilosophisch ausgesprochen interessante Werk Wolffs, müssen unberücksichtigt bleiben.

Zentrale Aspekte des Leibnizschen Sprachrationalismus wurden bereits in
anderen Kapiteln angesprochen: die Auffassung von der Universalität, d. h. der
übereinzelsprachlichen Qualität der Erkenntnisprinzipien; die auf dem Konzept referentieller Eineindeutigkeit basierende Fassung des Zeichenbegriffs; die
Kritik an allzu großzügiger Verwendung von Metaphern und grundsätzlich an
der Rhetorik, da sie die Gefahr der Sprachverwirrung («embarras du langage»;
1704, II, XXIX, 12) in sich birgt; schließlich die Diskussion der Möglichkeiten
von logisch-philosophischen Sprachen (vgl. Kap. 3.1 u. 3.5). Leibniz' Sicht des
Verhältnisses von Sprache und Denken wird in dem Kapitel „Sprache und
Denken: Wilhelm von Humboldt" resümiert werden.

Im folgenden sollen charakteristische Elemente seiner Sprachkonzeption
am Beispiel von Auszügen aus einem einzelnen Text beschrieben werden, den
bereits erwähnten »Unvorgreifflichen Gedancken«. Die Konzentration gerade
auf diesen Text ermöglicht einen interessanten Blick auf die Verknüpfung
sprachphilosophischer Fragestellungen mit angewandt-sprachwissenschaftli-
chen (d. h. lexikographischen und stilistischen) und sprachpädagogischen Themen, wie sie im zeittypischen Diskurs über Sprache immer wieder begegnet.

Eine Anmerkung sei vorweggeschickt: Die Sprachreflexion der Aufklärungszeit erschöpft sich nicht im rationalistischen, die Vernunft als dominantes
Erkenntnisvermögen postulierenden Sprachkonzept Leibnizscher Provenienz.
Ein solches Sprachkonzept läßt sich zwar im gesamten 18. Jahrhundert nachweisen, bei Philosophen (z. B. Christian Wolff) ebenso wie bei Grammatikern
(z. B. Johann Christoph Gottsched), doch tritt etwa ab der Jahrhundertmitte
neben dieses Konzept ein anderes, in dem der *Einbildungskraft* als Erkenntnisvermögen eine zunehmend zentrale Rolle zuerkannt wird. Die Verschiebung
des Stilideals und der Auffassung von der idealen Hochsprache, die mit dieser
Entwicklung einhergeht (von Gottscheds *vernünftiger Schreibart* und seinem
eher homogenen Systembegriff zur *herzbeweglichen Schreibart* Bodmers und

Breitingers und ihrem offeneren Systembegriff), wurde bereits an anderer Stelle skizziert (Kap. 4.1). Wichtig ist, daß diese Entwicklung nicht als eine Art Rückfall hinter Positionen der Aufklärung mißverstanden werden darf. So wird das moderne Menschenbild der Aufklärung keineswegs aufgegeben. Vielmehr werden bestimmte erkenntnistheoretische Abläufe anders berurteilt, in einer Weise, die in Ansätzen bereits an Positionen romantischer Sprachreflexion erinnert. Zentrale Elemente derjenigen Form der Sprachreflexion, die hier als *aufklärerisch-rationalistisch* bezeichnet wird, begegnen auch in der Sprachwissenschaft der folgenden Jahrhunderte, bis in die unmittelbare Gegenwart hinein. Erwähnt sei lediglich die analytische Sprachphilosophie des 20. Jahrhunderts, die die natürlichen Sprachen mit ähnlichen Argumenten kritisiert wie die Rationalisten Leibniz und Wolff dies tun (vgl. Kap. 6.3).

Im folgenden wird die sprachphilosophische Thematik der »Unvorgreifflichen Gedancken« angesprochen. In der unten zitierten Textstelle wird das Verhältnis von Sprache und Denken am Beispiel des Zeichenbegriffs diskutiert (327):

> 1. Es ist bekandt, dass die Sprach ein Spiegel des Verstandes, und dass die Völcker, wenn sie den Verstand hoch schwingen, auch zugleich die Sprache wohl ausüben, welches der Griechen, Römer und Araber Beyspiele zeigen.
> 2. Die teutsche Nation hat unter allen Christlichen den Vorzug wegen des Heiligen Römischen Reichs, dessen Würde und Rechte sie auff sich und ihr Oberhaupt gebracht, welchem die Beschirmung des wahren Glaubens, die Vogthey der allgemeinen Kirche und die Beförderung des Besten der gantzen Christenheit obliget, daher ihm auch der Vorsitz über andere hohe Häupter ohnzweiffentlich gebühret und gelassen worden.

Der Beginn gibt den Ton des Ganzen vor: Leibniz korreliert den Stand der intellektuellen Leistung eines Volkes mit dem Stand der Entwicklung seiner Sprache. Der Problematik, die in der Identifizierung einer Sprachgemeinschaft mit einer Volksgemeinschaft liegt – wie soll eine solche Identifizierung bei mangelnder Übereinstimmung von Sprachgrenzen und Grenzen des ‚Volkskörpers‘, wie bei mangelnder Deckung von Sprachgrenzen und politischen Grenzen möglich sein? was überhaupt bestimmt ein ‚Volk‘: gemeinsame Abstammung, Kultur, politische Geschichte und Gegenwart? –, sieht Leibniz nicht oder blendet er zumindest an dieser Stelle aus. Solche Differenzierungen würden der Intention des Textes zuwiderlaufen, der ein Appell an so etwas wie das nationale Sprachbewußtsein der Deutschen ist, etwa im Sinne der »Ermahnung«, wenngleich nicht so pointiert formuliert wie dort. In der »Ermahnung« nämlich lobt er *Stärke* und *Mut* der Deutschen, ihr *edles Blut*, ihre *Aufrichtigkeit* und ihr *rechtes Herz*, erkennt in der Vielzahl der territorialen Fürstenhöfe geradezu ein demokratisches Element – viele Höfe erlauben vielen Individuen Teilhabe an den Regierungsgeschäften, ein einziger Hof, wie in England oder Frankreich, aber nur wenigen – und preist selbst noch die Borsdorfer Äpfel als den exotischen Orangen überlegen. Sprachpatriotische Argumentationen operieren grundsätzlich mit Stereotypisierungen dieser Art, sind im Interesse der intendierten Wirkung auf ein mehr oder weniger großes Maß an Irrationalität geradezu angewiesen (vgl. Kap. 3.2 u. 6.2). Daß es Leibniz allerdings gelingt, seinen Patriotismus mit einer fast kosmopolitischen Offenheit gegenüber fremden Sprachen und Kulturen zu verbinden (dazu s. u.), unterscheidet ihn von vielen seiner Zeitgenossen.

Die Korrelierung von Sprache und Denken steht in den »Unvorgreifflichen Gedancken« aber nicht nur im Dienste sprachpatriotischer Argumentation (328f.):

> 5. Es ist aber bey dem Gebrauch der Sprache auch dieses sonderlich zu betrachten, dass die Worte nicht nur der Gedancken, sondern auch der Dinge Zeichen seyn, und dass wir Zeichen nöthig haben, nicht nur unsere Meynung andern anzudeuten, sondern auch unsern Gedancken selbst zu helffen. Denn gleichwie man in grossen Handels-Städten, auch im Spiel und sonsten nicht allezeit Geld zahlet, sondern sich an dessen Statt der Zeddel oder Marcken biss zur letzten Abrechnung oder Zahlung bedienet; also thut auch der Verstand mit den Bildnissen der Dinge, zumahl wenn er viel zu dencken hat, dass er nehmlich Zeichen dafür brauchet, damit er nicht nöthig habe, die Sache iedesmahl so offt sie vorkommt, von neuen zu bedencken. Daher wenn er sie einmahl wohl gefasset, begnügt er sich hernach offt, nicht nur in äusserlichen Reden, sondern auch in den Gedancken und innerlichen Selbst-Gespräch das Wort an die Stelle der Sache zu setzen.
> [...] 7. Daher braucht man offt die Wort als Zifern oder als Rechen-Pfennige an statt der Bildnisse und Sachen, biss man Stuffenweise zum Facit schreitet und beym Vernunfft-Schluss zur Sache selbst gelanget. Woraus erscheinet wie ein Grosses daran gelegen, dass die Worte als Vorbilde und gleichsam als Wechsel-Zeddel des Verstandes wohl gefasset, wohl unterschieden, zulänglich, häuffig, leichtfliessend und angenehm seyn.

Die Stelle enthält zentrale Positionen des Rationalismus:

1. Die Sprachzeichen mögen in der erkenntnistheoretischen Abfolge zunächst einmal nur auf mentale Größen (*Gedanken*) verweisen. Da diese mentalen Größen aber stets Abbilder von Dingen (*Bildnisse der Dinge*) sind – bzw., so Leibniz immer wieder kritisch an anderen Stellen: sein *sollten*, da sie ansonsten nur *leere Worte* sind (so Christian Wolff in der »Deutschen Logik«) –, verweisen die Sprachzeichen auch auf die Dinge selbst. Bei Leibniz und ähnlich argumentierenden Autoren ist diese Haltung nicht Ausdruck eines naiven Sprachvertrauens, spiegelt aber doch die Grenzen ihrer erkenntnistheoretischen Sprachkritik: Wie sehr man auch immer vor den negativen Einflüssen mancher sprachlicher Kategorisierungen auf das Denken warnen mag – ,falsche' lexikalische Abbilder der Wirklichkeit führen zu ,falschen' Annahmen über diese Wirklichkeit –, wird doch der Glaube an die ideale Möglichkeit einer objektiv richtigen sprachlichen Kategorisierung von Wirklichkeit nie

ganz preisgegeben. Nur wenn ab einem bestimmten Punkt angenommen werden kann, daß man beim Sprechen tatsächlich über ‚die Dinge in ihrem objektiven Gegebensein' redet – letztes Motiv für das Denken in Sprache ist stets die Bewegung „zur Sache selbst" (s. das Zitat oben) –, hat es überhaupt Sinn, fachsprachliche Präzision oder die Konstruktion einer logisch-philosophischen Sprache zu fordern.

2. Sprache hat zwei Funktionen: anderen Menschen die eigenen Bewußtseinsinhalte mitzuteilen und das eigene Denken zu unterstützen („unsern Gedancken selbst zu helffen"). Die kommunikative Funktion von Sprache hervorzuheben, ist ein sprachreflexiver Gemeinplatz seit der Antike. Interessanter ist die Betonung ihrer kognitiven Funktion: Die Strukturierung der Bewußtseinsinhalte durch die Sprache, ihre Überführung von einer amorphen Masse von Bildern in eine Kette fest umrissener mentaler Einheiten, ist der Kommunikation noch vorgeordnet. Leibniz formuliert hier – in einer neueren Tradition stehend, die französische Rationalisten (vgl. z.B. Descartes 1629) ebenso umfaßt wie englische Empiristen (z.B. Locke 1689, III, II, 2) – sozusagen die positive Seite der Überzeugung, daß die Sprache das Denken beeinflußt (die negative ist die erwähnte Irreführung des Denkens durch falsche sprachliche Kategorisierungen). Er verwendet dazu das seit der Antike geläufige Bild von den Wörtern als Münzen (*verba ut nummi*). Während das Bild traditionell zur Illustration der kommunikativen Dimension von Sprache dient – wie die Münzen als allgemein akzeptierte Einheiten den Handelsverkehr zwischen den Menschen ermöglichen, so gewährleisten die Wörter als ebenso allgemein akzeptierte Einheiten den Sprachverkehr –, betont Leibniz seinen kognitiven Aspekt: Sind die Wörter wie Münzen, dann sind sie wie diese in Ausdrucks- und Inhaltsseite präzise festgelegt. Nur mit ihnen kann der Mensch intellektuell handeln, da er sie als mentale Marken auch für komplexe Inhalte einsetzen kann, ohne jedesmal sämtliche Aspekte des Gegenstandes, über den er spricht, im einzelnen bedenken zu müssen. Als Denkhilfen geeignet sind die Wörter dann, wenn sie ganz in ihrer kognitiven Funktion aufgehen, wenn ihre formalen Spezifika nicht ihre Aufgabe der präzisen Bündelung von Inhalten überlagern – ein Grund für Leibniz' Kritik an rhetorisch gestalteter Sprache –, wenn sie also „wohl gefasset, wohl unterschieden, zulänglich, häuffig, leichtfliessend und angenehm" sind.

Nicht minder interessant und ebenso charakteristisch für seine aufklärerische Position ist Leibniz' Anschluß seiner Zeichentheorie an die sprachmystische Geheimlehre der Kabbala. Der Anschluß ist zugleich eine Abgrenzung (329):

Die Alten haben mit der Cabbala viel Wesens gemacht und Geheimnisse in den Worten gesuchet. Und die würden sie in der Tat in einer wohlgefassten Sprache finden: als welche dienet nicht nur vor [= für] die Wiss-Kunst [d. i. Philosophie, A. G.], sondern für alle Wissenschaften, Künste und Geschäffte. Und hat man

demnach die Cabbala oder Zeichen-Kunst nicht nur in denen Hebräischen
Sprach-Geheimnissen, sondern auch bey einer ieden Sprach nicht zwar in gewis-
sen buchstäblichen Deuteleyen, sondern im rechten Verstand und Gebrauch der
Worte zu suchen.

Eine von Leibniz akzeptierte Kabbala wäre eine säkularisierte, entmystifizierte
Variante der traditionellen Kabbala, ebenso wie die von ihm propagierte Universalsprache die neuzeitliche, wissenschaftliche Variante der *lingua adamica*
des Paradieses ist (vgl. »Characteristica universalis«, 184; 1677, 191f.). Daß
ihm eine auf den Prinzipien der Mathematik basierende Universalsprache
einen Schlüssel zum Universum zu liefern verspricht, wurde an anderer Stelle
bereits erläutert (Kap. 3.5). Natürlich legitimiert auch Leibniz seine Forschungen letztlich metaphysisch, die ganze Suche nach der Universalsprache, der gesamte Zweck der *Zeichen-Kunst* ist das Aufdecken der *Ratio ultima rerum*, die
nur Gott sein kann (vgl. den Brief an Herzog Johann Friedrich, 1671, 162).
Aber der Unterschied zu einem Mystiker wie Jakob Böhme, der über seine metaphysisch motivierten Lautspekulationen ebenfalls an eine dem oberflächlichen Blick verborgene Wahrheit anknüpfen will, ist schlagend. Zunächst in der
Methode: Böhme verfährt oft unspezifisch assoziativ und zirkulär, Wahrheiten
nicht beweisend, sondern visionär schauend und diese Schau in metaphern-
reicher Sprache mitteilend. Leibniz dagegen argumentiert, linear und stringent,
auf der Basis eines genuin neuzeitlichen Wissenschaftsbegriffs. Hinzu kommt,
daß sich Böhme und Leibniz in der Rolle, die sie dem Metaphysischen zuwei-
sen, unterscheiden: Böhmes Lautdeutungen implizieren, daß die Sprache sozusagen von Göttlichem durchdrungen ist. Der erleuchtete Mensch ist dann in
der Lage, am konkreten Sprachmaterial Reflexe dieses Göttlichen zu erkennen. Leibniz dagegen stellt zwar fest, daß Gott der „souverain Architecte"
(1704, III, VI, 12) des Universums ist, diskutiert aber die Sprachthematik selbst
ohne jede religiösen Bezüge.
   Auffallend schließlich sind die Unterschiede zwischen Böhme und Leibniz
(und damit zwischen dem mystischen und dem rationalistischen Diskurs in der
zeitgenössischen Sprachwissenschaft) in der Haltung gegenüber dem Arbitra-
ritäts- bzw. Motiviertheitskonzept. Böhme nimmt eine transzendente Motiviertheit der Wörter des Deutschen an: In ihren Lautfolgen sind Überreste der
Ursprache des Paradieses verborgen. Leibniz argumentiert wiederum ohne metaphysische Bezüge, dabei aber differenziert: Sprachphilosophisch geht er von
der Arbitrarität des Zeichens aus, d.h. erkennt keine irgendwie geartete Notwendigkeit für die Zuweisung von Ausdrucks- zu Inhaltsseite jenseits der Konvention. Sprach*historisch* aber nimmt er durchaus eine gewisse Motiviertheit
an: Der Buchstabe *w* z.B. (»Unvorgreiffliche Gedancken«, 341) scheint ihm in
mehreren Sprachen zur Bezeichnung von Bewegung zu dienen (wie z.B. in *we-
hen, Wind, Woge, Welle*, engl. *wheel* etc.). Insgesamt nimmt er diese Position
ein: Die Wörter (z.B. des Deutschen) könnten, damit sie ihre Bezeichnungsfunk-

tion erfüllen, auch anders lauten, als sie es tun. Wichtig ist nur, daß allen Sprechern die Lautung bekannt ist. *Daß* die Wörter des Deutschen und anderer
Sprachen aber so lauten, wie sie es tun, mag durchaus natürliche Ursachen haben. Mit Metaphysik aber hat das nichts zu tun.

Der zweite Teil der Skizzierung von Leibniz' »Unvorgreifflichen Gedancken« wird sich auf die angewandt sprachwissenschaftlichen Ausführungen beziehen. Leibniz kommentiert den lexikalischen und stilistischen Stand
des Deutschen und fordert für die Sprache *Reichtum, Reinigkeit* und *Glanz.*
Das sind klassische sprachliche Güteeigenschaften, die in den antiken Texten
als *copia, puritas* bzw. *latinitas* und *elegantia* begegnen. Leibniz argumentiert
hier ganz und gar als Sprachpfleger, nicht als Logiker. In einer gut funktionierenden Hochsprache müsse es immer eine ausreichende Anzahl an „bequemen
und nachdrücklichen Worten" geben, so daß man alles „kräfftig und eigentlich vorstellen und gleichsam mit lebenden Farben abmahlen könne." *Bequem,
nachdrücklich, kräftig, lebend* sind Ausdrücke aus dem Bereich der pragma-
tisch-stilistischen, nicht der philosophisch orientierten Sprachreflexion.
Lücken im Wortschatz des Deutschen könnten etwa, so Leibniz' Vorschlag,
durch die Wiederverwendung von Archaismen, durch Entlehnung aus anderen
Sprachen, durch Wortbildung oder auch durch Neuschöpfung von Wortgut
geschlossen werden.

Zum besonderen Anliegen werden ihm die Fachsprachen:

9. Ich finde, dass die Teutschen ihre Sprache bereits hoch bracht in allen dem,
so mit den fünff Sinnen zu begreiffen, und auch dem gemeinen Mann fürkom-
met; absonderlich in leiblichen Dingen, auch Kunst- und Handwercks-Sachen,
weil nemlichen die Gelehrten fast allein mit dem Latein beschäfftiget gewesen
und die Mutter-Sprache dem gemeinen Lauff überlassen, welche nichts desto
weniger auch von den so genandten Ungelehrten nach Lehre der Natur gar wohl
getrieben worden. [...]
10. Es ereignet sich aber einiger Abgang bey unserer Sprache in denen Dingen, so man weder sehen noch fühlen, sondern allein durch Betrachtung erreichen kan; als bey Ausdrückung der Gemüths-Bewegungen, auch der Tugenden
und Laster und vieler Beschaffenheiten, so zur Sitten-Lehr und Regierungs-
Kunst gehören; dann ferner bey denen noch mehr abgezogenen und abgefeimten
Erkäntnissen, so die Liebhaber der Weissheit in ihrer Denck-Kunst, und in der
allgemeinen Lehre von den Dingen unter dem Nahmen der Logick und Meta-
physick auff die Bahne bringen. [...]
11. Nun wäre zwar dieser Mangel bey denen Logischen und Metaphysischen Kunst-wörtern noch in etwas zu verschmertzen, ja ich habe es zu Zeiten
unser ansehnlichen Haupt-Sprache zum Lobe angezogen, dass sie nichts als
rechtschaffene Dinge sage und ungegründete Grillen nicht einmal nenne (igno-
rat inepta). Daher ich bey denen Italiänern und Frantzosen zu rühmen gepfleget:
Wir Teutschen hätten einen sonderbahren Probierstein der Gedancken, der andern unbekandt; und wann sie denn begierig gewesen etwas davon zu wissen, so
habe ich ihnen bedeutet, dass es unsere Sprache selbst sey, denn was sich darinn
ohne entlehnte und ungebrauchliche Worte vernehmlich sagen lasse, das seye

würcklich was Rechtschaffenes; aber leere Worte, da nichts hinter, und gleichsam nur ein leichter Schaum müssiger Gedancken, nehme die reine Teutsche
Sprache nicht an.

Das Deutsche ist lexikalisch gut ausgestattet im Bereich derjenigen Fachsprachen, deren fachliche Gegenstände zu den Konkreta zählen. Je abstrakter
die Fachbereiche – Ethik, Politik, Philosophie, Metaphysik, Logik –, desto stärker sind die Lücken, weil dort die Terminologie größtenteils lateinisch ist.
Selbst dem aber gewinnt Leibniz noch Positives ab: Da in diesen abstrakten
Fachbereichen immer wieder geistige Gegenstände ohne eigentliche Substanz,
ohne Entsprechung in der Wirklichkeit konstruiert werden („leichter Schaum
müssiger Gedancken"), könne man die deutsche Sprache sozusagen als Maßstab intellektueller Solidität ansetzen. Was sich auf deutsch ausdrücken läßt,
ist fachlich gediegen, ist durch die Realität gedeckt.

Leibniz' Hypostasierung der Sprache – das Deutsche *selbst* entscheidet
über die Bezeichnungswürdigkeit eines Gegenstandes, es *nimmt leere Worte
nicht an* –, die Rede von der *Rechtschaffenheit*, d. h. die unterschwellige Verknüpfung von sprachlichen mit moralisch-ethischen Kategorien, die Abgrenzung gegenüber dem Italienischen und Französischen (denen implizit ein gerin-
geres Maß an Rechtschaffenheit zuerkannt wird) – all das sind gängige Formen sprachpatriotischer Darstellung. Von ihr wird im folgenden noch die
Rede sein. Hier sei kurz auf die sprachphilosophische Basis von Leibniz' Bemerkung hingewiesen: Die Bemerkung ist vor allem gegen scholastische
Sprachlichkeit gerichtet, die dort, wo Worte ohne tatsächliche begriffliche
Deckung (und damit ohne Deckung in der Realität) verwendet werden, genau
diejenigen *Hirngespinste* und *leeren Worte* (Bacon, Wolff) produziert, von denen oben schon die Rede war.

Der Wortschatz des Deutschen soll in Wörterbüchern verzeichnet werden
(dazu Kap. 5.3). Leibniz schlägt verschiedene Typen vor. Hier soll lediglich
seine Begründung für die Notwendigkeit eines Fachwörterbuchs interessieren:

> [...] ein Teutsches Werck der Kunst-Worte [würde] einen rechten Schatz guter
> Nachrichtungen in sich begreiffen, und sinnreichen Personen, denen es bissher
> an solcher Kunde gemangelt, offt Gelegenheit zu schönen Gedancken und Erfin-
> dungen geben. Denn weil wie oberwehnet, die Worte den Sachen antworten,
> kan es nicht fehlen, es muss die Erläuterung ungemeiner Worte auch die Erkänt-
> niss unbekandter Sachen mit sich bringen.

Daß Wörterbücher nicht nur Wissen über Sprache, sondern auch über die bezeichneten Sachen vermitteln, ist nur möglich, wenn tatsächlich *die Worte den
Sachen antworten*, ihr unmittelbares Abbild sind. Leibniz ist an dieser Stelle
ganz offensichtlich nicht der sprachskeptischen Auffassung, daß die Bedeu-
tungserläuterungen in einem Wörterbuch zunächst nur sprachliche, systemin-

terne Informationen enthalten, sondern er geht ganz selbstverständlich von der ontologischen Basis der Wortbedeutungen aus. Das Wörterbuch kann damit in das aufklärerische Bildungsprogramm aufgenommen werden.

Die zweite Sprachqualität, die Leibniz in den »Unvorgreifflichen Gedancken« hervorhebt, ist die *Reinigkeit* (zum *Glanz* äußert er sich nicht). Er zählt dazu, in Übereinstimmung mit den antiken Rhetoriken, grammatische Regelgemäßheit und korrekte Wortwahl. ‚Korrekt‘ bedeutet die Abwesenheit von Vulgarismen und Grobianismen (*verba plebeja et rustica*), mancher veralteter Wörter (*verba obsoleta*), bestimmter Dialektismen (*verba provincialia*), vor allem aber bestimmter Fremdwörter. In der Fremdwortfrage argumentiert Leibniz geteilt und damit durchaus zeittypisch: Auf der einen Seite steht die sprachpatriotische Warnung vor dem „Verlust der Freyheit" und dem drohenden „Frantzösischen Joch" bei allzu unkritischer Übernahme von Fremdwörtern („Frantz- und Fremd-entzen" heißt das bei Leibniz).

Die Fremdwortkritik steht in einer langen Tradition (vgl. Kap. 3.2). Eine Analyse sprachwissenschaftlicher Texte des 17. und 18. Jahrhunderts auf die Beurteilung von Fremdwörtern hin ergibt unter anderem diese Reihungen, in denen der Ausdruck *fremd* (i.S.v. ’fremdes Wort‘) begegnet (zu den Quellen s. Gardt 1997):

– *unartige, unteutsche und fremde Wörter; unnötige und oft misbrauchte fremde Wörter; fremde barbarische Wörter; fremde Brocken; eingeschobene ausländische Brocken; erbettelte Lappen fremder Sprachen; fremdes und undeutsches Gemäng; fremder Mischmasch*;

– an (z.T. partiellen) Synonymen zu *fremdes Wort* begegnen gehäuft: *ausheimisches, unanständiges, undeutsches* (häufig), *übles, barbarisches, unklares, unvollkommenes, sprachwidriges, unreines Wort, Fremdling*;

– an Antonymen: *angeborenes, bekanntes, eigenes, eigentliches, einheimisches, natürliches, prächtiges, reines, übliches, vollkommenes Wort*, darunter speziell in bezug auf das Deutsche: *eigentlich deutsch, natürlich deutsch, pur deutsch, recht deutsch, rein deutsch, kerndeutsch*.

Fremdwörter zu verwenden bedeutet: sie *im Reden und Schreiben mit untermengen, zu alten und guten teutschen Wörtern machen, aus dem Griechischen und Lateinischen bei den Haaren herauszerren*; die eigene Sprache *mit anderer Sprachen Wörtern vermischen; unter das Teutsche Fremdes einbrocken*; sich *zu fremder Art und Nachrede bequemen; seine Reden und Schriften mit entlehnten Ausdrückungen putzen; Gespräche und Schriften anspicken; fremde Pflanzen auf einheimischen Boden versetzen; nach dem fremden Schatten schnappen*; seine *Zung und Feder ohne Not in fremdes Geschirr zwingen; mit fremden Speisen seinen verwöhnten Appetit stillen; Engländern, Franzosen und Italienern ihren Flitterstaat aus den Händen reißen und unter deutsche Produkte mengen* etc.

Fremdwörter wirken auf die aufnehmende Sprache, indem sie: *in eine Sprache eingepfropft* werden, *einer Sprache unleidsam sein* können, sie *verba-*

starden oder *verlöschen* lassen, *eine andere Sprache aus ihr entstehen lassen, der eigenen Sprache Gewalt antun,* sie *verfälschen, ihrem Genius widersprechen, Idiotismen aus ihr verdrängen,* sie *zur bettlerischen Sklavin machen* etc. Die Aufzählung ließe sich fortsetzen, und sie läßt die abschätzige Bewertung des sprachlich und damit auch kulturell Fremden erkennen. Dieser ablehnenden Haltung stehen schon im Barock, vermehrt dann in der Aufklärungszeit neutrale bis positive Äußerungen gegenüber. Schon Schottelius gestand zu, man könne Fremdwörter „ohn Beschimpfung der Sprachen" verwenden (1663, 284) und Christian Gueintz erkannte ihnen sogar die Eigenschaft zu, das Deutsche zu „bereichern" und ihm „ein leichteres minder steifes und schleppendes Asnehen geben" zu können (1641, 404). Der eher ideologisch motivierten Fremdwortkritik steht in den Arbeiten der Sprachgelehrten immer wieder die praktische Einsicht in die Notwendigkeit der Bewältigung des sprachlichen Alltags gegenüber. So warnt auch Leibniz davor, zum „Puritaner", zum „Rein-Dünckler" zu werden, der aus „abergläubische[r] Furcht" jedes Fremdwort vermeidet. Letztlich ist seine Position pragmatisch: In den Fachsprachen sind, vor allem bei Bezeichnungslücken, Fremdwörter legitim, außerhalb der Fachsprachen – etwa in der Dichtung – weniger. Ein kosmopolitischer Zug in Leibniz' Denken ist nicht zu übersehen, wenn er feststellt, daß mit den neuen Wörtern auch „viel Gutes" nach Deutschland geholt wurde, von der italienischen Krankheitsvorsorge über das französische Kriegswesen bis zu der Tatsache, daß „mit einger Munterheit im Wesen die Teutsche Ernsthafftigkeit gemässiget" worden sei.

Literatur

Sprachpflege und rationalistische Sprachtheorie in der Aufklärung in Deutschland (u. a. Leibniz): Coseriu 1970, Arndt 1971, Heinekamp 1972 u. 1992, Schulenburg 1973, Apel 1975, Kondylis 1981, Aarsleff 1982, Dutz 1983 u. 1989, Kimpel 1985, Blumenberg 1986, Steger 1988, Ricken 1989a u. 1990, Schrader 1990, Bio-bibliographisches Handbuch 1992ff., Burmester 1992, Haßler 1992, Schüßler 1992, Alexander 1993, Formigari 1993, Gardt [demn.]e, Reichmann 1995, Becker 1998, Roelcke [demn.]a

4.4 Allgemeine Grammatik

4.4.1 Die Tradition rational-universalistischer Sprachtheorie bis zum 18. Jahrhundert

Schon im ersten Kapitel wurde mit der »Grammatica speculativa« der Modisten ein sprachtheoretischer Ansatz vorgestellt, auf den die Bezeichnung *rational-universalistisch* zutrifft. Eine solche Form der Sprachreflexion dient nicht der grammatischen und stilistischen Beschreibung einer Einzelsprache, in der

Absicht, sie zu kodifizieren oder ihre Verwendung nach einem bestimmten Stilideal zu regeln. Vielmehr ist sie auf grundsätzliche Eigenschaften von Sprache
gerichtet, illustriert entweder an der Tiefenstruktur einer jeweiligen Einzelsprache oder aber, jenseits einzelsprachlicher Spezifik, auf so etwas wie eine
universelle, allen Sprachen gemeinsame Tiefenstruktur.

Rational-universalistische Ansätze, darauf wurde bei der Besprechung der
»Grammatica speculativa« hingewiesen, weisen eine Reihe inhaltlicher Gemeinsamkeiten auf. Sie sollen nochmals kurz genannt werden, für ihre Kommentierung sei auf das frühere Kapitel verweisen:

- die Unterscheidung dreier Komponenten im Bereich der Zeichentheorie: der
  Gegenstände außersprachlicher Wirklichkeit, ihres mentalen Korrelats, d. h.
  der Vorstellungen von den Gegenständen, und ihres sprachlichen Ausdrucks;
- die Nähe zur Auffassung von der Arbitrarität des sprachlichen Zeichens;
- die Annahme der Vorgegebenheit der Phänomene der Wirklichkeit und des
  Abbildcharakters der Vorstellungen von diesen Phänomenen; zugleich die
  Überzeugung von der prinzipiellen Gleichheit der Erkenntnisvorgänge und
  Erkenntnisresultate bei allen Menschen; damit auch, trotz aller Skepsis angesichts der kognitiven Fehlleistungen durch falsche sprachliche Kategorisierung der Wirklichkeit, die Annahme der Möglichkeit objektiver Welterkenntnis und objektiver sprachlicher Weltbeschreibung;
- die Überzeugung, daß die ideale Relation zwischen den am semiotischen
  Prozeß beteiligten Größen Gegenstände der Wirklichkeit, Vorstellungen und
  sprachliche Ausdrücke die der Eindeutigkeit ist;
- das besondere Interesse an syntaktischen Fragen.

Das erwähnte Ideal der Eindeutigkeit verbindet sich mit der Überzeugung, daß
eine Sprache in dem Maße vollkommen ist, in dem ihre Strukturen den Gesetzen der Vernunft, ja der Logik entsprechen. Weil sie eben dies in den natürlichen Sprachen vermissen, schlagen Sprachplaner des 17. und 18. Jahrhunderts die Konzeption künstlicher Sprachen vor (vgl. Kap. 3.5). Ein solche, in
ihren morphologischen und syntaktischen Strukturen streng ökonomisch angelegte Kunstsprache ist dann das Gegenteil einer an synonymen und polyse-
men Ausdrücken (und damit auch an Metaphern) reichen natürlichen Sprache,
wie sie von den Dichtern gewünscht und von den patriotischen Sprachpflegern
als Ausdruck kultureller Überlegenheit gelobt wird. Dabei ist den Autoren zugleich bewußt, daß es bei dieser Alternative nicht wirklich um eine Konkurrenz geht. So ist sich Leibniz völlig darüber im klaren, daß die Sprache im Alltag nun einmal andere Aufgaben hat als etwa in den Wissenschaften und daß
nur dort eine *lingua universalis* ihren Platz haben kann.

Eine rational-universalistisch orientierte Sprachtheorie begegnet in der Frühen Neuzeit nicht erst ab dem 17. oder 18. Jahrhundert. In mehreren europäischen Ländern werden vom 15. Jahrhundert an entsprechende Arbeiten veröf-

fentlicht. Aufgrund der internationalen Dimension dieser Linie der Sprachreflexion werden im folgenden einige Werke genannt, die von großer Wirkung
auch für die Entwicklung in Deutschland waren.

Als erstes ist dies Julius Cäsar Scaligers 1540 in Lyon erschienene Schrift
»De causis linguae latinae«. Bereits der Titel läßt erkennen, daß der Autor
deutlich über eine Grammatik für den Lateinunterricht hinausgehen und stattdessen ein Stück linguistischer Grundlagenforschung liefern will, für die ihm das
Lateinische den idealen Bezugspunkt bietet. Trotz der Definition von Grammatik als „Wissenschaft vom Sprechen auf der Grundlage des Gebrauchs"
(„scientia loquendi ex usu", IV, 76, 136) ist sein eigentliches Ziel die *ratio com-
munis* der Sprache, die ihr zugrundeliegenden Prinzipien, und eine entscheidende Voraussetzung ist die Klärung des Verhältnisses zwischen den Größen
Sprache, Denken und Wirklichkeit.

Scaliger steht dabei ganz in mittelalterlich-universalistischer und damit ari-
stotelischer Tradition. Ausgangspunkt ist das Axiom „Res naturam non mu-
tant" (III, 66, 115) – die Dinge sind so, wie sie sind. Ohne jedes menschliche
Zutun werden sie mittels der Sinne erfaßt („per sensus sine medio humano",
ebd.) – ein unmittelbar auf Aristoteles zurückgehender, bis weit in das 18. Jahrhundert immer wieder zitierter Gemeinplatz –, so daß das Bewußtsein zu
Recht als *Spiegel der Dinge* bezeichnet werden kann („Est enim quasi rerum
speculum intellectus noster […]", „Unser Bewußtsein ist gewissermaßen ein
Spiegel der Dinge", III, 66, 113). Der einzelnen Vorstellung entspricht dann
das einzelne Wort („est enim uox nota earum notionum, quae in anima sunt" –
„Das Wort ist das Zeichen derjenigen Vorstellungen, die im Bewußtsein sind",
I, 1, 2, und: „Ex his itaque definimus Dictionem, Nota unius speciei, quae est
in animo […]" – „So definieren wir also das Wort als das Zeichen für eine einzelne Spezies, die im Geist vorhanden ist […]", III, 66, 115), und die Verknüpfung von Wörtern, die Rede („sermo"), dient dem Ausdruck des Bewußtseinsinhalts („Est enim Sermo dispositio uocum articulatarum ad interpretandum
animum" – „Die Rede ist nämlich eine Anordnung von Wörtern zum Ausdruck des Bewußtseinsinhalts", I, 2, 8). Das Verhältnis zwischen den Größen
Sprache, Bewußtsein und Wirklichkeit ist also das einer eindeutigen Nachord-
nung, und in genau diesem Sinne wird es von Scaliger beschrieben: „Wie die
Vorstellungen von den Dingen Zeichen des Bewußtseins sind, so sind die Wörter Zeichen für diese Bewußtseinszeichen" („Sicut igitur imagines rerum sunt
notiones intellectui: ita uoces sunt notionum illarum notiones […]", III, 66,
115). Für Scaliger geht die Beziehung von Ursache und Wirkung nur in eine
Richtung, von der Wirklichkeit über die Vorstellungen zur Sprache. Die Sprache
beeinflußt nicht die Qualität der Vorstellungen, und die Vorstellungen haben
keinen Einfluß auf die Wirklichkeit. Wahrheit ist dann gegeben, wenn zwischen den drei Größen Übereinstimmung besteht („Veritas est orationis aequa-
tio cum re, cuius est nota" – „Wahrheit ist Übereinstimmung der Rede mit dem
Ding, dessen Zeichen sie ist", I, 1, 2).

Zu dieser grundlegenden zeichentheoretischen Differenzierung tritt eine zweite, die zwischen *significare* und *consignificare*. Zur Recht fühlt man sich an die »Grammatica speculativa« erinnert, wo diese Begriffe im Zentrum stehen. Bei Scaliger kann das Substantiv eine *Sache* bezeichnen, die sich in zeitlichem Ablauf befindet („rem fluentem"), z.B. *Tag*. Diese semantische Leistung nennt Scaliger *significare*. Das Verb dagegen kann den *zeitlichen Ablauf* („rei fluxus") selbst bezeichnen, indem einer lexikalisch-semantischen Information eine Tempus-Information hinzugefügt wird, z.B. *(ich) ging* (zu verstehen als: das Gehen + Zeitangabe). Diese Leistung des Zeichens nennt Scaliger *consignificare*, zustande gekommen durch einen *modus significandi temporis*. Dahinter steht natürlich die alte Unterscheidung der mittelalterlichen Universalisten in ein Bezeichnen *per modum permanentis* (Substantiv) bzw. *per modum fluxus* (Verb).

Ein weiterer Aspekt spekulativer Grammatik des Mittelalters, der in der Neuzeit aufgegriffen wird, ist die ansatzweise Unterscheidung in so etwas wie eine Oberflächen- und eine Tiefenstruktur. Für die ausschließlich dem praktischen Unterricht zugedachte lateinische Schulgrammatik der Zeit ist das kein Thema, auch nicht für die aufkommende volkssprachliche Grammatikographie, aber sehr wohl für universalistisch ausgerichtete Arbeiten, die an einer sprachimmanenten *ratio* interessiert sind. Schon zu ihrer Zeit berühmt wurde die »Minerva, seu de causis linguae Latinae« des Franciscus Sanctius Brocensis (Francisco Sánchez de laz Brozas), die 1587 im spanischen Salamanca erscheint. Auch Sanctius geht es um die *vera principia* der Sprache, und auch er orientiert sich bei seiner Suche am Lateinischen. Ganz charakteristisch ist daher, im Gegensatz zur starken morphologischen und lexikalischen Ausrichtung der deutschen Grammatiker dieser Zeit, seine Konzentration auf die Syntax („Oratio sive syntaxis est finis grammaticae" – „Die Syntax ist der eigentliche Zweck der Grammatik"). Immer wieder löst er Konstruktionen, die auf der Ebene der konkreten Realisierung der Sprache (*sermo*, nicht unähnlich der Saussureschen *parole*) vorkommen, in zugrundeliegende Konstruktionen auf. In „Ego Anibal peto pacem" ('Ich, Hannibal, bitte um Frieden') sieht er z.B. in der Subjektform „Anibal" das ausführlichere „Ens [...] Anibal" ('Hannibal, das Seiende') bzw. „Qui sum Anibal" ('der ich Hannibal bin', II, 2) impliziert. In ähnlicher Weise verbirgt sich in „longo post tempore" ('lange Zeit danach') das explizitere „longo tempore, post id tempus" ('lange Zeit nach dieser Zeit', III, 12) und in „interest mea" ('es ist in meinem Interesse') die Struktur „id est inter mea negotia" ('es ist im Interesse meiner Geschäfte', III, 5). Die jeweils explizitere Form ist nach Sanctius Spiegel der im Bewußtsein tatsächlich vorhandenen Vorstellungen. Diese Vorstellungen wiederum sind objektive Abbilder der Wirklichkeit, so daß zumindest die Tiefenstruktur einer Sprache als unmittelbarer Ausdruck der Strukturen der Wirklichkeit gelten kann.

Um von einer konkreten sprachlichen Form auf der Ebene der *sermo* zur ihr zugrundeliegenden Form auf der Ebene der *ratio* zu gelangen, bedarf es einer oder mehrerer Operationen: Es müssen Teile der Oberflächen-Äußerung hinzugefügt, getilgt, umgestellt oder ausgetauscht werden (die Rückführung von *Ich, Hanibal, bitte um Frieden* auf *Ich, der ich Hanibal bin, bitte um Frieden* wird z. B. durch eine Hinzufügung ermöglicht). Genau diese Verfahren begegnen bereits in der antiken Sprachreflexion als *adiectio, detractio, transmutatio* und *inmutatio* (Quintilian: »Institutio oratoria«, I, V, 38–41), und sie erinnern natürlich an die entsprechenden Verfahren in den frühen Varianten der generativen Transformationsgrammatik.

Solche grammatischen Überlegungen begegnen vom 16. Jahrhundert an in mehreren europäischen Ländern. Von dem Engländer Thomas Linacre sei hier lediglich der sprechende Titel seines 1524 erschienenen Werks erwähnt: »De emendata structura Latini sermonis libri sex«. Auch die bedeutende »Philosophia rationalis« (1638) des kalabresischen Dominikaners Tommaso Campanella soll anhand eines Beispiels erwähnt werden: Antwortet jemand, so Campanella, auf die Frage „vis panem" ('Willst du Brot?') mit „volo" ('ich will'), dann impliziere „volo" – man könnte ergänzen: auf der mit der Wirklichkeit kongruenten mentalen und damit auch sprachlich-tiefenstrukturellen Ebene – das Pronomen „ego" und das Substantiv „panem" (S. 15) Wie seine Vorläufer trennt auch Campanella die Bereiche von Wirklichkeit, Denken und Sprache sorgfältig (ebd.):

> Als erstes stellen wir uns im Geist einfache Dinge vor, dann machen wir sie in der Sprache mittels Wörtern manifest, und zwar so, daß diese Wörter die *ratio* der Vorstellung ausdrücken. Dann verbinden wir die Vorstellungen von den Dingen, wie sie in der Natur gegeben sind, und bilden einen Satz. Die Wörter bezeichnen also die Dinge, die Sätze dagegen die Verbindungen der Vorstellungen von den Dingen.

Den Höhepunkt dieser frühen Differenzierung in zwei unterschiedliche Strukturebenen der Sprache stellt ohne Zweifel die »Grammaire générale et raisonnée« von 1660 dar. Verfaßt von den Jansenisten Antoine Arnauld und Claude Lancelot in dem Kloster Port-Royal bei Paris (daher auch die Bezeichnung „Grammatik von Port Royal"), repräsentiert sie in ihrer konzeptionellen Strenge wie kein anderes grammatikologisches Werk die Interessen und Überzeugungen rational-universalistischer Sprachtheorie.

Dies ist die Einleitung zur »Grammaire« (S. 5):

> Grammatik ist die Kunst des Sprechens.
> Sprechen ist das Darlegen der eigenen Gedanken mittels Zeichen, welche die Menschen zu diesem Zweck erfunden haben.
> Nach verbreiteter Ansicht sind die nützlichsten dieser Zeichen Laute und Töne.

> Da jedoch diese Laute vergänglich sind, erfand man andere Zeichen, um sie dauerhaft und sichtbar zu machen; dies sind die Schriftzeichen [...].
> Demnach kann man zwei Aspekte der Zeichen unterschieden: Erstens, was sie ihrer Natur nach sind, d.h. als Laute und Schriftzeichen.
> Zweitens, was sie hinsichtlich ihrer Bedeutung nach sind, d.h. der Art und Weise, in der die Menschen sie zur Bezeichnung ihrer Gedanken verwenden.

Hier wird von vornherein deutlich, daß Sprache nie mehr sein kann als das, was der Mensch aus ihr macht. Wo in der Mystik Sprache eine dem Menschen vorgegebene Größe ist, die aus einer biblischen, sogar paradiesischen Zeit stammt und aus dieser Zeit mit numinosen Qualitäten versehen ist, und wo im Kulturpatriotismus der Sprache Kräfte eines mythischen Volkstums zugesprochen werden, sie als Ausdruck nationaler Identität gilt, ist sie in der Grammatik von Port-Royal Werkzeug des sie intellektuell distanziert, überlegen handhabenden Menschen: Die Zeichen wurden von den Menschen aus bestimmten Interessen „erfunden", es ist die „verbreitete Ansicht" der Menschen, die über die Gestalt der Zeichen entscheidet, und es sind wieder die Menschen, die mit der Art und Weise, wie sie die Zeichen „verwenden", über deren Bedeutung entscheiden. Ob der Mensch die vollständige Sprache oder lediglich die Anlage zur Sprache von Gott erhalten hat oder ob man sich die Entwicklung der Sprache sensualistisch, aus einer Nachahmung von Naturlauten vorzustellen hat – Fragen des Sprachursprungs werden nicht diskutiert. So ist Arnaulds und Lancelots Rede von der Erfindung (*inventer*) der Sprachzeichen nicht als historisch-genealogische Beschreibung zu verstehen, sondern als umfassendes Bekenntnis zur Auffassung von der Arbitrarität und Konventionalität der Sprache.

Es ist charakteristisch für die »Grammaire«, daß sich dieser Konventionalitätsgedanke mit dem Eindeutigkeitsideal verbindet. Der folgende Auszug aus dem 5. Kapitel illustriert das:

> Wir haben bereits festgestellt, daß die Menschen die Laute als Zeichen für die Gedanken eingesetzt haben, und daß sie auch gewisse Schriftelemente erfunden haben, die wiederum als Zeichen dieser Laute dienen. Aber obgleich diese Schriftzeichen, ganz im Sinne ihrer ursprünglichen Einsetzung, unmittelbar nur Laute bezeichnen, übertragen die Menschen oft ihre Vorstellungen von den Schriftzeichen auf die Sache selbst, die mittels der Laute bezeichnet werden. Daher lassen sich also die Schriftzeichen in zweierlei Hinsicht betrachten: ob sie einfach den Laut bezeichnen oder ob sie uns helfen, uns das vorzustellen, was der Laut bezeichnet.
> Betrachtet man die Schriftzeichen in der erstgenannten Hinsicht, so hätten vier Regeln befolgt werden müssen, damit sie vollkommen wären:
> 1. daß jedes Schriftzeichen irgendeinen Laut anzeigt, d.h. daß nichts geschrieben wird, was nicht auch gesprochen wird;
> 2. daß jeder Laut durch ein Schriftzeichen angezeigt wird, d.h. daß nichts ausgesprochen wird, was nicht auch geschrieben wird;
> 3. daß jedes Schriftzeichen nur einen Laut anzeigt [...];

4. daß ein und derselbe Laut nicht durch unterschiedliche Schriftzeichen angezeigt wird.

Wenn man aber die Schriftzeichen in der zweiten Hinsicht betrachtet (ob sie uns also helfen, uns das vorzustellen, was der Laut bezeichnet), dann ist es manchmal zu unserem Vorteil, daß diese Regeln nicht immer befolgt werden, zumindest die erste und die letzte.

Denn es kommt häufig vor, vor allem im Falle von Sprachen, die von anderen Sprachen abgeleitet sind, daß bestimmte Buchstaben nicht ausgesprochen werden und also in bezug auf ihren Lautcharakter nutzlos sind. Dennoch helfen sie uns beim Erkennen der Bedeutung der Wörter. So werden z.B. in den Wörtern *champ* [‚Felder'] und *chants* [‚Lieder'] das *p* und das *t* nicht ausgesprochen, sind aber für das Anzeigen der Bedeutung dennoch von Nutzen, denn durch sie verstehen wir, daß das erstere vom lateinischen *campus* und das zweite vom lateinischen *cantus* abstammt.

Was in den Punkten 1 bis 4 formuliert wird, entspricht nicht nur der Forderung nach Eindeutigkeit, sondern sogar nach Eineindeutigkeit. Wenn eine Ausnahme gemacht wird, etwa für *p* und *t* in *champs* und *chants*, dann muß sie gut begründet sein, wie in diesem Fall durch eine Homophonentrennung. Charakteristisch für den mentalistischen Ansatz der in cartesianischer Tradition stehenden »Grammaire« ist auch die Annahme, daß die Sprachzeichen nicht einfach, im Sinne einer schlichten Sachsemantik, auf die Dinge verweisen, sondern zunächst auf unsere Vorstellungen von den Dingen.

Der Grund für das besondere Interesse, das die Forschung in den vergangenen Jahren an der Grammatik von Port-Royal gezeigt hat, sind aber nicht diese allgemein rational-universalistischen Züge des Werks, sondern ganz speziell das neunte Kapitel des zweiten Teils: «Du Pronom appelé Relatif». Hier klingt erneut die für Texte dieses sprachtheoretischen Zuschnitts eigene Unterscheidung in Oberflächen- und Tiefenstruktur an:

Diese untergeordneten Propositionen sind oft in unserem Bewußtsein vorhanden, ohne in Worten ausgedrückt zu werden, wie in dem angeführten Beispiel. Manchmal werden sie aber auch explizit angezeigt, und dazu dient das Relativpronomen. Das ist z.B. der Fall, wenn ich das obengenannte Beispiel auf die folgende Aussage zurückführe: *Gott, DER unsichtbar ist, hat die Welt geschaffen, DIE sichtbar ist* [*Dieu invisible a creé le monde visible*].

Hier nun liegt das vor, was wir als spezifisch für das Relativpronomen herausgestellt haben, daß nämlich die Proposition, in die es eingeht, Teil des Subjekts oder Prädikats einer anderen Proposition sein kann.

Dazu sind einige Anmerkungen notwenig. 1. Wenn zwei Nomina zusammengeführt werden, von denen keines das andere regiert, sondern die sich auf derselben Ebene befinden, entweder aufgrund von Apposition – wie in *urbs Roma* ['die Stadt Rom'] – oder weil eines ein Adjektiv ist – wie in *Deus sanctus* ['der heilige Gott'] (vor allem, wenn dieses Adjektiv ein Partizip ist wie in *canis currens* ['der laufende Hund']) – dann beinhalten all diese Formulierungsweisen in ihrer Bedeutung das Relativpronomen und können sich mittels des Relativpronomens in dieser Weise umwandeln lassen: *urbs quae dicitur Roma* ['die Stadt, die Rom genannt wird'], *Deus qui est sanctus* ['Gott, der heilig ist'], *canis qui currit* ['der Hund, der läuft']. Und es hängt vom Genius der Sprachen ab, die eine oder andere Formulierungsweise zu verwenden. So stellen wir fest, daß im Lateinischen das Partizip verwendet wird, wie in *video canem currentem* ['Ich sehe einen laufenden Hund'], und im Französischen das Relativpronomen: *je vois un chien qui court* ['Ich sehe einen Hund, der läuft'].

2. Ich habe festgestellt, daß die Proposition des Relativpronomens Teil des Subjekts oder Prädikats einer anderen Proposition sein kann, die man die übergeordnete Proposition nennen kann. Denn die Proposition des Relativpronomens umfaßt nie das gesamte Subjekt oder das gesamte Prädikat, sondern man muß, um das Subjekt zu vervollständigen, dasjenige Wort hinzufügen, das durch das Relativpronomen ersetzt wird. Und in ähnlicher Weise müssen, um das Prädikat zu vervollständigen, mehrere andere Wörter hinzugefügt werden. So z.B. wenn ich sage: *Gott, der unsichtbar ist, ist der Schöpfer der Welt, die sichtbar ist.* *Der unsichtbar ist* ist nicht das vollständige Subjekt dieser Proposition, sondern es muß ergänzt werden durch *Gott*. Und *die sichtbar ist* ist nicht das gesamte Prädikat, sondern es muß ergänzt werden durch *der Schöpfer der Welt*.

3. Das Relativpronomen kann entweder das Subjekt oder Teil des Prädikats auch der untergeordneten Proposition sein [...].

Das Relativpronomen ist also in zahlreichen Konstruktionen impliziert, auch wenn es nicht in der Oberflächenstruktur präsent ist. Da die Autoren sich nicht darauf beschränken, einzelne Beispiele für Überführungen von Oberflächen- in Tiefenstrukturen zu geben, sondern die Regeln nennen, nach denen dies geschieht, gehen sie deutlich über das bis dahin zu dieser Thematik Übliche hinaus. Dabei enthält die Grammatik von Port-Royal eine Reihe von Aspekten, die auf den heutigen Leser ausgesprochen modern wirken. So wird im Rahmen der Unterscheidung zwischen Substantiven und Adjektiven eine Art denotative Bedeutung von einer konnotativen Bedeutung («connotation», «signification confuse») abgehoben. In der Sache ähnlich, wenngleich in anderer Begrifflichkeit, wird auch eine Unterscheidung getroffen, die einerseits an diejenige zwischen der Intension und der Extension eines Ausdrucks, andererseits an die Differenzierung zwischen seiner *langue*-Bedeutung und seiner textuellen Bedeutung erinnert: Einer dem Wort ‚fest‘ beigegebenen Bedeutung («signification qui est fixe») steht «l'étenduë de cette signification», der Umfang dieser Bedeutung gegenüber. Letztere ändert sich je nach Verwendung des Wortes. Fehlen nähere Angaben, die den Bedeutungsskopos einschränken, dann ist die Bedeutung unbestimmt («indéterminé»), während z.B. «homme» in «toute homme est raisonnable» in seiner Extension durch «toute» bestimmt ist.

Bei der Betrachtung der Grammatik von Port-Royal wird bald deutlich, wie sehr die semantischen und syntaktischen Analysen der Autoren der rational-universalistischen Tradition verpflichtet sind, und dies bis ins Mittelalter. Zugleich aber ist der modernere Zugriff unverkennbar, etwa die ausgeprägte Systematik bei der Beschreibung der Transformationen zwischen den unterschiedlichen Strukturebenen der Sprache, die weit über die vorsichtige Andeutung solcher Phänomene hinausgeht, oder die auf den heutigen Betrachter im Vergleich zu den modistischen Ansätzen weit eleganter wirkende Verbindung mentaler Kategorien mit sprachlichen.

Abschließend soll ein kurzer Blick auf die Arbeit eines deutschen Autors geworfen werden: Christopher Helwigs »Sprachkünste. I. Allgemeine / welche das jenige so allen Sprachen gemein ist / in sich begreifft [...]« von 1619. Helwig gehört zum Kreis um den Köthener Sprachpädagogen und Schulreformer Wolfgang Ratke. Der Universalismus der Anhänger Ratkes, der sog. Ratichianer, war letztlich metaphysisch begründet. Ausgangspunkt war die Annahme einer *harmonia mundi (Gleichförmigkeit in allen Dingen)*. Die strukturellen Zusammenhänge zwischen den unterschiedlichen Bereichen des Seins zu vermitteln, war Aufgabe der Schulen. Nur wenn die jungen Menschen den Zusammenhang des Ganzen erkennen, können sie ein Leben im Sinne christlichen (protestantischen) Glaubens führen. Voraussetzung ist die entsprechende Aufarbeitung des Lernstoffes. Der Sprachunterricht etwa muß von vornherein zugleich Sachunterricht sein, um eine Loslösung der sprachlichen Kategorien von den ihnen zugrundeliegenden ontologischen Kategorien, der *Wörter* von den *Dingen* zu verhindern. Kritisiert werden dementsprechend scholastisch-spitzfindige wie auch selbstverliebt-rhetorische Sprachgestaltung. Wie ein Ding zunächst aus sich selbst heraus („ein Ding an ihm selbst", Helwig/Jung 1614/15), dann erst in seinen Eigenschaften und seiner Verwendung beschrieben werden soll, dürfen auch die Sprachen nicht nur aus dem Gebrauch heraus, sondern müssen aus den ihnen inhärenten Strukturen, „aus jhrer gründlichen Eygenschafft" (ebd.) erklärt werden.

Die »Sprachkünste« wollen dasjenige behandeln, „so allen Sprachen gemein ist". Hier soll lediglich der sehr kurze syntaktische Teil interessieren. Helwig diskutiert darin die Möglichkeit, denselben Sachverhalt in unterschiedlicher sprachlicher Form auszudrücken. Ohne Bedeutungsverlust austauschbar erscheinen ihm innerhalb eines Satzes folgende Elemente:

1. SagNännwort --- und zurücksehend HalbNännwort sampt eim Sagwort.
2. Nännwort --- und zurücksehend HalbNännwort samt eim wesentlichen Sagwort.
3. Wirckend Sagwort samt eim Erstfall deß wirckenden / und Virtfall deß leidenden --- und Leidend Sagwort samt einem Erstfall deß leidenden und Vorwort samt dem wirckenden Nännwort.
4. Fortsatzes Fügwort --- und Vorwort zu / sampt einem Vnumbschribenen Sagwort.
5. Fügwort deß Hefts samt eim Sagwort --- und Sagnännwort.

Daß die grammatische Terminologie deutsch ist, ergibt sich ganz selbstverständlich aus der Überzeugung der Ratichianer, Unbekanntes nur auf der Basis von Bekanntem, eine fremdsprachliche Terminologie also nur auf der Basis einer muttersprachlichen zu lernen. In lateinische Terminologie (rück)übersetzt lauten die Gegenüberstellungen:

1. ein Partizip: ein Relativpronomen in Verbindung mit einem Verb;
2. ein Substantiv bzw. Adjektiv: ein Relativpronomen in Verbindung mit einer Form von *sein*;
3. ein Verb im Aktiv in Verbindung mit einem Substantiv im Nominativ (als Handlungsträger, d. h. in Subjektfunktion) und einem Substantiv im Akkusativ (als Objekt der Handlung): ein Verb im Passiv in Verbindung mit einem ‚passiven‘ Substantiv im Nominativ und einer Präposition einschließlich eines den Agens bezeichnenden Substantivs;
4. eine Fortdauer ausdrückende Konjunktion: die Präposition *zu* in Verbindung mit einer infiniten Verbform;
5. eine kopulative Konjunktion: ein Partizip.

Die Ersetzungsvorschläge sind in einigen Fällen sinnvoll, in anderen nicht nachvollziehbar:

1. *der singende Mann : der Mann, der singt.*
2. Hier meint Hellwig vermutlich: *der große Mann : der Mann, der groß ist.*
3. *Der Mann fällt den Baum : Der Baum wird von dem Mann gefällt.*
4. Helwigs Vorschlag ergibt keinen Sinn in der vorliegenden Form, vielleicht dachte er an etwas wie *Er kommt, damit er ißt : Er kommt zum Essen,* vielleicht auch *Er kommt, um zu essen.* In jedem Fall müßte ein Teil von Helwigs Anweisungen geändert werden.
5. *Er klagt und weint : Er klagt weinend.*

Die Bewegung von der Ausgangsform zur Austauschform ist nur möglich, wenn der Sprachbenutzer zunächst auf eine beiden Ebenen zugrundeliegende tiefenstrukturelle Ebene zurückgreift. Diese tiefenstrukturelle Ebene ist die der mentalen Fassung des Sachverhalts, von ihr gelangt man zu den unterschiedlichen Oberflächenrealisierungen. Im Detail ausgeführt ist all das nicht bei Helwig, aber sein Ansatz läßt immerhin ein Bewußtsein der komplexen strukturellen Verhältnisse erkennen.

4.4.2 Johann Werner Meiner: »Versuch einer an der menschlichen Sprache abgebildeten Vernunftlehre oder philosophische und allgemeine Sprachlehre« (1781)

Die Beschäftigung mit Allgemeiner Grammatik erlebt im Deutschland des 18. Jahrhunderts einen neuen Höhepunkt. Der geistesgeschichtliche Kontext, in dem diese Entwicklung steht, ist der Rationalismus Leibniz-Wolffscher Prägung (vgl. Kap. 4.3). Inhaltlich bedeutet das die Einbeziehung erkenntnistheoretischer Fragen in die grammatikologische Argumentation, wie sie an anderen Stellen bereits erwähnt wurde (vgl. Kap. 4.2). Auch auf die methodischen Konsequenzen, d.h. auf die Logifizierung der grammatischen Theorie, wurde bereits hingewiesen.

Zu den wichtigen Verfassern Allgemeiner Grammatiken (bzw. von Schriften mit einem allgemein-grammatischen Anteil) im 18. Jahrhundert zählen unter anderem Jakob Carpov (1735), Israel Gottlieb Canz (1737), Georg Wolfgang Franz Panzer (1747), Johann Werner Meiner (1781), Georg Michael Roth (1795) und, kurz nach der Jahrhundertwende, August Ferdinand Bernhardi (1801) und Johann Severin Vater (1801). Im folgenden sollen einige Aspekte der »Allgemeinen Sprachlehre« Meiners, des vielleicht bekanntesten allgemeinen Grammatikers in der Zeit um die und nach der Jahrhundertmitte, skizziert werden.

Meiner (1723-1789), Gymnasialrektor in Thüringen und Lehrer für alte und neue Sprachen, unterscheidet zwei Arten von Grammatiken: *philosophische* und *harmonische*. Eine philosophische Grammatik setzt als Apriori nicht die Merkmale einzelner Sprachen, sondern die Operationen des Verstandes an. Aus der Reflexion über diese Operationen („aus der Art und Weise unsers Denkens"; hier und im folgenden: »Vorrede«) gewinnt sie ihre Aussagen. Die Regeln, die in ihr formuliert werden, stehen zu den kognitiven Operationen in einem strengen Abbildverhältnis. Da die Abläufe des Denkens universell sind, besitzen die Regeln einer philosophischen Grammatik notwendigerweise Gültigkeit für alle Einzelsprachen. Die Unterschiede, die zwischen den Einzelsprachen bestehen, sind lediglich von der Art, wie sie auch zwischen mehreren Kopien ein und desselben Originals bestehen, d.h. sie sind mehr oder weniger oberflächlicher Natur („Denn alle Sprachen sind in der That nichts anders, als so viele von einem und eben demselben Originale, welches unser Denken ist, aufgenommene Kopien"). Eine harmonische Grammatik dagegen geht den umgekehrten, den induktiven Weg: Sie gelangt zu den Gemeinsamkeiten, die allen Sprachen zugrunde liegen, durch den Vergleich konkreter Sprachen. Im Gegensatz zur philosophischen Grammatik begnügt sie sich aber mit der bloßen Feststellung dieser Gemeinsamkeiten, ohne nach den Gründen für sie zu suchen, die ja nur in unserem Denken liegen können.

Abgesehen davon, daß eine philosophische Grammatik Aufschlüsse über die Prinzipien des menschlichen Denkens gibt, dient sie für Meiner pädagogisch-diaktischen Zwecken, vor allem dem Fremdsprachenerwerb, überhaupt dem „abstrakten Nachdenken". Zugleich bietet sie eine „Geschichte des menschlichen Verstandes": Stößt man bei der strukturellen Analyse einer Einzelsprache auf charakteristische Eigenschaften, dann kann man diese als Ausdruck einer jeweiligen intellektuellen Entwicklungsstufe der betreffenden Sprachgemeinschaft werten:

In welcher partikulären Sprache wir einen beträchtlichen Zuwachs an Vollkommenheit gewahr werden, deren ihrer Nation kann man auch sicher einen vor-
züglichen Grad von erleuchteter Denkungsart beylegen. Dieses ist gleichsam der
Maaßstab wornach man die Verdienste der Völcker, die sie sich um die Verfeinerung der menschlichen Denkungsart erworben haben, richtig abmessen und beurtheilen kann.

Das ist der gleiche aufklärerische Fortschrittsoptimismus, wie er sich bei Leibniz
findet. Die Vollkommenheit der Sprache korreliert mit der einer Nation und
letztlich mit der der Gattung Mensch.
    Grammatikographischer Orientierungspunkt ist für Meiner der Satz. Das
ergibt sich ganz selbstverständlich aus der kognitiven Begründung der »Allgemeinen Sprachlehre«: Wir denken nicht in Wörtern, sondern in Sätzen, da wir
ständig einem gedachten Sachverhalt irgendwelche Eigenschaften zusprechen,
d. h. ständig ein *Unselbständiges* auf ein *Selbständiges* beziehen (XXXVII):

> Alle Nationen fanden durch das innere Gefühl,
>   1) daß, wenn sie denken, sie in ihren Gedanken allezeit etwas *unselbständi-*
> *geres* mit etwas *selbständigern* entweder verbinden oder von ihm trennen, und,
> weil diese Verbindung oder Trennung beyder Dinge ein *Satz* genennet wird, sie
> also allezeit im Satze denken. Wollten sie nun einen gedachten Satz mit Worten
> ausdrücken, so sahen alle ein, daß dazu zweyerley Wörter erfordert würden:
> 1) solche, die etwas, es mag von Natur *selbständig* seyn oder nicht, dennoch als
> *selbständig* vorstellen, welche deswegen *Substantiua* genennet werden; 2) sol-
> che, die etwas als unselbständig vorstellen. Es haben aber diese letztern zweyer-
> ley Gebrauch, a) entweder, daß wir die selbständig gedachten nur dadurch
> kenntbar machen, und von einander unterscheiden, welches *Adiectiua* oder
> *Epitheta* heißen, b) oder daß wir sie im Satze an die Stelle des unselbständig ge-
> dachten Dinges setzen, und also zum Prädikate gebrauchen, welche *Verba* ge-
> nennet werden; wobey man zugleich mit anmerkt, daß ein *Adjectiuum* auch
> zum Prädikate gebraucht werden könne, und also den *Verbis* gleich wird, wenn
> mit ihm *esse* verbunden wird, und daß also *Adjectiua* und *Verba* nicht in An-
> sehung des Gebrauchs von einander also unterschieden sind, daß die *Verba* nur
> zu Prädikaten allein, und zu weiter nichts in der Welt; ein *Adjectiuum* aber zu
> zweyerley gebraucht werden kann, 1) zu *Epithesis*, 2) zu Prädikaten, wenn *esse*
> damit verbunden wird.

Das Prädizieren ist die Grundbewegung des Denkens. Die Verknüpfung unterschiedlicher kognitiver Einheiten, die ihrerseits für unterschiedliche Gegenstände der Wirklichkeit stehen, strukturiert die ungegliederte Masse der Phänomene der Welt nach dem Willen des Menschen. Um das Prädizieren auszudrücken, bedarf es der Wörter. Auffallend ist, daß Meiner die Ebenen der
Wirklichkeit und des Denkens von der Ebene der Sprache, vor allem von ihrer
grammatischen Organisation konsequent unterscheidet: Die grammatischen
Kategorien wie z. B. die Wortarten stehen nicht unmittelbar für die Gegebenheiten der Wirklichkeit. So verweisen Substantive nicht automatisch auf Ge-

genstände, sondern sie bezeichnen etwas, das sich der Sprecher *als selbständig vorstellt*, ganz gleich, ob es in der Realität tatsächlich selbständig ist oder nicht.

Meiners Darstellung impliziert zweierlei, zum einen die sprachunabhängige Existenz der Dinge: Die Dinge *sind* entweder selbständig oder sie *sind* es *nicht*, unabhängig von ihrer sprachlichen Repräsentation (und insofern ist Meiners Position allenfalls gemäßigt relativistisch). Zum anderen das von den Dingen unabhängige Gegebensein der sprachlichen Kategorien, zumindest auf der grammatischen, wenn auch nicht auf der lexikalischen Ebene: Wenn man sich etwas als selbständig *vorstellt*, muß man es in Form eines Substantivs ausdrücken, selbst wenn es etwas Unselbständiges bezeichnet. Das Substantiv *Gerechtigkeit* etwa ist für Meiner, isoliert betrachtet, nicht weniger unselbständig als das Adjektiv *gerecht* (S. 88f.). In beiden Fällen erwarte man eine Ergänzung, ein Bezugsobjekt des Gerechtseins, wie in *der gerechte Mann* oder die *Gerechtigkeit des Mannes*. „Von Natur" also seien beide Ausdrücke gleich unselbständig. Erst im Satz, auf der grammatischen Ebene, werde dann das eine selbständiger als das andere: *Gerechtigkeit* wird „in Absicht auf etwas noch unselbständigeres im Satze als selbständig gedacht". In ‚Die Gerechtigkeit ist groß' z. B. gilt *Gerechtigkeit* als selbständiger als *groß*. Um auch die übrigen im Zitat erwähnten Möglichkeiten an Beispielen zu illustrieren: 2a) ‚der *große* Mann'; 2b) ‚Die Gerechtigkeit *siegt*' – ‚Die Gerechtigkeit ist [= Form von *esse*] *groß*'.

Ganz ähnlich definiert Meiner die Satzglieder Subjekt und Prädikat, d. h. nicht ontologisch, sondern als innersprachliche Kategorien. Daß diese Kategorien eine Verbindung zur Wirklichkeit aufweisen, leugnet er nicht, doch ist diese Verbindung indirekter Art, läßt sich nicht als Eins-zu-eins-Relation beschreiben. Einem *metaphysischen Subjekt* steht daher ein *logisches Subjekt* gegenüber (LXIIIf.). Das metaphysische ist ontologisch, auch außerhalb jeder sprachlichen Formulierung *selbständig*, das logische, in den gedachten Sätzen vorhandene, nur in Relation zum Prädikat. Umgekehrt formuliert: Alles, was in einem Satz in der Subjektposition steht, wird als selbständig gedacht, ganz gleich, ob es ontologisch tatsächlich eine selbständige Entität ist. Damit ist die Sprache eine Sache, die Wirklichkeit eine andere.

Besonders interessant ist nun, wie Meiner das Prädikat bestimmt (127ff.):

> Das Prädikat ist der vornehmste Theil des Satzes; denn aus ihm entwickelt sich der ganze Satz. Es gleichet einer vollen Frühlingsknospe. Wie diese bey ihrer Entwickelung aus sich einen ganzen Zweig sammt Nebenzweigen und Blättern hervor treibet; also liegen auch in dem einzigen Prädikat nicht nur alle Haupttheile, sondern auch Nebentheile des Satzes verschlossen, die sich daraus herleiten lassen.

Die Tatsache, daß die Prädikatsstelle im Satz von etwas eingenommen wird, das als unselbständig gedacht wird, hat keinerlei Auswirkung auf seine zen-

trale Funktion für den Satz. Diese moderne Aufwertung des Prädikats gegenüber dem Subjekt wird bei der Beschreibung der unterschiedlichen Prädikats-
typen weiter differenziert:

> Kann der Begriff des *Prädikats*, welches allezeit unselbständig ist und auch also
> gedacht werden muß, wie wir oben gezeigt haben,
> A. *entweder einseitig-unselbständig*,
> B. *oder zwoseitig-unselbständig*,
> C. *oder dreyseitig-unselbständig* seyn.
> A. *Einseitig-unselbständig* ist dasjenige Prädikat, welches nur an einem einzi-
> gen selbständigern Dinge gedacht zu werden braucht. Wir wollen es ein *absolu-*
> *tes Prädikat* nennen. Ein solches bezeichnet *entweder* eine Eigenschaft, sie sey
> physisch oder moralisch; *oder* einen Zustand; *oder* eine solche Handlung, die
> außer sich keinen leidenden Gegenstand hat. *Weiß, schwarz, roth seyn* sind phy-
> sische Eigenschaften; *weise, vorsichtig, treu seyn* sind moralische Eigenschaften;
> *sitzen, liegen, gehen, stehen, kranken* bezeichnen einen Zustand.
> B. *Zwoseitig-unselbständig* aber ist dasjenige *Prädikat*, welches zwischen
> *zweyen selbständigen Dingen* gedacht seyn will, wenn es vollkommen deutlich
> werden soll. Wir wollen es ein *relativisches Prädikat* nennen.
> C. *Dreyseitig-unselbständig* sind diejenigen *Prädikate*, die sich ohne *drey Dinge*
> nicht vollständig denken lassen […].

Einseitige Prädikate werden also durch Verben wie *sitzen, liegen, gehen* etc.
realisiert – ‚Das Kind geht‘ – oder aber durch Adjektive wie *rot, treu* + Kopula:
‚Die Blume ist rot‘.

Zweiseitige Prädikate werden entweder verwendet, um eine *Verhältnisei-*
genschaft anzuzeigen – ‚Er ist (reich an) (Geld)‘ – oder um eine Handlung zu
bezeichnen, die auf ein Objekt gerichtet ist: ‚Er (führt) (das Heer)‘.

Dreiseitige Prädikate werden unter anderem verwendet für Fälle wie ‚Er
läßt die Bäume fällen‘. Meiner versteht das als Kurzform für *A wirkt auf B, so*
daß B bewirkt C, wobei die mittlere Größe *B* – im Beispiel: die nicht explizit
genannten Personen, die die Bäume fällen läßt – bei der Realisierung des Satzes
getilgt wird. Ähnliches gilt auch für eine passivische Konstruktion wie ‚A läßt
sich von B unterrichten‘; in ihr ist das explizitere *A wirkt auf B ein, so daß B A*
unterrichtet enthalten. Daneben begegnen *dreiseitige Prädikate* auch bei Verben
wie *beschuldigen, anklagen, überführen* etc.: ‚Die Frau beschuldigt den Mann
des Diebstahls‘. An allen Stellen gibt Meiner Beispiele aus dem Hebräischen,
Griechischen, Lateinischen und Französischen, um die Universalität seiner
grammatischen Kategorien zu demonstrieren. Dabei betrachtet er neben dem
Verb auch Adjektive auf ihre Valenz hin (‚Das Faß ist *voll* süßen Weines‘ – lat.:
studiosus virtutis – franz.: ‚Elle demeuroit pleine de crainte et de défiance‘ etc.).

Alle diese Überlegungen erinnern sehr stark an moderne dependenz- und
valenzgrammatische Ansätze. Daß die eine oder andere Differenzierung fragwürdig erscheinen mag – *liegen* z. B. ist, wenn überhaupt, nur in bestimmten
Kontexten monovalent, sicherlich nicht in ‚Die Stadt liegt‘ etc. –, tut nichts zur

Sache. Wichtig ist die Auffassung, daß es das Prädikat ist, welches über die Zahl der Ergänzungen bestimmt, damit ein Satz eine grammatisch korrekte und semantisch sinnvolle Einheit bilden kann. Von den Grammatikographen des Deutschen wurde diese damals geradezu revolutionäre Perspektive allerdings nicht aufgegriffen.

Anhang

Grammaire général et raisonnée ou La Grammaire de Port-Royal. Edition critique présentée par H. E. Brekle. Tome I. Nouvelle impression en facsimilé de la troisième édition de 1676. Stuttgart-Bad Cannstatt 1966.

Aus dem 5. Kapitel des 1. Teils: „Des Lettres considerées comme caracteres" (S.18–20)

Nous avons déja dit que les sons ont esté pris par les hommes, pour estre signes des pensées, & qu'ils ont aussi inventé certaines figures pour estre les signes de ces sons. Mais quoy que ces figures ou caracteres selon leur premiere institution ne signifient immediatement que les sons, neanmoins les hommes portent souvent leurs pensées des caracteres à la chose mesme signifiée par les sons. Ce qui fait que les caracteres peuvent estre considerez en ces deux manieres: ou comme signifiant simplement le son, ou comme nous aidant à concevoir ce que le son signifie.

En les considerant en la premiere maniere, il auroit falu observer quatre choses pour les mettre en leur perfection. |

1. Que toute figure marquast quelque son: c'est à dire, qu'on n'écrivist rien qui ne se prononçast.

2. Que tout son fust marqué par vne figure: c'est à dire, qu'on ne prononçast rien qui ne fust écrit.

3. Que chaque figure ne marquast qu'vn son [...].

4. Qu'vn mesme son ne fust point marqué par de differentes figures.

Mais considerant les caracteres en la seconde maniere; c'est à dire, comme nous aidant à concevoir ce que le son signifie: il arrive quelquefois qu'il nous est avantageux. que ces regles ne soient pas toûjours observées au moins la premiere & la derniere.

Car 1. il arrive souvent, sur tout dans les langues dérivées d'autres Langues, qu'il y a de certaines lettres qui ne se prononcent point, & qui ainsi sont inutiles quant au son: lesquelles ne laissent pas de nous servir pour l'intelligence de ce que les mots signifient. Par exemple, dans les mots de *champs* & *chants*, le *p*, &, le *t*, ne se prononcent point, qui neanmoins sont vtiles pour la signification, parce que nous apprenons de | là, que le premier vient du Latin *campi*, & le second du Latin *cantus*.

Aus dem 9. Kapitel des 2. Teils: „Du Pronom appellé Relatif" (S. 68–71)

Mais d'autres fois aussi ces sortes de propositions dont le sujet ou l'attribut sont composez de plusieurs termes, enferment, au moins dans nostre esprit, plusieurs jugemens dont on peut faire autant de propositions: Comme quand je dis; *Dieu invisible a crée le monde visible*: il se passe trois ju-lgemens dans mon esprit renfermez dans cette proposition. Car je juge premierement que *Dieu est invisible.* 2. Qu'il *a creé le monde.* 3. Que *le monde est visible.* Et de ces trois propositions, la seconde est la principale & l'essentielle de la proposition. Mais la premiere et la troisiéme ne sont qu'incidentes, & ne sont que partie de la principale, dont la premiere en compose le sujet, & la derniere l'attribut.

Or ces propositions incidentes sont souvent dans nostre esprit, sans estre exprimées par des paroles, comme dans l'exemple proposé. Mais quelquefois aussi on les marque expressément; & c'est à quoy sert le relatif: comme quand je reduis le mesme exemple à ces termes: *Dieu QVI est invisible a creé le monde QVI est visible.*

Voilà donc ce que nous avons dit estre propre au Relatif, de faire que la proposition dans laquelle il entre, puisse faire partie du sujet ou de l'attribut d'vne autre proposition.

Sur quoy il faut remarquer. Premierement, Que lors qu'on joint enfemble deux noms, dont l'vn n'est pas en regime, mais convient avec l'autre, soit par Apposition, comme *Vrbs Roma*, soit comme adjectif, | comme *Deus sanctus*; sur tout si cet adjectif est vn participe, *canis currens*: toutes ces façons de parler enferment le relatif dans le sens, & se peuvent resoudre par le relatif: *Vrbs quae dicitur Roma*; *Deus qui est sanctus*; *Canis qui currit.* Et qu'il dépend du genie des Langues de se servir de l'vne ou de l'autre maniere. Et ainsi nous voyons qu'en Latin on employe d'ordinaire le participe; *Video canem currentem*; & en François le relatif: *Ie voy vn chien qui court.*

Secondement, l'ay dit que la proposition du Relatif peut faire *partie* du sujet ou de l'attribut d'vne autre proposition, qu'on peut appeller principale. Car elle ne fait jamais ny le sujet entier, ny l'attribut entier: mais il y faut joindre le mot dont le relatif tient la place pour en faire l'attribut entier. Par exemple quand je dis; *Dieu qui est invisible, est le createur du monde qui est visible: Qui est invisible*, n'est pas tout le sujet de cette Proposition, mais il y faut adjoûter *Dieu*: Et *qui est visible* n'en est pas tout l'attribut, mais il y faut adjoûter *le createur du monde.*

Troisiémement, Le relatif peut aussi | estre ou sujet ou partie de l'attribut de la proposition incidente. [...]

Literatur

Allgemeine Grammatik vor 1800: Jellinek 1913/1914, Padley 1975 u. 1985, Breva-Claramonte 1983

Allgemeine Grammatik in Deutschland im 18. Jahrhundert: Jellinek 1913/1914, Arndt 1971, Brekle 1971, Aarsleff 1975, Engfer 1982, Naumann 1983, 1986 u. 1990, Christmann 1985, Bio-Bibliographisches Handbuch 1992ff., Weiß 1992, Kaltz 1996, Naumann 1996

Allgemeine Grammatik außerhalb Deutschlands: Aarsleff 1975, Brekle 1966 u. 1967, Padley 1976 u. 1985, Percival 1975, Engfer 1982, Swiggers 1984, Bossong 1990, Noordegraf 1992, Kaltz 1996, Naumann 1996

4.5 Sprachursprung und Sprachgeschichte

Gottfried Wilhelm Leibniz, Jacob Friedrich Reimmann,
Johann Augustin Egenolff, Johann Christoph Adelung,
Johann Peter Süßmilch, Johann Gottfried Herder

Die Frage des Sprachursprungs ist eines der meistdiskutierten Themen in der
Sprachwissenschaft des 17. und 18. Jahrhunderts. Sie begegnet in zwei Varianten: als Diskussion über den Ursprung von Sprache schlechthin und als Diskussion über den Ursprung und die Geschichte des Deutschen. Für die erste
Variante interessieren sich vor allem Theologen und (Sprach-)Philosophen, für
die zweite die Grammatiker und Sprachpfleger des Deutschen. Das theologisch-
philosophische Interesse ist darin begründet, daß die Antwort auf die Frage
nach der Herkunft der Sprache beim Menschen unmittelbare Konsequenzen
für die Beurteilung der intellektuellen Möglichkeiten des Individuums und der
Gesellschaft mit sich bringt. Denn je stärker der göttliche Ursprung der Sprache
betont wird, je geringer der menschliche Anteil an ihrer Gestaltung ist, desto
weniger kann Sprache bloßes Werkzeug des Menschen sein, sich mit ihrer Hilfe
die Welt intellektuell anzueignen. Die Vorstellung von Sprache als souverän
gehandhabtem Werkzeug, dessen Konstituenten ausschließlich auf gesellschaftlicher Konvention beruhen, schließt unter anderem die Möglichkeit aus, daß in
den Einzelsprachen noch Überreste einer Ursprache (*Natursprache*) des Paradieses existieren, wie es die Sprachmystik in ihren Lautanalysen nachzuweisen versucht. Eine solche transzendent motivierte Sprache wäre nicht eigentlich das Produkt des Menschen, dessen Beiträge zur Gestaltung seiner Muttersprache bei extremer Interpretation sogar als korrumpierende Überlagerungen
des natursprachlichen Anteils dieser Muttersprache gelten (vgl. Kap. 3.6).
    Damit sind die beiden Pole im Spektrum der theologisch-philosophischen
Diskussion um den Sprachursprung benannt: Der Annahme der bewußten
Schaffung der Sprache durch den Menschen steht die Annahme einer metaphysisch begründeten Sprache gegenüber. Dabei läßt sich die bis ins 18. Jahrhundert begegnende, sich auf die Heilige Schrift (Genesis 2, 19) berufende Überzeugung, Adam habe als erster Namengeber die Tiere und sämtliche Dinge benannt, sowohl dem einen wie dem anderen Pol zuordnen. Denn Adam kann als
derjenige gelten, der bei den Akten der Namengebung lediglich etwas aus-
spricht, was ihm zuvor von Gott durch *inspiratio* eingegeben wurde. Seine Bezeichnungen wären dann nicht wirklich seine eigenen, weil sie aus einem vorgängigen Wissen um das innere Wesen der zu bezeichnenden Gegenstände gewonnen wurden. Solche Bezeichnungen wären alles andere als arbiträr; sie
wären nicht durch menschliche Konvention, sondern auf Grund metaphysischer Notwendigkeit zustande gekommen.
    Andererseits kann Adam die Dinge auch aus einem Bewußtseinszustand
der *tabula rasa* bezeichnet haben. Von Gott hätte der Mensch dann nur noch
die Sprach*fähigkeit*, nicht aber die Sprache selbst und auch kein Wissen über

ihre ideale Gestalt erhalten. So argumentiert etwa John Locke, wenn er Adam absolute Freiheit bei der Bezeichnungsgebung zuerkennt. Es ist kein Zufall, daß Adam für Locke weniger eine biblische Figur ist als vielmehr der Prototyp eines ‚ersten Namengebers‘, den man sich nicht unbedingt im Paradies vorstellen muß, sondern auch in jedem fremden Land, in der hypothetischen Position desjenigen, der nun die ihm unbekannten Dinge erstmals mit Bezeichnungen belegen muß (Locke 1689, III, VI, 44).

Insgesamt werden die Erklärungen des Sprachursprungs mit Beginn der Aufklärung zunehmend säkularer. Die Konzeption einer adamischen Namengebung, wie auch immer man sie sich vorzustellen hat, tritt zugunsten anthropologischer Theorien zurück. Danach wird ein dezidierter Akt der Namengebung, in einer biblischen oder sonstigen menschheitsgeschichtlichen Vorzeit, gar nicht mehr angenommen. Stattdessen gilt die Sprache als Ergebnis einer mehr oder weniger kontinuierlichen Entwicklung, die parallel zur geistigen Entwicklung des Menschen selbst verläuft. Einer primitiveren Ausprägung der Spezies Mensch entspricht dann eine primitivere Sprache, einer weiter entwikkelten Ausprägung eine entsprechend differenziertere Sprache. Ihren Höhepunkt erlebt die Auseinandersetzung über den metaphysischen oder natürlichen Ursprung der Sprache in der Kontroverse zwischen Johann Gottfried Herder und Johann Peter Süßmilch, der mit seinem »Versuch eines Beweises, daß die erste Sprache ihren Ursprung nicht vom Menschen, sondern allein vom Schöpfer erhalten habe« (gedruckt 1766) einen letzten Ansatz zu einer religiösen Begründung unternimmt. Daß auch um die Mitte des 19. Jahrhunderts die Ausblendung religiöser Erklärungen des Sprachursprungs noch nicht von allen Seiten hingenommen wurde, zeigen kritische Reaktionen auf Jacob Grimms Schrift »Über den Ursprung der Sprache« von 1851, in der sich der Autor explizit in die Tradition Herders stellt.

Für die deutschen Autoren eng mit der Frage des Sprachursprungs verknüpft ist die Frage der Herkunft und Geschichte des Deutschen. Auch bei ihrer Beantwortung verläuft die Entwicklung von metaphysisch begründeten Vorstellungen zu säkularen, historischen Erklärungen. Nahezu allen Auffassungen gemeinsam ist die Annahme einer Art Ursprache, aus der sich die anderen Sprachen, darunter das Deutsche, entwickelt haben. Ein Bewußtsein vor allem phonetisch-phonologischer und morphologischer Gemeinsamkeiten zwi-schen zahlreichen europäischen und außereuropäischen Sprachen liegt schon den *Sprachenharmonien* des 16. Jahrhunderts zugrunde, meist dargestellt an Vergleichen zwischen Wörtern des Hebräischen, Griechischen, Lateinischen und Deutschen (vgl. Kap. 2.2). Als erste Sprache wird häufig eine Vorform des Hebräischen oder die *sancta et primogenia lingua* Hebräisch selbst angenommen. Andere Autoren denken unter anderem an das Flämische – so Johannes Goropius Becanus in seinen »Origines Antwerpianae« –, aufgrund des ideographischen und damit *natürlichen* Charakters seiner Schriftzeichen an das Chinesische, vor allem aber an das *Skythische*, die Sprache eines im europäisch-asiatischen Übergangsraum vermuteten Volkes. Dieses Skythische spielt in den sprachhistorischen Arbeiten des 16. und 17. Jahrhunderts die Rolle, die in der Sprachwissenschaft späterer Jahrhunderte das Indogermanische einnimmt.

Wie für diese und andere Sprachen galt auch für das Deutsche: Je weiter sein Ursprung zeitlich zurückverlegt werden kann, desto edler ist seine Abstammung. Dieses kulturpatriotische Interesse verbindet sich mit durchaus korrekten Beobachtungen über die Stellung des Deutschen in den europäischen Sprachenfamilien, am beeindruckendsten belegbar an der verbreiteten Praxis des Etymologisierens. Vor allem im 17. Jahrhundert ermöglicht der Zugriff auf ein Etymon zweierlei: Das von allen ‚Verunreinigungen‘ durch den Gebrauch befreite deutsche *Stammwort* repräsentiert einen Sprachzustand, der zum einen das hohe, fast biblische Alter der eigenen Sprache beweist, der zugleich – dort, wo das Stammwort als *natürliche*, d.h. als lautlich motivierte Form interpretiert wird – einen Zustand der idealen Deckung von Wort und Wirklichkeit illustriert. Die etymologischen Spekulationen treiben solche Blüten, daß schon Zeitgenossen selbst davor warnen. Der Lexikograph Matthias Kramer z.B. stellt angesichts unsinniger Deutungen fest, man könne ebensogut den deutschen Flußnamen *Neckar* auf das griechische *nekrós* (‚Toter‘) mit der Begründung zurückführen, weil jemand, der in den Neckar falle und nicht schwimmen könne, „zu einem Todten wird" (Teutsch-Italiänisches Dictionarium, 1700, g3). Auf die Etymologien des Wortes *deutsch* selbst – etwa den Versuch, es von dem Namen *Ascenas*, einem Urenkel Noahs, abzuleiten oder die Behauptung, der Ausdruck *die hochdeutsche Sprache* sei als *the ho-tietsche Sprache* und damit als das *the-o-disca lingua* zu verstehen – wurde bereits an anderer Stelle hingewiesen (vgl. Kap. 1.1).

Andererseits begegnen schon früh plausible Ansätze, etwa Vorschläge struktureller Verfahren des Etymologisierens. Theodor Bibliander schreibt in seinem wegweisenden »De ratione communi omnium linguarum & literarum commentarius« von 1548, man könne vier Verfahren anwenden, um lautliche Veränderungen zwischen zwei Wortformen zu beschreiben: *additio, detractio, transpositio* und *permutatio*, die schon in der antiken Rhetorik (dort allerdings im Kontext der Syntax) begegnenden Verfahren der Hinzufügung, Tilgung, Verschiebung und Ersetzung sprachlicher Konstituenten.

Im folgenden sei ein Beispiel für die noch bis ins 18. Jahrhundert wirkende Darstellung der Beschreibung des Ursprungs der deutschen Sprache zitiert. Unberücksichtigt sollen dabei extremere Vorstellungen bleiben, wie etwa die des sog. Oberrheinischen Revolutionärs, der das Deutsche als Sprache des Paradieses und Adam als Deutschen („tuscher man") sieht (S. 221).

Nach verbreiteter, durch die Bibel gestützter Ansicht hat Noah nach der Sintflut seinen drei Söhnen unterschiedliche Siedlungsgebiete zugewiesen, wobei Japhet Europa erhalten hat. Vor ihrem Fortgang planten die Söhne den Turm zu Babel, dessen Bau zur Verwirrung der Sprachen führte. Unter anderem sei bei dieser Gelegenheit das Deutsche entstanden, das von Ascenas, einem Enkel Japhets, nach Deutschland gebracht worden sei.

Die geschilderte Darstellung liegt in den unterschiedlichsten Varianten vor, wobei die Entstehung des Deutschen auch völlig unabhängig von der Babylonischen Sprachverwirrung erklärt wird (u. a. bei dem im folgenden noch zu behandelnden Johann Augustin Egenolff, der den Ursprung des Deutschen am Schwarzen Meer sieht). Der unten wiedergegebene Text stammt aus dem Jahre 1722. Er setzt mit der Behauptung der These vom göttlichen Ursprung der Sprache ein und geht von dort zur Beschreibung der Geschichte des Deutschen über (»Parnassus Boicus«, Zitate 7f. u. 17f.). Dazwischen wird von Versuchen berichtet, mit denen man sich Auskunft über eine möglicherweise angeborene Sprache erhofft hatte. Der Autor des Textes verwirft diese Annahme einer angeborenen Sprache,

> d[e]nn daß es eine natürliche Sprach abgebe / so dem Menschen von Natur angebohren / hat sich bißdato noch niemahlen gezeiget / sintemahlen solche in aller Welt *Uniform* und einförmig seyn müste: da man doch hierinfahls aller Orthen den alleräussristen Unterschid findet. So hat auch der Egyptische König *Psammitichus* vnd der grosse *Mogol* [...] *Echebakh*, vnd die Polnische Königin *Maria de Gonzaga*, vmb solche natürliche Sprach zu erfahren / vnmündige Kinder entweders von Stummen / oder in denen Wäldern abgesondert von aller menschlichen Gemeinschafft lassen aufferziehen / aber niemahlen ein articulirtes oder deutliches Wort auß jhrem Munde vernemmen können / vihl weniger / daß sie eine völlige oder einerley Sprache geredt hätte. Es hat aber obgedachte / von GOtt eingeflöste erste Welt-Sprach / das ist / die Hebräische von Anbegin der Welt an vnvermischt gedauret / biß zu Erbauung des Thurn Babels [...].
>
> Gleichwie es ein allerdings angenommener Satz ist / daß vnser Nordische Weltstrich / nach der allgemeinen Völcker-Zerstreuung bey dem Thurn Babel bewohnet vnd bevölckeret worden von dem *Ascenez* einem Urencklen deß Patriarchen *Noë* auß seinem Sohn dem *Japhet*, wie vns dann die Juden noch heut zu Tag mit dem Nahmen *Ascenes* belegen / vnd das Fürstenthumb Anhalt das alte *Ascanier*-Land / oder erste Haupt-Sitz dises vnseres Teutschen Stamm-Vatters *Ascenez* seyn solle / also mag kein eintziger Zweiffel nicht walten / daß sie nicht auch jhre beym Thurn Babel verkehrte Sprach mit sich in vnsere Landen gebracht vnd jhren Kindern vnd Kinds-Kindern mit der Mutter-Milch selbe auch eingeflöset haben. Dise Sprach nun ist vor allen anderen Haupt- vnd Mutter-Sprachen zum allerlängsten in jhrer Reinigkeit verbliben / darumben / dieweil sie / dise Teutsche / mit keinen frembden Völckern niemahl vermischet worden / biß zu jenen Zeiten *Julii Caesaris* [...].

Solche explizit biblisch-religiösen Darstellungen sind es, die im Lauf des 18. Jahrhunderts mehr und mehr zurücktreten. Das Konzept der *Hauptsprachen* allerdings hat darüber hinaus Bestand, da sich in ihm konkrete Annahmen über die europäischen Sprachenfamilien verbergen. Wo nicht angenommen wird, daß das Deutsche schon vor der Sprachverwirrung existiert hat, wird es häufig als eine von fünf *Hauptsprachen* genannt, die in Babylon entstanden seien (obgleich bereits Joseph Justus Scaliger 1599 elf solcher *linguae matrices* auf Grund struktureller Gemeinsamkeiten unterschieden hatte): Hebräisch – das zuvor bereits bestanden hatte –, Griechisch, Latein, *Sclavonisch* (‚Slavisch‘) und Deutsch. Das Deutsche wird dabei sprachpatriotisch mit dem Keltischen identifiziert, das als „die alte Teutsche Sprache" definiert wird (Schottelius 1663, 154). Von Schottelius' Gliederung der germanischen Sprachen und der deutschen Dialekte – unter anderem auf der Basis einer Teilkenntnis von der zweiten Lautverschiebung (1663, 152) – zu Leibniz' sprachhistorischer Darstellung in den »Nouveaux essais« ist der Wissenszuwachs offensichtlich (1704, III, II, 1):

> Geht man nun aber weiter hinauf, um die Ursprünge sowohl des Keltischen wie des Lateinischen wie des Griechischen zu begreifen, die viele Wurzeln mit den germanischen oder keltischen Sprachen gemeinsam haben, so könnte man vermuten, daß dies von dem gemeinsamen Ursprung aller jener Völker herkommt, die von den *Skythen* abstammen [...]. Das wäre eine Folgerung aus der Hypothese, die die Europäer aus Asien eingewandert sein läßt. Das *Sarmatische* (vorausgesetzt, daß es das Slawische ist) ist mindestens zur Hälfte entweder deutschen oder mit dem Deutschen gemeinsamen Ursprungs. Etwas Ähnliches scheint sogar für die finnische Sprache zuzutreffen, die die der alten Skandinavier ist, bevor die germanischen Völker, das heißt, die Dänen, Schweden und Norweger dort den besten und dem Meer am nächsten gelegenen Teil besetzten. Und die Sprache der *Finnen* [...] hat Beziehungen zum Ungarischen [...].

Sprachliche Verwandtschaftsverhältnisse wurden in verschiedenen europäischen Ländern bereits seit dem frühen 16. Jahrhundert mehr oder weniger systematisch untersucht, unter anderem in Beatus Rhenanus' »Rerum Germanicarum libri tres« (1531), Theodor Biblianders »De ratione communi omnium linguarum & literarum commentarius« (1548), Konrad Gesners »Mithridates« (1555), Johannes Goropius Becanus' »Origines Antwerpianae« (1569) und »Notationes de origine et antiquitate gentis et linguae Cimbricae seu Germanicae« (1580), Joseph Justus Scaligers »Diatriba de Europaeorum linguis« (verfaßt 1599), Hugo Grotius' »De antiquitate Reipublicae Batavicae« (1610) und Adrianus Schieckius Rodornus' »Adversariorvm libri IIII« (1620). Eine zeitgenössische Zusammenstellung früher Ursprungs- und Verwandtschaftstheorien bietet Claude Durets »Thresor de l'histoire des langues de cest univers« von 1607. Bis zur Einbeziehung des Sanskrits in die sprachhistorische Diskussion in der zweiten Hälfte des 18. Jahrhunderts – die Nähe des Sanskrits zu zentraleuropäischen Sprachen war bereits lange vor William Jones von dem Italiener Filippo Sassetti im 16. Jahrhundert erkannt worden – dominiert der Vergleich innerhalb europäischer Sprachen, wobei von deutschen Autoren insbesondere auf Parallelen zwischen dem Deutschen und dem Griechischen hingewiesen wird.

Die Diskussion über die Frühgeschichte des Deutschen wird durch Vorschläge einer Periodisierung der Sprache seit dem Althochdeutschen ergänzt. Die Texte, aus denen die folgenden Zitate entnommen sind, stammen vom Anfang bzw. Ende des 18. Jahrhunderts. Jacob Friedrich Reimmanns »Erste Linien von der Historia Literaria derer Teutschen« wurden 1713 veröffentlicht (S. 10; die Seitenangaben Reimmanns, die auf weitere Stellen in seinem eigenen Text verweisen, bleiben unberücksichtigt):

> Die Teutsche Sprache hat 4 Veränderungen in Teutschland gehabt. Nemlich:
> 1. Von dem ersten Ursprung biß auf das Jahr 800, da sie in ihrem natürlichen rohen und ungeschlachten Wesen mehrentheils liegen blieben.
> 2. Von A. 800 biß auf das Jahr 1250 da sie auf anregen des Caroli M. und des Ottfridi einwenig besser excoliret worden.
> 3. Von A. 1250 biß auf das Jahr 1500, da sie durch Löbl. Anstalten des Rudolphi I. zu einem schönen Wachsthum gedien.
> 4. Von A. 1500 biß hieher / da sie durch die Vorsorge des Maximiliani I. und seiner Nachfolger / ingleichen auch des Lutheri / Mathesii, der Fruchtbringenden Gesellschafft / des Schottelii, Harsdörferi, Tscherningii, Morhofii, Bodickeri, Claji, u. s. w. einen zieml. grad der Vollkommenheit erreichet.

Die Kriterien der Periodisierung sind nicht struktureller, sondern pragmatischer Natur: Die Sprachzustände werden nach dem Einfluß bedeutender Persönlichkeiten unterschieden. Wichtig sind die deutschen Kaiser und Könige, aber auch Luther und die Grammatiker aus dem Umkreis der Sprachgesellschaften des 17. Jahrhunderts. Andererseits ist es kein Zufall, daß sich die so getroffene Periodisierung zumindest zum Teil mit der noch heute üblichen Differenzierung in Vordeutsch (Germanisch), Alt-, Mittel- und Neuhochdeutsch deckt, denn daß gerade historisch arbeitende Autoren wie Reimmann bereits ein ausgeprägtes Bewußtsein sprachstruktureller, vor allem phonologischer Veränderungen hatten, steht außer Frage. Nimmt man die Differenzierung Adelungs von 1782 hinzu, dann findet sich sogar eine Sprachstufe für das heute so unterschiedene Frühneuhochdeutsche (I, 14; dem Frühneuhochdeutschen entspricht zum Teil die fünfte der von Adelung unterschiedenen Sprachperioden, wobei allerdings die gegenwärtige Bestimmung des Frnhd. zeitlich weiter in die Gegenwart greift, etwa bis 1600 oder 1650):

> Da die Sprache mit der Cultur eines jeden Volkes in dem genauesten Verhältnisse stehet, so läßt sich auch die Geschichte der erstern nie ohne beständige Rücksicht auf den jedesmahligen Zustand und Fortschritt der Cultur begrifflich machen. Legt man diesen zum Grunde, so zerfällt der ganze große Zeitraum, welchen die Geschichte der Deutschen zu durchlaufen hat, von sich selbst in sechs große Abschnitte. 1. Von dem Ursprunge der Deutschen Völkerschaften an bis zur großen Völkerwanderung. 2. Von der Völkerwanderung bis auf Carln den Großen. 3. Von dessen Regierung an bis zu den Schwäbischen Kaisern. 4. Von den Schwäbischen Kaisern bis um die Mitte des vierzehnten Jahrhundertes. 5. Von da bis zur Reformation; und 6. endlich von der Reformation bis zur gegenwärtigen Zeit. In allen diesen Abschnitten hat die Nation in den Sitten, in der Cultur und folglich auch in der Sprache, im Ganzen genommen, sehr mächtige Fortschritte gethan.

Charakteristisch für beide Texte ist die Überzeugung, daß sich die Sprache von einem Zustand roher Natürlichkeit zu einem der Kultiviertheit entwickelt hat. Daß beide Autoren das ausschließlich als Fortschritt begreifen, als Entwicklung zu immer größerer Vollkommenheit, entspricht dem aufklärerischen Konzept einer Teleologie der (Sprach-)Geschichte.

Mit der Feststellung unterschiedlicher historischer Sprachstufen geht das Bewußtsein von Sprachwandel einher. Gelegentlich wird Sprachwandel pauschal als Ausdruck *der stets hinfälligen Zeiten,* also als naturnotwendiges Phänomen bewertet. Diese Auffassung findet sich in der Vergänglichkeitstopik des Barock ebenso wie noch im 18. und frühen 19. Jahrhundert, überall dort, wo Sprache als Organismus begriffen wird, der der Abfolge von Aufblühen und Niedergang unterliegt. Daneben, und oft bei denselben Autoren, begegnen schon früh pragmatische Erklärungen des Sprachwandels, die auf die Sprecher und ihre Lebensumstände abheben. Schon in Theodor Biblianders Buch von 1548 werden an „Causae mutationis linguarum", an Ursachen des Wandels die wechselnden Kontakte zwischen Völkern unterschiedlicher Sprachen genannt, daneben die Veränderung der gesellschaftlichen Verhältnisse, die Entwicklung der Wissenschaften und die Herausbildung von Fachsprachen, der Einfluß von Geheim- und Gruppensprachen, schließlich die sittliche und geistige Disposition der Menschen („Mores & ingenia").

Zum Teil andere Schwerpunkte setzt Johann Augustin Egenolff in seiner »Historie der Teutschen Sprache« von 1716. Egenolffs Darstellung erreicht große Verbreitung, da sie sich in ihren Grundzügen im sog. »Zedler«, dem bedeutenden, von Johann Heinrich Zedler 1732–54 herausgegebenen »Universal-Lexicon aller Wissenschaften und Künste« wiederfindet. An Ursachen für den Sprachwandel nennt Egenolff im wesentlichen diese vier (I, 57–67):

1. die Entwicklung und Einführung neuer Gegebenheiten, meist ganz materiell im Sinne konkreter Gegenstände gemeint (bei Egenolff und in anderen sprachhistorischen Arbeiten ist die Rede von der *Erfindung neuer Dinge*);
2. die Orientierung an anderen Völkern und Nationen, die besonderes Prestige genießen (man orientiert sich an „demjenigen Volcke, das vor andern berühmt gewesen");
3. der Kontakt unter den Völkern, sei er friedlicher Natur, etwa durch Handel, oder aber kriegerisch bedingt und dann in der – auch sprachlichen – Unterwerfung eines Volkes resultiert (es verändern sich vor allem die Sprachen „dererjenigen Völcker, bey welchen die Handlung [d. h. der Handel, A. G.] sehr getrieben wird" bzw. die Sprache eines Volkes, „das von einem andern angefallen und überwunden wird");
4. die Unterschiede in den geographischen und sonstigen physischen Lebensbedingungen der Mitglieder einer Sprachgemeinschaft, wobei diese Unterschiede z. B. der Bodenbeschaffenheit und der Wasserqualität die Beschaffenheit der Nahrung, damit wiederum die Charakterstruktur der Menschen und von dort schließlich die Sprache beeinflussen (je nachdem der Erdbo-

den entweder „fett oder mager, leimicht oder sandicht" ist, wird die unterschiedliche Nahrung in je verschiedener Weise auf die „Lebens-Geister" der Menschen einwirken, was wiederum „in äusserlichen Handlungen und der Rede ein Unterscheid erfolgen" läßt).

Der erste der Punkte – *neue Wörter* durch *neue Dinge* – ist ein Topos der Sprachreflexion. In der sich anschließenden Feststellung der Außenorientierung klingt das moderne soziolinguistische Prestigemodell zur Erklärung des Sprachwandels an, mit dem Unterschied allerdings, daß Egenolff diese Prestigeorientierung nur zwischen Sprachgemeinschaften, nicht aber innerhalb ein und derselben Sprachgemeinschaft gegeben sieht. Der dritte Punkt ist wiederum ein Gemeinplatz sprachhistorischer Arbeiten, während der vierte eine ganz bestimmte Theorie zugrunde legt, auf die gelegentlich als *Klimatheorie* Bezug genommen wird. Danach korreliert eine jeweilige Einzelsprache mit den physischen Lebensbedingungen der Sprecher, vor allem mit dem Klima. Diese Auffassung läßt sich gut mit anthropologischen Erklärungen des Sprachursprungs verbinden, ist aber natürlich nur vermeintlich wissenschaftlich, wie man auch an Egenolffs Behauptung erkennt, die Schweizer sprächen das Deutsche deshalb „so langsam und übel" aus, weil sie alle Kröpfe hätten, die wiederum von dem harten Wasser des Landes herrührten.

Der in der Rezeptionsgeschichte vermutlich bekannteste Text zur Frage des Sprachursprungs im 18. Jahrhundert ist Johann Gottfried Herders »Abhandlung über den Ursprung der Sprache« (veröffentlicht 1772). Mit der Schrift gewann Herder den Preis, den die Berliner Akademie der Wissenschaften 1770 für die Beantwortung dieser Doppelfrage ausgesetzt hatte: *Haben die Menschen, ihrer Naturfähigkeit überlassen, sich selbst Sprache erfinden können? Und auf welchem Wege wären sie am füglichsten dazu gelangt?* Die Frage spielt auf ein Paradoxon an, das in der zeitgenössischen Sprachursprungs-Diskussion immer wieder formuliert wird. Dieses Paradoxon bildet auch den Ausgangspunkt für die bereits erwähnte Abhandlung Johann Peter Süßmilchs, mit der sich Herder ausführlich in seinem Sprachursprungs-Essay auseinandersetzt. Süßmilchs »Versuch eines Beweises, daß die erste Sprache ihren Ursprung nicht vom Menschen, sondern allein vom Schöpfer erhalten habe« ist seinerseits eine Kritik an einer Schrift des Präsidenten der Berliner Akademie, Pierre Louis Moreau de Maupertuis (»Réflexions philosophiques sur l'origine des langues et la signification des mots«, 1748). Süßmilch stellt fest, daß ein Denken, welches die Phänomene der Realität erfolgreich zu differenzieren vermag, auf Sprache angewiesen ist. Ohne sprachliche Bezeichnungen würden die geistigen Begriffe sozusagen ineinanderlaufen, könnte man keinen Begriff auch nur annähernd klar denken, „ohne all die andre damit verbundene zugleich mit zu denken" (1766, 68). Die Sprache geht also als Bedingung des Denkens dem Denken voraus. Wenn sich aber der Mensch die Sprache selbst beigebracht haben soll, dann hätte er dazu bereits, und darin liegt das Paradoxe, über Vernunft verfügen müssen, wobei diese Vernunft aber wiederum erst durch Sprache möglich wäre etc. Um den Teufelskreis zu durchbrechen, bietet sich für Süßmilch ausschließlich die Erklärung des göttlichen Ursprungs der Sprache an. Herder dagegen läßt seine Abhandlung so beginnen (S. 697):

> *Schon als Tier, hat der Mensch Sprache.* Alle heftigen und die heftigsten unter den heftigen, die schmerzhaften Empfindungen seines Körpers, alle starke Leidenschaften seiner Seele äußern sich unmittelbar in Geschrei, in Töne, in wilde, unartikulierte Laute.

Die hier beschriebene *Sprache* ist nicht die menschliche Sprache, wie wir sie kennen, sondern sie ist eine *Natursprache*, eine Sprache der instinktgesteuerten Empfindung und Leidenschaft am Beginn der Menschheitsgeschichte. In der Sprache, die wir verwenden, gibt es nur noch Überreste dieser natürlichen Sprache, erkennbar etwa an den Interjektionen. Offensichtlich versteht Herder unter *Natursprache* etwas anderes als die Sprachmystiker, etwa Jakob Böhme: *Natursprache* ist für Herder keine metaphysisch durchwirkte Ursprache, die in ihrer vollkommensten Form im Paradies gegeben war. Vielmehr wird der Naturbegriff in einem durchaus modernen Sinne verwendet und hebt auf den von menschlichem Wirken unbeeinflußten Seinszustand ab.

Von der *Natursprache* führt kein Weg zur eigentlich menschlichen Sprache, der Unterschied ist nicht gradueller, sondern prinzipieller Art. Damit widerspricht Herder einer sensualistischen, etwa von Condillac vertretenen Theorie des Sprachursprungs (»Essai sur l'origine des connaissances humaines«, 1746), wonach sich die menschliche Sprache bruchlos vom instinktgesteuerten Äußern von Tierlauten zu ihrem jetzigen Zustand der Kultiviertheit entwickelt habe. Zur menschlichen Sprache, so Herder, ist im Gegensatz zur *Natursprache* die Fähigkeit zur Reflexion notwendig, eine Distanz zu den Instinkten, wie sie Tiere nicht besitzen (722f.):

> Er [d. h. der Mensch, A. G.] beweiset Reflexion, wenn er aus dem ganzen schwebenden Traum der Bilder, die seine Sinne vorbeistreichen, sich in ein Moment des Wachens sammlen, auf Einem Bilde freiwillig verweilen, es in helle ruhigere Obacht nehmen, und sich Merkmale absondern kann, daß dies der Gegenstand und kein andrer sei. [...]
> Lasset jenes Lamm, als Bild sein Auge vorbeigehn: ihm wie keinem andern Tiere. Nicht wie dem hungrigen, witternden Wolfe! nicht wie dem blutleckenden Löwen – die wittern und schmecken im Geiste! die Sinnlichkeit hat sie überwältigt! der Instinkt wirft sie darüber her! [...] – Nicht so dem Menschen! so bald er in die Bedürfnis kommt, das Schaf kennen zu lernen: so störet ihn kein Instinkt: so reißt ihn kein Sinn auf dasselbe zu nahe hin, oder davon ab: es steht da, ganz wie es sich seinen Sinnen äußert. Weiß, sanft, wollicht – seine besonnen sich übende Seele sucht ein Merkmal, – *das Schaf blöcket!* sie hat Merkmal gefunden. [...] Das Schaf kommt wieder. Weiß, sanft, wollicht – sie [d. h. die Seele,

A. G.] sieht, tastet, besinnet sich, sucht Merkmal – es blöckt, und nun erkennet sies wieder! „Ha! du bist das Blöckende!" fühlt sie innerlich, sie hat es menschlich erkannt, da sies deutlich, das ist mit einem Merkmal erkennet, und nennet. [...] *Mit einem Merkmal* also? und was war das anders, als *ein innerliches Merkwort?* ‚Der *Schall* des Blöckens von einer menschlichen Seele, als Kennzeichen des Schafs, wahrgenommen, ward, kraft dieser Bestimmung, *Name* des Schafs [...]‘. – Was ist das anders als Wort? Und was ist die ganze menschliche Sprache, als eine *Sammlung solcher Worte?* Käme er [d. h. der Mensch, A. G.] also auch nie in den Fall, einem andern Geschöpf diese Idee zu geben, und also dies Merkmal der Besinnung ihm mit den Lippen vorblöcken zu wollen, oder zu können, seine Seele hat gleichsam in ihrem Inwendigen geblöcket, da sie diesen Schall zum Erinnerungszeichen wählte, und wiedergeblöcket, da sie ihn daran erkannte – die Sprache ist erfunden!

Aus dem Kontinuum der Sinneseindrücke isoliert der Mensch einen Gegenstand, etwa ein Schaf, indem er an ihm ein Merkmal erkennt. Ein Wolf oder ein Löwe sind ihrem Verhalten gegenüber dem Schaf nicht frei, sondern determiniert durch ihre Instinkte. Sie erreichen nie den Zustand der *Besonnenheit*, die notwendig ist, um ein Merkmal zu bestimmen. Das Merkmal des Blökens wird, sobald es versprachlicht ist, zum *Namen* des Schafs (*das Blökende*). Die Sprache besteht im Grunde aus nicht mehr als solchen Namen, den *Wörtern*.

Der hier beschriebene Akt der Reflexion markiert für Herder einen Bruch, der den Menschen grundsätzlich vom Tier unterscheidet. Die Vernunft entsteht nicht erst im Wechselspiel mit der sprachlichen Differenzierung, sondern sie ist, wenn auch zunächst in einer wenig ausgebildeten Form, als Anlage dem Menschen immer schon eigen, genau so, wie sie dem Tier niemals eigen sein kann. Damit ist für Herder zugleich Süßmilchs Annahme eines göttlichen Ursprungs der Sprache widerlegt: Gehört es zur *Natur* des Menschen, daß er Vernunft besitzt, dann gelangt er auf *natürlichem* Wege zur Sprache – *natürlich* im Sinne der eigenen *Erfindung* der Sprache – und bedarf keiner göttlichen Inspiration. So „lehren" Eltern ihre Kinder auch nicht eigentlich die Sprache, sondern sie *„erleichtern* und *befördern"* lediglich den Gebrauch der Vernunft mittels der Sprache; die Kinder *erfinden* die Sprache „immer selbst mit" (727).

Selbst wenn der Mensch die Sprache nicht zur Mitteilung einsetzen würde (selbst wenn er das isolierte Merkmal keinem seiner Mitmenschen „vorblöcken" wollte), hätte er die Sprache doch für sich selbst erfunden, eben weil sie fester Bestandteil seiner Natur ist („[...] der Wilde, der Einsame im Walde hätte Sprache für sich selbst erfinden müssen; hätte er sie auch nie geredet", 725). Herder leugnet nicht, daß der Mensch ein „Geschöpf der Herde" ist, doch stellt er – hier ganz im Sinne aufklärerisch-rationalistischer Sprachtheorie – neben die kommunikative Funktion von Sprache ihre kognitive Funktion der intellektuellen Erschließung der Welt.

Herders Überlegungen zum Sprachursprung verbinden sich mit seinem Konzept unterschiedlicher Lebensalter einer Sprache, wie er es in den »Fragmenten über die neuere deutsche Literatur« von 1767, vor allem im zweiten Text, »Von den Lebensaltern einer Sprache«, darlegt. Sprachen besitzen grundsätzlich eine Phase der Kindheit, des Jünglings- und des Mannesalters. Die Sprache der Kindheit ist eine Sprache reiner Empfindungen, entstanden zu einer Zeit, „da man noch nicht *sprach*, sondern tönete; da man noch wenig dachte, aber desto mehr fühlte [...]“ (182). Das *jugendliche Sprachalter* war das *poetische*, mit einer Sprache reich an Metaphern. Das *männliche* Alter einer Sprache ist das der Prosa, derjenige Zustand, in dem sich unter anderem das Deutsche befindet. Auch innerhalb des Zeitalters der Prosa kann das Deutsche in Richtung einer mehr *dichterischen Sprache* ausgebildet und verwendet werden, oder aber in Richtung einer mehr *philosophischen Sprache*.

Letztlich korreliert Herder hier die Entwicklung der Sprache mit der Menschheitsgeschichte, der Ontogenese des Individuums und den kognitiven und expressiven Möglichkeiten einer jeden Kultursprache, mit besonderem Blick auf das Deutsche: Der frühen, grammatisch und semantisch kaum differenzierten Sprache entspricht der noch primitive, von seinen Leidenschaften geleitete und nur in Ansätzen reflektierende Mensch der Frühzeit. Dem entspricht wiederum auf der individuellen Ebene die einfache Sprache eines Kindes, die Ausdruck der intellektuell schlichten, aber emotional bewegten Natur des Kindes ist. All das gilt analog für das Deutsche als Einzelsprache, das sich aus einem Zustand der Einfachheit zu einer Sprache der bürgerlichen Prosa entwickelt hat, die differenzierte Abstraktionen erlaubt, aber durch die sprachpflegerischen Ansätze der *Partei der Gottschedianer* Gefahr läuft, ihre sinnliche Schönheit und Intensität zu verlieren.

Literatur

Sprachursprungsdebatte bis zum Ende des 18. Jhs.: Borst 1957–1963, Droixhe/Haßler 1989, Dutz 1989, Haferland 1989, Hubig 1989, Kaczmarek 1989, Polk 1989, von Rahden 1989, Ricken 1989, Trabant 1989, Schneider 1995,

Sprachgeschichtsschreibung und sprachliche Verwandtschaftsverhältnisse des Deutschen: Bonfante 1953, Metcalf 1974, Schaeffer 1983, Rössing-Hager 1984/1985, Jones 1993, Olender 1994 u. 1996

Johann Gottfried Herder: Gaier 1988, Gesche 1993

5. 19. Jahrhundert

5.1. Sprache und Denken: Wilhelm von Humboldt

Francis Bacon, John Locke, Gottfried Wilhelm Leibniz,
Christian Wolff, August Wilhelm Schlegel, Wilhelm von Humboldt;
die Diskussion über das *sprachliche Relativitätsprinzip* im 20. Jahrhundert:
Benjamin Lee Whorf, Ernst Cassirer, Jost Trier, Leo Weisgerber

Das Verhältnis von Sprache und Denken ist eines der zentralen Themen in der
Geschichte der Sprachreflexion. Dieses Verhältnis läßt sich grundsätzlich auf
zweierlei Weise beschreiben: 1. Dem Denken wird der erkenntnistheoretische
Primat gegenüber der Sprache zuerkannt, es ist sprachunabhängig. Die Wörter
und Sätze dienen lediglich der Äußerung des zuvor Gedachten. 2. Die Sprache
wird dem Denken gegenüber als apriorisch angesetzt, so daß von einer Prägung der mentalen Prozesse durch die Sprache ausgegangen wird. Nimmt man
die Gegenstände der Wirklichkeit als dritte Größe in die Beschreibung auf,
dann lassen sich die Positionen idealtypisch so charakterisieren:

1. Die Gegenstände der Wirklichkeit sind objektiv vorgegeben und werden
in dieser objektiven Gestalt von den Individuen wahrgenommen. Im Bewußtsein liegen dann Vorstellungen (Abbilder) dieser Gegenstände vor. Diese mentalen Abbilder sind bei allen Individuen identisch, werden aber in in den Einzelsprachen je unterschiedlich bezeichnet. Da die sprachlichen Bezeichnungen
den Abbildern lediglich per Konvention zugeordnet sind, spiegeln sie zwar in
ihrer Gesamtheit die Realität einer betreffenden Sprachgemeinschaft, können
jedoch nie die Erkenntnis dieser Realität beeinflussen. Die Realität wird vielmehr sprachunabhängig, sozusagen an den lexikalischen Kategorien der Einzelsprache vorbei erkannt. Die Sprache dient lediglich der externen Repräsentation der Abbilder zum Zweck der Kommunikation. Das Denken ist in jeder
Hinsicht sprachfrei.

Was über die Wörter als Bezeichnungen der Vorstellungen von Gegenständen gesagt wurde, gilt entsprechend für ihre Reihenfolge im Satz. Die syntaktische Ordnung folgt den Regeln einer jeweiligen Einzelsprache. Selbst dann,
wenn diese Ordnung als Spiegel einer Ordnung der entsprechenden mentalen
Abbilder von den Gegenständen betrachtet würde – wenn man also annimmt,
daß die Substantiv-Adjektiv-Folge des Französischen (*pomme rouge*) Spiegel
der Tatsache sei, daß man immer zuerst die Substanz eines Gegenstandes
(*pomme*), dann erst seine Eigenschaft (*rouge*) erkenne (dazu Kap. 4.2) –, läßt
sich daraus nicht auf eine Beeinflussung der Erkenntnis durch Sprache schließen. Die Sprecher von Sprachen, in denen Substantive und Adjektive in umge-
kehrter Reihenfolge kombiniert werden (wie z.B. im Deutschen), werden

durch die syntaktische Struktur ihrer Sprache keineswegs zu einer anderen Wahrnehmung, Erkenntnis und Beurteilung der Realität veranlaßt. Dasselbe gilt für grammatische Spezifika wie die Flexion; auch sie können nicht mit dem Denken der Sprecher dieser Sprache korreliert werden.

2. Die Gegenposition zu dieser Auffassung leugnet eben diese Möglichkeit einer sprachfreien Erkenntnis von Wirklichkeit. Im Gegenteil sind die Dinge ausschließlich in den lexikalischen Inhalten von Sprache verfügbar, die Wirklichkeit wird so wahrgenommen, wie die Sprache es nahelegt. Den Beweis führt ex negativo Leibniz, wenn er in den »Nouveaux essais« beklagt, daß ein Wort wie *Pflanzenseele*, das in einigen Strömungen der griechischen Philosophie verwendet werde, fälschlicherweise suggeriere, daß Pflanzen Seelen haben.

Ein junger Mensch, der in eine Sprachgemeinschaft hineingeboren wird, eignet sich nun die Gegenstände der Wirklichkeit über die sprachlichen Bezeichnungen für diese Gegenstände an, wird diese Bezeichnungen zunächst mit den Gegenständen identifizieren, sie aber nicht als Ausdruck bestimmter Interessen und Bewertungen seiner Sprachgemeinschaft begreifen. Tatsächlich aber spiegeln die Bezeichnungen (z. B. *Pflanzenseele*) nicht einfach die Dinge in ihrem objektiven Gegebensein, sondern bestimmte kulturell, ethnisch oder sonstwie bedingte Perspektiven von Sprachgemeinschaften auf die Wirklichkeit. Eine ‚Wirklichkeit an sich' aber ist erkenntnistheoretisch nicht verfügbar, da sie für den einzelnen nur als sprachlich verfaßte und damit perspektivisch gebundene existiert. Wer über Wirklichkeit reflektiert, wird das unweigerlich in denjenigen Begriffen tun, die eine jeweilige Einzelsprache bereithält. Ein Punkt jenseits von Sprache existiert nicht; wer die einzelsprachliche Perspektive eines lexikalischen Inhalts erkennt, kann nur insofern hinter sie zurücktreten, als er damit zugleich eine andere Perspektive übernimmt. Die Spezifik der Welterkenntnis und des Denkens hängt damit in jeder Hinsicht von den lexikalischen Kategorien einer jeweiligen Sprache ab.

Auch hier können Überlegungen zur Grammatik angeschlossen werden. Erinnert sei an die Bemerkung Adelungs, „der Chinese" habe sich „durch seine steife Einsylbigkeit den Weg zu aller weitern Cultur des Geistes verschlossen" (1806, XXV) oder, im 20. Jahrhundert, an die Ausführungen von Benjamin Lee Whorf zum Tempus-System der Hopi-Indianer, das eine bestimmte, von den europäischen Sprachkulturen unterschiedene Erfahrung von Zeit nahelege.

Die beiden Positionen begegnen in der Geschichte der Sprachreflexion fast nie in der hier geschilderten idealtypischen Ausprägung. Tatsächlich sind die unterschiedlichsten Varianten, die sich zwischen den Extremen bewegen, belegbar. Im folgenden wird vorwiegend die lexikalische Komponente dieser Varianten berücksichtigt werden.

Mehrfach wurde in dieser Darstellung bereits auf sprach- und erkenntnistheoretische Auffassungen hingewiesen, die der erstgenannten Position nahestehen. Diese Position sei als *realistisch* bezeichnet, nicht natürlich im Sinne des mittelalterlichen Ideenrealismus, sondern im Sinne der Annahme einer Präexistenz der Gegenstände und ihrer mentalen Abbilder vor den sie bezeichnenden Ausdrücken. Eine solche Annahme liegt z. B. den meisten der auf das Deutsche bezogenen Arbeiten der Frühen Neuzeit zugrunde (vgl. Kap. 3.1): Die Dinge sind vorgegeben, und die Stammwörter des Deutschen bezeichnen sie so, wie sie objektiv sind. Aufgrund ihrer onomatopoetischen Motiviertheit, die sie letztlich an die Ursprache des Paradieses anschließt, sind sie dazu besonders geeignet, d. h. die Wörter des Deutschen gelten, im Vergleich zu den Wörtern der ,nur' abgeleiteten romanischen Sprachen, als „in der Natur verankert" (Schottelius). Die darin implizierte Zeichenkonzeption ist die einer schlichten Sachsemantik: Die Wörter stehen für die Dinge, dann jedenfalls, wenn mangelhafter Sprachgebrauch und der schleichende „Hingang der Zeiten" das ursprünglich richtige Bezeichnungsverhältnis nicht negativ beeinflußt haben. Von den mentalen Abbildern ist in diesen Texten kaum je die Rede.

Die sachsemantische Vorstellung, daß die Wörter für die Dinge stehen, scheint eine intuitiv unmittelbar einsichtige Beschreibung des Verhältnisses von Sprache und Wirklichkeit zu sein. Sie kann sich auf die Alltagserfahrung mit Sprache berufen, die nahelegt, daß sich sprachliche Zeichen auf sprachunabhängig vorgegebene Gegenstände beziehen; der immer wieder erfolgreich praktizierte Zugriff auf Wirklichkeit mittels Sprache scheint genau das zu belegen. Dementsprechend findet sich diese Vorstellung bis in die Gegenwart hinein, wenn auch zumeist außerhalb der sprachbezogenen Wissenschaften.

Sprachtheoretisch differenzierter ist die Argumentation universalistisch orientierter Autoren: Neben den Dingen werden die Vorstellungen unterschieden. Dabei sind die Dinge „durch die gantze Welt einerley" (Johann Joachim Becher), auch die sie abbildenden Vorstellungen (*notitiae communes*, Johann Amos Comenius; "the same Internal Notion [...] of things", John Wilkins). Unterschiede bestehen lediglich zwischen den Bezeichnungen der Einzelsprachen. Auch universalistische Ansätze sind von dem Ideal einer Kongruenz sprachlicher Kategorien mit ontologischen, eines Primats der Gegenstände gegenüber ihren sprachlichen Bezeichnungen getragen. Eben weil die historischen Einzelsprachen diesen sicheren Zugriff auf die vorgegebenen Gegenstände der Wirklichkeit nicht zu leisten vermögen, aufgrund von semantischer Vagheit, Polysemie, Sprachwandel etc., erscheinen vielen Autoren semantisch präzise definierte Kunstsprachen sinnvoll.

Die Gegenposition zu den realistischen Auffassungen seien im folgenden als *idealistisch* bezeichnet, weil das erkenntnistheoretische Apriori bei mentalen Konzepten, den Begriffen liegt, die prägend auf das Denken und damit auf die intellektuelle Erfassung und praktische Gestaltung der Realität einwirken. Die Abfolge *Wirklichkeit – Denken – Sprache* wäre dann in ihr Gegenteil verkehrt.

Im Grunde beinhaltet bereits eine jede Hypostasierung von Sprache Reflexe des Sprachidealismus, und eben deshalb begegnet er häufig in sprachpatriotischen Kontexten. Überall dort, wo von einer *Sprachnatur*, einem

Sprachwesen, einer der Sprache irgendwie innewohnenden *Kraft, Macht, Stärke* etc., einem *Genius der Sprache, génie de la langue* etc. die Rede ist und wo dieser *Sprachgeist* nicht als eine grammatisch-typologische Eigenschaft verstanden wird, deutet sich die Aufgabe realistischer Positionen an. So wird z. B. in den Texten der barocken Sprachpfleger der deutschen Sprache *Aufrichtigkeit, Natürlichkeit, Treue, Würde* etc. zugesprochen, Eigenschaften, die die Sprache auf ihre deutschen Sprecher übertragen kann, indem sie sie „zur Ehrlichkeit / Aufrichtigkeit und wohlklingender Einigkeit" anregt (dazu Kap. 3.2). Solche Argumentationen sind natürlich keine wohlreflektierten Bekenntnisse zu einer bestimmten sprachphilosophischen Position. Sie stehen in den Texten unmittelbar neben naiv sachsemantischen Äußerungen, weisen aber immerhin darauf hin, daß Sprache nicht nur als passives Abbild der Dinge gesehen wird.

Weitaus interessanter sind thematisch einschlägige sprachphilosophische Äußerungen. Sie begegnen nicht selten im Umkreis des Sprachuniversalismus, der aber dennoch seine Auffassung von der prinzipiellen Vorsprachlichkeit des Denkens nicht völlig aufgeben muß. Als Beispiel seien die rationalistischen Überlegungen von Gottfried Wilhelm Leibniz angeführt.

Leibniz' »Nouveaux essais« sind die Antwort auf John Lockes »Essay concerning human understanding« von 1689. Schon in den Schriften Francis Bacons und Thomas Hobbes', mehr noch in Lockes epochalem Werk wird auf die Beeinflussung des Denkens durch Sprache hingewiesen, und dies sehr häufig kritisch. Die Wörter segmentieren sozusagen die Realität (Bacon: „Verba [...] res secant"), und einmal getroffene sprachliche Segmentierungen legen einen Blick auf die Wirklichkeit eben entlang der Segmentierungslinien nahe. Dort, wo sich die sprachlichen Segmentierungen nicht mit den tatsächlichen Gegebenheiten der Realität decken, können uns die Wörter zu „commenta", zu Hirngespinsten verleiten (Aphorismus 43 von Bacons »Novum Organum«), können sie, in Lockes Worten, zwischen unser Erkennen und die Wahrheit der Dinge treten ("between our Understandings, and the Truth"; III, IX, 21). Die Menschen haben die Bedeutungen der Wörter nach ihren Alltagsinteressen festgelegt, nicht mit Blick auf die "real essences" der Dinge, die man den Bezeichnungen dementsprechend auch nicht entnehmen kann. Die Bezeichnungen basieren nur auf äußerlichen, flüchtig und oft falsch erkannten Merkmalen der Dinge (auf ihren "obvious appearances", III, VI, 25). Aber ein Kind, so Locke, wird die Bezeichnungen für bare Münze nehmen, d.h. für einen Spiegel der Wirklichkeit halten und wäre höchst verwundert, würde man ihm mitteilen, daß die Wörter, die sein Vater, sein Lehrer oder der Pfarrer verwenden, etwas bezeichneten, was in Wirklichkeit gar nicht existiert ("signified nothing that really existed in nature", III, X, 16).

Auch bei Leibniz begegnet diese Sprachskepsis. Wie aber schon die englischen Empiristen und die französischen Rationalisten vor ihm weist er zugleich auf die *positive* Seite der Sprachbindung des Denkens hin: Wir benötigen Sprachzeichen nicht nur, um unsere Gedanken anderen mitzuteilen, sondern auch, um „unsern Gedancken selbst zu helffen" (1697, Par. 5). Nur mittels der Sprache ist es möglich, komplexe Gedanken überhaupt zu denken, weil uns die Wörter als mentale Marken, als kognitive Abkürzungen der Notwendigkeit entheben, uns des zu bedenkenden Gegenstands jedesmal in seiner ganzen Komplexität, in allen seinen Eigenschaften bewußt zu sein. Die Sprache ist „instrumentum rationis", ohne sie würden wir nie etwas deutlich denken können („nunquam quicquam distincte cogitaremus", »Dialogus de connexione inter res et verba«, 191).

Die Annahme einer engen Verbindung von Sprache und Denken wird zu einem Gemeinplatz des deutschen Rationalismus im Laufe des 18. Jahrhunderts. Wie Leibniz spricht auch Christian Wolff von einer Abhängigkeit des Vernunftgebrauchs vom Sprachgebrauch („dependentia usus rationis ab usu sermonis", 1734, Par. 461). Und wie sein Vorgänger sieht er die Gefahr, daß wir „leere Wörter, mit denen kein Begrif verknüpfet ist, für Erkäntniß halten, und Wörter für Sachen ausgeben" (1720, Par. 320). Für Wolff wie für viele andere, die sich das Exaktheitsideal der Mathematik und der Naturwissenschaften zu eigen machen, kann die Antwort auf dieses Problem nur darin liegen, daß die Begriffe, die zum Denken herangezogen werden, einer peinlich genauen Prüfung unterzogen werden. Denn das ist das entscheidende Kennzeichen der rationalistischen Annahme der Sprachgebundenheit des Denkens: Die Prägung des Denkens durch die Sprache ist grundsätzlich erkennbar und dort, wo sie zu falschen Urteilen über die Wirklichkeit führt, grundsätzlich korrigierbar. Diese Hoffnung, die Wirklichkeit letztlich doch an den Inhaltssystemen der Einzelsprachen vorbei, in ihrem objektiven Gegebensein erkennen zu können, durchzieht die Texte wie ein roter Faden und kennzeichnet den aufklärerischen Erkenntnisoptimismus. Das Ziel bleibt stets, „zur Sache selbst [zu] gelange[n]" (Leibniz 1697, Par. 7), jenseits sprachlicher Einbindungen. Wenn auch die sprachlichen Bezeichnungen in vielerlei Hinsicht von den Interessen und Wertungen der Sprachgemeinschaft geprägt sind, bedeutet das doch nicht, „daß die Dinge dadurch gehindert werden, vom Verstand unabhängige reale Wesenheiten zu haben, und wir, sie zu erkennen" (Leibniz 1704, III, VI, 27). Daß es eine solche sprachunabhängige Natur der Dinge gibt („nature des choses", ebd., III, V, 9 u. III, VI, 13), so etwas wie die Dinge selbst ("Things themselves", Locke 1689, III, VI, 5), und zwar als Gegenstände unserer Erkenntnis, ist eine Überzeugung jenseits aller Sprachskepsis.

Von dieser Position unterscheidet sich die Auffassung Wilhelm von Humboldts in einer ganz entscheidenden Hinsicht. In der folgenden Skizze wird auf mögliche Einflüsse auf Humboldts Denken etwa durch Herder (und damit indirekt auch durch Hamann) oder die französischen Ideologen nicht eingegangen werden; die Darstellung wird systematisch, nicht historisch verlaufen.

Humboldt sieht die sprachliche Konstituiertheit des Denkens in einem Ausmaß gegeben, das die Frage nach der Existenz einer sprachunabhängig bestehenden Realität müßig erscheinen läßt. Eine solche sprachunabhängige Realität wäre nämlich in ihrer ontischen Objektivität vom Menschen ohnehin nie erkennbar, und zwar eben aufgrund der nicht hintergehbaren Sprachgebundenheit des Denkens. Der locus classicus der Humboldtschen Argumentation ist in der Einleitung zu seiner dreibändigen Untersuchung der Kawi-Sprache auf Java enthalten (1830–35). Die Einleitung trägt die programmatische Überschrift »Über die Verschiedenheit des menschlichen Sprachbaues und ihren Einfluß auf die geistige Entwicklung des Menschengeschlechts«.

Humboldt geht von der Annahme aus, daß die Sprache das Denken konstituiert (sie ist „das bildende Organ des Gedankens"), intellektuelle Tätigkeit und Denken sind „unzertrennlich voneinander". Da die Sprachen aber verschieden sind, hat das unweigerlich Konsequenzen für das Denken der Mitglieder einer jeweiligen Sprachgemeinschaft: Es ist in Richtung der betreffenden Sprache hin geprägt. Jede Einzelsprache legt so ein ganz bestimmtes Denken über die Wirklichkeit nahe, in jeder Sprache kommt eine je „eigentümliche Weltansicht" zum Ausdruck (1836, 53f.):

> Wie der einzelne Laut zwischen den Gegenstand und den Menschen, so tritt die ganze Sprache zwischen ihn und die innerlich und äußerlich auf ihn einwirkende Natur. Er umgibt sich mit einer Welt von Lauten, um die Welt von Gegenständen in sich aufzunehmen und zu bearbeiten. Diese Ausdrücke überschreiten auf keine Weise das Maß der einfachen Wahrheit. Der Mensch lebt mit den Gegenständen hauptsächlich, ja, da Empfinden und Handeln in ihm von seinen Vorstellungen abhängen, sogar ausschließlich so, wie die Sprache sie ihm zuführt. Durch denselben Akt, vermöge dessen er die Sprache aus sich herausspinnt, spinnt er sich in dieselbe ein, und jede zieht um das Volk, welchem sie angehört, einen Kreis, aus dem es nur insofern hinauszugehen möglich ist, als man zugleich in den Kreis einer andren hinübertritt. Die Erlernung einer fremden Sprache sollte daher die Gewinnung eines neuen Standpunkts in der bisherigen Weltansicht sein und ist es in der Tat bis auf einen gewissen Grad, da jede Sprache das ganze Gewebe der Begriffe und die Vorstellungsweise eines Teils der Menschheit enthält. Nur weil man in eine fremde Sprache immer, mehr oder weniger, seine eigne Welt-, ja seine eigne Sprachansicht hinüberträgt, so wird dieser Erfolg nicht rein und vollständig empfunden.

Der zentrale Gedanke ist die Vorstellung, man könne den *Kreis* der Inhalte der eigenen Sprache nur hinter sich lassen, wenn man damit automatisch in den *Kreis* einer anderen Sprache eintritt. Der Mensch kann in seinem Denken nicht hinter Sprache zurücktreten, kann keinen intellektuell sprachfreien, Archimedischen Punkt finden, von dem aus er die Dinge in ihrem objektiven Gegebensein erkennen kann, um sie in einem zweiten Schritt nach Belieben zu versprachlichen. Die Frage nach einem objektiven Gegebensein der Dinge wird damit letzlich hinfällig; an die Stelle der absoluten Existenz der Wirklichkeit, der man sich mit wissenschaftlichen Methoden und präzisem Denken in zuvor eigens definierten Begriffen immerhin zu nähern vermag, tritt eine Vielfalt von Perspektiven – und damit, wenn auch bei Humboldt noch unausgesprochen, eine Vielfalt von Wirklichkeiten – die sich ergänzen mögen, die aber nicht mehr auf ein zugrundeliegendes Archephänomen der ‚einen Wirklichkeit' verweisen. Selbst wenn sie dies täten, wäre diese Wirklichkeit nicht erkennbar. Leibniz hatte die Vielfalt der Perspektiven noch mit anderer Akzentuierung formuliert. In seiner »Monadologie« schreibt er (Par. 57, dt. Text S. 448):

> Und wie eine und dieselbe Stadt, von verschiedenen Seiten betrachtet, immer wieder anders und gleichsam perspektivisch vervielfältigt erscheint, so gibt es vermöge der unendlichen Vielheit der einfachen Substanzen gleichsam ebensoviele verschiedene Welten, die indes nichts andres sind, als – gemäß den verschiedenen Gesichtspunkten jeder Monade – perspektivische Ansichten einer einzigen.

Leibniz' gesamte Argumentation, vor allem seine Forderung nach Präzision für die Fach- und Wissenschaftssprachen, beinhaltet noch die Hoffnung, die Perspektivität der Erkenntnis überwinden zu können. Für Humboldt dagegen scheint die sprachbedingte Perspektivität fest zur conditio humana zu gehören. Im Grunde führt den Menschen seine eigene Freiheit zur sprachlichen Relativität des Erkennens: Will er seiner Freiheit als Mensch Ausdruck verleihen und sich die Welt intellektuell aneignen, braucht der Mensch die Sprache, weil sie ihm die Begriffe zur Sonderung der Dinge und zur intellektuellen Auseinandersetzung mit ihnen liefert. In dem Maße aber, in dem er sich der Sprache bedient, liefert der Mensch sich sozusagen an sie aus (er *spinnt sich in sie ein*, schreibt Humboldt), indem er zwangsläufig ihre Erkenntnisperspektive übernimmt. Das Bild des sich in die Sprache wie in einen Kokon hineinspinnenden Menschen ist nicht zufällig gewählt, an anderer Stelle sieht Humboldt den Menschen als „gefangen" in der Sprache (um 1810/11, 15). In der Tat kann das Konzept der Sprachrelativität des Denkens, zumindest dort, wo es mit großer Konsequenz gedacht wird, stark deterministische Züge annehmen.

Daß sich dabei neben lexikalischen auch grammatische Merkmale von Sprachen einbeziehen lassen, belegen Humboldts eigene Arbeiten. Grundsätzlich ist für ihn die Grammatik „unsichtbar in der Denkweise des Sprechenden vorhanden" (1826, 128). Nur denjenigen Sprachen, die die grammatischen Verhältnisse zwischen den Wörtern eines Satzes präzise angeben – wie dies für Humboldt nur die flektierenden Sprachen wirklich tun – können einen optimalen Einfluß auf die „Ideenentwicklung" eines Volkes haben (z. B. 1822, 58). Eine isolierende Sprache wie das Chinesische dagegen könne dies, bei allen sonstigen Vorzügen, nicht leisten (vgl. z. B. »Ueber den grammatischen Bau der Chinesischen Sprache«, 1826; ausführlicher dazu Kap. 5.4).

Der Sprachrelativismus Humboldts ist in zweierlei Hinsicht einzuschränken, zumindest zu präzisieren. Zum einen steht dem Konzept der an die Einzelsprache gebundenen *sprachlichen Weltansicht* ein universalistisches Moment entgegen: Humboldt geht von der Existenz *allgemeiner Gesetze des Denkens* aus, die übereinzelsprachlicher Natur sind. Diese Gesetze – ihre Annahme läßt eine gewisse Nähe Humboldts zu Kant erkennen – korrelieren mit bestimmten grammatischen Phänomenen, etwa der für ihn universalen Rolle des Verbs als „Mittelpunkt und [...] Keim der ganzen Grammatik".

Zum anderen begegnen bei Humboldt immer wieder Formulierungen, die die Radikalität des Relativitätsprinzips zurückzunehmen scheinen. Die Erforschung einer Wahrheit, so schreibt er, hänge nicht von der Beschaffenheit einer Sprache ab. Die Sprache beeinflusse lediglich die „Stimmung", in der der Mensch denkt (»Ueber den Nationalcharakter der Sprachen«, 72f.). Oder: Es stehe außer Frage, „dass eine grosse Anzahl von Gegenständen erst durch die sie bezeichnenden Wörter geschaffen werden, und nur in ihnen ihr Daseyn haben (was sich in der Art, wie sie im Worte gedacht werden, und im Denken durch Sprache auf den Geist wirken, eigentlich auf alle ausdehnen lässt)" (vmtl. 1821, 26). Die etwas zögerliche Formulierung im letzten Satz – zunächst: lediglich „eine grosse Anzahl" der Gegenstände (d.h.: nicht *alle*) seien sprachlich konstituiert, dann aber doch: „eigentlich" seien es „alle" – und auch die Einschränkung im vorangehenden Zitat kündigen aber nicht wirklich einen sprachphilosophischen Richtungswechsel an. Sie scheinen eher Ausdruck einer gewissen Unsicherheit angesichts der einschneidenden philosophischen Implikationen eines konsequenten Relativitätsdenkens zu sein: Letztlich bedeutet die Anerkennung des Relativitätsprinzips, die Wirklichkeit in die Sprache aufzulösen und damit so viele Wirklichkeiten anzuerkennen, wie es Sprachen gibt. Diese Implikation mag auf der Hand liegen, wird aber in dieser Radikalität bei Humboldt nicht formuliert.

Wichtig ist bei all dem, daß für Humboldt die *eigentümliche Weltansicht* einer Sprache nicht durch irgendeinen göttlichen Einfluß zustande kommt, sondern Produkt des historischen Menschen ist (1836, 36):

> Die Sprache, in ihrem wirklichen Wesen aufgefaßt, ist etwas beständig und in jedem Augenblicke Vorübergehendes. Selbst ihre Erhaltung durch die Schrift ist immer nur eine unvollständige, mumienartige Aufbewahrung, die es doch erst wieder bedarf, daß man dabei den lebendigen Vortrag zu versinnlichen sucht. Sie selbst ist kein Werk (Ergon), sondern eine Tätigkeit (Energeia). Ihre wahre Definition kann daher nur eine genetische sein. Sie ist nämlich die sich ewig wiederholende Arbeit des Geistes, den artikulierten Laut zum Ausdruck des Gedanken fähig zu machen.

Damit ist zugleich der Sprachwandel als etwas der Sprache Inhärentes, Selbstverständliches bestimmt, aber nicht durch Rekurs auf den Vergänglichkeitstopos, sondern im Gegenteil durch die Anbindung der Sprache an das Wirken des sich in der Zeit verändernden menschlichen Geistes, d.h. letztlich an das Handeln der Menschen.

Humboldts Konzeption kann ein Problem mit sich bringen: Weil die Konstituierung des Denkens der Mitglieder einer Sprachgemeinschaft immer im Rahmen des Inhaltssystems und der grammatischen Strukturen ihrer jeweiligen Einzelsprache verläuft, bietet sich das Konzept der Sprachrelativität des Denkens zu ideologischen Interpretationen geradezu an. Unterschiedliche sprachliche Inhalte bzw. Strukturen und damit *Weltansichten* von Nationen bzw. Völkern können dann als qualitativ vermeintlich über- oder unterlegen gegeneinander ausgespielt werden. Dabei zeigt sich ein ganzes Spektrum möglicher Argumentationen, von der bloßen Beschreibung lexikalischer Inhaltssysteme als Ausdruck der Vorstellungswelt der Mitglieder einer Sprachgemeinschaft über die deskriptive (empirisch gleichwohl kaum belegbare) Korrelierung morphologisch-syntaktischer Spezifika mit dem Ablauf von Denkvorgängen bis hin zur expliziten nationalistischen Abwertung von Sprach- und Kulturgemeinschaften aufgrund vermeintlicher ‚Mängel' ihrer jeweiligen Sprache. Humboldts eigene Position in dieser Frage muß differenziert beurteilt werden. Zum einen betont er neben der einzelsprachlichen Komponente die Existenz einer universellen menschlichen Veranlagung zur Sprache, die der einzelsprachlichen Prägung vorangehe. *Der Sprache* als einer „unwillkürliche[n] Emanation des Geistes" stehen dann *die* (Einzel-)*Sprachen* gegenüber, die in enger Verbindung mit der Entwicklung einer jeweiligen *Nation* bzw. eines jeweiligen *Volks* entstanden sind (1836, 37). Jede konkret vorliegende Sprache (das Deutsche, Englische, Französische etc.) ist zwar die ganz spezifische Sprache einer bestimmten *Nation* bzw. eines bestimmten *Volks*, sie hat aber auch einen Anteil an dieser universellen Sprache „aus einer Tiefe der Menschheit", noch vor jeder ethnischen, nationalen etc. Differenzierung. Eben deshalb läßt sich auch „in jeder [Sprache] jede Ideenreihe ausdrücken" (1820, 21), was wiederum alle Sprachen und die von diesen Sprachen beeinflußten Sprecher hinsichtlich der kognitiven Leistungsfähigkeit letztlich auf eine Stufe stellen würde.

Andererseits schränkt Humboldt die Behauptung von den universellen Ausdrucksmöglichkeiten der Sprachen (und damit zugleich von der Universalität der damit verknüpften kognitiven Möglichkeiten) ein: Zwar lasse sich aufgrund der „Biegsamkeit der Begriffe und ihrer Zeichen" letztlich alles in jeder Sprache ausdrücken, doch wirken die Sprachen auf die Sprechergemeinschaften nicht hinsichtlich dessen, was in ihnen augedrückt werden *könnte*, sondern nur durch dasjenige, was tatsächlich in ihnen ausgedrückt *wird* („Für die Sprachen selbst und ihren Einfluss auf die Nationen beweist nur was aus ihnen natürlich hervorgeht; nicht das, wozu sie gezwängt werden können, sondern das, wozu sie einladen und begeistern", ebd.). Die unterschiedlichen Sprachen prägen also doch, so muß man folgern, durch ihren je spezifischen Bestand an Inhalten und Formen in je eigener Weise den kognitiven Zugriff der Sprecher auf die Realität. Nimmt man zu dieser Einschränkung die zahlreichen Äußerungen der eingangs zitierten Art hinzu, in denen Humboldt diese Prägung explizit hervorhebt (z.B.: „Man kann [...] als allgemein anerkannt annehmen, dass die verschiedenen Sprachen die Organe der eigenthümlichen Denk- und Empfindungsarten der Nationen ausmachen", vmtl. 1821, 26), dann stellt sich erneut die Frage nach so etwas wie einer Hierarchie der Sprachen hinsichtlich der durch sie vermittelten kognitiven Leistungsfähigkeit. Eine solche Hierarchie sieht Humboldt, wie viele seiner Zeitgenossen, eben in der bereits erwähnten Abfolge *flektierende Sprachen – agglutinierende Sprachen – isolierende Sprachen*. Als Ausdruck einer sprachnationalistischen Ideologie läßt sich diese Hierarchie allerdings nicht deuten, eher als Ausdruck des im 19. Jahrhundert verbreiteten Eurozentrismus, der die europäischen Sprachen, soweit sie zu den flektierenden gehören, ganz selbstverständlich über die nicht-flektierenden außereuropäischen Sprachen stellt. Bei anderen Autoren und vor allem zu einem späteren Zeitpunkt, d. h. zunehmend von der Jahrhundertmitte an, wird das Konzept der *sprachlichen Weltansicht* dann durchaus nationalistisch interpretiert (vgl. Kap. 6.2). Sehr häufig begegnet das Konzept dann im Kontext eines radikalen Fremdwortpurismus, der das sprachlich Fremde als Bedrohung der eigenen sprachlichen Identität und damit der Identität von *Volk* und *Nation* sieht. An dieser Stelle sei zur Illustration lediglich ein Beispiel zitiert. Es entstammt einem Text Friedrich Gottlieb Welckers, in dem beschrieben wird, was nach dem erfolgreichen Kampf gegen das Französische in Deutschland zu erwarten sei (»Warum muß die Französische Sprache weichen und wo zunächst«, Gießen 1814, 28f.; zit. nach Straßner 1995, 204):

Mit der Sprache wird sich dann zugleich verlieren der Geist, der in ihr wohnt, Lebensart und Manieren, welche daraus hervorgehn, die Empfindungsweise, die Anschauung der Natur und die Ansicht der Geisteswelt, die ihr eingeboren sind, von denen sie nur der Abdruck ist, die ganze Französische Natur mit ihrer Äusserlichkeit und Oberflächlichkeit im untrüglichsten Ebenbild.

Hier begegnet das Konzept sprachlicher Relativität in einer trivialisierten Form. Hält man sich vor allem das Ende des Zitats vor Augen, so ist die darin vertretene Position mit derjenigen Humboldts in keiner Weise vergleichbar. Was sich jedoch bei Humboldt und in sprachnationalistischen Argumentationen gleichermaßen findet, ist die oft unspezifische, romantisierend-pathetische Begrifflichkeit, die Rede von „der Sprache und dem Nationalcharakter", vom „Geist der Völker" und dem ihm korrelierenden „Geist der Sprache", vom „Geheimnisvollen ihres Wesens" etc., insgesamt das diffuse Übereinanderblenden politischer, kultureller, ethnisch-anthropologischer und sprachlicher Größen, wie es schon bei Herder, bei Fichte, später bei den Grimms und vielen anderen begegnet. Aber weder diese Begrifflichkeit noch die Formulierung des Konzeptes sprachlicher Relativität verleihen den entsprechenden Argumentationen schon ideologischen Charakter. Expliziter Sprachnationalismus nimmt hier erst seinen Ausgangspunkt, macht sich bestimmte Konzepte und Argumentationen zunutze und steigert sie ins Extreme. Allerdings wäre er ohne diese theoretischen und begrifflichen Voraussetzungen nicht möglich.

Angemerkt sei in diesem Zusammenhang, daß die Frage der Korrelation einer
Sprache mit dem Denken der Angehörigen eines *Volks* oder einer *Nation* bereits
um die Mitte des 18. Jahrhunderts intensiv diskutiert wird. 1759 stellt sie sogar
die Preisfrage der Preußischen Akademie der Wissenschaften dar, den Wett-
bewerb gewann Johann David Michaelis mit seiner »Beantwortung der Frage
von dem Einfluß der Meinungen in die Sprache und der Sprache in die Meinungen«. Hier, wie in zahlreichen Schriften der folgenden Jahrzehnte, begegnet
immer wieder der Gedanke, daß eine Einzelsprache „eine Sammlung der Weisheit und des Genies gantzer Völcker" ist (Michaelis 1760, 15) und das Denken
eines Volkes entscheidend prägt (August Wilhelm Schlegel 1801/1802, 417):

> Mit der Muttersprache zugleich saugen wir die Vorstellungen und Ansichten der
> Dinge; sie ist gleichsam die Form in welche die Thätigkeiten unsers Geistes sich
> fügen müssen: und wie wir in der Sprache die reiche Hinterlassenschaft vergang-
> ner Geschlechter überkommen, so wird uns dabei auch die Verpflichtung man-
> cher Gewöhnung mit auferlegt. Dazu herrscht die Sprache, uns unbewußt, über
> unsern Geist; es wird durch sie eine Erziehung jedes Zeitalters an dem folgenden
> ausgeübt.

Zum Teil besitzen die von Schlegel erwähnten Motive Kontinuität seit der
Frühen Neuzeit, wenn auch nicht immer in dieser Zuspitzung: Das intuitiv-
natürliche Erfahren der Welt durch die Muttersprache, die Erziehung der je-
weiligen *Geschlechter* eines Volks durch den *Geist* der Muttersprache (vgl.
etwa Schottelius' Bemerkung, die *Fortpflantzung* der „ehrliche[n] fromme[n]
Teutsche[n] Sprache" auf die „Teutsche Nachwelt" garantiere, daß auch diese
Nachwelt „ehrlich und fromm" bleibe; 1673, 6f.). Charakteristisch für die
Zeit ab dem späten 18. Jahrhundert ist dabei die Auffassung, daß Sprache und
Kognition nicht nur miteinander korrelieren – schon Locke, Leibniz und andere Autoren des 17. Jahrhunderts teilten diese Ansicht (s. o.) –, sondern daß
die Einzelsprachen über den Geist *herrschen*, daß sich die Erkenntnis ihr *fügen*
muß.

Die Identifizierung eines *Sprachcharakters* mit einem *Volkscharakter* wird
auch mit der sog. *Klimatheorie* gestützt. Bereits im Zusammenhang mit den Ausführungen zu Johann Augustin Egenolffs Sprachgeschichte von 1716 wurde auf
sie hingewiesen (Kap. 4.5), in der romantischen Sprachreflexion nimmt ihre
Verbreitung stark zu. August Wilhelm Schlegel schreibt (1798/1799, Par. 49):

> Nach der allgemeinen Analogie der klimatischen Einflüsse auf die menschliche
> Organisation läßt sich voraussetzen, daß die gemäßigten milderen Himmels-
> striche für die Bildung schöner Sprachen am günstigsten sind und dies bestätigt
> auch die Erfahrung. Die gemäßigten Klimate haben im ganzen genommen die
> schönsten und geistvollsten Menschen und auch die schönsten Sprachen hervor-
> gebracht, so die griechische und späterhin zum Teil die lateinische, italienische
> und französische Sprache und einen großen Teil der orientalischen Sprachen,
> und so auch bei ungebildeten Sprachen.

Dem südlichen Sprachtyp wird ein nördlicher gegenübergestellt, und Schlegel weist beiden einen analogen Menschentyp zu. Tendenziell gilt der südliche Typ in den Texten der Zeit als sinnlich, geistvoll, flexibel und ästhetisch ansprechend, der nördliche als bestimmt und markant. Daß in dieser bei Schlegel noch völlig unideologischen Beschreibung auf der Basis der Klimatheorie ideologischer Zündstoff liegt, ist offensichtlich. Aus der vermeintlichen ‚Leichtigkeit' des Französischen und Italienischen und ihrer Sprecher wird in zahlreichen Arbeiten Oberflächlichkeit und Unehrlichkeit, aus der vermeintlichen ‚Härte' germanischer Sprachen und ihrer Sprecher wird moralische Geradlinigkeit und Aufrichtigkeit – bzw. es werden, bei gegenteilig gelagerten Interessen, vermeintliche Kennzeichen der deutschen Sprache als Ausdruck von Primitivität und Unkultiviertheit ihrer Sprecher gedeutet und die romanischen Sprachen und Sprecher für das Gegenteil gelobt (ein Textbeispiel für eine gegen das Deutsche und seine Sprecher gewendete ideologische Auslegung des Relativitätsgedankens aus den fünfziger Jahren des 20. Jahrhunderts findet sich in Kap. 6.2).

Sowenig wie die Diskussion über die Sprachgebundenheit der Erkenntnis mit Humdboldt beginnt, endet sie mit seiner Person. Was Humboldt als *sprachliche Weltansicht* bezeichnet, begegnet in unterschiedlichen Benennungen und Ausprägungen bis in die Gegenwart. Im 20. Jahrhundert führen im angelsächsischen Raum vor allem die Untersuchungen des Amerikaners Benjamin Lee Whorf (»Language, thought and reality«, 1956) zu heftigen Kontroversen, vor allem deshalb, weil sich Whorf nicht auf eine philosophische Darstellung der Problematik beschränkt, sondern, vor dem Hintergrund von Arbeiten Edward Sapirs, einen empirischen Beweis in der Tradition der Ethnolinguistik versucht. Seine Untersuchungen vor allem zum Hopi, einer nordamerikanischen Indianersprache, resultieren unter anderem in der Behauptung, daß die Hopi aufgrund des Tempussystems ihrer Sprache zu einer völlig anderen Erfahrung von Zeitabläufen gelangen und damit der Zeit eine andere Stellung in ihrer Vorstellungswelt einräumen als die Sprecher der europäischen Sprachen. Am Ende steht die Formulierung eines „linguistic relativity principle" (11. Aufl. 1974, 221):

> Aus dieser Tatsache resultiert dasjenige, was ich das ‚sprachliche Relativitätsprinzip' genannt habe. Es bedeutet (in freier Formulierung), daß die Benutzer deutlich unterschiedlicher Grammatiken durch ihre Grammatiken zu unterschiedlichen Arten der Beobachtung und zu unterschiedlichen Bewertungen äußerlich ähnlicher Akte der Beobachtung veranlaßt werden. Sie sind daher als Beobachter nicht vergleichbar, sondern müssen zu etwas unterschiedlichen Auffassungen von der Welt gelangen.

> From this fact proceeds what I have called the ‘linguistic relativity principle', which means, in informal terms, that users of markedly different grammars are

pointed by their grammars toward different types of observations and different
evaluations of externally similar acts of observation, and hence are not equiva-
lent as observers but must arrive at somewhat different views of the world.

Whorfs Ergebnisse waren von Anfang an scharfer Kritik ausgesetzt. Hinterfragt wurden Methode und Zuverlässigkeit der Daten wie auch die Folgerung
in Form des sprachlichen Relativitätsprinzips. Die Möglichkeit einer empirischen Stützung des Relativitätsprinzips erwies sich in den nächsten Jahrzehnten als der zentrale Streitpunkt, da z. B. die Untersuchungen zu den Farb-
bezeichnungen verschiedener Sprachen und den Farbwahrnehmungen der
Sprecher keineswegs zu eindeutigen Resultaten führten. Die Diskussion verläuft deshalb so intensiv, weil sich mit dem Relativitätsgedanken immer zugleich die Frage nach qualitativen Unterschieden der jeweiligen sprachlichen
Weltansichten zu stellen scheint, vor allem dann, wenn der erkenntnisbildende
Einfluß der Sprache deterministisch interpretiert wird. Mit dieser gesellschaftlichen Problematik ist eine philosophische verknüpft, die sich ebenfalls aus der
deterministischen Interpretation des Relativitätsgedankens ergibt. Sie wurde in
der Beschreibung von Humboldts Position bereits angedeutet: Mit der Zunahme des Einflusses der Sprache auf die kognitiven Abläufe im menschlichen
Bewußtsein wird die Möglichkeit eingeschränkt, das Denken des Menschen
und sein daraus resultierendes Handeln in der Welt als Resultat freier Selbstbestimmung zu begreifen. Damit ist in ganz entscheidender Weise die Stellung
des Menschen in der Welt berührt, auch die ethische Frage nach der Verant-
wortung für sein Handeln. Sicher auch deshalb bewegen sich die meisten Stellungnahmen zwischen den Extremen einer naiv realistischen und einer deterministisch idealistischen Position (zu einem interessanten Versuch des Aus-
gleichs zwischen den Positionen, der zwar eine Prägung der Kognition durch
Sprache annimmt, diese Prägung aber nicht deterministisch interpretiert, vgl.
Adam Schaffs »Sprache und Erkenntnis« von 1964).

Im Deutschland des 20. Jahrhunderts schlagen sich idealistische Ansätze in der
Sprachtheorie unter anderem in den Arbeiten Ernst Cassirers und Leo Weisgerbers nieder. Für den Neukantianer Cassirer ist Sprache neben wissenschaftlicher Erkenntnis, Kunst, Religion und Mythos ein Lieferant *symbolischer
Formen*, die die Welt für den Menschen gliedernd erschließen (»Philosophie
der symbolischen Formen«, 3 Bde., 1923–29). Dabei spiegelt die Sprache die
Wirklichkeit nicht einfach, sondern ist *geistiges Grundmittel*, Voraussetzung
für Erkenntnis (Bd. 1, 20 u. 26f.):

So zeigt etwa der Prozeß der Sprachbildung, wie das Chaos der unmittelbaren
Eindrücke sich für uns erst dadurch lichtet und gliedert, daß wir es ‚benennen‘
und es dadurch mit der Funktion des sprachlichen Denkens und des sprachlichen Ausdrucks durchdringen. In dieser neuen Welt der Sprachzeichen gewinnt

auch die Welt der Eindrücke selbst einen ganz ,neuen' Bestand, weil eine neue
geistige Artikulation. Die Unterscheidung und Sonderung, die Fixierung gewisser Inhaltsmomente durch den Sprachlaut bezeichnet an ihnen nicht nur, sondern verleiht ihnen geradezu eine bestimmte gedankliche Qualität, kraft deren
sie nun über die bloße Unmittelbarkeit der sog. sinnlichen Qualitäten erhoben
sind. So wird die Sprache zu einem der geistigen Grundmittel, vermöge dessen
sich für uns der Fortschritt von der bloßen Empfindungswelt zur Welt der Anschauung und Vorstellung vollzieht. [...]
   Die Erkenntnis wie die Sprache, der Mythos und die Kunst: sie alle verhalten
sich nicht wie ein bloßer Spiegel, der die Bilder eines Gegebenen des äußeren
oder des inneren Seins, so wie sie sich in ihm erzeugen, einfach zurückwirft, sondern sie sind statt solcher indifferenter Medien vielmehr die eigentlichen Licht-
quellen, die Bedingungen des Sehens wie die Ursprünge aller Gestaltung.

Wie bei Cassirer, dessen Parallelen zu Humboldt in der Frage der erkenntniskonstituierenden Funktion der Sprache unübersehbar sind, begegnen auch bei
Leo Weisgerber relativistische Kategorien: die Annahme einer einzelsprachlich
spezifischen, die Wahrnehmung und kognitive Verarbeitung von Wirklichkeit
prägenden *Sprachkraft*; die Rede von einem *sprachlichen Weltbild*, mit dem
das erkennende Individuum apriorisch konfrontiert wird; die Sicht von
Sprache nicht als statische, sondern als *energetische* (d.h. *dynamische*), über
eine *innere Sprachform* verfügende Größe, die das „Umschaffen[...] der Welt
in das Eigentum des Geistes" (1953, Bd. 1, 16f.), d.h. das „Worten der Welt"
(z.B. 1960) leitet. Bereits die Titel der einzelnen Bände von Weisgerbers
Hauptwerk »Von den Kräften der deutschen Sprache« (1. Aufl. 1949/1959)
lassen die Ausrichtung des sprachwissenschaftlichen Programms erkennen:
1. »Die Sprache unter den Kräften des menschlichen Daseins«, 2. »Vom Weltbild der deutschen Sprache«, 3. »Die Muttersprache im Aufbau unserer Kultur« und 4. »Die geschichtliche Kraft der deutschen Sprache«.
   Auch bei Weisgerber begegnet die Frage nach der sprachlichen Determi-
niertheit menschlichen Denkens und Handelns (1929, 163f.):

Das also erscheint mir als das Entscheidende: der Mensch, der in eine Sprache
hineinwächst, steht für die Dauer seines Lebens unter dem Bann seiner Mutter-
sprache, sie ist wirklich die Sprache, die für ihn denkt. Und wie ein Volk seine
Sprache ausgestaltet, so wirkt diese wieder zurück auf die Gemeinschaft und die
Späteren. In diesem Sinne ist die Muttersprache Schicksal für den einzelnen, die
Sprache des Volkes Schicksalsmacht für die Gemeinschaft.

Was ebenfalls an dieser Textstelle deutlich wird (insbesondere in ihrem letzten
Satz), ist der pathetische Ton von Weisgerbers Darstellung, der sich zumeist
dort findet, wo *Sprache* mit Größen wie *Volk* und *Nation* in Verbindung
gebracht wird. Für andere Stellen seines Werks wiederum wäre die Bezeichnung „pathetisch" geradezu verharmlosend, etwa dort, wo Weisgerber seinem

Zweifel Ausdruck verleiht, ob tatsächlich alle Mitglieder einer Sprachgemeinschaft auch „für die Volksgemeinschaft brauchbar und wertvoll" sind, da die Eingliederung in die Sprachgemeinschaft in einem Alter stattfinde, „in dem noch keine Auslese möglich" sei (1934, 297; für einen Autor wie Fritz Stroh, der in seiner 1933 vorgelegten Habilitationsschrift »Der volkhafte Sprachbegriff« eine Sprachwissenschaft ganz im Geiste der neuen politischen Verhältnisse propagiert, kann Weisgerber daher auch derjenige sein, „dem wir die grundlegende Erneuerung volkhafter Sprachbetrachtung verdanken", S. 53).

Diejenige Dimension der Sprache, die für Weisgerber am ehesten Aussagen über ihre *geistige Leistung* erlaubt, ist die semantische. In der Konsequenz seiner Sprachtheorie liegt dementsprechend eine *inhaltbezogene Grammatik*, in der Untersuchungen zum Wortschatz im Mittelpunkt stehen. Die *inhaltbezogene Grammatik* grenzt sich von der traditionellen Semasiologie dadurch ab, daß sie nicht die Bedeutung isolierter Einzelwörter, sondern lexikalische Bedeutungen in Feldern semantisch benachbarter Wörter beschreibt. In ihrer Gesamtheit bilden die lexikalischen Inhalte zusammen mit demjenigen, was Weisgerber den „Inhalt der syntaktischen Formen" nennt (also die semantisch interpretierbaren Aspekte syntaktischer Formen), die *innere Sprachform*, die ihrerseits das *sprachliche Weltbild* konstituiert.

Die Auffassung, daß sich die Bedeutung sprachlicher Zeichen nur aus der Stellung eines jeweiligen Zeichens im System ergibt, verbindet Weisgerber mit Jost Trier, dessen Studie »Der deutsche Wortschatz im Sinnbezirk des Verstandes. Die Geschichte eines sprachlichen Feldes« (1. Teil 1931) die Feldforschung am historischen Beispiel illustriert. Das Konzept des Wortschatzes als System sich gegenseitig bestimmender Einheiten erinnert an Saussures Verständnis von Bedeutung und *valeur* der Wörter, und Trier beruft sich auch explizit auf Saussure (z.B. 1973, 11). Was Trier am Beispiel des Notensystems illustriert – die Bedeutung eines Ausdrucks wie *mangelhaft* wird „trotz der klaren Etymologie dieses Wortes" erst demjenigen völlig klar, der weiß, wieviele Einheiten dieses Notensystem umfaßt und an welcher Stelle der Rangfolge *mangelhaft* steht (ebd., 6) –, sieht er grundsätzlich für jedes Wort und jedes Wortfeld gegeben.

Auch Triers Nähe zu Humboldt ist unverkennbar. „Die Sprache", so stellt er programmatisch zu Beginn des ersten Kapitels fest, „*spiegelt* [...] nicht reales Sein, sondern *schafft* intellektuelle Symbole, und das Sein selbst, das heißt das für uns gegebene Sein, ist nicht unabhängig von Art und Gliederung der sprachlichen Symbolgefüge" (ebd., 2). Wissenschaftsgeschichtlich geht die Wortfeldtheorie zwar mit der Einnahme idealistischer Positionen einher, doch ist das unter systematischem Gesichtspunkt nicht zwingend. Die im einzelnen beschriebenen Wortfelder ließen sich auch ganz realistisch als sprachliche Abbilder (d.h. nicht als erkenntniskonstituierende Voraussetzungen) eines kognitiven Zugriffs auf die Wirklichkeit interpretieren, so daß die Ergebnisse der Wortfeldforschung in jedem Fall Erkenntnisse über einen jeweiligen Ausschnitt aus der Wirklichkeit einer Sprachgemeinschaft vermitteln. Daß dabei das Arrangement der Lexeme zu einem konkreten Feld von der Kompetenz und Subjektivität des Arrangierenden sowohl ermöglicht wie beeinflußt wird, ist ebenso offensichtlich wie unumgänglich.

Literatur

Sprachliches Relativitätsprinzip in Geschichte und Gegenwart: Schmidt 1968, Christmann 1974 u. 1977, Apel 1975, Gipper 1987 u. 1994, Cloeven 1988, Werlen 1989, Lehmann 1998, Schlaps [demn.]

Wilhelm von Humboldt: Köller 1988, Scharf 1989, Trabant 1990, Kledzik 1992, Formigari 1993, Müller-Sievers 1993, Mueller-Vollmer 1993, Zimmerman/Trabant/Mueller-Vollmer 1994, Schneider 1995

5.2 Sprachreflexion in der Romantik: A. W. Schlegel, Fichte, Novalis

Eines der zentralen Kennzeichen der Sprachreflexion in der ersten Hälfte des 19. Jahrhunderts wurde im vorangegangenen Kapitel diskutiert: die hohe erkenntnistheoretische Bewertung von Sprache und die Überzeugung von der Bedeutung einer Sprache für die Entwicklung eines *Volkes* bzw. die Konstitution einer *Kultur* oder *Nation*. Kaum weniger spezifisch für die Zeit sind das Organismuskonzept, die Diskussion über die Frage der Konventionalität des Zeichens, die Frage nach der Funktion von Sprache für das Individuum, schließlich die Bewertung sprachlicher Variation, vor allem in der Dichtung.

Die Auffassung von Sprache als einem organischen Ganzen schlägt sich in den Texten unmittelbar in der Begrifflichkeit nieder. Die Rede ist zunächst vom *Wachstum einer Sprache*, von der *Blüte ihres Charakters*, von den Wörtern als *Früchten*, vom *Einpfropfen* neuer Ausdrücke etc. Diese botanische Begrifflichkeit begegnet allerdings bereits im Barock, in der Beschreibung der Sprache als *Baum*, dessen Stammwörter als *saftvolle Wurzeln* nach den Regeln der Komposition und Derivation stets neue Wörter generieren, neue *Sprößlinge* hervortreiben. Im 17. Jahrhundert betonen solche Metaphern die Unabhängigkeit der deutschen Sprache als eines sich selbst erneuernden Systems, das auf Ergänzungen von außen – gemeint sind vor allem Fremdwörter – nicht angewiesen ist. Das organische Bild bietet sich außerdem als Illustration des barocken Vergänglichkeitstopos an: Sprachverfall ist in der Natur der Dinge angelegt.

In den Texten romantischer Autoren ist das Organismuskonzept komplexer. Es läßt sich unmittelbar mit dem Handeln der Sprecher verknüpfen (A. W. Schlegel 1803/1804, 286):

> Die Sprache ist zwar Werkzeug des menschlichen Geistes, aber wie es sich für diesen geziemt, kein todtes und mechanisches, sondern ein organisches, worin folglich eine Einheit und allgemeine Wechselbeziehung Statt findet. In einem sehr wichtigen Sinne nennt man daher diejenigen Sprachen, welche noch immer fortfahren, sich zu entwickeln, zu bilden, mit den Nationen selbst zu verändern, *lebende Sprachen*. Der Gebrauch der Sprache ist wie ihre erste Hervorbringung ein immer fortgesetztes Handeln des menschlichen Geistes; und da dieses [...] durch die Sprache objectivirt, ein Typus davon in ihr aufgestellt ist, so ist es natürlich, daß sie wieder rückwärts auf den Geist, der sich ihrer bedient, eine große Gewalt ausübt, indem bloße Gedankendinge hier eine wirkliche Existenz erhalten zu haben scheinen.

Die organische Sprache ist für Schlegel keine ahistorische, natürlichen Gesetzmäßigkeiten unterliegende Größe, sondern gerade das Produkt menschlichen intellektuellen Handelns. Wenn die Sprache *lebt*, dann nur deshalb, weil ihre Sprecher leben. Zugleich beeinflußt die Sprache eben dieses Handeln und ist damit mehr als nur ein ,Produkt'. Schlegel bewahrt das traditionelle Konzept von Sprache als Werkzeug, denkt aber nicht an ein mechanisches Werkzeug des die Dinge völlig sprachfrei apperzipierenden Menschen, eine Vorstellung, wie sie auf dem Höhepunkt optimistisch-aufklärerischer Sprachtheorie, vor dem Hintergrund einer eindimensionalen Abbildtheorie gelegentlich begegnet.

Weil die Sprache *lebt*, weil sie „eine gemeinsame Handlungsweise einer großen Menschenmasse" ist – eine sehr modern anmutende Formulierung –, ist es unsinnig, sie gegen die Veränderung „fixieren" zu wollen (1801/1802, 417). Der Unterschied zu den Normierungsdiskussionen, wie sie noch wenige Jahrzehnte zuvor zwischen den ostmitteldeutschen und den süddeutschen Grammatikern geführt wurden, ist unübersehbar.

Die Darstellung der organischen Verbindung des Menschen mit seiner Sprache gewinnt dort an Intensität, wo die Muttersprache in den Kontrast zur fremden Sprache gesetzt wird. Das Deutsche, so schreibt Heymann Steinthal, sei zwar nicht „aus jedem von uns hervorgewachsen; aber sie ist unserm Geiste wie eingepfropft, so daß die Lebenssäfte aus dem Stamme in den Zweig und aus diesem zurück in jenen fließen" (1880, 104). Die Formulierung ist die botanisch-organische Metapher für die Wechselwirkung zwischen Sprache und Bewußtsein, wie sie dem Konzept sprachlicher Relativität zugrunde liegt. Genau dieses organische Fließen der *Säfte* kann zwischen dem Sprecher und einer fremden Sprache nicht stattfinden, denn die bleibt dem Menschen immer äußerlich, vermag lediglich, sein distanziert-rationales Denken zu repräsentieren. Sie ist aber nicht mit dem *Gemüt* des Sprechers verbunden: „Daher ist sie für uns kalt".

Solche Beschreibungen sind in der Geschichte der Sprachreflexion absolut topisch. Über Jahrhunderte hinweg begegnen sie im Kontext der Aufwertung der Volkssprachen gegenüber dem Lateinischen. Dabei gilt das Lateinische stets als die Sprache des Verstandes, vielleicht eleganter als die Muttersprache, aber distanzierter, nicht, wie es in den älteren Texten heißt, mit der Muttermilch eingesogen.

Steinthals Formulierungen führen zu einem weiteren Punkt, der Frage der Arbitrarität von Sprache. Es fällt Autoren wie Fichte oder August Wilhelm Schlegel offensichtlich schwer, Sprache ausschließlich als konventionell und die Zeichen als arbiträr zu betrachten. Das Konventionalitätskonzept setzt eine Distanz zwischen Sprache und Sprecher voraus, die sich mit der Vorstellung ihrer organischen Verbundenheit nur schwer vereinbaren läßt (A. W. Schlegel (»Briefe über Poesie, Silbenmaß und Sprache«, 1795, 146):

> Allein in den gebildeten Sprachen, hauptsächlich in der Gestalt, wie sie zum Vortrage der deutlichen Einsicht, der Wissenschaft gebraucht werden, wittern wir kaum noch einige verlorene Spuren ihres Ursprunges, von welchem sie so unermeßlich weit entfernt sind; wir können sie fast nicht anders als wie eine Sammlung durch Übereinkunft festgesetzter Zeichen betrachten. Indessen liegt doch jene innige, unwiderstehliche, eingeschränkte, aber selbst in ihrer Eingeschränktheit unendliche Sprache der Natur in ihnen verborgen; sie muß in ihnen liegen: nur dadurch wird Poesie möglich.

Das erinnert an Herders Sprachursprungs-Essay: Am Anfang der Entwicklung steht eine instinktgeprägte und umfassend motivierte Sprache, am Ende eine arbiträre Sprache, die von deutlicher Erkenntnis geleitet wird und ihr zugleich dient. Auch könnte die Distanz zur klassizistischen Poetik Gottscheds kaum deutlicher sein, da für Schlegel die Poesie gerade aus dem Kontakt mit dieser ersten Sprache entspringt. Die Anbindung an die Vernunft und der ihr entsprechende temperierte Bildgebrauch tritt in einer von der Einbildungskraft getragenen Poesie auf der Basis einer *Sprache der Natur* zurück.

In den »Reden an die deutsche Nation« (1807/08; 1808, 314f.) argumentiert Fichte ähnlich gegen den Arbitraritätsgedanken. Ein *Grundgesetz* regelt, jenseits menschlichen Zugriffs, die Zuweisung von Begriff zu Lautung. So redet „[n]icht eigentlich [...] der Mensch, sondern in ihm redet die menschliche Natur". In Analogie gilt für das ganze Volk, daß es „nicht eigentlich [...] seine Erkenntnis aus[spricht], sondern seine Erkenntnis selbst spricht sich aus in demselben".

Man darf in diesen Feststellungen nicht einfach eine Zurücknahme der Freiheit des Menschen gegenüber seiner Sprache vermuten, jedenfalls im Sinne eines mystischen Sprachbegriffs. Fichte sieht den Menschen nicht an eine metaphysische, der Sprache irgendwie innewohnende Macht ausgeliefert, sondern an seine eigene Geschichte, d.h. an die der menschlichen Gattung im allgemeinen und seines Volkes im besonderen. Diese Geschichte dringt immer wieder in der Sprache, die der Mensch verwendet, durch.

Charakteristisch für die Sprachtheorie der Romantik ist auch die zeitgenössische Beschreibung der Funktionen von Sprache. Auf die zentrale Stellung der Kommunikationsfunktion in der Geschichte der Sprachreflexion – Sprache dient der Mitteilung der eigenen Gedanken dem anderen gegenüber – wurde in dieser Darstellung schon häufig hingewiesen. Auch in der romantischen Sprachtheorie ist sie präsent; von Herder über Schlegel bis Humboldt wird der Mensch als soziales Wesen (Herder: „Geschöpf der Herde") und sein Drang zur Kommunikation als in der *conditio humana* angelegt beschrieben. Schon in rationalistischen Arbeiten wurde neben diese auf den Hörer/Leser bezogene Sprachfunktion eine auf den Sprecher/Autor bezogene gestellt, eine Funktion der klärenden Strukturierung des Denkens. Auch diese kognitive Funktion wird von Herder – der *Wilde* hätte Sprache „für sich selbst erfinden müssen; hätte er sie auch nie geredet" – über Schlegel – der Mensch spricht „zunächst mit sich selbst" – bis zu Humboldt immer wieder formuliert. Daß diese Funktion von Sprache als *instrumentum rationis* die Apperzerption von Wirklichkeit und das Denken regelrecht zu prägen vermögen, wurde im Zusammenhang mit der Erörterung des Relativitätsgedankens in den Texten vom 17. bis zum frühen 19. Jahrhundert dargelegt (Kap. 5.1).

In Texten aus dem Umkreis romantischer Sprachreflexion wird nun Kommunikation weniger als Austausch über irgendwelche Gegenstände der Wirklichkeit betrachtet denn als ein Eindringen in das Empfinden des anderen. Wir verwenden Worte nicht einfach zur Verständigung über „äußere Zwecke", schreibt Schlegel, sondern um „die mannigfaltigsten Leidenschaften" beim anderen zu erwecken und ihn zugleich „in das Innerste unseres Gemütes blicken [zu] lassen" (Schlegel 1963, 233). Es werden keine Ergebnisse rationalen Schließens mitgeteilt, sondern das Gesagte erlaubt dem anderen einen tiefen Einblick in das eigene Innere. Die Rede durchdringt die Ebene, auf der der Verstand die Dinge des täglichen Lebens regelt, und stellt einen unmittelbaren Kontakt zwischen den Empfindungen der Menschen her. Je mehr die Rede von der intuitiven Sprache der Frühzeit in sich hat, desto eher ist das möglich.

Während bei Schlegel Berührung des anderen und Entäußerung der Innerlichkeit des sprechenden Ich im Vordergrund stehen – also eine emphatische, intensivierte Variante der Kommunikationsfunktion und der kognitiven Funktion von Sprache –, scheint die Frage nach Sprachfunktionen bei Novalis fast hinfällig (1798/1799, 672):

> Es ist eigentlich um das Sprechen und Schreiben eine närrische Sache; das rechte Gespräch ist ein bloßes Wortspiel. Der lächerliche Irrtum ist nur zu bewundern, daß die Leute meinen – sie sprächen um der Dinge willen. Gerade das Eigenthümliche der Sprache, daß sie sich blos um sich selbst bekümmert, weiß keiner. Darum ist sie ein so wunderbares und fruchtbares Geheimniß, – daß, wenn einer blos spricht, um zu sprechen, er gerade die herrlichsten, originellsten Wahrheiten ausspricht. Will er aber von etwas Bestimmten sprechen, so läßt ihn die lau-

nige Sprache das lächerlichste und verkehrteste Zeug sagen. Daraus entsteht auch der Haß, den so manche ernsthafte Leute gegen die Sprache haben. Sie merken ihren Muthwillen, merken aber nicht, daß das verächtliche Schwatzen die unendlich ernsthafte Seite der Sprache ist. Wenn man den Leuten nur begreiflich machen könnte, daß es mit der Sprache wie mit den mathemathischen Formeln sei – Sie machen eine Welt für sich aus – Sie spielen nur mit sich selbst, drücken nichts als ihre wunderbare Natur aus, und eben darum sind sie so eindrucksvoll – eben darum spiegelt sich in ihnen das seltsame Verhältnißspiel der Dinge.

Hier sind alle pragmatischen Bezugspunkte des Sprechens ausgeblendet: Sprecher und Hörer, sogar die Gegenstände der Wirklichkeit. Indem selbst die außersprachliche Referenz, die als Minimalleistung der Sprache Kommunikation und kognitive Strukturierung erst möglich macht, als lächerlicher Irrtum erscheint, wird Sprache um all das reduziert, was ihren Wert für den Menschen und sein gesellschaftliches Leben auszumachen scheint. Genau an diesem Punkt aber kommt Sprache für Novalis zu ihrer eigentlichen Funktion, wird sie am ‚sprachlichsten‘: Als ein System von Zeichen, die zunächst einmal nur auf sich selbst verweisen, deren semantische Gehalte nicht durch den Blick auf die bezeichneten Gegenstände der Wirklichkeit abzugrenzen sind, sondern nur in negativer Abgrenzung voneinander, innerhalb des sprachlichen Systems und sozusagen unberührt von jeder Verwendung in einer bestimmten Situation. Versucht man gar nicht erst, die Zeichen aus diesem System herauszuzwingen und auf einen jeweiligen Sprechanlaß in der Wirklichkeit zu richten, sondern läßt man sich auf ihr systeminternes Spiel ein, dann entstehen ungewollt Wahrheiten, die die Sprache, nun befreit von den Zwängen alltäglicher Referenzleistung, dem Menschen schenkt.

In Novalis' spielerisch-poetischer Darstellung verbergen sich zentrale sprachphilosophische Positionen, in einer Form, die ungewöhnlich modern anmutet. So lassen sich bei ihm die Inhalte von Wörtern nicht mehr als zuverlässige sprachliche Fassungen mentaler Abbilder von realen Gegenständen begreifen. Wie die Wirklichkeit tatsächlich gestaltet ist, kann man der Sprache nicht, zumindest nicht in blindem Sprachvertrauen entnehmen, da die Sprache zunächst nicht mehr als eine in sich geschlossene Sinnwelt bietet. Der Übergang zu relativistischen Positionen, wie sie im vorangehenden Kapitel beschrieben wurden, ist offensichtlich. Die Unabhängigkeit dieser sprachlichen Sinnwelt aber wird bei Novalis auf die Spitze getrieben, bis zu einem Punkt, wie er selbst im 20. Jahrhundert nur selten begegnet (etwa in Positionen des Dekonstruktivismus). Wie das System der Mathematik koppelt Novalis die sprachlichen Inhalte von jeder unmittelbaren Anbindung an die Realitäten des Alltags ab, tut das aber nicht aufgrund einer sprachskeptischen Einsicht in Phänomene wie semantische Vagheit und Polysemie, sondern sieht darin gerade einen Gewinn: Erst die Aufgabe des Versuchs, mittels der Sprache die Wirklichkeit referentiell beherrschen zu wollen, erst die unreflektierte Hingabe an die Sprache selbst führt zu den *wunderbaren Geheimnissen*, die in ihr verborgen liegen.

Vor allem dieser Gedanke erinnert an Überlegungen aus der Sprachmystik Jakob Böhmes. Böhme, der in den Muttersprachen noch Spuren der Ursprache (*Natursprache*) des Paradieses verborgen sieht, gesteht die Erfahrung des göttlichen Grundes der Dinge und der Sprachen nur demjenigen zu, der sich „Willen-los" gibt (1623, 36/50): Wer versucht, Erkenntnis mittels der menschlichen Vernunft herbeizuzwingen, wer sich der „vernünftlichen Wissenschaft der Natur" verschreibt, wird die Oberfläche der Phänomene nicht durchdringen können. Dasselbe gilt für die Erkenntnis der göttlichen Geheimnisse in den Sprachen: Sie bleiben demjenigen verschlossen, der sich, wie die „Buchstaben-Gelehrten", mit weltlich-philologischer Distanz den Wörtern der Muttersprache nähert. Nur derjenige, der seine ohnehin bescheidene menschliche *ratio* hintanstellt und sich ganz von Gottes Willen leiten läßt, wird das Geheimnis der Sprache erschließen.

Novalis' Sprachbeschreibung ist in mancher Hinsicht eine moderne, säkulare Variante von Böhmes Darstellung. Für ihn gibt die Muttersprache keinen Blick auf göttliche Mysterien frei, dagegen aber auf ihr eigenes semantisches Innenleben, hinter dem freilich dasjenige liegt, was Novalis als „Weltseele" (ebd.) bezeichnet. Diese *Weltseele* läßt sich nicht erkennen, indem man die Wörter präzise bestimmten außersprachlichen Gegenständen zuordnet und sie ausschließlich in dieser Weise benutzt, immer in der Absicht, Probleme des Alltags mit ihnen zu lösen. Nur wer die Sprache assoziativ benutzt, wer ihre semantische Offenheit nicht als Ärgernis, sondern als Chance begreift, wer „in sich das zarte Wirken ihrer innern Natur vernimmt, und danach seine Zunge oder Hand bewegt", wird Wahrheiten aussprechen und schreiben können. Nur dieser Weg – und auch hier erinnert Novalis an Böhme – führt über die Vielfältigkeit der Phänomenwelt hinaus, sei es zurück in ein *einiges Centrum* des Göttlichen (Böhme), sei es auf jene universale Ebene der *Weltseele*, auf der alles mit allem verbunden ist (Novalis).

Das eigentlich Attraktive an der Sprache ist für Novalis nicht ihre Dimension der Konventionalität, die ihre Zuverlässigkeit für den kommunikativen Gebrauch garantiert. Interessant wird die Sprache erst im Überschreiten des Konventionellen, des Regelgeleiteten, also im Ausgriff auf jene Bereiche, die die Dimension von Konvention und Regel zwar voraussetzen, aber nicht mehr durch sie abgedeckt sind. Sprachliche Variation und das stilistisch Kühne werden damit nicht nur möglich, sondern geradezu gefordert.

Eben deshalb korreliert diese Sprachauffassung auch mit einer bestimmten Poetik. Von dem *prodesse et delectare* früherer Zeiten ist sie weit entfernt. Dem Hinausgreifen über die sprachliche Norm entspricht die Sicht des Dichters als eines *Originalgenies*, dessen Kreativität zum zentralen Wert wird. In der Dichtung findet Sprache am stärksten zu sich selbst; Dichtungssprache wird dann nicht als Abweichung von einem im Zentrum der Gesamtsprache angesetzten

Standard definiert, sondern im Gegenteil werden sämtliche nicht-poetischen Erscheinungsformen der Sprache als reduzierte Varietäten der absoluten Sprache begriffen. Nur die Sprache der Dichtung kann an diese absolute, universale Sprache, in der die *Weltseele* aufscheint, anschließen.

Betrachtet man Novalis' sprachphilosophische Position aus einer modernen systematisch-linguistischen Perspektive, dann läßt sie sich als Versuch beschreiben, die Aufmerksamkeit auf eine Dimension von Sprache zu lenken, die Novalis weder in der Alltagssprache noch im Sprachbegriff des aufgeklärten Rationalismus gegeben bzw. gewürdigt sieht: die suggestive, ästhetische, mittels der Begriffe von *Regel* und *Konvention* nicht völlig erfaßbare Sprache, die gerade nicht den rationalen, semantisch durchsichtigen Diskurs als das kommunikative Ideal ansetzt. Wer in der von Novalis propagierten Sprache einen Text verfaßt, kann die Wörter und Sätze auf individuelle und von der alltagssprachlichen Norm abweichende Art und Weise kombinieren; wer einen solchen Text verstehen will, wird über das erlernte, in Wörterbuch und Grammatik verzeichnete sprachliche Wissen hinausgreifen. Dieses Phänomen ist gerade von Theoretikern poetischer Sprache bis in die Gegenwart hinein immer wieder beschrieben worden. Von den Linguisten des Prager Kreises in den ersten Jahrzehnten des 20. Jahrhunderts etwa wurde es als *foregrounding* der Sprache bezeichnet und in den Gegensatz zu ihrer *automatization* gestellt: Während im Alltag die Sprache nur funktionieren kann, weil ihre Regelhaftigkeit und Konventionalität das selbstverständliche Verfügen über sie ermöglicht, treten im dichterischen Text die sprachlichen Mittel als solche ‚in den Vordergrund' und werden so zum Gegenstand ungewohnter Bedeutungszuweisung. Was Novalis also beschreibt, ist eine klassische Dichotomie der Sprachreflexion, die zu unterschiedlichen Zeiten in unterschiedlicher Form diskutiert wurde.

Literatur

Romantische Sprachtheorie: Christmann 1974, Apel 1975, Gipper/Schmitter 1985, Schmidt 1986, Cloeren 1988, Koerner 1989, Behler 1992, Gipper 1992, Formigari 1993, Schmitter 1993, Bär 1999 und [demn.]

5.3 Das »Deutsche Wörterbuch« der Brüder Grimm und die lexikographische Tradition

Georg Philipp Harsdörffer, Kaspar Stieler, Gottfried Wilhelm
Leibniz, Johann Christoph Adelung, Jacob und Wilhelm Grimm,
Daniel Sanders

5.3.1 Die lexikographische Tradition bis einschließlich Adelung

Frühe Wörterbücher, die das Deutsche in der einen oder anderen Form berücksichtigen, dienen ausschließlich praktischen Zwecken: dem Verständnis lateinischer Texte oder der (lateinischen) Erläuterung deutscher Ausdrücke. Ein erfolgreiches Beispiel für den erstgenannten Typ ist der kurz nach der Wende zum 15. Jahrhundert verfaßte »Vocabularius Ex quo«, der sich explizit als Hilfe zum Verständnis der Bibel und anderer lateinischer Texte versteht. Der erste bedeutende Vertreter des zweiten Typs ist der »Vocabularius qui intitulatur Teuthonista vulgariter dicendo der Duytschlender« von Gherard van der Schueren, erstmals 1477 erschienen, der seinerseits auf einen »Vocabularius teutonicus« aus der Zeit kurz vor 1400 zurückgreift.

Im frühen 16. Jahrhundert begegnen die ersten Synonymenwörterbücher, die den Schriftverkehr in den Verwaltungen erleichtern sollen. Ein Beispiel, Jacob Schöppers »Synonyma« von 1550, wurde an anderer Stelle besprochen (Kap. 2.1). Zugleich wird das Deutsche damit unter den Regeln der Rhetorik betrachtet – die synonymen Ausdrücke bieten Gelegenheit zur stilistischen Variation –, eine Sichtweise, die erst mit der humanistischen Hinwendung zu den Volkssprachen möglich wird. Zunächst noch sehr vorsichtig, erhält dann die Dokumentation des deutschen Wortschatzes zunehmend einen gewissen Selbstzweck, d. h. die lexikographische Dokumentation ist neben allen praktischen Hilfen, die sie bietet, zugleich Ausdruck der Überzeugung, daß die deutsche Sprache sozusagen das Recht auf eine eigenständige, nicht mehr nur vom Verstehen des Lateinischen her legitimierte Beschreibung hat. Schon auf dem Titelblatt von Josua Maalers 1561 in Zürich erschienenem, deutsch-lateinischem »Die Teütsch spraach. Dictionarium germanicolatinum novum« klingt diese neu definierte Stellung des Deutschen an: „Alle wörter / namen vñ arten zū reden in Hochteütscher spraach / dem ABC nach ordenlich gestellt / vnnd mit gūtem Latein gantz fleissig vnnd eigentlich vertolmetscht".

Die lexikographische Verselbständigung des Deutschen bedeutet keineswegs das Ende der lateinischen oder der zweisprachigen Lexikographie. Einen sehr großen Erfolg haben, bis weit in das 17. Jahrhundert hinein, die onomasiologischen Wörterbücher, die zum Teil lateinisch, zum Teil zweisprachig, zum Teil deutsch verfaßt werden. Ein frühes Beispiel ist Hadrianus Junius' »Nomenclator omnium rerum« von 1567, dessen Erfolg in den ersten Jahrzehnten des 17. Jahrhunderts vom »Orbis sensualium pictus« des Johann Amos Comenius noch weit übertroffen wurde. Comenius' bebildertes Werk –

es trägt den deutschen Untertiel „Die sichtbare Welt das ist Aller vornehmsten Weltdinge und Lebensverrichtungen Vorbildung und Benamung" - erlebt allein im 17. Jahrhundert 54 lateinische und 39 deutsche Auflagen.

Das Konzept des onomasiologischen Wörterbuchs kommt dem enzyklopädischen und universalwissenschaftlichen Anliegen zahlreicher Autoren der Frühen Neuzeit entgegen: Die Wirklichkeit wird als eine Summe von Einzelgegenständen begriffen, die in einem sinnvollen Verhältnis der göttlichen Ordnung zueinander stehen. Aufgabe des Gelehrten ist die Sammlung der nomenklatorischen Bezeichnungen dieser Einzelgegenstände. Sprachtheoretisch ist darin eine einfache Sachsemantik impliziert: Die Gegenstände sind objektiv vorgegeben, werden in ihrem objektiven Gegebensein vom erkennenden Subjekt wahrgenommen, und die Wörter bezeichnen die bei allen Menschen identischen mentalen Abbilder. Aufgrund der Isomorphie von Gegenstand und Abbild bezeichnen die Wörter damit auch die Gegenstände.

Diese Sachsemantik schlägt sich unmittelbar in der Sprachpädagogik der Zeit nieder. Wenn die Wörter die Gegenstände zuverlässig bezeichnen, dann wird der Schüler mit dem Spracherwerb zugleich „einen breiten Schritt in die Physicam, und Bedeutung der Sachen" (Becher 1674, 97) machen, d.h. dann führt der Spracherwerb unmittelbar zum Erwerb von Sachwissen. Auch bei Leibniz, der in anderen Zusammenhängen sehr sprachskeptisch argumentiert, begegnet diese Überzeugung: Ein gutes Fachwörterbuch des Deutschen, so begründet er seine Forderung nach einer deutschen Fachlexikographie, würde den allgemeinen Wissensstand des Volkes verbessern. Denn weil „die Worte den Sachen antworten", sie also denotativ korrekt bezeichnen, „muss die Erläuterung ungemeiner [d. h. unbekannter, A. G.] Worte auch die Erkäntniss unbekandter Sachen mit sich bringen" (1697, 339).

Während die onomasiologischen Wörterbücher und mit ihnen die semasiologisch ausgerichteten Fachwörterbücher vorwiegend alltagspraktischen und pädagogischen Zwecken dienen, kommt bei den Anfängen der semasiologischen deutschsprachigen Lexikographie das bereits erwähnte kulturpatriotische Moment zum Tragen, das sich aus der Aufwertung der Volkssprachen in der Frühen Neuzeit ergibt. Natürlich würde ein deutsches Wörterbuch in jedem Fall auch den praktischen Wert der fortschreitenden Normierung des Hochdeutschen besitzen, aber es wäre alleine durch seine Existenz immer auch ein Ausweis der Qualität, vor allem der *copia*, des *Reichtums* der deutschen Sprache im Vergleich zu den großen europäischen Nachbarsprachen.

Die erste intensive Diskussion über die Gestalt eines deutschen Wörterbuchs wird in den Sprachgesellschaften des Barock geführt, unter Persönlichkeiten wie Schottelius, Harsdörffer und Gueintz. Den Gesellschaftern steht das »Vocabulario degli Accademici della Crusca« von 1612 vor Augen, das toskanische Wörterbuch der italienischen Sprachakademie, die zum Vorbild der Fruchtbringenden Gesellschaft geworden war.

Sämtliche frühen Vorschläge zur lexikographischen Erfassung des Deutschen zielen auf das *Stammwort*. Entsprechend der stark lexikalisch orientierten Sprachbeschreibung der Zeit gelten die Stammwörter als „Fundament / die Ekk= und Grundsteine" des Deutschen, als „das erste und letzte im Sprachwesen" (Schottelius 1663, 1276). Ihre (vermeintliche) onomatopoetische Motiviertheit illustriert für die zeitgenössischen Autoren den Charakter des Deutschen als einer *Hauptsprache*, die unmittelbar auf die Babylonische Sprachverwirrung zurückgeht und so den ‚nur' abgeleiteten romanischen Sprachen überlegen ist. Zugleich wird dadurch, zum Nutzen des kommunikativen Alltags, die besondere referentielle Adäquatheit der deutschen Stammwörter belegt. Die Stammwörter lexikographisch zu dokumentieren würde damit auch das *hohe Alter*, die genealogische *Reinheit* und die besondere *Würde* des Deutschen dokumentieren. In einem *Stammwörterbuch* wäre ein als genuin deutsch empfundener lexikalischer Kernbestand der eigenen Muttersprache gebucht, von dem aus, gemäß der Vorstellung von den Stammwörtern als den *Wurzeln des deutschen Sprachbaumes*, sich sämtliche Ableitungen und Komposita entwickeln ließen (vgl. Schottelius 1663, 51: Stammwörter „[lassen] von sich reichlich auswachsen und herleiten [...] / was nötig ist" und sie ermöglichen „allerley Bindungen / Doppelungen und artige Zusammenfügungen"). Die so gebildeten deutschen Wörter werden allen Bezeichnungserfordernissen gerecht und machen die deutsche Sprache lexikalisch nahezu autark, d. h. unabhängig insbesondere von Entlehnungen aus dem Lateinischen und den modernen romanischen Sprachen.

Der Titel des von Harsdörffer vorgeschlagenen Stammwörterbuchs vereinigt all diese Vorstellungen vom deutschen Wortgut (Ertzschrein, 387):

> Vollständiges Wortbuch in welchem die Majestetische Deutsche Haubtsprache aus ihren gründen kunstfüglich erhoben, nach ihrer angebornen Eigenschafften eingerichtet, mit ihren stammwörtern, Ableitungen und verdopplung ausgezieret, und durch lehrreiche Sprüche, Hofreden, Gleichniss, und redarten erklärt, Zum erstenmahl an das licht gesetzet wird.

Die Vorstellung eines *kunstfüglichen Erhebens* des Deutschen *aus seinen Gründen* meint seine strenge Kodifizierung entlang derjenigen Regeln, die in der lexikalisch und grammatisch stimmigen – in der Terminologie der Zeit: *grundrichtigen* – Sprache bereits angelegt sind; eben dies meint auch die *Einrichtung* des Deutschen *nach seinen angeborenen Eigenschaften*. Die Kontrolle über diesen Vorgang verbleibt bei den Gelehrten, die immer wieder betonen, daß das Deutsche nicht einfach aus der alltäglichen Anwendung heraus korrekt gelernt werden könne – nur „der Nichtgelehrte" glaube, „es lange das Teutsche [hin]", das er „mit der Muttermilch eingesogen" und im „alltäglichen Gebrauch" erlernt hat (Stieler 1691, Vorrede) –, sondern eben nur *kunstfüglich*, gemäß den Vorgaben einer von Experten festgelegten *ars grammatica*. Damit erklären die bürgerlichen Gelehrten zugleich ihren eigenen Stand als notwendig für die Gesellschaft als ganze: Sie achten auf die varietätenspezifische Reinheit des gebuchten Wortgutes, vor allem auf die Ausgrenzung der als niederschichtig empfundenen Ausdrücke der Sprache des *Pöbels*, und sichern damit die Qualität der für die gesamte politische und kulturelle Einheit ‚Deutschland‘ wichtigen Hochsprache.

1691 erscheint Kaspar Stielers »Der teutschen Sprache Stammbaum und Fortwachs«. Stieler verzeichnet insgesamt etwa 60 000 Wörter, ausgehend von 400 bis 600 Stammwörtern. Schon durch die lexikographische Erfassung der gesamten Strecke des Alphabets, mehr noch durch die umfassende Anlage der Artikel geht Stieler deutlich über das 1616 für die Strecke *A* bis *G* veröffentliche »Teütsche Sprach und Weißheit« von Georg Henisch hinaus. Die außer dem Lemma am häufigsten begegnenden Artikelpositionen sind:

– grammatische Angaben: bei Substantiven Genus („Fell / das"), Numerus („Herz / das / *plur.* die Herzen"); bei Verben Angaben zur Konjugation und zur Tempusbildung („Fleug / *et* Flieg / fliegen / ich fliege / du fleugest / *et* fliegest / er fleuget / *et* flieget / wir fliegen / *etc.* Ich flog / ich flöge / geflogen"); bei Adjectiven und Adverbien Angabe der Wortart („Flächlich / *adj.*") und der Komparation („Behend / behender / behendester");

– Varianten: „Teppich / *qvod etiam* Tappet *dicunt*";

– synonyme Bildungen: „Glänzicht / Glanzbar / Glanzhaft *et* glasticht / *adj. et adv.*";

– zugrundeliegendes Stammwort: „Handel / der / *plur.* Händel / *à* Hand";

– Angabe lexikalischer Verwandtschaftsverhältnisse: „Glas / das / *plur.* Gläser / *vitrum. Magnam affinitatem habet cum* Glatt / Glast / Gleissen *et* Glänzen";

– expliziter etymologischer Kommentar: „Form / die / *forma, species, figura. Non est à Latino: Forma, sed forma à nostro* Form / *qvod olim calidum significabat, ab antiqvo* For *sive* Fur / *ignis*";

– lat. Übersetzung(en) des Lemmas, pro Bedeutung mindestens eine, z. B.: „Decke / die / *tegmen, integumentum, lodix, stragula*";

– explizite lat. Bedeutungsangabe, z. B.: „Hasp / Haspe [...] *est instrumentum ferreum incurvum, quô aliqvid tenetur et firmatur, uncus, fibula*";

– Angabe von Komposita und Ableitungen, z. T. im Artikel des Stammworts selbst, z. T. in Unterartikeln, deren Lemmata dann in kleinerer Type gesetzt sind: zu dem Stammwort „Geist" werden die Unterartikel „Baumgeister", „Geistlein", „Geistern", „Geistig", „Geistigkeit", „Geistlich", „Geistlichkeit", „Geisterey" angesetzt, dort jeweils Angabe von Komposita mit lat. Übersetzung (s. v. „Baumgeister" u. a.: „Berggeister", „Eyfergeist", „Eigengeist", „Einbildungsgeist", „Feldgeister", insgesamt 41 Ausdrücke); Ableitungen werden häufig als eigene Unterartikel angesetzt, z. B. zum Stammwort „Drisch / dreschen": „Drescher", „Dreschung" „Dreschicht", „Abdreschen", „Ausdreschen", z. T. dort weitere Ableitungen, jeweils mit lat. Übers.

– Angabe von Sprachbeispielen, Phraseologismen, Kollokationen, figürlichen Verwendungen (jeweils mit lat. Übers.), z. B. s. v. „Trauen": „Es ist ihm

nicht allezeit zu trauen", s. v. „Feg": „Einem den Beutel fegen", s. v. „Folg":
„Eines Freundes guten Rath folgen", s. v. „Fett": „Fette Pfründe".
Die Artikel sind, bei insgesamt großer Materialfülle, nicht streng systematisch aufgebaut, Stieler füllt keineswegs immer sämtliche Positionen. Hinzu kommen gelegentlich weitere Positionen, etwa zu landschaftlichen Varianten oder grammatischen Spezifika.

Von dem kulturpatriotischen Anliegen einmal abgesehen, akzeptieren die frühen deutschen Lexikographen wenig Vorgaben, die die Lemmaauswahl und Anlage der Wörterbuchartikel beeinflussen können. Natürlich werden unterschiedliche Schwerpunkte gesetzt. Einem Mann wie Matthias Kramer, dessen Wörterbücher (Deutsch – Niederländisch und Deutsch – Italienisch, 1700) sich in der Praxis des Fremdspracherwerbs und im Alltag der zweisprachigen Kommunikation bewähren müssen, ist eine oberschichtige soziolektale Ausrichtung weniger wichtig als Kaspar Stieler, dem Mitglied der noch vergleichsweise stark am Adel orientierten Fruchtbringenden Gesellschaft. Doch auch Stieler verteidigt die Aufnahme von Wörtern zur Bezeichnung der „natürlichen Dinge" (1691, Vorrede), also von Vulgarismen und von Tabuwörtern. Man müsse die Dinge beim Namen nennen, denn wie sollte sonst ein Ausländer angemessen reagieren können, wenn er auf deutsch beleidigt werde. Letzen Endes aber gelte: „Den Reinen aber ist und bleibet alles rein". Auch die Buchung von Wörtern nicht-germanischen Ursprungs wird verteidigt, und sei es durch das verbreitete Verfahren, Wörter wie *Bischof, Exempel, Kirche, Natur, Priester* etc. einfach zu deutschen Wörtern zu erklären, die von den Römern bzw. Griechen übernommen worden seien.
Das Konzept des Stammwörterbuchs setzt sich zwar in der lexikographischen Praxis bis in das 18. Jahrhundert hinein fort – noch Christoph Ernst Steinbachs »Vollständiges Deutsches Wörter-Buch« von 1734 läßt den Anschluß an die barocke Tradition erkennen –, es wird jedoch schon ab dem Ende des 17. Jahrhunderts durch Überlegungen zu einem gesamtsprachlichen Wörterbuch des Deutschen bzw. zu Wörterbüchern einzelner Varietäten ersetzt. Gottfried Wilhelm Leibniz fordert 1697 eine dreifache lexikographische Erfassung des Deutschen: Ein Wörterbuch des gegenwärtigen Hochdeutschen – Leibniz spricht von einem Verzeichnis desjenigen Wortgutes, „was durchgehends in Schrifften und Reden wackerer Leute üblich" (1697, 337ff.) –, ein Wörterbuch der *Kunstwörter*, d. h. der Fachausdrücke im Deutschen, schließlich ein etymologisches Wörterbuch, zur Dokumentation von Dialektausdrücken und Archaismen, von denen aus auf die etymologischen Ursprünge des deutschen Wortschatzes geschlossen werden kann. Grundsätzlich sieht Leibniz unterschiedliche Möglichkeiten der Lemmatisierung, unter anderem eine semasiologische, die Wörter alphabetisch verzeichnende Variante, und eine onomasiologische, „nach den Arten der Dinge" verfahrende Variante. Diese letztere Möglichkeit scheint ihm vor allem für ein Wörterbuch der Fach-

sprachen sinnvoll, eben weil sich damit die Lexikographie in den Dienst des
aufklärerischen Bildungsgedankens stellen läßt (s. o.).

Leibniz' Vorstellungen eines Wörterbuchs der deutschen Gesamtsprache
finden in einem deutsch-lateinischen Wörterbuch zumindest in Ansätzen einen
praktischen Niederschlag. 1741 veröffentlicht Johann Leonhard Frisch sein
»Teutsch-Lateinisches Wörterbuch«, das nicht nur Stammwörter, ihre Komposi-
sita und Ableitungen verzeichnet, sondern in Maßen auch Regionalismen,
fachsprachliche Ausdrücke, Fremdwörter und soziolektal markierte Wörter,
darunter gelehrtensprachliche und poetische Ausdrücke, aber auch „Pöbel-
wörter". An dieser Praxis wird deutlich, daß sich die Vorstellung der zu doku-
mentierenden lexikalischen *copia* des Deutschen verschoben hat, vom Konzept
der ,Summe der Stammwörter' hin zum Konzept der ,Gesamtheit der kommunikativ relevanten Wortschatzelemente'.

In den Jahren von 1774 bis 1786 erscheinen schließlich die fünf Bände von
Johann Christoph Adelungs »Versuch eines vollständigen grammatisch-kritischen Wörterbuchs der Hochdeutschen Mundart, mit beständiger Vergleichung der übrigen Mundarten, besonders aber der oberdeutschen«. Schon der
Titel des Werks, das zwischen 1793 bis 1801 in einer zweiten Auflage erscheint
und für fast ein Jahrhundert den lexikographischen Standard in Deutschland
setzen wird, läßt den Anlaß zu den zahlreichen Auseinandersetzungen erkennen, die Adelungs Lexikographie und Grammatikographie begleiten: Umstritten ist Adelungs spezifischer Begriff des Hochdeutschen, der zwar in der Theorie überregionaler Natur ist, sich aber faktisch stark auf das Obersächsische
stützt und in sozialer Hinsicht explizit auf *die oberen Classen der Nation* abhebt (dazu Kap. 4.2).

Im folgenden seien die Prinzipien der Lemmaauswahl und die semantische
und pragmatische Beschreibung der Lemmata näher betrachtet. Zu den einzelnen Aspekten der Lemmaauswahl äußert sich Adelung in der „Vorrede" seines
Wörterbuchs.

Zum Fachwortschatz:

Besonders habe ich mir angelegen seyn lassen, die Kunstwörter aus allen Le-
bensarten, Künsten und Wissenschaften zu sammeln, weil viele derselben selbst
eingebohrnen Deutschen unverständlich und fremd sind. Unter die Kunstwörter
rechne ich auch die Namen aller besondern Gebräuche, Rechte, obrigkeitlichen
Aemter u. s. f. wenn sie gleich nur in dieser oder jenen Provinz allein üblich sind,
weil sie doch in hochdeutschen Büchern mehrmals vorkommen, und von keinem Hochdeutschen vermieden werden können.

Zu den als niederschichtig empfundenen Wörtern:

Gar zu niedrige und pöbelhafte Wörter darf man hier nicht suchen.

Zu Archaismen und Regionalismen:

Eigentlich ist dieses Wörterbuch nur solchen hochdeutschen Wörtern gewidmet,
welche noch jetzt gangbar sind. Allein, da verschiedene ältere Schriften noch

täglich gelesen werden, so habe ich auch die in denselben vorkommenden veralteten oder provinziellen Wörter, Bedeutungen und Wortfügungen mit aufgeführet, sollte es auch nur geschehen seyn, um den unkundigen oder ausländischen Leser zu warnen. Dahin gehören die veralteten oder provinziellen Wörter, welche in Lutheri Übersetzung der heiligen Schrift, in Opitzens, Logaus, Flemmings und anderer schlesischen Dichter Schriften vorkommen. [...] Desto häufiger habe ich die im Hochdeutschen veralteten Wörter sowohl, als die provinziellen zur Aufklärung der hochdeutschen gebraucht. Da die hochdeutsche Mundart, wie schon oben gesagt worden, eine Vermischung der ober- und niederdeutschen, oder vielmehr nur ein Fragment von beyden ist: so ist es unmöglich, jene gründlich zu beurtheilen, ohne beständig ein Auge auf diese zu haben.

Zu Fremdwörtern:

Alle ausländischen Wörter, die nicht das deutsche Bürgerrecht erhalten haben, sollten meinem ersten Entwurfe nach, gleichfalls völlig ausgeschlossen bleiben. Allein in der Folge habe ich in Ansehung einiger dennoch eine Ausnahme gemacht.

Obgleich Adelung auf Zusammensetzungen und weitgehend auch auf Fremdwörter verzichtet, umfaßt sein Wörterbuch schließlich über 55 000 Artikel. Die einzelnen Artikel sind, bei großer Varianz, tendenziell so aufgebaut: Lemma (streng alphabetisch), grammatische Angaben (Wortart, Genus, flexionsmorphologische Spezifika etc., auch Nennung von Varianten, u.a. zu Rechtschreibung), semantische und pragmatische Angaben, etymologische Angaben, daneben auch Angaben zur Aussprache. Innerhalb dieser Artikel liegt der Schwerpunkt eindeutig auf der Bedeutungserläuterung. Sie ist stark analytisch, ausgesprochen differenziert und sorgfältig hierarchisch gegliedert, Adelung spricht von einer Ordnung „der Sache gemäß". In diesem Sinne ist auch seine Charakterisierung der Abfolge der Einzelbedeutungen als „Linnäisch" zu verstehen, also in Anlehnung an die binäre Ordnung natürlicher Arten des Naturforsches Carl von Linné: von der „sinnlichen" Bedeutung zur figürlichen und von der allgemeinen zur spezifischen. Die einzelnen Bedeutungsangaben werden durch Sprachbeispiele, die häufig „aus Schriftstellern [gesammelt]" wurden, und durch Syntagmen der unterschiedlichsten Art illustriert.

Als Beispiel seien die Bedeutungsangaben des Artikels *Sprache* in Ansätzen wiedergegeben. Adelung unterscheidet zunächst ein *Abstractum* von einem *Concretum*. Für das *Abstractum* unterscheidet er zwei Hauptbedeutungen mit drei bzw. fünf untergeordneten Bedeutungen (die Angaben werden aus Umfangsgründen gekürzt wiedergegeben):

SPRACHE

I. Als ein Abstractum
1. Das Vermögen zu sprechen
　　a) Im weitesten Verstande [d.h. in der allgemeinsten Bedeutung, A.G.]: das

Vermögen, den innern Zustand seines Geistes durch Töne auszudrücken, und in dieser Bedeutung haben auch die Thiere eine Sprache

b) Im engern und gewöhnlichern Verstande ist die Sprache das Vermögen seine Gedanken durch Worte auszudrücken, das Vermögen Worte als Zeichen der Gedanken zu gebrauchen. *Die Sprache ist ihm vergangen. Ohne Sprache da liegen.*

c) Figürlich bedeutet es zuweilen die Aussage, das Bekenntniß. *Er will mit der Sprache nicht heraus.*

2. Die Art und Weise zu sprechen

a) In Rücksicht auf das Vermögen zu sprechen. *Eine schwere, eine leichte Sprache.*

b) In Rücksicht auf den Schall, für Stimme. *Das Frauenzimmer hat eine männliche Sprache.*

c) In Rücksicht auf die Mundart. *Du bist auch einer von denen, denn deine Sprache verräth dich,* Matth. 26, 73.

d) In Ansehung der Art und Weise sich auszudrücken, wo fast jeder Stand der bürgerlichen Gesellschaft, jede Lebensart, jede Leidenschaft ihre eigene Sprache hat. *Die Sprache des gemeinen Lebens, des Hofes. Die Jägersprache, Handwerkssprache. Die Sprache der Liebe ist im Neste der Nachtigall süßer Gesang und im Winkel der Katze Zetergeschrey,* Herder. *Dies ist die Sprache der Pflicht,* Gellert.

Wo sich denn

e) auch oft der Begriff des Inhaltes, dessen was man spricht, mit einschleicht. *Verändern sie die Sprache bei Julchen etwas,* Gellert.

Daß Adelungs semantische Differenzierungen nicht zwingend sind, ist offensichtlich. Ebenso offensichtlich ist aber das vergleichsweise hohe Niveau der lexikographischen Beschreibung und der Versuch, die Füllung der Artikelpositionen zumindest bis zu einem gewissen Grade aus dem objektsprachlichen Material eines Corpus heraus zu begründen.

Sehr differenziert verfährt Adelung auch bei der stilistischen Markierung der Lemmata. In der Vorrede unterscheidet er fünf stilistische Register: „1. die höhere oder erhabene Schreibart; 2. die edle; 3. die Sprechart des gemeinen Lebens und vertraulichen Umganges; 4. die niedrige, und 5. die ganz pöbelhafte." Eine Untersuchung der Klassifizierung von gebuchten Ausdrücken nach diesen Kategorien zeigt, daß unterschiedliche Bezeichnungen zur stilistischen Kennzeichnung verwendet werden (vgl. Dill 1992, 290ff.): für den *höheren* oder *erhabenen* Stil begegnen als Synonyme oder in Doppelformen (Typ: *hohe und dichterische Schreibart*) u.a. *dichterisch, poetisch, ernsthaft, feierlich,* etwa in bezug auf die Lemmata *schauen, Angesicht, Antlitz.* Der Übergang zur *edlen Schreibart* ist fließend. Vor allem in der Charakterisierung dieser gehobenen Stillagen schlägt noch die klassische rhetorische Tradition der Differenzierung in drei stilistische *genera* durch. Der *hohen und erhabenen* bzw. *edlen Schreibart* entspricht dann das *genus grande* als derjenigen Stillage, die für ,große' Themen oder Persönlichkeiten reserviert ist.

Von diesen schriftsprachlichen Stilen unterscheiden sich die vorzugsweise auf die gesprochene Sprache bezogen drei *Sprecharten*. Die „Sprechart des gemeinen Lebens und vertraulichen Umganges" wird in den Artikeln häufig durch die Abkürzung „im gem. Leb." angezeigt; synonym zu *gemein* begegnen unter anderem *vertraulich, Sprache des Umgangs*. Adelung kennzeichnet damit Ausdrücke wie *schnurstracks, brav, Bursch, dutzen*. Der folgenden *niederen* Stillage weist Adelung unter anderem *abschachern, abverdienen* und *schmollen* zu, der *ganz pöbelhaften* etwa derbe Bezeichnungen für die Körperfunktionen.

Daneben gibt Adelung weitere stilistisch-pragmatische Kennzeichnungen, z. T. nach Verwendungssituation (*höflich, ironisch, in der Sprache der Liebe* etc.), z. T. nach Fachgebieten bzw. den ihnen entsprechenden Textsorten differenziert (*rechtliche/theologische/historische/philosophische Schreibart, Kanzel- und Kathederstyl, Curial-Styl* etc.).

Diese Praxis der Kennzeichnung ist innovativ und für die gesamte folgende Lexikographie richtungsweisend. Zugleich bringt sie Adelung den Vorwurf der Subjektivität und, in moderner Terminologie, der Präskriptivität im lexikographischen Urteil ein, vor allem der zu starken Orientierung an der obersächsischen Sprachpraxis.

5.3.2 Das »Deutsche Wörterbuch« von Jacob und Wilhelm Grimm

Der zuletzt erwähnte Vorwurf der Orientierung am Obersächsischen wird unter anderem von Joachim Heinrich Campe erhoben, der in seinem »Wörterbuch der Deutschen Sprache« (5 Bde., 1807–1811) zwar keinen vergleichbaren regionalen Schwerpunkt setzt wie sein Vorgänger, aber im Zuschnitt der Artikel ansonsten deutlich in der Tradition Adelungs steht. Auf Campes Wörterbuch kann hier aus Umfangsgründen nicht eingegangen werden, ebensowenig wie auf sein »Wörterbuch zur Erklärung und Verdeutschung der unserer Sprache aufgedrungenen fremden Ausdrücke« (1801), das hinter dem offensichtlichen fremdwortpuristischen Anliegen eines der Volksaufklärung erkennen läßt: Die Erläuterung der Fremdwörter erleichtert ganzen Bevölkerungsteilen den Zugriff auf bestimmte Wissensbereiche.

Nicht mehr als am Rande erwähnt werden kann auch die Dialektlexikographie. Im 18. Jahrhundert erleben die sog. *Idiotiken* eine regelrechte Blüte, gegen Ende des 19. Jahrhunderts hat die Dialektlexikographie mit Werken wie Andreas Schmellers »Bayerischem Wörterbuch« (1872–77) ein bemerkenswertes Niveau erreicht. Zum einen dienen die Idiotiken praktischen Zwecken der Verständigung (z. B. dem Verständnis älterer Rechtstexte, aber auch dem Verfassen von Predigten), vor allem aber ist die lexikographische Aufarbeitung der Dialekte Ausdruck einer ganz bestimmten sprachpflegerischen Haltung: der Kritik an dem Dominanzanspruch einer ausschließlich auf das Hochdeutsche gerichteten Lexikographie und Grammatikographie, verbunden mit der –

gerade in der Romantik stark verbreiteten – Überzeugung, daß in den Mundarten die ursprünglichen, unverbildeten, bis in die Geschichte der deutschen Stämme zurückreichenden Traditionen und Sichtweisen des Volkes bewahrt sind. Zugleich aber ist diese Öffnung gegenüber dem Varietätenspektrum Zeichen für den weit fortgeschrittenen Grad der Etablierung der Hochsprache, die als Kontrastfolie zu den Dialekten stets präsent bleibt.

1852 erscheint die erste Lieferung des »Deutschen Wörterbuchs«, 1960 die letzte. Der Gesamtumfang beträgt 16 Bände in 32 Teilbänden, das Quellenverzeichnis umfaßt über 25 000 Titel. Die über einhundert Jahre umfassende Publikationsgeschichte war nur möglich, weil das Werk von Anfang an zu einem nationalen Anliegen gemacht wurde. Zum Zeitpunkt des Todes von Jacob Grimm im Jahre 1863 war die Strecke *A* bis *Frucht* bearbeitet, der größte Teil von Jacob Grimm selbst, der Buchstabe *D* von seinem Bruder Wilhelm. Danach ging die lexikographische Arbeit an verschiedene Wissenschaftler über, zunächst an Universitäten, ab 1908 dann an der Preußischen Akademie der Wissenschaften zu Berlin und damit, nach dem Krieg, an die Akademie der Wissenschaften der DDR. Parallel dazu arbeitete seit 1947 eine Gruppe von Lexikographen an der Göttinger Akademie der Wissenschaften. Seit dem Abschluß des Gesamtprojekts werden die älteren Teile des Wörterbuchs neu bearbeitet.

Im folgenden soll nur diejenige Arbeitsphase interessieren, an der die Grimms persönlich beteiligt waren. Von der Erfassung des Wortmaterials her gesehen, zielt das »Deutsche Wörterbuch« von Anfang an auf den Wortschatz des Neuhochdeutschen, von Jacob Grimm ab der Mitte des 15. Jahrhunderts gerechnet. Gleichwohl ist es zu den Mundarten und auch zur Umgangssprache hin offen, ebenso zu den Fachsprachen, dort allerdings nur zu den alten Fach- und Handwerkssprachen (Sprache der Jäger und Fischer, der Landwirtschaft etc., nicht aber die modernen naturwissenschaftlichen und technischen Fachsprachen, auch nicht die Sprache der Nautik, da deren Ausdrücke weitestgehend aus dem Niederdeutschen stammen, das insgesamt unberücksichtigt bleibt). Dementsprechend werden auch an Fremdwörtern nur die strukturell assimilierten Ausdrücke gebucht; Jacob Grimm weist eigens auf die Verpflichtung des Lexikographen hin, „dem maszlosen und unberechtigten vordrang des fremden widerstand zu leisten" (Vorwort, XXVII).

Grundsätzlich ist das DWB ein Belegwörterbuch, wenn auch keineswegs jedes einzelne Wort durch ein Zitat illustriert wird, etwa bei Zusammensetzungen mit demselben Grund- oder Bestimmungswort. Wo dies aber der Fall ist, wird ein großer Teil des Druckraums eines Artikels der Wiedergabe von Belegen aus vorzugsweise literarischen Quellen gewidmet. Kriterium der Auswahl der Schriftsteller ist deren „deutsche Sprachgewalt" (daher u.a. Fischart, Luther, Hans Sachs, Goethe). Die Grimms selbst trugen mit ihren Mitarbeitern etwa 600 000 Belege für die gesamte Strecke des Alphabets zusammen.

Über die lexikographische Intention informiert am deutlichsten Jacob
Grimms programmatisches Vorwort zum ersten Band. Mit großer Konsequenz
etabliert Grimm darin einen Ton, der das sprachliche Anliegen fast untrennbar
mit einem kulturellen – ansatzweise sogar einem ethnischen – und einem politischen Anliegen verbindet. In den ersten Bereich gehören Stellen wie diese:

> Was ist eines wörterbuchs zweck? nach seiner umfassenden allgemeinheit kann
> ihm nur ein groszes, weites ziel gesteckt sein.
>   Es soll ein heiligthum der sprache gründen, ihren ganzen schatz bewahren,
> allen zu ihm den eingang offen halten. Das niedergelegte gut wächst wie die
> wabe und wird ein hehres denkmal des volks, dessen vergangenheit und gegen-
> wart in ihm sich verknüpfen.
>   Die sprache ist allen bekannt und ein geheimnis, wie sie den gelehrten mäch-
> tig anzieht, hat sie auch der menge natürliche lust und neigung eingepflanzt.

Inhalt und Stil der Darstellung in dieser kurzen Passage sind ganz und gar charakteristisch: die Sakralisierung und Mythologisierung der deutschen Sprache
(*Heiligtum, Geheimnis*), ihre Vergegenständlichung zu einer organischen
Größe (das *Wachsen* der Sprache bzw. des verzeichneten Wortgutes wie eine
Wabe), der Anschluß des Sprachlichen an das Konzept des Volks (Sprache als
hehres Denkmal des Volkes). Grimm unterstützt den von ihm eingangs vorgegebenen Gedanken einer *umfassenden Allgemeinheit* des Wörterbuchs, eines
großen, weiten Ziels durch die Technik, mittels Dichotomien zu argumentieren: *Vergangenheit – Gegenwart* (des Volks); Sprache als *bekannte* Größe –
Sprache als *Geheimnis*; der *Gelehrte* – die *Menge*. Die einzelnen Pole dieser
Dichotomien stecken das weite Terrain ab, das von dem Wörterbuch abgedeckt wird. Immer wieder blendet Grimm die Konzepte von Volk und Sprache
übereinander, spricht er von „der empfänglichkeit des volks für seine muttersprache", fordert er seine Landsleute auf, in die „allen aufgethane halle" ihrer
„angestammten, uralten Sprache" einzutreten. Dem Volk, so ließe sich mit ver-
gleichbarem Pathos zusammenfassen, *ent-spricht* seine Sprache, sie ist die ihm
von Natur aus angemessene, Sprache und Volk sind „beide eins". Solche hypo-
stasierenden Beschreibungen begegnen in sprachpatriotischen Kontexten
grundsätzlich, und nicht selten, wie auch bei Grimm, finden sich Anklänge an
das idealistische und in der Romantik in zugespitzter Form formulierte Theo-
rem, daß die Muttersprache das Denken und Empfinden ihrer Sprecher regelrecht konstituiert, zumindest nachhaltig zu beeinflussen vermag (zum Konzept
des *sprachlichen Weltbildes* vgl. Kap. 5.1; zu Argumentationsfiguren des Sprachpatriotismus vgl. Kap. 3.2 u. 6.2).
    Neben das ethnisch-kulturelle Anliegen der Verknüpfung von Sprache und
Volk tritt Grimms politisches Vorhaben. Seit den Befreiungskriegen sei in allen
Bereichen der Nation „sehnsucht entsprungen nach den gütern, die Deutschland einigen und nicht trennen". Die deutsche Sprache spielt dabei, vor allem
nach dem „gewitter von 1848", eine hervorragende Rolle. Zugleich weckt und

stärkt sie die Liebe zur deutschen Literatur und zur eigenen Geschichte. So wird für Grimm das Wörterbuch auch zum Mittel der Volksbildung, ein Wunsch, der sich allerdings nie erfüllt hat. Zu sehr ist das »Deutsche Wörterbuch« ein Wörterbuch für den Philologen, setzt es ein Expertentum bei der Lektüre voraus, das seine Zugehörigkeit „zum hausbedarf" der Familien verhindert.

Insgesamt wirkt Jacob Grimms Vorwort auf eine eigenartige Weise uneinheitlich. Der positiv wertenden Anspielung auf die revolutionären Ereignisse in Deutschland und der Betonung der Rolle der Sprache für das Selbstverständnis der deutschen Nation als politisch-kultureller Gemeinschaft – dies ganz im Einklang mit den persönlichen politischen Aktivitäten der Grimms, ihrer Zugehörigkeit zu den Göttinger Sieben und Jacobs Präsenz in der Frankfurter Nationalversammlung – steht eine Beschreibung von Volk und Sprache gegenüber, die an die Stelle des aufgeklärten Arguments immer wieder den Rückzug in das romantisierend Mythische setzt. Ebensowenig entsprechen die durchaus pragmatischen Benutzerfragen, die Jacob Grimm vorwegnimmt – „‚wie heiszt doch das wort, dessen ich mich nicht mehr recht erinnern kann?'" und „‚der mann führt ein seltsames wort im munde, was mag es eigentlich sagen wollen'?" – dem Zuschnitt des vorliegenden Werks, das sich mit seiner Materialwucht viel zu sehr wie ein „Füllhorn" (Grimms eigener, sehr treffender Ausdruck) über den Leser ergießt, als daß dieser dort Antwort auf solch bescheidene Fragen erhalten könnte.

Der Auffassung von der organischen, gewachsenen Einheit von Sprache, Volk und Kultur entspricht im Vorwort die Beschreibung der Sprache selbst als eines Organismus. Wer die deutsche Sprache in ihrer historischen Dimension erforsche, werde, „je weiter er aufwärts klimmen kann", an zunehmend unverdorbene Sprachzustände des Deutschen gelangen. Vom Althochdeutschen über das Mittelhochdeutsche zum Neuhochdeutschen gehe der Sprache *Reinheit* verloren. Der Lexikograph, der das einzelne Wort zum Gegenstand hat, kann nun in seinen Artikeln an den Ursprung dieses Wortes zurückkehren, das Etymon benennen und von ihm aus die Geschichte des Wortes bis in die Gegenwart erzählen. Der Weg wird stets von der sinnlichen Bedeutung des Wortes zur abstrakten führen („Hinter allen abgezogenen bedeutungen des worts liegt eine sinnliche und anschauliche auf dem grund"). Lexikographischer Zielpunkt und zugleich chronologischer Ausgangspunkt der Wortgeschichte ist der *Urbegriff*, die ursprüngliche Bedeutung des Wortes. Er ist der nicht mehr hintergehbare Fixpunkt, von dem aus die Entwicklung in die lexikalische Vielheit beschrieben wird; der Weg führt dabei über die historischen, sozialen, regionalen, fach- und gruppensprachlichen Varietäten des Deutschen und in die Systeme anderer Sprachen. Der Gang der Entwicklung zu den lexikalischen Endpunkten der einzelnen Entwicklungsstränge wird von Jacob Grimm in organisch-ganzheitlicher, speziell botanischer Begrifflichkeit beschrieben: Alle Sprachen haben einen *Naturtrieb* und eine *natürliche Heilkraft*, Sprachen *blü-*

hen, leben und *wachsen*, Wörter *fassen Wurzel im Boden einer Sprache*, Wörter sind miteinander *verwachsen*, sind *Knospen* etc.

Die Artikel sind in ihrem Aufbau sehr uneinheitlich. Vor allem begegnen diese Typen:

- Lemma + grammatische Angabe, z. B. Genus: „ADLERSNEST, n.";
- Lemma + grammatische Angabe + Bedeutungsangabe auf deutsch: „BAUM-LEITER, f. leiter mit einer stütze an der rückseite, so dasz sie auch unangelehnt steht";
- Lemma + Synonymenangabe (dt.): „BAUMLEER, baumlos, baumfrei [...]";
- Lemma + grammatische Angabe + lateinische Übersetzung: „BEGLÜCK-WÜNSCHUNG, f. congratulatio";
- Lemma + Beleg: „ALLERINNERST: ihr allerinnerstes war aufgeregt. GÖTHE 22, 90";
- Lemma + Sprachbeispiel (ohne Belegstellenangabe): „ALLERGEMEINST: die allergemeinste lebensart";
- Lemma + Belegstellenangabe: „ALLHERLICH WECKHERLIN 549".

Diese einfachen Basistypen werden in unterschiedlichster Weise kombiniert und erweitert, bis hin zu mehrspaltigen Artikeln. Dem Formteil mit seinen etymologischen, wortgeschichtlichen und grammatischen Angaben kommt dabei besonderes Gewicht zu, da die Einzelbedeutungen aus dem germanischen oder indogermanischen Etymon, dem *Urbegriff* eben, entwickelt werden sollen. Die Grimms betreiben diese Herleitungen zum Teil philologisch äußerst gekonnt, zum Teil spekulativ, so etwa, wenn Jacob Grimm die Homonyme *Arm* (der Körperteil) und *arm* ('mittellos') unter anderem über das Lappische und Finnische miteinander verbindet und eine gemeinsame Ausgangsbedeutung konstruiert:

ARM, miser, pauper, elend und dürftig, goth. *arms*, ahd. *aram*, mhd. *arm*, alts. *arm*, mnl. *arem*, *aerm*, nnl. *arm*, ags. *earm*, fries. *erm*, altn. *armr*, schw. dän. *arm*, also gleich dem vorausgehenden subst. allen deutschen sprachen gemein. hier liegt einer der seltnen fälle vor, dasz zwei in laut und buchstaben einstimmige wörter ganz verschiednen wurzeln anzugehören scheinen; es wird aber vielleicht gelingen einen innern zusammenhang beider, so sehr er sich dem ersten blick verbirgt, aufzudecken. was haben die begriffe brachium und miser miteinander zu schaffen? während nun *arm* brachium zu dem sl. *ramo* traf, begegnet merkwürdigerweise unser *arm* miser, goth. *armaiô* misericordia dem lappischen *armes* miserabilis, *armo* misericordia, finnischen *armas* gratus, clemens, *armo* gratia, clementia; die abweichung der finnischen bedeutung ist doch so zu fassen, dasz *armas* mitleidig, lappisches *armes* dagegen bemitleidet ausdrückt [...]. *armen* hiesz amplecti, in manus tollere, umarmen, das grenzt geradezu an *erbarmen*, bemitleiden; wie gefühlvoll erschiene die sprache, welcher der *arme* ein solcher ist, den man mitleidig, liebreich aufnimmt und in die *arme* schlieszt. *arm* miser stammte hiernach unmittelbar aus *arm* brachium, musz nur einen hernach schwindenden ableitungsvocal besessen haben [...]. festzuhalten ist, dasz *arm* einen unglücklichen ausdrückt, dem mitleid und gnade zu theil werden sollen.

Der *Urbegriff* entwickelt sich zu seinen Einzelbedeutungen aufgrund eines „allgemein waltenden gesetz[es] der [...] sprachen". Die Vorstellung eines festen, geradezu überzeitlichen Bedeutungskernes, verbunden mit dem Bild sprachinhärenter Abläufe und Gesetzmäßigkeiten, die organische (botanische) Begrifflichkeit und die damit einhergehende Überzeugung von der inneren Korrespondenz sämtlicher Elemente des Organismus Sprache – all diese Konzepte kommen ohne den Menschen als das sprachschaffende Subjekt aus. Und genau in diesem Sinne ist die beeindruckende historische Lexikographie der Grimms auf eine andere Weise wieder ahistorisch: Die Sprache, ihre Wörter und Bedeutungen scheinen sich selbst zu generieren, ihren eigenen, schon immer dagewesenen, natürlichen Gesetzen folgend, unabhängig vom Menschen als einem gesellschaftlichen Wesen und seinen sich wandelnden Interessen der sprachlichen Gestaltung.

Den Formulierungen in Jacob Grimms Vorwort und in den Wörterbuchartikeln beider Brüder, die eben diese Sprachauffassung anklingen lassen, stehen wiederum – dies wurde oben bereits angedeutet – Stellungnahmen mit ganz anderem argumentativen Tenor gegenüber. In seiner Akademierede »Über den Ursprung der Sprache« von 1851 z.B. beschreibt Jacob Grimm die Sprache dezidiert als das Produkt des historischen Menschen (S. 81):

> eine angeborne sprache hätte die menschen zu thieren gemacht, eine geoffenbarte in ihnen götter voraus gesetzt. es bleibt nichts übrig, als daz sie eine menschliche, mit voller freiheit ihrem ursprung und fortschritt nach von uns selbst erworbene sein müsse: nichts anders kann sie sein, sie ist unsre geschichte, unsre erbschaft.

Das ist eine aufklärerisch moderne Beschreibung der Stellung der Sprache gegenüber dem Menschen. Sie erinnert, sieht man sie im Kontext von Grimms Bemerkung von der Sprache als „fortschreitende[r] arbeit" der Menschen (ebd., 82), an Wilhelm von Humboldts Verständnis von Sprache als *energeia*, als das Gegenteil einer statischen Größe. Diese offenkundig historische Sicht läßt sich nur schwer mit diesen Elementen von Jacob Grimms Sprachkonzeption vereinbaren: der Sicht von Sprache als mehr oder weniger autarkem Organismus, verbunden mit der Annahme einer inneren Korrespondenz zwischen seinen Konstituenten, der Nähe zum Weihevoll-Religiösen, der mythologisierenden Anbindung der Geschichte und des ‚Charakters' des Volkes bzw. der Nation an Geschichte und ‚Charakter' der Muttersprache. Vor allem die letztgenannten Aspekte sind charakteristisch für sprachpatriotische Argumentationen. Der Blick auf entsprechende Texte der Barockzeit zeigt, daß die enge Verbindung von Sprachgeschichte und Geschichte des Volkes und der Nation bzw. die Identifizierung eines Sprachcharakters mit einem Volkscharakter geradezu zum Repertoire sprachpatriotischer Darstellung gehört, wenn auch im Barock auf weniger differenziertem Niveau als im 19. Jahrhundert und ohne expliziten erkenntnistheoretischen Rahmen. In dem Maße, in dem die Grimms ihr Wörterbuch nicht als bloße lexikographische Dokumentation, sondern als nationales Anliegen betrachten, als Mittel zum Zweck der Propagierung bestimmter kultureller und politischer Werte (‚Liebe zur deutschen Sprache und Literatur als den großen, verbindenden nationalen Gütern'), sind der argumentative Tenor von Jacob Grimms Vorrede und die Anlage des Wörterbuchs durchaus konsequent. Sprach- und kulturpatriotische Argumentationen sind – auch das wurde an anderer Stelle bereits betont – in ihrer eigenen Logik auf ein gewisses Maß an Ideologisierung und Pathos geradezu angewiesen. Daß die Grimms mit diesem Programm Erfolg hatten, steht jedenfalls außer Frage; dort, wo das »Deutsche Wörterbuch« gelobt wird, wird es meist gerade *wegen* dieses patriotisch-nationalen Zugs gelobt.

Diese Feststellungen können aber das Wörterbuch nicht der Beurteilung unter dem Gesichtspunkt der lexikographischen Dokumentationsleistung, unabhängig von jedem sprach- und kulturpatriotischen Anliegen entheben. Als offensichtlichster Vorzug des »Deutschen Wörterbuchs« wird dann, trotz aller Beschränkungen im Bereich der modernen Fachsprachen und des Fremdwortschatzes, seine enorme Materialfülle und die historisch-etymologische Aufarbeitung dieses Materials gelten, ein Urteil, das sich bei vielen Kommentatoren des Werks findet. Daß sich Jacob Grimm dieser Stärke des Wörterbuchs bewußt ist, geht aus der Vorrede deutlich hervor, etwa dort, wo er als Gegentyp des »Deutschen Wörterbuchs« das Bild eines „dürren handlexicons" evoziert, das man ein paar Male im Jahr unter der Bank hervorziehe, um irgendwelche Streitigkeiten in orthographischen Fragen zu klären.

Schon früh allerdings wird auch Kritik laut. Sie zielt unter anderem auf die Lemmaauswahl, auf das Quellencorpus, immer wieder auch auf die Eigenheiten der Grimmschen Bedeutungsbeschreibungen. In der Tat sind schnelle Nachschlagehandlungen, wie von Jacob Grimm antizipiert, für den Laien meist unmöglich, sei es, was häufig der Fall ist, weil Bedeutungsangaben fehlen, sei es, weil sie durch die Angabe lateinischer Übersetzungsheteronyme ersetzt wurden oder weil sie schlicht im Dickicht der historisch-etymologischen Angaben untergehen.

Unter den ersten Kritikern spielen Daniel Sanders und Christian Friedrich Ludwig Wurm eine besondere Rolle. Im Zentrum ihrer Kritik steht die mangelnde Logik der Artikelgestaltung, vor allem der Bedeutungsangaben: Das »Deutsche Wörterbuch« lasse „eine genaue, logische Anordnung [...] im Ganzen wie im Einzelnen" vermissen (Wurm 1852, 1, zit. nach Haß-Zumkehr 1997, 9), und die „unlogische Anordnung (oder vielmehr Unordnung)" zerstöre „jede Übersichtlichkeit" (Sanders 1853, 28). Wurm und Sanders argumentieren auf der Basis einer anderen Sprachauffassung als die Grimms. Es ist die aufklärerisch-rationalistische Tradition, in der auch Adelung steht und für die semantische Durchsichtigkeit, Exaktheit und Verständlichkeit der Darstellung die leitenden Prinzipien sind. Betrachtet man die Artikelgestaltung in Sanders' eigenem »Wörterbuch der deutschen Sprache« von 1860–65, dann wird die unterschiedliche Konzeption in der lexikographischen Praxis deutlich. Sanders' Bedeutungsbeschreibungen sind analytischer Natur, mit einer Tendenz zur intensionalen Bedeutungsangabe. Im »Deutschen Wörterbuch« dagegen dominiert ein eher synthetisches Verfahren der Bedeutungsbeschreibung: Die Einzelbedeutungen werden weniger punktuell, aus der Perspektive des Lexikographen zupackend definiert, als daß sie sich aus dem Zusammenspiel der zahlreichen historischen und varietätenspezifischen Angaben ergeben. Entsteht bei Sanders der Eindruck einer mit großer Konsequenz betriebenen linearen Beschreibung der Bedeutungen, so vermittelt das Verfahren der Grimms eher den Eindruck einer flächigen, aus der Fülle des historischen Materials operierenden Darstellungstechnik. Man mag eine Entsprechung zu dieser Darstellungstechnik in Jacob Grimms wiederholter Verwendung des Bildes des Kreises im Vorwort erkennen, ein Konzept, das in seiner »Deutschen Grammatik« in konkrete Sprachbeschreibung umgesetzt wird (z. B. Sp. XIX u. XLI): Sprachen treten im Laufe ihrer Geschichte in verschiedene *Kreise* ein, d. h. sie nähern sich strukturell und in ihren kulturellen Inhalten anderen Sprachen an und entfernen sich dabei aus ihren bisherigen Kreisen. Damit stehen die Wörter einer Sprache stets im Schnittbereich unterschiedlicher Kreise, und genau dies vermitteln die Beschreibungen im »Deutschen Wörterbuch«. Als Wörterbuch des täglichen Gebrauchs, zur bündigen und zuverlässigen Information über die Bedeutungen der Wörter des Deutschen, ist Sanders' »Wörterbuch der deutschen Sprache« seinem philologisch gewichtigeren Vorgänger zweifelsohne überlegen. Daß sich in Sanders' Insistieren auf einem aufklärerisch-rationalen Duktus in der Lexikographie und seiner Polemik gegen Mythologisierung und Pathos bei den Grimms auch die Interessen eines liberalen Bürgertums in Deutschland spiegeln, das sich damit vom eher konservativen Bildungsbürgertum, dem die Grimms angehören, abgrenzt, bildet den gesellschaftspolitischen Hintergrund der Diskussion um die großen deutschen Wörterbücher des 19. Jahrhunderts (dazu speziell Haß-Zumkehr 1995).

Literatur

Geschichte der deutschen Lexikographie im Überblick: Reichmann 1989, Grubmüller 1990, Kühn/Püschel 1990a, Kühn/Püschel 1990b, Wiegand 1998

Lexikographie bis zum Ende des 18. Jahrhunderts: Ising 1956, Sonderegger 1968, Henne 1968a, Ising 1975, Ising 1975a, Henne 1975, Jones 1977, de Smet 1986, Schiewe 1988, Tauchmann 1992, von Polenz 1994, Schneider 1995, Orgeldinger [demn.]

Lexikographie Adelungs: Henne 1975, Püschel 1982, Nerius 1984, Strohbach 1984

Lexikographie von Jacob und Wilhelm Grimm: Kirkness 1980, Bahr 1984, Neumann 1985, Schmidt 1986, Kirkness/Kühn/Wiegand 1991, Fohrmann/Voßkamp 1994, Haß-Zumkehr 1995, 1997 u. [demn.]

Lexikographie von Daniel Sanders: Haß-Zumkehr 1995

5.4   Historisch-Vergleichende Sprachwissenschaft

Christian Jacob Kraus, Rasmus Rask, Friedrich und
August Wilhelm Schlegel, Franz Bopp, Jacob Grimm,
Wilhelm von Humboldt

Setzt man, wie dies in der Geschichtsschreibung der Sprachwissenschaft meist geschieht (vgl. Benfey 1869, bis hin zu Gipper/Schmitter 1985), den eigentlichen Beginn der historisch-vergleichenden Sprachwissenschaft in den ersten Jahrzehnten des 19. Jahrhunderts an, dann läßt sich das ohne weiteres mit der Häufung einschlägiger Arbeiten begründen. 1808 erscheint Friedrich Schlegels »Ueber die Sprache und Weisheit der Indier«, 1818 das Werk des Dänen Rasmus Rask zum Altnordischen und Isländischen, zwei Jahre später Franz Bopps »Über das Conjugationssystem der Sanskritsprache«, 1819 der erste Band von Jacob Grimms bahnbrechender »Deutscher Grammatik« (zu verstehen als ‚Germanische Grammatik‘), in den Jahren danach schließlich die komparativen Arbeiten Wilhelm von Humboldts.

In methodisch ganz anderem Zuschnitt begegnen sprachvergleichende Arbeiten bereits in der Frühen Neuzeit. In den *harmoniae linguarum* werden Wörter des Deutschen mit denen anderer Sprachen, darunter meist des Lateinischen, Griechischen und Hebräischen, aufgrund lautlicher Entsprechungen nebeneinander aufgelistet. Ausführlichere Beschreibungen sprachlicher Verwandtschaftsverhältnisse, darunter die Unterscheidung verschiedener Sprachfamilien – Joseph Justus Scaliger etwa geht 1599 von elf *linguae matrices* aus, von denen alle übrigen Sprachen abstammen sollen –, stehen häufig im Kontext der Diskussion über den monogenetisch verstandenen Sprachursprung. Ziel ist die Darstellung des Weges von einer angenommenen ersten Sprache, meist dem Hebräischen, zu den vorliegenden Einzelsprachen. Arbeiten wie die von Beatus Rhenanus, Theodor Bibliander und Konrad Gesner, entstanden in den ersten Jahrzehnten des 16. Jahrhunderts, zählen zu diesen frühen Werken einer komparativen Sprachbetrachtung (vgl. Kap. 4.5).

Diese stark wortzentrierte Form des Sprachvergleichs, die auf Parallelen zwischen Einzellauten oder Lautgruppen einzelner Wörter abhebt, setzt sich bis ins 18. Jahrhundert fort. Einen quantitativen Höhepunkt erreicht sie mit Peter Simon Pallas' »Linguarum totius orbis vocabularia comparativa« (dt.: »Vergleichendes Glossarium aller Sprachen und Mundarten«, 1786–89). Auf der Basis von Vorarbeiten, die die russische Zarin Katharina II. initiiert hatte, listet Pallas darin 280 Wörter in jeweils 200 Sprachen und Dialekten auf. Interessanter als das Werk selbst ist die Kritik, die es durch seine Zeitgenossen erfuhr, und die die Diskussion über eine angemessene Methode der vergleichenden Sprachwissenschaft ausgesprochen anregte. Vor allem die Rezension, die der Königsberger Historiker und Ökonom Christian Jacob Kraus für die »Allgemeine Literatur-Zeitung« 1787 verfaßt, ist von großer Bedeutung. Kraus fordert für die „Universallinguistik" die Untersuchung dreier Bereiche:

1. des *Sprachstoffs*, d.h. eine genaue phonetische und semantische Beschreibung der zu vergleichenden Wörter; 2. des *Sprachbaus*, d.h. eine systematische Beschreibung der flexionsmorphologischen und syntaktischen Spezifika von Sprachen; 3. des *Sprachkreises*, d.h. die Angabe des Verwendungsbereichs von Sprachen. Sehr einsichtig weist Kraus auf die Schwierigkeiten einer phonetischen Darstellung von Sprachen hin, einerseits wegen der individuellen Varianz bei der Aussprache, andererseits deshalb, weil nur „eine Normalschrift" zur Beschreibung der Laute vorliegt, aber kein, so würde man in moderner Terminologie ergänzen, übereinzelsprachliches Transkriptionssystem. Die semantischen Probleme wiederum ergeben sich durch die Inkongruenz von Gegenstand der Wirklichkeit, Vorstellung und sprachlicher Bezeichung. In fremden Kulturen kann man nie auf die Spezifika der bezeichneten Gegenstände schauen, um die Inhalte der Wörter zu bestimmen, da man nie genau weiß, welche Facette eines Gegenstandes sich in einer eigenen Vorstellung niedergeschlagen hat und Anlaß zur Bezeichnung gab. Wie es also von der ‚Logik' des Gegenstandes her unmöglich ist, zuverlässig auf die Bedeutungen der Wörter zu schließen, so ist es auch unmöglich, für eine fremde Sprache exakt anzugeben, auf welche Gegenstände bzw. Aspekte von Gegenständen ein einzelner Ausdruck insgesamt verweist (zit. nach Arens 1969, 139):

> Man muß von dem gewohnheitlichen Hange, der uns alle beherrscht und gutenteils die Menschenwelt regiert, von dem Hange, Ideen für Sachen und Wörter für Ideen zu nehmen, samt der daraus entspringenden Täuschung, als ob an den Dingen selbst alles so abgeteilt, so geordnet, so beschaffen wäre, wie unsere Sprache es uns vorspiegelt, sich losgemacht, und Sachen unabhängig von Worten sich anzusehen sich geübt haben, um dergleichen Rätsel gehörig auflösen zu können [...].

Die Warnung, die Wörter nicht als objektives Abbild der Wirklichkeit zu begreifen, begegnet bereits in der rationalistischen wie in der empiristischen Sprachreflexion des späten 17. Jahrhunderts, etwa bei Leibniz und bei Locke. In den Überlegungen Humboldts bekommt der Gedanke, daß die semantischen Inhalte von Wörtern zunächst nur innersprachliche Differenzierungen wiedergeben (*vorspiegeln*), nicht aber reale, außersprachliche Verhältnisse, einen ganz zentralen Stellenwert. Die Einsicht drängt sich zunehmend denjenigen Sprachwissenschaftlern auf, die mit außereuropäischen Sprachen in der einen oder anderen Weise Kontakt haben. So konsequent wie Humboldt sieht Kraus die erkenntnistheoretische Problematik allerdings nicht, er glaubt, die Gegenstände tatsächlich „unabhängig von Worten" betrachten zu können.

Die Beschreibung des *Sprachbaus*, die strukturelle Beschreibung also, zielt auf die Kasusendungen der Substantive, die Komparation der Adjektive, die Konjugation, die Wortstellungen in unterschiedlichen (affirmativen, negierenden) Aussage- und Fragesätzen. Sämtliche empirische Befunde möchte Kraus auf großformatigen Sprachkarten dargestellt wissen, um den Vergleich auf einen Blick zu erleichtern.

Kraus' Ausführungen sind geradezu programmatisch für die aufkommende
vergleichende Sprachwissenschaft. Er sieht die Schwierigkeiten einer adäqua-
ten phonetischen Beschreibung, erkennt die semantische Problematik im Span-
nungsfeld von Onomasiologie und Semasiologie und geht mit seinen Forderungen nach einem Strukturvergleich vor allem über die Wortgrenze hinaus. In
den einschlägigen Arbeiten der folgenden Jahre wird gerade diese letztere Forderung immer wieder erhoben. Wo dennoch der Wortschatz Gegenstand der
Untersuchung ist, wird das komparative Verfahren systematisiert. So schreibt
Rasmus Rask über die Möglichkeit, von Ähnlichkeiten in der Lautung einzelner Wörter auf die Verwandtschaft der betreffenden Sprachen zu schließen
(1932, zit. nach der Übersetzung H. Pedersens in dessen Einleitung, XXXVII):

> Wenn es in dergleichen Wörtern Übereinstimmungen zwischen zwei Sprachen
> gibt, und zwar so viele, dass man Regeln für die Buchstabenübergänge von der
> einen in die andere herausfinden kann, dann gibt es eine Grundverwandtschaft
> zwischen diesen Sprachen; besonders wenn die Ähnlichkeiten im Bau und Sy-
> stem der Sprache dem entsprechen.

Der bei Rask anklingende Wunsch nach der Feststellung von präzise beschreibbaren Regularitäten sprachlicher Veränderung wird zum Kennzeichen
der modernen Sprachwissenschaft. Die methodische Orientierung am Exaktheitsideal der Naturwissenschaften und die umfangreiche Sammlung empiri-
scher Sprachdaten prägen bereits die erwähnten Arbeiten des frühen 18. Jahrhunderts, noch mehr die Untersuchungen der sog. Junggrammatiker gegen
Ende des Jahrhunderts.

Kein Einzelereignis hatte auf die moderne Sprachwissenschaft eine vergleichbar große Wirkung wie die Wiederentdeckung des Sanskrits, der altindischen
Hoch- und Schriftsprache. Von seiner Existenz wußte man durch Berichte von
Missionaren seit dem 16. Jahrhundert. Bis ins 18. Jahrhundert hinein werden
in sprachvergleichenden Arbeiten meist einzelne Wörter angeführt und mit
Wörtern unter anderem europäischer Sprachen verglichen. Noch Adelung
geht in seinem »Mithridates« nicht darüber hinaus, nimmt die Ähnlichkeiten
aber immerhin zum Anlaß, um auf den gemeinsamen „Stamm" verschiedener
Sprachen und Völker hinzuweisen. Ende des 18. Jahrhunderts werden durch einige in Indien tätige Briten, vor allem durch den in Kalkutta als Richter einge-
setzten William Jones, auf die strukturelle Verwandtschaft des Sanskrits mit
dem Griechischen, dem Lateinischen, dem Gothischen, dem Keltischen und
dem Altpersischen hingewiesen. Aufgrund von Gemeinsamkeiten in den Wort-
wurzeln und in grammatischen Formen geht Jones in seinem berühmt gewor-
denen Vortrag vor der *Asiatic Society* von 1786 von einem gemeinsamen Ursprung dieser Sprachen aus.
Friedrich Schlegel kommt mit dem Sanskrit vor allem während seines Pari-

ser Aufenthaltes in Kontakt. Der erste Absatz von »Ueber die Sprache und Weisheit der Indier« gibt den Ton des Ganzen vor (1808, 115):

> Das alte indische *Sonskrito* [...] hat die größte Verwandtschaft mit der römischen und griechischen so wie mit der germanischen und persischen Sprache. Die Ähnlichkeit liegt nicht bloß in einer großen Anzahl von Wurzeln, die sie mit ihnen gemein hat, sondern sie erstreckt sich bis auf die innerste Struktur und Grammatik. Die Übereinstimmung ist also keine zufällige, die sich aus Einmischung erklären ließe; sondern eine wesentliche, die auf gemeinschaftliche Abstammung deutet. Bei der Vergleichung ergibt sich ferner, daß die indische Sprache die ältere sei, die andern aber jünger und aus jener abgeleitet.

Schlegel macht klar, daß die Parallelen typologischer Natur sind und nicht durch zeitweiligen Sprachkontakt zustande gekommen sein können. Zugleich setzt er das Sanskrit zeitlich vor die anderen Sprachen.

Der konkrete Sprachvergleich beginnt bei Schlegel mit dem gängigen Nachweis auffälliger Übereinstimmungen zwischen einzelnen Wörtern, unter anderem zwischen indischen und deutschen (*shrityoti – er schreitet, vindoti – er findet, Bhruvo – die Brauen der Augen, Tandovon – der Tanz* etc.). Interessanter ist die Untersuchung von semantisch verwandten Wörtern, am Beispiel der Bezeichnungen für die Bereiche von *Geist, Denken, Wissen* und *Reden* (131): Das indische *monoh, monoson* erkennt er im lat. *mens* wieder, das Verb *monyote* im dt. *meint*. Indisch *Motih* wiederum habe eine griechische Entsprechung, die ihrerseits mit dem indischen *Amodoh* ('Vergnügen') und dem dt. *Mut, Anmut* verknüpft sei. Indisch *Unmadoh*, wörtlich etwa *ex-mens*, könnte noch im engl. *mad* gegeben sein, indisch *atmoh*, das *ipse* und *spiritus* bedeute, begegne im griech. *atme* und im dt. *Atem* etc.

Vom Wortvergleich geht Schlegel zum Vergleich der grammatischen Struktur über. Wörtlich spricht er von der „vergleichende[n] Grammatik", die als Methode zur Analyse der „innre[n] Struktur der Sprachen" ebenso angemessen sei „wie die vergleichende Anatomie über die höhere Naturgeschichte Licht verbreitet hat" (S.137). Der Anklang an die Methoden der Naturwissenschaften ist offensichtlich.

Zwischen dem Deutschen und dem Sanskrit gebe es Übereinstimmung etwa in der Akkusativkennzeichnung durch *n* oder in der Genitivkennzeichnung durch *s*, in der Konjunktiv- und in der Imperfektkennzeichnung der starken Verben durch Wechsel des Wurzelvokals oder in der Verwendung des Wortbildungsmorphems *-tum*, das dem indischen *-tvon* entspreche.

Von solchen Einzelbeobachtungen gelangt Schlegel zu einer Differenzierung in zwei grundlegende „Hauptgattungen" von Sprachen. Zur einen Gattung gehören Sprachen, die die grammatischen Funktionen eines Wortes („Nebenbestimmungen der Bedeutung", was in etwa der mittelalterlichen *consignificatio* entspricht) durch „innre Veränderung des Wurzellauts", also durch Flexion kennzeichnen, eben das Sanskrit und die mit ihm verwandten

Sprachen, unter anderem die meisten europäischen. Die andere Gattung wird durch Sprachen gebildet, in denen diese grammatischen Informationen (Tempus, Numerus etc.) durch eigene Wörter angegeben werden. Zu dieser zweiten Gattung zählt Schlegel das Chinesische. Zwischen den Extremen gebe es zahlreiche Übergänge, da die hinzugefügten Partikeln je nach Sprache mit dem Wurzelwort mehr oder weniger verschmolzen sein können.

Diese auf den ersten Blick rein von der Sache bestimmte typologische Kategorisierung in isolierende, agglutinierende und flektierende Sprachen wird von Schlegel zur Basis einer Festlegung der Sprachqualität gemacht. Deutlich spürt man seine Sympathie für die *organischen*, d.h. flektierenden Sprachen und seine Geringschätzung für den als mechanisch kombinierend empfundenen Gegentyp, eine Beurteilung, die charakteristisch für die hohe Bewertung des Organismus-Konzeptes und die Abneigung gegenüber den als mechanistisch empfundenen Ordnungskonzepten bei den Autoren der Zeit ist. Wie schon bei Adelung steht das Chinesische „auf der untersten Stufe". Es folgen einige mittel- und südamerikanische Sprachen, das Baskische, das Koptische etc., weil in diesen Sprachen die grammatischen Informationen mittels Präfigierung und Suffigierung gegeben werden. Am oberen Ende der Skala schließlich stehen die flektierenden Sprachen.

Zum offensichtlichen Problem wird Schlegel und anderen Autoren die Bewertung vor allem des Chinesischen, dann nämlich, wenn die Sprachbeschreibung mit dem Relativitätsgedanken kombiniert wird, wenn also eine Korrelation zwischen der Sprachstruktur und der kognitiven Leistungsfähigkeit der Sprecher angenommen wird. Adelung behauptet in der Vorrede zum »Mithridates« kurz und bündig, daß sich „der Chinese [...] durch seine steife Einsylbigkeit den Weg zu aller weiteren Cultur des Geistes verschlossen" habe. Daß Friedrich Schlegel die Problematik einer naiven Kategorisierung dieser Art erkennt, geht aus seiner Formulierung hervor: Strukturell ist das Chinesische für ihn zwar die schlichteste Sprache, von China spricht er aber als von der „so verfeinerten Nation" (1808, 157). Vorsichtig faßt er zusammen: „Die Welt der Sprache ist zu umfassend reich und groß und bei höherer Ausbildung zu verwickelt, als daß sich die Sache so einfach durch einen schneidenden Richterspruch ausmachen ließe" (163). In ähnlicher Weise sucht Wilhelm von Humboldt eine Lösung, was gerade für ihn, der er die kognitive Prägung durch Sprache so markant betont, schwierig ist und dann auch zu widersprüchlichen Äußerungen in seinen Arbeiten führt. Einerseits erkennt er nur den flektierenden Sprachen einen positiven Einfluß auf die „Ideenentwicklung" zu und kritisiert das Chinesische (1827, 68; in diesem Sinne auch 1822, 78), das ihm

ohne jeden Zweifel als Organ des Denkens jenen Sprachen weit unterlegen [ist], die in gewissem Grade ein System vervollkommnet haben, das dem chinesischen entgegengesetzt ist.

Sätze des Chinesischen seien aufgrund fehlender Angaben zu den Beziehungen zwischen den Wörtern – Angaben, die in anderen Sprachen durch die Flexion gemacht werden – syntaktisch mehrdeutig. Die syntaktische Mehrdeutigkeit bewirkt, daß den Sätzen unterschiedliche Inhalte entnommen werden können. In Umkehrung des Satzes, daß in einer Sprache all dasjenige ausgedrückt werde, was die Sprecher „lebhaft und klar" denken, gilt nun für die Sprecher des Chinesischen, daß die sprachlich nicht eindeutig bezeichneten grammatischen Verhältnisse „von dieser Nation nicht mit Klarheit und Präzision gefühlt" werden (ebd., 38).

Solch abwertenden Feststellungen stehen andere entgegen. Gerade weil das Chinesische weit weniger grammatische Informationen als die flektierenden Sprachen vermittle, veranlasse es seinen Benutzer zur Konzentration auf die Begriffe selbst und stimuliere so eine „auf das blosse Denken gerichtete Geistesthätigkeit" (1826, 141).

Derlei Vorstellungen ergeben sich für Humboldt und andere Autoren der Zeit fast zwangsläufig aus dem Konzept sprachlicher Relativität (vgl. Kap. 5.1). Erst dort, wo das Konzept mit keiner Qualitätsbewertung von Sprachen verknüpft wird, verschwinden die ideologischen Zuspitzungen und werden solch konstruierte Argumentationen wie die unterschiedlichen Verteidigungen des Chinesischen überflüssig. Daß bei all diesen Beurteilungen pragmatische Fragen, also die kommunikative Leistungsfähigkeit der diskutierten Sprachen völlig außer acht bleiben, ist offensichtlich.

Die Überlegungen Friedrich Schlegels werden von Franz Bopp weitergeführt. Auch Bopp ging nach Paris, um an Texten des Sanskrits zu arbeiten. Die Ergebnisse seiner Forschung erscheinen 1816 unter dem vollständigen Titel »Über das Conjugationssystem der Sanskritsprache in Vergleichung mit jenem der griechischen, lateinischen, persischen und germanischen Sprache«, herausgegeben von seinem akademischen Lehrer Karl Joseph Windischmann. Dies ist Bopps Vorhaben (1816, 8f.):

> Der Zweck dieses Versuchs ist, zu zeigen, wie in der Conjugation der altindischen Zeitwörter die Verhältnißbestimmungen durch entsprechende Modifikationen der Wurzel ausgedrückt werden, wie aber zuweilen das *verbum abstractum* [d.h. das Verb *sein*, A.G.] mit der Stammsylbe zu *einem* Worte verschmolzen wird, und Stammsylbe und Hilfszeitwort sich in die grammatischen Funktionen des *verbum* theilen; zu zeigen, wie dasselbe in der griechischen Sprache der Fall sey, wie im Lateinischen das System der Verbindung der Wurzel mit einem Hilfszeitworte herrschend geworden, und wie nur dadurch die scheinbare Verschiedenheit der lateinischen Conjugation von der des Sanskrits und des Griechischen entstanden sey; zu beweisen endlich, daß an allen den Sprachen, die von dem Sanskrit, oder mit ihm von einer gemeinschaftlichen Mutter abstammen, keine Verhältnißbestimmung durch eine Flexion ausgedrückt werde, die ihnen nicht mit jener Ursprache gemein sey, und scheinbare Eigenheiten nur daraus entstehen, daß entweder die Stammsylben mit Hilfszeitwörtern zu *einem*

Worte verschmolzen werden, oder daß aus Partizipien, die schon im Sanskrit ge-
bräuchlichen *tempora derivativa* abgeleitet werden, nach Art, wie man im Sanskrit, Griechischen und vielen andern Sprachen aus Substantiven *verba derivativa*
bilden kann.
　　Unter den Sprachen die mit dem Sanskrit in engster Verwandtschaft stehen,
verstehe ich vorzüglich das Griechische, Lateinische, Germanische und Persische.

Bopp tut genau das, was er hier ankündigt: Er sammelt Verben aus Texten des
Sanskrits und analysiert sie auf ihre morphologische Struktur. Dabei stellt er
fest, daß die vorliegenden Verbformen stets aus einer Wurzel bestehen, die
durch Morpheme zweier Arten ergänzt wird. Durch die erste Art wird aus der
Wurzel ein Stammwort, durch die zweite eine flektierte Form. So läßt sich
etwa die Wurzel *tan-* durch das Derivationsmorphem *-tu-* zu dem Stammwort
tantu- ('Faden') erweitern, das wiederum durch das Flexionsmorphem *-s* die
grammatische Form des Nominativ Singular ('der Faden') annimmt (Beispiele
nach Porzig 1971, 329f.). Ebenso kann *tan-* z.B. durch das Morphem *-u-* ergänzt werden, wodurch die Präsensform des Verbs *spannen* entsteht. Ergänzt
durch *-mas* ergibt sich *tanumas*, die erste Person Plural des Verbs ('wir spannen').
　　Bezieht man nun weitere Sprachen in die Analyse ein, dann sind die strukturellen Parallelen unübersehbar. Aus der Wurzel *bhar-* z.B. wird durch Ergänzung durch *-a-* (Präsensmorphem) und *-mas* (Morphem erste Person Plural) die
Form *bharāmas* ('wir tragen'). Im dorischen Dialekt des Griechischen heißt
„wir tragen" *phéromes* (*pher-* + *-o-* + *-mes*), im Lateinischen *ferimus* (*fer-* + *-i-*
+ *-mus*), im Gotischen *beram* (*ber-* + *-a-* + *-m*) etc.
　　Mit Analysen dieser Art leistet Bopp erstmals eine systematische und im
modernen Sinne wissenschaftliche Beschreibung der Verwandtschaftsverhältnisse innerhalb der indoeuropäischen Sprachfamilie, wenn auch auf die Morphologie von Verben begrenzt (– Bopp selbst spricht noch von „indisch-euro-
poäisch", in den zwanziger Jahren begegnet erstmals „indogermanisch"). In
seiner »Vergleichenden Grammatik des Sanskrit, Zend, Griechischen, Lateinischen, Litauischen, Gothischen und Deutschen« (erschienen in sechs Abteilun-
gen, zwischen 1833 und 1852), die in der zweiten Auflage um das Armenische
und Altslavische ergänzt ist, weitet er seine Untersuchungen auf andere Bereiche der Grammatik aus. Immer deutlicher wird die programmatische Orientierung an den Naturwissenschaften – Bopp fordert eine „Naturbeschreibung der
Sprache", die „naturhistorisch die Gesetze" der Sprache benennt (1827, in
einer Rezension von Grimms »Deutscher Grammatik«, zit. nach Arens 1969,
222) –, was einerseits die Qualität der strukturellen Beschreibungen erheblich
verbessert, andererseits die Erklärung sprachlicher Phänomene aus ihren
gesellschaftlichen, historischen und kulturellen Bedingungen heraus zunehmend in den Hintergrund treten läßt. Die Vorstellung von Sprache als einem
Organismus und ihre damit automatisch einhergehende Hypostasierung bleibt
dadurch lange über die Romantik hinaus erhalten. Dieselbe Vorstellung allerdings entledigt Sprache ihrer mythologischen Einkleidungen und schlägt sich

dann in der konkreten wissenschaftlichen Arbeit als Beschreibung system-
immanenter, von äußeren Einflüssen scheinbar unbeeinflußter Gesetzmäßigkeiten nieder.

Eine der wichtigen Kategorisierungen, die bei Bopp begegnen, geht auf August Wilhelm Schlegel zurück, in Ansätzen bereits auf dessen Bruder Friedrich:
die Unterscheidung in die drei Sprachtypen isolierend, agglutinierend und flek-
tierend. In seinen »Observations sur la langue et la littérature provençales«
(1818) differenziert August Wilhelm die flektierenden Sprachen weiter in analytische und synthetische Sprachen. Erstere müssen vor die flektierte Verbform
ein Personalpronomen stellen (*du liebst*), vor das Substantiv einen Artikel (*der
Baum*) etc., synthetische Sprachen dagegen nicht (*amas, arbor*). Zu den analytischen Sprachen zählt Schlegel die romanischen Sprachen und das Englische,
zu den synthetischen das Sanskrit, Lateinische und Griechische, während das
Deutsche mit den germanischen Sprachen zwischen den Extremen angesetzt
wird. Auch August Wilhelm Schlegel setzt sprachliche Befunde zu mentalen in
Beziehung, wenn er mit den synthetischen Sprachen ein Denken verknüpft, das
unterschiedliche Aspekte in einem Punkt bündelt – eben ein synthetisches Denken –, wie er es vor allem in der Antike mit der griechischen und lateinischen
Sprache gegeben sieht. Die Neuzeit erscheint ihm dagegen als eher analytisch-
verstandesbetont.

Eine besondere Stellung unter den grammatikographischen Arbeiten des
19. Jahrhunderts nimmt Jacob Grimms »Deutsche Grammatik« (1819–37)
ein. In vier Bänden und auf nahezu 4 000 Seiten praktiziert er historisch-vergleichende Sprachwissenschaft im Verständnis der Zeit, ein Verständnis, das
Grimm selbst maßgeblich geprägt hat. Zum Programm dieser Sprachwissenschaft gehört die Abgrenzung von der philosophisch-allgemeinen Grammatik
und von der normativen Schulgrammatik. Die Abgrenzung fällt Grimm leicht:
Der philosophischen Grammatik, wie er sie etwa bei August Ferdinand Bernhardi gegeben sieht, wirft er einen Mangel an empirischen Sprachdaten für
ihre so weitreichenden Abstraktionen vor, während er die normative Grammatik schlicht für überflüssig erklärt (das Folgende nach der Vorrede zum ersten
Band, in der ersten Ausgabe). Die Begründung ist charakteristisch für Grimms
Sprachbegriff:

> Vor sechshundert jahren hat jeder gemeine bauer vollkommenheiten und fein-
> heiten der deutschen sprache gewußt, d.h. täglich ausgeübt, von denen sich die
> besten heutigen sprachlehrer nichts mehr träumen lassen [...]. Jeder deutsche,
> der sein deutsch schlecht und recht weiß, d.h. ungelehrt, darf sich, nach dem
> treffenden ausdruck eines franzosen: eine selbsteigene, lebendige grammatik
> nennen und kühnlich alle sprachmeisterregeln fahren lassen.

Zweierlei wird deutlich: Der frühere Sprachzustand ist der bessere, weil
reinere. Auch in der Vorrede zum »Deutschen Wörterbuch« beschreibt Grimm

seine Suche nach dem *Urbegriff* als „aufwärts klimmen" gegen die Zeitachse, zu immer reineren Formen des Deutschen. Wichtiger aber ist der zweite Gedanke: Jeder Deutsche besitzt ein internalisiertes Grammatikbewußtsein, eine Art Sprachinstinkt, der weit besser über die angemessene Verwendung seiner Sprache zu entscheiden vermag als alle von Sprachlehrern formulierten Regeln. Von Jugend an ist der Sprecher hinsichtlich seiner Sprachfähigkeit ganz in Richtung seiner Muttersprache konditioniert (seine „sprachwerkzeuge [sind] für die eigentümlichen vaterländischen töne, biegungen, wendungen, härten oder weichen bestimmt"). Das Deutsche liegt im Bewußtsein (eigentlich: Unterbewußtsein) seiner muttersprachlichen Sprecher als „unbewußtes geheimnis" vor, das nun die Sprachverwendung lenkt. Eine Fremdsprache sei nie in dieser Weise im Bewußtsein angelegt und könne daher nie in dem Maße beherrscht werden wie die Muttersprache.

Der Gedanke ist keineswegs neu. Er steht in der langen Reihe der Versuche, die Muttersprache als die dem Sprecher natürliche, seinem Naturell angemessene auszuweisen. So klingt er, um nur ein Beispiel anzuführen, in der Bemerkung von Justus Georg Schottelius an, wonach der Verstand der Deutschen so veranlagt sei („genaturet", 1663, 13), daß er mit den Wörtern der deutschen Sprache in ganz besonderer Weise umgehen könne. Dennoch besteht ein ganz entscheidender Unterschied zwischen den früheren Autoren und Grimm. Die Grammatiker des 17. und frühen 18. Jahrhunderts betonen immer wieder, daß derjenige, der das Deutsche *gut* sprechen und schreiben wolle, sich unbedingt an diejenigen Regeln halten müsse, die ihm von den Grammatikern vorgegeben werden (z.B. Stieler 1691, Vorrede: das Deutsche kann nicht aus dem „alltäglichen Gebrauch" gelernt werden etc.). Daß Grimm hier einen andern Weg geht, hat unterschiedliche Gründe, zum einen natürlich die Tatsache, daß die Normierung des Hochdeutschen für die frühen Grammatiker angesichts des sprachlichen Variantenreichtums ein weit größeres Anliegen war als einem Autor des 19. Jahrhunderts, der sich einer kodifizierten Hochsprache gegenübersieht. Sicher würde aber auch Grimm nicht jede Sprachverwendung als selbstverständlich korrekt akzeptieren, und so erweist sich seine Darstellung letztlich als eine Argumentationsfigur, die auf Mythologisierungen zurückgreift (Annahme eines vollkommenen sprachlichen Urzustands, Annahme einer vorrationalen Nähe von Sprecher und Muttersprache), um das eigene Arbeiten zu begründen. Wenn Grimm in der Vorrede zur Grammatik von den „abgezogenen, matten und mißgegriffenen Regeln der Sprachmeister", d.h. der normativen Grammatiker spricht, dann liegt dies ganz auf der Linie seiner späteren Erwähnung des „dürren handlexicons" als Gegentyp zum »Deutschen Wörterbuch«, ein Gegentyp, in dem man lediglich nachschlägt, um orthographische Streitfragen zu klären. In beiden Fällen entsteht im Umkehrschluß ein Bild von der eigenen Sprachwissenschaft als einer Tätigkeit, die die lebendige, historisch gewachsene, sinnliche Fülle der deutschen Sprache bewahrt und nicht auf banale Regularitäten reduziert.

Wenn solche Argumentationen auch zum Teil apologetischen Charakter haben, so ist in ihnen doch zugleich eine grammatikologische Überzeugung impliziert. In der Diskussion über die Alternative zwischen der analogistischen Regelorientierung und der anomalistischen Gebrauchsorientierung schlägt sich Grimm eindeutig auf die Seite letzterer:

> Diese sprachkünstler scheinen nicht zu fühlen, daß es kaum eine regel gibt, die sich steif überall durchführen läßt; jedes wort hat seine geschichte und lebt sein eigenes leben, es gilt daher kein sicherer schluß von den biegungen und entfaltungen des einen auf die des andern, sondern erst das, was der gebrauch in beiden gemeinschaftlich anerkennt, darf von der grammatik angenommen werden. Es ist ein großes gesetz der Natur, das auch in der sprache anomalien und mängel neben den uns erkennbaren regeln bestehen lassen will [...].

In gleicher Weise argumentiert Grimm gegen die analogistischen Vorschläge Jean Pauls zur Regelung der Substantivkomposition. Sämtliche Unregelmäßigkeiten zu beseitigen bedeute, der Sprache Individualität zu nehmen. Unregelmäßigkeiten seien nichts Überflüssiges, sondern Eigenheiten, „an denen sich unser Volksstamm vertraulich erkennt. Gerade sie verleihen jeder Sprache das unlernbare Heimathliche, was mit der Muttermilch gesogen werden und jedwedem Ausländer fremd bleiben muß" (1819, 127). Offensichtlich kann Grimm für die Individualität der Sprache, die sich aus der Vielfalt der Variation ergibt, nur eintreten, indem er romantisierend-mythologische Momente ins Spiel bringt. Denn für ihn entscheiden über die Sprachverwendung nicht die Sprecher in ihrem kommunikativen Alltag – das wäre das pragmatische Pendant zur streng analogistischen Position –, sondern die Sprache selbst, die in ihrem „unabänderlichen Gang" ihren eigenen „Gesetzen" folgt.

Inhaltlich ist Jacob Grimms »Deutsche Grammatik« eine im Materialumfang und grammatikographischen Zugriff imponierende grammatische Beschreibung der germanischen Sprachen in allen ihren historischen Stufen. Diachronische und synchronische Betrachtungsweise, sowohl auf eine Einzelsprache bezogen als auch in komparativer Perspektive, ergänzen sich. Ausgehend vom Gotischen als ältester germanischer Sprache, berücksichtigt Grimm auf der nächsten Stufe diese Sprachen (Schema nach Sonderegger 1984/1985, 322):

Althochdeutsch	→ Mittelhochdeutsch	→ Neuhochdeutsch
Altsächsich	→ Mittelniederdeutsch	
	Mittelniederländisch	→ Neuniederländisch
Angelsächsisch	→ Mittelenglisch	→ Neuenglisch
Altfriesisch		
Altnordisch		→ Schwedisch
Altnordisch		→ Dänisch

Der erste Band der Grammatik wurde für die zweite Auflage von 1822 grundlegend überarbeitet, nachdem Grimm Rasmus Rasks »Undersögelse om det
gamle Nordiske eller Islandske Sprogs Oprindelse« gelesen hatte. Dort werden
die Grundlagen für die wissenschaftliche Beschreibung der ersten Lautverschiebung gelegt, die in ihrem vollen Umfang schließlich von Grimm erkannt
wurde (als „Grimm's law" ist die erste Lautverschiebung daher nach wie vor
in den angelsächsischen Ländern bekannt). Grimms Leistung liegt nicht in der
bloßen Feststellung der lautlichen Einzelphänomene – für die erste, germanische Lautverschiebung hatte Rask sie bereits erkannt, während das Phänomen
der zweiten Lautverschiebung in der Beschreibung des Unterschiedes zwischen
dem Hoch- und dem Niederdeutschen schon im 17. Jahrhundert angesprochen
wird (z. B. Schottelius 1663, 152) –, sondern im Erkennen des systematischen
Zusammenhangs und der wissenschaftlich fundierten Beschreibung der lautlichen Entwicklungen.

Literatur

Historisch-vergleichende Sprachwissenschaft im 19. Jahrhundert im Überblick: Benfey
1869, Streitberg 1916-1936, Zeller 1967, Porzig 1971, Arens 1969, Sonderegger 1984/
1985, Bahner/Neumann 1985, Gipper/Schmitter 1985, Schmidt 1986, Koerner 1989,
Elffers-van Ketel 1991, Fohrmann/Voßkamp 1994, Jankowsky 1996, Olender 1996

Wilhelm von Humboldt als Grammatiker: Buchholz 1986, Mueller-Vollmer 1993, Zim-
mermann/Trabant/Müller-Vollmer 1994, Schneider 1995

5.5   Die Junggrammatiker

August Schleicher, William Dwight Whitney, Karl Brugmann,
Hermann Osthoff, Hermann Paul

Zur Gruppe der *Junggrammatiker* im engeren Sinne zählen zunächst die Leipziger Sprachwissenschaftler August Leskien, Hermann Osthoff, Karl Brugmann und Berthold Delbrück, schließlich auch Eduard Sievers, Wilhelm
Braune und Hermann Paul. Berücksichtigt man auch Wissenschaftler, die sich
außerhalb dieses engeren, z. T. aus Schülern von Leskien und Friedrich
Zarncke zusammengesetzten Kreises junggrammatische Theorien und Methoden zu eigen machen, dann läßt sich die Bezeichnung auch auf Persönlichkeiten wie William Dwight Whitney, Jan Baudouin de Courtenay, Karl Verner,
Friedrich Kluge und Ferdinand de Saussure beziehen.

  Die Junggrammatiker praktizieren eine Sprachwissenschaft auf einer theo-
retisch-methodischen Grundlage, die sie deutlich in die Nähe der Naturwissenschaften rückt und mit der sie die Basis für weite Teile der strukturellen
Beschreibung von Sprache bis in die Gegenwart hinein liefern. Von ihrem Gegenstand her betrachtet, stehen die Junggrammatiker in der Tradition der hi-

storisch-vergleichenden Sprachwissenschaft, nach wie vor interessieren die Fragen der frühen Indogermanistik nach den Gesetzmäßigkeiten bei der historischen Entwicklung indoeuropäischer Sprachen. Der Gesetzesbegriff bekommt bei ihnen allerdings einen markant anderen Stellenwert zugesprochen. In Jacob Grimms »Deutscher Grammatik« steht er noch im Kontext einer Organismusvorstellung von Sprache, die zwar einerseits Anklänge an moderne anatomische und biologische Sichtweisen erkennen läßt, zugleich aber romantisierend-mythologische Züge trägt. Die von Grimm erkannten Gesetzmäßigkeiten spielen sich innerhalb eines Sprachorganismus ab, dessen Beschreibung seinem Autor immer auch ein nationalpolitisches und -kulturelles Anliegen ist, die Geschichte der deutschen Sprache und des deutschen Volkes sind aufs engste miteinander verknüpft.

In den Arbeiten der Junggrammatiker bleiben solche Aspekte, die auf die kulturellen Traditionen der Gesellschaft bzw. des Volkes abheben, sei es in einer mythologisierenden, sei es in einer genuin historischen Betrachtungsweise, nahezu völlig unberücksichtigt. Zwar fordern Osthoff und Brugmann die Einbeziehung nicht nur der Sprachen, sondern auch des „sprechenden Menschen" in die wissenschaftliche Arbeit (Osthoff/Brugmann 1878, 190), doch ist dies nicht im Sinne einer Pragmatisierung der Disziplin zu verstehen, sondern als Hinwendung zu einer Untersuchung des „menschliche[n] sprechmechanismus" mit seiner „psychische[n]" und seiner „leibliche[n]" Seite (ebd.), wobei auch die psychische Dimension zumindest zum Teil in exakt beschreibbaren Gesetzen erfaßt werden kann. Mit positivistischer Detailfreude konzentrieren sich die Autoren auf die objektsprachlichen Daten vor allem des lautlichen Bereichs, wo an die Stelle der Sammlung von Einzelphänomenen eine systematische lautphysiologisch ausgerichtete Sprachwissenschaft tritt. An den Arbeiten der wissenschaftlichen Vorgänger wird deren „nebelbild" der sprachlichen Zusammenhänge kritisiert, dabei auch die als spekulativ empfundenen Versuche, aus dem sprachlichen Datenmaterial so etwas wie ‚die indogermanische Ursprache' zu rekonstruieren. Stattdessen solle man „in die klare luft der greifbaren wirklichkeit und gegenwart" hinaustreten (Osthoff/Brugmann 1878, 196).

Im Zusammenhang mit den Junggrammatikern von einer Orientierung an Methoden und Konzeptbildungen der Naturwissenschaften zu sprechen, mag als allgemeine Charakterisierung zutreffen, darf aber nicht die Unterschiede im Ausmaß dieser Orientierung verdecken. Noch bevor die maßgeblichen junggrammatischen Arbeiten erscheinen, liegt im Werk August Schleichers die für die Zeit deutlichste naturwissenschaftliche Prägung vor. Die Abgrenzung, die Schleicher zwischen der Philologie und der Linguistik trifft, hat Wirkung bis in die Gegenwart und läßt sich innerhalb der Germanistik – wenn auch nicht in dieser Radikalität, so doch dem Tenor nach – als Unterschied zwischen der Literaturwissenschaft und den historisch und pragmatisch ausgerichteten Teilen der Sprachwissenschaft einerseits und den streng systembezogenen Teilen der Sprachwissenschaft andererseits wiedererkennen.

Philologie ist für Schleicher auf Geschichte gerichtet, Voraussetzung für Geschichte wiederum ist die Möglichkeit der Einflußnahme durch den freien Willen des Menschen. Die Sprache aber liege „eben so sehr ausserhalb der Willensbestimmung des einzelnen [...], als es z. B. der Nachtigall unmöglich ist ihr Lied mit dem der Lerche zu vertauschen" (1850, 2). Die Sprache ist also ein Naturgegenstand und die Linguistik eine Naturwissenschaft (1863, 88):

> Die Sprachen sind Naturorganismen, die, ohne vom Willen des Menschen bestimmbar zu sein, entstanden, nach bestimmten Gesetzen wuchsen und sich entwickelten und wiederum altern und absterben; auch ihnen ist jene Reihe von Erscheinungen eigen, die man unter dem Namen „Leben" zu verstehen pflegt. Die Glottik, die Wissenschaft der Sprache, ist demnach eine Naturwissenschaft; ihre Methode ist im ganzen und allgemeinen dieselbe wie die der übrigen Naturwissenschaften.

Wenn Schleicher vom *Leben* eines Sprachorganismus spricht, dann in ganz anderer Weise als Grimm oder gar Humboldt dies tun. Die zitierte Textstelle ist seiner Schrift »Die Darwinsche Theorie und die Sprachwissenschaft« von 1863 entnommen, in der Schleicher Darwins Konzept der Evolution natürlicher Arten unmittelbar auf die Sprache überträgt. Was in der Tier- und Pflanzenwelt als Arten einer übergeordneten Gattung zugewiesen wird, erscheint dann als *Tochtersprachen* einer *Grundsprache*. Wie in der Evolution einzelne Tier- und Pflanzenarten untergingen, weil andere sich als die stärkeren durchsetzten, so sind in der Vergangenheit immer wieder einzelne Sprachen ausgestorben, etwa viele der amerikanischen Sprachen. Die *indogermanische Sprachensippe* dagegen konnte als eine höherorganisierte im „Kampf ums Dasein" bislang bestehen. Von dort aus gelangt Schleicher zu seiner Stammbaumtheorie der Sprache, nach der sämtliche Einzelsprachen auf zugrundeliegende *Sprachsippen* zurückgeführt werden können (ebd., 94f.). Danach unterteilt sich die *indogermanische Ursprache* in eine *slawodeutsche Grundsprache* und eine *ariograecoitalokeltische Grundsprache*. Während das *Slawodeutsche* in einen *slawolettischen* und einen *deutschen* Zweig zerfällt – ersterer führt durch weitere Teilungen zum Litauischen, Lettischen, Sorbischen, Polnischen, Russischen etc., letzterer unter anderem zu den neunordischen Sprachen und dem Hochdeutschen –, teilt sich das *Ariograecoitalokeltische* in einen *graecoitalokeltischen* Zweig mit den Endpunkten Irisch, Schottisch, Italienisch, Französisch, Spanisch, Griechisch etc. und einen *arischen* Zweig mit den iranischen und indischen Sprachen und Dialekten als Endpunkten.

Die Stammbaumtheorie wurde recht bald kritisiert, vor allem wegen der Strenge der binären Teilung in die Sprachsippen bzw. Sprachfamilien und der Tatsache, daß die wechselseitigen Beeinflussungen zwischen den einzelnen Sprachen und Sprachzweigen nur unzureichend berücksichtigt werden. Schleichers Schüler Johannes Schmidt stellt mit der *Wellentheorie* ein alternatives Modell der Sprachenentwicklung vor (»Die Verwandtschaftsverhältnisse der indogermanischen Sprachen«, 1872), das die Ausbreitung von Sprachen mit dem Bild der Ausbreitung konzentrisch verlaufender Wellenkreise erklärt.

Wie bei der Beschreibung der historischen Genese der Sprachen verfährt Schleicher auch bei ihrer strukturellen Kategorisierung streng systematisch. Seine Strukturanalysen bestehender Sprachen demonstrieren für ihn einen naturhistorischen Entwicklungsgang, der von der Einsilbigkeit isolierender Sprachen über die Agglutination zur Flexion führt, vergleichbar mit den Entwicklungsstufen *Kristall – Pflanze – Tier* als drei Epochen in der Entwicklung der Erde (1850, 10ff.). Charakteristisch für seine Methode ist die morphologische Beschreibung der Wörter der drei Sprachperioden, wobei er in der Tradition Humboldts, Schlegels und anderer Autoren steht (Schleicher verwendet den Ausdruck „Morphologie" ganz im naturwissenschaftlichen Sinne der Lehre vom Aufbau der Organismen).

Morphologische Basis ist die *Wurzel (R)*, die eine Vorstellung bezeichnet und damit eine lexikalische Bedeutung enthält (daher auch *Bedeutungselement, Bedeutungsausdruck*; für das Folgende 1874, 12ff.). An eine solche Wurzel können nun in bestimmten Sprachen andere Wurzeln (*r*) herantreten, die semantisch nicht im gleichen Maße selbständig wie die Wurzeln der ersten Art sind und der Bedeutungsmodifizierung dienen. So kann im Chinesischen z. B. eine Wurzel *R*, die ‚Stein' bedeutet, durch eine Wurzel *r* mit der Bedeutung ‚Kind' zur Kennzeichnung des Diminutivs ergänzt werden. Die resultierende Form, *R + r*, bedeutet dann ‚Steinchen'.

Diejenigen Wurzeln, die zu den Bedeutungselementen hinzutreten und lediglich grammatische Informationen vermitteln (Numerus, Tempus, Kasus etc.), bezeichnet Schleicher als *Beziehungelemente* oder *Beziehungsausdrücke*. Solche Beziehungselemente, also grammatische Morpheme, können im Chinesischen sowohl vor als auch hinter den Bedeutungsausdruck treten. Im Kassia, einer Sprache des nördlichen Hinterindiens, können sie ausschließlich vor den Bedeutungsausdruck treten (z. B. *r + r' + r" + R*), im Namaqua dagegen ausschließlich hinter den Bedeutungsausdruck (also *R + r* ...). Diese Sprachen, bei denen Bedeutungs- und Beziehungselemente streng getrennt bleiben, sind isolierende Sprachen.

Bei den Sprachen des zweiten Typs, den agglutinierenden (Finnisch, Lappisch, Ungarisch, Türkisch, Mongolisch etc.), ist die Verbindung zwischen Bedeutungs- und Beziehungsausdruck enger, beide können miteinander „verwachsen". Der Beziehungsausdruck kann als Präfix vor die lexikalische Wurzel treten (*pR*), ihr als Suffix folgen (*Rs*), als Infix in ihr Inneres treten (*Ŗ*), die Wurzel einschließen (*pRs*), in ihr Inneres treten und ihr zugleich vorangehen (*pŖ*), in ihr Inneres treten und ihr zugleich folgen (*Ŗs*), schließlich ihr vorangehen, folgen und zugleich in ihr Inneres treten (*pŖs*). So besteht z. B. türkisch *sev-in-isch-e-me-mek* (‚sich gegenseitig einer über den andern nicht freuen können') aus

- der Bedeutungswurzel *sev* ('lieben', 'freuen')
- der Infinitivendung *-mek* (*sev-mek* = 'lieben')
- dem die Reflexivität anzeigenden Morphem (Beziehungselement) *-in-* (*sev-in-mek* = 'sich freuen')
- dem das reziproke Verhältnis anzeigenden Morphem *-isch-* (*sev-isch-mek* = 'sich gegenseitig lieben')
- dem das Können ausdrückenden Morphem *-e-*
- dem Negationsmorphem *-me-* (*sev-e-me-mek* = 'nicht im Stande sein zu lieben').

Bei den flektierenden Sprachen schließlich kann „der Bedeutungslaut [= Bedeutungselement], die Wurzel selbst, zum Zwecke des Beziehungsausdruckes regelmäßig verändert werden" (1874, 19), d.h. die bedeutungstragende Wurzel kann durch Veränderung die wechselnden grammatischen Informationen selbst anzeigen (R^x). Ein vierter Sprachtyp, eine Verbindung des isolierenden mit dem agglutinierenden, wird von Schleicher als kombinierender Typ dem agglutinierenden untergeordnet.

August Schleichers Bestimmung der Sprache als Naturobjekt, das wie andere Naturobjekte zunächst blüht und dann verfällt (vgl. auch 1874, 33ff.), und sein Verständnis der Sprachwissenschaft als Naturwissenschaft bringen ihm z.T. scharfe Kritik ein. Zwar schließt Schleicher einen Einfluß des Menschen auf die Sprache nie völlig aus, doch verweist er einen solchen Einfluß auf den Bereich der bewußten syntaktischen Gestaltung, der Stilistik (1874, 120). Die Bereiche der lautlichen Abläufe und der Morphologie aber sind nach seiner Überzeugung dem Zugriff des Menschen entzogen. Da Schleicher gerade diese Bereiche zum Gegenstand der Sprachwissenschaft macht, die stilbildende Syntax dagegen der Philologie zuweist, blendet er alle pragmatischen und gesellschaftlichen Fragestellungen aus der Sprachwissenschaft aus und reduziert sie auf eine reine Formenlehre, für die die Frage nach der Stellung des Menschen als soziales und sich selbst bestimmendes Wesen gegenüber und mittels der Sprache letztlich irrelevant ist.

Von den profilierteren Kritikern Schleichers sei hier lediglich der amerikanische Sprachwissenschaftler William Dwight Whitney (»Language and the Study of Language«, 1867; »The Life and Growth of Language«, 1875) erwähnt. In einem Aufsatz von 1873 weist er energisch die Vorstellung zurück, Sprache sei ein Naturorganismus und als solcher der Gestaltung durch den Menschen entzogen. Whitney demonstriert sein Gegenargument am Phänomen des Sprachwandels und durchläuft dabei die unterschiedlichen Ebenen des Sprachsystems, beginnend mit der Lexik: Bedeutungswandel komme keineswegs durch irgendeine „innere Kraft" der Sprache, sondern ausschließlich durch Veränderungen der menschlichen Welterkenntnis zustande. Ebenfalls nicht sprachimmanent begründet, sondern alleine durch den Gebrauch bedingt sind Veränderungen im Übergang zum grammatischen Bereich, wie die Entwicklung des Vollverbs *have* ('besitzen') zum Hilfsverb bei der Perfektbil-

dung (*I have sat* – 'ich habe gesessen'). Entscheidend aber ist, daß Whitney
seine Argumentation auch auf den phonologischen und morphologischen Bereich ausdehnt, auch hier akzeptiert er lediglich Faktoren wie die menschliche
Neigung zur Kräfteökonomie bei der Artikulation oder den Wunsch nach
Wohlklang und Proportion, in jedem Fall Manifestationen des menschlichen
Willens. Dabei argumentiert Whitney alles andere als naiv: Er ist sich der Tatsache bewußt, daß die wenigsten Wandelerscheinungen vom Sprecher bewußt
wahrgenommen werden und erkennt sehr wohl, daß dadurch die Behauptung
von der voluntaristischen Gestaltung von Sprache gefährdet werden könnte.
Seine Lösung des Problems wird am Ende des 20. Jahrhunderts wieder aufgegriffen werden, in Erklärungen des Sprachwandels, die mit der Vorstellung
vom Wandel als bedingt durch eine ‚unsichtbare Hand‘ (*invisible hand*) eine
Verbindung schlagen zwischen konsequent voluntaristischen Auffassungen
(‚Sprache ändert sich aufgrund gezielt-willentlicher Übereinkunft der Sprecher‘) und der Erklärung des Wandels als einer Art Selbstbewegung des
Sprachsystems (Keller 1990). Whitney stellt nämlich fest, daß wir bei der Untersuchung der Erscheinungen des Sprachwandels „keine Spur einer verändernden Kraft außer dem langsam sich wandelnden Sprachgebrauch [finden],
mit dem die Sprecher [...], *ohne sich ihres Tuns bewußt zu sein oder absichtlich auf ein vorweg festgelegtes Ziel hinzuarbeiten*, das eine ins andere umgewandelt haben" (ebd., 116, Hervorhebung A. G.). Es sind also die Sprecher, die
die Sprache verändern, aber sie tun dies nicht – bzw. nicht notwendigerweise –
bewußt und absichtsvoll. Diese Position ermöglicht es Whitney, Sprache nach
wie vor als Kulturgegenstand zu fassen (ebd., 127):

> Sprachen sind also alles andere als Naturorganismen; sie sind vielmehr die all
> mählich herausgebildeten Ergebnisse davon, daß menschliche Wesen bestimmte
> Mittel zu bestimmten Zwecken angewandt haben, Ergebnisse des Erfindens von
> Zeichen, mit deren Hilfe Vorstellungen mitgeteilt und die Denkoperationen
> durchgeführt werden. Sie sind ein konstitutiver Teil der mühsam erworbenen
> Substanz menschlicher Kultur. Sie sind notwendige und zudem höchst charakte
> ristische Ergebnisse menschlicher Begabungen und Anlagen; aber eben nur Er
> gebnisse der besonderen Fähigkeiten des Menschen, und nicht die einzigen cha
> rakteristischen.

Daß damit auch die Wissenschaft von der Sprache keine Naturwissenschaft
sein kann, ergibt sich von selbst.

Whitneys Kritik an Schleicher läßt Positionen Wilhelm von Humboldts erkennen. Viele Junggrammatiker teilen diese Positionen nur zum geringen Teil,
auch wenn sie Schleicher in seiner Übetragung darwinistischer Prinzipien auf
die Sprachgeschichte nicht folgen. Dessen Versuche, die historische indogermanische Ursprache zu rekonstruieren – als Höhepunkt dieser Versuche verfaßt er sogar eine Fabel (»Das Schaf und die Rosse«) auf Indogermanisch –,

werden sogar mit offener Skepsis betrachtet. Was die Junggrammatiker mit
Schleicher allerdings stark verbindet, ist, neben der strengen Systematik der
wissenschaftlichen Beschreibung, die Betonung der absolut zentralen Stellung
der Lautgesetze und der Analogie.

1876 erscheinen eine Reihe von Arbeiten, die für die junggrammatische
Sprachwissenschaft charakteristisch sind und zugleich ihre zukünftige Entwicklung prägen, unter ihnen Sievers' »Grundzüge der Lautphysiologie«, ein
Buch von Leskiens über die Deklination verschiedener indogermanischer
Sprachen, wichtige Aufsätze von Brugmann und Osthoff zum Indogermanischen bzw. Germanischen und ein eher kurzer Beitrag des Dänen Karl Verner,
in dem er die Regelmäßigkeit von Ausnahmen bei der ersten Lautverschiebung
beschreibt, eben derjenige Vorgang, der in der Folgezeit als „Vernersches
Gesetz" bekannt wird. Als empirische Arbeiten sind diese Untersuchungen von
großer Bedeutung, die ihnen zugrundeliegende theoretische Konzeption jedoch
wird in einem zwei Jahre später erscheinenden Text dargelegt. Hermann
Osthoff und Karl Brugmann veröffentlichen zwischen 1878 und 1890 ihre
»Morphologischen Untersuchungen auf dem Gebiete der indogermanischen
Sprachen« und stellen dem ersten Teil ein Vorwort voran, das geradezu zur
Programmschrift der Junggrammatiker wird (– im folgenden wird von beiden
Wissenschaftlern als den Autoren des Textes ausgegangen und Brugmanns
spätere Bemerkung, er habe den Text alleine verfaßt, unberücksichtigt ge-
lassen).

Ausgangspunkt ist die bereits erwähnte Unterscheidung in *physiologische*
(*leibliche*) und *psychische* (*seelische*) Faktoren der Sprachveränderung. Auf dieser Grundlage stellen Osthoff und Brugmann fest:

> Erstens. Aller lautwandel, so weit er mechanisch vor sich geht, vollzieht sich
> nach ausnahmslosen gesetzen, d.h. die richtung der lautbewegug ist bei allen
> angehörigen einer sprachgenossenschaft [...] stets dieselbe, und alle wörter, in
> denen der der lautbewegung unterworfene laut unter gleichen verhältnissen er-
> scheint, werden ohne ausnahme von der änderung ergriffen.
>
> Zweitens. Da sich klar herausstellt, daß die formassociation, d.h. die neu-
> bildung von sprachformen auf dem wege der analogie, im leben der neueren
> sprachen eine sehr bedeutende rolle spielt, so ist diese art von sprachneuerung
> unbedenklich auch für die älteren und ältesten perioden anzuerkennen [...].

Entscheidend ist nicht die Annahme der Existenz von Lautgesetzen, sondern
die Behauptung ihrer ausnahmslosen Gültigkeit, eine Behauptung, die bei
Schleicher nur impliziert ist, bei Osthoff und Brugmann aber explizit ausgesprochen wird. Mit ihr werden die Lautgesetze auf die Stufe von Naturge-
setzen erhoben. Die Erklärung für die Ausnahmslosigkeit kann dementsprechend nur physiologischer Natur sein und auf die Sprechorgane des Menschen

abheben: Bestimmte körperliche Gegebenheiten veranlassen den Menschen, Sprache unbewußt in eben der Weise zu verwenden, wie sie durch die Lautgesetze beschrieben wird (Brugmann spricht an anderer Stelle vom *blinden Ablauf von Lautveränderungen*).

Das psychische Moment der Sprachveränderung schlägt sich nach Osthoff und Brugmann in der Bildung neuer Sprachformen aufgrund von Assoziationen nieder, bei denen bekannte Sprachformen „mittels der Ideenassociation mit ihnen nahe liegenden anderen Sprachformen in unbewußte Verbindung gebracht und von diesen letzteren formal beeinflußt und lautlich umgestaltet werden" (Osthoff 1979, 3). Auch in der psychisch bedingten Analogiebildung also erkennen Osthoff und Brugmann kein willentliches Gestalten von Sprache, sondern eine Art psychischen Automatismus. Das Analogie-Konzept wird bereits von Wilhelm Scherer (»Zur Geschichte der deutschen Sprache«, 1868) ausführlich diskutiert.

Zwei Jahre nach Osthoffs und Brugmanns Vorwort zu den »Morphologischen Untersuchungen« veröffentlicht Hermann Paul seine »Prinzipien der Sprachgeschichte«. Das Buch wird zu einem der klassischen Texte der Junggrammatiker, wenngleich Paul die Klassifizierung der Sprachwissenschaft als Naturwissenschaft durch Betonung der psychischen Faktoren bei der Sprachgestaltung relativiert. Pauls abweichende Zuweisung der Sprachwissenschaft zu den *Kulturwissenschaften* darf aber nicht den Eindruck entstehen lassen, die Beschäftigung mit Sprache solle nun von gesellschaftlichen oder pragmatischen Fragestellungen getragen werden. Die ins Spiel gebrachten psychischen Faktoren stehen vielmehr im Rahmen einer Individualpsychologie, die in der Tradition Johann Friedrich Herbarts steht und ihre Nähe zu den Naturwissenschaften nicht verleugnen kann (2. Aufl. 1886, 11):

Alle psychischen processe vollziehen sich in den einzelgeistern und nirgends sonst. Weder volksgeist noch elemente des volksgeistes, wie kunst, religion etc., haben eine concrete existenz, und folglich kann auch nichts in ihnen und zwischen ihnen vorgehen. Daher weg mit diesen abstractionen.

Die Begrifflichkeit des folgenden Auszugs ist charakteristisch für die Anlage der gesamten Darstellung (ebd., 13f.):

Um die einer in ihr [d.h. in der Seele, A.G.] selbst entsprungenen entsprechende vorstellungsverbindung in einer anderen seele hervorzurufen, kann die seele nichts anderes tun, als vermittelst der motorischen nerven ein physisches produkt erzeugen, welches seinerseits wieder vermittelst erregung der sensitiven nerven des andern individuums in der seele desselben die entsprechenden vorstellungen hervorruft, und zwar entsprechend assoziiert. Die wichtigsten unter den diesem zwecke dienenden physischen produkten sind eben die sprachlaute. Andere sind die sonstigen töne, ferner mienen, gebärden, bilder etc.

Die gezielt intendierte individuelle Variation, die in der Konsequenz eines individualpsychologischen Ansatzes liegen könnte, spielt für Paul kaum eine Rolle. Die von ihm geschilderten psychischen Abläufe finden unterhalb der Ebene der bewußten Erfahrung und Gestaltung statt – Paul spricht von der „absichtslosigkeit der sprachlichen vorgänge" (ebd., 18) –, erst die Kombination dieser „einfachen processe" (ebd., 19) führt zu individuellen „besonderheiten". Mit der „Völkerpsychologie" eines Wilhelm Wundt oder mit entsprechenden Überlegungen Heymann Steinthals hat Pauls Ansatz nichts gemein.

Die Junggrammatiker und die mit ihnen sympathisierenden Autoren stehen mit ihrer stark historischen und in die Vielfalt der indoeuropäischen und außerindoeuropäischen Sprachen ausgreifenden Forschungspraxis zunächst deutlich in der Tradition der historisch-vergleichenden Sprachwissenschaft zu Beginn des Jahrhunderts. Der datenorientierte Charakter der sprachwissenschaftlichen Arbeit wird bei ihnen jedoch durch eine konsequente Systematik in den analytischen Verfahren ergänzt, der die Konzentration auf die Formseite der Sprache entgegenkommt. Die Annäherung an die Naturwissenschaften wird insgesamt als eine Errungenschaft auf dem Wege zu einer Sprachwissenschaft empfunden, die von *hypothesentrüben Dunstkreisen, Willkür, Subjektivismus* und *Nebelbildern* (alle Ausdrücke aus Osthoff/Brugmann 1878) frei sein soll.

Der optimistische, sich vor dem Hintergrund des zeitgenössischen Positivismus erklärende, zugleich etwas naiv anmutende Wunsch, wissenschaftlich „einen festen Boden unter den Füßen" zu haben (Osthoff/Brugmann 1878), zeigt Stärke und Schwäche des Ansatzes zugleich. Die den Arbeiten eigene Art der Wissenschaftlichkeit entlastet die Darstellung sprachlicher Zusammenhänge von Mythologisierungen und ideologischen Zuspitzungen jeder Art. Hermann Pauls Polemik gegen den „Volksgeist" kann auch in diesem Sinne, als Ablehnung romantisierender Konzepte in der Sprachwissenschaft verstanden werden. Sämtlichen Hypostasierungen von Sprache zu einer eigenständigen (metaphysischen, nationalen) Kraft, die in der einen oder anderen Weise auf ihre Sprecher einzuwirken vermag, wird damit der Boden entzogen; Osthoffs und Brugmanns Feststellung, die Sprache sei „kein ding [...], das außer und über dem Menschen steht und ein leben für sich führt" (1878, 199), demonstriert eben dies. Dieser Haltung widerspricht keineswegs die gelegentlich geäußerte Überzeugung, daß Sprache grundsätzlich „lautes Denken" sei (Schleicher), eine das Denken klärend strukturierende Funktion habe. Zu einem Widerspruch kommt es deshalb nicht, weil diese kognitive Funktion der Sprache nicht ideologisch (*die deutsche Sprache ist die dem deutschen Volk wesensmäßig adäquate Sprache*) oder metaphysisch (*die deutsche Sprache ist die auf eine paradiesische Ursprache zurückgehende Sprache*) interpretiert wird.

Zugleich aber wird die naturwissenschaftliche Orientierung zu einem Problem. Im methodischen Bereich zeigt es sich darin, daß die vermeintlich streng empirisch und damit ‚objektiv‘ gewonnenen sprachlichen Gesetze gleichzeitig eine bestimmte Perspektive auf das Untersuchungsmaterial vorgeben, also zu einem *Vor-Urteil* im Sinne der Hermeneutik werden. Ein Gesetz wird dann auf sämtliche Einzelelemente des Datenmaterials angewendet und strenge Gesetzmäßigkeit dort erkannt, wo sie gar nicht vorliegt. Eben deshalb begegnet man dem Absolutheitsanspruch der Lautgesetze im Laufe der Zeit mit zunehmender Distanz, gerade Hermann Paul (1886) relativiert die Behauptung der Ausnahmslosigkeit ihrer Geltung. Auch von Dialektologen kommen Einwände, da die Annahme einer absoluten Geltung der Lautgesetze mit der Realität räumlicher und zeitlicher Variation unvereinbar ist, wie sie sich etwa in Georg Wenkers »Sprachatlas des Deutschen Reiches« (1876–1881) darstellt.

Die naturwissenschaftliche Orientierung junggrammatischen Arbeitens bringt auch ein inhaltliches Problem mit sich. Es ist sozusagen das negative Pendant der Freiheit von Mythologisierungen und ideologischen Zuspitzungen: Durch die Abkoppelung von kulturellen und sozialen Fragen werden diejenigen historischen Prozesse ausgeblendet, die die Sprecher als gesellschaftliche Wesen zeigen, die ihre Wirklichkeit mittels Sprache erleben und gestalten. Die etwa von Osthoff und Brugmann postulierte Berücksichtigung des Individuums bezieht den Sprecher nicht als denjenigen ein, der frei über seine Sprache entscheidet. Diejenigen Aspekte, die vornehmlich an der Sprache untersucht werden – Lautung und Morphologie –, unterliegen gerade nicht dem absichtsvollen Zugriff des Sprechers, und die Psychologie, die die sprachlichen Entwicklungen herbeiführt, interessiert im Grunde nur als Psychologie unbewußter Assoziationen. Nach der Jahrhundertwende wird dementsprechend die Forderung nach einer Sprachwissenschaft laut, die weniger positivistisch und atomistisch verfahren, sich wieder vermehrt der Inhaltsseite der Sprache und damit ihrer kulturhistorischen Dimension im Sinne Humboldts zuwenden soll. Diese Forderung klingt in Wilhelm Wundts »Völkerpsychologie« (1. Bd. 1900) ebenso an wie in der scharfen Kritik des Romanisten Karl Voßler am sprachwissenschaftlichen Positivismus (»Positivismus und Idealismus in der Sprachwissenschaft«, 1904) oder in Konrad Burdachs prägnanter Formel „Sprachgeschichte ist Bildungsgeschichte" (1926, 233).

Daß mit dem oben Festgestellten zwar die allgemeine Tendenz, nicht aber die gesamte Bandbreite junggrammatischen Arbeitens beschrieben wird, ist offensichtlich. Es sei nur an Hermann Pauls Äußerungen zur Aufgabe der Wissenschaft für „das Leben der Nation und der Menschheit" (1897, 3) erinnert, an seine sehr praktischen Forderungen nach einer einheitlichen Schriftsprache (ebd., 5ff.) oder an seine Vorschläge für den Umgang mit Fremdwörtern. Die Leistungen der Junggrammatiker, die sie mit der „großartige[n] Einseitigkeit ihrer überschätzten Methode", wie Franz Specht im Rückblick sehr treffend formuliert (1948, 233), erreicht haben, sind in jedem Fall beachtlich: die Reduzierung des überhöhten Status des Sanskrits, die sehr detaillierte Beschreibung des Konsonantismus, Vokalismus und der Flexion indogermanischer Einzelsprachen, die Hinwendung zur gesprochenen Sprache, schließlich die wichtigen Impulse für eine systematisch angelegte Sprachgeographie (z.B. Wenker 1877; Winteler 1876).

Literatur

Junggrammatiker und das sprachwissenschaftliche Umfeld: Arens 1969, Schneider 1973, Christmann 1977, Putschke 1984/1985, Bahner/Neumann 1985, Knobloch 1988, Einhauser 1989, Koerner 1989, Robins 1990, Elfers-van Ketel 1991, Forsgren 1992, Fohrmann/Voßkamp 1994, Jankowsky 1996

6. 20. Jahrhundert

6.1 Ferdinand de Saussure: »Grundfragen der allgemeinen Sprachwissenschaft« (1916)

Ferdinand de Saussure, Schulen des Strukturalismus und des Poststrukturalismus

Den »Cours de linguistique générale« dem Schweizer Linguisten Ferdinand de Saussure als Autor zuzusprechen, ist zwar üblich, unter textkritischen Gesichtspunkten aber nicht unproblematisch. Seit dem Erscheinen des Buchs ist bekannt, daß es von den Sprachwissenschaftlern Charles Bally und Albert Sechehaye posthum, auf der Basis der Mitschriften von Vorlesungen Saussures verfaßt wurde. Bally und Sechehaye selbst hatten diese Vorlesungen nicht gehört. Spätestens seit 1967, als die ersten Lieferungen der kritischen Ausgabe des Textes durch Rudolf Engler erschienen, im Grunde schon seit Robert Godels Veröffentlichung zu den handschriftlichen Unterlagen (1957), ist offensichtlich, daß es sich bei Ballys und Sechehayes Textfassung nicht einfach um die Niederschrift von Aufzeichnungen handelt, die ihrerseits Saussures Worte fast wörtlich wiedergeben. Die Verbindung zwischen der Person Saussures und dem 1916 veröffentlichten Text ist gleich mehrfach unterbrochen, wobei die Eingriffe durch die Herausgeber an einigen Stellen nicht unerheblich sind.

Obgleich von Anfang an bekannt war, daß der Text von 1916 nicht von Saussure autorisiert worden war, wurde er mehr oder weniger mit seiner Person identifiziert und als solcher zur Grundlage einer ausgesprochen intensiven Rezeption in der Sprachwissenschaft. Alle bedeutenden linguistischen Schulen der folgenden Jahrzehnte setzten sich in der einen oder anderen Weise mit einem »Cours« Ferdinand de Saussures auseinander, von dem nicht klar war, ob sämtliche seiner Inhalte in der vorliegenden Form tatsächlich von Saussure stammen. Daran hat sich im wesentlichen auch seit Erscheinen der kritischen Ausgaben nichts geändert; ein Blick in die neueren Einführungen in die Linguistik zeigt, daß im deutschsprachigen Raum als ,Saussures »Cours«' nach wie vor der Text von 1916 betrachtet wird. Werden Studenten in den Zeichenbegriff eingeführt oder in die Dichotomie von diachroner und synchroner Sprachwissenschaft oder in die von *langue* und *parole*, geschieht das zumeist auf der Basis der von Bally und Sechehaye besorgten Ausgabe, in der deutschen Übersetzung Herman Lommels von 1931.

Eine wissenschaftsgeschichtliche Beschreibung sieht sich angesichts dieser Probleme von Text und Autorschaft mit einer Alternative konfrontiert. Ist ihre Beschreibungsabsicht auf die Person Ferdinand de Saussures und dessen sprachwissenschaftliches Werk gerichtet, dann darf sie die Fassung von 1916 nicht berücksichtigen und muß stattdessen eine kritische Ausgabe heranziehen (so verfährt z. B. Stetter 1992). Andererseits läßt sich die Beschäftigung mit der Ausgabe von 1916 damit rechtfertigen, daß sie es ist, die als ‚Saussures »Cours«' einer spezifischen Sprachtheorie zu größter Wirkung verholfen hat, ganz gleich, ob diese Sprachtheorie in allen ihren Details tatsächlich auf Saussure zurückgeht. Insofern das Buch von 1916 zur Grundlage der wissenschaftlichen Auseinandersetzung über die in ihm entworfene Sprachtheorie wurde und wird, muß es auch historiographisch gewürdigt werden – allerdings ohne dabei den Anspruch erheben zu können, es handele sich in allen seinen Einzelheiten um ‚den »Cours« Ferdinand de Saussures'.

Der »Cours de linguistique générale« von 1916 ist ein bemerkenswertes Beispiel für die Eigendynamik von Rezeptionsverläufen: Der Text mag als Konstruktion zweier Herausgeber entstanden sein, hat sich dann aber in der Rezeption verselbständigt und als ‚Saussures »Cours«' Geschichte gemacht. Welche Details der darin formulierten sprachreflexiven Inhalte auf die historische Persönlichkeit Ferdinand de Saussures zurückzuführen sind, ist zunächst nur für die auf Saussure selbst gerichteten Studien interessant. Für die Sprachwissenschaft im ganzen wäre die Frage nur dann von Bedeutung, wenn ein revidierter »Cours« zum Anlaß einer umfangreichen Neurezeption würde. Im folgenden wird daher der Text von 1916, in der Übersetzung Lommels (2. Aufl. 1967) zugrunde gelegt.

Ferdinand de Saussure stand zunächst ganz in der Tradition der historisch-vergleichenden, auf das Indogermanische gerichteten Sprachwissenschaft. In Leipzig lernte er von 1876 an die Theorie und Praxis der Junggrammatiker kennen und veröffentlichte dort 1879 eine umfangreiche, ursprünglich als Seminararbeit vorgelegte Schrift über das Vokalsystem der indogermanischen Sprachen (»Mémoire sur le système primitif des vovelles dans les langues indo-européennes«). Seine im gleichen Jahr eingereichte Dissertation behandelt mit dem absoluten Genitiv im Sanskrit ebenfalls ein historisches Thema, allerdings – und bezeichnenderweise – im syntaktischen Bereich. In Genf, wo er von 1891 an lehrte, las Saussure hauptsächlich über die Grammatik indogermanischer Sprachen, oft komparativ, zwischen 1907 und 1911 dann auch über allgemeine Sprachwissenschaft. Die drei Vorlesungsreihen wurden zur Grundlage des »Cours«.

Was sich aus dem »Cours« in der Sprachwissenschaft des 20. Jahrhunderts am deutlichsten durchgesetzt hat, sind die darin vorgestellten Dichotomien *langue – parole*, *syntagmatisch – paradigmatisch* (– im »Cours« ist die Rede von *syntagmatischen* und *assoziativen* Beziehungen, die Bezeichnung *paradigmatisch* stammt von Hjelmslev), *signifiant – signifié* und *Diachronie – Synchronie*. Von der Sache her ist keine dieser Dichotomien wirklich originell, wohl aber in der spezifischen Bestimmung, die sie im »Cours« jeweils erhält. Entscheidend für ihre große Wirkung aber ist ihre Kombination. Zusammengenommen erlauben die Dichotomien eine prägnante und ungemein eingängige Strukturierung des komplexen Phänomens Sprache und erleichtern eine erste Orientierung in jeder Diskussion, die systematische Aspekte von Sprache zum Gegenstand hat.

Am Anfang des »Cours« steht die Unterscheidung zwischen *Sprache* und *Sprechen, langue* und *parole* (die deutschen Bezeichnungen nach der Übersetzung Lommels). Die dritte Größe, *langage*, im Sinne einer grundsätzlichen Sprachfähigkeit des Menschen, tritt in der Rezeption hinter die Dichotomie zurück. Daß diese Unterscheidung in einer langen Tradition steht, wird schon im »Cours« selbst angedeutet, wenn *langue* in die Nähe des lateinischen *lingua* im Sinne der Sprache als System, *parole* in die Nähe von *sermo* im Sinne der konkret vorliegenden Äußerung gerückt wird. In der Geschichte der Sprachwissenschaft gibt es zahlreiche auf den ersten Blick vergleichbare Differenzierungen, von Justus Georg Schottelius' Unterscheidung zwischen „die Red'" und „das geredte Ding" (1663, 1007), über diejenige Wilhelm von Humboldts in „ergon" und „energeia" (1836, 36), bis zu der von Georg von der Gabelentz, in der er „Sprache als eine einheitliche Gesamtheit" von Ausdrücken abhebt von der „Sprache als Erscheinung" (1891, 3). Keine dieser Differenzierungen deckt sich vollständig mit einer der anderen bzw. mit der des »Cours«. Dort ist zweierlei entscheidend: die soziale Anlage der *langue* – hier lassen sich Parallelen zur Soziologie Émile Durkheims und dessen Konzept des Kollektivbewußtseins als handlungsleitender Größe erkennen – und ihr Systemcharakter. Im ersteren Sinne ist die Sprache die „Summe der Wortbilder, die bei allen Individuen aufgespeichert sind" (16f.):

> Sie ist der soziale Teil der menschlichen Rede und ist unabhängig vom einzelnen, welcher für sich allein sie weder schaffen noch umgestalten kann; sie besteht nur kraft einer Art Kontrakt zwischen den Gliedern der Sprachgemeinschaft.

Unmittelbar darauf wird der Systemcharakter von Sprache hervorgehoben:

> Die Sprache [*langue*], vom Sprechen [*parole*] unterschieden, ist ein Objekt, das man gesondert erforschen kann. Wir sprechen die toten Sprachen nicht mehr, aber wir können uns sehr wohl ihren sprachlichen Organismus aneignen. [...]
> Während die menschliche Rede [*parole*] in sich verschiedenartig ist, ist die Sprache [*langue*], wenn man sie so abgrenzt, ihrer Natur nach in sich gleichartig: sie bildet ein System von Zeichen, in dem einzig die Verbindung von Sinn und Lautzeichen wesentlich ist und in dem die beiden Seiten des Zeichens gleichermaßen psychisch sind.

Die Vorstellung von Sprache als gesellschaftlicher Konvention begegnet in der Formulierung der Arbitrarität der Zeichen als den Konstituenten der *langue* wieder (s. u.). Das Konzept der Sprache als System dagegen zieht sich wie ein roter Faden durch den gesamten »Cours«. Wird die *langue* mit einem Schachspiel verglichen (105), dann impliziert das die vorherige Festlegung der (Spiel-) Regeln wie auch der Gestalt und Funktion der sprachlichen Ausdrücke als den

Figuren. Aufgrund der vorgängigen Gültigkeit der Regeln besteht zu jedem
Zeitpunkt des Spiels ein Gleichgewicht zwischen den Figuren. Ein neuer Zug
mag zwar die Konstellation zwischen ihnen verändern – in der Sprache eine
neue Synchronie herstellen –, doch wird der Systemcharakter des Ganzen nie
gefährdet. Die Sprache bleibt stets ein kontrollierter und kontrollierbarer
„Mechanismus" (86, 158 u. ö.). Auch der Vergleich der Sprache mit einem Pla-
netensystem unterstützt diesen Gedanken des homogenen Ganzen: Die Veränderungen einzelner Teile des Systems im Zuge des Sprachwandels verändern
nie das System als solches, denn „an sich selbst ist es unveränderlich" (100).

Die Überzeugung von der Systematizität der Sprache wird durch die Dichotomie von Syntagma und Paradigma gestützt. Die syntagmatische, lineare Verkettung von Sprachzeichen geschieht „in praesentia" (148) und ist offensichtlich: Die einzelnen Elemente einer Kette von Sprachzeichen sind sowohl in ihrer konkreten äußeren Form als auch hinsichtlich ihrer Position in der Kette
von den vorausgehenden und den auf sie folgenden Elementen abhängig. Beispiele wie *ab-reißen*, *für uns*, *ein ganzes Leben*, *Gott ist gut* illustrieren, daß
auf bestimmte Elemente nur bestimmte andere folgen können bzw. daß die folgenden spezifische formale Kennzeichen (Flexionsendungen etc.) aufweisen
müssen.

Anders die assoziative, paradigmatische Beziehung, die „in absentia" verläuft: Bei ihr handelt es sich um die mentale Verbindung zwischen einem Element
aus einer Kette von Sprachzeichen mit anderen, in der vorliegenden Äußerung
nicht realisierten Elementen des Sprachsystems, also etwa die Beziehung, die
zwischen dem vorliegenden Ausdruck *Belehrung* und den Elementen *belehren*,
er belehrt etc. besteht (Beziehung auf der Basis etymologischer Gemeinsamkeiten), ferner *Begleit-ung*, *Erklär-ung* etc. (Beziehung auf der Basis morphologischer Gemeinsamkeiten), *Unterricht*, *Erziehung*, *Ausbildung* etc. (Beziehung
auf der Basis semantischer Gemeinsamkeiten), *Bekehrung*, *Bewährung*, *Be-
scherung* etc. (Beziehung auf der Basis phonologischer Gemeinsamkeiten).

Man sieht sofort, was das Konzept der syntagmatischen und paradigmatischen Beziehungen für die Rezeption so attraktiv machte: Die Kombination
der beiden Beziehungsarten schafft ein Koordinatenkreuz, das sich über die
Sprache als ganze legen läßt und mittels dessen jedem Element des sprachlichen Systems ein genauer Ort innerhalb dieses Systems zugewiesen werden
kann. Bedenkt man, daß die Relationen nicht nur zwischen ganzen Wörtern,
sondern auch zwischen ihren Konstituenten bestehen, daß also auch Morpheme und Phoneme syntagmatisch und paradigmatisch in einem ganz bestimmten Verhältnis zueinander stehen, so stärkt das den Systemcharakter der
Sprache ungemein. Ein jedes Element einer Sprache kann nun präzise aus seinen Relationen heraus bestimmt werden – ein bestimmtes Morphem z. B. bedingt ganz bestimmte Morpheme in seiner Umgebung und gehört zugleich zu
dieser oder jener Gruppe von Morphemen –, so daß es fast unmöglich wird,
Sprache *nicht* als in jeder Hinsicht wohlstrukturiertes System zu begreifen.

Eben diese starke Betonung des homogenen, statischen Charakters des Systems, seiner strikten inneren Ordnung, lädt zur Kritik durch jede pragmatisch ausgerichtete Sprachwissenschaft ein, die sprachliche Variation nicht als eine Störung des Systems begreift, sondern mit einem offenen, heterogenen Systembegriff operiert.

Kaum weniger erfolgreich als die Dichotomie von *langue* und *parole* ist der im »Cours« formulierte bilaterale Zeichenbegriff. In seinen Bereich gehört die Dichotomie von *signifiant* und *signifié* und die der Arbitrarität und Motiviertheit des Zeichens. Auch für diese beiden Dichotomien gilt, daß sie in der einen oder anderen Form in der Geschichte der Sprachreflexion absolut topisch sind. Eine Differenzierung des Zeichens in zwei Komponenten (ohne Berücksichtigung eines außersprachlichen Bezugsgegenstandes) läßt sich nachweisen in der stoischen Unterscheidung in *semainon* (Bezeichnendes) und *semainomenon* (Bezeichnetes), über die im Mittelalter gängige Differenzierung des Wortes (*dictio*) in *vox* (Lautung) und *significatio* (Bedeutung) bis zu den neuzeitlichen Differenzierungen in *Wort/Name/Zeichen/Laut* etc. einerseits und *Bedeutung/ Begriff/Gedanke/Vorstellung* etc. andererseits.

Charakteristisch für die modernere Fassung des Zeichenbegriffs im »Cours« ist zunächst die Bestimmung des Lautbildes als eigenständiger Komponente. Daß der außersprachliche Gegenstand von seinem mentalen Abbild abgehoben wird, ist durchaus üblich, nicht dagegen die Tatsache, daß die physikalisch meßbare Lautung von deren mentaler Fassung getrennt in der Zeichenkonzeption auftaucht. Damit kann das vollständige Zeichen in das menschliche Bewußtsein verlegt werden, die Vorstellung vom bezeichneten Gegenstand ebenso wie das Bild der Lautung. Daß im »Cours« selbst zwischen dem Lautbild und der physikalischen Erscheinung des Lautes nicht immer klar unterschieden wird, bisweilen vom „Gedanken" (d. h. der Vorstellung vom bezeichneten Gegenstand) einerseits und „dem Laut" andererseits die Rede ist, ändert nichts am grundsätzlichen Gegebensein der Differenzierung.

Auch die Differenzierung in *signifiant* und *signifié* wird an einer Metapher illustriert. Sie betont dieses Mal nicht, wie im Falle der Schachmetapher, die Systematizität, sondern die untrennbare Verbindung von Laut bzw. Lautbild und Vorstellung: Das Zeichen gilt als Blatt, dessen Vorder- und Rückseite, eben *signifiant* und *signifié*, nicht voneinander gelöst werden können (134).

Traditioneller wird im »Cours« die Dichotomie von Arbitrarität und Motiviertheit gehandhabt. Auf die zahlreichen Beschreibungen der beiden Konzepte in der Geschichte der Sprachwissenschaft wurde in den vorangehenden Kapiteln immer wieder hingewiesen. Der »Cours« steht mit seiner Entscheidung für das Arbitraritätskonzept in einer Tradition, für die gerne Aristoteles als früher Zeuge benannt wird, wenn er das Nomen als „Laut" definiert, „der konventionell etwas bedeutet" (»De interpretatione«, 16a). Eine vergleichbare Position nehmen Thomas von Aquin ein, (»De veritate«, Art. 1), Wilhelm von Ockham, in seiner »Summa totius logicae«, Julius Caesar Scaliger – die Namen der Dinge seien nicht von Natur aus, sondern nach Gutdünken festgelegt („ut libuit inuentori", in »De causis linguae latinae«, III, 68) –, schließlich John Locke und die in der empiristischen Tradition stehenden Autoren (»Essay concerning human understanding«, III, II, 1; III, II, 8 u. ö.), ebenso die deutschen und französischen Rationalisten, z. B. Christian Wolff (u. a. in der »Deutschen Metaphysik«, Par. 293ff.) oder die Autoren der Grammatik von Port-Royal (I, Kap. 1). Spätestens seit dem 18. Jahrhundert ist das Arbitraritätskonzept das dominierende zeichentheoretische Konzept, die traditionellen metaphysischen und sprachpatriotischen Begründungen für die Motiviertheit des Zeichens – die muttersprachlichen Wörter als Ausdruck einer transzendent motivierten Ursprache des Paradieses, wie dies z. B. die Sprachmystik Jakob Böhmes vorsieht, bzw. als lautmalender Ausdruck der Verankerung des Deutschen „in den Hauptgründen der Natur" (Schottelius) – treten zurück. Motiviertheit wird meist nur noch für Onomatopoetika anerkannt.

Eben das ist auch die Position des »Cours«: Eine ontisch oder gar metaphysisch begründete Verbindung zwischen Ausdrucks- und Inhaltsseite des Zeichens besteht nicht (79):

> Das Band, welches das Bezeichnete mit der Bezeichnung verknüpft, ist beliebig; und da wir unter Zeichen das durch die assoziative Verbindung einer Bezeichnung mit einem Bezeichneten erzeugte Ganze verstehen, so können wir dafür auch einfacher sagen: das sprachliche Zeichen ist beliebig.
> So ist die Vorstellung „Schwester" durch keinerlei innere Beziehung mit der Lautfolge *Schwester* verbunden, die ihr als Bezeichnung dient; sie könnte ebensowohl dargestellt sein durch irgendeine andere Lautfolge: das beweisen die Verschiedenheiten unter den Sprachen und schon das Vorhandensein verschiedener Sprachen: das Bezeichnete „Ochs" hat auf dieser Seite der Grenze als Bezeichnung *o-k-s*, auf jener Seite *b-ö-f* (boeuf).

Wird die Zuordnung von Bezeichnendem zu Bezeichnetem als „beliebig" beschrieben, dann ist damit die Abwesenheit einer natürlichen, wesensgemäßen und dadurch notwendigen Entsprechung der beiden Zeichenkomponenten, also die Abwesenheit von Motiviertheit gemeint. Die Beliebigkeit des Zeichens erstreckt sich auf das Zeichen selbst, keinesfalls aber auf seine Verwendung, die durch die Konventionen der Sprachgemeinschaft geregelt ist. Das gilt selbst für Onomatopoetika (z. B. dt. „Kikeriki" – engl. "cock-a-doodle-do"), denen im »Cours« keine große Bedeutung beigemessen wird.

Die klare Unterscheidung zwischen Arbitrarität und Konventionalität wird in den oben erwähnten Texten aus früheren Jahrhunderten gar nicht und auch in Texten des 18., 19. Jahrhunderts kaum bzw. nur implizit getroffen. Schon in Platons »Kratylos« allerdings findet sich die im »Cours« diskutierte Einschränkung der Arbitrarität durch die relative Motiviertheit von Wortbildungen: Ausdrücke wie *dreizehn* und *Schlosser* sind nicht völlig arbiträr, da die Wahl der Komponenten *drei* und *zehn* zur Bildung von *dreizehn* nicht unmotiviert ist und das Derivat *Schlosser* die Basis *Schloß* als Motiv der Bildung erkennen läßt. Auch die paradigmatischen Beziehungen zwischen Ausdrücken oder deren morphologischen Komponenten – *dreizehn* steht in paradigmatischer Beziehung zu *vierzehn, dreiundzwanzig* etc. – schränkt die Arbitrarität der Zeichen ein. Damit wird die (relative) Motiviertheit zu einem weiteren Faktor, der die Systematizität der Sprache stützt. Im »Kratylos« begegnen ähnliche Formen der Motiviertheit, wenn außer den onomatopoetischen auch Spielarten morphosemantischer Motiviertheit diskutiert werden, der Name *Agamemnon* z. B. als eine Bildung aus *agastos* und *epimone* erklärt wird, der seinen Träger damit zutreffend als ‚bewundernswert (*agastos*) im Ausharren (*epimone*) [vor Troja]' charakterisiere.

Der sicher interessanteste und innovativste Aspekt der im »Cours« vorgestellten Zeichenauffassung ist das Konzept der *valeur*, des sprachlichen *Werts*. Wie kein anderes Konzept stärkt es die Auffassung von der Sprache als strukturiertem System.

Ausgangspunkt der Argumentation ist erneut die Schachmetapher (131f.). Danach erhält ein Springer seine Bedeutung für das Schachspiel nicht aufgrund seines Materials oder seiner äußeren Gestalt. Geht er im Verlauf des Spiels verloren, dann kann er ohne weiteres durch irgendeinen Gegenstand anderen Materials oder anderer Gestalt ersetzt werden, den man ad hoc als Springer definiert. Was einen Springer als ein Element des Schachspiels ausmacht, ist also nicht seine Substanz, sondern die Tatsache, daß ihm im Spiel eine bestimmte Funktion zugesprochen wird.

Überträgt man das auf die lautliche Seite der Sprache, dann ergibt sich diese Konstellation: Nicht der meßbare Laut gehört zur Sprache (*langue*), da er in seiner – je nach Sprecher und Äußerungsakt variierenden – physikalischen Substanz nur die Realisierung einer konventionellen Größe (Phonem) ist, die ihrerseits erst zur *langue* gehört. Auf die Inhaltsseite der Sprache übertragen: Sämtliche konventionalisierten, von Einzelverwendungen abstrahierenden Bedeutungen der Wörter zusammengenommen bilden das Inhaltssystem einer Sprache (ebenso wie sämtliche Schachfiguren das Schachspiel bilden). Dabei fängt, bildlich gesprochen, die Bedeutung eines Wortes jeweils dort an, wo die Bedeutung eines anderen endet. Die Bedeutungen von Wörtern lassen sich also dadurch bestimmen, daß man sie in Abgrenzung zu ihren Nachbarn im Inhaltssystem beschreibt; *denken* z. B. deckt inhaltlich genau den Bereich ab, den *glauben, meinen* etc. *nicht* abdecken. Wäre eines der Wörter nicht vorhanden, müßte sein Inhalt von den anderen Wörtern getragen werden. So erfaßt das französische *mouton* den inhaltlichen Bereich, für den im Englischen zwei Wörter zuständig sind, *sheep* ('Schaf' als Tier) und *mutton* (das Fleisch dieses Tiers als Gericht, 'Hammelfleisch'). *Mouton* hat dementsprechend im Bedeutungssystem des Französischen einen anderen *Wert* als *sheep* und *mutton* in dem des Englischen.

Das Konzept des Wertes macht deutlich, daß Bedeutungen nicht einfach an isolierte, frei vorkommende Einheiten geknüpft sind (die Wörter), sondern Teil eines semantischen Gesamtsystems sind, dessen Einzelelemente sich stützen und voneinander abhängen. Dabei trifft, was für die Inhaltsseite der Sprache gilt, auch auf ihre formal-grammatische zu, auch hier bilden die betreffenden Elemente (Phoneme, Morpheme etc.) ein jeweiliges System. So ist der Wert des Plurals im Deutschen ein anderer als im Sanskrit, wo mit dem Dual neben dem Singular und Plural ein dritter Numerus vorhanden ist.

Es liegt in der Konsequenz dieser Sicht von Sprache als einem „beziehungsreiche[n] Gleichgewicht von Gliedern, die sich gegenseitig bedingen" (146), daß die einzelnen „Glieder" nur negativ voneinander abgegrenzt werden können (143f.):

> Ob man Bezeichnendes oder Bezeichnetes nimmt, die Sprache enthält weder Vorstellungen noch Laute, die gegenüber dem sprachlichen System präexistent wären, sondern nur begriffliche und lautliche Verschiedenheiten, die sich aus dem System ergeben. Was ein Zeichen an Vorstellung oder Lautmaterial enthält, ist weniger wichtig als das, was in Gestalt der andern Zeichen um dieses herum gelagert ist. Der Beweis dafür ist, daß der Wert eines Gliedes verändert werden kann, ohne daß sein Sinn oder seine Laute in Mitleidenschaft gezogen würden, einzig und allein durch den Umstand, daß irgend ein benachbartes Glied eine Umgestaltung erfahren hat.

Die Sprache ist also vor allem ein System von Relationen, dessen Einheiten sich gegenseitig bestimmen. Um ein im »Cours« in anderem Zusammenhang angeführtes Beispiel zu zitieren: Nicht durch das isolierte Wort *Gäste* wird der Plural ausgedrückt, sondern durch die Tatsache, daß es in der Sprache in Opposition zu *Gast* steht (101), also durch ein relationales Phänomen. Ein Phonem, ein Morphem, eine Bedeutung ist dasjenige, was die anderen Phoneme, Morpheme, Bedeutungen *nicht* sind. Nichts hat Gewicht für sich allein, sondern nur in Relation zu den anderen Elementen: „Mit anderen Worten: die Sprache ist eine Form und nicht eine Substanz" (146). Wer immer also, und das ist das Schlagende des *valeur*-Konzeptes, auf der Suche nach positiv bestimmbaren Einzelgrößen in der Sprache ist, wird auf das System als Ganzes verwiesen (– wobei die Feststellung, das Zeichen als Ganzes, d.h. als *Verbindung* von Ausdrucks- und Inhaltsseite, sei „in seiner Art positiv", dem relationalen Charakter der Sprache nicht widerspricht).

Die letzte der eingangs erwähnten Dichotomien des »Cours« ist die von Synchronie und Diachronie und damit auch von zwei Forschungspraktiken in der Sprachwissenschaft (119):

> Die *synchronische Sprachwissenschaft* befaßt sich mit logischen und psychologischen Verhältnissen, welche zwischen gleichzeitigen Gliedern, die ein System bil-

den, bestehen, so wie sie von einem und demselben Kollektivbewußtsein wahrgenommen werden.

Die *diachronische Sprachwissenschaft* untersucht dagegen die Beziehungen, die zwischen aufeinanderfolgenden Gliedern obwalten, die von einem in sich gleichen Kollektivbewußtsein nicht wahrgenommen werden, und von denen die einen an die Stelle der andern treten, ohne daß sie unter sich ein System bilden.

Sprachwandel entsteht in der *parole*, zunächst bei einigen Individuen, und breitet sich von dort in der Sprachgemeinschaft aus. Erst wenn die neue Form allgemein übernommen wurde, ist sie „zu einer Angelegenheit der Sprache" geworden, ansonsten bleibt sie auf die *parole* beschränkt. Interessant ist also nur die *langue*, vor allem in synchroner Betrachtung. Denn für die Konzentration auf die Synchronie spricht zweierlei: die Tatsache, daß für den Sprecher immer nur der synchrone Sprachzustand Realität hat, und die fast völlige Reduzierung der diachronen Untersuchungen auf den lautlichen Bereich (168).

Die Auseinandersetzung mit dem »Cours« war für die Sprachwissenschaft der Folgejahre eine Selbstverständlichkeit. Seine sehr konsequenten dichotomen Differenzierungen bieten einerseits die Möglichkeit, die Notwendigkeit einer streng systematisch-synchronen Beschreibung der Sprachstruktur mit einer Begrifflichkeit zu begründen, die auf den ersten Blick unmittelbar plausibel scheint. Zugleich aber forderten die Dichotomien gerade aufgrund ihrer Eindimensionalität zur Kritik heraus. So wird die Zuweisung der Syntax zur *parole* anstatt zur *langue* hinterfragt, denn der »Cours« stellt die Kombination von Ausdrücken im Satz dem Belieben des individuellen Sprechers anheim und sieht, im Gegensatz z.B. zur generativen Grammatik, keine Regeln für die Produktion von Sätzen vor. Oder die Dichotomie von *langue* und *parole* in der Fassung des »Cours« wird insgesamt abgelehnt (z.B. durch Hjelmslev), durch eine dritte Größe, die *Norm*, ergänzt (Eugenio Coseriu) oder durch ein nur in Teilen analoges Begriffspaar ersetzt (*Kompetenz – Performanz*, Noam Chomsky). Die scheinbar klare Scheidung zwischen Wert und Bedeutung wiederum erweist sich bei näherer Lektüre schon im »Cours« selbst nicht durchgehalten, auch die Abgrenzung zwischen *signifié* und der *chose réelle*, dem außersprachlichen Gegenstand, ist problematisch.

All diese Einwände ändern aber nichts an der Tatsache, daß der »Cours« den Weg für die strukturalistische Sprachwissenschaft des 20. Jahrhunderts bereitet hat. Die in den unterschiedlichen Schulen verbreiteten Verfahren systematischer Segmentierung und Klassifizierung sprachstruktureller Phänomene implizieren alle den strengen Systembegriff des »Cours« mit seinem Konzept der relationalen, d.h. gegenseitigen Bestimmtheit der Konstituenten des Systems. Zu diesen Schulen zählt – läßt man die *Genfer Schule*, die unmittelbar auf Saussure selbst zurückgeht, außer acht – zunächst die von Vilém Mathesius 1926 ins Leben gerufene *Prager Schule*, der *Cercle Linguistique de Prague*.

Seine bedeutendsten Mitglieder waren Roman Jakobson und Nicolaj Trubetz-
koy. In ihren synchronen phonologischen Untersuchungen schlägt sich die
Überzeugung, daß die Elemente des (Laut-)Systems in Abgrenzung (Opposition) zueinander mittels exakt definierter Merkmale beschrieben werden können und müssen, unmittelbar nieder. Dabei stehen die Prager Strukturalisten
keineswegs nur in der Tradition Saussures, sondern auch in der von Persönlichkeiten wie dem Schweizer Jost Winteler, der bereits 1876 eine Arbeit über
»Die Kerenzer Mundart des Kantons Glarus« veröffentlicht hatte, die system-
linguistische Züge trägt. Auch der englische Phonetiker Henry Sweet hatte in
seinem »Handbook of Phonetics« bereits 1877 die Konzepte von Phonem und
Allophon praktisch formuliert, eine Tatsache, die Roman Jakobson explizit gewürdigt hat (1966). Ähnliche Überlegungen finden sich in den etwa zeitgleich
erscheinenden Arbeiten des polnischen Linguisten Jan Baudouin de Courtenay,
mit denen die Prager Linguisten zumindest teilweise vertraut waren.

Die zweite der linguistischen Schulen, die dem »Cours« verpflichtet sind,
ist die *Kopenhagener Schule* (*Cercle linguistique de Copenhague*, 1931 gegr.),
die ihre eigene sprachwissenschaftliche Ausrichtung als *Glossematik* bezeichnete, um den Bruch mit der nicht-strukturalistischen Sprachwissenschaft
deutlich zu signalisieren. Ihre wichtigsten Vertreter waren Louis Hjelmslev
(»Omkring sprogteoriens grundlaeggelse«, 1943; dt. »Prolegomena zu einer
Sprachtheorie«) und Hans J. Uldall. Das folgende Zitat illustriert die sprachtheoretische Ausrichtung; es stammt aus einem Aufsatz Hjelmslevs über die
Prinzipien strukturalistischen Arbeitens («Linguistique structurale«, 1944; dt.
»Die strukturale Linguistik«). Hjelmslev geht darin von der Arbeitshypothese
aus, „daß es wissenschaftlich legitim sei, die Sprache [...] als eine ihrem Wesen
nach autonome Einheit von internen Abhängigkeiten oder, in einem Wort, als
Struktur zu beschreiben" (S. 56, das folgende Zitat S. 58):

> Zuerst verlangt die Hypothese, daß man die Sprache ihrem Wesen nach als eine
> Einheit auffaßt. Dadurch stellt sie sich in Gegensatz zu jeder anderen Hypo-
> these, die die Sprache im wesentlichen als ein Konglomerat oder eine zufällige
> Anhäufung von heterogenen Elementen ansieht, als eine Summe, die durch ein-
> fache Addition dieser Elemente gewonnen wird. Das heißt, daß sie [d. h. die Ar-
> beitshypothese, A. G.] das Recht leugnet, einen Sprachzustand nur als das me-
> chanische Produkt blinder Kräfte oder diachronischer Gesetze besonderer Art
> zu betrachten, als ein Produkt, das nicht durch gewisse inhärente Prinzipen –
> oder synchrone Gesetze allgemeiner Art – konstituiert wäre. Sie leugnet glei-
> chermaßen das Recht, einen Sprachzustand als einen einfachen vorübergehen-
> den Zustand einer Evolution, als flüchtigen Übergang und ständige Fluktuation
> zu sehen. Andererseits leugnet die Hypothese nicht das Zufällige – wie etwa das
> Zusammentreffen des sprachlichen Systems mit dem psychisch-physiologischen
> Mechanismus des Menschen oder die Existenz eines bestimmten Wortes und
> nicht die eines anderen –, sie leugnet auch nicht die Variation – z. B. phonetische
> und semantische Varianten –, sie leugnet nur, daß dieses Zufällige und die Varia-
> tion die Hauptsache ihres Gegenstandes ausmache. Die strukturale Linguistik

geht nicht von zufällig gefundenen und willkürlich isolierten Größen aus, die man dann nur noch addieren müßte, um das vollständige Objekt zu erhalten, welches nichts wäre als die Summe seiner Teile. Sie geht im Gegenteil von der Gesamtheit des Gegenstandes aus, dessen Teile sie untersucht, indem sie sich ständig der Einheit, zu der die Teile gehören, bewußt bleibt.

Das Konzept des einheitlichen Systems ist charakteristisch für den Strukturalismus: Variation wird zwar als gegeben anerkannt, aber in Verbindung mit dem *Zufälligen* gebracht und damit als letztlich irrelevant ausgeklammert, das sprechende Subjekt begegnet lediglich als *psychisch-physiologischer Mechanismus*.
In den Vereinigten Staaten erscheint 1933 Leonard Bloomfields »Language«, das entscheidend dazu beiträgt, die spezifisch amerikanische Variante des Strukturalismus zu etablieren. Die sog. *descriptive linguistics* ist stark behavioristisch orientiert, d. h. sie blendet auf der Basis einer vergleichsweise mechanistischen Verhaltenspsychologie – menschliche Verhaltensweisen werden als mehr oder weniger automatische Reaktionen auf unterschiedliche Stimuli gesehen – Fragen der Bedeutung aus der sprachwissenschaftlichen Untersuchung explizit aus. Bedeutungsbildungen sind mentaler Natur und gelten als solche der unmittelbaren Beobachtung nicht zugänglich (– der Strukturalismus gibt diese radikale Position zwar später auf und gelangt zu einer eigenen Semantik, versucht aber, die Bedeutungsanalyse formalisierbar und damit kontrollierbar zu halten). Am objektsprachlichen Material beobachtbar sind lediglich ausdrucksseitige Phänomene, wobei bei den amerikanischen Strukturalisten die Position der Elemente in der linearen Reihung (in der Lautkette, in der morphologischen Konstruktion, im Satz) eine zentrale Rolle spielt. Dieser *Distributionalismus*, der die einzelnen Elemente über ihre Verteilung in den sprachlichen Äußerungen bestimmt, erreicht einen Höhepunkt mit Zellig Harris' »Methods in Structural Linguistics« von 1951.
Die Lektüre von Arbeiten aus den genannten strukturalistischen Schulen läßt die Nähe der Autoren zu einer Sprachwissenschaft erkennen, wie sie im »Cours de linguistique générale« gefordert wird. Daß zwischen den Schulen und gegenüber dem »Cours« zugleich deutliche Unterschiede bestehen, ändert nichts an den Gemeinsamkeiten in der Sprachauffassung: der hohen Bewertung des Systemgedankens und, methodisch, der Neigung zur Formalisierung in der Analyse. Beide Faktoren ermöglichen dem Strukturalismus eine Beschreibung der Strukturen des Sprachsystems auf hohem Niveau. In dem Maße jedoch, in dem die Annahme der Homogenität des Sprachsystems zur Bedingung der Analyse wird, erhält dieses System etwas Konstruiertes, von der komplexen Sprachwirklichkeit Abstrahiertes, werden die Sprecher als historisch handelnde Subjekte und damit insgesamt die kulturelle und geschichtliche Dimension von Sprache ausgeklammert. Das widerlegt nicht die Plausibilität und den Nutzen eines strukturalistischen Ansatzes, begrenzt allerdings seinen Zugriff auf die Realität von Sprache.

Wie groß die Wirkung des »Cours« ist, läßt sich schon daran ablesen, daß die in ihm beschriebene Zeichenkonzeption einen zentralen Ausgangspunkt für die vor allem in Frankreich und an einigen Universitäten der Vereinigten Staaten erfolgreiche *poststrukturalistische* Sprach- und Texttheorie bildet (– der Einfluß des Textes auf andere Disziplinen, etwa die Anthropologie eines Claude Lévi-Strauss, kann hier nicht diskutiert werden). Vor allem in Jacques Derridas Ansatz, der den Strukturalismus überwinden und ersetzen soll, sind Konzepte des »Cours« als Kontrastfolie präsent (z. B. Derrida 1967). Die offensichtlichste Gemeinsamkeit ist die Annahme, daß sich die Einheiten des Systems – bei Derrida stehen die Wortbedeutungen und ihre Signifikanten im Vordergrund – negativ, in gegenseitiger Unterschiedlichkeit gegenüberstehen. Derrida glaubt nun nicht, daß sich aus der präzisen Beschreibung der Unterschiede eine definitive, positive Bedeutung, d. h. der genaue Ort eines jeweiligen Zeichens im System und damit letztlich ein Textsinn konstruieren läßt. Vielmehr sind für ihn die möglichen Bedeutungsbeziehungen, die das Zeichen im Text, zwischen verschiedenen Texten, in der Sprache eingehen kann, unendlich, so daß der Interpret lediglich mit einem unendlichen Spiel der Differenzen, nicht aber mit einer positiven Bedeutung konfrontiert ist.

Mit der Annahme, daß sich die Bedeutungen immer wieder neu einstellen und aufgrund der *différance* jede definitive Interpretation unmöglich machen, geht die Überzeugung von der Unmöglichkeit der Kontrolle der Sprache durch das sprechende Subjekt einher. Damit versucht Derrida dem zu begegnen, was er als *Logozentrismus* in der abendländischen Geistesgeschichte kritisiert: der Überzeugung, daß sich die Signifikanten auf vorgegebene Signifikate beziehen, die von vernünftigen Individuen nach bestimmten Verfahren aus Texten herausgelesen und zu einem Sinnganzen zusammengestellt werden können. Solche positiv bestimmbaren Textsinne werden von Derrida *dekonstruiert*, indem er nachzuweisen versucht, daß die einzelnen Signifikanten eines Textes in den unterschiedlichsten Sinnzusammenhängen stehen, in anderen Diskursen und Traditionen begegnen, die in ihrer Fülle und Komplexität weder vom Autor intendiert noch vom Leser rezipiert werden können. Autor und Leser haben immer nur einen je eigenen Ausschnitt aus dem Bedeutungsspektrum vor Augen und konstruieren Textsinne nach den je unterschiedlichen Vorgaben ihres Wissens, ihrer Verstehensbedingungen und ihrer Persönlichkeit. Die Texte aber gehen semantisch weit über diesen individuellen Zugriff hinaus, ihre Signifikate sind nie wie kognitive Münzen mit klar umgrenzten Werten, die im sprachlichen Handeln zwischen den Individuen einfach ausgetauscht werden.

Mit der Auffassung von der negativen gegenseitigen Bestimmtheit der Komponenten des Systems (der Sprache wie auch, bei Derrida, der Signifikanten innerhalb der einzelnen Texte) greift der Dekonstruktivismus auf Saussure zurück, geht aber mit seiner Annahme von der Nicht-Kontrollierbarkeit der Einzelbedeutungen und der Gesamtsinne weit über ihn hinaus. Seine Konzentration auf das Dekonstruieren sicher geglaubter Textsinne stellt den Dekonstruktivismus in die Tradition relativistischer Sprach- und Erkenntnistheorien, die ein eindeutiges und ontologisch verbindliches Zuordnungsverhältnis zwischen den Größen Sprache, Denken und Wirklichkeit für grundsätzlich unmöglich erklären. Zugleich aber hat die Praxis seines Umgangs mit Texten etwas methodisch in einem Maße Unstrukturiertes und Beliebiges bis Schillerndes, daß der Dekonstruktivismus seine eigentliche Funktion eher in der Rolle als *agent provocateur* im alltäglichen Betrieb der Textinterpretation (vor allem der Literaturwissenschaft) hat, der vor der naiven Illusion eines bündigen Zugriffs auf ‚die' Bedeutung eines Textes warnt. Nicht zuletzt wegen der methodischen Offenheit und der oft sprachlich dunklen Darbietung des eigenen Gedankengebäudes, aber auch aufgrund inhaltlicher Positionen, vor allem der geringen Bewertung der Konventionalität von Sprache und des Handlungscharakters der Kommunikation (Sicht von Äußerungen als Niederschlag intersubjektiv gerichteter und konventionell gebundener Mitteilungsabsichten), steht der Dekonstruktivismus im Gegensatz zu denjenigen sprachtheoretischen Schulen, die eben einen solchen Kommunuikationsbegriff favorisieren, wie etwa der Sprechakttheorie (zur Diskussion zwischen Jacques Derrida und John Searle vgl. die beiden ersten Hefte der Zeitschrift »Glyph« von 1977).

Literatur

Textbasis des »Cours«, auch in kritischen Editionen: Godel 1957, Engler 1967/1968 u. Engler 1987, Jäger 1975 u. 1984, de Mauro 1984

Sprachtheorie Saussures, ihre Tradition und Rezeption: Arens 1969, Szemerényi 1970, Koerner 1973 u. 1988, Helbig 1974, Bierbach 1978, Scheerer 1980, Aarsleff 1982, Culler 1986, Gmür 1986, Holdcroft 1991, Stetter 1992, Bartschat 1996, Garcia 1997

Schulen des Strukturalismus: Arens 1969, Szemerényi 1971, Helbig 1974, Stempel 1978, Albrecht 1988, Koerner/Asher 1995, Bartschat 1996,

6.2 Sprachnationalismus

Ideologisch motivierte Sprachtheorie und Sprachpflege bis 1945; sprachliche Identität als politische, ethnisch-kulturelle und anthropologische Identität

Das folgende Kapitel wird sich nicht mit einer sprachwissenschaftlichen Disziplin, einer bestimmten sprachtheoretischen Fragestellung oder dem Werk eines bedeutenden Autors beschäftigen. Sein Gegenstand gehört dennoch in den Bereich einer »Geschichte der Sprachwissenschaft in Deutschland«, da sich die nationalistische Interpretation von Sprache zum einen theoretische Positionen der unterschiedlichsten Art zu eigen macht und zum anderen in der deutschen Sprachwissenschaft von der Mitte des 19. Jahrhunderts an stark präsent war.

An den Beginn der Betrachtung sei ein Vorschlag zur Unterscheidung zwischen den Phänomenen des *Sprachnationalismus* und des *Sprachpatriotismus* gestellt, der bereits in anderem Zusammenhang begegnete (Kap. 3.2: »Kulturpatriotismus: Die Sprachgesellschaften des 17. Jahrhunderts«).

Als sowohl dem *Sprachnationalismus* wie dem *Sprachpatriotismus* gemeinsame Kennzeichen können gelten (das Folgende nach Gardt [demn.] f):

1. das emphatische Lob der eigenen Sprache sowie deren Hypostasierung, d. h. ihre Vergegenständlichung zu einer Größe, die aus ihren historischen und sozialen Bezügen herausgelöst ist und eine von ihren Sprechern irgendwie unabhängige *Natur* (*Charakter, Wesen, Kraft, Geist, Genie/Genius* etc.) besitzt; die hypostasierte Sprache besitzt inhärente Gesetzmäßigkeiten und ist entsprechend diesen Gesetzmäßigkeiten von den Sprechern zu verwenden; sie wird häufig in organischer (botanischer) Begrifflichkeit beschrieben (Sprache als Pflanze, die *blüht, verblüht* etc., Wörter als *Früchte, Knospen* etc.); ihr typischerweise zugesprochene Eigenschaften sind hohes Alter, genealogische Reinheit und strukturelle Homogenität; die Arbitrarität und Konventionalität ihrer (Wort-)Zeichen gelten z. T. als stark eingeschränkt;

2. die Übereinanderblendung – oft assoziativ und argumentativ nicht schlüssig, dabei ins Mythologische und Sakrale ausgreifend – der Bereiche des Sprachlichen mit denen des Kulturell-Ethnischen (*Sprache – Volk/Kultur/ Nation* etc., mit dem Sonderfall des Ethisch-Moralischen: *Sprache – Sitte/Moral* etc.), des Politischen (*Sprache – Nation/Reich/Land* etc.), in Teilen auch des Anthropologischen (*Sprache – Stamm/Rasse/Volk*, vor allem in sprachnationalistischen Kontexten); Resultat dieser Übereinanderblendungen ist die Identifizierung eines *Sprachcharakters* (bzw. einer *Sprachnatur*, eines *Sprachwesens* etc.) mit einem *Volks-* oder *Nationalcharakter*.

Als zusätzliche Kennzeichen lediglich des *Sprachnationalismus* können gelten:

3. die pointiert bis aggressiv formulierte Behauptung der Überlegenheit der eigenen Sprache und damit, aufgrund der erwähnten Übereinanderblendungen, der eigenen anthropologischen, kulturell-ethnischen (u. a. ethisch-moralischen) und politischen Gemeinschaft über andere Gemeinschaften sowie (implizit oder explizit) die Behauptung der Gefährdung der Integrität bzw. Identität der eigenen Sprach-, Volks- und Kulturgemeinschaft durch fremde Sprachen, Völker, Rassen, Nationen und Kulturen; als Folge dieser Behauptungen die z. T. aggressive Abwertung des sprachlich (und zugleich anthropologisch, kulturell-ethnisch und politisch) Fremden.

Der Übergang zwischen den drei Kennzeichen ist fließend.

Es ließe sich einwenden, daß die unter 2. beschriebene sprachliche (anthropologische, kulturell-ethnische, politische) Selbstbestimmung eine zumindest implizite Abgrenzung gegenüber anderen, als nicht zugehörig empfundenen Gruppen einschließt, den unter 3. genannten Gedanken also bereits vorwegnimmt. Entscheidender als die Abgrenzung als solche aber sind der Ton, in dem sie vorgetragen wird, und die Konsequenzen, die mit ihr verknüpft werden:

Von *Nationalismus* soll erst dort die Rede sein, wo sich die Beschreibung nicht auf das Lob des Eigenen beschränkt, sondern zumindest implizit die Herabsetzung der jeweils anderen Sprache, damit auch der anderen Kultur, des fremden Volkes und seines politischen Gemeinwesens einschließt. Die Grenze zwischen den beiden Phänomenen läßt sich sinnvoll nur für den Einzelfall bestimmen. In einer Feststellung wie der von Gottfried Wilhelm Leibniz, er könne sich nicht vorstellen, „[d]aß die Heilige Schrift in irgendeiner Sprache in der Welt besser als in Deutsch lauten könne", scheint mir jedenfalls Sprachnationalismus ebenso offensichtlich noch nicht gegeben zu sein, wie er in Friedrich Gottlieb Welckers Bemerkung von der „ganze[n] Französische[n] Natur mit ihrer Äusserlichkeit und Oberflächlichkeit" (1814, zit. nach Straßner 1995, 204) oder in der Rede von „Blut und Boden, Rasse und Seele", die „in dem Wunderwerk der deutschen Sprache" zum Ausdruck kommen (Muttersprache. Zeitschrift des Deutschen Sprachvereins, 1933), deutlich präsent ist.

Die Art und Weise, wie in dieser Untersuchung Sprachpatriotismus und Sprachnationalismus voneinander unterschieden werden, impliziert, daß die Begriffe des Patriotismus und des Nationalismus systematisch und nicht in bezug auf eine bestimmte historische Epoche verwendet werden (dazu auch Kap. 3.2). Außerdem berücksichtigt die Unterscheidung zum Teil bereits die Spezifik der Situation in Deutschland, wo die identitätsstiftende Bezugsgröße (*Nation, Volk, Reich*) bis 1945 eher kulturell-ethnisch bzw. anthropologisch als voluntaristisch bestimmt wurde (wie dies z.B. in einigen angelsächsischen Ländern der Fall war): Bei der Behauptung der Existenz einer *deutschen Nation* spielte die Begründung durch die gemeinsame Abstammung und die Teilhabe an gemeinsamen kulturellen Traditionen – die z.T. wiederum als Folge eben dieser gemeinsamen Abstammung verstanden wurden – eine insgesamt weit größere Rolle als die Begründung durch die freie, von biologischen und kulturellen Prägungen nicht beeinflußte Entscheidung der Individuen.

Im folgenden sollen Erscheinungsformen des Sprachnationalismus aus der Zeit bis zum Ende des zweiten Weltkriegs im Vordergrund stehen. Vor allem im 19. Jahrhundert ist Nationalismus kein spezifisch deutsches, sondern ein nahezu europäisches Phänomen. In mehreren Schüben – zunächst im Anschluß an die Napoleonischen Kriege zu Beginn des Jahrhunderts, dann um die Zeit des deutsch-französischen Kriegs 1870/1871 sowie in der Zeit vor und während des ersten Weltkriegs, schließlich im Nationalsozialismus – erfährt jedoch der Sprachnationalismus in Deutschland eine drastische Verschärfung. Die Quellenauswahl der folgenden Darstellung wird sich, der Anlage der Untersuchung entsprechend, fast ausschließlich auf deutschsprachige Texte beschränken.

Das vielleicht überraschendste Ergebnis des Studiums einschlägiger Quellen ist die Tatsache, daß sämtliche Motive, Themen und Argumentationsweisen des Sprachnationalismus, die sich in deutschsprachigen Texten in der Zeit zwischen 1933 und 1945 nachweisen lassen, bereits spätestens um die Mitte des 19. Jahrhunderts existieren. Das gilt selbst für die Einbeziehung des Konzeptes der *Rasse* in die sprachbezogene Argumentation, das mit dem Aufkommen der Ethnologie und der Anthropologie im 19. Jahrhundert in den Mittelpunkt des Interesses rückt. Der Unterschied zur Zeit des Nationalsozialismus scheint eher in der Konzentration und der Radikalität sprachnationalistischer Themen und Motive zu liegen als in ihrem grundsätzlichen Vorhandensein, doch ist eben dieser Unterschied entscheidend. Um die Zusammenhänge im historischen Kontext beurteilen zu können, ist ein Blick auf die Entstehung der Ethnologie und der Anthropologie im 19. Jahrhundert notwendig (zum Folgenden insbes. Römer 1989).

Frühe Differenzierungen des Menschen nach Rassen oder Arten lassen sich schon lange vor dem 19. Jahrhundert nachweisen. Ausgesprochen einflußreich war die Klassifikation, die Carl von Linné in der zwölften Auflage seiner »Systema naturae« (erstmals 1735, 12. Aufl. 1766) trifft. Entsprechend seiner Unterteilung in *classes, ordines, genera* und *species* bestimmt Linné den Menschen als die erste Art des ersten Geschlechtes der ersten Ordnung und der ersten Klasse, d. h. der Säugetiere. Von dieser Spezies nimmt er vier Unterarten an (Linné 1773, 61 ff.): 1. *homo sapiens americanus*, rote Haut, schwarze Haare, cholerisches Temperament; 2. *homo sapiens europaeus*, weiße Haut, blonde Haare, sanguinisches Temperament; 3. *homo sapiens asiaticus*, braune Haut, dunkle Haare, melancholisches Temperament; 4. *homo sapiens afer* (d. h. ,afrikanisch‘), schwarze Haut, schwarze wollige Haare, phlegmatisches Temperament. Charakteristisch ist, daß außer physischen Eigenschaften auch psychische genannt werden, bei Linné noch im Rückgriff auf die antike Temperamentenlehre.

Ähnliche Einteilungen wie die Linnés begegnen in den anthropologischen und ethnologischen Arbeiten des 19. Jahrhunderts. Solche Einteilungen sind keineswegs als solche schon ideologischer Natur, lassen sich allerdings leicht in Richtung ideologischer Wertungen funktionalisieren. Ein besonders drastisches Beispiel ist Joseph Arthur Comte de Gobineaus »Essai sur l'inégalité des races humaines« (1853–1855), der von einer genetisch bedingten Ungleichheit der Rassen ausgeht und der *arischen Rasse* – ursprünglich eine sprachwissenschaftliche Klassifizierung (*arische Sprachen*), begegnet der Terminus *arisch* im Laufe des 19. Jahrhunderts mehr und mehr in der Anthropologie – die Dominanz hinsichtlich Zivilisiertheit und Kultiviertheit zuspricht. Zwar erkennt Gobineau das Wirken der arischen Rasse auch in außereuropäischen Kulturen (u. a. der indischen, der ägyptischen, der chinesischen), doch erscheinen ihm die Germanen als die edelsten Vertreter der Arier.

In der Rezeption Gobineaus in Deutschland werden seine Gedanken nochmals zugespitzt. Ludwig Schemann, dessen dreibändiges Hauptwerk »Die Rasse in den Geisteswissenschaften. Studien zur Geschichte des Rassengedankens« (1928–1931) stark antisemitisch orientiert ist, betont in seiner Biographie die antijüdischen Züge in Gobineaus Darstellung und stilisiert ihn zum Kronzeugen eines antisemitischen Rassismus. Bei Schemann begegnen auch Redeweisen, in denen Mongolen und Malayen als „Halbtiere" (1916, 2. Bd.,

S. VI), Schwarze und Australier als „Niederrassen" (1928, 1. Bd., 340; zit. nach Römer 1989) bezeichnet werden.

So sehr sich solche Klassifizierungen ab der Mitte des 19. Jahrhunderts auch ausbreiten, stoßen sie zugleich auch auf Widerspruch. Aus dem Kreis der Sprachwissenschaft wendet sich etwa August Friedrich Pott gegen Gobineau, 1856 veröffentlicht er »Die Ungleichheit menschlicher Rassen hauptsächlich vom sprachwissenschaftlichen Standpunkte unter besonderer Berücksichtigung von des Grafen Gobineau gleichnamigem Werke. Mit einem Überblicke über die Sprachverhältnisse der Völker. Ein ethnologischer Versuch«. Gobineau hatte in seiner Arbeit „eine vollkommene Übereinstimmung zwischen dem geistigen Werte einer Rasse und der ihr angeborenen und eigentümlichen Sprache" angenommen und war zu dem „allgemeinen Grundsatz" gelangt: „Die Rangordnung der Sprachen entspricht der Rangordnung der Rassen" (1939–1940, Bd. 1, 277; zit. nach Römer 1989, 133). Die Korrelierung der intellektuellen Leistungen von Sprechergemeinschaften mit der von ihnen gesprochenen Sprache ist in der Neuzeit spätestens seit dem 17. Jahrhundert geläufig (vgl. Kap. 5.1), man denke etwa an Leibniz' Bemerkung, „dass die Völcker, wenn sie den Verstand hoch schwingen, auch zugleich die Sprache wohl ausüben" (1697, 327). Wo Leibniz aber den Begriff des *Volks* verwendet und dieses zumindest in großen Teilen über die Teilhabe an gemeinsamen kulturellen Traditionen bestimmt, spricht Gobineau von der *Rasse*, einer anthropologischen und so Veränderungen nur bedingt zulassenden Größe, durch die die Korrelation zwischen Geist und Sprache schlagartig deterministischen Charakter erhält. Pott stellt Gobineaus Hierarchie der Sprachen und Rassen nun den aufklärerischen Gedanken von der grundsätzlichen Gleichheit aller Menschen gegenüber: „in den Sprachen, trotz ihrer tollen Buntheit und Mannichfaltigkeit, thront über *allen* Menschen ein, wenn auch je nach den Völkern verschiedener, doch in sich einiger, *der eine und allgemeine Menschengeist!*" (1856, 94, zit. nach Römer 1989, 139).

Die Praxis des Vergleichs von Sprachen und Rassen im 19. Jahrhundert – seien es beide Bereiche gleichzeitig, seien es nur Sprachen oder nur Rassen untereinander – ist vorwiegend eurozentrisch. Werden lediglich Sprachen miteinander verglichen und in eine wertende Hierarchie gebracht, dann dominiert stets der flektierende Sprachtyp, dem auch die meisten europäischen Sprachen angehören (vgl. Kap. 5.4). Zum Problemfall wird den Autoren dabei, wie an anderer Stelle bereits erwähnt, das Chinesische, das als isolierende Sprache einem Typ angehört, der die Bildung einer so entwickelten Kultur, wie sie in China gegeben war, im Grunde nicht zulassen dürfte.

Wo der wertende Vergleich sich auf Rassen bezieht, kommt es in aller Regel zu Gewichtungen, wie sie auch bei Gobineau begegnen. Werden physische Merkmale herangezogen, sind dies meist Hautfarbe, Haarfarbe und -form (*vlieshaarig, wollhaarig* etc.), Augenfarbe, Schädelform, Körperbau. Daneben spielen vermeintliche Wesensmerkmale eine Rolle, die zum Teil im Rückgriff auf die Temperamentenlehre (*sanguinisch, cholerisch, melancholisch, phlegmatisch*) beschrieben werden, zum Teil in je eigener, gelegentlich völlig beliebiger Begrifflichkeit der Autoren. Insgesamt, d. h. auch außerhalb des deutschsprachigen Raums, läßt sich die Tendenz erkennen, die nicht hellhäutigen Rassen als mehr oder weniger unterlegen und minderwertig darzustellen. Dabei ist das Spektrum der Äußerungen im Hinblick auf die Eindeutigkeit und Aggressivität der Wertungen groß. Heutzutage nur noch kurios muten die Bezeichnungen im frühen »Lehrbuch der Naturgeschichte« (1816) des in Jena, München und Zürich wirkenden Naturforschers Lorenz Oken an, der in *Sylvanmensch* (Afrikaner, Australier), *Satyrmensch* (Amerikaner), *Faunmensch* (Asiate) und *Panmensch* (Europäer) (zit. nach Römer 1989, 20) differenziert. Am anderen Ende des Spektrums stehen Kategorisierungen wie die Friedrich Müllers in einem Expeditionsbericht um die Mitte des 19. Jahrhunderts (»Reise der Österreichischen Fregatte Novara um die Erde«, Anthropologischer Theil, Ethnographie, 1868, 95, zit. nach Römer 1989, 127): „Der Neger ist in der Regel ein grosser Dieb und unverschämter Lügner; Heuchelei und Verstellung treten überall an ihm hervor". Solche auf vermeintlich wissenschaftlichen Daten basierenden Urteile werden in der „Rassenseelenkunde" Hans F. K. Günthers und Ludwig F. Clauß' in den zwanziger Jahren des 20. Jahrhunderts zusätzlich mythologisiert (Günther: »Rassenkunde des deutschen Volkes«, 1934; Clauß: »Von Seele und Antlitz der Rassen und Völker«, 1929).

In Deutschland erfährt die ideologisch motivierte Rassenlehre nach der Jahrhundertwende und nochmals verstärkt in der Zeit des Nationalsozialismus eine deutliche Zuspitzung. In der Begrifflichkeit vermischen sich die Kategorien *arisch, germanisch* und *nordisch*, schließlich auch *deutschblütig*. Letztere wurde notwendig aufgrund der Unmöglichkeit, eine der anderen Bezeichnungen ausschließlich auf Deutsche zu beziehen, zugleich aufgrund der offensichtlichen Tatsache, daß nicht alle Deutsche dem Ideal des *nordischen Menschen* (blond, blauäugig, hochgewachsen, dolichozephal) entsprechen. In den einschlägigen Arbeiten kommt es immer wieder zu einer Identifizierung von *Rasse* und *Volk* und damit zur Biologisierung einer vorwiegend kulturellen Größe.

Die zentrale Rolle in dieser Diskussion um *Rasse* und *Volk* spielen die Germanen. Zahlreichen Darstellungen liegt eine Linie *indogermanisch – germanisch – deutsch* zugrunde, nach der die Deutschen zu den prototypischen Germanen und diese zu prototypischen Indogermanen werden. Der bereits im Humanismus mit der Wiederentdeckung der »Germania« des Tacitus beginnende Germanenmythos setzt sich nun in zunehmend trivialisierter Form fort. Die entsprechende Stelle im 4. Kapitel von Tacitus' Text – bei den Germanen handele es sich um einen eigenständigen, unvermischten und nur sich selbst gleichen Volksstamm („propriam et sinceram et tantum sui similem gentem") – wird als Beleg für die Bestimmung der Germanen als *Rasse* und nicht als ‚nur' kulturell definiertes *Volk* gewertet. Die Entstehung dieser germanischen Rasse sehen einige Autoren, unter Rückgriff auf Ergebnisse der Archäologie, in der

Verbindung zweier Nordrassen (Römer 1989, 93): indogermanischer Schnur-
keramiker bzw. Streitaxtleute und fälischer oder dalischer, nichtindogermani-
scher Megalithiker.

Auf diese Weise wird die Diskussion um die Herkunft der Germanen mit
der um die Herkunft der Indogermanen verknüpft. Ab der Mitte des 19. Jahrhunderts begegnet immer häufiger die Annahme eines indogermanischen Ur-
volks. Damit wird zugleich die Frage nach einer einzigen Wiege der Menschheit gestellt, die zunächst in Asien vermutet wird – eine über Jahrhunderte
zurückgehende, sich in bestimmten Varianten auf die Bibel berufende Vorstellung –, dann, etwa ab der Mitte des 19. Jahrhunderts, mehr und mehr in Richtung Europa, schließlich von einigen Autoren (u. a. Lazarus Geiger und Hermann Hirt), in Deutschland selbst.

Zu jeder Zeit nehmen in den Diskussionen innerhalb der Ethnologie und der
Anthropologie des 19. Jahrhunderts sprachwissenschaftliche Argumente eine
zentrale Stellung ein. Grundsätzlich ist die Verbindung zumindest ethnisch-
kultureller Größen mit sprachlichen ein Topos der Sprachreflexion seit Jahrhunderten, man betrachte nur Jacob Grimms Bestimmung des *Volkes* als „Inbegriff von Menschen, welche dieselbe Sprache sprechen". Mit der Etablierung der Ethnologie und Anthropologie als eigenständigen Disziplinen werden
die einschlägigen Argumentationen in einen wissenschaftlichen Rahmen gestellt und so zusätzlich legitimiert. Wenn in Arbeiten des späten 18. Jahrhunderts entsprechende Äußerungen noch vereinzelt vorkamen – Johannes Friedrich Blumenbach z. B. beschreibt 1776 die Asiaten als sowohl mit weitgehend
einsilbigen Sprachen ausgestattet wie auch in ihrem Naturell und ihren Sitten
nichtsnutzig und unredlich („cum linguis magis monosyllabis, tum ingenii et
morum nequitia et perfidia", S. 51, zit. nach Römer 1989, 26) –, häufen sie
sich im Laufe des folgenden Jahrhunderts. Die Titel entsprechender Arbeiten
belegen die Verknüpfung der Disziplinen bis ins 20. Jahrhundert: Friedrich
Justin Bertuch und Johann Severin Vater (Hrsg.): »Allgemeines Archiv für Ethnologie und Linguistik« (1808ff.), Adrien Balbi: »Atlas ethnographique du
globe, ou classification des peuples anciens et modernes d'après leurs langues«
(1826), Adolf Bastian: »Ethnologie und vergleichende Linguistik« (1872),
Hans Gerdau: »Der Kampf ums Dasein im Leben der Sprache. Ein sprachbio-
logischer Versuch zur Lösung des Lautwandelproblems auf darwinistischer
Grundlage« (1921), Hans F. K. Günther: »Rassenkunde Europas. Mit besonderer Berücksichtigung der Rassengeschichte der Hauptvölker indogermanischer Sprache« (3. Aufl. 1929), Helmut Arntz: »Rasse, Sprache, Kultur und
ihre Beziehungen zum Volkstum« (1937) etc.

Bei all dem steht außer Frage, daß die Verbindung von Sprachwissenschaft
und Ethnologie bzw. Anthropologie im 19. und frühen 20. Jahrhundert nicht
schon automatisch zu nationalistischen oder auch nur eurozentrischen Interpretationen führt. Den zitierten Äußerungen etwa von Gobineau stehen immer

auch andere gegenüber. So spricht der Naturforscher Alexander von Humboldt, Bruder Wilhelm von Humboldts, zwar von der *nationellen Form* der Sprachen, die „eine hohe Wichtigkeit für die zu erkennende Aehnlichkeit oder Verschiedenheit der Racen" haben (1845–1847, 383ff.), will aber von einer Klassifizierung in *höhere* und *niedere Menschenracen* nichts wissen und erklärt, daß alle Rassen in gleicher Weise „zur Freiheit bestimmt" sind. Moralisch-ethisch fragwürdig wird die Diskussion erst dort, wo, auf der Basis einer allzu unbekümmerten Parallelsetzung von Sprachverwandtschaften mit Völkerverwandtschaften (im kulturellen und anthropologischen, d.h. auch den Begriff der *Rasse* einbeziehenden Sinne), die gewonnenen Klassifizierungen mit qualitativen Bewertungen versehen und das Verhältnis zwischen Sprache und Denken bzw. Sprache und *Wesen* (*Natur, Charakter, Veranlagung* etc.) des Menschen deterministisch interpretiert wird.

In Teilen der Sprachwissenschaft des 19. und beginnenden 20. Jahrhunderts begegnet so – in Deutschland in immer radikalerer Form – die linguistische Variante dessen, was sich auch in Teilen der Ethnologie und Anthropologie findet, vom Germanenmythos (wiederum mit der Linie *indogermanisch – germanisch – deutsch,* nun auf die Sprache bezogen) über die erwähnten qualitativen Hierarchisierungen (insbesondere die qualitative Bewertung der Kategorien *flektierende Sprachen – agglutinierende Sprachen – isolierende Sprachen*), bis zur Ableitung der Sprachverwendung aus *rassischer Wesensart* (Bach 1943) und zur Forderung nach einem puristischen *Aufnorden der Muttersprache* (Fuchs 1937). Entsprechend bietet sich zur Gliederung der zahlreichen einschlägigen Äußerungen eine Unterscheidung nach physiologischen und psychisch-geistigen Faktoren an, wie sie auch innerhalb der Ethnologie und Anthropologie getroffen wird.

Physiologische Faktoren spielen in der Sprachwissenschaft insbesondere in der sog. *Klimatheorie* eine Rolle. Auf sie wurde bereits an anderer Stelle hingewiesen (Kap. 5.1). Nach der Klimatheorie werden bestimmte Spezifika einer Sprache mit Gegebenheiten der Landschaft, des Klimas und der Ernährung erklärt. So gelten etwa die Kehllaute des Alemannischen als durch die rauhe Gebirgslandschaft bedingt, unter anderem in Bertuchs und Vaters »Allgemeines Archiv für Ethnographie und Linguistik« von 1808, aber auch schon bei Johann Augustin Egenolff, in seiner 1716 erschienenen Sprachgeschichte, wo speziell das kieshaltige Wasser verantwortlich gemacht wird. Kategorisierungen dieser Art wirken heutzutage kaum mehr als kurios, ähnlich wie die Klassifizierung von Sprachen nach den Haarformen der Sprecher (Sprache der *wollhaarigen,* der *lockenhaarigen,* der *schlichthaarigen Rassen* etc., in Friedrich Müllers »Grundriß der Sprachwissenschaft« von 1876-1888). Auch hier gilt, daß nicht schon die Kategorisierung als solche ideologischen Charakter trägt, sondern erst ihre qualitativ wertende Auslegung.

Solche Wertungen nehmen dort zu, wo psychisch-geistige Faktoren in die Sprachbeschreibung einbezogen werden. Der Übergang zwischen den beiden

Bereichen deutet sich schon in der bereits zitierten Unterscheidung August Wilhelm Schlegels an, wonach „die gemäßigten Klimate [...] im ganzen genommen die schönsten und geistvollsten Menschen und auch die schönsten Sprachen hervorgebracht" haben (1798/1799, Par. 49; vgl. auch Kap. 5.1). Die darin angelegte Sicht südlicher Sprachen und Menschen als harmonisch und elegant und die entsprechende Sicht nördlicher Sprachen und Menschen als bestimmt und markant wird, von Schlegel selbst noch in keiner Weise nationalistisch verstanden, eben so interpretiert: Mit den germanischen Sprachen und ihren Sprechern, speziell mit dem Deutschen, wird in ideologischen Auslegungen *Natürlichkeit, Aufrichtigkeit, Beständigkeit* etc. assoziiert, mit nicht-indogermanischen Sprachen bzw., innerhalb der indogermanischen Sprachen, mit den romanischen Sprachen und ihren Sprechern dagegen *Oberflächlichkeit, Unehrlichkeit, Affektiertheit* etc.

Der Germanenmythos zeigt sich nun erneut in seiner sprachwissenschaftlichen/sprachpflegerischen Variante, im Gegensatz zu seinen frühneuzeitlichen Erscheinungsformen aber gestützt durch (vermeintliche) Befunde der Ethnologie und Anthropologie und in den thematischen Schwerpunkten genau in Analogie zu den dort praktizierten Argumentationslinien. So findet die Verknüpfung bzw. sogar Identifizierung eines vermuteten indogermanischen Volkes mit einem germanischen Volk (in Teilen auch einer germanischen Rasse) und weiter mit dem deutschen Volk ihre Entsprechung in der Identifizierung des (Indo-) Germanischen mit dem Deutschen. Diese explizite oder unterschwellige, teils kulturpatriotisch, teils sprachnationalistisch motivierte Identifizierung läßt sich in den Texten immer wieder nachweisen, von den barocken Sprachgesellschaftern (dort wird das Deutsche auch mit „der alten keltischen Sprache" identifiziert, vgl. Kap. 3.2) über Jacob Grimm (vgl. etwa den Titel seiner Grammatik der germanischen Sprachen: „Deutsche Grammatik") bis zu Adolf Bach, der die Germanen als „Spracherben der Indogermanen" bezeichnet. Die in sprachwissenschaftlichen Arbeiten genannten Wesensmerkmale der Germanen sind im Grunde dieselben, die auch in ideologisch geprägten ethnologischen und anthropologischen Texten begegnen, grundsätzlich sind sie seit der Frühen Neuzeit geläufig.

Charakteristisch für die einschlägigen Darstellungen ist nun der Anschluß von Eigenschaften der Sprecher an die der Sprache (vgl. das zweite der eingangs genannten Kennzeichen des Sprachpatriotismus und -nationalismus). Zum Katalog der germanischen Tugenden zählen stets Kraft, Mut, Festigkeit des Charakters, Ehrlichkeit, Natürlichkeit, Abneigung gegen alles Künstliche und Affektierte, Fähigkeit zum Herrschen und zugleich zur Einordnung in das größere Ganze. Die Erklärung sprachlicher Phänomene mit vermeintlichen Wesenszügen der Sprecher führt im Rahmen des Germanenmythos des 19. und 20. Jahrhunderts dazu, etwa Laut- und Akzentverhältnisse des Deutschen und seiner historischen Vorstufen mit solchen Wesenszügen zu begründen. T. Schultheiß z. B., Gründer einer Berliner Arbeitsgemeinschaft „Rasse und

Sprache", erkennt 1934 im „scharfgeschnittene[n] germanische[n] Silben-
akzent" einen „Willen zur Ordnung, zur Klarheit und zur Kraft des Ausdrucks,
wie er von Anfang bis heute germanische Sprachen gekennzeichnet hat" (in
der Zeitschrift »Nationalsozialistische Erziehung«, 1934; ähnliche Belege finden sich von Jacob Grimm bis zu Herman Hirt).

Die Tatsache, daß die Behauptungen sprachpatriotischer bzw. -nationalisti-
scher Argumentationen gerade im Bereich des Germanenmythos über Jahrhunderte hinweg nahezu topisch sind, darf allerdings nicht über die Verschiedenheit der Motive für ihre jeweilige Formulierung hinwegtäuschen. Der barocke
Kulturpatriotismus etwa ist vor allem in der Aggressivität seiner gegen das
sprachlich und kulturell Fremde gerichteten Äußerungen nicht annähernd vergleichbar mit dem Sprachnationalismus des späten 19. und frühen 20. Jahrhunderts. Hinzu kommt, daß das anthropologische Pendant der sprachlichen
Argumentation, die Korrelierung einer Sprache mit einer *Rasse*, sich in der
früheren Zeit allenfalls in Andeutungen, nicht aber als Resultat einer eigenständigen Ethnologie und Anthropologie findet.

Auch innerhalb der Sprachwissenschaft des 19. und 20. Jahrhunderts
differieren Motive und Grad der Heftigkeit der einschlägigen Äußerungen erheblich. Ohne Frage unterscheiden sich thematisch verwandte Äußerungen
von Schlegel, Humboldt, Grimm und anderen Sprachwissenschaftlern deutlich von denen Arthur de Gobineaus oder, im 20. Jahrhundert, eines Hans
Günther. Was sich allerdings bei nahezu allen Autoren gleichermaßen findet,
ist die ins Mythologische und Sakrale ausgreifende Überhöhung der Muttersprache, die terminologisch völlig unspezifische Übereinanderblendung der
Konzepte *Volk, Nation, Geist, Seele, Wesen* mit dem der *Sprache* zu *Volksgeist, Sprachgeist, Sprachvolk, Nationalgeist, Nationalsprache, Volksseele,
Sprachseele, Wesen* der *Sprache* und des *Volkes* etc. Eine solche Übereinanderblendung ist etwa bei Jacob Grimm, angesichts seiner eigenen politischen
Geschichte in Göttingen und in der Frankfurter Nationalversammlung, vom
revolutionären, romantisierenden Pathos bürgerlich-liberalen und zugleich
nationalen Denkens um die Mitte des 19. Jahrhunderts getragen. Anders ist
die auf den ersten Blick vergleichbare Begriffskette E. Wankes aus dem Jahr
1934 motiviert – Sprache ist „geformter Geist, Offenbarung der Volksseele,
Heimat, Vaterland" –, die sich vor dem Hintergrund einer *rassenbewuß-
ten Sprachwissenschaft*, mit ihrer Forderung nach einer „arteigene[n] Sprache"
versteht. Wie schon an anderer Stelle ausgeführt (Kap. 5.1): Die mythologi-
sierendsakrale, pathetisch formulierte Übereinanderblendung der erwähnten Konzepte ist erst der Ausgangspunkt sprachnationalistischer Argumentation, die in ihren aggressiven, gegen das sprachlich und politisch, kulturell
und anthropologisch Fremde gerichteten Radikalisierungen weit darüber hinausgeht. Ohne diesen gemeinsamen Ausgangspunkt allerdings, den Autoren
unterschiedlichsten Zuschnitts teilen, wäre Sprachnationalismus nicht möglich.

In einem Text aus nationalsozialistischer Zeit liest sich die Übereinanderblendung der Konzepte des Sprachlichen, des Politischen, des Kulturellen und des Anthropologischen so (T. Schultheiß: »Vom höheren Zweck der Sprachwissenschaft«, 1934, 515; Hervorhebungen A. G.):

> Was hat die *Sprache* mit der *Rasse*, was hat insbesondere unsere *Sprache* mit unserer *Rasse* zu tun? Die *Sprache*, von ihrem *innersten Wesen* her betrachtet und beurteilt, gibt uns allerwichtigste Fingerzeige zum Verständnis des *Rassenbegriffes*, auf den unser ganzes heutiges *Staatswesen* aufgebaut ist und auf dessen wirklich klare, widerspruchslose Erfassung im Rahmen der *Weltanschauung* alles ankommt.

Wird dieser theoretische Rahmen wertend gefüllt, dann ist die Muttersprache „arthaftes und artechtes Erbe", werden Wörter „im echten und volkhaften deutschen Sinne" gebraucht, gelten *Einfachheit, Natürlichkeit, Kraft* und *in Selbstzucht gebändigter Wille* als „die arthaft deutschen Eigenschaften", die erst „eine wahrhaft deutsche Sprachgebung ermöglichen", all dies Ausdruck der „Zucht und Verhaltenheit des nordisch-germanischen Menschen" (»Muttersprache«, 1936, Heft 7/8).

Die Verknüpfung der Kategorien *Sprache, Volk, Rasse, Geist, Wesen* etc. läßt zugleich deutlich werden, daß sprachnationalistische Argumentationen das Konzept des erkenntnistheoretischen Apriori von Sprache in einer trivialisierten Form beinhalten (zur Präsenz des Gedankens auch in sprachpatriotischen Argumentationen vgl. Kap. 3.2, zu seiner theoretischen Bestimmung vgl. Kap. 5.1). Die Auffassung, daß die lexikalischen Inhalte und die grammatischen Strukturen einer jeweiligen Sprache das Denken ihrer Sprecher prägen und letztlich eine je eigene *Weltansicht* (Humboldt) konstituieren, führt in der Geschichte der Sprachreflexion auch immer wieder dazu, aus einem Sprachvergleich einen Vergleich des kognitiven Leistungsvermögens oder so etwas wie der moralisch-ethischen Verfassung von Sprechergemeinschaften abzuleiten. Als Beispiel sei hier lediglich die morphologisch-syntaktisch begründete Klassifizierung von Sprachen erwähnt, wonach die flektierenden Sprachen den agglutinierenden und isolierenden als „Organ des Denkens" (Humboldt 1827, 68) überlegen seien. Die einschlägigen Äußerungen verbinden sich mit Auffassungen zum Sprachursprung, nach denen die Sprachen und das Denken eine Entwicklung von struktureller Einfachheit zur Komplexität genommen haben (dies z. B. schon bei Herder), und spiegeln die hohe Bewertung des Organismuskonzeptes in der Geistesgeschichte des 19. Jahrhunderts (vgl. Schlegels Unterscheidung in *organische* und *unorganische Sprachen*). Selbst bei einem Sprachwissenschaftler wie August Schleicher, der sich in geradezu extremer Weise um die Verwissenschaftlichung seiner Arbeit bemüht, erscheinen die flektierenden Sprachen als die „Träger der Weltgeschichte", und „die sie redenden Nationen" stehen für ihn „im Vergleich mit dem Reste der Menschheit entschieden auf der höchsten Stufe" (1850, 37). Das ist keine nationalistische Äußerung, streng genommen nicht einmal eine eurozentrische, da Schleicher die indogermanischen und die semitischen Sprachen in toto zu den flektierenden zählt. Das Zitat illustriert allerdings, wie leicht sich die Auffassung von der Relativität des Denkens zur jeweiligen Einzelsprache für Hierarchien und Wertungen der unterschiedlichsten Art ge- und mißbrauchen läßt. In sprachpatriotischen und -nationalistischen Äußerungen ist dieser Gedanke nahezu immer präsent, weil dort Sprache und Sprecher unreflektiert miteinander identifiziert werden, ein *Sprachcharakter* (*Sprachnatur, -wesen, -geist* etc.) mit einem *Volkscharakter* (bzw. *-natur, -geist, -seele* etc.) in eine Wechselwirkung gesetzt wird. Das Resultat sind Äußerungen sowohl sprachtheoretisch schlichten Zuschnitts – z.B. Carl Gustav von Hilles, eines Chronisten der barocken Fruchtbringenden Gesellschaft: durch die Präsenz vor allem französischer Fremdwörter werde „die Rede / und der Teutsche Geist entfremdet / die rechte Art / verunartet / ja in eine heßliche Mißgestalt gegossen" (1647, 3) – als auch Ausführungen, die sich gezielt in sprachphilosophische Traditionen stellen, wie diejenigen E. Wankes unter dem Titel »Ein Volk – eine Sprache« (1934, 479):

> Fichte sagt in seiner 4. Rede an die deutsche Nation, daß „weit mehr die Menschen von der Sprache gebildet werden denn die Sprache von den Menschen". So wird die Sprache aus dem Denken geboren und umgekehrt das Denken aus der Sprache. Sobald wir diese Erkenntnis gewonnen haben, ergibt sich mit aller Klarheit die ungeheure Bedeutung der Sprache für die Bildung der Volksgemeinschaft; sie erzieht das Volk zu einer besonderen, arteigenen Denkart. Die Menschen sind nicht nur deshalb verschieden, weil sie verschiedenen Blutes sind, sondern vor allem auch, weil sie verschiedenen Geistes sind ihrer Sprache wegen. „Die Verschiedenheit der Sprachen ist nicht eine von Schällen und Zeichen, sondern eine Verschiedenheit der Weltansichten selbst" (Humboldt). Das hatten, wenn auch weniger klar, schon andere vor ihm erkannt. Die Sprache ist die Seele des Volkes, und sie bildet die Seele des Einzelnen. Die Einheitlichkeit eines Volkes wird durch Sprache und Rasse bestimmt; mögen auch andere Kräfte mitwirken.

In beiden Fällen basiert die Argumentation auf der Überzeugung, daß die Sprache das Denken beeinflußt oder gar konstituiert und die Identität der Sprachgemeinschaft sichert. Was bei Hille allerdings sprachtheoretisch anspruchsloser Protest gegen alamodische Fremdwortverwendung ist, steht bei Wanke im Kontext einer deterministischen Verknüpfung von *Sprache*, *Volk* und *Rasse* und, als Folge, einer ausgeprägt nationalistischen Suche nach einer Sprache, die als „das beste Ausdrucksmittel einer erstarkenden Rasse und eines vorwärtsstrebenden Volkes" (ebd., 478) dienen kann.

Ebensowenig wie Humboldt schon dadurch zu einem kruden Nationalisten wird, daß er in nationalistisch geprägten Arbeiten zitiert wird, ist das

Konzept sprachlicher Relativität schon deshalb nationalistisch orientiert, weil es sich so mühelos ins Nationalistische trivialisieren läßt. Im Rahmen einer Erkenntnistheorie formuliert, bietet dieses Konzept zunächst nicht mehr als eine bestimmte Erklärung des Verhältnisses von Sprache und Denken. Selbst dort, wo auf die allgemeine Erklärung die konkrete Untersuchung von Sprachen folgt, sind wertende Vergleiche sprachnationalistischen Zuschnitts keineswegs unumgänglich. Eine empirisch geartete Beweisführung, die etwa aus einem inhaltlich in bestimmter Weise strukturierten Wortschatz oder gar aus der morphologisch-syntaktischen Spezifik einer Sprache auf bestimmte intellektuelle Fähigkeiten ‚der Sprecher' schließt, ist ohnehin ausgesprochen problematisch (dazu Lehmann 1998).

In sprachpatriotischen und -nationalistischen Kontexten dient das Relativitätsprinzip im Grunde nur der wissenschaftlichen Verbrämung ideologischer Interessen, jenseits aller ernstzunehmenden Empirie. Daß solche Argumentationen bis fast in die Gegenwart hineinreichen und dabei durchaus international sein können, sei an Ausführungen der englischen Kafka-Übersetzerin Willa Muir um die Mitte des 20. Jahrhunderts belegt. Der Text illustriert in geradezu klassischer Weise die Unsinnigkeit einer ideologischen Auslegung des Relativitätsgedankens. Keineswegs ironisch schreibt Muir über den Einfluß der Struktur der deutschen Sprache, vor allem der Satzklammer, auf das ‚Wesen' der deutschen Sprecher (1959, 93ff.):

Ich habe den Eindruck, daß die Gestalt der deutschen Sprache das Denken derjenigen beeinflußt, die sie verwenden, und sie dazu veranlaßt, Autorität, Willenskraft und zielgerichtete Dynamik überzubewerten. In seiner Betonung von Unterordnung und Kontrolle ist der deutsche Satz zwar nicht so radikal wie der lateinische, aber sowohl im Deutschen wie im Lateinischen scheint mir die Struktur der Sprache das Denken, das durch sie ausgedrückt wird, zu prägen. Dementsprechend muß die Sprache eine unmittelbare Beziehung zu den Absichten und Vorstellungen derjenigen haben, die sie verwenden. Eine Sprache, die Kontrolle und rigide Unterordnung betont, muß dazu neigen, dasjenige zu formen, was wir *Machtmenschen* nennen. Die Dynamik, die klare zielgerichtete Dynamik der lateinischen Sprache ist der klaren, zielgerichteten Dynamik der römischen Straßen bemerkenswert ähnlich. Man könnte die Vermutung wagen, daß sich aus der Verwendung von *ut* mit Konjunktiv das römische Reich ableiten ließe. Könnte man dementsprechend Hitlers Reich aus der weniger radikalen Form des deutschen Satzes ableiten? Ich denke, man könnte es, und eben deshalb habe ich eine Abneigung gegen den deutschen Satz entwickelt.

Moralisch fragwürdig, so läßt sich zusammenfassen, wird das Relativitätsprinzip erst mit seiner deterministischen Interpretation, jedenfalls dann, wenn kognitive und kulturelle Hierarchien damit begründet werden sollen. Der Sprachnationalismus, soweit er sein Anliegen überhaupt sprachphilosophisch begründet, ist auf eine solch deterministische Interpretation geradezu angewiesen, da er so die Überlegenheit der eigenen Sprache (und damit der eigenen

Kultur, der eigenen kognitiven Fähigkeiten, der eigenen Rasse etc.) als unverbrüchliches Faktum präsentieren kann. Die jeweilige Sprache und die kognitiven, kulturellen, politischen Folgen ihrer Wirkung auf die Sprachgemeinschaft sollen ja gerade nicht als historische, den sich wandelnden Interessen der Sprecher unterworfene Größe betrachtet werden. Ebensowenig wie die Kategorien *Nation* und *Volk* aus einer Verbindung von gemeinsamer Tradition und voluntaristischer Setzung bestimmt, sondern mythologisch oder naturgesetzlich begründet werden, gilt die *Nationalsprache* in nationalistischen Argumentationen in ihrem ,Kern' (*Wesen, Natur*) als bloß konventionelle Größe, deren Basis arbiträre und damit grundsätzlich austauschbare Zeichen sind. Vielmehr gilt sie als ein den Sprechern von alters her vorgegebener, von inneren Gesetzmäßigkeiten getragener Organismus, der die Traditionen und Mythen des *Sprachvolkes* in sich birgt und in rational letztlich nicht nachvollziehbarer Weise auf die Welterfahrung der Sprecher Einfluß zu nehmen vermag: Die *Sprache* ist ihrem *Volk* ganz und gar gemäß.

In der Konsequenz der nationalistischen Auffassung von der *arteigenen, rassegemäßen Sprache* liegt ein rigider Fremdwortpurismus. Im Deutschland des 19. Jahrhunderts entstanden zahlreiche Gesellschaften der Sprachpflege, die sich die *Reinigung* des Deutschen von Fremdwörtern zur Aufgabe machten. Im Revolutionsjahr 1848 etwa stellte der Gründer des im gleichen Jahr ins Leben gerufenen »Vereins der deutschen Reinsprache«, Josef Brugger, an die Frankfurter Nationalversammlung (vergeblich) den Antrag, man solle in den Schriften keine Fremdwörter verwenden. Die Zeitschrift des Vereins demonstriert in ihrem pathetischen Titel eine Verbindung sprachlicher und moralisch-ethischer Momente: »Die deutsche Eiche. Erste Zeitschrift zur Förderung deutschen Sinnes, deutscher Gesittung und deutscher Reinsprache durch Belehrung und Unterhaltung«. Nach dem deutsch-französischen Krieg von 1870/71 nahmen fremdwortpuristische Forderungen im Rahmen sprachnationalistischer Kontexte stark zu, mit einer deutlichen Spitze gegen Frankreich und das Französische.

Fremdwortpuristische Argumentationen sind über Jahrzehnte und sogar Jahrhunderte hinweg absolut topisch. Betrachtet man einen beliebigen Text – z. B. »Fort mit den Fremdwörtern!« aus der Zeitschrift »Nationalsozialistische Erziehung. Kampf- und Mitteilungsblatt des Nationalsozialistischen Lehrerbundes im Bereich Norddeutschland« von 1934 – dann begegnen dort Motive und Formulierungen, die in dieser oder in sehr ähnlicher Form bereits in einschlägigen Texten von Sprachpflegern des 17., 18. und 19. Jahrhunderts vorliegen. Wenn „die schrankenlose Anbetung alles Fremden" kritisiert wird, die „mangelnde Ehrfurcht des Deutschen vor seiner eigenen Muttersprache", das *Verhunzen* durch die „zahllosen lateinischen, griechischen, französischen und englischen Brocken", die „krebsartigen Wortgeschwüre", die die „gesunden deutschen Wörter überwuchern" und „einer gewissen Unehrlichkeit Vorschub leisten", weil sie ein Reden ohne Vergewisserung der bezeichneten Sachverhalte ermöglichen, dann liegt dies durchaus auf der Linie schon frühneuzeitlicher Fremdwortkritik (vgl. Kap. 3.2).

Trotz der Tatsache, daß der Fremdwortpurismus geradezu in der Konsequenz des Sprachnationalismus liegt, wurde er, jedenfalls in seiner institutionalisierten Form, durch offizielle Eingriffe in den dreißiger Jahren des 20. Jahrhunderts stark eingeschränkt. Von einer solchen Institutionalisierung kann man mit gewissem Recht angesichts der Existenz des 1885 gegründeten Allgemeinen Deutschen Sprachvereins und seines Publikationsorgans sprechen (Verein und Zeitschrift trugen zu unterschiedlichen Zeiten leicht unterschiedliche Namen). In den einzelnen Ausgaben der Zeitschrift finden sich, bei verschiedener Gewichtung je nach Autor und Erscheinungszeit, sämtliche Themen, Motive und Argumentationsweisen des Sprachnationalismus, mit einer Konzentration auf dem Fremdwortpurismus. Praktisch wirkten die Mitglieder des Allgemeinen Deutschen Sprachvereins etwa durch die Veröffentlichung von *Verdeutschungsbüchern*, die einzelnen Bereichen des öffentlichen Lebens gewidmet sind (nach Straßner 1995, 393): »Deutsche Speisekarte« (1888), »Der Handel« (1889), »Unsere Umgangssprache« (1890), »Die Amtssprache« (1892), »Die Schule« (1896), »Tonkunst, Bühnenwesen und Tanz« (1899), »Sport und Spiel« (1915), »Das Versicherungswesen« (1916) etc.

Eben dieser radikale Fremdwortpurismus aber vertrug sich nicht mit der Sprachpraxis der Nationalsozialisten, die in ihrer Propagandasprache sehr wohl auf Fremdwörter zurückgriffen. Zunächst aktiv durch einflußreiche Nationalsozialisten gestützt (von 1933 an war Rudolf Buttmann, Leiter der Kulturabteilung des Reichsinnenministeriums, Vorsitzender des Deutschen Sprachvereins) und in enger Zusammenarbeit mit staatlichen Stellen (insbesondere dem Deutschen Sprachpflegeamt), gerät der Verein wegen seines Purismus immer mehr selbst in die Kritik, mußte seiner Zeitschrift von 1939 an einen neuen Titel geben – nicht mehr »Muttersprache. Zeitschrift des Deutschen Sprachvereins«, sondern »Muttersprache. Zeitschrift für deutsches Sprachleben mit Berichten aus der Arbeit des Deutschen Sprachvereins und des Deutschen Sprachpflegeamts« –, bevor diese dann 1943 ganz eingestellt wurde.

Kritik an zu rigidem Fremdwortpurismus kam aber auch aus denjenigen Teilen der Wissenschaft und des öffentlichen Lebens, die von einem toleranteren Geist getragen waren. In verschiedenen Stellungnahmen wandten sich bereits kurz nach der Gründung des Allgemeinen Deutschen Sprachvereins Persönlichkeiten wie Wilhelm Dilthey, Ernst Curtius, Theodor Fontane, später Leo Spitzer und andere, auch Institutionen wie die Berliner Akademie der Wissenschaften gegen die Überzeichnungen einer puristischen Sprachpflege. Die Erklärung der Philosophisch-Historischen Klasse der Akademie von 1918 sticht in ihrer umsichtig abwägenden Sprache wohltuend von dem aggressiven Ton so vieler Beiträge in der Zeitschrift ab (Zeitschrift des Deutschen Sprachvereins, 1918, Sp. 97ff.):

Fremdworte sind nicht ein für allemal zu verwerfen. Sie sind wichtige Zeugnisse des Kulturlebens eines Volkes, Denkmäler seiner Bildungsgeschichte, seiner Berührung mit anderen Völkern, von denen es wertvollen geistigen und technischen Gewinn empfangen hat. Fremdwörterreichtum ist geradezu das Kennzeichen einer entwickelten Kultursprache, er bedeutet eine unentbehrliche Bereicherung und selbst Verfeinerung ihrer Ausdrucksmittel [...].

Das Englische, so der Text weiter, verfüge über weit mehr Fremdwörter als das Deutsche, worunter aber das sonst so empfindliche Nationalgefühl der Engländer nie gelitten habe.

Konkret schlägt sich der Sprachnationalismus außer im Fremdwortpurismus und damit im Bereich der Sprachpflege auch in Bereichen wie der Sprachpädagogik und der Lexikographie nieder. Daß sich über die Lemmatisierung oder über die semantischen Angaben und Kommentare zu Wörtern wie *Volk*, *Rasse* und *deutsch* ideologische Interessen ausdrücken lassen, ist offensichtlich. So enthalten, um nur ein Beispiel zu nennen, die zwischen 1933 und 1945 erschienenen Ausgaben des Duden eine Reihe von Komposita zu *volk-*, die weder vor 1933 noch nach 1945 begegnen, darunter *volksdeutsch*, *Volkheitskunde*, *Volksboden*, *Volksinsel*, *Volkstumskampf*, *Volkstumspflege*, *Volksgemeinschaft*, *Volkstod*, *Volkswerdung*, *Volksgenosse*, *Volksverräter*, *volksfremd* etc. (dazu im einzelnen Müller 1994).

Der im folgenden zitierte Auszug aus der bereits erwähnten Habilitationsschrift von Fritz Stroh soll abschließend nochmals das Anliegen einer „volkhafte[n] Sprachwissenschaft" und damit diejenigen Konzeptbildungen, auf denen Sprachnationalismus entscheidend beruht, illustrieren (1933, 76f.):

Offenbar sind die Grundlagen einer sinnvollen Sprachwissenschaft durch den erneuerten Sprachbegriff wieder schärfer vorgezeichnet. Denn zum Wesen dieses Sprachbegriffs gehört vor allem eine tiefe Besinnung auf die notwendigen Zusammenhänge und Bezüge, die zwischen Sprache und Gesamtleben bestehen, und zumal auf die Wechselwirkungen zwischen Völkerschicksalen und Sprachen. Von hier aus allererst drängt sich den Gegenwärtigen wieder das Problem der Sprache entgegen: *als die Bewußtwerdung und Bewußtmachung eignen Volkstums in eigener Sprache, als das Zu-sich-selbst-Kommen, die Selbstbefreiung des Volksgeistes in der Sprache und demnach als die Selbstverwirklichung der Völker in ihren Sprachen.* [...] Die volkhafte Sprachwissenschaft achtet nicht nur auf die Spiegelungen des Kulturgeschehens in der Sprachgeschichte, sondern in erster Linie auch auf den Wesenszusammenhang von *Volk und Sprache*: auf die eigenwüchsige, sinngemäße Fortentwicklung und Weiterbildung der ererbten volkssprachlichen Ausdruckskräfte, die die ungeheure und lebenswichtige Leistung zu vollbringen haben, aus dem Geist der Volkssprache und im Geist der Nationalsprache durch das Wort neue geistig-seelische völkische Sonderwelten zu entdecken und zu gestalten.

Stroh stellt sich in die Tradition einer idealistischen Sprachtheorie, die Sprache nicht primär als Abbild, sondern als Bedingung der geistigen und, in der Folge, praktischen Konstitution von Wirklichkeit begreift. In seinem Buch beruft er sich auf Persönlichkeiten wie Herder, Fichte, Humboldt, bis hin zu Cassirer und Weisgerber. Seine mythisch-nationale Auslegung dieser Theorie wird zum einen dadurch möglich, daß sich Stroh ihre unspezifische Begrifflichkeit zunutze macht (Rede vom *Wesen des Sprachbegriffs*, vom *Wesenszusammenhang von Volk und Sprache*, vom *Geist der Volkssprache* und der *Nationalsprache*), zum anderen durch die mythologisierende Herauslösung von Sprache aus ihren gesellschaftlichen Einbindungen (s.o.: *Wechselwirkungen zwischen Völkerschicksalen und Sprachen, Selbstbefreiung des Volksgeistes in der Sprache, entdecken und gestalten geistig-seelischer völkischer Sonderwelten*). Für sprachnationalistische Darstellungen ist die Vorstellung charakteristisch, daß sich das Sprachvolk durch Besinnung auf die eigene Sprache gleichsam auf sich selbst zubewegt (das *Zu-sich-selbst-Kommen des Volksgeistes*, seine *Selbstbefreiung in der Sprache*), im überzeitlichen *Wesen der Sprache* sein eigenes überzeitliches *Wesen als Volk* erkennt. Dieses *Wesen der Sprache* ist nicht statisch – bei Stroh ein übersteigerter Anklang an Humboldts *energeia*-Konzept –, wie auch die Sprache insgesamt kein bloß passives Abbild der Wirklichkeit ist (nicht nur um *die Spiegelungen des Kulturgeschehens* in der Sprache geht es). Wird Sprache im Einklang mit diesem dynamischen *Wesen der Sprache* verwendet, wird das in der eigenen Sprache angelegte Potential an Ausdrucksmöglichkeiten im Sinne der muttersprachlichen *energeia* fortgeschrieben (Stroh spricht von der *eigenwüchsigen Fortentwicklung der volkssprachlichen Ausdruckskräfte*), werden also Ausdrücke und Ausdrucksformen verwendet, die diesem inneren *Wesen* der Muttersprache entsprechen, dann wird damit zugleich, aufgrund der symbiotischen Beziehung von *Sprache* und *Volk*, für das Sprachvolk Wirklichkeit geschaffen (Stroh: *entdecken und gestalten* von Welt durch Sprache). Wenn aber die Sprache in ihrem innersten *Wesen* sozusagen genetisch rein ist und von den Sprechern in Fortschreibung dieses Wesens verwendet wird, dann wird die durch die Muttersprache konstituierte Wirklichkeit eine dem Volk gemäße sein, sind die durch Sprache gestalteten *geistig-seelischen* Welten zugleich *völkische Sonderwelten*.

Die detaillierte Lektüre von Strohs Ausführungen will am Beispiel aufzeigen, was den Sprachnationalismus und auch -patriotismus generell kennzeichnet: die begrifflich und terminologisch völlig unspezifische Übereinanderblendung der Größen *Sprache* und *Volk* bzw. *Nation*, die Identifizierung eines *Sprachwesens* mit einem *Volkscharakter* und vor allem die geradezu obsessive Postulierung eines Zustandes der Eigentlichkeit von *Sprache* und *Volk*. Danach sind *Sprache* und *Volk* in ihrem ‚Kern' der Geschichtlichkeit enthoben. Sprachpflege muß nun bedeuten, dieses *Wesen* (*Geist, Kern, Natur* etc.) *der Sprache* zu beschreiben und durch normative Vorgaben grammatikographischer, lexikographischer, rhetorisch-stilistischer Art sicherzustellen, daß zukünftige Sprachverwendung im Einklang mit diesem *Wesen der Muttersprache* erfolgt.

Natürlich existiert ein solches *Wesen der Sprache* nicht, erweist sich jeder vermeintliche ‚Kern' bei näherem Hinsehen als ein historisch offener, steter Veränderung ausgesetzter Zustand, der im gesellschaftlichen Diskurs und durch je unterschiedliche historische Bedingungen erst seine Konturen gewinnt. Jeder Versuch des *Zu-sich-selbst-Kommens* von *Volk* und *Sprache* (Stroh) führt zu nichts als einem gesellschaftlichen Konsens, jede vermeintliche Eigentlichkeit löst sich in Geschichtlichkeit auf. Konkret bedeutet das für die Sprachpflege, daß die Bestimmung von so etwas wie ‚rein deutsch' (in älteren Texten begegnet gelegentlich das Adjektiv *kerndeutsch*) unmöglich ist, daß weder ein ganz bestimmter Zustand des Sprachsystems als in einem irgendwie ontologischen Sinne ‚ursprünglich deutsch', ‚an und für sich deutsch', ‚natürlich deutsch', ‚richtig deutsch' bestimmbar wäre noch daß einzelne Elemente des Systems wie etwa das *Stammwort* oder daß bestimmte Verwendungsweisen von Sprache eine solche Eigenschaft in ontologischer Objektivität besäßen. Will die Rede vom ‚eigentlich', ‚ursprünglich', ‚richtig Deutschen' sachlich zulässig bleiben, so ist das nur unter der Voraussetzung möglich, daß alle diese Eigenschaften relativ zu jeweiligen Bezugsgrößen und damit als Resultat eines Konsenses gesehen werden, so daß sich die durch die Ausdrücke nahegelegte Absolutheit als eine Absolutheit nur innerhalb eines bestimmten Bezugsrahmens (der stilistischen oder grammatischen Bewertung, der sprachgeschichtlichen Periodisierung etc.) und damit letztlich als bloße Redeweise zu erkennen gibt.

Der Sprachnationalismus aber kann sich einen solch historisch-pragmatischen Sprachbegriff nicht zu eigen machen. Die gewünschte starke Identifizierung mit dem sprachlich Eigenen und der Wunsch nach radikaler Abgrenzung vom Fremden erscheinen nur plausibel, wenn die Muttersprache aus der Relativität des Historischen und Gesellschaftlichen herausgelöst und als geradezu monolithischer Fixpunkt beschrieben und beschworen wird. Das dieser Haltung am ehesten entsprechende Konzept der Nation ist ein ethnisch-kulturell bis anthropologisch begründetes, in keinem Fall aber ein rein voluntaristisches, das die Nation als Willensgemeinschaft ihrer Bürger, jenseits jeder genetischen oder sonstigen ‚Eigentlichkeit' begreift.

Mehrfach wurde in dieser Untersuchung darauf hingewiesen, daß sich die Geschichte der Ideologisierungen von Sprache in Deutschland sowohl unter dem Gesichtspunkt der Konstanz wie dem des historischen Wandels beschreiben läßt. Die Betrachtung früherer Formen dieser Ideologisierung etwa im Barock zeigt zum einen die Unterschiede zu den Erscheinungsformen, die im 20. Jahrhundert begegnen, allen voran die Tatsache, daß die neueren Äußerungen in ihrer schärfsten Form Ausdruck einer aggressiven Rassenideologie und Expansionspolitik sind. Interessanter als diese offensichtlichen, sich aus der Andersartigkeit der historischen Bedingungen erklärenden Unterschiede, sind die weitreichenden Parallelen in den Mustern sprachideologischer Argumentation: die Enthistorisierung und Hypostasierung von Sprache, die Propagierung eines

Sprach- und Volkscharakters und die spezifischen Eigenschaften, die dem Eigenen wie dem Fremden zugesprochen werden, wie überhaupt die ganze Kultivierung des Eigentlichkeits-Konzeptes, mit seinen ideologischen und sprachtheoretischen Implikationen.

Literatur

Ideologisierung der Sprachwissenschaft in Deutschland im 19. u. 20. Jahrhundert: von Wiese/Henß 1967, Kirkness 1975, Simon 1979, Koerner 1981, Römer 1989, Townson 1992, Flood 1993, Ivo 1994, Müller 1994, von See 1994, Maas 1996, Schlaps [demn.]

Nationalismus; Begriffe *Volk*, *Nation*, *Nationalsprache* etc.: Große 1972, Reichmann 1978 u. [demn.], Johnston 1990, Hobsbawm 1991, Koselleck 1992, Dann 1993, Busse 1994, Hermanns 1994, Ivo 1994, Anderson 1996, Gardt [demn.]c, Koller [demn.], Wiesinger [demn.]

6.3 Analytische Sprachphilosophie: Ludwig Wittgenstein
Tradition der logisch-analytischen Sprachauffassung;
Ludwig Wittgenstein

Die Philosophie des 20. Jahrhunderts ist in weiten Teilen Sprachphilosophie. Das ist das Resultat einer Skepsis gegenüber jeder philosophischen Praxis, die Aussagen über Realität und metaphysische Zusammenhänge formuliert und dabei die Sprache als selbstverständliches Werkzeug der Beschreibung voraussetzt. Stattdessen wird Sprache selbst zum Gegenstand der philosophischen Untersuchung, ihre transzendentale, d. h. Erkenntnis ermöglichende Qualität, die Gestalt und Wahrheitsfähigkeit ihrer Aussagen, ihre Funktion im Handeln der Individuen und der Gesellschaft.

Die zeitgenössische Sprachphilosophie umfaßt unterschiedliche Ausprägungen. Eine Möglichkeit, zwei der bedeutendsten dieser Ausprägungen zu unterscheiden, ist die Differenzierung in die *Ideal Language Philosophy* und die *Ordinary Language Philosophy*. Die *Ordinary Language Philosophy* steht mit ihrer Orientierung an der Umgangssprache der modernen Pragmatik nahe bzw. begründet sie in Teilen sogar; zu ihren Vertretern zählen unter anderem der späte Wittgenstein, Peter Strawson, John Austin und John Searle (vgl. Kap. 6.5). Das zentrale Anliegen der *Ideal Language Philosophy* dagegen ist die logische Sprachanalyse mit dem Ziel der Beschreibung einer idealen, höchsten Exaktheitsansprüchen genügenden Sprache. Wichtige Repräsentanten sind, als Vorläufer, Gottlob Frege, dann Bertrand Russell, Orman Quine und der frühe Wittgenstein.

Kennzeichnend für nahezu die gesamte Sprachphilosophie der Gegenwart ist, wie angedeutet, die Annahme der transzendentalen Natur von Sprache.

Die Spezifik dieser transzendentalen Qualität differeriert allerdings ganz erheblich unter den verschiedenen sprachphilosophischen Schulen. Nicht vorgesehen ist eine erkenntniskonstituierende Dimension von Sprache lediglich in bestimmten abbildtheoretischen Vorstellungen, wonach die sprachlichen Zeichen entweder auf die Gegenstände und Sachverhalte der Wirklichkeit oder auf die mentalen Abbilder dieser Gegenstände und Sachverhalte verweisen, der Vorgang der Erkenntnis also ausschließlich von der Wirklichkeit über die Vorstellungen zur Sprache verläuft, die eine vorgängig perzipierte und kognitiv angeeignete Wirklichkeit lediglich im nachhinein bezeichnet. Solche abbildtheoretischen Vorstellungen existieren zum einen außerhalb der Wissenschaften, in der laienhaften Reflexion über Sprache, da sie das Verhältnis zwischen Sprache, Denken und Wirklichkeit in einer Weise beschreiben, die intuitiv absolut plausibel anmutet und als einzige Sprachtheorie der alltäglichen Erfahrung von der sprachunabhängigen Präsenz der Dinge gerecht zu werden scheint. Innerhalb der sprachbezogenen Disziplinen existieren abbildtheoretische Vorstellungen im 20. Jahrhundert vor allem in materialistischen Erkenntnistheorien, wenn auch in sehr unterschiedlich differenziertem Zuschnitt. Eine sehr eindimensionale Beschreibung liefert z. B. Otto Kade, wenn er in einem Aufsatz über »Das Problem der Übersetzbarkeit aus der Sicht der marxistisch-leninistischen Erkenntnistheorie« (1971) vom „Primat der objektiven Wirklichkeit gegenüber dem Bewußtsein und der Sprache" ausgeht, von der „Widerspiegelung der objektiven Wirklichkeit" im Bewußtsein und dann in der Sprache. Die „idealistische Umkehrung der Relation zwischen Sprache und Denken", also die Annahme einer erkenntniskonstituierenden Dimension von Sprache, betrachtet er als den „eklatanteste[n] Irrtum der bürgerlichen Sprachwissenschaft", als deren Begründer er Wilhelm von Humboldt und als deren modernen Vertreter er Leo Weisgerber anführt. Einen ähnlichen Vorwurf richtet er gegen die „positivistisch-behavioristischen Sprachauffassungen" nordamerikanischer Provenienz, die „der sprachlichen Kommunikation das Primat gegenüber dem Denken [zuschreiben] und beide zusammen von der Wirklichkeit trennen".
Das zentrale erkenntnistheoretische Problem dieser abbildtheoretischen Position liegt nun darin, daß es offensichtlich möglich ist, mittels Sprache ontologisch ‚falsche' Abbilder von Wirklichkeit zu suggerieren und daher im Bewußtsein der Sprecher ‚richtige' neben ‚falschen' Abbildern entstehen zu lassen. Damit ist die Frage nach einem Entscheidungskriterium über die ontologische Richtigkeit der Abbilder gestellt. Wie andere auch, versucht Kade das Problem dadurch zu lösen, daß er die Möglichkeit der „Bewußtseinsmanipulierung" durch Sprache zwar grundsätzlich zugesteht – also anerkennt, daß „nicht [...] jedes Mitglied der Gesellschaft" zu den objektiv richtigen Abbildern von der Wirklichkeit gelangt –, daß es aber „für bestimmte Mitglieder (und über die gesellschaftliche Verallgemeinerung der Erkenntnis im Zuge der Kommunikation letztlich für die Gesellschaft insgesamt)" (Hervorhebungen A. G.) sehr wohl möglich ist, zu solch objektiv richtigen Abbildern von der

Wirklichkeit zu gelangen. Das Problem ist damit aber nicht gelöst, sondern nur verschoben, da nun entschieden werden muß, wer zu diesen *bestimmten Mitgliedern der Gesellschaft* zählt: durch Fachkompetenz ausgewiesene Mitglieder, durch Zugehörigkeit zur ideologisch-politischen Führungsschicht ausgewiesene Mitglieder, durch Geburtsrecht ausgewiesene Mitglieder, durch vermutete göttliche Gnade ausgewiesene Mitglieder etc. Fragwürdig ist dabei nicht, daß die Entscheidung über die Qualität von Aussagen (in Kades Begrifflichkeit: von Wirklichkeitssabbildern) einer bestimmten gesellschaftlichen Gruppe zugesprochen wird, sondern daß behauptet wird, diese Gruppe könne objektiv richtige Aussagen darüber machen, ob bestimmte Abbilder (d. h. Vorstellungen von Gegenständen und Sachverhalten, darunter auch solchen wie ‚Freiheit‘, ‚Gerechtigkeit‘ etc.) *objektiv*, d. h. ontologisch richtig sind oder nicht. Die Gruppenentscheidung wird damit nicht als dasjenige gesehen, was sie ist, nämlich als handlungsleitender Konsens über die Verfaßtheit der Welt (ein Gedanke, der letztlich bereits im antiken Konzept des *consensus eruditorum*, des Konsenses der Experten begegnet), sondern als Ausdruck ontologischer Wahrheit.

Von solchen abbildungstheoretischen Positionen abgesehen, geht die moderne Sprachphilosophie, wie angedeutet, von einer umfassenden transzendentalen Funktion der Sprache aus, am deutlichsten in denjenigen Ausprägungen, die in idealistischer Tradition stehen (vgl. Kap. 5.1). Auch für pragmatische Positionen gilt dies, wenn auch nicht in dem Sinne, daß ein sprachliches Weltbild Humboldtschen Zuschnitts angenommen wird, das auf den lexikalischen Inhalten und morphologischen oder syntaktischen Strukturen einer Sprache beruht und die intellektuelle Verarbeitung, womöglich sogar die Wahrnehmung von Wirklichkeit leitet. In der pragmatischen Sprachhandlungstheorie scheint das transzendentale Moment von Sprache in der Überzeugung auf, daß dasjenige, was als wahr über die Wirklichkeit angenommen wird, Resultat des Diskurses über den Gegenstand ist, eine Annahme, die den Wahrheitsbegriff sogleich relativiert, indem sie ihn an die Bedingtheiten und Interessen der am Diskurs beteiligten Gruppen zurückbindet. Sensu strictu entsteht der Gegenstand als geistig verfügbarer also erst im Diskurs, und insofern berühren sich pragmatische Positionen wieder mit idealistischen, da in beiden Fällen die Inhalte der sprachlichen Zeichen nicht einfach ‚die Dinge abbilden‘, sondern stets Resultate eines menschlichen Zugriffs darstellen.

Etwas anders verhält es sich mit der Annahme einer transzendentalen Funktion von Sprache im Rahmen der *Ideal Language Philosophy*. Sie soll im folgenden im Vordergrund stehen und anhand des »Tractatus logico-philosophicus« von Ludwig Wittgenstein (1921; das deutsche Original des Textes trägt dem Titel »Logisch-Philosophische Abhandlung«) in ihren Grundpositionen umrissen werden. Der Text steht seinerseits in einer Tradition, die in Deutschland mindestens auf die Rationalisten des späten 17. Jahrhunderts zurückgeht, in Teilen sogar weit darüber hinaus. Zu jeder Zeit ist die Basis für die in der Linie dieser Tradition betriebene Sprachreflexion die Kritik an der mangelnden Wahrheitsfähigkeit der Umgangssprache (– der Terminus *Umgangssprache* wird hier, wie auch in neueren sprachphilosophischen Arbeiten, nicht in einem varietätenlinguistischen Sinne, sondern im Sinne der historisch vorgegebenen und gesellschaftlich kodifizierten Sprache verwendet, also als Gegenbegriff zur konstruierten, logisch-philosophischen Idealsprache). Diese Kritik begegnet schon früh und verbindet, bei allen Unterschieden, angelsächsische Empiristen mit kontinentalen Rationalisten. John Locke stellt in seinem »Essay concerning human understanding« (1689) fest, daß die Zuordnung von Wörtern zu Dingen von dem Bemühen um die praktische Bewältigung des Alltags geleitet wird und gelegentlich sehr willkürlich ablaufe (Locke 1689, III, VI, 26). Dabei orientieren sich die Menschen nur am äußerlichen Erscheinungsbild der Dinge, nicht aber an ihren „real essences" (III, VI, 25). Die Wörter verweisen also nicht auf die Dinge in ihrem objektiven Gegebensein, sondern lediglich auf die sachlich zumeist inadäquaten bis fehlerhaften, perspektivisch gebrochenen, von den unterschiedlichsten Interessen getragenen *Vorstellungen* von den Dingen. An den Inhalten der Wörter und an der Struktur der Sprache kann man also lediglich den menschlichen Zugriff auf die Welt, nicht aber deren wahre Struktur ablesen. Ontologisch falsche Bezeichnungen können sogar falsche Annahmen über die Wirklichkeit bewirken (III, IX, 21).

Leibniz bestätigt Lockes Sprachkritik in seinen »Nouveaux essais« (1704) und in zahlreichen anderen Schriften. Die Arbeiten Christian Wolffs zeigen, daß sie schließlich zu einem Gemeinplatz des deutschen Rationalismus wird (z. B. Wolff 1720 u. 1734). Aufgrund ihrer Offenheit zu den unterschiedlichsten Gebrauchsinteressen der Sprecher und ihrem Gegebensein als historisches, dem Wandel ausgesetztes Phänomen ist die Umgangssprache untrennbar mit Erscheinungen wie Polysemie, Homonymie, Synonymie und semantischer Vagheit bzw., wie oben beschrieben, ontologischer Fehlerhaftigkeit verbunden. Zugleich aber ist das Denken – jedenfalls das nicht intuitive, mit komplexen Begriffen operierende Denken – unabdingbar auf Sprache angewiesen: Erst die Sprache gliedert die amorphe Masse der Phänomene und erlaubt, so Leibniz im »Dialogus de connexione inter res et verba« (S. 191), einen deutlichen („distincte") intellektuellen Zugriff auf die Welt. Die Inhaltsseiten der Wörter dienen uns als Stellvertreter der Gegenstände und Sachverhalte, mittels deren wir kognitiv handeln. Diese mentalen Einheiten ersparen es uns, jedesmal sämtliche Merkmale eines Gegenstandes der Wirklichkeit zu bedenken, wenn wir uns auf diesen Gegenstand im Gespräch oder im Text beziehen. So können wir etwa bei der Beschreibung einer Landschaft in rascher Folge von einem *Baum*, einer *Rose*, einem *Gebirge* oder einem *Fluß* sprechen – bzw. können das Gesprochene verstehen –, ohne daß wir uns sämtlicher Merkmale eines Baumes, einer Rose etc. gegenwärtig wären, ja selbst ohne daß wir auch nur das geistige Bild der jeweiligen Gegebenheit vor Augen hätten. Wir denken in und mittels Sprache, die für uns das *instrumentum rationis* schlecht-hin darstellt.

Das Entscheidende dieser Sprachkonzeption ist weniger die Tatsache, daß der Sprache ein konstitutiver Einfluß auf das Denken zugesprochen wird, sondern daß 1. der Bezugspunkt der Erkenntnis bei aller Sprachgebundenheit die Dinge selbst bleiben und 2. der Einfluß der Sprache auf das Erkennen der Dinge als kontrollierbar gilt. Die Einsicht in die transzendentale Dimension von Sprache führt nämlich keineswegs dazu, daß nun die Hoffnung auf die Möglichkeit eines objektiven, sachadäquaten Erkennens der Dinge aufgegeben wird (dazu auch Kap. 5.1). Für Leibniz, für Locke und zahlreiche andere Autoren, die in der hier beschriebenen Tradition stehen, ist es keine Frage, daß die Dinge ein vom Verstand und damit auch von der Sprache unabhängiges Wesen besitzen und wir die Fähigkeit haben, dieses Wesen zu erkennen (Leibniz 1704, III, VI, 27). Die „nature des choses" (ebd., III, V, 9), jenseits sprachlicher Prägungen, bleibt in jedem Fall das Ziel der Erkenntnis.

Um eben das sicherzustellen, bieten sich zwei Möglichkeiten an, in Abhängigkeit von der Art der Sprache. Für die Umgangssprache wird der größtmögliche Grad an zeichenrelationaler Exaktheit gefordert, jedenfalls in jenen Bereichen, wo ein solch präziser Zugriff auf die Wirklichkeit notwendig erscheint, vor allem in den Fach- und Wissenschaftssprachen. Mit dem Rationalismus der Aufklärungszeit wird in deutschsprachigen Texten das von der Rhetorik herkommende Ideal des Gelingens der Kommunikation zunehmend von einem Ideal referentieller Eindeutigkeit überlagert. Nur eine Sprache, die ihre Termini präzise bestimmt und die verbindlich kodifiziert ist, kann den Anforderungen der modernen Naturwissenschaften und der analytischen Philosophie gerecht werden. Dieses Exaktheitsideal hält sich in der Fachsprachenforschung bis in die Gegenwart, wo es etwa in den Arbeiten Eugen Wüsters in klassischer Weise formuliert wird (z. B. Wüster 1970). Erst in jüngster Zeit begegnen in diesem Zusammenhang auch pragmatische Positionen, die das Gelingen der fach- und wissenschaftssprachlichen Kommunikation wieder stärker in den Vordergrund stellen, doch wird die traditionelle Eindeutigkeitskonzeption dadurch nicht wirklich aufgehoben (charakteristisch z. B. die Definition von Beneš 1971, 130, wonach fachsprachliche Termini die Aufgabe haben, „einen im betreffenden Fach exakt definierten oder durch eine Konvention festgelegten Begriff oder Gegenstand eindeutig und einnamig zu bezeichnen").

Da der Umgangssprache dabei letztlich Grenzen gesetzt sind, werden ab dem 17. Jahrhundert Vorschläge für künstliche Sprachen formuliert. Die anspruchsvollsten dieser Vorschläge zielen auf eine logisch-philosophische Sprache, deren Konstituenten Zeichen für einfache Vorstellungen sind. Diese *termini primi* (Leibniz) bzw. *idées simples* (Descartes) sollen sich mittels genau festgelegter Regeln zu komplexen Zeichen und diese zu Aussagen kombinieren lassen, die in ihrer Struktur genau den Strukturen der entsprechenden komplexen

Vorstellungen und ihrer Verknüpfungen entsprechen. Eine solche den Vorstellungen von den Dingen isomorphe Sprache hätte den Vorzug, daß man mit ihrer Hilfe, so schon René Descartes in seinem Brief an Mersenne von 1629, absolut präzise denken könnte. Bei Leibniz finden sich Arbeiten zu einer solchen Idealsprache apriorischen Charakters – apriorisch deshalb, weil ihre Einheiten und Regeln nicht auf den Wörtern und Regeln bereits existierender Sprachen basieren – in zahlreichen Fragmenten zur Logik (darunter »Characteristica universalis«, »Specimen calculi universalis« und andere), aber auch schon in der »Ars combinatoria« von 1666. Diese Arbeit wiederum steht in der Tradition der Kombinatorik, die ihre wichtigste frühe Ausprägung in der »Ars combinatoria« des Raimundus Lullus aus dem 13. Jahrhundert hat. Der Grundgedanke, daß sich sämtliche Gegenstände und Sachverhalte des Universums aus der Kombination einfacher Kategorien erklären lassen, verbindet mathematische Methode mit metaphysischen Inhalten, und auch Leibniz zielt mit seiner Kombinatorik letztlich auf die *ultima ratio* des Universums, die für ihn nur Gott sein kann („id est deus seyn müße", Brief an Herzog Johann Friedrich, 1671).

Die Tradition der beschriebenen Sprachkonzeption wurde hier deshalb nochmals resümiert (ausführlicher dazu die Kap. 3.5, 4.4 u. 5.1), weil sie unmittelbar zur *Ideal Language Philosophy* der analytischen Philosophie des 20. Jahrhunderts führt. Wenn man z. B. Gottlob Freges Überlegungen zu einer *Begriffsschrift* liest, die durch eine Kongruenz von *Satzgefüge* und *Gedankengefüge* charakterisiert ist und so helfen soll, formale Denkfehler zu vermeiden (1923–26, 72ff.), dann erinnert dies an Leibniz' und Descartes' entsprechende Vorschläge. Auch Freges Hoffnung, mit einer Idealsprache die sprachbedingten „Täuschungen" aufzudecken und die „Herrschaft des Wortes über den menschlichen Geist" zu brechen (1964, XIII), schließlich Wittgensteins Aufforderung, die „Verhexung unsres Verstandes durch die Mittel unserer Sprache", mittels der Philosophie zu bekämpfen (1945, §109), liegen auf der Linie von Francis Bacons Warnungen von 1620 (und später der Mitlieder der naturwissenschaftlichen Royal Society), eine unpräzise Sprache behindere das Denken und verführe die Menschen zu verstiegenen Disputen und Hirngespinsten (Aphorismus 43 des »Novum Organum«). Der Sprachkritik dieses Zuschnitts liegt das Ideal einer vom Menschen als vernunftbegabtem Wesen in strenger formaler Stringenz konzipierten Sprache zugrunde, mit deren Hilfe ein präziser, vorurteils- und irrtumsfreier Zugriff auf Struktur und Inhalte der Welt möglich ist. Selbst hinter den neuesten Diskussionen der Möglichkeiten einer solchen Sprache spürt man, bei aller erkenntnistheoretischen Skepsis der Moderne, noch etwas von dem ungeheuren Erkenntnisoptimismus, der auch die Arbeiten der frühen Empiristen und Rationalisten kennzeichnet. Obwohl zu jeder Zeit der Sprache eine transzendentale Funktion eingeräumt wird, entsteht bei der Lektüre der Texte der Eindruck, als sei dieser Einfluß der Sprache auf das Denken kontrollierbar und, wo nötig, korrigierbar, und als sei es dadurch doch wieder möglich, an der Sprache vorbei zu wahren Erkenntnissen über die Welt zu gelangen. So gesehen beinhaltet die logisch-analytische Sprachauffassung – zumindest diejenige Wittgensteinschen Zuschnitts – wieder ein starkes abbildtheoretisches Element, das in der Tradition Ockhams und seiner Überzeugung von der sprachfreien Erkenntnis der Dinge steht.

Mit diesem Versuch, eine den historischen Umgangssprachen übergeordnete Position einzunehmen und die auf der Basis des Arbitraritätskonzeptes souverän definierte Sprache in jeder Hinsicht zu kontrollieren, unterscheidet sich die idealsprachliche Linie der Sprachphilosophie am deutlichsten von derjenigen der Humboldtschen Tradition. In beiden Fällen wird Sprache als Erkenntnis ermöglichende Größe gesehen, doch bleiben für die Vertreter der Humboldtschen Konzeption die historischen Umgangssprachen die entscheidenden Bezugspunkte. Die Untersuchung zu sprachlichen Feldern, wie sie in der inhaltsorientierten Sprachwissenschaft bis in die sechziger Jahre dieses Jahrhunderts vorgelegt werden, auch Humboldts eigene vergleichende Sprachstudien, die in der Annahme *sprachlicher Weltansichten* bzw. *Weltbilder* kulminieren, beziehen sich stets auf konkrete historische Einzelsprachen. Eine den Einzelsprachen erkenntnistheoretisch irgendwie übergeordnete Position ist gemäß Humboldts Diktum, daß man die durch eine bestimmte Sprache vermittelte *Weltansicht* nur hinter sich lassen könne, wenn man in die *Weltansicht* einer anderen Sprache hinüberwechsle, unmöglich. Die Kenntnis unterschiedlicher Einzelsprachen erweitert zwar die eigene Perspektive auf die Welt, doch vermag man sich aus dem grundsätzlichen perspektivischen Gebundensein der Sprachen nicht mittels einer *lingua rationalis* herauszulösen. Der durch die jeweilige Einzelsprache vermittelte Weltzugang wird daher auch nicht als störend empfunden, sondern als selbstverständlicher Teil der conditio humana begriffen.

In Teilen ähnlich argumentieren Vertreter der *Ordinary Language Philosophy*. Zwar begegnet dort kein Konzept einer sprachlichen Weltansicht, durchaus aber die Überzeugung von der Nichthintergehbarkeit der Umgangssprache. Jedes Verhandeln über die Form einer idealen Sprache ist nur wiederum in Sprache möglich, und alle Bemühungen um metasprachliche Präzision verweisen auf die Umgangssprache als die Basis dieser Bemühungen.

Im Vorwort der englischen Ausgabe von Wittgensteins »Tractatus« schreibt Bertrand Russell, daß es Wittgenstein um die Voraussetzungen für eine logisch vollkommene Sprache gehe. Die einzige Aufgabe von Sprache sei es, Bedeutung zu haben, und sie erfülle diese Aufgabe in dem Maße, in dem sie sich der von Wittgenstein postulierten idealen Sprache annähere. Tatsächlich gibt Russell damit Wittgensteins Anliegen nur zum Teil richtig wieder, denn die Sätze der Umgangssprache, so heißt es im »Tractatus« (5.5563), seien bereits „logisch vollkommen geordnet". Wittgenstein geht es vielmehr um die Mög-

lichkeit des Aufzeigens dieser Ordnung in einer idealen Sprache und um die
Kritik an der historisch vorhandenen Umgangssprache, wo sie dieser Ordnung
nicht entspricht.

Einer der auffallendsten Züge des »Tractatus« ist die Betonung des starken
Abhängigkeitsverhältnisses zwischen Wirklichkeit, Denken und Sprache. Die
kleinsten Einheiten der Wirklichkeit sind die einfachen, d. h. nicht zusammengesetzten *Gegenstände* (auch: *Sachen, Dinge*). Sie bilden die *Substanz der Welt*.
Aus den Gegenständen setzen sich die *Sachverhalte* zusammen: „Im Sachverhalt hängen die Gegenstände ineinander, wie die Glieder einer Kette" (2.03).
Wenn Sachverhalte bestehen, ist damit eine positive Tatsache gegeben, wenn
sie nicht bestehen, ist eine negative Tatsache gegeben (2.06). Die Welt schließlich „ist die Gesamtheit der Tatsachen" (1.1). Insgesamt ist die Welt „unendlich komplex", jede Tatsache besteht aus unendlich vielen Sachverhalten und
jeder Sachverhalt aus unendlich vielen Gegenständen (4.2211).

Von den Tatsachen machen wir uns Bilder, wahre oder falsche. Zwischen
den Gegenständen der Wirklichkeit und den Elementen der Bilder existiert ein
Entsprechungsverhältnis (2.13). Dieses Entsprechungsverhältnis ist eines der
Abbildung: „Die Form der Abbildung ist die Möglichkeit, daß sich die Dinge
so zu einander verhalten, wie die Elemente des Bildes" (2.151). Dadurch ist das
Bild mit der Wirklichkeit „verknüpft" (2.1511). Geschieht die Abbildung der
Wirklichkeit mittels der Logik, dann ist das entstehende Bild ein *logisches Bild*.
Mit Hilfe der logischen Bilder läßt sich die Welt abbilden (2.19).

Die logischen Bilder der Tatsachen sind die Gedanken (3). Alle wahren Gedanken zusammen ergeben ein Bild der Welt. Alles, was wir denken können,
ist aufgrund des Abbildverhältnisses eine mögliche Realität: „Der Gedanke
enthält die Möglichkeit der Sachlage, die er denkt. Was denkbar ist, ist auch
möglich" (3.02).

Die Gedanken drücken sich sinnlich wahrnehmbar in *Sätzen* aus (3.1). Erst
Sätze haben *Sinn*, nicht schon die in ihnen vorkommenden einzelnen Sprachzeichen (3.3). Wenn man sich die Gegenstände vorstellt, die in einem Satz
durch die Sprachzeichen bedeutet werden (z. B. Tische, Stühle, Bücher), dann
wird der Sinn des Satzes durch „die gegenseitige räumliche Lage dieser Dinge
[ausgedrückt]" (3.1431). Also: Die Tatsache, daß *a* in einer Beziehung *R* zu *b*
steht, wird durch den Satz (der seinerseits Ausdruck des Gedankens ist) „aRb"
ausgedrückt (3.1432). „Vollständig analysiert" ist ein Satz dann, wenn die in
ihm vorkommenden Sprachzeichen (nach 3.201 u. 3.202: *einfache Zeichen,
Namen*) denjenigen Gegenständen entsprechen, die in den Gedanken vorkommen (3.2, 3.201, 3.202).

Ein Satz ist „ein Bild der Wirklichkeit" (4.01), so wie die Notenschrift ein
Bild der Musik ist. Ein Satz ist „ein Modell der Wirklichkeit, so wie wir sie uns
denken" (4.01; in den »Tagebüchern 1914-1916«, S. 94f., schreibt Wittgenstein, daß im Satz „eine Welt probeweise zusammengestellt" wird und nimmt
zugleich Bezug auf ein Erlebnis in einem Pariser Gerichtssaal, wo ein Auto-

unfall mittels Modellen nachgestellt wurde). Im einzelnen gilt für das Verhältnis von Satz (und damit Sprache) zur Wirklichkeit:

4.021   Der Satz ist ein Bild der Wirklichkeit: Denn ich kenne die von ihm dargestellte Sachlage, wenn ich den Satz verstehe. Und den Satz verstehe ich, ohne daß mir sein Sinn erklärt wurde.

4.022   Der Satz *zeigt* seinen Sinn.
Der Satz *zeigt*, wie es sich verhält, *wenn* er wahr ist.
Und er *sagt, daß* es sich so verhält.

4.023   Die Wirklichkeit muß durch den Satz auf ja oder nein fixiert sein.
Dazu muß sie durch ihn vollständig beschrieben werden.
Der Satz ist die Beschreibung eines Sachverhaltes. [...]

4.024   Einen Satz verstehen, heißt, wissen was der Fall ist, wenn er wahr ist.
(Man kann ihn also verstehen, ohne zu wissen, ob er wahr ist.)
Man versteht ihn, wenn man seine Bestandteile versteht. [...]

4.026   Die Bedeutungen der einfachen Zeichen (der Wörter) müssen uns erklärt werden, daß wir sie verstehen.
Mit den Sätzen aber verständigen wir uns.

4.027   Es liegt im Wesen des Satzes, daß er uns einen *neuen* Sinn mitteilen kann.

4.03   Ein Satz muß mit alten Ausdrücken einen neuen Sinn mitteilen.
Der Satz teilt uns eine Sachlage mit, also muß er *wesentlich* mit der Sachlage zusammenhängen.
Und der Zusammenhang ist eben, daß er ihr logisches Bild ist.
Der Satz sagt nur insoweit etwas aus, als er ein Bild ist.

Wir können Sätze verstehen, die wir zuvor noch nie gehört haben. Das ist nur möglich, weil der Satz uns seinen Sinn unmittelbar zeigt. Daß dieses Zeigen von uns nachvollzogen werden kann, liegt zum einen daran, daß wir die im Satz kombinierten Zeichen (Wörter, Namen) kennen (natürlich auch die Regeln ihrer Kombination), die ihrerseits für die Gegenstände stehen. Zum anderen verstehen wir den Sinn eines Satzes, weil die in ihm vorkommenden Zeichen und ihre je spezifische Kombination *wesentlich* mit der Wirklichkeit verbunden sind (die im »Tractatus« ausführlich behandelte Frage der Wahrheit von Sätzen muß hier aus Raumgründen ausgeklammert bleiben).

Der kurze Ausschnitt läßt bereits Wittgensteins Anliegen erkennen, das ideale Verhältnis zwischen Sprache (d.h. den Elementen eines Satzes und ihrer Relation zueinander), Denken (d.h. den psychischen Konstituenten eines Gedankens und ihrer Relation zueinander) und Welt (d.h. den Gegenständen der Wirklichkeit und ihrer Relation zueinander) als isomorph, d.h. von gleicher Struktur zu beschreiben. Ein Beispiel (nach Stegmüller 1969, 545ff.): Es sei die Tatsache und der ihr entsprechende Gedanke gegeben, daß Hans größer ist als Peter. Der Satz, der dies ausdrückt, könnte in formaler Notation „aRb" lauten, wobei „a" für „Hans", „b" für Peter stehen würde und die R-Relation der *größer-als*-Relation entsprechen soll (tatsächlich spricht Wittgenstein hier nicht von einem *Satz*, sondern von einem *Satzzeichen*, eine Differenzierung, die für

das Folgende unberücksichtigt bleiben kann). Entscheidend ist nun, daß „a"
links und „b" rechts von „R" steht, so daß man an der äußeren Form des Satzes „aRb" bereits die Tatsache des Größer-Seins von „a" ablesen kann. Nur
durch diese Abfolge der Satzelemente ist „aRb" ein isomorphes Bild dieser
Tatsache. Der Satz „bRa" dagegen wäre zwar immer noch ein Bild dieser Tatsache (weil in ihm Entsprechungen für sämtliche Elemente begegnen, die in der
Tatsache vorhanden sind), aber kein *isomorphes* Bild dieser Tatsache. Ein
falscher Satz ist also ein nicht-isomorphes Bild der durch ihn beschriebenen
Tatsache (oder, anders ausgedrückt: er ist zugleich ein isomorphes Bild eines
nicht bestehenden Sachverhalts).

Aussagen wie die, wonach „das Wesen der Welt" durch Angabe des „Wesen[s] des Satzes" erfaßt würde (5.4711), oder die Feststellung, wonach *„Die
Grenzen meiner Sprache* [...] die Grenzen meiner Welt [bedeuten]" (5.6), heben darauf ab, daß für das Individuum nur dasjenige zu seiner Welt gehört,
was von ihm geistig erfaßt werden kann, daß aber alles, was geistig erfaßt werden kann, auch sagbar ist. Das bedeutet wiederum nicht, daß alles in Sprache
darstellbar ist. Die eigentlichen „Lebensprobleme" des Menschen werden
nach Wittgenstein von der Lösung wissenschaftlicher oder philosophischer
Fragen gar nicht berührt. Nach diesen Lebensproblemen aber kann man nicht
sinnvoll fragen, denn könnte man eine sinnvolle Frage nach ihnen stellen, so
ließe sie sich auch beantworten (6.5). Die Lösung der Grundprobleme des
Lebens kann nicht durch Antwort auf eine Frage erreicht werden, sondern
diese Lösung stellt sich einfach ein, indem das Problem verschwindet. Menschen, denen nach langem Zweifel der Sinn des Lebens klar wurde, könnten
deshalb auch nicht sagen, worin dieser Sinn besteht (6.521) – er wäre für sie
einfach da. Der Sinn des Lebens *zeigt* sich nur, kann aber nicht gesagt werden:
„Es gibt allerdings Unaussprechliches. Dies *zeigt* sich, es ist das Mystische"
(6.522).

Nicht gegen die Möglichkeit des Mystischen also argumentiert Wittgenstein, sondern gegen Versuche, Fragen nach dem Sinn des Lebens, nach Gott,
nach dem Ethischen etc. philosophisch zu klären. Die Philosophie kann dies
nicht leisten, und wo sie es doch versucht, formuliert sie nur Scheinantworten
auf Scheinfragen, in unsinnigen Sätzen („Die meisten Sätze und Fragen, welche
über philosophische Dinge geschrieben worden sind, sind nicht falsch, sondern
unsinnig", 4.003). Die Antwort würde, wie schon die Fragen, außerhalb des
sinnvoll Sagbaren liegen, weil die in den Antwortsätzen vorkommenden Be-
zugsgegenstände außerhalb der Welt lägen und die Inhalte ihrer sprachlichen
Bezeichnungen daher nicht präzise angebbar wären. Die Sprache aber kann
nicht über die Grenzen der Welt hinaus, ebensowenig wie das Denken (*„Die
Grenzen meiner Sprache* [...]"). So erweist sich der Schlußsatz des »Tractatus«
als zugleich trivial und philosophisch konsequent: „Wovon man nicht sprechen
kann, darüber muß man schweigen". Ob sich darin eine tiefe Hochachtung
Wittgensteins vor dem Mystischen ausdrückt oder vielmehr die Ungeduld des-

jenigen, der die metaphysisch orientierte Philosophie im Grunde verachtet, sei dahingestellt.

Philosophie im Sinne Wittgensteins und der analytischen Philosophie insgesamt ist keine Disziplin der Formulierung von Aussagen des Typs ‚Gott ist …‘, ‚Der Sinn des Lebens ist …‘, ‚Das Gute liegt in …‘, ‚Der Mensch muß …‘, sondern eine Methode des Hinterfragens. Ihre Aufgabe kann nur darin bestehen, Aussagen, die von anderen über die Welt, ihre Gegenstände und deren Zusammenhänge gemacht werden, auf ihre Zulässigkeit und formale Korrektheit zu überprüfen. Spricht jemand von etwas Metaphysischem, dann soll der Philosoph nicht mitdiskutieren, sondern demjenigen nachweisen, daß er genau dort, wo er Ausdrücke für metaphysische Größen verwendet, sinnlos redet („[…] daß er gewissen Zeichen in seinen Sätzen keine Bedeutung gegeben hat“. 6.53). Damit ist Philosophie zuallererst Sprachkritik, eine Position, die Wittgenstein mit den Vertretern des logischen Empirismus, vor allem mit Rudolf Carnap teilt.

Daß die Logik in Wittgensteins »Tractatus« eine absolut zentrale Rolle spielt, wurde mehrfach betont. Auch sie ist für ihn, wie die Philosophie insgesamt, keine Lehre, die eine Reihe von Inhalten vermittelt, die man beliebig annehmen oder ablehnen kann. Vielmehr stellt sie die einzige Möglichkeit dar, eine fehlerfreie und sinnvolle Beschreibung der Welt zu liefern. Die Sätze, die die Welt zutreffend beschreiben, haben mit der Welt die logische Form gemeinsam: Die Logik ist ein „Spiegelbild der Welt“, und sie ist „transzendental“, also Voraussetzung zur Erkenntnis der Welt (6.13). Die Logik hat ihre Grenzen dort, wo auch die Welt ihre Grenzen hat (5.61), im Bereich des Undenkbaren und Unsagbaren, dem Bereich des Mystischen. Die „logische Form der Wirklichkeit“ wird im Satz gezeigt:

4.1211 So zeigt ein Satz „fa“, daß in seinem Sinn der Gegenstand a vorkommt, zwei Sätze „fa“ und „ga“, daß in ihnen beiden von demselben Gegenstand die Rede ist.
Wenn zwei Sätze einander widersprechen, so zeigt dies ihre Struktur; ebenso, wenn einer aus dem anderen folgt. Usw.

Man kann also bereits, wie oben angedeutet, aus der Form der Sätze, d.h. aus der Anordnung ihrer Konstituenten zueinander, und der Art und Weise der Kombination von Sätzen zu Einsichten über die Wirklichkeit gelangen. Wenn nun auch die Bedeutungen der Wörter, die wir in den Sätzen verwenden, präzise bestimmt sind, dann wird der Anklang von Optimismus verständlich, der aus dieser Feststellung des »Tractatus« dringt: „Jetzt verstehen wir auch unser Gefühl: daß wir im Besitz einer richtigen logischen Auffassung seien, wenn nur einmal alles in unserer Zeichensprache stimmt“ (4.1213). Eben diese Hoffnung – daß man sozusagen automatisch zu richtigen Auffassungen gelangt, wenn mit der Hauptbedingung der Wahrheitsfindung, der Zeichensprache, *nur einmal alles stimmt* – wurde in fast identischer Form auch von Leibniz Ausdruck verliehen. Die von ihm angestrebte Kalkülsprache könnte, so seine Hoffnung, als *lingua universalis* jeden Streit vermeiden helfen, indem man das jeweilige Problem einfach durchrechnet. Daß man es an diesem Punkt mit absoluten Wahrheiten zu tun hat, die durch keine sprachliche Perspektive (*Weltbild, Weltansicht* etc.) relativiert werden, bezweifeln weder Leibniz noch Wittgenstein. In jedem Fall ist der ideale Zustand der eines vollkommenen Abbildverhältnisses zwischen Wirklichkeit, Denken und Sprache.

Auch hinsichtlich der Form der zu konzipierenden Zeichensprache fallen die Parallelen zwischen den Überlegungen Wittgensteins und den Ansätzen von Leibniz oder auch Descartes auf. Komplexe Sätze müssen auf einfache Sätze (*Elementarsätze*) zurückgeführt und deren Komponenten in ihrer Bedeutung genau bestimmt werden (– man erinnere sich an Leibniz' Vorhaben, die Bedeutungen der Elemente einer logisch-philosophischen Sprache so präzise zu definieren, daß ein zusammengesetztes Element semantisch genau so in seine Komponenten zerfällt wie eine Zahl in ihre Komponenten zerfällt: Die Bedeutung von *homo* möge sich ebenso eineindeutig aus den Bedeutungen der Komponenten *animal* und *rationalis* zusammensetzen – *homo = animal rationale* –, wie sich der Wert von 6 aus den Zahlenwerten 2 und 3 bei der Multiplikation ganzer Zahlen zusammensetzt: $6 = 2 \times 3$; vgl. die in den »Opuscules« S. 42–59 zusammengestellten Texte von Leibniz; dazu Kap. 3.5). Da auch die Verknüpfungsregeln zwischen den Elementen der Sätze präzise festgelegt sind, könnte man sich, wären denn alle Elementarsätze bekannt, innerhalb des Gesamtsystems mit größter Genauigkeit auf- und ab-, d.h. zwischen den unterschiedlichen Komplexitätsgraden bewegen.

Selbst Gott steht nicht außerhalb der Logik: „Wenn ein Gott eine Welt erschafft, worin gewisse Sätze wahr sind, so schafft er damit auch schon eine Welt, in welcher alle ihre Folgesätze stimmen. Und ähnlich könnte er keine Welt schaffen, worin der Satz »p« wahr ist, ohne seine sämtlichen Gegenstände zu schaffen" (5.123). Diese Art und Weise, wie das Konzept des Göttlichen in der philosophischen Argumentation begegnet, erinnert erneut an Leibniz' Position. Wird in den »Nouveaux essais« (III, VI, 12) Gott als „souverain Architecte" des Universums bezeichnet, dann wird zwar einerseits die Existenz Gottes als Schöpfer der Welt anerkannt, zugleich aber wird das Geschaffene als vom Schöpfer getrennt gedacht und zum Objekt der säkularen wissenschaftlichen, darunter auch der philosophischen Betrachtung erklärt. Eine derartige wissenschaftliche Betrachtung der Welt stünde keineswegs im Widerspruch zum Glauben, sie würde lediglich die Forderung von Ockhams Prinzip nach der Ökonomie der Untersuchungsmethoden auf die Beschreibung der Welt übertragen: Zur Erklärung der Zusammenhänge der Wirklichkeit muß so lange nicht auf auf Metaphysisches rekurriert werden, wie die wissenschaftlichen (darunter logisch-philosophischen) Verfahren hinreichende Antworten liefern.

Hinsichtlich der Einbeziehung eines transzendenten Moments stehen genau am anderen Ende des sprachtheoretischen Spektrums die Verfahrensweisen der mystischen Sprachreflexion. Dort ist das Göttliche nicht nur in der Welt, sondern auch in der Sprache in einer Weise omnipräsent, daß Jakob Böhme die Abfolge der Einzellaute in Wörtern metaphysisch interpretieren zu können glaubt (vgl. z. B. seine Deutung des Namens *Jesu*, in der die Eingangsvokale als Ausdruck des reinen Geistes und der Sibilant *s* als die diesen Geist konfrontierende Materie – die Menschwerdung des Gottessohnes – gedeutet werden, schließlich das finale *u* als erneute Vergeistigung durch die Himmelfahrt verstanden wird, in: »De tribvs principiis«, 1619, 22/87). Methodisch und inhaltlich ist kein größerer Gegensatz zu den analytischen Verfahren von Leibniz und Wittgenstein denkbar.

Angesichts des erhofften Erkenntnisgewinns durch eine logische Sprachanalyse sind die entsprechenden Möglichkeiten der historischen Umgangssprachen gering zu bewerten. Auf die Tradition der Kritik an der Umgangssprache wurde eingangs bereits verwiesen, abschließend seien einige Bemerkungen Wittgensteins angeführt. Durch Erscheinungen wie Polysemie und Homonymie entstehen „leicht die fundamentalsten Verwechslungen", von denen auch die gesamte Philosophie voll sei. Die einzige Lösung sei eine Zeichensprache, die der logischen Grammatik gehorche (3.324, 3.325). Eine solche Sprache könnte „die Gedanken, die sonst, gleichsam, trübe und verschwommen sind, klar machen und scharf abgrenzen" (4.112). Mit der Erwähnung einer kognitiven Funktion von Sprache – auch dies ganz in der Tradition des europäischen Rationalismus; man denke an Descartes Überzeugung, mit Hilfe einer logisch-philosophischen Sprache könnten die Bauern bald besser denken, als dies bislang die Philosophen täten (im Brief an Mersenne, 1629) – erkennt Wittgenstein ein erkenntniskonstituierendes, apriorisches Moment von Sprache an. Zugleich aber, und hier liegt ein Widerspruch innerhalb seiner sprachphilosophischen Konzeption, erscheint ihm die Sprache als konstruierbare Zeichensprache vollständig kontrollierbar, wodurch ihre apriorische Qualität wieder eingeschränkt würde. Eng damit verknüpft ist ein zweites Problem der Wittgensteinschen Konzeption, wie der auf eine logisch-analytische Zeichensprache abhebenden Philosophie insgesamt: Jedes Sprechen über diese künstliche Sprache müßte sich, zunächst jedenfalls, der Umgangssprache bedienen. Diese zu hintergehen, wäre erst möglich, wenn eine Kunstsprache vorliegt. Um sicherzustellen, daß deren Konzeption nicht durch Kategorien der Umgangssprache beeinflußt wurde, wäre ein Beurteilungspunkt jenseits von Sprache notwendig, der aber aufgrund des apriorischen Charakters der Sprache gar nicht existieren kann.

Wie auch immer aber die erkenntniskonstituierenden Eigenschaften von Sprache von Wittgenstein verstanden werden, in keinem Fall sind sie von der Art der sprachlichen Relativierungen im Sinne Humboldts und der Tradition seiner Sprachkonzeption, wonach sprachliche Weltbilder als Resultat histo-

risch verfaßter, die kulturelle Spezifik von Sprachgemeinschaften beinhalten-
der Wortschätze zustande kommen, in Teilen auch als Resultat grammatischer
Strukturen.

Ansätze zu einer konkreten Durchführung der von ihm favorisierten idealen Sprache finden sich bei Wittgenstein nicht. Auch gibt er keine Beispiele für
die *einfachen Gegenstände* oder für die *Namen*, die diese Gegenstände bezeichnen sollen. In seiner vorliegenden Form bietet der »Tractatus« eher eine Rich-
tungsvorgabe für weite Teile der Philosophie des 20. Jahrhunderts, formuliert
mit beeindruckender Brillanz, frei von sämtlichen dunkel mystifizierenden und
ideologischen Redeweisen über Sprache und getragen von dem Selbstvertrauen
des naturwissenschaftlich-mathematischen Erkenntnisideals. Zugleich scheint
diese logisch-analytische Sprachkonzeption immer auch mit der Hoffnung ein-
herzugehen, sich mittels der künstlichen Sprache gewissermaßen neben die Geschichte, außerhalb der kulturellen, politischen, gesellschaftlichen Dimension
von Sprache stellen zu können, eine Hoffnung, die allerdings erkenntnistheoretisch problematisch bis naiv wäre. In jedem Fall schließt sich die auf eine
ideale Sprache zielende Sprachphilosophie mit ihrer Abwendung von der Umgangssprache aus dem Alltag aus, wie auch die metaphysikfeindliche Philosophie insgesamt keinen Anspruch auf lebenspraktische Sinndeutung und
Sinnvorgabe mehr erheben kann. Erstaunlich ist daher weniger, daß die *Ideal
Language Philosophy* durch eine *Ordinary Language Philosophy* überlagert
wurde, bemerkenswert ist vielmehr die Tatsache, daß es Ludwig Wittgenstein
in seinem Spätwerk selbst war, der wesentlich zu dieser Wende beitrug.

Literatur

Analytische Sprachphilosophie: Stegmüller 1969, Koppelberg 1987, Kutschera 1971,
Heintel 1982, Burckhart 1991, Lauener 1992, Braun 1996

»Tractatus logico-philosophicus«: Stenius 1969, Wuchterl 1969, Terricabras 1978,
Kambartel/Stekeler-Weithofer 1996

6.4 Die Generative Grammatik Noam Chomskys
(eine Anmerkung)

Die Generative Grammatik ist mit dem Namen Noam Chomskys aufs engste
verbunden. Seit dem Erscheinen der »Syntactic Structures« im Jahre 1957 un-
terlag seine Theorie, von der *Extended Standard Theory* bis zu den neuesten
minimalistischen Programmen, zwar ganz erheblichen Wandlungen, doch ist
die Generative Grammatik insgesamt die spektakulärste wissenschaftliche
Grammatikkonzeption in der zweiten Hälfte des 20. Jahrhunderts. Ihre Wir-

kung beschränkt sich allerdings auf Teile der linguistischen Fachdiskussion, während in der Sprachdidaktik, sei es im Fremd- oder im Muttersprachenunterricht, generative Konzepte nicht begegnen, im Gegensatz etwa zu Konzepten der Valenzgrammatik. Zu einem gewissen Teil zumindest liegt das an der großen technischen Komplexität der grammatischen Beschreibung. Eben deshalb werden sich die folgenden Ausführungen auf konzeptuelle Aspekte, nicht aber auf die technischen Ausführungen beziehen; mehr als eine Anmerkung können sie daher nicht bieten. Zudem liegen gerade für die Generative Grammatik Überblicksdarstellungen der unterschiedlichsten Art und Schwierigkeitsstufen vor.

Von Anfang an grenzte Chomsky sein grammatikologisches Anliegen einerseits vom klassischen Strukturalismus ab, wegen dessen ausschließlicher Orientierung an empirischen Sprachdaten. Schärfer noch erfolgte die Abgrenzung von der behavioristischen Sprachwissenschaft in der Tradition Leonard Bloomfields und des Psychologen Burrhus Frederic Skinner. Die Gründe lassen sich an der unterschiedlichen Erklärung des Spracherwerbs verdeutlichen. Chomsky hält es für unmöglich, daß Kinder die Fähigkeit zur Bildung grammatisch korrekter Sätze ausschließlich durch Imitation von im Alltag aufgenommenen Beispielen und durch induktive Erschließung der Regeln aus diesen Beispielen erwerben können. Stattdessen geht er von der Existenz eines angeborenen *language acquisition device*, eines Spracherwerbsmechanismus aus, der zumindest die ersten, grundlegenden Prinzipien für die Sprachkompetenz der Sprecher vorgibt. Auf der Basis dieses Mechanismus erfährt der zusätzlich angelernte Teil des Sprachwissens seine definitive Ausformung.

Die Untersuchungen der Generativen Grammatik heben dementsprechend nicht auf eine Beschreibung des konkret vorliegenden Sprachmaterials ab – in Chomskys Terminologie: nicht auf die *Performanz* der Sprecher –, sondern auf eine Erklärung desjenigen, was ein idealer Sprecher mittels seiner *Kompetenz* an Satztypen hervorbringen kann. Da die Leitfrage stets auf dasjenige zielt, was im Bewußtsein eines kompetenten Sprechers an Wort- und Regelwissen vorliegen muß, damit er korrekte Sätze bilden kann, ist die Generative Grammatik per definitionem mentalistisch, d.h. kognitiv orientiert. Das bedeutet nicht, daß die Grammatiker psycho- oder neurolinguistische Untersuchungen durchführen. Vielmehr versuchen sie zu erklären, auf welche Weise komplexe Sätze auf der Basis der zugrundeliegenden einfachen grammatischen (auch: phonologischen und semantischen) Prinzipien gebildet werden. In ihrer ganz spezifischen Art der Notation und graphischen Darstellung zeigt die Generative Grammatik auf, nach welchen Regeln und in welchen Schritten man eine bestimmte Menge phonetisch-phonologischer, morphologischer und lexikalischer Einzelelemente kombiniert, um zu einem jeweiligen Satz zu gelangen (– wobei, dies sei hinzugefügt, die Ebenen der Phonologie, Morphologie etc. in der Generativen Grammatik zunehmend autonom voneinander untersucht werden).

In ihrer allgemeinsten Form sind diese Regeln universalgrammatisch, d. h. jenseits einzelsprachlicher Spezifik. Zu ihnen zählen in der ersten Variante der Chomskyschen Grammatik z. B. die Transformationsregeln, mittels deren die *Tiefenstrukturen* von Sätzen in *Oberflächenstrukturen* überführt werden. Auch wenn dieses Begriffspaar in den neueren Varianten der Generativen Grammatik nicht mehr begegnet, ist es charakteristisch für die Grammatikkonzeption: Die Erzeugung von Sätzen wird von einer Reihe von Prinzipien geleitet, die in ihrer einfachsten Form mental verankert sind; sämtliche Sätze sind letztlich auf diese Prinzipien zurückführbar. Nach wie vor ist Chomskys grammatische Konzeptbildung von der Hoffnung getragen,

> daß wir durch die Untersuchung der Sprache abstrakte Prinzipien entdecken können, die ihre Struktur wie ihre Verwendung regieren, Prinzipien, die aufgrund biologischer Notwendigkeit universale Gültigkeit besitzen und nicht bloß einen historischen Zufall darstellen, Prinzipien, die von mentalen Merkmalen unserer Spezies abhängen. (1977, 12)

Mit diesen Überlegungen steht Chomsky in einer Reihe von sprachwissenschaftlichen Traditionen, die bereits Gegenstand der vorliegenden Darstellung waren. Die Vorstellung z. B., aus einer begrenzten Anzahl von Ausgangselementen mit Hilfe bestimmter Regeln eine fast beliebig große Summe von Äußerungen hervorbringen zu können, erinnert zunächst an an die mittelalterliche Kombinatorik des Raimundus Lullus. Der Gedanke wird von den neuzeitlichen Rationalisten aufgegriffen und findet sich in Descartes' skizzenhafter Konzeption einer Universalsprache ebenso wieder wie in Leibniz' »Ars combinatoria« und in seiner »Characteristica universalis« (vgl. Kap. 3.5 u. 4.4). All diese Modelle und Überlegungen betonen den systematischen Charakter der Spracherzeugung und gehen von dem Ideal einer streng regelgeleiteten Zeichenkombination aus. Umgekehrt bildet die pragmatische Sicht eines nicht homogenen, sondern durch Variation der unterschiedlichsten Art offenen Sprachsystems den natürlichen Gegenpol zur kombinatorischen Sprachauffassung.

Chomsky stellt sich nun selbst in diese Tradition, indem er sich auf die Grammatik von Port Royal, auf Descartes, Leibniz und andere Autoren des frühneuzeitlichen Rationalismus beruft. Die Art und Weise, wie er dies in seinem Buch »Cartesian Linguistics« (1966) tut, hat ihm scharfe Kritik eingebracht (z. B. Aarsleff 1970). Auf diese Kritik, die Chomsky einen fragwürdigen Umgang mit Positionen historischer Sprachtheorie vorwirft, soll hier nicht eingegangen werden. Unbeschadet der Kritik hat Chomsky nicht unrecht, wenn er zur Illustration seiner eigenen Interessen den Gedanken Roger Bacons aus dem 13. Jahrhundert zitiert, wonach sich die Einzelsprachen nicht nach ihrer grammatischen Substanz, sondern nur in Nebensächlichkeiten unterscheiden („grammatica vna et eadem est secundum substanciam in omnibus linguis, licet accidentaliter varietur", hier zit. nach: The Greek Grammar of Roger Bacon and a Fragment of His Hebrew Grammar. Hrsg. v. E. Nolan u. S.A. Hirsch. Cambridge 1902, Kap. II, S. [xvii].). Wie den allgemeinen Grammatikern des 17. und 18. Jahrhunderts geht es auch Chomsky im Rahmen seiner Generativen Grammatik um die Erfassung und Beschreibung dieser universalen Substanz von Sprache, auf der dann die Spezifika der Einzelsprachen aufbauen.

Auch andere Aspekte der frühen universalistischen Grammatiktheorie erinnern an Überlegungen der Generativen Grammatik, etwa Unterscheidungen in Richtung einer Differenzierung in Oberflächen- und Tiefenstruktur. Schon in der »Grammatica Speculativa« des Thomas von Erfurt (entstanden zwischen 1300 und 1310) findet sich der Gedanke, daß finiten Verbformen Infinitivkonstruktionen zugrunde liegen: Hinter „lego" ('ich lese') stehe etwa „indico me legere" ('ich zeige an, daß ich lese'), hinter „lege" ('lies!') das explizitere „impero te legere" ('ich befehle dir, zu lesen!'). Ähnliches findet sich in der auf die *vera principia* von Sprache zielenden »Minerva« des Sanctius (1587), die ihrerseits zu den Vorläufern der »Grammaire générale et raisonnée« von 1660 gezählt werden kann, auf die sich wiederum Chomsky explizit beruft.

Dasjenige Konzept rationalistischer Sprachtheorie aber, das Chomsky am meisten einnimmt, ist das der *ideae innatae*, der angeborenen Vorstellungen. In ihrer allgemeinsten Form könnten zu diesen angeborenen Vorstellungen sog. *relative Begriffe* wie *Ursache, Wirkung, Ganzheit, Teil, Analogie* etc. zählen (Chomsky 1977, 15). Im Bereich der Sprache ist es eben die Aufgabe der Generativen Grammatik, diese Prinzipien zu benennen. In »Cartesian Linguistics« zieht Chomsky unter Berufung auf das Konzept der *innate ideas* eine scharfe Trennungslinie zwischen den Sprachtheorien empiristischen und denjenigen rationalistischen Zuschnitts. Die ersteren greift er mit der gleichen Begründung an wie die modernen behavioristischen Theorien: Die Auffassung, die Inhalte des menschlichen Bewußtseins kommen als Reaktionen auf Umweltreize zustande, scheint ihm mit der freiheitlichen Bestimmung des Menschen unvereinbar. In »Cartesian Linguistics« faßt er dies so zusammen (1966, 11):

> Wir haben gesehen, daß Sprache in der Sicht des Cartesianismus [...] bei normaler Verwendung frei von Reizkontrolle ist und nicht einem nur kommunikativen Zweck dient. Stattdessen ist sie ein Werkzeug zum freien Ausdruck des Denkens und zur angemessenen Reaktion auf neue Situationen. Diese Beobachtungen, die das betreffen, was wir den kreativen Aspekt der Sprache genannt haben, werden im 18. und 19. Jahrhundert auf verschiedene Art und Weise ausgebaut [...].

Hier, wie an vielen anderen Stellen in seinen Arbeiten, wird der aufklärerische Impetus von Chomskys Sprachkonzeption sichtbar. Der Mensch ist für ihn nur dann als Wesen denkbar, das in freier Selbstbestimmung über seine Sprache verfügt, wenn diese weder als reflexhafte Reaktion auf Vorgaben der sozialen

Umwelt verstanden noch dem Funktionieren der Kommunikation untergeordnet wird. Mit dieser Abkehr von der Auffassung, daß die zwischenmenschliche
Kommunikation im Grunde der einzige Zweck der Sprache ist, stellt sich
Chomsky gegen den Sprachbegriff der Pragmatik. Zugleich sieht er sich damit
in einer Tradition stehen, die auf die frühen Rationalisten zurückgeht. In der
Tat diskutieren Descartes, Leibniz und viele andere auch eine nicht-kommunikative Funktion der Sprache. Sie tun dies jedoch in entscheidend anderer Weise
als Chomsky, der lediglich feststellt, daß diese nicht-kommunikative Funktion
von Sprache darin besteht, daß Sprecher ihre Gedanken frei und kreativ ausdrücken (1977, 71ff., auch 1966). Für Leibniz dagegen, um ihn als Beispiel anzuführen, ist Sprache weit mehr als nur Ausdrucksmittel der Gedanken, da sie
das Denken in seinen unterschiedlichen Erscheinungsformen erst ermöglicht:
Sprache ist das *instrumentum rationis* schlechthin, ohne das wir „niemals
etwas deutlich denken oder schließen [könnten]" (Leibniz, in »De connexione
inter res et verba«). Die Wortinhalte und die grammatischen Strukturen der
Sprachen geben uns erst die Linien vor, entlang deren wir klar und deutlich
(*clarus et distinctus*) denken können. Angesichts dieser zentralen kognitiven
Funktion von Sprache kann es tatsächlich nicht nur Aufgabe der Sprache sein,
„daß wir uns zu vernehmen geben und andere bewegen" (Leibniz, in »Ermahnung an die Teutsche«). Weder Leibniz noch Descartes oder ähnlich gesinnte
Autoren leugnen dabei, daß Sprache auch eine wichtige kommunikative Funktion besitzt. Doch betonen sie daneben die kognitive Funktion von Sprache,
die sie zumindest chronologisch der Kommunikation voranstellen: Dem Sprechen in der Kommunikation geht das mentale Sprechen voraus.

Diese Diskussion fehlt bei Chomsky vollständig, eine kognitive Funktion
von Sprache im erwähnten Sinne begegnet bei ihm nicht. Dabei zitiert er sogar
Herder, August Wilhelm Schlegel und Humboldt, geradezu prototypische Vertreter dieser These. Zwar grenzt Herder in seinem Sprachursprungs-Essay –
und insofern liest Chomsky ihn korrekt – den Menschen vom Tier dadurch ab,
daß er dem Menschen Vernunft zuerkennt, das Tier dagegen als nur instinktge-
bunden, ohne die Möglichkeit der freien Wahl beschreibt. Und Wilhelm von
Humboldt betont, daß ganz unabhängig von jeder Kommunikation „das Sprechen eine notwendige Bedingung des Denkens des einzelnen in abgeschlosse-
ner Einsamkeit ist" (in »Über die Verschiedenheit des menschlichen Sprachbaues [...]«). Doch übersieht Chomsky völlig, daß die kognitive Funktion von
Sprache, wie sie von den zeitgenössischen Autoren verstanden wird, Freiheit
nicht nur ermöglichen, sondern auch gefährden kann. Die Schuld daran trägt
dann in der Logik dieser Theorie sozusagen die Sprache selbst, und zwar gerade aufgrund der Existenz sprachlicher Strukturen, die den Sprechern einer
Sprache vorgegeben sind (wenn sie auch in der Regel nicht als explizit angebo-
ren im Sinne Chomskys, sondern als angelernt verstanden werden). Die Warnung vor den negativen Einflüssen sprachlicher Inhalte und Strukturen auf das
Denken und damit auf die freiheitliche Selbstbestimmung des Menschen findet

sich sowohl bei Rationalisten wie Leibniz (im übrigen auch bei einem Empiristen wie John Locke), aber auch bei Autoren außerhalb dieser Tradition. Stellvertretend sei der berühmt-berüchtigte Kommentar Johann Christoph Adelungs zum Chinesischen als isolierender Sprache zitiert, wonach „der Chinese sich durch seine steife Einsylbigkeit den Weg zu aller weitern Cultur des Geistes verschlossen" (»Mithridates«) habe (ausführlich dazu Kap. 5.1 u. 5.4). Vor allem dort, wo solche Argumentationen gegen fremde Sprachen gerichtet sind, handelt es sich bei ihnen häufig um deterministische Interpretationen des Konzeptes sprachlicher Relativität (der sog. *Weltbild-These*). Die gegenteilige, in gewisser Weise: aufklärerisch-freiheitliche Position wäre dann gerade diejenige, nach der der Mensch durch *keine* ihm vorgegebenen sprachlichen Strukturen kognitiv gelenkt wird.

In der Geschichte der Sprachreflexion gibt es also tatsächlich Autoren, die einen Einfluß der Sprache auf das Denken und damit auf die intellektuelle Selbstbestimmung, d. h. auf die geistige Freiheit und Kreativität der Individuen behaupten. Es sind aber nicht die von Chomsky vermuteten Vertreter eines rein kommunikativen Sprachbegriffs, sondern gerade diejenigen Autoren, in deren Tradition er sich stellt (– im übrigen sind weder Herder noch die romantischen Sprachtheoretiker, noch Descartes oder Leibniz der Ansicht, die kommunikative Verwendung von Sprache oder die Tatsache ihrer Einbindung in gesellschaftliche Zusammenhänge laufe irgendwie der Freiheit und Kreativität des Menschen zuwider). Am markantesten formuliert wird die Behauptung vom konstitutiven Einfluß der Sprache auf das Denken durch Humboldt; ihn, wie Chomsky dies tut, als Kronzeugen für die gegenteilige Position zu zitieren – und damit die gesamte, mit der Person Humboldts verknüpfte Diskussion über das Konzept der *sprachlichen Weltansicht* außer acht zu lassen –, ist durch nichts zu rechtfertigen. Aber auch die Texte der Rationalisten werden sehr selektiv gelesen, wenn man in ihnen nicht die Warnungen vor negativen kognitiven Einflüssen ‚mangelhafter' Sprachstrukturen erkennt.

Trotz all dem aber wäre es unangebracht zu behaupten, Chomsky stelle die wissenschaftsgeschichtlichen Verhältnisse einfach auf den Kopf und sei in Wirklichkeit ein Vertreter des sprachbedingten kognitiven Determinismus. Das ist schon deshalb nicht der Fall, weil dort, wo die Prägung des Denkens durch sprachliche Strukturen behauptet wird, stets einzelsprachlich argumentiert wird (und dann eine flektierende europäische Sprache z. B. gegen das kognitiv vermeintlich unzureichende Chinesische als isolierende Sprache ausgespielt werden kann), während Chomsky universalistisch argumentiert. Auch soll nicht die Aufrichtigkeit Chomskys im Hinblick auf sein demokratisches, humanitäres Anliegen, das er in zahlreichen Publikationen zu den politischen Verhältnissen der Zeit formuliert hat (z. B. Chomsky 1967 und 1993), in Zweifel gezogen werden. Hier geht es lediglich um den Nachweis, daß die wissenschaftsgeschichtliche Verankerung dieses Anliegens zu weiten Teilen unplausibel ist.

Daß diese Verankerung im Grunde gar nicht fachimmanent begründet, sondern von einem bestimmten Konzept individueller und gesellschaftlicher Freiheit getragen ist, wird bei einer Lektüre von Chomskys Arbeiten bald deutlich. In den »Reflections on language« heißt es (S. 160):

> Das Prinzip, daß die menschliche Natur in ihren psychologischen Aspekten nichts weiter ist als ein Produkt der Geschichte und gegebener gesellschaftlicher Verhältnisse, dieses Prinzip öffnet einer jeden Anwendung von Gewalt sowie einer jeden Manipulation von seiten der Mächtigen Tür und Tor. Auch dies dürfte meines Erachtens ein Grund dafür sein, daß dieses Prinzip für intellektuelle Ideologen, welcher politischen Couleur auch immer, eine derartige Anziehungskraft besitzt. Ich habe an anderer Stelle die auffallende Ähnlichkeit der von den autoritären Sozialisten und den Ideologen des Staatskapitalismus entwickelten Doktrinen erörtert [...].

Und weiter (S. 161):

> Mir scheint es vernünftig, von der folgenden Annahme auszugehen: Genau wie immanente Strukturen des Geistes der Entwicklung kognitiver Strukturen zugrunde liegen, genauso liefert ein ‚Speziesmerkmal' den Rahmen für die Entwicklung des moralischen Bewußtseins, der kulturellen Leistungen, ja sogar der Partizipation an einer freien und gerechten Gemeinschaft.

Man versteht sofort Chomskys Sympathie für angeborene Strukturen: Er verbindet sie grundsätzlich mit positiven Eigenschaften des Menschen. Das ist an und für sich nicht kritikwürdig, läßt allenfalls die Frage nach dem wissenschaftlichen Nachweis für die Annahme der Existenz und der Eigenschaften dieser Strukturen aufkommen. Auch die Behauptungen des ersteren der beiden Zitate sind nicht fragwürdig, sondern sind Ausdruck einer bestimmten gesellschaftspolitischen Überzeugung. Ganz und gar fragwürdig ist allerdings Chomskys Schritt zur Sprachtheorie, sein Versuch, mit einer bestimmten sprachtheoretischen Position – der nativistischen, auf der Existenz angeborener sprachlicher Prinzipien bestehenden – irgendwie eine bestimmte ethisch-moralische oder gesellschaftspolitische Haltung zu verbinden und umgekehrt mit einer behavioristischen oder kommunikationsorientierten (d. h. letztlich: pragmatischen) Sprachtheorie implizit die entsprechende Gegenposition. Weder korrelieren nativistische Theorien mit Freiheitlichkeit oder Kreativität, noch tun dies behavioristische oder pragmatische, für jeden vermeintlichen Beleg ließe sich sogleich ein Gegenargument finden. So könnte man einwenden, daß gerade eine pragmatische Position mit ihrem offenen Systembegriff und dem Anerkennen sprachlicher Variation in Situation, Gruppe, Raum und Zeit der ‚freiheitlichen und kreativen Selbstverwirklichung der Sprecher' (was immer das ist) größeren Raum einräumt, als dies eine Position kann, die mit vorgegebenen Strukturen oder Prinzipien operiert (und von daher potentiell deterministisch angelegt ist), ein geschlossenes Sprachsystem propagiert, einen idealen (und damit realitätsfernen) Sprecher ansetzt und ihre Beschreibungen des Sprachmaterials in einem Ausmaß systematisiert hat, das nur schwer den Gedanken an Kreativität aufkommen läßt. Vom Sprachtheoretischen zum Ethisch-Moralischen, Gesellschaftlichen oder dem Bereich des Kreativen führt hier kein Weg, in keine Richtung.

All das schmälert Chomskys Leistung als eines der innovativsten Grammatiker dieses Jahrhunderts nicht. Es zeigt allerdings, wie sehr selbst eine Grammatikkonzeption, die auf den ersten Blick frei von jeder politischen, gesellschaftlichen oder ethischen Wertung ist, ihre eigentliche Begründung eben dort finden kann.

Literatur

Generative Grammatik: Weydt 1976, Hermanns 1977, Fanselow/Felix 1990, Jackendoff 1990, Kasher 1991, Sternefeld 1991, Matthews 1993, Haegeman 1994, Kenstowicz 1994, Ágel 1996, Bartschat 1996

6.5   Pragmatik

Charles Sanders Peirce, Charles William Morris, Karl Bühler, die Tradition der Rhetorik, Ludwig Wittgenstein, John Austin, John Searle, Eugenio Coseriu

Eine Art der Sprachreflexion oder der angewandten Sprachwissenschaft als *Pragmatik* oder *pragmatisch* zu bezeichnen, bedeutet zunächst keinerlei präzise Festlegung auf einen Gegenstand oder eine Methode. Zwar sind mit den Ausdrücken assoziativ bestimmte Begriffe verbunden, deren gemeinsames Merkmal die Einbeziehung der sprechenden Subjekte und die Sprache in ihrer konkreten Verwendung ist (etwa *Kommunikation, Handlung, Sprechakt, Sprachgebrauch, Situation*), doch bleibt das Spektrum der Bedeutungsmöglichkeiten breit. Unter den unterschiedlichen Verwendungen der Ausdrücke spielen zwei eine hervorgehobene Rolle: Im Bereich der Sprachphilosophie ist von Pragmatik in bezug auf die *Ordinary Language Philosophy* die Rede, die als Philosophie der sog. *normalen Sprache* bzw. der *Umgangssprache* (nicht im varietätenspezifischen Sinne verstanden) von der an der Logik orientierten *Ideal Language Philosophy* abgehoben wird, während im Bereich der Sprachwissenschaft *Pragmatik* tendenziell als Gegenbegriff zur rein systembezogenen Linguistik verwendet wird, als deren charakteristische Vertreter etwa Saussure (in der Theorie) und zahlreiche strukturalistische Sprachwissenschaftler wie auch die Vertreter der Generativen Grammatik gelten. In beiden Bereichen läßt sich die moderne Pragmatik an Traditionen anschließen, die zum Teil in das

19. Jahrhundert zurückreichen, zum Teil weit darüber hinaus, bis zur antiken Rhetorik.

Unter den eingangs erwähnten Begriffen im Assoziationsbereich von *Pragmatik/pragmatisch* begegnen bei nahezu jeder impliziten oder expliziten Definition die Begriffe der *Kommunikation* und der *Handlung*. Beide Begriffe sind gewissermaßen Fahnenwörter der Pragmatik, werden gelegentlich inflationär verwendet und schließen – jedenfalls in der Weise, wie sie in der sprachtheoretischen Positionsbestimmung eingesetzt werden – die Kategorien des Sprechers und des Hörers ein: Die sprachliche Handlung gilt stets als auf ein Gegenüber gerichtet und wird eben dadurch zur Kommunikation. Mit dieser Überzeugung stellt sich die moderne Pragmatik in eine sprachtheoretische Tradition, nach der die zentrale Funktion von Sprache die der Verständigung – sowohl im technischen Sinne des Austauschs von Informationen wie auch im Sinne des übereinkommenden Sich-Verstehens – zwischen den Menschen ist. Würde man anhand sprachtheoretischer Texte aus Vergangenheit und Gegenwart Universalien der Sprachreflexion bestimmen, so wäre die Annahme der kommunikativen Funktion von Sprache ohne Frage eine der am häufigsten begegnenden dieser Universalien. Die Belege könnten Platons Festlegung im »Kratylos« einschließen, wonach die Wörter Werkzeuge zum Mitteilen und zum Unterscheiden der Dinge seien (»Kratylos«, 388), die Feststellung von Augustinus, der einzige Zweck der Sprachverwendung sei die Übertragung des eigenen Bewußtseinsinhalts „in alterius animum", in den Geist des anderen (»De doctrina christiana«, 2. Buch, Kap. 2), den Beginn des dritten Buches von John Lockes »Essay Concerning Human Understanding«, wonach dem Menschen die Sprachfähigkeit von Gott verliehen wurde, weil er ein Gemeinschaftswesen sei („a sociable Creature"), schließlich John Austins Definition des Sprechaktes, der als intentionale Größe das Moment der Alterität von vornherein impliziert: WARNEN, INFORMIEREN, AUFFORDERN bedeutet immer *jemanden* warnen, informieren, auffordern. Im Grunde bedarf es keiner sprachphilosophischen Belege, um die Bedeutung der kommunikativen Funktion von Sprache hervorzuheben, schon jede Alltagserfahrung lehrt, daß zuallererst die Sprache das Sein des Menschen als *zoon politikon* ermöglicht.

Dieser Einsicht würde natürlich auch von keiner systembezogenen Sprachwissenschaft widersprochen. Eigentliches Kennzeichen der Pragmatik ist daher erst die Entscheidung, ihre wissenschaftlichen Untersuchungen auf diese kommunikative Dimension von Sprache thematisch und methodisch auszurichten. Mit der Aufgabe eines homogenen Systembegriffs kann die Beobachtung sprachlicher Phänomene unter der Fragestellung geschehen, *wer welche* Sprachformen *wie, wann, mit welcher Absicht* etc. verwendet bzw. wie die situative (gesellschaftliche etc.) Spezifik die Gestaltung der verwendeten Sprachformen beeinflußt.

An der Textlinguistik läßt sich diese kommunikative Orientierung der Pragmatik gut illustrieren, da in dieser noch recht jungen linguistischen Disziplin eine pragmatische Variante fast zeitgleich neben einer strukturorientierten aufkam. Während Texte strukturell über Aspekte wie die pronominale Verkettung zwischen den Sätzen, über anaphorische oder kataphorische Verweise, über verschiedene Formen der Rekurrenz semantischer Merkmale etc. bestimmt werden, erscheinen sie aus der Perspektive der Pragmatik als „kommunikative Äußerungen" (Kallmeyer 1974, 24), als „communicative occurence" (Beaugrande/Dressler 1981, 3) bzw. „communicative event" (Beaugrande 1989, 58 u. 77), als „Formen der Realisierung sozialer Kommunikativität (Partnerbezogenheit)" (Schmidt 1976, 46), geschaffen von „sozial handelnde[n] Individuen", die damit eine Tätigkeit vollziehen, „die in konkrete Handlungskontexte eingebunden ist und der Verwirklichung sozialer Ziele dient" (Heinemann/Viehweger 1991, 81). Als Produkte einer „sprachlich-kommunikative[n] Tätigkeit" (Kalverkämper 1981, 70) sind Texte „kommunikative Handlungsspiele" (Schmidt 1976, passim), die immer „zu einem (kommunikativen) Zweck gemacht" (Breuer 1974, 138f.) sind. Ihre Verfasser „beachten bei ihrer Textproduktion immer auch den oder die Kommunikationspartner, den oder die Adressaten, für den/die der Text bestimmt ist" (Herrmann/Hoppe-Graff 1989, 147) und zielen auf bestimmte „Anschlußhandlungen" (Gülich/Raible 1977, 23) der Rezipienten ihrer Texte ab etc.

Wie bei Paradigmenwechseln in den Wissenschaften üblich, tendieren die Vertreter der neuen Konzeption zu deren Verabsolutierung. Sprachliches Handeln wird in der Pragmatik nicht, wie dies etwa in Analogie zur Differenzierung Max Webers in ein *Handeln* (= nur mit einem „subjektiven Sinn" verbunden) und ein *soziales Handeln* (= „auf das Verhalten *anderer* bezogen"; Weber 1976, 1) denkbar wäre, in ein *nicht-kommunikatives sprachliches Handeln* und ein *kommunikatives sprachliches Handeln* differenziert. Vielmehr wird Sprechen grundsätzlich mit Kommunizieren gleichgesetzt, nicht zu kommunizieren ist unmöglich (so z. B. Paul Watzlawick, Janet Beavin und Don Jackson in »Pragmatics of human communication«, 1967). Mit dieser eindeutigen Gewichtung, die Sprachverwendung nicht nur teleologisch als zweckgebunden begreift, sondern die in diesem Zweck ausnahmslos einen kommunikativen erkennt, wird jede andere Funktion von Sprache ausgeblendet. Das betrifft vor allem die kognitive Funktion von Sprache, die in der Geschichte der Sprachreflexion neben der kommunikativen Funktion immer wieder hervorgehoben wird, sei es im Zusammenhang mit idealistischen Positionen in der Tradition Humboldts (sprachliche *Weltansichten* bzw. *Weltbilder* als Voraussetzung der kognitiven Aneignung von Welt), sei es im Hinblick auf die rationalistische Sicht der Sprache als Mittel des Denkens (*instrumentum rationis*) in der Tradition von Leibniz. In beiden Fällen tritt neben die in der Pragmatik so zentrale Sprachfunktion der Kommunikation die zunächst nur auf den Sprecher selbst bezogene Funktion der Strukturierung des eigenen Denkens (Leibniz 1697, 328f.: „[...] dass wir Zeichen nöthig haben, nicht nur unsere Meynung andern anzudeuten, sondern auch unsern Gedancken selbst zu helffen"), also eine nicht-kommunikative Funktion von Sprache.

Die eingangs erwähnte Tradition der Pragmatik geht in ihren philosophischen Grundlagen, soweit sie für die Sprachreflexion von Bedeutung sind, zunächst auf das 19. Jahrhundert zurück, vor allem auf die Arbeiten von Charles Sanders Peirce. 1877 formulierte Peirce erstmals eine „Maxime des Pragmatismus" (Peirce 1903, 7):

> Überlege, welches die praktischen Wirkungen sind, die unserer Meinung nach vom Objekt unserer Vorstellung erzeugt werden können. Die Vorstellung aller dieser Wirkungen ist die vollständige Vorstellung des Objektes.

Eine Vorstellung von einem Gegenstand zu haben bedeutet also, sich der möglichen sinnlichen Wirkungen des Gegenstandes – Peirce versteht unter *effects* immer konkrete sinnliche Wirkungen – bewußt zu sein. Eine Vorstellung von einem Gegenstand, die nichts mit seinen möglichen Wirkungen zu tun hat, kann es nicht geben (1878, 194). Die Übertragung dieser erkenntnistheoretischen Überlegung auf sprachliche Zusammenhänge liegt nahe. Wie man die „Bedeutung" von Vorstellungen nur anhand ihrer konkreten Wirkungen erfassen kann, liegt auch die Bedeutung eines *Symbols* (d. h. eines Wortes oder Satzes) ausschließlich darin, „*wie* es uns veranlassen könnte zu handeln" (*„how*" it might cause us to act", 1903, 176). Wenn wir z. B. fragen, was wir meinen, wenn wir einen Gegenstand *hart* nennen, wenn wir also nach der Bedeutung von *hart* fragen, dann ist die Antwort die, daß man einem harten Gegenstand keine Einkerbungen durch andere Gegenstände zufügen kann (1878, 195) bzw. daß man in der Lage ist, mittels dieses Gegenstandes andere, eben weichere Gegenstände einzukerben. Die Sprache tritt uns nicht als eine Sammlung irgendwie statischer Bedeutungen, sondern als Fülle kodifizierter Wirkungs- und Handlungsmöglichkeiten entgegen: „Für den Pragmatismus besteht das Denken in der lebendigen Umwandlung von Symbolen durch Schlußfolgerungen; und der Bedeutungsgehalt der Symbole liegt demzufolge in konditionalen allgemeinen Entschließungen zum Handeln" (ebd., 213).

Die Nähe dieser Position zur sprachwissenschaftlichen Pragmatik des 20. Jahrhunderts ist offensichtlich. Am deutlichsten wird der Anschluß an den Peirceschen Pragmatismus, auch an den von William James und John Dewey, in den Arbeiten von Charles William Morris, der *Pragmatik* in Abgrenzung zu *Pragmatismus* ganz spezifisch als „Wissenschaft von der Beziehung der Zeichen zu ihren Interpreten" bestimmt (1938, 52). Die Berücksichtigung einer eigenen pragmatischen Dimension von Sprache neben ihrer semantischen und syntaktischen führt zu einem Hineinstellen sprachlicher Phänomene in den sozialen Raum und zu der oben beschriebenen Dynamisierung der Sprachkonzeption (ebd., 60):

[E]in sprachliches Zeichen wird in Verbindung mit anderen Zeichen von den Mitgliedern einer sozialen Gruppe verwendet; eine Sprache ist ein soziales Zeichensystem, mit dem sich die Mitglieder einer Gemeinschaft ihre Reaktionen aufeinander und auf ihre Umgebung mitteilen. Eine Sprache verstehen heißt nur solche Zeichenkombinationen und Zeichentransformationen verwenden, die nicht durch die Gebräuche der betreffenden sozialen Gruppe gesperrt sind, heißt, Gegenstände und Sachverhalte genauso denotieren, wie die Mitglieder dieser Gruppe es tun, heißt dieselben Erwartungen haben, die die anderen bei der Verwendung eines bestimmten Zeichenträgers haben, und den eigenen Zustand in derselben Weise ausdrücken wie die anderen – kurz eine Sprache verstehen oder sie richtig gebrauchen heißt den in der gegebenen sozialen Gemeinschaft geläufigen (syntaktischen, semantischen und pragmatischen) Gebrauchsregeln folgen.

In der von Morris vorgezeichneten Sicht bedeutet die pragmatische Sprachkonzeption eine konsequente Relativierung des Sprachbegriffs in Richtung der sprechenden Subjekte in ihrer sozialen Verfaßtheit. Jede Suche nach einer wie auch immer gearteten ‚Eigentlichkeit' von Sprache wird damit unzulässig, sei es in der Form der Vermutung einer absoluten, onomatopoetisch oder mystisch begründeten Bedeutung der Wörter, sei es durch die ideologische Konstruktion eines naturgegebenen Sprachcharakters in Analogie zu einem vermeintlichen Volks- oder Nationalcharakter oder sei es durch die Überbetonung der Homogenität des Sprachsystems, das aus seinen historischen und gesellschaftlichen Einbindungen herausgelöst und der nur formalen, geschichtsfreien Analyse anheimgestellt wird.

Diese Einbeziehung von Sprecher und Hörer in die semiotische Beschreibung begegnet im 20. Jahrhundert nicht erst bei Morris. So wird in dem auf Platons Sprachbestimmung (s.o.) zurückgreifenden *Organonmodell* des auch sprachwissenschaftlich orientierten Psychologen Karl Bühler das Sprachzeichen in Bezug zu drei Größen gestellt: den Gegenständen und Sachverhalten der Wirklichkeit, dem Sprecher, dem Hörer (z.B. »Sprachtheorie«, 1934). Die Gegenstände und Sachverhalte der Welt werden durch das Zeichen dargestellt (Bühler spricht von der *Darstellungsfunktion* der Sprache), die Sprecher drücken sich durch die Zeichen der Sprache aus (*Ausdrucksfunktion*), an die Hörer wird mittels der Zeichen appelliert (*Appellfunktion*). In jedem Akt der Sprachverwendung sind alle drei Funktionen präsent, wobei je nach Kontext die eine oder andere dominieren kann. Eine Äußerung wie „Es ist acht Uhr" z.B. ist im Hinblick auf die Darstellungsfunktion eine Information über die Uhrzeit, könnte, wird sie im Ton der Erregung vorgebracht, im Hinblick auf die Appellfunktion die Aufforderung zur Eile und im Hinblick auf die Ausdrucksfunktion die Verärgerung des Sprechers angesichts der vorgerückten Stunde anzeigen.

Zwar nimmt Bühler in seinen Arbeiten nur auf den ersten Blick die Theorie der direkten und indirekten Sprechakte Austins und Searles vorweg (dazu s.u.) –

Ausdruck und *Appell* kommen bei ihm vor allem durch nicht-semantische Mittel wie *Betonung, Rhythmus, Gebärden* etc. zustande, und das Konzept der Illokution begegnet bei ihm nicht –, doch sind die Sprachbenutzer fest integrierte Bestandteile seiner Sprachkonzeption.

Die zweite der eingangs angesprochenen Traditionen der Pragmatik ist nicht philosophischer oder semiotischer, sondern eher sprachpraktischer Natur, obgleich ihre theoretischen Implikationen außerordentlich weitreichend sind: die Rhetorik (ausführlicher dazu Kap. 4.1). Bis in das frühe 19. Jahrhundert hinein prägen die Kategorien der Rhetorik die Reflexion über Sprache und die Vorschläge zu ihrer Gestaltung in Rede und Text in einem kaum zu überschätzenden Maße. Die Vorgaben über den angemessenen Aufbau von Texten (einleitende Teile, erzählende Teile, argumentierende Teile etc.), die Anleitungen zur Wortwahl (zur Behandlung von Fremdwörtern, Regionalismen, Vulgarismen, Archaismen etc.), die Beschreibung unterschiedlicher Stilformen und Stillagen (hoher, mittlerer, einfacher Stil), die Kriterien zur Entscheidung darüber, was als ‚richtige‘ und ‚gute‘ Sprache gelten soll, all dies findet über Jahrhunderte hinweg nicht nur in die rhetorischen Textsorten im engeren Sinne Eingang, sondern auch in die Grammatiken und, bis in die Gegenwart, in die Schulbücher und Stilistiken.

Die Sprachkonzeption, die all diesen anwendungsorientierten Arbeiten der Rhetorik zugrundeliegt, ist zutiefst pragmatischer Natur. Als gelungen gilt nicht derjenige Text, der eine möglichst große Anzahl von Tropen und Figuren auf sich vereint – die Reduzierung der Rhetorik auf die Lehre vom stilistischen Schmuck ist eine Verengung des 20. Jahrhunderts –, sondern der kommunikativ erfolgreich ist, weil er seine formale Gestaltung von den pragmatischen Erfordernissen des jeweiligen Kommunikationsanlasses abhängig gemacht hat. Auch in der Rhetorik begegnet also das Relativieren der Beschreibungskategorien von Sprache, wie es die Pragmatik grundsätzlich kennzeichnet: Einen gestalterisch irgendwie definitiven, absolut gelungenen Text, jenseits gesellschaftlicher und situativer Bezüge, ohne Berücksichtigung von Sprecher und Adressat, kann es nicht geben.

Gelingen wird die Kommunikation dann, wenn der Sprecher bzw. Autor das *aptum* (‚das Angemessene‘, ‚Passende‘) wahrt, also genau diejenigen sprachlichen Formen wählt, die dem Thema, dem Angesprochenen, der Situation, dem Ort, der Zeit etc. angemessen sind. Vor jedem Verfassen eines Textes wird er daher die rhetorische Suchformel durchlaufen, die ihm mit ihren Fragen *Wer sagt etwas?, Was wird gesagt?, Warum wird es gesagt?, Wann wird es gesagt?, Wo wird es gesagt?* etc. die pragmatischen Bezugspunkte seines Textes ins Bewußtsein ruft.

Die Notwendigkeit der Kategorie des *aptum* und damit der kommunikativen Orientierung ergibt sich für die Rhetorik aus ihrer Bestimmung als der Disziplin des *docere* und des *movere*, des Lehrens und Bewegens zum Zwecke des Überzeugens durch Beweisführung (*probare*), in Teilen auch des Überredens (*persuadere*). Daß sich der Zweck der Rhetorik in Verben angeben läßt, die dialogische Sprachhandlungen bezeichnen – *docere, movere, probare, persuadere* –, entspricht ganz und gar dem kommunikativen Charakter der Lehre. So ist es auch kein Zufall, daß die moderne Textlinguistik mit ihrer Überzeugung vom gesellschaftlichen Handlungscharakter der Sprache auf die rhetorische Suchformel zurückgreift – häufig firmiert sie dort unter der Bezeichnung „Laswell-Formel" –, wenn sie Texte pragmatisch beschreibt. Insgesamt ist die Rhetorik in der Geschichte der Sprachwissenschaft diejenige Disziplin, die das sprachtheoretische Bekenntnis zur kommunikativen Funktion von Sprache am überzeugendsten in die Praxis umgesetzt hat.

Nach der Betrachtung der Traditionen der Pragmatik seien im folgenden die Erscheinungsformen pragmatischer Sprachreflexion im 20. Jahrhundert angesprochen, zunächst innerhalb der analytischen Sprachphilosophie. Wenn dort von der *pragmatischen Wende* (*pragmatic turn*) die Rede ist, dann ist dieser Ausdruck stets mit dem Namen Ludwig Wittgensteins verknüpft. Die wichtige Rolle Wittgensteins bei der Reflexion über die Möglichkeiten einer logisch-analytischen Kunstsprache wurde bereits anhand seines »Tractatus logico-philosophicus« (1921) beschrieben (Kap. 6.3), und die Tatsache, daß dieselbe Persönlichkeit in einer späteren Phase ihres Schaffens nun für die sprachphilosophische Pragmatik als repräsentativ gilt, ist erstaunlich. Im Grunde stellen Wittgensteins »Philosophische Untersuchungen« (verf. 1945) eine grundlegende Kritik an der logisch-analytischen Position des »Tractatus« dar und eine Hinwendung zu der Überzeugung, daß Bedeutungen von Wörtern und Sätzen nur aus ihrem alltäglichen Gebrauch erschließbar sind und Sprache nur vor dem Hintergrund ihrer gesellschaftlichen, lebenspraktischen Einbettung sinnvoll beschrieben werden kann.

Ein Leitgedanke des »Tractatus« war die Annahme der logischen Ordnung der Welt, die auch die Sprache einschließt (»Tractatus«, 5.5563: „Alle Sätze unserer Umgangssprache sind tatsächlich, so wie sie sind, logisch vollkommen geordnet"). Diese logische Ordnung der Welt ist apriorisch, vor aller Erfahrung, und ist dabei von einer ungetrübten „Kristallreinheit" (»Philosophische Untersuchungen«, 107; hier und im folgenden weisen Zahlen nach Zitaten auf die Abschnitte des Textes in Wittgensteins Zählung hin). Tatsächlich aber, so die Erkenntnis in den »Philosophischen Untersuchungen«, *ist* diese Ordnung nicht einfach logisch, vielmehr ist das uneingeschränkt Logische der Ordnung lediglich ein Ideal der Philosophen. Auf der Basis der Postulierung dieses Ideals des Logischen, Präzisen, in der Zeichentheorie: des Eineindeutigen, kritisieren nun Philosophen eine umgangssprachliche Äußerung wie „Halte dich ungefähr hier auf!" als unexakt (88). Wie aber wäre, fragt Wittgenstein, absolute Exaktheit für eine Anweisung dieses Inhalts überhaupt zu gewinnen? Durch das Ziehen eines Kreidestrichs auf dem Boden sicher nicht, da auch der Kreidestrich bei näherer Betrachtung eine eigene Breite aufweist. Wenn man nun immer weitergehende Bestimmungen auf dem Wege zur Exaktheit fände, würde sich bald die Frage aufdrängen, ob die Exaktheit im vorliegenden Fall überhaupt noch eine Funktion hat, ob sie nicht ins Leere läuft: „Ist es unexakt, wenn ich den Abstand der Sonne von uns nicht auf 1 m genau angebe; und dem Tischler die Breite des Tisches nicht auf 0,001 mm?" Entscheidend ist dagegen, ob die Aufforderung im vorliegenden Fall *funktioniert.*

Schon dieses einfache Beispiel illustriert Wittgensteins Verfahren in den »Philosophischen Untersuchungen«: Anstatt mit Absoluta, mit Eigentlichkeiten (‚etwas *ist* exakt, jenseits situativer Einbindung') operiert er mit relativen Größen: ‚etwas ist exakt *innerhalb eines bestimmten Bezugsrahmens*', ‚etwas funktioniert, jenseits der Frage seiner absoluten Richtigkeit'. Im nachhinein erscheint ihm die Position der Logiker unannehmbar, für die eine unscharfe Angabe ebenso wenig von Nutzen ist wie das völlige Fehlen einer Angabe.

Mit der Aufgabe des Exaktheitsideals geht der Rückzug von einer auf das Wesen der Dinge (der Welt, der Sprache, der Bedeutung eines Wortes) gerichteten Philosophie einher. Finden sich im »Tractatus« noch Sätze der Art „Das Wesen des Satzes angeben, heißt, das Wesen aller Beschreibung angeben, also das Wesen der Welt" (5.411), so zieht sich Wittgenstein nun von jeder Philosophie zurück, die auf einen unverrückbaren inneren Kern der Dinge zielt, der in irgendeiner Tiefe hinter der üblicherweise begegnenden Realität der Dinge (der Wörter, Sätze) liegt. Wenn die Sprachphilosophie etwa nach dem *Wesen* der Beziehung zwischen den Begriffen des Satzes, des Wortes, der Wahrheit, der Erfahrung frage, dann löse sie schon durch die bloße Fragestellung die Wörter *Satz, Wort, Wahrheit, Erfahrung* aus dem umgangssprachlichen Kontext, in dem sie gewöhnlich vorkommen (97). Die Tiefe der Begriffe, so könnte man Wittgensteins Position resümieren, die die Sprachphilosophie logisch-analytisch auszuloten versucht, gibt es überhaupt nur, weil sie zuvor von der Sprachphilosophie konstruiert wurde.

Auf der Linie dieser Kritik liegt auch das Hinterfragen des Konzeptes der *Urelemente.* Dem »Tractatus«, wie der gesamten logisch-analytischen Sprachphilosophie seit Leibniz, liegt die Überzeugung zugrunde, die Dinge der Welt, die Vorstellungen von den Dingen und die Einheiten der Sprache (jedenfalls der gewünschten *idealen* Sprache) setzten sich aus jeweils kleineren Elementen zusammen. In einer vollkommenen Analyse sollen sich alle komplexen Gegebenheiten auf einfache reduzieren lassen, um dann wieder, mittels genau festgelegter Regeln, zu komplexen Einheiten kombiniert werden zu können. Bei der Frage der Komplexität setzt Wittgenstein nun an: Was sind die einfachen Bestandteile einer Vorstellung oder eines Gegenstandes? Sind die einfachen Bestandteile eines Sessels z.B. die Holzstücke, aus denen er besteht, oder sind es seine Atome? Daß die Antwort vom Kontext abhängt, illustriert er am Beispiel des Schachspiels, das als zusammengesetzt aus 32 weißen und 32 schwarzen Quadraten gelten kann, aber eben auch aus den Farben Weiß, Schwarz und dem Schema des Quadratnetzes (47). Welche Antwort richtig ist, hängt vom jeweiligen *Sprachspiel* ab, in dem sie gegeben wird (dazu s. u.).

Überträgt man diese erkenntnistheoretische Pragmatisierung auf die Sprache, dann führt das zur Ablehnung jeder abbildtheoretischen Sprachkonzeption, wonach die Wörter feste Bedeutungen haben, durch die sie sich auf die Dinge beziehen, die Ausdrucksseiten der Wörter also auf die Vorstellungen und damit auf die Dinge verweisen. Diese abbildtheoretische Beschreibung des Verhältnisses zwischen den Größen Sprache, Denken und Wirklichkeit stellt aber eher die Ausnahme dar, wie sie z. B. dann gegeben ist, wenn ein Lehrer im Fremdsprachenunterricht gezielt nach der Bedeutung eines Wortes fragt und sich beim Schüler nun die Vorstellung von dem bezeichneten Gegenstand einstellt. Im Regelfalle des täglichen Sprachgebrauchs aber besteht der Zweck der Wörter nicht darin, Vorstellungen hervorzurufen (7).

Ein Beispiel: Zwei Handwerker A und B arbeiten an einem Bau (2). Für diesen Bau benötigen sie vier Arten von Bausteinen: Würfel, Säulen, Platten und Balken. Sie bedienen sich dementsprechend einer Sprache, die aus den Wörtern *Würfel, Säule, Platte, Balken* besteht. Benötigt A nun ein bestimmtes Element, so ruft er B das entsprechende Wort zu, worauf B es ihm bringt. Der eigentliche Zweck der Wörter dieser Sprache ist also nicht das Hervorrufen von Vorstellungen, sondern der, daß der Angesprochene jedesmal in einer bestimmten Weise *handelt*. Gerade so, über den Handlungszusammenhang, erlernen Kinder nach Wittgenstein in der Regel die Sprache:

> 6. Wir könnten uns vorstellen. daß die Sprache im §2 [d. h. die aus den Wörtern *Würfel, Säule, Platte, Balken* bestehende Sprache, A. G.] die *ganze* Sprache des A und B ist; ja, die ganze Sprache eines Volksstamms. Die Kinder werden dazu erzogen, *diese* Tätigkeiten zu verrichten, *diese* Wörter dabei zu gebrauchen, und *so* auf die Worte des anderen zu reagieren.

Eben das aber hat nun zur Folge, daß derjenige, welcher die Bedeutung eines Wortes erfahren will, auf seinen Gebrauch in der Sprache achten muß, also darauf, was jemand tut, wenn er ein bestimmtes Wort hört. Wittgenstein verwendet einen großen Teil der »Philosophischen Untersuchungen« auf den Nachweis, daß die Wörter keineswegs feste Bedeutungen mit sich führen, mit denen sie in die einzelnen Gebrauchssituationen eingebracht und die dann in diesen Situationen in jedesmal gleicher Weise wirksam würden. Er illustriert das an Ausrufen wie *Wasser!*, *Feuer!*, *Schön!*, *Nicht!*, mit denen wir das Unterschiedlichste tun, und verweist auf die Schwierigkeit, die Bedeutung eines Wortes wie *lesen* positiv zu bestimmten (– ein Erwachsener, von dem wir sagen, er *lese* gerade Zeitung, überfliegt vielleicht manchen Satz nur, nimmt einige andere wiederum Wort für Wort auf, während ein Erstkläßler beim *Le-*

sen etwas völlig anderes tut, nämlich die Lautung einzelner Buchstaben aneinanderzureihen, um sich so jedes Wort einzeln zu erschließen, 156ff.).

Um die Bedeutung eines Wortes oder eines Satzes wirklich zu kennen, muß man seine Verwendung kennen, muß man wissen, wie Wort und Satz die eigene Sicht auf die Welt verändern, wozu, d. h. zu welchem Tun einen der Satz veranlaßt („Sieh den Satz als Instrument an, und seinen Sinn als seine Verwendung", 421). Von der Annahme des »Tractatus«, daß die Sätze als vermeintliche „Bilder" der Gedanken und der Tatsachen ihren Sinn aus sich selbst heraus, kontextfrei preisgeben (4.02: „[...] daß wir den Sinn des Satzzeichens verstehen, ohne daß er uns erklärt wurde"), ist Wittgenstein nun völlig abgekommen. Er stellt sogar fest, daß die Annahme, es gebe Sätze, die per se sinnlos sind, falsch ist: Ein zunächst sinnlos erscheinender Satz ergibt deshalb keinen Sinn, weil er in einer bestimmten Situation nicht funktioniert, nicht deshalb aber, weil er inhärent sinnlos wäre („[...] so ist nicht, quasi, sein Sinn sinnlos", 500). Impliziert ist dabei, daß derselbe Satz in einer anderen Situation sehr wohl einen Sinn ergeben könnte.

Man sieht, wie Wittgenstein vorgeht: Das Ideal einer klaren, durchsichtigen, eindeutigen, zu den Vorstellungen von den Dingen und den Dingen selbst in einem isomorphen Abbildverhältnis stehenden Sprache wird in jeder Hinsicht aufgegeben, es verschwindet die Rede vom Ganzen (der Welt, des Denkens, der Sprache), das sich systematisch in immer kleinere Teile zerlegen läßt. Die Aufgabe dieser Sprachkonzeption läßt sich als eine Bewegung der Dezentralisierung beschreiben: An die Stelle der Vorstellung der einen, in sich geschlossenen Sprache, die idealiter aus festen Wort- bzw. Bedeutungskernen besteht und die ganze Welt systematisch erfassen kann, tritt die Überzeugung von der Vielfältigkeit der Lebensformen und der in ihr vorkommenden Arten und Akte der Sprachverwendung bzw. in Wittgensteins Begrifflichkeit: tritt das Konzept des *Sprachspiels.*

Sprachspiele sind die Realität des Vorkommens von Sprache. Wittgensteins Verwendung des Spielbegriffs legt das Vorhandensein von Regeln nahe, zugleich aber das Moment des Eingespielt-Seins (300):

> Das Wort „*Sprachspiel*" soll hier hervorheben, daß das Sprechen der Sprache ein Teil ist einer Tätigkeit, oder einer Lebensform.
> Führe dir die Mannigfaltigkeit der Sprachspiele an diesen Beispielen, und anderen, vor Augen:
> Befehlen, und nach Befehlen handeln –
> Beschreiben eines Gegenstands nach dem Ansehen, oder nach Messungen –
> Herstellen eines Gegenstands nach der Beschreibung (Zeichnung) –
> Berichten eines Hergangs –
> Über den Hergang Vermutungen anstellen –
> Eine Hypothese aufstellen und prüfen –
> Darstellen der Ergebnisse eines Experiments durch Tabellen und Diagramme –
> Eine Geschichte erfinden; und lesen –

Theater spielen –
Reigen singen –
Rätsel raten –
Einen Witz machen; erzählen –
Ein angewandtes Rechenexempel lösen –
Aus einer Sprache in die andere übersetzen –
Bitten, Danken, Fluchen, Grüßen, Beten.

Auch eine ganze Sprache kann als Sprachspiel beschrieben werden, wie z.B. die Sprache der beiden Handwerker im zitierten Beispiel. Die Sprache, die als ganze ein Sprachspiel darstellt, besteht dann wieder aus einzelnen Sprachspielen, nicht aber in dem Sinne, daß diese Sprachspiele aufeinander in einer hierarchischen Ordnung systematisch aufbauen würden und voneinander abhängig wären. In seinem »Braunen Buch« gibt Wittgenstein das Beispiel eines Spielers, dem das Schachspiel beschrieben wird, aber ohne Erwähnung der Bauern. Würde dieser Spieler nun mit den übrigen Figuren und den Regeln des Schachspiels (abzüglich der Regeln, die die Bauern betreffen) spielen, dann würde er eben ein anderes Spiel als Schach spielen, das gleichwohl zum Schachspiel eine gewisse Ähnlichkeit aufweisen würde. Vom Standpunkt des Spielers dieses einfacheren Spieles aus würde es sich sehr wohl um ein eigenständiges Spiel handeln. Analoges gilt für die Sprache: In dem Sprachspiel der beiden Handwerker A und B kommt z.B. dem Wort *Balken* eine ganz bestimmte Rolle zu, die unabhängig von dem Vorkommen des Wortes in anderen Sprachspielen ist. Natürlich gibt es Verbindungen zwischen den Sprachspielen, aber kein eindeutiges Ableitungsverhältnis; Wittgenstein spricht von *Familienähnlichkeiten* (324).

Da Sprachspiele nicht die je neue Kombination von bereits Bekanntem sind, kann man auch nicht aus einem bestimmten Sprachspiel alle anderen oder die gesamte Sprache ableiten (im Gegensatz zu den Sätzen, wie sie im »Tractatus« beschrieben werden). Vielmehr sind sie in *Lebensformen* eingebettet und ergeben nur vor deren jeweiligem Hintergrund einen Sinn. Je nach Lebensform ändert sich die Bedeutung der Konstituenten von Sprachspielen, auch wenn die Konstituenten ihrer äußeren Form nach gleich bleiben (– ebenso wie z.B. das Küssen in der Öffentlichkeit oder das laute Fluchen eine je andere Bedeutung in unterschiedlichen Kulturen haben). Da Sprachspiele nur durch Eingespielt-Sein möglich werden, sind sie konsensabhängig und können sich ändern.

Der Gebrauch der Sprache läuft also nicht so ab, daß wir uns mit festen Wortbedeutungen in eine bestimmte Situation und damit in eine bestimmte Lebensform hineinbegeben, sondern daß wir die dort gültigen Sprachspiele mitspielen. Um erfolgreich in einer Situation kommunizieren zu können, müssen wir das in ihr praktizierte Sprachspiel schon kennen, d.h. wir müssen die zugrundeliegende Lebensform kennen, müssen wissen, welchen Stellenwert ein bestimmtes Wort, eine bestimmte Formulierungsweise in diesem Sprachspiel besitzt.

Wittgensteins Sprachkonzeption in den »Philosophischen Untersuchungen« läßt sich von unterschiedlicher Perspektive aus hinterfragen. Wo genau, um ein Beispiel zu geben, beginnt ein Sprachspiel und wo endet es? Wieso ist z. B. das Herstellen eines Gegenstandes ein *Sprach*spiel? Und wenn das Herstellen eines Gegenstandes tatsächlich ein Sprachspiel ist: Was wäre dann noch ein Handeln außerhalb der Sprache? Der mögliche Gegeneinwand, die Frage nach der Genauigkeit der Bestimmung des Sprachspiel-Konzeptes zeuge nur vom mangelnden Verständnis von Wittgensteins Thesen, wonach ja eine absolute Genauigkeit ins Leere laufe, könnte nicht verfangen, da Wittgenstein selbst immer wieder die Existenz von Sprachspielen behauptet, also irgendwelche genaueren, wenn auch nicht eben eindeutigen Vorstellungen von dieser Existenz haben muß oder sollte. Zudem hätte der erwähnte Gegeneinwand den Geruch des Versuchs an sich, sich mit dem Hinweis auf die Unmöglichkeit genauer Aussagen der Mühe des sorgfältigeren Nachdenkens entziehen zu wollen.

Der unbestreitbare Gewinn der »Philosophischen Untersuchungen« liegt nicht in der Formulierung eines irgendwie geschlossenen Theoriegebäudes – hier stünde die Geschlossenheit in der Tat im Widerspruch zum pragmatischen Tenor des Ganzen –, sondern in der Präsentation einer bestimmten Art und Weise, Sprache und ihre Vorkommensweisen zu betrachten. Ob die Position der »Philosophischen Untersuchungen« die Annahme von so etwas wie *langue*-Bedeutungen, die durch das Sprachsystem verbürgt sind, letztlich unmöglich macht, sei dahingestellt. In jedem Fall ist das gesamte Buch ein beeindruckender philosophischer Versuch, Sprache an ihre Sprecher, ihre Lebenswelten, ihr Handeln zurückzubinden: Sprache kommentiert nicht das Leben und Handeln, sondern *ist* eine Form des Lebens und Handelns.

Mit der starken Betonung des Handlungsmoments erinnern die »Philosophischen Untersuchungen« einerseits an den frühen amerikanischen Pragmatismus (s. o. zu Peirce) und bereiten zum anderen den Boden für die Sprechakttheorie John Austins und John Searles. Austin gibt mit »How to do things with words« (1955) einen theoretischen Rahmen vor, den Searle 1969 in »Speech Acts« in Teilen abwandelt und erweitert, in jedem Fall stark systematisiert. Das zentrale Anliegen der Sprechakttheorie ist der Nachweis des konkreten Handlungscharakters der einzelnen Äußerung. Ausgangspunkt ist für Austin die Untersuchung von Äußerungen des Typs *Ich warne dich, der Hund ist bissig.* Im Gegensatz zu einer Äußerung des Typs *Auf der Straße läuft ein Hund* beziehen sich Äußerungen des ersten Typs nicht auf eine externe Handlung, sondern durch sie wird, im Akt des Äußerns, eine Handlung vollzogen, im vorliegenden Fall die der Warnung: Die Warnung vor dem Hund findet erst dadurch statt, daß der Sprecher den zitierten Satz äußert.

Mit dem nächsten Schritt gewinnt nun die Sprechakttheorie ihre eigentliche Bedeutung. Austin spricht grundsätzlich *jeder* Äußerung einen solchen Handlungscharakter zu, also auch Äußerungen des Typs *Auf der Straße läuft ein Hund.* Äußerungen der Umgangssprache setzen sich danach aus zwei Teilen zusammen: einer Proposition, d.h. einer Aussage über die Welt, bestehend aus Gegenstand und Prädikation (vgl. die aus *Hund* und *auf-der-Straße-laufen* bestehende Äußerung) und einer Illokution, zu verstehen als derjenigen Kraft – für das englische *force* bei Austin hat sich in den deutschen Texten das weniger prägnante *Rolle* durchgesetzt –, die der Äußerung ihre kommunikative Prägung verleiht. Ist die Äußerung *Auf der Straße läuft ein Hund* etwa als Warnung vor dem Verlassen eines sicheren Gebäudes gedacht, dann ist die Illokution die der WARNUNG, ist sie als Aufforderung gedacht, z.B. einen entlaufenen Hund zu identifizieren, dann wäre die Illokution die der AUFFORDERUNG etc.

Die beschriebenen Annahmen sind ebenso einfach wie schlagend. Sie basieren auf der Einsicht, daß sprachliche Äußerungen nie als kommunikativ isoliert, ,in den Raum gestellt' vorkommen – außer womöglich in den schon von Wittgenstein kritisierten Isolierungen durch Philosophen –, sondern immer als situativ, kommunikativ gebunden. Zudem bietet die Sprechakttheorie nicht nur einen allgemeinen sprachphilosophischen Rahmen für die Verbindung von Sprechen und Handeln, sondern ermöglicht es, spachliche Handlungen im einzelnen qualitativ zu benennen.

Bei der Differenzierung des Sprechaktkonzeptes können nämlich die aus Beispielsätzen der Umgangssprache gewonnenen Akte zu Typen klassifiziert werden. Searle unterscheidet fünf solcher Typen: repräsentative Sprechakte (z.B. beschreiben, darstellen), direktive Sprechakte (z.B. bitten, befehlen), expressive Sprechakte (z.B. danken, sich entschuldigen), kommissive Sprechakte (z.B. versprechen, etwas garantieren), deklarative Sprechakte (z.B. taufen, ernennen).

Auch gegen die Sprechakttheorie lassen sich Einwände vortragen. Einer dieser Einwände würde darauf abheben, daß die Theorie ausschließlich auf einzelne Äußerungen, nicht aber auf die Abfolge von Äußerungen anwendbar ist. Searle selbst erklärt die Sprechakttheorie schon bei einem aus nur zwei Äußerungen bestehenden Dialog für unzuständig (Searle 1992). Da einzelne Äußerungen in aller Regel aber Teil größerer Äußerungsfolgen in Gesprächen oder Texten sind, blendet die Sprechakttheorie die übliche Form des Vorkommens von Sprache aus ihrem Zugriff aus. Ansätze in der Textlinguistik, Textsorten nach dem Handlungscharakter zu klassifizieren, z.B. in *anleitende Texte* wie Gebrauchsanweisungen, *darstellende Texte* wie wissenschaftliche Monographien, *deklarierende Texte* wie Ernennungsurkunden, können sich daher nur noch ganz am Rande auf die Sprechakttheorie im Sinne Austins und Searles berufen. Jedenfalls läßt sich die Zuordnung eines Textes zu einer jeweiligen pragmatischen Textsorte nie aus den Handlungstypen der Einzelsprechakte des Textes hochrechnen.

Weit nachhaltiger aber wäre ein Einwand gegen die Sprechakttheorie, der sich gegen ihren Kommunikationsbegriff selbst richtet. Nach diesem Kommunikationsbegriff ist die ideale Kommunikation die eines Austauschs sprachlicher Äußerungen zwischen vernünftigen, kompetenten Partnern. Der Austausch ist stark regelgeleitet, orientiert sich stets am konventionellen Muster für den jeweiligen Typ von Sprechakt und verläuft dadurch möglichst reibungslos. Wer jemandem das Versprechen geben will, ihn am nächsten Tag zu besuchen, vollzieht den notwendigen Sprechakt durch die Äußerung „Ich verspreche dir, morgen zu kommen" besser als derjenige, der sagt „Vermutlich komme ich morgen" oder „Ich verspreche dir zu kommen", ohne nähere Zeitangabe. Das zu leugnen, hätte für das zitierte Beispiel auch keinen Sinn, doch es zeigt, für welchen Typ von Sprachverwendung die Sprechakttheorie in geradezu prototypischer Weise Gültigkeit besitzt: für den der mündlichen Alltagskommunikation, in der die Sprache zum Werkzeug der Bewältigung konkreter, situationsgebundener Handlungsprobleme wird. In dem Maße aber, in dem sich die Art der Sprachverwendung von diesem Typ entfernt, verliert die Sprechakttheorie an Plausibilität.

Der hier ansetzende Einwand betrifft nicht nur die Sprechakttheorie, sondern all diejenigen Teile der Pragmatik, die den beschriebenen Kommunikationsbegriff favorisieren. Es sei noch einmal an die pragmatisch orientierte Textlinguistik erinnert: Wie der Sprechakt gilt dort der Text als eine kommunikativ eindeutig gerichtete sprachliche Einheit, verfaßt von einem Sprecher bzw. Autor, mit Blick auf einen bestimmten Leser oder eine bestimmte Gruppe von Lesern, also als sprachlicher Niederschlag einer ganz spezifischen Handlungsabsicht (Warnen, Auffordern, Versprechen, Darstellen etc.), unter Berücksichtigung vorgegebener Vertextungsmuster. Daß diese Sprachkonzeption für Sprechakte des oben zitierten Typs und, im Bereich der Texte, für Gebrauchstexte aller Art angemessen ist, steht außer Frage. Anders verhält es sich aber z. B. mit literarischen Texten. Die pragmatischen Einbindungen, in denen solche Texte stehen, sind von anderer Art: Weder ist der Autor die entscheidende Instanz hinsichtlich der Bedeutung seines Textes – manches mag in den Text Eingang gefunden haben, dessen sich der Autor nicht bewußt war –, noch ist ein literarischer Text ausschließlich für eine historisch intendierte Gruppe von Lesern von Interesse, noch lassen sich seine Inhalte unmittelbar mit den Gegenständen und Sachverhalten der Wirklichkeit verrechnen. Für eine moderne Kunstauffassung, in der Momente wie Originalität und Kreativität eine zentrale Rolle spielen, ist auch mitnichten derjenige Text der gelungenste, der am wenigsten von den bisherigen Texten dieses Typs bzw. Genres abweicht, der am weitestgehenden ein vorgegebenes Muster erfüllt.

Was am Beispiel literarischer Texte angesprochen wurde, gilt für jede Art der Sprachverwendung, die nicht unmittelbar gebrauchsorientiert ist. Der pragmatische Sprachbegriff im Sinne der Sprechakttheorie greift für diese Art der Sprachverwendung in dem Maße zu kurz, in dem er auf das Ideal des zweckrationalen Handelns, der Reibungslosigkeit, Mustergültigkeit und konventionellen Verbindlichkeit der Kommunikation abhebt und damit das Individuelle, jenseits des Musters Liegende ausblendet. Daß gerade dort Entscheidendes zu finden sein mag, läßt diese Sprachkonzeption nicht erkennen. Nicht weniger offensichtlich ist aber, daß sie überzeugend in solchen Bereichen ist, wo gerade jene pragmatische Reibungslosigkeit und Zweckrationalität des sprachlichen Handelns gefordert ist, eben bei der Bewältigung des sprachlichen Alltags.

Um auch die nicht gebrauchsorientierte Dimension der Sprachverwendung abdecken zu können, muß sich eine Sprachkonzeption im Grunde nur auf Positionen pragmatischen Denkens berufen, wie sie schon bei Peirce und dem späten Wittgenstein angelegt sind. Der Vorzug dieses Denkens besteht ja darin, daß mit einem Schlage relativiert, das heißt dem Diskurs zwischen den historischen Individuen überantwortet wird, was in anderen Theorien als logisch, ontologisch (natürlich) oder metaphysisch vorgegeben gilt, seien es die Vorstellungen von den Dingen, seien es die Bedeutungen der Wörter oder sei es der Sinn von Texten. Die Konsequenz dieser Öffnung des Bedeutungs- und Sinnbegriffs kann nun darin liegen, daß die Verwendung von Sprache nicht ausschließlich unter dem Aspekt des möglichst problemlosen, zweckrationalen Funktionierens von Kommunikation betrachtet wird, sondern unter einem Aspekt, der das diskursive Aushandeln von Bedeutungen und Sinnangaben nicht als Gefährdung der Kommunikation, sondern als Zugewinn an Interpretation von Welt, an Perspektiven auf die Wirklichkeit begreift.

Die Beschreibung einiger Erscheinungsformen pragmatischen Denkens in den sprachbezogenen Disziplinen sollte die Bandbreite dieses Denkens illustrieren. Betrachtet man sich die Umsetzung der Pragmatik speziell in Deutschland, dann reicht das Spektrum von der *transzendental-* bzw. *universalpragmatischen* Sprachphilosophie Karl-Otto Apels und Jürgen Habermas' bis in die einzelnen sprachwissenschaftlichen Teildisziplinen, vor allem in die Soziolinguistik, die Gesprächsanalyse und die bereits erwähnte Textlinguistik. Pragmatik erscheint dort nicht als Disziplin sui generis, sondern als eine bestimmte Perspektive auf Sprache, die zu eigenen Fragestellungen führt, in denen die Einbeziehung der sprechenden Subjekte und ihr sprachlich gestaltetes und vermitteltes Handeln in der Welt im Vordergrund stehen. Auf das Sprachsystem bezogene Konzepte und Methoden stehen dann, in ein und derselben Teildisziplin, komplementär neben pragmatischen. Die Sprachgeschichtsforschung etwa, um ein weiteres Beispiel zu nennen, wurde früher ausschließlich als Systemgeschichte verstanden und praktiziert, als Geschichte der Lautung, der Morphologie, des Wortschatzes, der Syntax. Vor allem seit den sechziger Jahren begegnen zunehmend pragmatische Untersuchungen, die von der sozialgeschichtlichen Perspektive über die kulturgeschichtliche bis hin zu einer mentalitätsgeschichtlichen Perspektive reichen.

Einen ganz eigenen Versuch, die sprachsystematische Dimension mit der pragmatischen zu verbinden, stellt die Theorie Eugenio Coserius dar, wie er sie

in »Sprachkompetenz« (1988) formuliert. Im Gegensatz zu Noam Chomsky
versteht Coseriu Sprachkompetenz nicht als angeborene Fähigkeit, sondern als
eine kulturell erworbene, gleichwohl individuelle Kreativität ermöglichende
Größe. Diese kulturelle Kompetenz zum Sprechen spielt sich nach Coserius
auf drei Ebenen ab: einer allgemeinsprachlichen, einer einzelsprachlichen und
einer individuellen, d. h. einer Ebene der jeweiligen Situation, des jeweiligen
Textes oder Diskurses (S. 65ff.). Zur allgemeinsprachlichen (auch: universellen) Ebene des Sprechens gehören all jene Aspekte, die unabhängig von der
Einzelsprache und der individuellen Dimension von Sprache sind. Dazu zählt
vor allem die Beziehung zur außersprachlichen Wirklichkeit und die Frage
der grundsätzlichen Stimmigkeit der Sprachverwendung. Wenn jemand z. B.
sagt: „Die fünf Erdteile sind vier: Europa, Asien und Afrika" dann ist das ein
Verstoß auf der allgemeinsprachlichen Ebene – Coseriu spricht von *Inkon-*
gruenz –, völlig unabhängig von der Sprache, in der es behauptet wird, von
der Individualität des Sprechers, der es behauptet, von dem Text, in dem es
behauptet wird. Sagt jemand dagegen „Er schreibst ein Buch", so handelt es
sich um einen Verstoß auf der Ebene der Einzelsprache, um eine *Inkorrekt-*
heit.

Am wichtigsten ist nach Coseriu die dritte Ebene, die des individuellen
Sprechens, des einzelnen Textes oder Diskurses (auch: *pragmatische* Ebene).
Hier wird nicht nach *Kongruenz* oder *Korrektheit*, sondern nach *Angemessen-*
heit gefragt. Dazu gehört etwa, daß man auf die Nachricht vom Tod eines
Menschen einem Angehörigen gegenüber nicht mit „Ich gratuliere Ihnen!"
reagiert, daß man also das wahrt, was die Rhetorik das *aptum* nennt (dazu s. o.).

Die einzelnen Ebenen des Sprechens sind grundsätzlich voneinander unabhängig. Der Satz „Ich gratuliere Ihnen!" mag zwar in der betreffenden Situation unangemessen sein, er ist jedoch durchaus kongruent mit der allgemeinen
Wirklichkeit der Sachen und den Prinzipien des Denkens, und er ist korrekt in
bezug auf die Erfordernisse des einzelsprachlichen Systems. Umgekehrt wäre
eine Äußerung in der sog. Kindersprache gegenüber einem Kleinkind durchaus
angemessen, zugleich aber inkorrekt. Hinzu kommt, daß die Entscheidung
darüber, was kongruent, korrekt oder angemessen ist, in bestimmten Konstellationen in ihr Gegenteil verkehrt werden kann, etwa in metaphorischem oder
metasprachlichem Sprachgebrauch („Ich gratuliere Ihnen!" anläßlich eines
Todesfalles kann z. B. ironisch gemeint sein). So gelingt es Coseriu, sämtliche
Dimensionen der Sprachverwendung mit einer einzigen Theorie zu umfassen,
von den universellen Prinzipien des Denkens über die semantische und syntaktische Spezifik der Einzelsprachen bis zum individuellen Sprechakt im schrift-
lichen Text oder in der mündlichen Rede. Es ist bezeichnend für seine Position,
daß er dabei nicht von ‚der Sprache', sondern vom konkreten Sprechen ausgeht und die Ebene der individuellen Situation, des spezifischen Sinns, des konkreten Textes und Diskurses dominieren läßt.

Literatur

Pragmatik in der Sprachtheorie: Kutschera 1971, Schlieben-Lange 1975, Meggle 1981, Heintel 1982, Helbig 1986, Levinson 1990, Ágel 1991 u. 1995, Vonk 1992, Hindelang 1994, Braun 1996, Nerlich/Clarke 1996

Bibliographie

Quellen

Adelung, Johann Christoph: Deutsche Sprachlehre. Zum Gebrauche der Schulen in den
   Königlich Preuß. Landen. Berlin 1781. Nachdruck. Hildesheim, New York 1977.
 – Versuch eines vollständigen grammatisch-kritischen Wörterbuchs der Hochdeutschen Mundart, mit beständiger Vergleichung der übrigen Mundarten, besonders
   aber der Oberdeutschen. 5 Teile in 4 Bdn. Leipzig 1774–86. – 2. Auflage: Gramma-
   tisch-kritisches Wörterbuch der Hochdeutschen Mundart [...]. Mit einer Einf. u.
   Bibl. v. H. Henne. 4 Bde. Leipzig 1793–1801. Nachdruck. Hildesheim, New York
   1970.
 – Umständliches Lehrgebäude der Deutschen Sprache zur Erläuterung der Deutschen
   Sprachlehre für Schulen. 2 Bde. Leipzig 1782. Nachdruck. Hildesheim, New York
   1971.
 – Über den Deutschen Styl [...]. Drei Theile. Berlin 1785. Nachdruck. Hildesheim,
   New York 1974.
 – Vollständige Anweisung zur deutschen Orthographie, nebst einem kleinen Wörter-
   buche für die Aussprache, Orthographie, Biegung und Ableitung. Leipzig 1788.
   Nachdruck. Hildesheim, New York 1978.
 – Mithridates oder allgemeine Sprachenkunde mit dem Vater Unser als Sprachprobe in
   bey nahe fünfhundert Sprachen und Mundarten. 1. Theil. Berlin 1806. Nachdruck.
   Hildesheim, New York 1970.
Aichinger, Carl Friedrich: Versuch einer teutschen Sprachlehre [...]. Leipzig 1754.
   Nachdruck. Mit einem Vorwort v. M. Rössing-Hager. Hildesheim, New York 1972.
Albertus, Laurentius: Teutsch Grammatick oder SprachKunst. Augsburg 1573. Hrsg. v.
   C. Müller-Fraureuth. Straßburg 1895.
Alsted, Johann Heinrich: Scientiarvm omnivm encyclopaediae [...]. Lyon 1649. (4 Teile
   in 2 Bdn.). – Auch als Nachdruck der Ausgabe Herborn 1630, mit einem Vorwort
   v. W. Schmidt-Biggemann u. einer Bibl. v. J. Jungmayr. Stuttgart-Bad Cannstatt
   1989.
Aristoteles: Kategorien. Lehre vom Satz [De interpretatione]. Organon I u. II. Übers.,
   mit Einl. u. Anm. v. E. Rolfes. Hamburg: Felix Meiner 1974.
Arnauld, Antoine, Claude Lancelot: Grammaire générale et raisonnée ou La Gram-
   maire de Port-Royal. Edition critique présentée par H. E. Brekle. Tome I. Nouvelle
   impression en facsimilé de la troisième édition de 1676. Stuttgart-Bad Cannstatt
   1966.
Austin, John: How to do things with words (1955). Oxford 1970.
Aventin: s. Turmair, Johannes
Bach, Adolf: Deutsche Namenkunde. 1.: Die deutschen Personennamen. Berlin 1943.
 – : Geschichte der deutschen Sprache. 8. Aufl. Heidelberg 1965.
Bacon, Francis: The Twoo Bookes of the Proficience and Advancement of Learning
   Divine and Humane (1605). In: The Works of Francis Bacon. Collected and ed. by.
   J. Spelling, R. L. Ellis, D.D. Heath. 14 vols. London 1857–1874. Nachdruck. Stutt-
   gart-Bad Canstatt 1963. Bd. 3, 253–492.

- Novum Organum Scientiarum (1620). In: The Works of Francis Bacon. Collected and ed. by. J. Spelling, R.L. Ellis, D.D. Heath. 14 vols. London 1857–1874. Nachdruck. Stuttgart-Bad Canstatt 1963. Bd. 1, 71–368.

Bacon, Roger: The Greek Grammar of Roger Bacon and a Fragment of His Hebrew Grammar. Hrsg. v. E. Nolan u. S.A. Hirsch. Cambridge 1902.

Becher, Johann Joachim: Allgemeine Verschlüsselung der Sprachen (Character, pro Notitia Linguarum Universali, 1661). Dt.-lat. Nachdruck mit einer interpretierenden Einl. v. W.G. Waffenschmidt. Stuttgart 1962.

- Methodvs Didactica […]. Das ist: Gründlicher Beweis / daß die Weg und Mittel / welche die Schulen bißhero ins gemein gebraucht / die Jugend zu Erlernung der Sprachen / insonderheit der Lateinischen / zu führen / nicht gewiß / noch sicher seyen / sondern den Regulen und Natur der rechten Lehr / und Lern-Kunst schnurstracks entgegen lauffen […]. 2. Aufl. Frankfurt 1674.

Bellin, Johann: Hochdeudsche Rechtschreibung […]. Lübeck 1657. Nachdruck. Hildesheim, New York 1973.

Beneš, Eduard: Fachtext, Fachstil und Fachsprache. In: Sprache und Gesellschaft. Beiträge zur soziolinguistischen Beschreibung der deutschen Gegenwartssprache. Düsseldorf 1971, 118–132.

Beyträge zur Critischen Historie der Deutschen Sprache, Poesie und Beredsamkeit. Herausgegeben von einigen Mitgliedern der Deutschen Gesellschaft in Leipzig. Begründet von Johann Christoph Gottsched und Johann Georg Lotter, fortgeführt von Johann Christoph Gottsched. 32 Stücke in acht Bänden. Leipzig 1732ff. Nachdruck. Hildesheim, New York 1970.

Bibliander, Theodor: De ratione communi omnium linguarum & literarum commentarius […]. Tiguri 1548.

Blumenbach, Johann Friedrich: De generis humanis varietate nativa (1776). 3. Aufl. Göttingen 1795.

Bodmer, Johann Jakob, Johann Jakob Breitinger: Der Mahler der Sitten […]. 2 Bde. Zürich 1746. Nachdruck. Hildesheim, New York 1972.

Böhme, Jacob: Sämtliche Schriften. Faksimile-Neudruck der Ausgabe von 1730. 11 Bde. Begonnen v. A. Faust, neu hrsg. v. W.-E. Peuckert. Stuttgart 1955ff.

- Avrora, oder Morgenröthe im Aufgang […] (1612). In: Sämtliche Schriften. Bd. 1. Stuttgart 1955.

- De tribvs principiis, oder Beschreibung der Drey Principien Göttlichen Wesens […] (1619). In: Sämtliche Schriften. Hrsg. v. A. Faust. Bd. 2. Stuttgart 1942.

- De signatura rerum, oder Von der Geburt und Bezeichnung aller Wesen […] (1622). In: Sämtliche Schriften. Bd. 6. Stuttgart 1957.

- Mysterium Magnum, oder Erklärung über Das Erste Buch Mosis […] (1623). In: Sämtliche Schriften. Bde. 7 u. 8. Stuttgart 1958.

Bopp, Franz: Über das Conjugationssystem der Sanskritsprache in Vergleichung mit jenem der griechischen, lateinischen, persischen und germanischen Sprache (1816). Hrsg. u. mit Vorerinnerungen begleitet v. Karl Joseph Windischmann. Nachdruck. Hildesheim, New York 1975.

Breitinger, Johann Jakob: Critische Dichtkunst. Zürich, Leipzig 1740. Nachdruck. 2 Bde. Stuttgart 1966.

Bühler, Karl: Sprachtheorie. Die Darstellungsfunktion der Sprache (1934). 2. Aufl. Stuttgart, New York 1982.

Burdach, Konrad (Hrsg.): Vom Mittelalter zur Reformation. Bd. 5. Berlin 1926.

Butschky, Samuel: Der Hóchdeutsche Schlüszel / Zur Schreibrichtigkeit oder Rechtschreibung; Das ist: Kurtzer / iedoch wohlgegründeter unterricht / wie man in unserer Hóchdeutschen Haupt- und HeldenSpráche / dero unhintertreiblichen Grundsätzen nach / die Wörter / an sich selbst / recht und eigentlich schreiben / fügen / und scheiden sol. Leipzig 1648.

Campanella, Tommaso: Philosophiae rationalis partes qvinqve. Videlicet: Grammatica, dialectica, rhetorica, poetica, historiographia, iuxta propria principa. Tomvs I. Paris 1638.

Cassirer, Ernst: Philosophie der symbolischen Formen. Bd. 1: Die Sprache (1923). 9. Aufl. Darmstadt 1988.

Chomsky, Noam: Syntactic Structures. Den Haag 1957.
- Aspects of the Theory of Syntax. Cambridge/Mass 1965.
- Cartesian Linguistics. A Chapter in the History of Rationalist Thought. New York, London 1966.
- Amerika und die neuen Mandarine. Politische und zeitgeschichtliche Essays (1967). Frankfurt 1969.
- Reflexionen über die Sprache (1975). Frankfurt/M. 1977.
- Wirtschaft und Gewalt: vom Kolonialismus zur Neuen Weltordnung. Lüneburg 1993.

Cicero, Marcus Tullius: De oratore. Über den Redner. Lateinisch/Deutsch. Übers. u. hrsg. v. H. Merklin. 2. Aufl. Stuttgart 1986.

Claius, Johannes: Grammatica Germanicae lingvae [...]: ex bibliis Lvtheri germanicis et aliis eivs libris collecta. Leipzig 1578. Nachdruck. Hildesheim, New York 1973.

Clüver, Philipp: Germaniae antiquae libri tres [...]. Leiden 1616.

Comenius, Johann Amos: De rerum humanarum emendatione consultatio catholica. 2 Bde. Hrsg. v. d. tschechoslowakischen Akademie der Wissenschaften [= Akademieausgabe]. Prag 1966.
- Pampaedia [...]. In: De rerum humanarum emendatione consultatio catholica. Pars IVta. Bd. 2. [Akademieausgabe]. Prag 1966. - Dt. Übers.: J.A.C.: Pampaedia. Lat. Text u. dt. Übers. Nach der Handschrift hrsg. v. D. Tschižewsky, in Gemeinschaft mit H. Geissler u. K. Schaller. 2., durchges. u. verbess. Aufl. Heidelberg 1965.
- Panglottia [...]. In: De rerum humanarum emendatione consultatio catholica. Pars Vta. Bd. 2. [Akademieausgabe]. Prag 1966.
- Panorthosia [...]. In: De rerum humanarum emendatione consultatio catholica. Pars VIta. Bd. 2. [Akademieausgabe]. Prag 1966. - Dt. Teilübers.: J.A.C.: Die Erneuerung der Schulen (Panorthosia XXII). Lat.-dt. hrsg., eingel. u. mit erläuternden Anm. vers. v. K. Schaller. Bochum o.J.
- Prodromus Pansophiae (1637). In: J.A.C.: Vorspiele. Prodromus Pansophiae Vorläufer der Pansophie. Hrsg., übers., erl. u. mit Nachwort vers. v. H. Hornstein. Düsseldorf 1963.
- Janua linguarum aurea [...] Eröffnete Güldene SprachenThür [...]. 9. Aufl. Hamburg 1642.
- Didactia magna [...]. Amsterdam 1657. - In: J.A.C.: Opera didactica omnia. Nachdruck in 3 Bdn. Hrsg. v. d. tschechoslowakischen Akademie der Wissenschaften. Bd. 1. Prag 1957. - Dt. Übers.: J. A. C.: Große Didaktik. In neuer Übers. hrsg. v. A. Flitner. Düsseldorf, München 1954.
- Orbis sensualium pictus [...]. Nürnberg 1659. In: [Akademieausgabe]. Bd. 17. Prag 1970.
- Via lucis [...]. Amsterdam 1668. In: [Akademieausgabe]. Bd. 14. Prag 1974.

Coseriu, Eugenio: Sprachkompetenz. Grundzüge der Theorie des Sprechens. Bearb. u. hrsg. v. H. Weber. Tübingen 1988.

Dante Alighieri: Über das Dichten in der Muttersprache. De vulgari eloquentia. Aus dem Lat. übers. u. erl. v. F. Dornseiff u. J. Balogh. Darmstadt 1925.

Derrida, Jacques: De la grammatologie. Paris 1967.

Descartes, René: [Brief an P. Mersenne] (1629). In: Oevres philosophiques. Bd. 1 (1618–1637). Paris 1963, 227–234.

[Donatus]: Probi Donati Servii qvi fervntvr De arte grammatica libri. Ex recensione H. Keilii. Leipzig 1864. Nachdruck. Hildesheim 1961.

Egenolff, Johann Augustin: Historie der Teutschen Sprache. 1. Teil Leipzig 1716, 2. Teil Leipzig 1720. 2. Aufl.: 1. Teil Leipzig 1735. 2. Teil Leipzig 1720. Nachdruck d. 2. Aufl. Leipzig 1978.

[Ertzschrein]: Der Fruchtbringenden Gesellschaft ältester Ertzschrein. Briefe, Devisen und anderweitige Schriftstücke [...]. Hrsg. v. Gottlieb Krause. Leipzig 1855. Nachdruck. Hildesheim, New York 1973.

Fabricius, Johann Andreas: Philosophische Oratorie, das ist: Vernünftige Anleitung zur gelehrten und galanten Beredsamkeit. Leipzig 1724. Nachdruck. Kronberg 1974.

Fichte, Johann Gottlieb: Reden an die deutsche Nation (1807/1808). In: Fichtes Werke. Hrsg. v. I. H. Fichte. Bd. 7. Berlin 1845/1846. Nachdruck. Berlin 1971, 257–499.

Flacius Illyricus, Matthias: De ratione cognoscendi sacras literas (1567). Über den Erkenntnisgrund der Heiligen Schrift. Lat.-dt. Parallelausgabe. Übers., eingel. u. mit Anm. vers. v. L. Geldsetzer. Düsseldorf 1968.

Frangk, Fabian: Orthographia Deutsch [...]. Wittenberg 1531. In: Fabian Frangk: Ein Cantzley und Titel buechlin. Nachdruck. Hildesheim, New York 1979.

– Ein Cantzley und Titel buechlin. Wittenberg 1531. Nachdruck. Hildesheim, New York 1979.

Frege, Gottlob: Logische Untersuchungen (1923–26). 3. Teil: Gedankengefüge. In: G. Frege: Logische Untersuchungen. Hrsg. v. G. Patzig. Göttingen 1966, 72–91.

– Begriffsschrift und andere Aufsätze. Hrsg. v. I. Angelelli. 2. Aufl. Darmstadt 1964.

Fuchs, Eduard: Sprachpflege. In: Rudolf Benze, Alfred Pudelko (Hrsg.): Rassische Erziehung als Unterrichtsgrundsatz der Fachgebiete. Frankfurt a. M. 1937, 68–76.

Gabelentz, Georg von der: Die Sprachwissenschaft. Ihre Aufgaben, Methoden und bisherigen Ergebnisse. Leipzig 1891.

Gadamer, Hans-Georg: Wahrheit und Methode. Grundzüge einer philosophischen Hermeneutik (1960). In: Gesammelte Werke. Bde. 1 u. 2. Tübingen 1986.

Girbert, Johann: Die Deütsche Grammatica oder Sprachkunst / auß Denen bey dieser Zeit gedruckten Grammaticis [...]. Mühlhausen in Thüringen 1653.

Gobineau, Arthur de: Essai sur l'inégalité des races humaines (1853–1855). Paris 1967. – Dt.: Versuch über die Ungleichheit der Menschenrassen. 4 Bde. 5. Aufl. Stuttgart 1939–1940.

Gottsched, Johann Christoph: Versuch einer critischen Dichtkunst (1730). 3. Aufl. Leipzig 1742. In: Ausgewählte Werke. Hrsg. v. P. M. Mitchell. Bd. 6. Bearb. v. J. Birke u. B. Birke. Berlin, New York 1973.

– Ausführliche Redekunst (1736). 5. Aufl. Leipzig 1759. In: Ausgewählte Werke. Hrsg. v. P. M. Mitchell. Bd. 7. Bearb. v. R. Scholl. Berlin, New York 1975.

– Grundlegung einer deutschen Sprachkunst (1748). 5. Aufl. Leipzig 1762. In: Ausgewählte Werke. Hrsg. v. P. M. Mitchell. Bd. 8. Bearb. v. H. Penzl. Berlin, New York 1978.

– , Johann Friedrich Mey (Hrsg.): Die Vernünftigen Tadlerinnen. Magdeburg 1725.

Grimm, Jacob: Deutsche Grammatik (1819-37). Nachdruck d. Ausg. v. 1870. Hildesheim 1967.
- Jean Paul's neuerliche Vorschläge, die Zusammensetzung der deutschen Substantive betreffend (1819). In: Walther Dieckmann (Hrsg.): Reichthum und Armut deutscher Sprache. Reflexionen über den Zustand der deutschen Sprache im 19. Jahrhundert. Berlin, New York 1989, 121–128.
- Geschichte der deutschen Sprache. 2 Bde. Leipzig 1848.
- Über den Ursprung der Sprache (1851). In: Jacob Grimm. Kleinere Schriften. 1. Bd. 2. Aufl. Berlin 1879, 256–299.
- Vorrede. In: Jacob Grimm, Wilhelm Grimm: Deutsches Wörterbuch. Berlin. Bd. 1, 1854, Sp. I-LXVII.
Gueintz, Christian: Deutscher Sprachlehre Entwurf [...]. Köthen 1641. Nachdruck. Hildesheim, New York 1978.
Habichthorst, Andreas Daniel: Wohlgegründete Bedenkschrift über die Zesische Sonderbahre Ahrt Hochdeutsch zu Schreiben und zu Reden [...]. Hamburg 1678.
Harsdörffer, Georg Philipp: Schutzschrift / für Die Teütsche Spracharbeit [...]. 1644. In: Georg Philipp Harsdörffer: Frauenzimmer Gesprächspiele. 1. Teil. Nachdruck. Tübingen 1968, 339-396.
- Poetischer Trichter [...]. Nachdruck der Ausgabe Nürnberg 1648-1653. (1. Teil 1650; 2. Teil 1648; 3. Teil 1653). Hildesheim, New York 1971.
- Lobrede Des Geschmackes [...]. (= Fortsetzung von: Harsdörffer: Fortpflanzung der Hochlöblichen Fruchtbringenden Gesellschaft [...].) Nürnberg 1651. In: Fürst Ludwig von Anhalt-Köthen: Der Fruchtbringenden Gesellschaft Nahmen / Vorhaben / Gemählde und Wörter [...]. Nachdruck. München 1971.
- Der Teutsche Secretarius [...]. 2 Teile. Nürnberg 1656 u. 1659. Nachdruck. Hildesheim, New York 1971.
- Deliciae mathematicae et physicae [...]. 2. Teil. Nürnberg 1677. – Auch als Nachdruck der Ausgabe Nürnberg 1651, hrsg. u. eingel. v. J. J. Berns. Frankfurt 1990.
- Delitiae philosophicae et mathematicae [...]. Dritter Theil. Nürnberg 1692. – Auch als Nachdruck der Ausgabe Nürnberg 1653, hrsg. u. eingel. v. J.J. Berns. Frankfurt 1990.
Helwig, Christopher: Sprachkünste: I. Allgemeine / welche das jenige / so allen Sprachen gemein ist / in sich begreifft / II. Lateinische / III. Hebraische [...]. Gießen 1619.
- , Joachim Jung: Kurtzer Bericht Von der Didactica Oder LehrKunst Wolfgangi Ratichii [...]. Gießen 1614. In: Ratichianische Schriften I. Hrsg. v. P. Stötzner. Leipzig 1892, 59–75.
- , Joachim Jung: Artickel / Auff welchen fürnehmlich die Ratichische Lehr Kunst beruhet. Um 1614/15. In: Ratichianische Schriften II. Hrsg. v. P. Stötzner. Leipzig 1893, 11–25.
Hemmer, Jakob: Deutsche Sprachlehre, zum Gebrauche der kuhrpfälzischen Lande. Mannheim 1775.
Herder, Johann Gottfried: Von den Lebensaltern einer Sprache (1767). In: Über die neuere deutsche Literatur. Erste Sammlung von Fragmenten. Eine Beilage zu den Briefen, die neueste Literatur betreffend. In: J. G. Herder. Werke. 10 Bde. Hrsg. v. M. Bollacher u.a. Bd. 1. Frankfurt 1985, 161–259.
- Abhandlung über den Ursprung der Sprache [...] (ersch. 1772). In: J.G. Herder. Werke. 10 Bde. Hrsg. v. M. Bollacher u.a. Bd. 1. Frankfurt 1985, 695–810.
- Von der Ausbildung der Rede und Sprache in Kindern und Jugendlichen (1796). In:

J. G. Herder. Werke. 10 Bde. Hrsg. v. G. Arnold u. a. Bd. 9/2. Frankfurt 1997, 723–734.

Hille, Carl Gustav von: Der Teutsche Palmbaum: Das ist / Lobschrift Von der Hochlöblichen / Fruchtbringenden Gesellschaft Anfang / Satzungen / Vorhaben / Namen / Sprüchen / Gemählen / Schriften und unverwelklichem Tugendruhm. [...]. Nürnberg 1647. Nachdruck. München 1970.

Hjelmslev, Louis: Prolegomena zu einer Sprachtheorie (Omkring sprogteoriens grundlaeggelse, 1943). Übers. v. R. Keller, U. Scharf, G. Stötzel. München 1974.

– Die strukturale Linguistik (Linguistique structurale, 1944). In: Ders.: Aufsätze zur Sprachwissenschaft. Stuttgart 1974, 56–61.

Hugo, Hermann: De prima scribendi origine [...] (1617). Trajecti ad Rhenum 1738.

Humboldt, Wilhelm von: Gesammelte Schriften. Hrsg. v. d. Königlich-Preußischen Akademie der Wissenschaften. Hrsg. v. A. Leitzmann, B. Gebhardt, W. Richter. 17 Bde. Berlin 1903-1936.

– Einleitung in das gesamte Sprachstudium (um 1810/1811). In: Ders.: Schriften zur Sprache (dort als Auszug unter dem Titel: Thesen zur Grundlegung einer allgemeinen Sprachwissenschaft). Hrsg. v. M. Böhler. Stuttgart 1992, 12–20.

– Ueber das vergleichende Sprachstudium in Beziehung auf die verschiedenen Epochen der Sprachentwicklung (1820). In: Wilhelm von Humboldt. Über die Sprache. Reden vor der Akademie. Hrsg., kommentiert u. mit einem Nachw. vers. v. J. Trabant. Tübingen, Basel 1994, 11–31.

– Ueber den Einfluss des verschiedenen Charakters der Sprachen auf Literatur und Geistesbildung (vmtl. 1821). In: Wilhelm von Humboldt. Werke in fünf Bänden. Hrsg. v. A. Flitner, K. Giel. Bd. III: Schriften zur Sprachphilosophie. 4. Aufl. Darmstadt 1963, 27–30.

– Ueber das Entstehen der grammatischen Formen, und ihren Einfluss auf die Ideenentwicklung (1822). In: Wilhelm von Humboldt. Über die Sprache. Reden vor der Akademie. Hrsg., kommentiert u. mit einem Nachw. vers. v. J. Trabant. Tübingen, Basel 1994, 52–81.

– Ueber den grammatischen Bau der Chinesischen Sprache (1826). In: Wilhelm von Humboldt. Über die Sprache. Reden vor der Akademie. Hrsg., kommentiert u. mit einem Nachwort vers. v. J. Trabant. Tübingen, Basel 1994, 126–142.

– Brief an M. Abel-Rémusat. Über die Natur grammatischer Formen im allgemeinen und über den Geist der chinesischen Sprache im besonderen (1827). Übers. u. mit einer Einf. versehen v. C. Harbsmeier. Stuttgart-Bad Cannstatt 1979.

– Über die Verschiedenheit des menschlichen Sprachbaues und ihren Einfluß auf die geistige Entwicklung des Menschengeschlechts (d.i. Einleitung zu: Über die Kawi-Sprache auf der Insel Java; 1836). In: Wilhelm von Humboldt. Schriften zur Sprache. Hrsg. v. M. Böhler. Stuttgart 1992, 30–207.

– Ueber den Nationalcharakter der Sprachen. In: Wilhelm von Humboldt. Werke in fünf Bänden. Hrsg. v. A. Flitner, K. Giel. Bd. III: Schriften zur Sprachphilosophie. 4. Aufl. Darmstadt 1963, 64–81.

– Mexicanische Grammatik. Mit einer Einl. u. Kommentar hrsg. v. M. Ringmacher. Paderborn etc. 1994.

Humboldt, Alexander von: Kosmos. Entwurf einer physischen Weltbeschreibung. 2 Bde. Stuttgart und Augsburg 1845–1847.

Hunold, Christian Friedrich (= Menantes): Die allerneueste Art höfflich und galant zu schreiben [...]. Nebst einem zulänglichen Titular- und Wörter-Buch. Hamburg 1703.

Hutter, Elias: *Cubus alphabeticus* sanctae linguae ebraeae [...] Hamburg 1586/1587.

– Offentlich Außschreiben / An allgemeine Christliche Obrigkeit [...]. Darinn Einfältig vnnd Trewlich angezeigt wirdt / Welcher massen der jetzigen Welt vnd künfftigen Posteritet / durch eine Harmoniam Linguarum vnnd sonderliche Sprachen Kunst / geholffen werden könne [...]. Nürnberg 1602.

Ickelsamer, Valentin: Ain Teütsche Grammatica (um 1534). In: Die rechte weis aufs kürzist lesen zu lernen. Ain Teütsche Grammatica. Hrsg. v. K. Pohl. Stuttgart o. J.

Jakobson, Roman: Henry Sweet's paths toward phonemics. In: In memory of J. R. Firth. 1966, 242–254.

Kade, Otto: Das Problem der Übersetzbarkeit aus der Sicht der marxistisch-leninistischen Erkenntnistheorie. In: Linguistische Arbeitsberichte. Mitteilungsblatt der Sektion Theoretische und angewandte Sprachwissenschaft an der Karl-Marx-Universität Leipzig und des Leipziger Linguistenkreises 4, 1971, 13–28.

Kircher, Athanasius: Polygraphia nova et universalis, ex combinatoria arte detecta [...]. Rom 1663. In: Kaspar Schott: Technica curiosa, sive mirabilia artis, libris XII. comprehensa [...]. Nürnberg 1664.

Kircher, Athanasius: Ars magna sciendi [...]. Amsterdam 1664.

Klaj, Johann: Lobrede der Teutschen Poeterey [...]. Nürnberg 1645. In: Johann Klaj. Redeoratorien und „Lobrede der Teutschen Poeterey". Hrsg. v. C. Wiedemann. Tübingen 1965, [377]–[416].

Klopstock: Deutsche Gelehrtenrepulik (1774). In: F. G. Klopstock. Werke und Briefe. Historisch-kritische Ausgabe. Hrsg. v. H. Gronemeyer u.a. VII/1. Berlin, New York 1975.

Kramer, Matthias: Das herrlich Grosse Teutsch-Italiänische Dictionarium. Oder Wort- und Red-Arten-Schatz Der unvergleichlichen Hoch-teutschen Grund- und Haupt-Sprache <etc> [...]. Nürnberg 1700.

Kraus, Christian Jacob: [Rezension von:] Vergleichendes Glossarium aller Sprachen und Mundarten [...]. In: Allgemeine Literatur-Zeitung. 1787, Nr. 235–7.

Langjahr, Johann Jacob: Kurtzgefaßte Doch Gründliche Anleitung Zu Leichter Erlernung der Teutschen Sprache [...]. Eisleben 1697.

Lauremberg, Johann: Veer Schertz Gedichte I. Van der Minschen jtzigem Wandel und Maneeren II. Van Almodischer Kleder-Dracht. III. Van vormengder Sprake / und Titeln. IV. Van Poësie und Rymgedichten [...]. Ohne Ort 1652 (erschienen unter dem Pseudonym Hanß Willmsen L. Rost). – Hochdt. Übersetzung durch C. C. Dedekind: Vier Scherz-Gedichte zu lustiger Zeitvertreibung aus Nidersächsischer Abfassung gehoochdeutschet von Der Dichtkunst Liebhabern. Ohne Ort 1654.

Leibniz, Gottfried Wilhelm: Dissertatio de arte combinatoria [...] (1666). In: G. W. Leibniz. Sämtliche Schriften und Briefe. Hrsg. v. der Preußischen Akademie der Wissenschaften, später v. der Deutschen Akademie der Wissenschaften zu Berlin bzw. der Akademie der Wissenschaften der DDR, seit 1993 Berlin-Brandenburgische Akademie der Wissenschaften. Darmstadt (später: Leipzig, dann Berlin) 1923ff. [= Akademieausgabe]. 6. Reihe, Bd. 1. Berlin 1930, 163–230.

– Nouveaux essais sur l'entendement humain (verfaßt 1704, erstmals veröffentlicht 1765). In: G. W. Leibniz. Sämtliche Schriften und Briefe. [= Akademieausgabe]. 6. Reihe, Bd. 6. Berlin 1962. – Dt. Text: G. W. Leibniz: Neue Abhandlungen über den menschlichen Verstand. Nouveaux essais sur l'entendement humain. Hrsg. u. übers. v. W. v. Engelhardt u. H. H. Holz. Frankfurt 1961.

– De connexione inter res et verba [...] (1677). In: Die philosophischen Schriften von

G. W. Leibniz. Hrsg. v. C. J. Gerhardt. Berlin 1875-1890. Nachdruck. Hildesheim 1965. Bd. 7, 190-193.
- Meditationes de Cognitione, Veritate et Ideis (1684). In: Gerhardt, Bd. 4, 422-426. - Dt. Übers.: G. W. Leibniz: Hauptschriften zur Grundlegung der Philosophie. Übers. v. A. Buchenau. Durchges. u. mit Einl. u. Erl. hrsg. v. E. Cassirer. 2 Bde. 3. Aufl. Hamburg 1966. Bd. 1, 22-29.
- Monadologie (1714). In: Gerhardt, Bd. 6, 607-623. - Dt. Übers.: G. W. Leibniz: Hauptschriften zur Grundlegung der Philosophie. Übers. v. A. Buchenau. Durchges. u. mit Einl. u. Erl. hrsg. v. E. Cassirer. 2 Bde. 3. Aufl. Hamburg 1966. Bd. 2, 435-456.
- [Characteristica Universalis] (o. J.). In: Gerhardt, Bd. 7, 184-189.
- Ermahnung an die Teutsche, ihren Verstand und Sprache beßer zu üben (1679). In: P. Pietsch (Hrsg.): Leibniz und die deutsche Sprache. In: Zeitschrift des Allgemeinen Deutschen Sprachvereins. Wissenschaftl. Beihefte, 4. Reihe. Heft 30, 1908, 290-312. - Auch in: G. W. Leibniz. Sämtliche Schriften und Briefe. [Akademieausgabe]. 4. Reihe, Bd. 3. Berlin 1986, 795-820.
- Unvorgreiffliche Gedancken, betreffend die Ausübung und Verbesserung der Teutschen Sprache (entstanden um 1697, veröffentlicht 1717). In: P. Pietsch (Hg.), Leibniz und die deutsche Sprache. In: Zeitschrift des Allgemeinen Deutschen Sprachvereins. Wissenschaftl. Beihefte, 4. Reihe. Heft 30, 1908, 313-356.
- Lingua generalis (1678). In: Opuscules et fragments inédits de Leibniz. Hrsg. v. L. Couturat. Paris 1903, 277-279.
- Elementa Calculi (1679). In: Couturat 1903, 49-57.
- Calculi universalis elementa (1679). In: Couturat 1903, 57-62.
- Elementa Characteristicae universalis (1679). In: Couturat 1903, 42.
Linné, Carl von: Des Ritters Carl von Linné [...] vollständiges Natursystem nach der zwölften lateinischen Ausgabe [...]. 1. Theil: Von den säugenden Thieren. Nürnberg 1773.
Locke, John: An Essay Concerning Human Understanding (1689). Hrsg. v. P. Nidditch. Oxford 1975.
Longolius, Johann Daniel: Einleitung zu gründlicher Erkäntniß einer ieden / insonderheit aber Der Teutschen Sprache [...]. Bautzen 1715.
Lull, Ramón (auch: Lullus, Raimundus): Opera latina. Hrsg. v. W. Stegmüller. Palma de Mallorca 1957ff.
Luther, Martin: D. Martin Luthers Werke. Kritische Gesamtausgabe. Weimar 1883ff.
Meiner, Johann Werner: Versuch einer an der menschlichen Sprache abgebildeten Vernunftlehre oder philosophische und allgemeine Sprachlehre. Leipzig 1781. Nachdruck, mit einer Einl. v. H. E. Brekle. Stuttgart, Bad Cannstadt 1971.
Menantes: s. Hunold, Christian Friedrich
Mersenne, Marin: Harmonie Universelle contenant la théorie et la pratique de la musique. Paris 1636. Édition facsimilé. Paris 1975.
Meyfart, Johann Matthäus: Teutsche Rhetorica / Oder Redekunst / Darinnen von aller Zugehör / Natur vnd Eygenschafft der Wohlredenheit gehandelt [...]. Coburg 1634. Nachdruck. Tübingen 1977.
- , Melchior Steinbrück: Mellificivm Oratorium [...]. Frankfurt 1701.
Michaelis, Johann David: Beantwortung der Frage von dem Einfluß der Meinungen in die Sprache und der Sprache in die Meinungen. Berlin 1760.

Morhof, Daniel Georg: Unterricht von der Teutschen Sprache und Poesie [...]. Lübeck, Frankfurt 1700. Nachdruck. Bad Homburg v. d. H., Berlin, Zürich 1969.

Morris, Charles William: Grundlagen der Zeichentheorie (1938). Übers. v. R. Posner unter Mitarbeit v. J. Rehbein. Nachw. v. F. Knilli. München 1972.

Moscherosch, Johann Michael: Visiones de Don de Quevedo. Das ist: Wunderliche Satyrische vnd Warhafftige Gesichte Philanders von Sittewalt [...]. Ohne Ort 1645.

Muir, Willa: Translating from the German. In: Edwin u. Willa Muir: Translating from the German (Teil II). In: R. A. Brower (Hrsg.): On Translation. Cambridge/Mass. 1959, 93–96.

Muttersprache. Zeitschrift des deutschen Sprachvereins. 1886ff. [von 1886 bis 1922 unter dem Titel: Zeitschrift des Allgemeinen Deutschen Sprachvereins; bis 1925 unter dem Titel: Zeitschrift des Deutschen Sprachvereins; von 1925 bis 1939 unter dem Titel: Muttersprache. Zeitschrift des deutschen Sprachvereins; von 1939 bis 1943 unter dem Titel: Muttersprache. Zeitschrift für deutsches Sprachleben mit Berichten aus der Arbeit des Deutschen Sprachvereins und des Deutschen Sprachpflegeamts; seit 1949 unter dem Titel: Muttersprache. Zeitschrift zur Pflege und Erforschung der deutschen Sprache].

Neumark, Georg: Der Neu-Sprossende Teutsche Palmbaum. Oder Ausführlicher Bericht / Von der Hochlöblichen Fruchtbringenden Gesellschaft Anfang / Absehn / Satzungen / Eigenschaft / und deroselben Fortpflantzung [...]. Weimar o. J. (Widmung gezeichnet den 33. VIII. 1668). Nachdruck. München 1970.

Novalis: Monolog (1798/1799). In: Novalis. Schriften. Die Werke Friedrich von Hardenbergs. Hrsg. v. P. Kluckhohn, R. Samuel. 3. Aufl. 5 Bde. Bd. 2: Das philosophische Werk. Hrsg. v. R. Samuel, in Zusammenarbeit mit H. J. Mähl u. G. Schulz. Stuttgart etc. 1981, 672–673.

[Oberrheinischer Revolutionär]: Das Buch der Hundert Kapitel und der vierzig Statuten des sogenannten Oberrheinischen Revolutionärs. Edition u. textliche Bearb. v. A. Franke. Historische Analyse v. G. Zschäbitz. Berlin 1967.

Oken, Lorenz: Okens Lehrbuch der Naturgeschichte. 3. Theil. 2. Abtheilung. Jena 1816.

Ölinger, Albert: Vnderricht der Hoch Teutschen Spraach: Grammatica sev Institvtio Verae Germanicae linguae [...]. Straßburg 1573. In: Albert Ölinger. Die deutsche Grammatik des Albert Ölinger. Hrsg. v. W. Scheel. Halle a. d. Saale 1897.

Opitz, Martin: Aristarchus, sive dem contemptu linguae Teutonicae (1617). In: Martin Opitz. Gesammelte Werke. Kritische Ausgabe. Hrsg. v. G. Schulz-Behrend. Bd. 1. Stuttgart 1968, 51–75. – Dt. Übers.: Martin Opitzens Aristarchus sive de contemptu linguae Teutonicae und Buch von der Deutschen Poeterey. Hrsg. v. G. Witkowski. Leipzig 1888.

Osthoff, Hermann: Das physiologische und psychologische Moment in der sprachlichen Formenbildung. Berlin 1879.

– , Karl Brugmann: Morphologische Untersuchungen auf dem Gebiete der indogermanischen Sprachen. 1. Theil. Leipzig 1878.

[Otfrid von Weissenburg]: Otfrids Evangelienbuch. Hrsg. v. O. Erdmann. 5. Aufl., besorgt v. L. Wolff. Tübingen 1965.

Overheid, Gebhard: Fünff Bücher Der Edlen Schreib-Kunst [...]. Braunschweig 1665.

– Neu-vermehrte teutsche Schreib-Kunst / nunmehro in vier Theile verfasset / und jeder Theil mit sonderbarem Fleiß durchsehen / nebst einem deutlichen Unterricht vom italiänischen Buchhalten / und mit einem frantzösischen Titular-Büchlein vermehret. 6. Aufl. Braunschweig 1697.

Parnassus Boicus, Oder Neu-eröffneter Musen-Berg [...]. Sibende Unterredung. München 1722.

Paul, Hermann: Principien der Sprachgeschichte (1880). 3. Aufl. Halle 1886.

– Die Bedeutung der deutschen Philologie für das Leben der Gegenwart. München 1897.

Peirce, Charles Sanders: Wie unsere Ideen zu klären sind (1878). In: Schriften zum Pragmatismus und Pragmatizismus. Hrsg. v. K.-O. Apel. 2. Aufl. Frankfurt 1976.

– Lectures on Pragmatism. Vorlesungen über Pragmatismus (1903). Mit Einl. u. Anm. hrsg. v. E. Walther. Hamburg 1973.

Platon: Gorgias. In: Sämtliche Dialoge. In Verbindung mit K. Hildebrandt, C. Ritter u. G. Schneider hrsg. v. O. Apelt. 7 Bde. Bd. 1: übers. u. erl. v. O. Apelt. 2. durchgeseh. Aufl. Leipzig 1922. Nachdruck. Hamburg 1988.

– Kratylos. In: Sämtliche Dialoge. In Verbindung mit K. Hildebrandt, C. Ritter u. G. Schneider hrsg. v. O. Apelt. 7 Bde. Leipzig 1919ff. Bd. 2: übers. u. erl. v. O. Apelt. 2. durchgeseh. Aufl. Leipzig 1922. Nachdruck. Hamburg 1988.

– Phaidros. In: Platon: Sämtliche Dialoge. In Verbindung mit K. Hildebrandt, C. Ritter u. G. Schneider hrsg. v. O. Apelt. 7 Bde. Bd. 2: übers. u. erl. v. O. Apelt. 2. durchgeseh. Aufl. Leipzig 1922. Nachdruck. Hamburg 1988.

Ponat, Georg Leopold: Anleitung zur Harmonie der Sprachen / in welcher gezeiget wird wie die Hebräische / Chaldäische / Syrische / Arabische / Aegyptische und Persische / wie auch die Lateinische / Italiänische / Frantzösische / und Englische Sprache / wenn man sie mit der Teutschen / oder mit der Griechischen zusammen hält und vergleichet / in gar kurtzer Zeit / und ohne grosse Mühe glücklich könne erlernet werden. Braunschweig 1713.

Pott, August Friedrich: Die Ungleichheit menschlicher Rassen hauptsächlich vom sprachwissenschaftlichen Standpunkte unter besonderer Berücksichtigung von des Grafen Gobineau gleichnamigem Werke. Mit einem Überblicke über die Sprachverhältnisse der Völker. Ein ethnologischer Versuch. Lemgo, Detmold 1856.

[Priscianus]: Prisciani Grammatici Caesariensis Institvtionvm Grammaticarvm Libri XVIII. Ex recensione M. Hertzii. Leipzig 1855. Nachdruck. Hildesheim 1961.

Quintilianus, Marcus Fabius: Institutionis oratoriae. Ausbildung des Redners. Hrsg. u. übers. v. H. Rahn. 2 Teile. 2. Aufl. Darmstadt 1988.

Rask, Rasmus: Ausgewählte Abhandlungen. Hrsg. v. L. Hjelmslev. 3 Bde. Kopenhagen 1932–1937.

[Ratke, Wolfgang]: Ising, Erika: Wolfgang Ratkes Schriften zur deutschen Grammatik (1612–1630). Teil 1: Abhandlung. Teil 2: Textausgabe. Berlin 1959.

– Memorial (1612). In: Ratichianische Schriften I. Mit einer Einl. hrsg. v. P. Stötzner. Leipzig 1892, 24–27.

Rau, Johannes: Kurtzer Bericht / Welcher massen die von M. Johanne Bunone angelegte Grammatica [...] Recht vnd wol gegründet sey. Danzig 1649.

Reimmann, Jacob Friedrich: Die ersten Linien von der Historia Literaria derer Teutschen [...]. Halle 1713.

Reinhold, Hartmann: s. Sacer, Gottfried Wilhelm

Rivarol, Antoine de: De l'universalité de la langue française. Berlin 1784. Hrsg. v. T. Suran. Paris, Toulouse 1930.

Rompler von Löwenhalt, Jesaias: Des Jesaias Romplers von Löwenhalt erstes gebüsch seiner Reim-getichte. Straßburg 1647. Mit einem Nachwort, Kommentaren u. bibliographischem Anhang hrsg. v. W. Kühlmann u. W.E. Schäfer. Tübingen 1988.

Sacer, Gottfried Wilhelm: Reime dich / oder ich fresse dich [...]. Northausen 1673

Sanctius Brocensis, Franciscus: Minerva: seu de causis linguae Latinae [...]. Salamanca 1587. Nachdruck. Stuttgart-Bad Cannstatt 1886.

Sanders, Daniel: Das deutsche Wörterbuch von Jacob Grimm und Wilhelm Grimm kritisch beleuchtet. Heft 1: Hamburg 1852, Heft 2: Hamburg 1853.

- Wörterbuch der deutschen Sprache. Mit Belegen von Luther bis auf die Gegenwart. 2 Bde. Leipzig 1860-1865. Nachdruck der Ausgabe 1876 mit einer Einf. u. Bibl. v. W. Betz. Hildesheim 1969.

Sattler, Rudolph: Teutsche Rhetoric / Titular- vnd Epistelbüchlein [...]. 3. Aufl. Basel 1610.

Saussure, Ferdinand de: Grundfragen der allgemeinen Sprachwissenschaft (1916). Hrsg. v. Charles Bally u. Albert Sechehaye unter Mitwirkung v. Albert Riedlinger. Übers. v. Herman Lommel (1931). 2. Aufl. Berlin 1967.

[-] Saussures Second Course of Lectures on General Linguistics (1908–09). Ed. by E. Komatsu, G. Wolf. 1997.

[Sawr, Abraham, Nicolaus Bassaeus]: Rhetorica vnd Epistel Büchlein Deutsch vnd Lateinisch [...]. 5. Aufl. Frankfurt 1593.

Scaliger, Julius Cäsar: De causis linguae latinae [...]. Lyon 1540.

Schemann, Ludwig: Gobineau. Eine Biographie. 2 Bde. Straßburg 1913–1916.

- Die Rasse in den Geisteswissenschaften. Studien zur Geschichte des Rassengedankens. 3 Bde. München 1928–1931.

Schill, Johann Heinrich: Der Teutschen Sprach Ehren-Krantz [...]. Straßburg 1644.

Schlegel, August Wilhelm: Vorlesungen über philosophische Kunstlehre (1798/1799). In: A.W. Schlegel. Kritische Ausgabe der Vorlesungen. Hrsg. v. E. Behler in Zusammenarbeit mit F. Jolles. Bd. 1. Paderborn etc. 1989, 1-177.

- Vorlesungen über schöne Literatur und Kunst (1801-1804). In: A.W. Schlegel. Kritische Ausgabe der Vorlesungen. Hrsg. v. E. Behler, in Zusammenarbeit mit F. Jolles. Bd. 1. Paderborn etc. 1989, 179–781.

- Vorlesungen über schöne Literatur und Kunst. 1. Teil: Die Kunstlehre (1801/1802). In: A.W. Schlegel. Kritische Ausgabe der Vorlesungen. Hrsg. v. E. Behler in Zusammenarbeit mit F. Jolles. Bd. 1. Paderborn 1989, 181–472.

- Vorlesungen über Enzyklopädie der Wissenschaften (1803/1804). In: A.W. Schlegel. Kritische Ausgabe der Vorlesungen. Hrsg. v. E. Behler, in Zusammenarbeit mit F. Jolles. Bd. 3. Paderborn etc. [demn.], 1–373.

- Die Kunstlehre. In: Kritische Schriften und Briefe. Bd. 2. Hrsg. v. E. Lohner. Stuttgart 1963.

- Briefe über Poesie, Silbenmaß und Sprache (1795). In: Kritische Schriften und Briefe. Bd. 1. Hrsg. v. E. Lohner. Stuttgart 1962, 141–180.

Schlegel, Friedrich: Ueber die Sprache und Weisheit der Indier (1808). In: Kritische Friedrich-Schlegel-Ausgabe. Hrsg. v. E. Behler, unter Mitwirkung v. J.-J. Anstett u. H. Eichner. 8. Bd. München etc. 1975, 105–433.

Schleicher, August: Die Sprachen Europas in systematischer Übersicht. Linguistische Untersuchungen (1850). New ed. with an introductory article by K. Koerner. Amsterdam 1983.

- Die deutsche Sprache (1860). 3. Aufl. Stuttgart 1874.

- Die Darwinsche Theorie und die Sprachwissenschaft. Offenes Sendschreiben an Herrn Dr. Ernst Häckel, a. o. Professor der Zoologie und Director des zoologischen Museums an der Universität Jena (1863). In: Christmann 1977, 85–105.

Schleiermacher, Friedrich: Ueber die verschiedenen Methoden des Uebersezens (1813). In: Friedrich Schleiermacher's sämmtliche Werke, III/2. Berlin 1838, 207–245. – Auch in: H.-J. Störig (Hrsg.): Das Problem des Übersetzens. Darmstadt 1963, 38–70.

Schöpper, Jacob: Synonyma. Das ist Mancherley gattungen Deutscher worter / so im Grund einerley bedeutung haben [...]. Dortmund 1550. In: Die „Synonyma" Jakob Schöppers. Neu hrsg. sowie mit einer Einl. u. einem dt. u. lat. Register vers. v. K. Schulte-Kemminghausen. Dortmund 1927.

Schorer, Christoph: Der Vnartig Teutscher Sprach-Verderber. Beschrieben Durch Einen Liebhaber der redlichen alten teutschen Sprach. Ohne Ort 1643.

Schottelius, Justus Georg: Lamentatio Germaniae expirantis der nunmehr hinsterben-den Nymphe Germaniae elendeste Todesklage. Braunschweig 1640. Hrsg. v. E. Voss. In: Journal of English and Germanic Philology 7, 1908, 1–31.

– Ausführliche Arbeit Von der Teutschen HaubtSprache [...]. Braunschweig 1663. Nachdruck. Hrsg. v. W. Hecht. 2 Teile. Tübingen 1967.

– Horrendum Bellum Grammaticale Teutonum antiquissimorum [...]. Braunschweig 1673.

Schultheiß, Tassilo: Ist die deutsche Sprache ein Ergebnis von Rassenmischungen? In: Nationalsozialistische Erziehung. Kampf- und Mitteilungsblatt des Nationalsozialistischen Lehrerbundes im Bereich Norddeutschland. Jg. 1934/1935.

– Vom höheren Zweck der Sprachwissenschaft. In: Nationalsozialistische Erziehung. Kampf- und Mitteilungsblatt des Nationalsozialistischen Lehrerbundes im Bereich Norddeutschland. Jg. 1934/1935.

Searle, John R.: Speech Acts. An Essay in the Philosophy of the Mind. Cambridge/Mass. 1969.

– Conversation. In: Ders.: (On) Searle on conversation. Amsterdam, Philadelphia 1992, 7–29.

Sievers, Eduard: Grundzüge der Lautphysiologie. Zur Einführung in das Studium der Lautlehre der indogermanischen Sprachen. Leipzig 1876.

Siger de Courtrai: Summa modorum significandi. Hrsg. v. G. Wallerand. Louvain 1913.

Specht Franz: Die „indogermanische" Sprachwissenschaft von den Junggrammatikern bis zum ersten Weltkriege. In: Lexis. Studien zur Sprachphilosophie, Sprachgeschichte und Begriffsforschung 1, 1948, 229–263.

Staphylus, Friedrich: Christlicher gegenbericht an den Gottseligen gemainen Layen / Vom rechten wahren verstand des Göttlichen worts / Von verdolmetschung der Teütschen Bibel / vnd von der ainigkeit der Lutherischen Predicanten. Ingolstadt 1561.

Steinthal, Heymann: Abriss der Sprachwissenschaft. 2 Bde. Berlin 1881, 1893. Nachdruck. Hildesheim, New York 1972.

– Von der Liebe zur Muttersprache. In: Gesammelte kleine Schriften. Bd. 1: Sprachwissenschaftliche Abhandlungen und Recensionen. Berlin 1880, 101–104.

Stieler, Kaspar: Teutsche SekretariatKunst [...] was massen ein Secretarius beschaffen seyn solle? worin dessen Amt / Verrichtung / Gebühr und Schuldigkeit bestehe? auch was zur Schreibfertigkeit und Briefstellung eigendlich und vornehmlich erfordert wurde? [...]. 2. Aufl. Nürnberg 1681.

– Der Teutschen Sprache Stammbaum und Fortwachs oder Teutscher Sprachschatz [...]. Nürnberg 1691. Mit einem Nachwort von Stefan Sonderegger. 3 Tle. München 1968.

– Zeitungs Lust und Nutz. Vollständiger Neudruck der Originalausgabe von 1695. Hrsg. v. G. Hagelweide. Bremen 1969.

Stroh, Fritz: Der volkhafte Sprachbegriff. Halle 1933.

Süßmilch, Johann Peter: Versuch eines Beweises, daß die erste Sprache ihren Ursprung nicht vom Menschen, sondern allein vom Schöpfer erhalten habe. Berlin 1766.

Tacitus, Publius Cornelius: Germania. Hrsg., übers. u. mit Erläuterungen vers. v. E. Fehrle. 2. Aufl. München 1935.

Thomas of Erfurt: Grammatica Speculativa. An edition with translation and commentary by G. L. Bursill-Hall. London 1972.

Thomasius, Christian: Christian Thomas eröffnet der studirenden Jugend zu Leipzig in einem Discours welcher Gestalt man denen Frantzosen in gemeinem Leben und Wandel nachahmen solle? Ein Collegium über des Gratians Grund-Reguln / vernünfftig / klug und artig zu leben. Nach den Ausg. von 1687 u. 1701 hrsg. v. A. Sauer. Stuttgart 1894. – Abdruck auch in: Friedrich der Große: De la littérature allemande. Darmstadt 1969.

– Christian Thomas eröffnet der studierenden Jugend einen Vorschlag / wie er einen jungen Menschen / der sich ernstlich fürgesetzt / Gott und der Welt dermahleins in vita civili rechtschaffen zu dienen / und als ein honnet und galant homme zu leben / binnen dreyer Jahre Frist in der Philosophie und singulis Jurisprudentiae partibus zu informiren gesonnen sey. In: Christian Thomasius: Allerhand bißher publicirte kleine teutsche Schrifften. Halle 1701.

Töllner, Justinus: Deutlicher Unterricht Von der Orthographie Der Teutschen [...]. Halle 1718.

Trier, Jost: Der deutsche Wortschatz im Sinnbezirk des Verstandes. Von den Anfängen bis zum Beginn des 13. Jahrhunderts (1931). 2. Aufl. Heidelberg 1973.

– Aufsätze und Vorträge zur Wortfeldtheorie. Hrsg. v. A. van der Lee u. O. Reichmann. Den Haag u. Paris 1973.

Trigault, Nicolas: De Christiana expeditione apud Sinas suscepta ab Societate Jesu ex P. Matthaei Ricij eiusdem Societatis Comentarijs libri V [...]. Augsburg 1615.

Turmair, Johannes (= Aventin): Bayerische Chronik. Hrsg. v. M. Lexer. München 1882.

Wack, Johann Conrad: [Die Entstehung des Deutschen] oder kurtze Anzeigung / Wie nemlich die uralte Teutsche Sprache meistentheils ihren Ursprung aus dem Celtisch- oder Chaldäischen habe / und das Beyrische vom Syrischen herkomme. Regensburg 1713.

Wanke, E.: Ein Volk – eine Sprache. In: Nationalsozialistische Erziehung. Kampf- und Mitteilungsblatt des Nationalsozialistischen Lehrerbundes im Bereich Norddeutschland. Jg. 1934/1935.

Watzlawick, Paul, Janet H. Beavin, Don D. Jackson: Pragmatics of human communication. A Study of Interactional Patterns, Pathologies, and Paradoxes. New York 1967.

Weber, Max: Wirtschaft und Gesellschaft. Grundriß der verstehenden Soziologie. Bd. 1. Tübingen 1976.

Weidling, Christian: Oratorischer Hofmeister [...]. Leipzig 1698.

Weise, Christian: Politischer Redner / Das ist / kurtze und eigentliche Nachricht / wie ein sorgfältiger Hofmeister seine Untergebenen zu der Wolredenheit anführen sol. 3. Aufl. Leipzig 1681. Nachdruck. Kronberg 1974.

– Neu-Erleuterter Politischer Redner [...]. Leipzig 1684. Nachdruck. Kronberg 1974.

Weisgerber, Leo: Muttersprache und Geistesbildung. Göttingen 1929.

– Sprachgemeinschaft und Volksgemeinschaft und die Bildungsaufgabe unserer Zeit. In: Zeitschrift für Deutsche Bildung 10, 1934, 289–303.

– Theudisk. Der deutsche Volksname und die westliche Sprachgrenze (1940). In: Eggers 1970, 103–166.

- Vom Weltbild der deutschen Sprache. 2 Bde. Düsseldorf 1953.
- Die vier Schauplätze des Wortes der Welt. In: Festschrift Theodor Litt. Düsseldorf 1960.

Welcker, Friedrich Gottlieb: Warum muß die Französische Sprache weichen und wo zunächst? Gießen 1814.

Wenker, Georg: Das rheinische Platt. Düsseldorf 1877.

Werner, Johannes: Manudictio Orthographica [...]. Altenburg 1635.

Whitney, William Dwight: Schleicher and the Physical Theory of Language. In: Transactions of the American Philological Association 2, 1871, 35ff. – Dt. Übers.: Schleicher und die naturwissenschaftliche Sprachauffassung. In: Christmann 1977, 109–143.

Whorf, Benjamin Lee: Language, thought and reality (1956). 11. Aufl. Cambridge/ Mass. 1974. – Dt. Übers.: Sprache, Denken, Wirklichkeit. Beiträge zur Metalinguistik und Sprachphilosophie. Reinbek 1963.

Wieland, Christoph Martin: Ueber die Frage Was ist Hochdeutsch? und einige damit verwandte Gegenstände. In: Der teutsche Merkur, 1782, 145–216.

Wilkins, John: An Essay Towards a Real Character and a Philosophical Language. London 1668. Nachdruck. Menston 1968.

Winkelmann, Hans Just (auch: Stanislaus Mink von Weinsheun): Proteus. Das ist: Eine unglaubliche Lustnützliche Lehrart / in kurzer Zeit ohne Müh Deutsch- und Lateinische Vers zumachen / auch einen Französischen und Lateinischen Brief zuschreiben [...]. Oldenburg 1657.

Winteler, Jost: Die Kerenzer Mundart des Kantons Glarus in ihren Grundzügen dargestellt. Leipzig, Heidelberg 1876.

Wittgenstein, Ludwig: Tagebücher 1914–1916. In: Ludwig Wittgenstein. Schriften. Bd. 1. Frankfurt 1960, 85–278.
- Tractatus logico-philosophicus (1921). In: Ludwig Wittgenstein. Schriften. Bd. 1. Frankfurt 1960, 7–83.
- (verf. 1945): Philosophische Untersuchungen I. In: Ludwig Wittgenstein. Schriften. Bd. 1. Frankfurt 1960, 279–554.

Wolff, Christian: Vernünfftige Gedancken von den Kräften des menschlichen Verstandes und ihrem richtigen Gebrauche in Erkenntniß der Wahrheit (Deutsche Logik). Halle 1713. In: Gesammelte Werke. 1. Abt. Bd. 1. Hrsg. u. bearb. v. H.W. Arndt. Hildesheim, New York 1978.
- Vernünfftige Gedancken von Gott, der Welt und der Seele des Menschen, auch allen Dingen überhaupt (Deutsche Metaphysik). Frankfurt, Leipzig 1720. Nachdruck d. Ausg. Halle 1751. In: Gesammelte Werke. 1. Abt. Bd. 2. Hrsg. v. C.A. Corr. Hildesheim, Zürich, New York 1983.
- Psychologia rationalis [...]. Frankfurt, Leipzig 1734. Nachdruck d. Ausg. Frankfurt, Leipzig 1740. In. Gesammelte Werke. 2. Abt. Lateinische Schriften. Bd. 6. Hrsg. u. bearb. v. J. École. Hildesheim, New York 1972.

Wundt, Wilhelm: Völkerpsychologie. Eine Untersuchung der Entwicklungsgesetze von Sprache, Mythus und Sitte. Bd. 1: Die Sprache. Leipzig 1900.

Wurm, Christian Friedrich Ludwig: Zur Beurtheilung des Deutschen Wörterbuches von Jakob und Wilhelm Grimm, zugleich ein Beitrag zur deutschen Lexikographie. München 1852.

Wüster, Eugen: Internationale Sprachnormung in der Technik, besonders in der Elektrotechnik. Die nationale Sprachnormung und ihre Verallgemeinerung. 3. Aufl. Bonn 1970.

Wyle, Niklas von: Translationen. Hrsg. v. A. Keller. Tübingen 1861.
Zeiller, Martin: Epistolische SchatzKammer. Bestehend Von Siebenhundert und Sechs Send-Schreiben [...]. Ulm 1700.
Zesen, Philipp von: Hooch-Deutsche Spraach-Übung [...]. Hamburg 1643. In: Philipp von Zesen. Sämtliche Werke. Unter Mitwirkung v. U. Maché u. V. Meid hrsg. v. F. van Ingen. 11. Bd., bearb. v. U. Maché. Berlin, New York 1974.
- Rosen-mând [...]. Hamburg 1651. In: Philipp von Zesen. Sämtliche Werke. Unter Mitwirkung v. U. Maché u. V. Meid hrsg. v. F. van Ingen. 11. Bd., bearb. v. U. Maché. Berlin, New York 1974.

Forschungsliteratur

Aarsleff, H.: The history of linguistics and Professor Chomsky. In: Language 46, 1970, 570–585.
- The Eighteenth Century, Including Leibniz. In: Sebeok 1975, 383–479.
- From Locke to Saussure. London 1982.
Ágel, V.: Grammatische Korrektheit als typologisches Problem. Zugleich ein Plädoyer für eine neue „linguistische Weltanschauung" im Sprachunterricht. In: Deutsch-ungarische Beiträge zur Germanistik. Budapest 1991, 93–103.
- Konstruktion oder Rekonstruktion? Überlegungen zum Gegenstand einer radikal konstruktivistischen Linguistik und Grammatik. In: V. Ágel, R. Brdar-Szabó (Hrsg.): Grammatik und deutsche Grammatiken. Budapester Grammatiktagung 1993. Tübingen 1995, 3–22.
- Ist der Gegenstand der Sprachwissenschaft die Sprache? In: A. Kertész (Hrsg.): Metalinguistik im Wandel. Die kognitive Wende in Wissenschaftstheorie und Linguistik. Frankfurt etc. 1996, 57–97.
Ahlzweig, C.: Muttersprache – Vaterland. Die deutsche Nation und ihre Sprache. Opladen 1994.
Albrecht, J.: Europäischer Strukturalismus: ein forschungsgeschichtlicher Überblick. Darmstadt 1988.
Alexander, W.: Hermeneutica Generalis. Zur Konzeption und Entwicklung der allgemeinen Verstehenslehre im 17. und 18. Jahrhundert. Stuttgart 1993.
Amirova, T.A., B.A. Ol'chovikov, J.V. Roždestvenskij: Abriß der Geschichte der Linguistik (1975). Leipzig 1980.
Ammon, U.: Sprache – Nation und die Plurinationalität des Deutschen. In: Gardt [demn.]c.
Anderson, B.: Die Erfindung der Nation (1988). Zur Karriere eines folgenreichen Konzepts. Frankfurt, New York 1996.
Andersson, B.: „Du Solst wissen es ist aus keinem stein gesogen". Studien zu Jacob Böhmes »Aurora oder Morgen Röte im auffgang«. Stockholm 1986.
Apel, K.-O.: Die Idee der Sprache in der Tradition des Humanismus von Dante bis Vico. 2. Aufl. Bonn 1975.
Arens, H.: Sprachwissenschaft. Der Gang ihrer Entwicklung von der Antike bis zur Gegenwart (1969). 3. Aufl. 2 Bde. Frankfurt 1974.
Arndt, H.: Methodo scientifica pertractatum. Mos geometricus und Kalkülbegriff in der philosophischen Theoriebildung des 17. und 18. Jahrhunderts. Berlin, New York 1971.

Asbach-Schnitker, B., H.-J. Höller: Projekte zur Schaffung einer „characteristica" und „lingua universalis". In: J.-P. Schobinger (Hrsg.): Die Philosophie des 17. Jahrhunderts. Bd. 3: England. Basel 1988, 311–334.

Ashworth, E. J.: The Tradition of Medieval Logic and Speculative Grammar, from Anselm to the End of the Seventeenth Century. A Bibliography from 1836 onwards. Toronto 1978.

Ax, W.: Aristoteles. In: Dascal/Gerhardus/Lorenz/Meggle 1992, 244–260.

Bach, H.: Die Rolle Luthers für die deutsche Sprachgeschichte. In: Besch/Reichmann/Sonderegger 1984/1985, 2. Teilbd., 1440–1447.

Bahner, W., W. Neumann (Hrsg.): Sprachwissenschaftliche Germanistik. Ihre Herausbildung und Begründung. Berlin 1985.

Bahr, J.: Eine Jahrhundertleistung historischer Lexikographie: Das Deutsche Wörterbuch, begr. von J. und W. Grimm. In: Besch/Reichmann/Sonderegger 1984/1985, 1. Teilbd., 492-501.

Ballauf, T., K. Schaller: Pädagogik. Eine Geschichte der Bildung und Erziehung. Bd. 2: Vom 16. bis zum 19. Jahrhundert. Freiburg, München 1970.

Bär, J. A.: Sprachreflexion der deutschen Frühromantik. Konzepte zwischen Universalpoesie und Grammatischem Kosmopolitismus. Mit lexikographischem Anhang. Berlin, New York 1999.

– Nation und Sprache in der Sicht romantischer Schriftsteller und Sprachtheoretiker. In: Gardt [demn.]c. (= Bär [demn.]a)

Barbarić, S.: Zur grammatischen Terminologie von Justus Georg Schottelius und Kaspar Stieler. 2 Bde. Bern, Frankfurt, Las Vegas 1981.

Barner, W.: Barockrhetorik. Untersuchungen zu ihren geschichtlichen Grundlagen. Tübingen 1970.

Bartschat, B.: Methoden der Sprachwissenschaft. Von Hermann Paul bis Noam Chomsky. Berlin 1996.

Bausani, A.: Geheim- und Universalsprachen. Entwicklung und Typologie. Stuttgart 1970.

Beaugrande, R. de, W. Dressler: Einführung in die Textlinguistik. Tübingen 1981.

– : From Linguistics to Text Linguistics to Text Production: A Difficult Path. In: G. Antos, H. P. Krings (Hrsg.): Textproduktion. Ein interdisziplinärer Forschungsüberblick. Tübingen 1989, 58–83.

Becker, C.: Sprachkonzeptionen der deutschen Frühaufklärung. Wörterbuch und Untersuchung. Frankfurt etc. 1998.

Beetz, M.: Frühmoderne Höflichkeit. Komplimentierkunst und Gesellschaftsrituale im altdeutschen Sprachraum. Stuttgart 1990.

Behler, E.: Frühromantik. Berlin, New York 1992.

Benfey, T.: Geschichte der Sprachwissenschaft und orientalischen Philologie in Deutschland seit dem Anfange des 19. Jahrhunderts mit einem Rückblick auf die früheren Zeiten (1869). Nachdruck. New York, London 1965.

Benz, E.: Zur metaphysischen Begründung der Sprache bei Jacob Böhme. In: Euphorion 37, 1936, 340–357.

– Die Sprachtheologie der Barockzeit. In: Studium Generale 4, 1951, 204–213.

– Die schöpferische Bedeutung des Wortes bei Jacob Böhme. In: Man and speech. Mensch und Wort. L'homme et le verbe. Eranos Jahrbuch 39, 1973, 1–40.

Berésin, F. M.: Geschichte der sprachwissenschaftlichen Theorien. Leipzig 1980.

Bergmann, R.: Zum Anteil der Grammatiker an der Normierung der neuhochdeutschen Schriftsprache. In: Sprachwissenschaft 7, 1982, 261–281.

– Zur Erforschung der deutschen Orthographietheoretiker und Grammatiker des 16. bis 19. Jahrhunderts. Mit einem Beitrag von Carola Voigt. In: H.-W. Eroms (Hrsg.): Studia linguistica et philologica. Festschrift f. Klaus Matul. Heidelberg 1984, 225–234.

Berns, J. J.: Justus Georg Schottelius. In: H. Steinhagen, B. v. Wiese (Hrsg.): Deutsche Dichter des 17. Jahrhunderts. Berlin 1984, 415–434.

Bernsmeier, H.: Der Allgemeine Deutsche Sprachverein in seiner Gründungsphase. In: Muttersprache 87, 1977, 369–395.

– Der Allgemeine Deutsche Sprachverein in der Zeit von 1912 bis 1933. In: Muttersprache 90, 1980, 117–140.

– Der Deutsche Sprachverein im Dritten Reich. In: Muttersprache 93, 1983, 35–58.

Besch, W., U. Knoop, W. Putschke, H. E. Wiegand (Hrsg.): Dialektologie. Ein Handbuch zur deutschen und allgemeinen Dialektforschung. 2 Halbbde. Berlin, New York 1982, 1983. 1. Halbbd., 1–23.

– , O. Reichmann, S. Sonderegger (Hrsg.) [ab 2. Aufl. hrsg. v. W. Besch, A. Betten, O. Reichmann, S. Sonderegger, 1. Halbbd. 1998]: Sprachgeschichte. Ein Handbuch zur Geschichte der deutschen Sprache und ihrer Erforschung. 2 Halbbde. Berlin, New York 1984, 1985.

Betten, A. (Hrsg.): Neuere Forschungen zur historischen Syntax des Deutschen. Referate der Internationalen Fachkonferenz Eichstätt 1989. Tübingen 1990.

Betz, M.: Wirklichkeit und Wirkung von Geschichte für die Idee einer deutschen Nationalsprache in den Sprachgesellschaften des 17. Jahrhunderts. Diss. Heidelberg 1995.

Bierbach, C.: Sprache als »Fait social«. Die linguistische Theorie F. de Saussures und ihr Verhältnis zu den positivistischen Sozialwissenschaften. Tübingen 1978.

Bio-bibliographisches Handbuch zur Sprachwissenschaft des 18. Jahrhunderts. Die Grammatiker, Lexikographen und Sprachtheoretiker des deutschsprachigen Raums mit Beschreibungen ihrer Werke. Hrsg. v. H. E. Brekle, E. Dobnig-Jülch, H. J. Höller, H. Weiß. Tübingen 1992ff.

Bircher, M., F. van Ingen (Hrsg.): Sprachgesellschaften, Sozietäten, Dichtergruppen. Arbeitsgespräch in der Herzog August Bibliothek Wolfenbüttel 28. bis 30. Juni 1977. Hamburg 1978.

Blackall, E. A.: Die Entwicklung des Deutschen zur Literatursprache 1700–1755. Mit einem Bericht über neue Forschungsergebnisse 1955–1964, v. D. Kimpel. Stuttgart 1966.

Blume, H.: Sprachtheorie und Sprachenlegitimation im 17. Jahrhundert in Schweden und in Kontinentaleuropa. In: Arkiv för Nordisk Filologi 39, 1978, 205–218.

Blumenberg, H.: Die Lesbarkeit der Welt. Frankfurt 1986.

Bonfante, G.: Ideas on the kinship of the European languages from 1200 to 1800. In: Cahiers d'histoire mondiale 1, 1953, 679–699.

Bonheim, G.: Zeichendeutung und Natursprache. Ein Versuch über Jacob Böhme. Würzburg 1992.

Borst, A.: Der Turmbau von Babel. Geschichte der Meinungen über Ursprung und Vielfalt der Sprachen und Völker. 4 Bde. Stuttgart 1957–1963.

Bossong, G.: Sprachwissenschaft und Sprachphilosophie in der Romania. Von den Anfängen bis August Wilhelm Schlegel. Tübingen 1990.

Braun, E. (Hrsg.): Der Paradigmenwechsel in der Sprachphilosophie. Studien und Texte. Darmstadt 1996.

Braungart, G.: Hofberedsamkeit. Studien zur Praxis der höfisch-politischen Rede im deutschen Territorialabsolutismus. Tübingen 1988.

Brekle, H.E.: [Einführung zur Ausgabe der »Grammaire générale et raisonnée«]. Stuttgart 1966, VII-XXXII.

– Die Bedeutung der Grammaire générale et raisonnée – bekannt als Grammatik von Port-Royal – für die heutige Sprachwissenschaft. In: Indogermanische Forschungen 72, 1967, 1–21.

– [Einleitung zu:] Johann Werner Meiner: Versuch einer an der menschlichen Sprache abgebildeten Vernunftlehre oder philosophische und allgemeine Sprachlehre (1781). Nachdruck. Stuttgart-Bad Cannstatt 1971, 26*–44*.

– The Seventeenth Century. In: Current Trends in Linguistics. Hrsg. v. T.A. Sebeok. Bd. 13/1: Historiography of Linguistics. Den Haag, Paris 1975, 277–382.

– Einführung in die Geschichte der Sprachwissenschaft. Darmstadt 1985.

– , E. Dobnig-Jülch, H. Weiß (Hrsg.): A Science in the Making. The Regensburg Symposia on European Linguistic Historiography. Münster 1996.

Breuer, D.: Einführung in die pragmatische Texttheorie. München 1974.

Breva-Claramonte, M.: Sanctius' Theory of Language: A Contribution to the History of Renaissance Linguistics. Amsterdam 1983.

Brunner, O., W. Conze, R. Koselleck (Hrsg.): Geschichtliche Grundbegriffe. Historisches Lexikon zur politisch-sozialen Sprache in Deutschland. 7 Bde. Stuttgart 1972–1992.

Buchholz, U.: Das Kawi-Werk Wilhelm von Humboldts. Untersuchungen zur empirischen Sprachbeschreibung und vergleichenden Grammatikographie. Münster 1986.

Buijssen, G.H.: Durandus' Rationale in spätmittelhochdeutscher Übersetzung. Assen 1966.

Burckhart, H.: Sprachreflexion und Transzendentalphilosophie. Würzburg 1991.

Burmester, U.: Schlagworte der frühen deutschen Aufklärung. Exemplarische Textanalyse zu Gottfried Wilhelm Leibniz. Frankfurt etc. 1992.

Bursill-Hall, G.L.: Speculative Grammars of the Middle Ages. The Doctrine of *partes orationis* of the *Modistae*. Den Haag, Paris 1971.

– The Middle Ages. In: Sebeok 1975, 179–230.

Busse, D.: „Hailig Reich", „Teutsch Nacion", „Tutsche Lande". Zur Geschichte kollektiver Selbstbezeichnungen in frühneuhochdeutschen Urkundentexten. In: Busse/Hermanns/Teubert 1994, 268–298.

– , F. Hermanns, W. Teubert (Hrsg.): Begriffsgeschichte und Diskursgeschichte. Methodenfragen und Forschungsergebnisse der historischen Semantik. Opladen 1994.

Butterfield, H.: The whig interpretation of history (1931). 3. Aufl. London 1951.

Buzzetti, D., M. Ferriani (Hrsg.): Speculative Grammar, Universal Grammar and Philosophical Analysis of Language. Amsterdam 1987.

Cherubim, D.: Varro Teutonicus. Zur Rezeption der antiken Sprachwissenschaft in der frühen Neuzeit. In: Zeitschrift für germanistische Linguistik 23, 1995, 125–152.

Christmann, H.H.: Idealistische Philologie und moderne Sprachwissenschaft. München 1974.

– (Hrsg.): Sprachwissenschaft des 19. Jahrhunderts. Darmstadt 1977.

– Arbitrarität und Nicht-Arbitrarität im Widerstreit – Zur Geschichte der Auffassung vom sprachlichen Zeichen. In: Zeitschrift für Phonetik, Sprachwissenschaft und Kommunikationsforschung 38, 1985, 83–99.

Cloeren, H.J.: Language and Thought: German Approaches to Analytic Philosophy in the 18th and 19th Centuries. Berlin, New York 1988.

Conermann, K.: Die Mitglieder der Fruchtbringenden Gesellschaft: 1617–1650. Bibliographien, Transkriptionen aller handschriftlichen Eintragungen und Kommentare zu den Abbildungen im Köthener Gesellschaftsbuch. Weinheim 1985.

Coseriu, E.: Die Geschichte der Sprachphilosophie von der Antike bis zur Gegenwart. Eine Übersicht. 2 Bde. Tübingen 1970, 1975.

Couturat, L., L. Leau: Histoire de la langue universelle. Paris 1903.

Covington, M.: Syntactic Theory in the High Middle Ages. Modistic Models of Sentence Structure. Cambridge 1984.

Cram, D.: Language Universals and 17th Century Universal Language Schemes. In: Dutz/Kacmarek 1985, 243–257.

Culler, J.: Ferdinand de Saussure. 2. Aufl. Ithaca/New York 1986.

Dann, O.: Nation und Nationalismus in Deutschland 1770–1990. München 1993.

Dascal, M., D. Gerhardus, K. Lorenz, G. Meggle (Hrsg.): Sprachphilosophie. Ein internationales Handbuch zeitgenössischer Forschung. 2. Halbbde. Berlin, New York 1992, 1996.

Dieckmann, W. (Hrsg.): Reichthum und Armut deutscher Sprache. Reflexionen über den Zustand der deutschen Sprache im 19. Jahrhundert. Berlin, New York 1989.

Dijk, T. van, W. Kintsch: Strategies of Discourse Comprehension. New York 1983.

Donhauser, K.: Das Deskriptionsproblem und seine präskriptive Lösung. Zur grammatikologischen Bedeutung der Vorreden in den Grammatiken des 16. bis 18. Jahrhunderts. In: Sprachwissenschaft 14, 1989, 29–57.

Dornseiff, F.: Das Alphabet in Mystik und Magie. Berlin 1925. Nachdruck. Leipzig 1980.

[– , J. Balogh]: Dante Alighieri: Über das Dichten in der Muttersprache. De Vulgari Eloquentia. Aus dem Lat. übers. u. erl. v. F. Dornseiff u. J. Balogh. Darmstadt 1925.

Droixhe, D., G. Haßler: Aspekte der Sprachursprungsproblematik in Frankreich in der zweiten Hälfte des 18. Jahrhunderts. In: Gessinger/von Rahden 1989, Bd. 1, 312–358.

Dünnhaupt, G.: Personalbibliographien zu den Drucken des Barock. Zweite, verbesserte u. wesentlich vermehrte Aufl. d. Bibliographischen Handbuches der Barockliteratur. Stuttgart 1990ff.

Dutz, K. D.: „Lingua Adamica nobis certe ignota est." Die Sprachursprungsdebatte und Gottfried Wilhelm Leibniz. In: Gessinger/von Rahden 1989, Bd. 1, 204–240.

– (Hrsg.): Zeichentheorie und Sprachwissenschaft bei G. W. Leibniz. Eine kritisch annotierte Bibliographie der Sekundärliteratur. Mit einem Anhang: Sekundärliteratur zur Sprachlehrforschung im 17. Jahrhundert, v. U. Klinkhammer. Münster 1983.

– , L. Kaczmarek (Hrsg): Rekonstruktion und Interpretation. Problemgeschichtliche Studien zur Sprachtheorie von Ockham bis Humboldt. Tübingen 1985.

Ebbesen, S. (Hrsg.): Geschichte der Sprachtheorie. Bd. 3: Sprachtheorien in Spätantike und Mittelalter. Tübingen 1995.

Eggers, H. (Hrsg.): Der Volksname Deutsch. Darmstadt 1970.

Ehlers, J. (Hrsg.): Ansätze und Diskontinuität deutscher Nationsbildung im Mittelalter. Sigmaringen 1989.

Ehrismann, O.: theodiscus/*thiudisk – Derivat und Basislexem. Überlegungen zur frühen Semantik und Pragmatik des Wortes deutsch. In: Haubrichs 1994, 47 bis 68.

Einhauser, E.: Die Junggrammatiker. Ein Problem für die Sprachwissenschaftsgeschichtsschreibung. Trier 1989.

Elffers-van Ketel, E.: The Historiography of Grammatical Concepts: Nineteenth- und
Twentieth-Century Changes in the Subject-Predicate Conception and the Problem of
Their Historical Reconstruction. Amsterdam, Atlanta 1991.

Engfer, H.-J.: Philosophie als Analysis. Studien zur Entwicklung philosophischer Analy-
siskonzeptionen unter dem Einfluß mathematischer Methodenmodelle im 17. und
frühen 18. Jahrhundert. Stuttgart-Bad Cannstatt 1982.

Engler, R.: Ferdinand de Saussure, Cours de linguistique générale. Édition critique par
Rudolf Engler. Wiesbaden 1967, 1968.

– Die Verfasser des CLG. In: Schmitter 1987, 141–161.

Erben, J.: Grundzüge einer Syntax der Sprache Luthers. Berlin 1954.

– Die Entstehung unserer Schriftsprache und der Anteil deutscher Grammatiker am
Normierungsprozeß. In: Sprachwissenschaft 14, 1989, 6–28.

Erlinger, H.D., C. Knobloch, H. Meyer (Hrsg.): Satzlehre – Denkschulung – Nationalsprache. Deutsche Schulgrammatik zwischen 1800 und 1850. Münster 1989.

Eschbach, A., J. Trabant (Hrsg.): History of Semiotics. Amsterdam 1983.

Fanselow, G., S.W. Felix: Sprachtheorie. Einführung in die Generative Grammatik.
2 Bde. 2. Aufl. Tübingen 1990.

Flood, J.L. u.a. (Hrsg.): »Das unsichtbare Band der Sprache«. Studies in Germanic
Language and Linguistic History in memory of Leslie Seiffert. Stuttgart 1993.

Fohrmann, J., W. Voßkamp (Hrsg.): Wissenschaftsgeschichte der Germanistik im
19. Jahrhundert. Stuttgart 1994.

Formigari, L.: Language and Experience in 17th-Century British Philosophy. Amsterdam, Philadelphia 1988.

– Signs, Science and Politics: Philosophies of Language in Europe, 1700–1830. Amsterdam, Philadelphia 1993.

Forsgren, K.-Å.: Satz, Satzarten, Satzglieder. Zur Gestaltung der deutschen traditionellen
Grammatik von Karl Ferdinand Becker bis Konrad Duden 1830–1880. Münster 1992.

Frank, H.J.: Dichtung, Sprache, Menschenbildung. Geschichte des Deutschunterrichts.
Von den Anfängen bis 1945. München 1976.

Fricke, K.D.: „Dem Volk aufs Maul schauen". Bemerkungen zu Luthers Verdeut-
schungsgrundsätzen. In: S. Meurer (Hrsg.): Eine Bibel – viele Übersetzungen. Not
oder Notwendigkeit? Stuttgart 1978, 98–110.

Fuhrmann, M.: Die antike Rhetorik. München, Zürich 1987.

Füssel, S.: »Barbarus sermo fugiat« – Über das Verhältnis der Humanisten zur Volkssprache. In: Pirckheimer Jahrbuch 1985, 71–110.

Gabler, D.: Die semantischen und syntaktischen Funktionen im Tractatus „De modis
significandi sive grammatica speculativa" des Thomas von Erfurt. Die Probleme der
mittelalterlichen Semiotik. Bern etc. 1987.

Gaier, U.: Herders Sprachphilosophie und Erkenntniskritik. Stuttgart 1988.

Garber, K.: Sozietäten, Akademien, Sprachgesellschaften. In: Europäische Enzyklopädie
zu Philosophie und Wissenschaften. Hrsg. v. H.J. Sandkühler, in Zusammenarbeit
mit dem Instituto Italiano Per Gli Studi Filosofici u. mit A. Regenbogen u.a. Bd. 4.
Hamburg 1990, 366–384.

– (Hrsg., in Verb. mit F. van Ingen, W. Kühlmann, W. Weiß): Europäische Barock-Re-
zeption. Wiesbaden 1991.

– , H. Wismann (Hrsg., unter Mitwirkung v. W. Siebers): Europäische Sozietätsbewegung und demokratische Tradition. Die europäischen Akademien der Frühen Neuzeit zwischen Frührenaissance und Spätaufklärung. 2 Bde. Tübingen 1996.

Garcia, S. B.: Zum Arbitraritätsbegriff bei F. de Saussure. Eine exegetisch-philologische Untersuchung. Münster 1997.

Gardt, A.: Die Übersetzungstheorie Martin Luthers. In: Zeitschrift für Deutsche Philologie 111, 1992, 87–111.

– Sprachreflexion in Barock und Frühaufklärung. Entwürfe von Böhme bis Leibniz. Berlin, New York 1994.

– Das Konzept der *Eigentlichkeit* im Zentrum barocker Sprachtheorie. In: Gardt/ Mattheier/Reichmann 1995, 145–167. (= Gardt 1995a)

– »Sprachtheorie in Barock und Aufklärung. Enzyklopädisches Wörterbuch«. Zum Stand eines lexikographischen Projekts. In: K. D. Dutz, H.-J. Niederehe (Hrsg.): Theorie und Rekonstruktion. Trierer Studien zur Geschichte der Linguistik. Münster 1996, 87–100.

– Das Fremdwort in der Sicht der Grammatiker und Sprachtheoretiker des 17. und 18. Jahrhunderts. Eine lexikographische Darstellung. In: Zeitschrift für Deutsche Philologie 116, 1997, 388–412.

– Die Auffassung von Fachsprachen in den Sprachkonzeptionen des Barock. In: Fachsprachen. Languages for Special Purposes. Ein internationales Handbuch zur Fachsprachenforschung und Terminologiewissenschaft. Hrsg. v. L. Hoffmann, H. Kalverkämper, H. E. Wiegand, in Verbindung mit C. Galinski u. W. Hüllen. 2 Halbbde. Berlin, New York [demn.]. (= Gardt [demn.]a)

– Die Sprachgesellschaften des 17. und 18. Jahrhunderts. In: Besch/Betten/Reichmann/ Sonderegger 1998, 332–348.

– Das Wort in der philosophischen Sprachreflexion: Eine Übersicht. In: D. A. Cruse, F. Hundsnurscher, M. Job, P. R. Lutzeier (Hrsg.): Lexikologie. Lexicology. Ein internationales Handbuch zur Natur und Struktur von Wörtern und Wortschätzen. Berlin, New York [demn.]. (= Gardt [demn.]d)

– Das rationalistische Konzept der Fachsprache: Gottfried Wilhelm Leibniz. In: U. Kronauer, J. Garber (Hrsg.): Recht und Sprache in der Aufklärung. [demn.]. (= Gardt [demn.]e)

– Sprachnationalismus zwischen 1871 und 1945. In: Gardt [demn.]c. (= Gardt [demn.]f)

– , I. Lemberg, O. Reichmann, T. Roelcke: Sprachkonzeptionen in Barock und Aufklärung: Ein Vorschlag für ihre Beschreibung. In: Zeitschrift für Sprachwissenschaft, Phonetik und Kommunikationsforschung 44, Heft 1, 1991, 17–33.

– (Hrsg.): Nation und Sprache. Die Diskussion ihres Verhältnisses in Geschichte und Gegenwart. Berlin, New York [demn.]. (= Gardt [demn.]c)

– , K. J. Mattheier, O. Reichmann (Hrsg.): Sprachgeschichte des Neuhochdeutschen. Gegenstände, Methoden, Theorien. Tübingen 1995.

– , U. Haß-Zumkehr, T. Roelcke (Hrsg.): Sprachgeschichte als Kulturgeschichte. Berlin, New York [demn.].

Geertz, C.: Dichte Beschreibung. Beiträge zum Verstehen kultureller Systeme. Frankfurt 1987.

Geitner, U.: Die Sprache der Verstellung. Studien zum rhetorischen und anthropologischen Wissen im 17. und 18. Jahrhundert. Tübingen 1992.

Geldsetzer, L.: Einleitung. In: Matthias Flacius Illyricus: De ratione cognoscendi sacras literas. Über den Erkenntnisgrund der Heiligen Schrift. Lat.-dt. Parallelausgabe. Übers., eingeleitet u. mit Anm. vers. v. L. Geldsetzer. Düsseldorf 1968.

Gelhaus, H.: Der Streit um Luthers Bibelverdeutschung im 16. und 17. Jahrhundert. 2 Bde. Tübingen 1989 u. 1990.

Gerken, A. B.: Die sprachtheoretische Differenz zwischen Gottsched und Gellert. Frankfurt 1990.

Gesche, A.: Johann Gottfried Herder: Sprache und die Natur des Menschen. Würzburg 1993.

Gessinger, J.: Sprache und Bürgertum. Zur Sozialgeschichte sprachlicher Verkehrsformen im Deutschland des 18. Jahrhunderts. Stuttgart 1980.

–, W. v. Rahden (Hrsg.): Theorien vom Ursprung der Sprache. 2. Bde. Berlin, New York 1989.

– Auge und Ohr. Studien zur Erforschung der Sprache am Menschen 1700–1850. Berlin, New York 1994.

Gestrich, A.: Absolutismus und Öffentlichkeit. Politische Kommunikation in Deutschland zu Beginn des 18. Jahrhunderts. Göttingen 1994.

Gipper, H.: Das Sprachapriori. Sprache als Voraussetzung menschlichen Denkens und Handelns. Stuttgart-Bad Cannstatt 1987.

– Theorie und Praxis inhaltbezogener Sprachforschung. Aufsätze und Vorträge 1953–1990. Bd. 1: Wilhelm von Humboldts Bedeutung für Theorie und Praxis moderner Sprachforschung. 2. Aufl. Münster 1994.

–, P. Schmitter: Sprachwissenschaft und Sprachphilosophie im Zeitalter der Romantik. 2. Aufl. Tübingen 1985.

– Sprachphilosophie in der Romantik. In: Dascal/Gerhardus/Lorenz/Meggle 1992, 197–233.

Gmür, R.: Das Schicksal von F. de Saussures »Mémoire«. Eine Rezeptionsgeschichte. Bern 1986.

Godel, R.: Les Sources manuscrites du Cours de linguistique générale de Ferdinand de Saussure. Genf, Paris 1957.

Gombocz, W.: Sprachphilosophie in der Scholastik. In: Dascal/Gerhardus/Lorenz/Meggle 1992, 56–75.

Grabmann, M.: Thomas von Erfurt und die Sprachlogik des mittelalterlichen Aristotelismus. München 1943.

Greule, A., E. Ahlvers-Liebel: Germanistische Sprachpflege. Geschichte, Praxis und Zielsetzung. Darmstadt 1986.

Grimm, G. E.: Muttersprache und Realienunterricht. Der pädagogische Realismus als Motor einer Verschiebung im Wissenschaftssystem (Ratke – Andreae – Comenius). In: S. Neumeister, C. Wiedemann (Hrsg.): Res Publica Litteraria. Die Institutionen der Gelehrsamkeit in der frühen Neuzeit. 2 Teile. Wiesbaden 1987, 299–324.

Große, R.: Zum Begriff der Nationalsprache in der Geschichte der deutschen Sprache. In: Linguistische Arbeitsberichte 6, 1972, 18–25.

Grotsch, K.: Sprachwissenschaftsgeschichtsschreibung. Ein Beitrag zur Kritik und zur historischen und methodologischen Selbstvergewisserung der Disziplin. Göppingen 1982.

Grubmüller, K.: Die deutsche Lexikographie von den Anfängen bis zum Beginn des 17. Jahrhunderts. In: Hausmann/Reichmann/Wiegand/Zgusta 1990, 2037–2049.

Gülich, E., W. Raible: Linguistische Textmodelle. Grundlagen und Möglichkeiten. München 1977.

Günther, H.: Probleme beim Verschriften der Muttersprache. Otfrid von Weissenburg und die lingua theotisca. In: Zeitschrift für Literaturwissenschaft und Linguistik 15, 1985, 36–54.

Gützlaff, K.: Von der Fügung Teutscher Stammwörter. Die Wortbildung in J. G. Schottelius' »Ausführlicher Arbeit von der Teutschen HaubtSprache«. Hildesheim, Zürich,
New York 1989.

Haas, E.: Rhetorik und Hochsprache. Über die Wirksamkeit der Rhetorik bei der
Entstehung der deutschen Hochsprache im 17. und 18. Jahrhundert. Frankfurt, Bern,
Cirencester 1980.

Haegeman, L.: Introduction to government and binding theory. 2. Aufl. Oxford 1994.

Haferland, H.: Mystische Theorie der Sprache bei Jacob Böhme. In: Gessinger/von Rahden 1989, Bd. 1, 89–130.

Hamm, M., H. Ulmschneider: Übersetzungsintention und Gebrauchsfunktion. Die
»Rechtssumme« Bruder Bertholds im Kontext volkssprachlich-kanonistischer
Rechtsliteratur. In: K. Ruh (Hrsg.): Überlieferungsgeschichtliche Prosaforschung.
Tübingen 1985, 53–88.

Hampel, G.: Die deutsche Sprache als Gegenstand und Aufgabe des Schulwesens vom
Spätmittelalter bis ins 17. Jahrhundert. Gießen 1980.

Hankamer, P.: Die Sprache. Ihr Begriff und ihre Deutung im 16. Jahrhundert (1927).
Nachdruck. Hildesheim 1965.

Härle, G.: Reinheit der Sprache, des Herzens und des Leibes. Zur Wirkungsgeschichte
des rhetorischen Begriffs *puritas* in Deutschland von der Reformation bis zur Aufklärung. Tübingen 1996.

Harsch-Niemeyer, R. (Hrsg.): Beiträge zur Methodengeschichte der neueren Philolo-
gien. Tübingen 1995.

Harth, D.: Philologie und praktische Philosophie: Untersuchungen zum Sprach- und
Traditionsverständnis des Erasmus von Rotterdam. München 1970.

Haß-Zumkehr, U.: Daniel Sanders. Aufgeklärte Germanistik im 19. Jahrhundert. Berlin,
New York 1995.

– „alle welt erwartet hier eine erklärung von mir" – Jacob Grimms Vorrede zum Deutschen Wörterbuch zwischen Apologie und Programm. In: Zeitschrift für germanistische Lingustik 25, 1997, 1–23.

– Das »Deutsche Wörterbuch« von Jacob Grimm und Wilhelm Grimm als National-
denkmal. In: Gardt [demn.]c.

Haßler, G.: Sprachtheorien der Aufklärung. Zur Rolle der Sprache im Erkenntnispro-
zeß. Berlin 1984.

– Sprachphilosophie in der Aufklärung. In: Dascal/Gerhardus/Lorenz/Meggle 1992,
116–144.

Haubrichs, W.: »die tiutsche und die andern zungen«: Von der Vielfalt und Entwicklung
eines Sprach- und Volksbegriffs. In: J. Janota (Hrsg.): Vielfalt der kulturellen Systeme
und Stile. Tübingen 1993, 21–41.

– (Hrsg.): Deutsch – Wort und Begriff. Göttingen 1994.

Haug, W.: Zur Grundlegung einer Theorie des mystischen Sprechens. In: Ruh 1986,
494–508.

Hausmann, F. J., O. Reichmann, H. E. Wiegand, L. Zgusta (Hrsg.): Wörterbücher. Ein
internationales Handbuch zur Lexikographie. 3 Teilbde. Berlin, New York 1989,
1990, 1991.

Heinekamp, A.: Ars characteristica und natürliche Sprache bei Leibniz. In: Tijdschrift
voor Filosofie 34, 1972, 446–488.

– Gottfried Wilhelm Leibniz (1646–1716). In: Dascal/Gerhardus/Lorenz/Meggle
1992, 320–330.

Heinemann, W., D. Viehweger: Textlinguistik. Eine Einführung. Tübingen 1991.

Heintel, E.: Einführung in die Sprachphilosophie des 20. Jahrhunderts. Berlin, New York 1982.

Helbig, G.: Geschichte der neueren Sprachwissenschaft. Unter dem besonderen Aspekt der Grammatik-Theorie. Leipzig 1970.

– Entwicklung der Sprachwissenschaft seit 1970. Leipzig 1986.

Henne, H.: Hochsprache und Mundart im schlesischen Barock. Studien zum literarischen Wortschatz in der ersten Hälfte des 17. Jahrhunderts. Köln, Graz 1966.

– Das Problem des Meißnischen Deutsch oder „Was ist Hochdeutsch" im 18. Jahrhundert. In: Zeitschrift für Mundartforschung 35, 1968, 109–129.

– Deutsche Wörterbücher des 17. u. 18. Jahrhunderts. Einführung und Bibliographie. Hildesheim, New York 1975.

Hennigfeld, J.: Geschichte der Sprachphilosophie. Antike und Mittelalter. Berlin, New York 1994.

Hermanns, F.: Die Kalkülisierung der Grammatik: philologische Untersuchungen zu Ursprung, Entwicklung und Erfolg der sprachwissenschaftlichen Theorien Noam Chomskys. Heidelberg 1977.

– Linguistische Anthropologie. Skizze eines Gegenstandsbereiches linguistischer Mentalitätsgeschichte. In: Busse/Hermanns/Teubert 1994, 29–59.

– Sprachgeschichte als Mentalitätsgeschichte. Überlegungen zu Sinn und Form und Gegenstand historischer Semantik. In: Gardt/Mattheier/Reichmann 1995, 69–103.

Herrmann, T., S. Hoppe-Graff: Textproduktion. In: G. Antos, H. P. Krings (Hrsg.): Textproduktion. Ein interdisziplinärer Forschungsüberblick. Tübingen 1989, 146 bis 164.

Hindelang, G.: Einführung in die Sprechakttheorie. 2., durchges. Aufl. Tübingen 1994.

Hirschle, M.: Sprachphilosophie und Namenmagie im Neuplatonismus. Meisenheim am Glan 1979.

Historisches Wörterbuch der Rhetorik. Hrsg. v. G. Ueding. Mitbegründet v. W. Jens, in Verbindung mit W. Barner u. a. Tübingen 1992ff.

Hobsbawm, E.: Nationen und Nationalismus. Mythos und Realität seit 1780. 2. Aufl. Frankfurt, New York 1991.

Hoffmann, L., H. Kalverkämper, H. E. Wiegand (Hrsg., in Verbindung mit C. Galinski, W. Hüllen): Fachsprachen. Languages for Special Purposes. Ein internationales Handbuch zur Fachsprachenforschung und Terminologiewissenschaft. 2 Halbbde. 1. Halbbd. Berlin, New York 1998.

Hohmann, T.: Heinrich von Langensteins »Unterscheidung der Geister« Lateinisch und Deutsch. Texte und Untersuchungen zur Übersetzungsliteratur aus der Wiener Schule. Zürich, München 1977.

Holdcroft, D.: Saussure: Sign, Systems and Arbitrariness. Cambridge 1991.

Huber, W.: Kulturpatriotismus und Sprachbewußtsein. Studien zur deutschen Philologie des 17. Jahrhunderts. Frankfurt etc. 1984.

Hubig, C.: Die Sprache als Menschenwerk. Zu den Sprachentstehungstheorien des Humanismus/Neuhumanismus und ihrer dialektischen Kritik. In: Gessinger/von Rahden 1989, 158–182.

Hüllen, W.: Their Manner of Discourse. Nachdenken über Sprache im Umkreis der Royal Society. Tübingen 1989.

– Johann Joachim Becher (1635–1682). A little known opponent of Comenius' theory of language and language learning. In: Historiographia Linguistica 13, 1996, 73–88.

– Schemata der Historiographie. Ein Traktat. In: Beiträge zur Geschichte der Sprachwissenschaft 6, 1996, 113–125.

Hülser, K.: Stoische Sprachphilosophie. In: Dascal/Gerhardus/Lorenz/Meggle 1992, 17–34.

Hundsnurscher, F.: Syntaxwandel zur Gottsched-Zeit. In: Betten 1990, 422–438.

Ingen, F. van: Die Sprachgesellschaften des 17. Jahrhunderts. Zwischen Kulturpatriotismus und Kulturvermittlung. In: Muttersprache 96, 1986, 137–146.

Ivo, H.: Muttersprache – Identität – Nation. Opladen 1994.

Jackendoff, R.: Semantic structures. Cambridge/Mass. 1990.

Jacobs, J., A. v. Stechow, W. Sternefeld, T. Vennemann (Hrsg.): Syntax. Ein internationales Handbuch zeitgenössischer Forschung. 2 Teilbde. Berlin, New York 1993, 1995.

Jäger, L.: Zu einer historischen Rekonstruktion der authentischen Sprach-Idee F. de Saussures. Düsseldorf 1975.

– Ferdinand de Saussure. Genese, Rezeption und Aktualität seiner Sprachtheorie. In: Sprache und Literatur in Wissenschaft und Unterricht 54, 1984, 19–30.

Jakobs, H.: *Diot* und *Sprache*. *Deutsch* im Verband der Frankenreiche (8. bis frühes 11. Jahrhundert). In: Gardt [demn.]c.

Jankowsky, K.: Development of Historical Linguistics from Rask and Grimm to the Neogrammarians. In: Schmitter 1996, 193–215.

Jellinek, M.: Geschichte der neuhochdeutschen Grammatik von den Anfängen bis auf Adelung. 2 Halbbde. Heidelberg 1913 u. 1914.

Johnston, O.: Der deutsche Nationalmythos. Ursprung eines politischen Programms. Stuttgart 1990.

Jones, W. J.: »König Deutsch zu Abrahams Zeiten«: Some perceptions of the place of German within the family of languages, from Aventinus to Zedler. In: Flood et al. 1993, 189–213.

– Sprachhelden und Sprachverderber. Dokumente zur Erforschung des Fremdwortpurismus im Deutschen (1478–1750). Ausgew. u. kommentiert v. W. J. Jones. Berlin, New York 1995.

Josten, D.: Sprachvorbild und Sprachnorm im Urteil des 16. und 17. Jahrhunderts. Bern, Frankfurt 1976.

Kaczmarek, L.: Aspekte scholastischer Sprachursprungstheorien. Dionysius der Karthäuser über den Ursprung der Sprache. Mit einem chronobibliographischen Anhang. In: Gessinger/von Rahden 1989, 65–88.

Kahn, D.: The Codebreakers: The Story of Secret Writing. New York 1967.

Kallmeyer, W. u. a.: Lektürekolleg zur Textlinguistik. 2 Bde. Frankfurt 1974.

Kaltz, B.: Christoph Helwig, ein vergessener Vertreter der allgemeinen Grammatik in Deutschland. In: Historiographia Linguistica 5, 1978, 227–235.

– Syntaxtheoretische Ansätze in französischen und deutschen Grammatiken des 16. bis 19. Jahrhunderts. In: Schmitter 1996, 319–352.

Kalverkämper, H.: Orientierung zur Textlinguistik. Tübingen 1981.

Kambartel, F., P. Stekeler-Weithofer: Sprachphilosophie und die Methode der Sprachanalyse. In: Dascal/Gerhardus/Lorenz/Meggle 1996, 1739–1760.

Kasher, A. (Hrsg.): The Chomskyan turn. Cambridge/Mass. etc. 1991.

Keller, R.: Sprachwandel. Von der unsichtbaren Hand in der Sprache. Tübingen 1990.

Kenny, A., N. Kretzmann, J. Pinborg, E. Stump (Hrsg.): The Cambridge History of Later Medieval Philosophy. Cambridge 1982.

Kenstowicz, M.: Phonology in Generative Grammar. Cambridge/Mass., Oxford 1994.

Kiedron, S.: Niederländische Einflüsse auf die Sprachtheorie von Justus Georg Schottelius. Breslau 1991.

Kimpel, D. (Hrsg.): Mehrsprachigkeit in der deutschen Aufklärung. Hamburg 1985.

Kirkness, A.: Zur Sprachreinigung im Deutschen 1789–1871. Eine historische Dokumentation. Tübingen 1975.

– , P. Kühn, H. E. Wiegand (Hrsg.): Studien zum Deutschen Wörterbuch von Jacob Grimm und Wilhelm Grimm. 2 Teilbde. Tübingen 1991.

Kledzik, S. M.: Wilhelm von Humboldt (1767–1835). In: Dascal/Gerhardus/Lorenz/Meggle 1992, 362–381.

Klein, T.: Zum Alter des Wortes ‚deutsch‘. In: Haubrichs 1994, 12–25.

Klein, W. P.: Am Anfang war das Wort. Theorie- und wissenschaftsgeschichtliche Elemente frühneuzeitlichen Sprachbewußtseins. Berlin 1992.

Kluge, F.: Von Luther bis Lessing. 5. Aufl. 1918.

Knape, J.: Das Deutsch der Humanisten. In: Besch/Reichmann/Sonderegger 1984/85, 2. Halbbd., 1408–1415.

– Barock. 1.: Deutschland. In: Historisches Wörterbuch der Rhetorik, Bd. 1., 1992, Sp. 1285–1332.

– Humanismus, Reformation, deutsche Sprache und Nation. In: Gardt [demn.]c.

Knobloch, C.: Geschichte der psychologischen Sprachauffassung in Deutschland von 1850 bis 1920. Tübingen 1988.

Knoop, U.: Das Interesse an den Mundarten und die Grundlegung der Dialektologie. In: Besch/Knoop/Putschke/Wiegand 1982, 1–23.

Knowlson, J.: Universal language schemes in England and France 1600–1800. Toronto 1975.

Koerner, E. F. K.: Ferdinand de Saussure: Origin and Development of his Linguistic Thought in Western Studies. Braunschweig 1973.

– Schleichers Einfluß auf Haeckel: Schlaglichter auf die wechselseitige Abhängigkeit zwischen linguistischen und biologischen Theorien im 19. Jahrhundert. In: Zeitschrift für vergleichende Sprachforschung 95, 1981, 1–21.

– The Schleicherian Paradigm in Linguistics. In. August Schleicher: Die Sprachen Europas in systematischer Übersicht. Linguistische Untersuchungen. New ed. with an introd. article by K. Koerner. Amsterdam 1983, XXIII–LXXI.

– Das Problem der Metasprache in der Sprachwissenschaftsgeschichtsschreibung. In: Schmitter 1987, 63–80.

– Saussurean Studies. Etudes saussuriennes. Genf 1988.

– Practising Linguistic Historiography. Amsterdam, Philadelphia 1989.

– (Hrsg.): Progress in Linguistic Historiography. Papers from the International Conference on the History of the Language Sciences. Amsterdam 1980.

– , R. E. Asher (Hrsg.): Concise History of the language sciences. From the Sumerians to the Cognitivists. O. O. 1995.

Koller, W.: Nation und Sprache in der Schweiz. In: Gardt [demn.]c.

Köller, W.: Philosophie der Grammatik. Vom Sinn grammatischen Wissens. Stuttgart 1988.

Kondylis, P.: Die Aufklärung im Rahmen des neuzeitlichen Rationalismus. Stuttgart 1981.

Konopacki, S. A.: The Descent into Words. Jacob Böhme's Transcendental Linguistics. Ann Arbor 1979.

Konopka, M.: Strittige Erscheinungen der deutschen Syntax im 18. Jahrhundert. Tübingen 1996.

Koppelberg, D.: Die Aufhebung der analytischen Philosophie. Frankfurt 1987.

Korthaase, W.: Der Weg des René Descartes – eine ‚Sackgasse'? Betrachtungen zu Descartes und Comenius. In: Studia Comeniana et historica 26, Nr. 55–56, 1996, 391–416.

Koselleck, R.: Volk, Nation, Nationalismus, Masse. In: Brunner/Conze/Koselleck 1972–1997, Bd. 7, 1992, 141–431.

Krogh, S.: Gottsched als Sprachreformer. Eine systematische Übersicht. In: Augias 35, 1989, 3–41.

Kühlmann, W.: Gelehrtenrepublik und Fürstenstaat. Entwicklung und Kritik des deutschen Späthumanismus in der Literatur des Barockzeitalters. Tübingen 1982.

– Moscherosch und die Sprachgesellschaften des 17. Jahrhunderts – Aspekte des barocken Kulturpatriotismus. In: Bibliothek und Wissenschaft 16, 1982, 68–84. (= Kühlmann 1982a)

– Frühaufklärung und Barock. Traditionsbruch – Rückgriff – Kontinuität. In: Garber 1991, 187–214.

Kühn, P., U. Püschel: Die deutsche Lexikographie vom 17. Jahrhundet bis zu den Brüdern Grimm ausschließlich. In: Hausmann/Reichmann/Wiegand/Zgusta 1990, 2049–2078. (= Kühn/Püschel 1990a)

– , – Die deutsche Lexikographie von den Brüdern Grimm bis Trübner. In: Hausmann/Reichmann/Wiegand/Zgusta 1990, 2078–2100. (= Kühn/Püschel 1990b)

Kutschera, F. von: Sprachphilosophie. München 1971.

Lange, H.-J.: Aemulatio veterum sive de optimo genere dicendi. Die Entstehung des Barockstils im XVI. Jahrhundert durch eine Geschmacksverschiebung in Richtung der Stile des manieristischen Typs. Bern, Frankfurt 1974.

Lauener, H.: Das Formalsprachenprogramm in der Analytischen Philosophie. In: Dascal/Gerhardus/Lorenz/Meggle 1992, 825–859.

Lausberg, H.: Handbuch der literarischen Rhetorik. 2., vermehrte Aufl. München 1973.

Lehmann, B.: ROT ist nicht »rot« ist nicht [rot]. Eine Bilanz und Neuinterpretation der linguistischen Relativitätstheorie. Tübingen 1998.

Leinkauf, T.: Mundus combinatus. Studien zur Struktur der barocken Universalwissenschaft am Beispiel Athanasius Kirchers SJ (1602–1680). Berlin 1993.

Lemmer, M. (Hrsg.): Beiträge zur Sprachwirkung Martin Luthers im 17./18. Jahrhundert. Halle 1987.

Lerchner, G.: Die historische Formierung von Spielräumen individuellen Sprachverhaltens. Vom Aufstieg des Individuums in der Geschichte der deutschen Sprache. In: Beiträge zur Geschichte der deutschen Sprache und Literatur 114, 1992, 227 bis 248.

Levinson. S. C.: Pragmatik. Tübingen 1990.

Lexicon Grammaticorum. Who's Who in the History of World Linguistics. Hrsg. v. H. Stammerjohann u. Mitherausgebern. Tübingen 1996.

Lobenstein-Reichmann, A.: Freiheit bei Martin Luther. Lexikographische Textanalyse als Methode historischer Semantik. Berlin, New York 1998.

Maas, U.: Verfolgung und Auswanderung deutschsprachiger Sprachforscher 1933–1945. Osnabrück 1996.

Mahnke, D.: Der Barockuniversalismus des Comenius. In: Zeitschrift für Geschichte der Erziehung und des Unterrichts 22, 1931, 253–279.

Mattheier, K.: Sprachgeschichte des Deutschen: Desiderate und Perspektiven. In: Gardt/Mattheier/Reichmann 1995, 1–18.

Matthews, P.H.: Grammatical theory in the United States from Bloomfield to Chomsky. Cambridge 1993.

Meggle, G.: Grundbegriffe der Kommunikation. Berlin 1981.

Meier-Oeser, S.: Die Spur des Zeichens. Das Zeichen und seine Funktion in der Philosophie des Mittelalters und der frühen Neuzeit. Berlin, New York 1997.

Metcalf, G.J.: The Indo-European Hypothesis in the Sixteenth and Seventeenth Centuries. In: D. Hymes (Hrsg.): Studies in the history of linguistics: traditions and paradigms. Bloomington, London 1974, 233–257.

Miškovská-Kozáková, V.T.: Comenius' Linguistic Theory and Experiment. In: Acta Comeniana 4, 1979, 291–319.

Moldaenke, G.: Schriftverständnis und Schriftdeutuung im Zeitalter der Reformation. 1. Teil: Matthias Flacius Illyricus. Stuttgart 1936.

Müller, J.: Quellenschriften zur Geschichte des deutschsprachlichen Unterrichts bis zur Mitte des 16. Jahrhunderts (1882). Nachdruck. Hildesheim, New York 1969.

Müller, S.: Sprachwörterbücher im Nationalsozialismus. Die ideologische Beeinflussung von Duden, Sprach-Brockhaus und anderen Nachschlagewerken während des ‚Dritten Reichs‘. Stuttgart 1994.

Müller-Sievers, H.: Epigenesis. Naturphilosophie im Sprachdenken Wilhelm von Humboldts. Paderborn 1993.

Mueller-Vollmer, K.: Wilhelm von Humboldts Sprachwissenschaft. Ein kommentiertes Verzeichnis des sprachwissenschaftlichen Nachlasses. Paderborn etc. 1993.

Nate, R.: Natursprachenmodelle des 17. Jahrhunderts. Münster 1993.

Naumann, B.: ‚Allgemeine Grammatik‘ vor und nach 1800 in Deutschland. In: D. Peschel (Hrsg.): Germanistik in Erlangen. 100 Jahre nach Gründung des Deutschen Seminars. Erlangen 1983, 489-531.

– Die zwei Grammatiken des C.F. Aichinger. In: Sprachwissenschaft 8, 1983, 277 bis 290. (= Naumann 1983a)

– Grammatik der deutschen Sprache zwischen 1781 und 1856. Die Kategorien der deutschen Grammatik in der Tradition von Johann Werner Meiner und Johann Christoph Adelung. Berlin 1986.

– Die ‚dependenzgrammatischen‘ Überlegungen Johann Werner Meiners (1723-1789). In: Betten 1990, 439–450.

– Die Tradition der Philosophischen Grammatik in Deutschland. In: Schmitter 1996, 24–43.

Nerius, D.: Untersuchungen zur Herausbildung einer nationalen Norm der deutschen Literatursprache im 18. Jahrhundert. Halle 1967.

– Die Rolle J. Chr. Adelungs in der Geschichte der deutschen Orthographie. In: Sprachwissenschaft 14, 1989, 78–96.

Nerlich, B., D.D. Clarke: Language, Action and Context. The Early History of Pragmatics in Europe and America, 1780–1930. Amsterdam, Philadelphia 1996.

Neubauer, J.: Symbolismus und symbolische Logik. Die Idee der Ars Combinatoria in der Entwicklung der modernen Dichtung. München 1978.

Neuhaus, G.M.: Justus Georg Schottelius: Die Stammwörter der Teutschen Sprache Samt dererselben Erklärung / und andere die Stammwörter betreffende Anmerkungen. Eine Untersuchung zur frühneuhochdeutschen Lexikologie. Göppingen 1991.

Neumann, W.: Sprache zwischen Sozialgeschichte und Naturgesetz. Gegensätzliche

Auffassungen in der frühen Germanistik. In: A. Schöne (Hrsg.): Kontroversen, alte und neue. Akten des 7. Internationalen Germanisten-Kongresses, Göttingen 1985. Bd. 1. Tübingen 1986, 71–83.

Niederehe, H.-J., E. F. K. Koerner (Hrsg.): History and Historiography of Linguistics. 2 Bde. Amsterdam, Philadelphia 1990.

Noordegraf, J.: General Grammar in the Netherlands 1670-1900. In: Schmitter 1992, 94–121.

Olender, M.: Die Sprachen des Paradieses. Frankfurt 1994.

– Der arisch-semitische Streit zu Beginn der modernen Sprachwissenschaft. In: Dascal/ Gerhardus/Lorenz/Meggle 1996, 943–952.

Orgeldinger, S.: Standardisierung und Purismus bei Joachim Heinrich Campe. Berlin, New York [demn.]

Otto, K. F.: Die Sprachgesellschaften des 17. Jahrhunderts. Stuttgart 1972.

Padley, G. A.: Grammatical Theory in Western Europe 1500–1700. The Latin Tradition. Cambridge etc. 1976.

– Grammatical Theory in Western Europe 1500–1700. Trends in Vernacular Grammar. 2 Bde. Cambridge etc. 1985, 1988.

Parret, H. (Hrsg.): History of Linguistic Thought and Contemporary Linguistics. Berlin, New York 1975.

Patzlaff, R.: Otfrid von Weissenburg und die mittelalterliche versus-Tradition. Untersuchungen zur formgeschichtlichen Stellung der Otfridstrophe. Tübingen 1975.

Paul, L.: Geschichte der Grammatik im Grundriß. Sprachdidaktik als angewandte Erkenntnistheorie und Wissenschaftskritik. Weinheim, Basel 1978.

Penzl, H.: Gottscheds Sprachkunst (1762) und die deutsche Hochlautung. In: K. Ezawa (Hrsg.): Sprache und Sprechen. Festschrift für Eberhard Zwirner zum 80. Geburtstag. Tübingen 1979, 149–156.

Percival, W. K.: The Notion of Usage in Vaugelas and in the Port-Royal Grammar. In: Parret 1975, 374–382.

– The grammatical tradition and the rise of the vernaculars. In: Sebeok 1975, 231–275. (= Percival 1975a)

Peuckert, W.-E.: Gabalia. Ein Versuch zur Geschichte der magia naturalis im 16. bis 18. Jahrhundert. Berlin 1967.

Pinborg, J.: Die Entwicklung der Sprachtheorie im Mittelalter. Münster, Kopenhagen 1967.

– Medieval Semantics. Selected Studies on Medieval Logic and Grammar. London 1984.

Platzeck, E. W.: Ramon Lull. 2 Bde. 1962, 1964.

Pohl, K.: Einleitung. In: Valentin Ickelsamer: Die rechte weis aufs kürtzist lesen zu lernen. Ain Teütsche Grammatica. Hrsg. v. K. Pohl. Stuttgart, o. J., V-XXIV.

Polenz, P. von: Deutsche Sprachgeschichte vom Spätmittelalter bis zur Gegenwart. Bd. 1: Einführung – Grundbegriffe – Deutsch in der frühbürgerlichen Zeit. Bd. 2: 17. und 18. Jahrhundert. Berlin, New York 1991, 1994.

– Sprachsystemwandel und soziopragmatische Sprachgeschichte in der Sprachkultivierungsepoche. In: Gardt/Mattheier/Reichmann 1995, 39–68.

– Deutsch als plurinationale Sprache im postnationalistischen Zeitalter. In: Gardt/ Haß-Zumkehr/Roelcke [demn.].

Polk, J.: Frome Locke to Hume: The Radicalisation of the Sensualistic Premises in the Empirical Interpretation of the Origins of Speech. In: Gessinger/von Rahden 1989, 1. Teilbd., 183–203.

Pombo, O.: Leibniz and the Problem of a Universal Language. Münster 1987.

Poppe, E.: C. F. Aichingers »Versuch einer deutschen Sprachlehre«. Untersuchungen zur Geschichte der deutschen Grammatikschreibung im 18. Jahrhundert. Hildesheim, Zürich, New York 1982.

- Carl Friedrich Aichinger (1717–1782). Zur Regionalgeschichte der deutschen Sprachwissenschaft. In: VHVO 123, 1983, 141–170.

- Leibniz and Eckhart on the Irish language. In: A. Carpenter (Hrsg.): Eighteenth-Century Ireland. Iris an dá chultúr. Bd. 1. Dublin 1986, 65–84.

Pörksen, U.: Wissenschaftssprache und Sprachkritik. Untersuchungen zu Geschichte und Gegenwart. Tübingen 1994.

Porzig, W.: Das Wunder der Sprache (1950). 5. Aufl. Bern 1971.

Pretzel, U.: Moriz von Craûn. Tübingen 1955.

Pring-Mill, R. D. F.: Grundzüge von Lulls Ars Inveniendi Veritatem. In: Archiv für Geschichte der Philosophie 43, 1961, 239–266.

Prowatke, C.: Teutscher sprach art vnd eygenschaft. Zum Anteil der Grammatiker des 16. Jahrhunderts an der Herausbildung nationaler Normen in der deutschen Literatursprache. In: Beiträge zur Erforschung der deutschen Sprache 8, Leipzig 1988, 173–196.

Puff, H.: »Von dem schlüssel aller Künsten / nemblich der Grammatica«. Deutsch im lateinischen Grammatikunterricht 1480–1560. Tübingen 1995.

Püschel, U.: Von Mehrdeutigkeit und gleichgültigen Wörtern. Gottscheds Beitrag zur einsprachigen Lexikographie. In: Germanistische Linguistik 9, Heft 2–5, 1978 285–321.

- Die Berücksichtigung mundartlicher Lexik in J. Chr. Adelungs „Wörterbuch der hochdeutschen Mundart". In: Zeitschrift für Dialektologie und Linguistik 49, 1982, 28–51.

Putschke, W.: Die Arbeiten der Junggrammatiker und ihr Beitrag zur Sprachgeschichtsforschung. In: Besch/Reichmann/Sonderegger 1984/1985, 331–347.

Quint, J.: Mystik und Sprache. In: Vierteljahresschrift für Literaturwissenschaft und Geistesgeschichet 27, 1953, 48–76. Auch in: K. Ruh (Hrsg.): Altdeutsche und altniederländische Mystik. Darmstadt 1964.

Raeder, S.: Luther als Ausleger und Übersetzer der Heiligen Schrift. In: H. Junghans (Hrsg.): Leben und Werk Martin Luthers von 1526 bis 1546. Festgabe zu seinem 500. Geburtstag. 2 Bde. Göttingen 1983. Bd. 1, 253–278.

Rahden, W. von: Sprachursprungsentwürfe im Schatten von Kant und Herder. In: Gessinger/von Rahden 1989, 421–467.

Raulff, U. (Hrsg.): Mentalitäten-Geschichte. Zur historischen Rekonstruktion geistiger Prozesse. Berlin 1987.

Reich, G.: Muttersprachlicher Grammatikunterricht von der Antike bis um 1600. Weinheim 1972.

Reichmann, O.: Deutsche Nationalsprache. In: Germanistische Linguistik 9, Heft 2/5, 1978, 389–423.

- (unter Mitwirkung v. C. Burgi, M. Kaufhold, C. Schäfer): Zur Vertikalisierung des Varietätenspektrums in der jüngeren Sprachgeschichte des Deutschen. In: H. H. Munske, P. v. Polenz, O. Reichmann, R. Hildebrandt (Hrsg.): Deutscher Wortschatz. Lexikologische Studien. L. E. Schmitt zu seinem 80. Geburtstag. Berlin, New York 1988, 151–180.

- Geschichte lexikographischer Programme in Deutschland. In: Hausmann/Reichmann/Wiegand/Zgusta 1989, 230–246.

– Zum Gebrauch von ‚Gebrauch‘ und zugehörigen Ausdrücken in sprachreflexiven Texten der Barock- und Aufklärungszeit. In: R. Hessky (Hrsg.). Festschrift für Karl Mollay. Budapest 1993, 275–309.
– Die Konzepte von *Deutlichkeit* und *Eindeutigkeit* in der Sprachtheorie des 18. Jahrhunderts. In: Gardt/Mattheier/Reichmann 1995, 169–198.
– *Nationalsprache* als Konzept der Sprachwissenschaft. In: Gardt [demn.]c.

Reiffenstein, I.: Deutsch und Latein im Spätmittelalter. Zur Übersetzungstheorie des 14. und 15. Jahrhunderts. In: Festschrift für Siegfried Grosse zum 60. Geburtstag. Hrsg. v. W. Besch, K. Hufeland, V. Schupp, P. Wiehl. Göppingen 1984.
– Gottsched und die Bayern. Der Parnassus Boicus, die Bayerische Akademie der Wissenschaften und die Pflege der deutschen Sprache im 18. Jahrhundert. In: S. Heimann u. a. (Hrsg.): Festschrift für Rudolf Große zum 65. Geburtstag. Stuttgart 1989.
– ‚Oberdeutsch‘ und ‚Hochdeutsch‘ in Bayern im 18. Jahrhundert. In: Gardt/Mattheier/Reichmann 1995, 307–318.
– Bezeichnungen der deutschen Gesamtsprache. In: Besch/Betten/Reichmann/Sonderegger [demn.].

Ricken, U.: Condillac: Sensualistische Ursprungshypothese, geschichtliches Menschen- und Gesellschaftsbild der Aufklärung. In: Gessinger/von Rahden 1989, I, 287–311.
– Leibniz, Wolff und einige sprachtheoretische Entwicklungen in der deutschen Aufklärung. Berlin 1989. (= Ricken 1989a)
– , in Zusammenarbeit mit P. Bergheaud, L. Formigari, G. Haßler, B. A. Ol’chovikov und J. V. Roždestvenskij: Sprachtheorie und Weltanschauung in der europäischen Aufklärung. Zur Geschichte der Sprachtheorien des 18. Jahrhunderts und ihrer europäischen Rezeption nach der Französischen Revolution. Berlin 1990.

Robins, R. H.: Ancient and medieval grammatical theory in Europe. London 1951.
– A Short History of Linguistics (1967). 3. Aufl. London, New York 1990.

Roelcke, T.: Der Patriotismus der barocken Sprachgesellschaften. In: Gardt [demn.]c.
– Das Kunstwort in der Zeit der Aufklärung: wissenschaftliche Kozeption und faktischer Gebrauch. In: Hoffmann/Kalverkämper/Wiegand [demn.]. (= Roelcke [demn.]a])

Roessler, P.: Die deutschen Grammatiken der zweiten Hälfte des 18. Jahrhunderts in Österreich. Ein Beitrag zur Reform der deutschen Schriftsprache. Frankfurt etc. 1997.

Römer, R.: Sprachwissenschaft und Rassenideologie in Deutschland. 2. Aufl. München 1989.

Rössing-Hager, M.: Konzeption und Ausführung der ersten deutschen Grammatik. Valentin Ickelsamer »Ein Teütsche Grammatica«. Mit Diskussionsbericht v. J. Behr. In: L. Grenzmann, K. Stackmann (Hrsg.): Literatur und Laienbildung im Spätmittelalter und in der Reformationszeit. Symposium Wolfenbüttel 1981. Stuttgart 1984.
– Ansätze zu einer deutschen Sprachgeschichtsschreibung vom Humanismus bis ins 18. Jahrhundert. In: Besch/Reichmann/Sonderegger 1984/1985, 2. Halbbd., 1564 bis 1614.

Ruh, K. (Hrsg.): Abendländische Mystik im Mittelalter. Symposion Kloster Engelberg 1984. Stuttgart 1986.
– Geschichte der abendländischen Mystik. Bd. 1: Die Grundlegung durch die Kirchenväter und die Mönchstheologie des 12. Jahrhunderts. München 1990.

Salmon, V.: The works of Francis Lodwick: A study of his writings in the intellectual context of the seventeenth century. London 1972.

- (Hrsg.): The study of language in seventeenth century England. Amsterdam 1979.

Scaglione, A.: Komponierte Prosa von der Antike bis zur Gegenwart. Bd. 2: Die Theorie der Wortstellung im Deutschen. Stuttgart 1981.

Schaeffer, P.: Baroque philology: the position of German in the European family of languages. In: G. Hoffmeister (Hrsg.): German Baroque Literature. The European Perspective. New York 1983, 72–84.

Scharf, H.-W. (Hrsg.): Wilhelm von Humboldts Sprachdenken. Essen 1989.

Scheerer, T.: Ferdinand de Saussure: Rezeption und Kritik. Darmstadt 1980.

Schiewe, J.: Sprachpurismus und Emanzipation. Joachim Heinrich Campes Verdeutschungsprogramm als Voraussetzung für Gesellschaftsveränderungen. Hildesheim etc. 1988.

- Sprachenwechsel – Funktionswandel – Austausch der Denkstile. Die Universität Freiburg zwischen Latein und Deutsch. Tübingen 1996.

Schlaps, C.: Das Konzept eines *deutschen Sprachgeistes* in der Geschichte der Sprachtheorie. In: Gardt [demn.]c.

Schlieben-Lange, B.: Linguistische Pragmatik. Stuttgart 1975.

- Geschichte der Sprachwissenschaft und Geschichte der Sprachen. In: B. Cerquiglini, H.V. Gumbrecht (Hrsg.): Der Diskurs der Literatur- und Sprachhistorie. Frankfurt 1983, 464–490.

- , H.-D. Dräxler, F.-J. Knapstein, E. Volck-Duffy, I. Zollna (Hrsg.): Europäische Sprachwissenschaft um 1800. Methodologische und historiographische Beiträge zum Umkreis der ‚idéologie'. 2 Bde. Münster 1989, 1991.

- Überlegungen zur Sprachwissenschaftsgeschichtsschreibung. In: Schlieben-Lange u.a. 1989, 11-24. (= Schlieben Lange 1989a)

Schmidt, H.: Die lebendige Sprache. Zur Entstehung des Organismuskonzepts. Berlin 1986.

Schmidt, S.J.: Sprache und Denken als sprachphilosophisches Problem von Locke bis Wittgenstein. Den Haag 1968.

- Texttheorie. 2. Aufl. München 1976.

Schmidt-Biggemann, W.: Topica Universalis. Eine Modellgeschichte humanistischer und barocker Wissenschaft. Hamburg 1983.

Schmidt-Wiegand, R.: ‚Quod theodisca lingua harisliz dicitur'. Das Zeugnis der Lorscher Annalen (788) im Kontext frühmittelalterlicher Rechtssprache. In: Festschrift Rolf Bergmann [demn.].

Schmidt-Wilpert, G.: Die Bedeutung der älteren Grammatiker für das Neuhochdeutsche. In: Besch/Reichmann/Sonderegger 1984/1985, 2. Teilbd., 1556–1564.

Schmitter, P.: Untersuchungen zur Historiographie der Linguistik. Struktur – Methode – theoretische Fundierung. Tübingen 1982.

- Fortschritt. Zu einer umstrittenen Interpretationskategorie in der Geschichtsschreibung der Linguistik und der Semiotik. In: Schmitter 1987, 93-124. (= Schmitter 1987a)

- Zur Objektivität der Historiographie der Linguistik. In: R. Liver, I. Werlen, P. Wunderli (Hrsg.): Sprachtheorie und Theorie der Sprachwissenschaft. Geschichte und Perspektiven. Festschrift für Rudolf Engler. Tübingen 1990, 260–271.

- Der ‚romantische' Forschungsansatz. Seine Entfaltung und Reduktion in der deutschen Sprachwissenschaft des frühen 19. Jahrhunderts. In: U. Hoinkes (Hrsg.): Geschichte der Sprachtheorie: Studien zum Sprachbegriff der Neuzeit. Münster, Hamburg 1993, 87–111.

- (Hrsg.): Geschichte der Sprachtheorie. Bd. 1: Zur Theorie und Geschichte der Geschichtsschreibung der Linguistik. Tübingen 1987.
- (Hrsg.): Geschichte der Sprachtheorie. Bd. 2: Sprachtheorien der abendländischen Antike. Tübingen 1991.
- (Hrsg.): Geschichte der Sprachtheorie. Bd. 5: Sprachtheorien der Neuzeit II. Von der *Grammaire de Port Royal* (1660) zur Konstitution moderner linguistischer Disziplinen. Tübingen 1996.
Schneider, F.: Der Typus der Sprache. Eine Rekonstruktion des Sprachbegriffs Wilhelm von Humboldts auf der Grundlage der Sprachursprungsfrage. Münster 1995.
Schneider, G.: Zum Begriff des Lautgesetzes in der Sprachwissenschaft seit den Junggrammatikern. Tübingen 1973.
Schneider, R.: Der Einfluß von Justus Georg Schottelius auf die deutschsprachige Lexikographie des 17./18. Jahrhunderts. Frankfurt, Berlin, Bern 1995.
Scholem, G.: Zur Kabbala und ihrer Symbolik. Zürich 1960.
- Der Name Gottes und die Sprachtheorie der Kabbala. In: Man and speech. Mensch und Wort. L'homme et le verbe. Eranos Jahrbuch 39, 1973, 243–299.
Schrader, N.: Termini zwischen wahrer Natur und willkürlicher Bezeichnung. Exemplarische Untersuchungen zur Theorie und Praxis historischer Wissenschaftssprache. Tübingen 1990.
Schröder, K.: Linguarum Recentium Annales. Der Unterricht in den modernen europäischen Sprachen im deutschsprachigen Raum. 4 Bde. Augsburg 1980–1985.
Schulenburg, S. von der: Leibniz als Sprachforscher. Mit einem Vorwort hrsg. v. K. Müller. Frankfurt 1973.
Schüßler, W.: Leibniz' Auffassung des menschlichen Verstandes (intellectus). Berlin, New York 1992.
Schwarz, W.: Translations into German in the Fifteenth Century. In: Modern Language Review 39, 1944, 368–373.
- The Theory of Translation in Sixteenth-Century Germany. In: Modern Language Review 40, 1945, 289–299.
Sebeok, T.A. (Hrsg.): Current Trends in Linguistics. Bd. 13/1: Historiography of Linguistics. Den Haag, Paris 1975.
See, K. von: Barbar – Germane – Arier. Die Suche nach der Identität der Deutschen. Heidelberg 1994.
Seibicke, W.: Von Christian Wolff zu Johann Beckmann. Fachsprache im 18. Jahrhundert. In: Kimpel 1985, 43–51.
Simon, G. (Hrsg.): Sprachwissenschaft und politisches Engagement. Zur Problem- und Sozialgeschichte einiger sprachtheoretischer, sprachdidaktischer und sprachpflegerischer Ansätze in der Germanistik des 19. und 20. Jahrhunderts. Weinheim, Basel 1979.
Sinemus, V.: Poetik und Rhetorik im frühmodernen Staat. Sozialgeschichtliche Bedingungen des Normenwandels im 17. Jahrhundert. Göttingen 1978.
Slangen, J.H.: Johann Christoph Gottsched: Beobachtungen über den Gebrauch und Mißbrauch vieler deutscher Wörter und Redensarten. Utrecht 1955.
Slaughter, M.: Universal languages and scientific taxonomy in the seventeenth century. Cambridge 1982.
Smet, G. de: Modertale – materna lingua. In: D. Hofmann (Hrsg.): Gedenkschrift für W. Foerster. Köln, Wien 1970, 139–147.
Smet, G. de: Zur deutschen Lexikographie im 16. Jahrhundert. In: Beiträge zur Erforschung der deutschen Sprache 6, Leipzig 1986, 144–155.

Socin, A.: Schriftsprache und Dialekte im Deutschen nach Zeugnissen alter und neuer Zeit. Heilbronn 1888. Neudruck 1970.

Sonderegger, S.: Grundzüge deutscher Sprachgeschichte. Diachronie des Sprachsystems. Bd. 1. Berlin, New York 1979.

– Sprachgeschichtsforschung in der ersten Hälfte des 19. Jahrhunderts. In: Besch/ Reichmann/Sonderegger 1984/1985, 1. Teilbd., 300–331.

– Geschichte deutschsprachiger Bibelübersetzungen in Gründzügen. In: Besch/Reichmann/Sonderegger 1984/1985, 1. Teilbd., 129–186. (= Sonderegger 1984/1985a)

Stammler, W.: Zur Sprachgeschichte des 15. und 16. Jahrhunderts. In: Ders.: Kleine Schriften zur Sprachgeschichte. Berlin, Bielefeld, München 1954, 19–35.

– Deutsche Philologie im Aufriß. 2., überarb. Aufl. Bd. 1. Berlin 1957, Sp. 94.

Steger, H.: Revolution des Denkens im Fokus von Begriffen und Wörtern. Wandlungen der Theoriesprachen im 17. Jahrhundert. In: P. K. Stein (Hrsg.): Festschrift für I. Reiffenstein zum 60. Geburtstag. Göppingen 1988, 83–125.

Stegmüller, W.: Hauptströmungen der Gegenwartsphilosophie. 4. Aufl. Stuttgart 1969.

Steinthal, H.: Geschichte der Sprachwissenschaft bei den Griechen und Römern (1863). 2 Bde. 2. Aufl. Berlin 1890, 1891. Nachdruck. Hildesheim, New York 1971.

Stempel, W.-D.: Gestalt, Ganzheit, Struktur. Aus Vor- und Frühgeschichte des Strukturalismus in Deutschland. Göttingen 1978.

Stenius, E.: Wittgensteins Traktat. Eine kritische Darlegung seiner Hauptgedanken. Frankfurt 1969.

Sternefeld, W.: Syntaktische Grenzen. Chomskys Barrierentheorie und ihre Weiterentwicklungen. Opladen 1991.

Stetter, C.: Ferdinand de Saussure (1857–1913). In: Dascal/Gerhardus/Lorenz/Meggle 1992, 510–523.

Strasser, G.: Lingua Universalis. Kryptologie und Theorie der Universalsprachen im 17. und 18. Jahrhundert. Wiesbaden 1988.

Straßner, E.: Deutsche Sprachkultur. Von der Barbarensprache zur Weltsprache. Tübingen 1995.

Streitberg, W. (Hrsg.): Geschichte der indogermanischen Sprachwissenschaft seit ihrer Begründung durch Franz Bopp. 5 Bde. Straßburg (später: Berlin, Leipzig) 1916 bis 1936.

Strohbach, M.: Johann Christoph Adelung. Berlin, New York 1984.

Swiggers, P.: La Grammaire de Port-Royal et le parallélisme logico-grammatical. In: Orbis 23, 1984, 29–56.

Szemerényi, O.: Richtungen der modernen Sprachwissenschaft. Teil 1: Von Saussure bis Bloomfield, 1916–1950. Teil 2: Die fünfziger Jahre, 1950-1960. Heidelberg 1970, 1982.

Takada, H.: J. G. Schottelius, die Analogie und der Sprachgebrauch. In: Zeitschrift für germanistische Linguistik 13, 1985, 129–153.

– Grammatik und Sprachwirklichkeit von 1640–1700. Zur Rolle deutscher Grammatiker im schriftsprachlichen Ausgleichsprozeß. Tübingen 1998.

Tauchmann, C.: Hochsprache und Mundart in den großen Wörterbüchern der Barock- und Aufklärungszeit. Tübingen 1992.

Terricabras, J.-M.: Ludwig Wittgenstein. Kommentar und Interpretation. Freiburg, München 1978.

Thomas, H.: Zur Geschichte des Wortes „Deutsch" vom Ende des 11. bis zur Mitte des 13. Jahrhunderts. In: M. Nikolay-Panter, W. Janssen, W. Herborn (Hrsg.): Geschichtliche Landeskunde der Rheinlande. Regionale Befunde und raumübergreifende Perspektiven. Georg Droege zum Gedenken. Köln etc. 1994, 131–158.

– Sprache und Nation. Zur Geschichte des Wortes *deutsch* vom Ende des 11. bis zur Mitte des 15. Jahrhunderts. In: Gardt [demn.]c.

Thurot, C. (Hrsg.): Extraits de Divers Manuscrits Latins pour Servir a l'Histoire des Doctrines Grammaticales au Moyen Age. Paris 1869. Nachdruck. Frankfurt 1964.

Townson, M.: Mother-tongue and fatherland. Language and politics in Germany. Manchester, New York 1992.

Trabant, J.: Wilhelm von Humboldt: Jenseits der Gränzlinie. In: Gessinger/von Rahden 1989, 498–522.

– Traditionen Humboldts. Frankfurt 1990.

Ueding, G., B. Steinbrink: Grundriß der Rhetorik. Geschichte – Technik – Methode. Stuttgart 1986.

– Aufklärung. In: Historisches Wörterbuch der Rhetorik, Bd., 1, 1992, Sp. 1188–1250.

Vermeer, H. J.: Skizzen zu einer Geschichte der Translation. 2 Bde. Frankfurt 1992.

Vetter, F. (Hrsg.): Die Predigten Taulers. 2. Aufl. Dublin 1968.

Vollmann-Profe, G.: Kommentar zu Otfrids Evangelienbuch. Teil 1. Bonn 1976.

Vonk, F.: Gestaltprinzip und abstraktive Relevanz. Eine wissenschaftshistorische Untersuchung zur Sprachaxiomatik Karl Bühlers. Münster 1992.

Waswo, R.: Language and Meaning in the Renaissance. Princeton 1987.

Wehr, G.: Die deutsche Mystik: mystische Erfahrung und theosophische Weltsicht. München 1988.

Weinhold, K.: Zu dem deutschen Pilatusgedicht. Text, Sprache und Heimat. In: Zeitschrift für deutsche Philologie 8, 1877, 253–288.

Weiß, H.: Johann Georg Hamanns Ansichten zur Sprache. Versuch einer Rekonstruktion aus dem Frühwerk. Münster 1990.

– Universalgrammatiken aus der ersten Hälfte des 18. Jahrhunderts in Deutschland. Eine historisch-systematische Untersuchung. Münster 1992.

Wells, C. J.: Deutsch: Eine Sprachgeschichte bis 1945. Aus dem Englischen v. R. Wells. Tübingen 1990.

Werlen, I.: Sprache, Mensch und Welt. Geschichte und Bedeutung des Prinzips der sprachlichen Relativität. Darmstadt 1989.

Weydt, H.: Noam Chomskys Werk: Kritik, Kommentar, Bibliographie. Tübingen 1976.

Wiegand, H. E.: Historische Lexikographie. In: Besch/Betten/Reichmann/Sonderegger 1998, 643–715.

Wiese, B. v., R. Henß (Hrsg.): Nationalismus in Germanistik und Dichtung. Berlin 1967.

Wiesinger, P.: Zur Entwicklung der deutschen Schriftsprache in Österreich unter dem Einfluß Gottscheds in der 2. Hälfte des 18. Jahrhunderts. In: D. Nerius (Hrsg.): Entwicklungstendenzen der deutschen Sprache seit dem 18. Jahrhundert. Berlin (Ost) 1983, 227–248.

– Zur Frage lutherisch-ostmitteldeutscher Spracheinflüsse auf Österreich im 17. und in der ersten Hälfte des 18. Jahrhunderts. In: M. Lemmer (Hrsg.): Beiträge zur Sprachwirkung Martin Luthers im 17./18. Jahrhundert. Halle 1987, 83–109.

– Die sprachlichen Verhältnisse und der Weg zur allgemeinen deutschen Schriftsprache in Österreich im 18. und frühen 19. Jahrhundert. In: Gardt/Mattheier/Reichmann 1995, 319–368.

– Nation und Sprache in Österreich. In: Gardt [demn.]c.

Wimmer, R. (Hrsg.): Sprachkultur. Jahrbuch 1984 des Instituts für Deutsche Sprache. Düsseldorf 1985.

Wolf, H.: Martin Luther. Eine Einführung in germanistische Luther-Studien. Stuttgart 1980.

Wollgast, S.: Philosophie in Deutschland 1550–1650. Berlin 1988.

Wolters, G.: Die Lehre der Modisten. In: Dascal/Gerhardus/Lorenz/Meggle 1992, 596–600.

Worstbrock, F. J.: Zur Einbürgerung der Übersetzung antiker Autoren im deutschen Humanismus. In: Zeitschrift für deutsches Altertum 99, 1970, 45–81.

Wuchterl, K.: Struktur und Sprachspiel bei Wittgenstein. Frankfurt 1969.

Yates, F.: Gedächtnis und Erinnern. Mnemonik von Aristoteles bis Shakespeare (1966). Weinheim 1990.

Zeller, O.: Problemgeschichte der vergleichenden (indogermanischen) Sprachwissenschaft. Osnabrück 1967.

Zimmermann, K., J. Trabant, K. Mueller-Vollmer (Hrsg.): Wilhelm von Humboldt und die amerikanischen Sprachen. Internationales Symposium des Ibero-Amerikanischen Instituts PK 24.–26. September 1992 in Berlin. Paderborn etc. 1994.

Namenregister

Adelung, Johann Christoph (1732 – 1806) 167, 171, 186ff., 224, 252, 257ff., 270, 272

Aichinger, Carl Friedrich (1717–1782) 183ff.

Albertus, Laurentius (1540 – nach 1583) 61ff.

Albrecht von Halberstadt (um 1180 bis nach 1251) 22

Alliacus, Petrus s. Petrus Alliacus

Alsted, Johann Heinrich (1588–1638) 101

Amman, Johann Conrad (1669–1724) 181

Antesperg, Balthasar von (1682/83 bis 1765) 183

Apollonius Dyscolus (2. Jh. n. Chr.) 29

Aristoteles (384 – 322) 25ff., 94, 99, 205

Arnauld, Antoine (1612 – 1694) 207f.

Arntz, Helmut 307

Ascenas 11f.

Augustinus, Aurelius (354 – 430) 13, 340

Aurifaber, Johannes (14. Jh.) 38, 40

Austin, John (1911 – 1960) 319, 340, 345, 350f.

Aventin(us) s. Turmair, Johannes

Bach, Adolf (1890 – 1972) 309

Bacon, Francis (1561–1626) 96, 144, 233

Bacon, Roger (um 1214 – um 1292) 27, 29, 334

Bally, Charles (1865 – 1947) 289

Bassaeus, Nicolaus († 1599) 68

Bastian, Adolf (1826 – 1905) 307

Batteux, Charles (1713 – 1780) 177f.

Baudoin de Courtenay, Jan (1845 – 1929) 278, 298

Beauzée, Nicolas (1717 – 1789) 177

Becher, Johann Joachim (1635–1682) 94f., 147ff., 232, 253

Bellin, Johann (1618 – 1660) 129, 172

Bembo, Pietro (1470 – 1547) 45

Bernhardi, August Ferdinand (1769 bis 1820) 275

Berthold von Regensburg (um 1210 bis 1272) 21

Bertuch, Friedrich Justin (1747–1822) 307

Bibliander, Theodor (zw. 1504 u. 1509 bis 1564) 221, 223, 225, 268

Birken, Sigmund von (1626 – 1681) 116

Bloomfield, Leonard (1887 – 1949) 299, 333

Blumenbach, Johannes Friedrich (1752 bis 1840) 307

Bödiker, Johann (1641 – 1695) 172

Bodmer, Johann Jakob (1698–1783) 168ff., 195

Boethius Dacus (de Dacia [= Dänemark]) (zw. 1240 u. 1250 – nach 1276) 29

Böhme, Jakob (1575 – 1624) 150ff., 199, 227, 250, 294, 330

Bopp, Franz (1791 – 1867) 273ff.

Braun, Heinrich (1732 – 1792) 183

Braune, Wilhelm (1850 – 1926) 278

Breitinger, Johann Jakob (1701–1776) 168ff., 195

Brugger, Josef 314

Brugman(n), Karl (1849–1919) 278f., 284ff.

Buffier, Claude (1661 – 1737) 176, 178f.

Bühler, Karl (1879 – 1963) 165, 343f.

Burdach, Konrad (1859 – 1936) 287

Butschky, Samuel (1612 – 1678) 130

Campanella, Tommaso (1568–1639) 207

Campe, Joachim Heinrich (1746–1818) 260

Canz, Israel Gottlieb (1690 – 1753) 213

Carpov, Jakob (1699 – 1768) 213

Cassirer, Ernst (1874 – 1945) 242f., 317

Castiglione, Baldassare (1478–1529) 104

Chomsky, Noam (*1928) 332ff.

Cicero, Marcus Tullius (106 – 43) 159

Claius, Johannes (1535 – 1592) 52, 61ff.

Sachregister

patriotismus, Sprachnationalismus, Identität (sprachliche)
Volkssprache 10, 45ff., 169f., s.a.: *Muttersprache*, Deutsch
Vorstellung s.: Denken und Sprache, Erkenntnis/Erkenntnistheorie
vox 30, s.a.: Wort/Wortschatz, Zeichen/Zeichentheorie

Weltansicht, sprachliche s. sprachliches Relativitätsprinzip
Weltbildthese s. sprachliches Relativitätsprinzip
Westfälisch s. Dialekt
Wirklichkeit und Sprache
- 16. u. 17. Jh. 58f., 67, 74, 90, 94ff., 121, 206, 253
- in der allgemeinen Grammatik 203ff., 214
- bei den Grammatikern des 18. Jhs. 176ff., 185, 192
- Humboldt u. die idealistische Sprachkonzeption 230ff.
- im Rationalismus der Aufklärungszeit 197, 323f.
- in der modistischen Sprachtheorie 25ff., 35
- im Nominalismus 38ff.
- im Realismus der neuzeitl. Sprachtheorie 321ff.
- in der analytischem Sprachkonzeption 320ff.
- Universalsprache 135ff., 207ff.
- s.a.: allgemeine Grammatik, Denken und Sprache
Wort
- als Abbild der Wirklichkeit 35, 96, 198, 233
- bei Schottelius 120ff.
- im Rationalismus der Aufklärungszeit 198, 233
- in Fachsprachen 200ff.
- in religösen Texten 81ff.
- in der Sprachursprungsdebatte 227f.
- lexikographische Erfassung 252ff.

- s.a.: Substantiv, Adjektiv, Verb, Zeichen/Zeichentheorie, Arbitrarität/Motiviertheit, Etymologie, Fremdwort, Wortart, Wortbildung
Wortart
- in der modistischen Sprachtheorie 30ff.
- bei den Grammatikern des 18. Jhs. 182, 185, 191
- als Abbild der Wirklichkeit 35, 182
Wortbildung
- bei Schottelius 120ff.
- bei den Junggrammatikern 281f.
Wörterbuch s. Lexikographie
Wortfeld 244

Zeichen/Zeichentheorie
- in der mittelalterlichen Sprachtheorie 25ff.
- in der modistischen Sprachtheorie 30f.
- Frühe Neuzeit 58f., 67, 205
- 17. Jh. 94ff., 135ff., 145
- im Rationalismus der Aufklärungszeit 194f., 198
- in der allgemeinen Grammatik 203ff.
- in der romantischen Sprachreflexion 247
- in idealistischen Sprachkonzeptionen 230ff.
- im Dekonstruktivismus 300f.
- bei Saussure 293ff.
- in der historisch-vergleichenden Sprachwissenschaft 269
- in der analytischen Sprachkonzeption 204ff., 320ff.
- in der Pragmatik 342f., 347f.
- in religösen Texten 81ff.
- in der Sprachursprungsdebatte 228
- Polysemie, Homonymie, Synonymie 62ff., 134f., 324, 332
- Ideographie 144
- s.a.: Wort/Wortschatz, Arbitrarität/Motiviertheit

www.ingramcontent.com/pod-product-compliance
Lightning Source LLC
Chambersburg PA
CBHW070929150426
42812CB00049B/1681